Excel 财务会计应用宝典

全新精华版

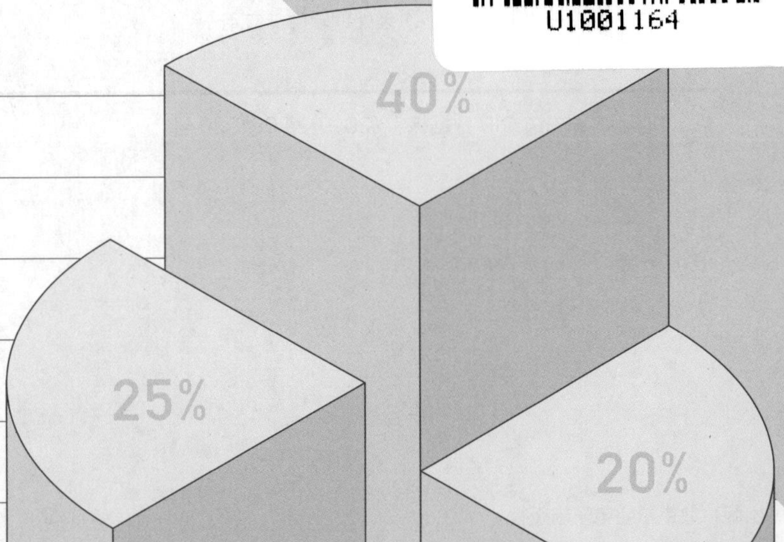

北京希望电子出版社
Beijing Hope Electronic Press
www.bhp.com.cn
创客诚品

内容简介

本书分别介绍了常见财务单据和统计表、制作会计账务表单、会计记账、进销存管理、往来账务处理、员工工资管理、固定资产管理、月末账务处理、会计报表、财务分析、打印工作表表单以及利用 VBA 创建财务系统等方面内容。

本书打破了传统的按部就班讲解知识的模式，以实际应用为出发点，通过介绍大量来源于财务实际工作的精彩实例，在介绍相关财务基础知识的同时，全面讲解了在会计与财务管理日常工作中所遇到的问题及其解决方案。

本书适用于会计初学者、财务管理人员、销售人员，也适用于监控公司经营状况的高层管理人员。

图书在版编目（CIP）数据

Excel 财务会计应用宝典 / 创客诚品编著 . -- 北京：北京希望电子出版社，2019.5

ISBN 978-7-83002-689-9

Ⅰ . ① E… Ⅱ . ①创… Ⅲ . ①表处理软件 – 应用 – 财务会计 Ⅳ . ① F234.4-39

中国版本图书馆 CIP 数据核字 (2019) 第 061939 号

出版： 北京希望电子出版社

地址： 北京市海淀区中关村大街 22 号

中科大厦 A 座 10 层

邮编： 100190

网址： www.bhp.com.cn

电话： 010-82620818（总机）转发行部

010-82702675（邮购）

传真： 010-62543892

经销： 各地新华书店

封面： 毛豆

编辑： 全卫　张海玲

校对： 王丽锋

开本： 787mm×1092mm　1/16

印张： 17.5

字数： 796 千字

印刷： 固安县京平诚乾印刷有限公司

版次： 2019 年 5 月 1 版 1 次印刷

定价： 59.90 元

前 言

在阅读这本书时，希望读者能够静下心来看看以下几个问题，这些问题的答案或许能帮助你做出最佳的选择。

1. 为什么每个人都要懂点财会知识？

随着人们生活水平的提高，消费的方式也越来越多样化。与朋友出去聚餐支出一笔，节假日出门旅游支出一笔，同学朋友各种红包再添一笔……一整年下来，待到年终结算时，发现自己“一朝回到解放前”！为了避免出现这种尴尬状况，除了努力提高自己的收入外，就是务必要学会一点财会知识，以便达到开源节流，管理好自己的收入和支出。记得有个经典的段子：“辛辛苦苦一整年，结果不是看你赚了多少，而是看你还剩多少！”具体含义读者自行去体会琢磨吧！此外，在社交中懂一些财会知识能够提升自我形象，毕竟社会生活中交际也是很重要的！

2. 学财会为什么要先学Excel？

很多朋友都问过这个问题，他们普遍认为现在很多财会软件完全可以替代Excel。其实不然，Excel是财会师的必备工具，不会Excel你可能连财会门槛都入不了。虽然财务软件提供了强大的数据分析与报表输出功能，但它们不能完全满足企业个性化需求。就从这一点来说，财务软件是无法替代Excel的。无论你是刚入门的会计员，还是身经百炼的财务总监，Excel始终是你工作中最得力的助手。Excel的掌握程度直接决定你工作效率的高低。另外，精通Excel可提升个人在职场中的竞争力，它会为你今后的职业发展提供很大的帮助。总之，想要学财会，那就先从Excel入手吧！

3. 众多同类参考书中，为什么要选这一本？

- 简洁直观、浅显易懂。本书没有枯燥的长篇大论，而是通过案例来讲解财务和会计知识，易上手。
- 图文结合，操作直观清晰。本书采用图文结合的方式进行讲解，每一操作步骤都会配有相对应的插图，使读者在学习的过程中能够更加直观、清晰地看到操作过程及效果，增加内容的可读性。
- 所有案例来源于实际工作。本书以大量的现实经典案例为主要内容，介绍运用Excel知识解决在工作中遇到的会计和财务方面的问题。

4. 哪种类型的读者比较适合阅读这本书？

- 初次接触会计和财务管理，急切需要将其运用在实际工作中的初学者。
- 工作效率低下，天天熬夜加班到心力交瘁，还被领导批评的初入职者。
- 具有会计和财务管理工作经验，但还想通过使用Excel进一步提高工作效率的财务人员。
- 单纯想要学习如何制作财务报表，觉得技多不压身的财会爱好者。

感谢您选择本书，由于作者水平有限，书中难免会有错误和疏漏之处，恳请广大读者给予批评指正。在学习过程中，欢迎加入读者交流群（Office 2016家族02群：655850656）进行交流探讨。

编 者

常见财务函数一览

函数名	函数功能
ACCRINT	返回定期支付利息的债券的应计利息
ACCRINTM	返回到期一次性付息有价证券的应计利息
AMORDEGRC	返回使用折旧系数的每个记账期的折旧值
COUPDAYBS	返回从付息期开始到结算日之间的天数
COUPDAYS	返回包含结算日的付息期天数
COUPDAYSNC	返回从结算日到下一付息日之间的天数
COUPNCD	返回结算日之后的下一个付息日
COUPNUM	返回结算日和到期日之间的应付利息次数
COUPPCD	返回结算日之前的上一付息日
CUMIPMT	返回两个付款期之间累积支付的利息
CUMPRINC	返回两个付款期之间为贷款累积支付的本金
DB	使用固定余额递减法，返回一笔资产在给定期间内的折旧值
DDB	使用双倍余额递减法或其他方法，返回一笔资产在给定期间内的折旧值
DISC	返回债券的贴现率
DOLLARDE	将以分数表示的价格转换为以小数表示的价格
DOLLARFR	将以小数表示的价格转换为以分数表示的价格
DURATION	返回定期支付利息的债券的每年期限
EFFECT	计算实际年利率
FV	返回一笔投资的未来值
FVSCHEDULE	返回应用一系列复利率计算的初始本金的未来值
INTRATE	返回完全投资型债券的利率
IPMT	返回一笔投资在给定期间内支付的利息
IRR	返回一系列现金流的内部收益率
ISPMT	计算特定投资期内要支付的利息
MIRR	返回正和负现金流以不同利率进行计算的内部收益率
NOMINAL	返回年度的名义利率
NPER	返回投资的期数
NPV	返回基于一系列定期的现金流和贴现率计算的投资的净现值
ODDFYIELD	返回第一期为奇数的债券的收益
ODDLYIELD	返回最后一期为奇数的债券的收益
PMT	返回年金的定期支付金额
PPMT	返回一笔投资在给定期间内偿还的本金
PV	返回投资的现值
RATE	返回年金的各期利率
RECEIVED	返回完全投资型债券的在到期日收回的金额
SLN	返回固定资产的每期线性折旧费
SYD	返回某项固定资产按年限总和折旧法计算的每期折旧金额
VDB	使用双倍余额递减法，返回一笔资产在给定期间或部分期间内的折旧值
XIRR	返回一组现金流的内部收益率，这些现金流不一定定期发生
XNPV	返回一组现金流的净现值，这些现金流不一定定期发生
YIELD	返回定期支付利息的债券的收益
YIELDDISC	返回折价发行的有价证券的年收益
YIELDMAT	返回到期日支付利息的债券的年收益

超值附赠海量素材预览

为了帮助读者更加高效、直观地学习Excel财务管理知识，本书附赠了丰富的学习资源，扫描二维码关注“德胜书坊”，回复1909，即可观看本书的教学视频和实例文件。此外还有12小时Excel高效办公专题视频、办公GIF动画、1000套实战办公模板和2320个办公应用图片素材。

228个本书实例文件

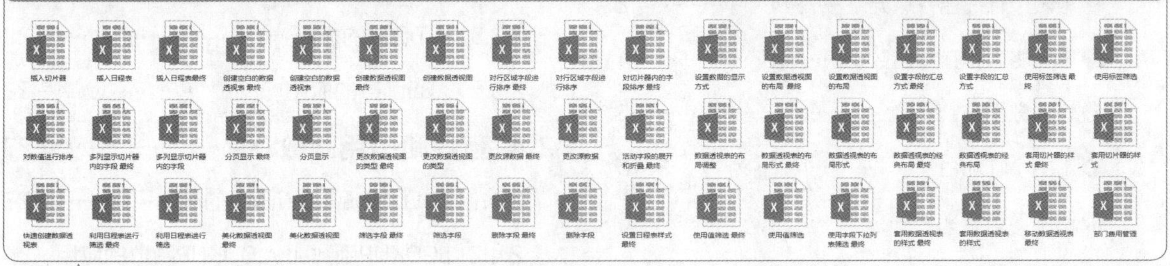

8小时本书教学视频

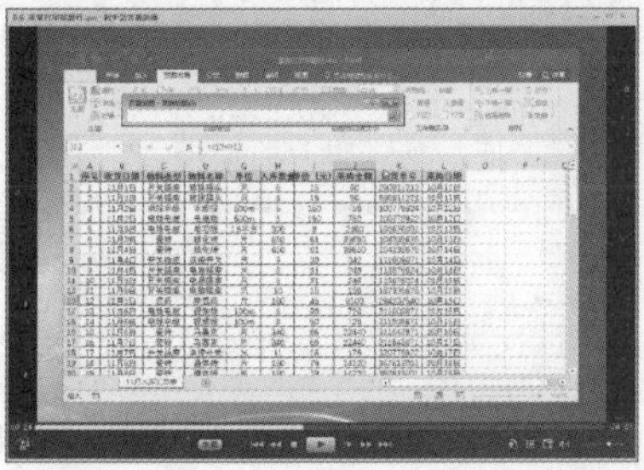

12小时Excel高效办公专题视频

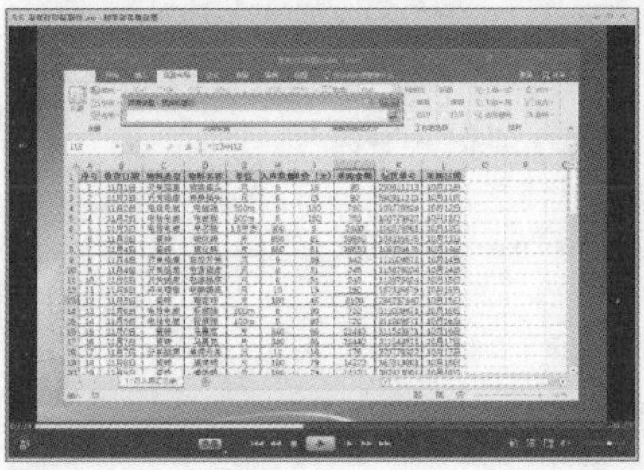

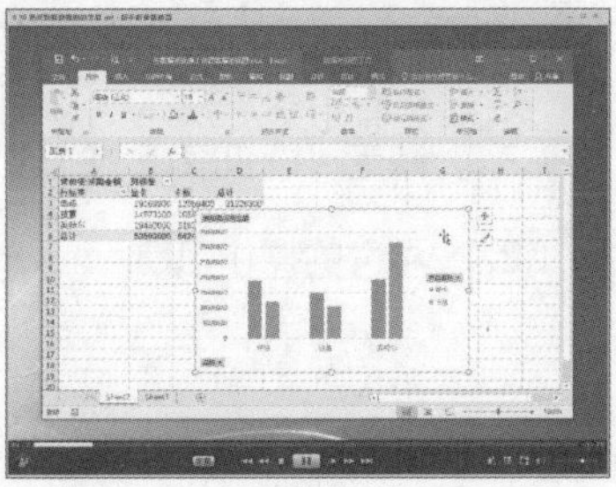

1000套实战办公模板

2320个办公应用图片素材

目 录

Chapter 03
你了解财务工作吗

Chapter 04
别怕，会计记账So Easy

Chapter 05
进销存的高效管理

Chapter 06

薪酬核算是怎样生成的

Chapter 07

你能处理好应收账款吗

Chapter 08

轻松盘点固定资产

Chapter 09
让你头疼的月末之战

Chapter 10
轻松搞定会计报表

Chapter 11
玩转财务分析

Chapter 12
快速输出凭证和报表

Chapter 13
重要的日常业务预算

Chapter

01

养成良好的制表习惯

本章概述

作为一名财务人员，每天都会和各种报表打交道，有的人处理报表得心应手，忙而不乱，但有的财务人员面对各种报表天天处于崩溃的边缘，是因为专业素养还不够吗？是经验不够丰富吗？归根结底，除了缺乏必要的Excel功能知识外，还有没形成规范的数据处理理念、正确的制表思路以及良好的Excel操作习惯。本章将带领大家认识规范的表格，找到工作效率低下的原因以及如何制作规范的表格。

核心知识点

认识规范的表格

工作效率难以提高的原因

1.1 你的表格规范吗

作为一名财务人员，除了处理账务外，在工作中花费时间最多的就是制作表格了。有的财务人员处理表格的速度很快，每天都能准点下班。但有的财务人员天天埋头苦干，还要加班加点，苦不堪言。这时大家就要反思了，在日常工作中，数据分析和表格编制的工作量真的有那么大吗？有没有存在处理不当的可能？表格从字段设置、行列布局、数据格式设置到单元格格式的设置是否存在问题，有没有改善的可能？下面先来看看几种不规范的表格。

❶报表中存在合并单元格

在表格中合并单元格是常见的操作，这种看似使数据更加清晰易读的制表方式，其实会对数据分析产生严重的影响。因为合并单元格以后，只有首个单元格有数据，其他的都是空白单元格，如果想要对数据进行筛选就会出错。例如，将表格中“所属部门”是“销售部”的员工信息筛选出来，当进行相应的操作后，只能得到一条记录。

工号	姓名	所属部门	职务	入职时间	工作年限	基本工资	工龄工资
0001	公孙胜	办公室	经理	2003/9/1	14	¥3,000.00	¥1,400.00
0002	戴 宗		主管	2009/6/1	9	¥2,500.00	¥900.00
0003	宋 江	财务部	经理	2000/8/1	17	¥3,800.00	¥1,700.00
0004	扬 志		主管	2010/10/2	7	¥2,500.00	¥700.00
0005	呼延灼	采购部	经理	2001/6/2	16	¥2,500.00	¥1,600.00
0006	张 清		员工	2011/10/1	6	¥2,500.00	¥600.00
0007	关 胜	人事部	经理	2002/11/10	15	¥3,500.00	¥1,500.00
0008	李 应		主管	2007/9/1	10	¥2,500.00	¥1,000.00
0009	林 冲	设计部	员工	2008/10/1	9	¥4,500.00	¥900.00
0010	朱 仝		主管	2006/6/8	12	¥2,500.00	¥1,200.00
0011	武 松		主管	2008/9/10	9	¥2,500.00	¥900.00
0012	吴 用	生产部	员工	2009/3/9	9	¥2,500.00	¥900.00
0013	柴 进		员工	2014/2/1	4	¥2,500.00	¥400.00
0014	卢俊义	销售部	经理	2001/12/1	16	¥2,500.00	¥1,600.00
0015	花 荣		员工	2013/9/8	4	¥2,500.00	¥400.00
0016	鲁智深		员工	2013/1/1	5	¥2,500.00	¥500.00
0017	董 平		员工	2013/3/2	5	¥2,500.00	¥500.00
0018	徐 宁		员工	2012/5/8	6	¥2,500.00	¥600.00
0019	秦 明		主管	2005/4/6	13	¥2,500.00	¥1,300.00

⬇

工号	姓名	所属部门	职务	入职时间	工作年限	基本工资	工龄工资
0014	卢俊义	销售部	经理	2001/12/1	16	¥2,500.00	¥1,600.00

此外，由于合并了单元格，所以造成了整个数据区域的单元格大小不统一，如果想要对“所属部门”进行排序，系统会弹出提示对话框，提示无法进行排序操作。

在这张表格中也不能对表格进行分类汇总，它基本上屏蔽了所有的便捷操作。所以说，千万别随随便便合并单元格。

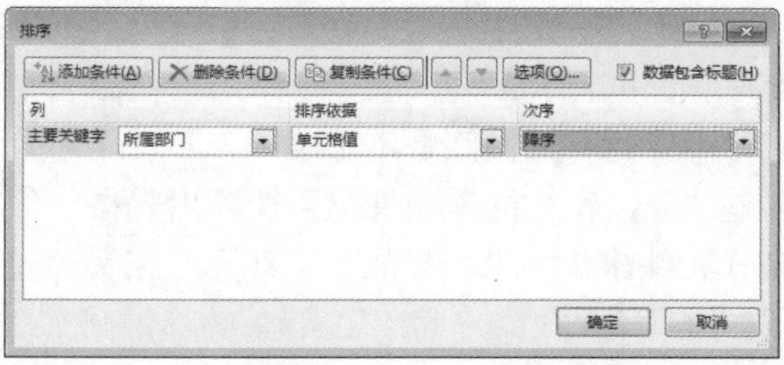

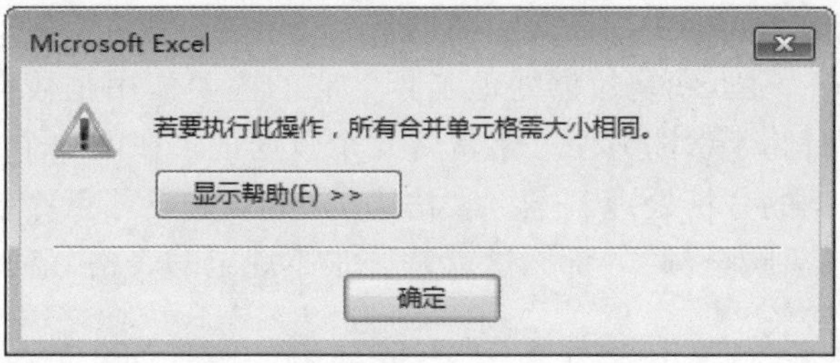

此时如果想要补救，却发现表格中有非常多的合并单元格，那么想要取消单元格的合并，如何操作才能既省时又省力呢？这里教大家一种便捷的方法。

工号	姓名	所属部门	职务	入职时间	工作年限	基本工资	工龄工资
0001	公孙胜	办公室	经理	2003/9/1	14	¥3,000.00	¥1,400.00
0002	戴 宗		主管	2009/6/1	9	¥2,500.00	¥900.00
0003	宋 江	财务部	经理	2000/8/1	17	¥3,800.00	¥1,700.00
0004	扬 志		主管	2010/10/2	7	¥2,500.00	¥700.00
0005	呼延灼	采购部	经理	2001/6/2	16	¥2,500.00	¥1,600.00
0006	张 清		员工	2011/10/1	6	¥2,500.00	¥600.00
0007	关 胜	人事部	经理	2002/11/10	15	¥3,500.00	¥1,500.00
0008	李 应			007/9/1	10	¥2,500.00	¥1,000.00
0009	林 冲	设计部	员工	2008/10/1	9	¥4,500.00	¥900.00
0010	朱 仝		主管	2006/6/8	12	¥2,500.00	¥1,200.00
0011	武 松		主管	2008/9/10	9	¥2,500.00	¥900.00
0012	吴 用	生产部	员工	2009/3/9	9	¥2,500.00	¥900.00
0013	柴 进		员工	2014/2/1	4	¥2,500.00	¥400.00
0014	卢俊义	销售部	经理	2001/12/1	16	¥2,500.00	¥1,600.00
0015	花 荣		员工	2013/9/8	4	¥2,500.00	¥400.00
0016	鲁智深		员工	2013/1/1	5	¥2,500.00	¥500.00
0017	董 平		员工	2013/3/2	5	¥2,500.00	¥500.00
0018	徐 宁		员工	2012/5/8	6	¥2,500.00	¥600.00
0019	秦 明		主管	2005/4/6	13	¥2,500.00	¥1,300.00

选中表格中的全部数据，单击“开始”选项卡中的“合并后居中”按钮，按F5功能键打开“定位”对话框，单击“定位条件”按钮，弹出“定位条件”对话框，从中选择“空值”为定位条件，确定后可以看到表格中所有的空值都被选中了。在编辑栏中输入公式“=D3”，按Ctrl+Enter组合键就搞定了。

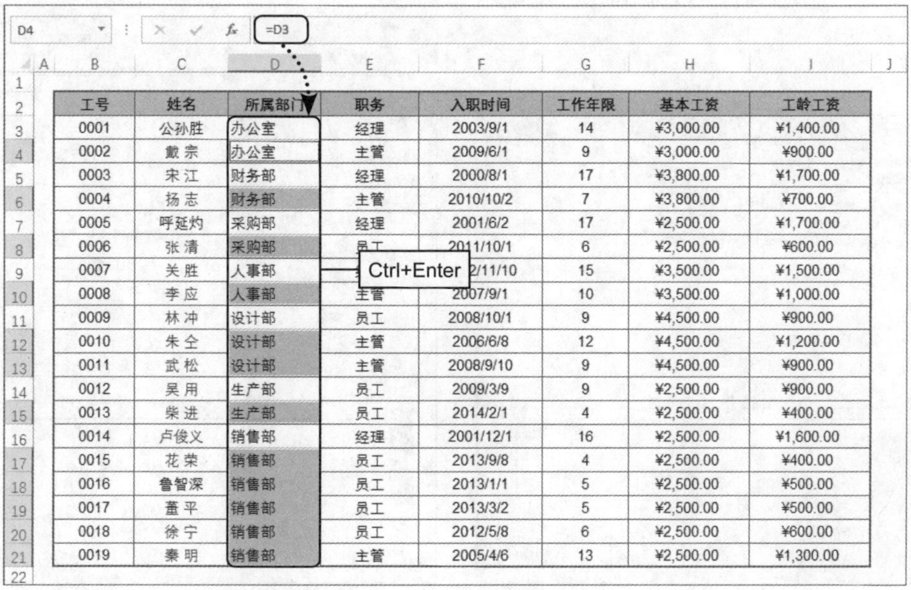

工号	姓名	所属部门	职务	入职时间	工作年限	基本工资	工龄工资
0001	公孙胜	办公室	经理	2003/9/1	14	¥3,000.00	¥1,400.00
0002	戴 宗	办公室	主管	2009/6/1	9	¥3,000.00	¥900.00
0003	宋 江	财务部	经理	2000/8/1	17	¥3,800.00	¥1,700.00
0004	扬 志	财务部	主管	2010/10/2	7	¥3,800.00	¥700.00
0005	呼延灼	采购部	经理	2001/6/2	17	¥2,500.00	¥1,700.00
0006	张 清	采购部	员工	2011/10/1	6	¥2,500.00	¥600.00
0007	关 胜	人事部		2/11/10	15	¥3,500.00	¥1,500.00
0008	李 应	人事部	主管	2007/9/1	10	¥3,500.00	¥1,000.00
0009	林 冲	设计部	员工	2008/10/1	9	¥4,500.00	¥900.00
0010	朱 仝	设计部	主管	2006/6/8	12	¥4,500.00	¥1,200.00
0011	武 松	设计部	主管	2008/9/10	9	¥4,500.00	¥900.00
0012	吴 用	生产部	员工	2009/3/9	9	¥2,500.00	¥900.00
0013	柴 进	生产部	员工	2014/2/1	4	¥2,500.00	¥400.00
0014	卢俊义	销售部	经理	2001/12/1	16	¥2,500.00	¥1,600.00
0015	花 荣	销售部	员工	2013/9/8	4	¥2,500.00	¥400.00
0016	鲁智深	销售部	员工	2013/1/1	5	¥2,500.00	¥500.00
0017	董 平	销售部	员工	2013/3/2	5	¥2,500.00	¥500.00
0018	徐 宁	销售部	员工	2012/5/8	6	¥2,500.00	¥600.00
0019	秦 明	销售部	主管	2005/4/6	13	¥2,500.00	¥1,300.00

❷单元格中存在复合数据

Excel是数据处理工具，它的主要作用是数据分析，而非展示文本。但有时候用户在做表格时为了贪图方便，常常将几个数据记录在同一个单元格中，这样的做法是不正确的，不利于对数据的分析处理。本例表格中的E列就包含了两个属性——数值和单位，如果想要计算出表格中的“采购金额”，那么这就是一张不规范的表格，利用公式无法求出结果，只能手工计算，花费时间较长。

序号	原料名称	规格型号	采购数量	单价	采购金额
001	材料1	DS-01	50箱	¥33.00	
002	材料2	DS-02	51箱	¥50.00	
003	材料3	DS-03	52箱	¥58.00	
004	材料4	DS-04	53箱	¥56.00	
005	材料5	DS-05	54箱	¥40.00	
006	材料6	DS-06	55箱		
007	材料7	DS-07	56箱	¥60.00	
008	材料8	DS-08	57箱	¥70.00	
009	材料9	DS-09	58箱	¥90.00	
010	材料10	DS-10	59箱	¥68.00	
011	材料11	DS-11	60箱	¥78.00	
012	材料12	DS-12	61箱	¥53.00	
013	材料13	DS-13	62箱	¥66.00	

不规范的数据记录方式

对于这种不规范的表格，可以使用“分列”功能对E列数据的数值和单位进行分离。先选中需要分列的单元格，在“数据”选项卡中单击“分列”按钮，打开相应的对话框，选中“固定宽度”单选按钮，如果单元格中的数据使用了分隔符号，在这里就需要选中“分隔符号”单选按钮。进入下一步后，单击鼠标左键设置“切分”点，如果“切分”错了也没关系，只需双击鼠标即可删除分隔箭头。“切分”好后，在下一步中设置好“目标区域”，完成数据的分列。

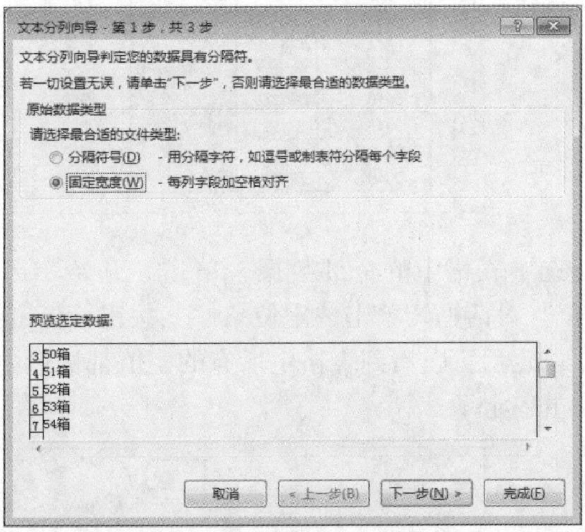

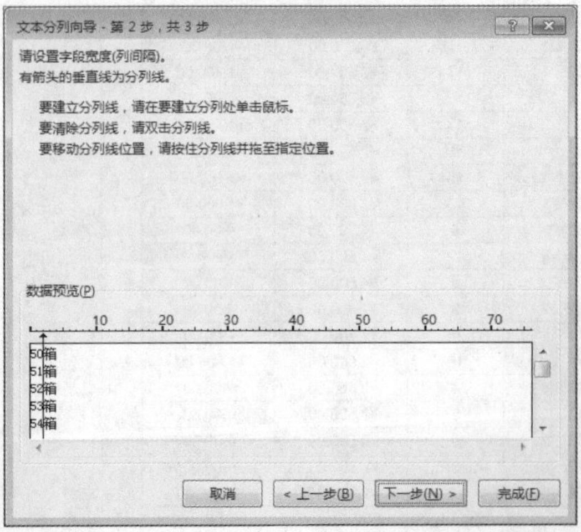

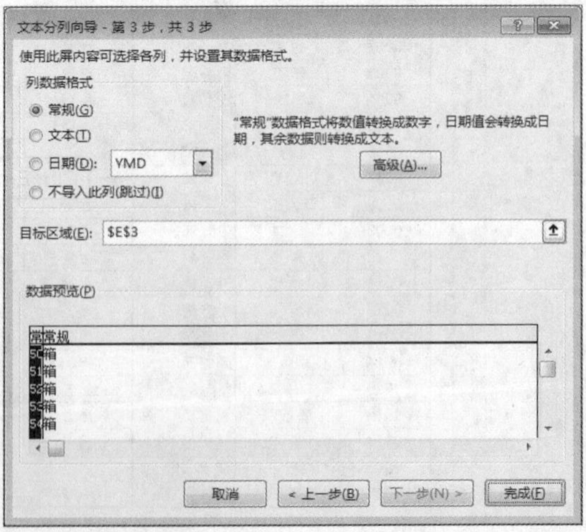

在这里还需要对分列后的表格进行整理，使其看起来更加整洁美观，便于数据计算。若要计算“采购金额”，只需在H3单元格中输入公式“=F3*G3”，按Enter键即可。

H3 =F3*G3

序号	原料名称	规格型号	单位	采购数量	单价	采购金额
001	材料1	DS-01	箱	50	¥33.00	¥1,650.00
002	材料2	DS-02	箱	51	¥50.00	¥2,550.00
003	材料3	DS-03	箱	52	¥58.00	¥3,016.00
004	材料4	DS-04	箱	53	¥56.00	¥2,968.00
005	材料5	DS-05	箱	54	¥40.00	¥2,160.00
006	材料6	DS-06	箱	55	¥52.00	¥2,860.00
007	材料7	DS-07	箱	56	¥60.00	¥3,360.00
008	材料8	DS-08	箱	57	¥70.00	¥3,990.00
009	材料9	DS-09	箱	58	¥90.00	¥5,220.00
010	材料10	DS-10	箱	59	¥68.00	¥4,012.00
011	材料11	DS-11	箱	60	¥78.00	¥4,680.00
012	材料12	DS-12	箱	61	¥53.00	¥3,233.00
013	材料13	DS-13	箱	62	¥66.00	¥4,092.00

❸ 表格数据残缺不全

有的财务人员在填写表格数据时没有数据的就不填写，数据重复的为了省事也不填写，从而造成表格中有许多空白单元格。本例表格中文本部分和数值部分都存在空白单元格，这种表格看起来既不美观，又严重影响数据的分析结果，给财务人员带来了诸多不便。

日期	姓名	商品名称	销售数量	销售金额
2018/7/1	小李	商品A	20	¥420,301.00
2018/7/2		商品B		
2018/7/3		商品C	60	¥612,000.00
2018/7/4	小王	商品A	85	¥510,000.00
2018/7/5		商品B		
2018/7/6		商品C	60	¥430,000.00
2018/7/7	小刘	商品A		
2018/7/8		商品B	70	¥815,000.00
2018/7/9		商品C	50	¥420,000.00
2018/7/10	小孙	商品A	40	¥559,000.00
2018/7/11		商品B	30	¥240,000.00
2018/7/12		商品C		

包含大量空值的表格

在文本区域存在空白单元格的情况下，如果想对文本字段进行分类汇总，是无法得到正确结果的。因为表格中的姓名填写不全，分类汇总时系统会按照填有姓名的单元格进行汇总，所以汇总出的“销售金额”是错误的。

日期	姓名	商品名称	销售数量	销售金额
2018/7/1	小李	商品A	20	¥420,301.00
	小李 汇总			¥420,301.00
2018/7/2		商品B		
2018/7/3		商品C	60	¥612,000.00
2018/7/4		商品A	85	¥510,000.00
	小王 汇总			¥510,000.00
2018/7/5		商品B		
2018/7/6		商品C	60	¥430,000.00
2018/7/7	小刘	商品A		
	小刘 汇总			¥0.00
2018/7/8		商品B	70	¥815,000.00
2018/7/9		商品C	50	¥420,000.00
2018/7/10	小孙	商品A	40	¥559,000.00
	小孙 汇总			¥559,000.00
2018/7/11		商品B	30	¥240,000.00
2018/7/12		商品C		
	总计			¥4,006,301.00

错误的汇总结果

当数值部分存在空白单元格时，即使想要求出销售员每天的平均销量，也无法得出正确的结果，因为系统在求平均值时自动将空白单元格忽略，不纳入计算。但如果单元格中的数值为0，Excel是认可该单元格里存在数据的，只不过数值是0罢了。所以，在数据区域数值部分的空白单元格里填入0，才是最严谨的数据记录方式。

日期	姓名	商品名称	销售数量	销售金额
2018/7/1	小李	商品A	20	¥420,301.00
2018/7/2	小李	商品B	0	¥0.00
2018/7/3	小李	商品C	60	¥612,000.00
2018/7/4	小王	商品A	85	¥510,000.00
2018/7/5	小王	商品B	0	¥0.00
2018/7/6	小王	商品C	60	¥430,000.00
2018/7/7	小刘	商品A	0	¥0.00
2018/7/8	小刘	商品B	70	¥815,000.00
2018/7/9	小刘	商品C	50	¥420,000.00
2018/7/10	小孙	商品A	40	¥559,000.00
2018/7/11	小孙	商品B	30	¥240,000.00
2018/7/12	小孙	商品C	0	¥0.00

这张表格的修正方法和前面介绍的批量填充数据相同，只需要选中所有的空白单元格，按Ctrl+Enter组合键即可。

❹滥用小计和合计

有的财务人员在做表格时，习惯将各项使用小计合算出来，这种吃力不讨好的行为还是别做了。这种表格做出来既不利于对数据的分析，又浪费时间。本例的表格就手工对销售员的销售数量和金额做了小计和合计。如果想要对表格中的数据进行汇总，交给Excel自带的“分类汇总”功能就好了。不需要自己费力地去统计，用户需要做的就是把表格制作规范，这样就可以在其基础上进行各项统计和分析了。

日期	姓名	商品名称	销售数量	销售金额
2018/7/1	小李	商品A	20	¥420,301.00
2018/7/2	小李	商品B	0	¥0.00
2018/7/3	小李	商品C	60	¥612,000.00
小计	小李		80	¥1,032,301.00
2018/7/4	小王	商品A	85	¥510,000.00
2018/7/5	小王	商品B	0	¥0.00
2018/7/6	小王	商品C	60	¥430,000.00
小计	小王		145	¥940,000.00
2018/7/7	小刘	商品A	0	¥0.00
2018/7/8	小刘	商品B	70	¥815,000.00
2018/7/9	小刘	商品C	50	¥420,000.00
小计	小刘		120	¥1,235,000.00
2018/7/10	小孙	商品A	40	¥559,000.00
2018/7/11	小孙	商品B	30	¥240,000.00
2018/7/12	小孙	商品C	0	¥0.00
小计	小孙		70	¥799,000.00
合计			415	¥4,006,301.00

✕

日期	姓名	商品名称	销售数量	销售金额
2018/7/1	小李	商品A	20	¥420,301.00
2018/7/2	小李	商品B	0	¥0.00
2018/7/3	小李	商品C	60	¥612,000.00
2018/7/4	小王	商品A	85	¥510,000.00
2018/7/5	小王	商品B	0	¥0.00
2018/7/6	小王	商品C	60	¥430,000.00
2018/7/7	小刘	商品A	0	¥0.00
2018/7/8	小刘	商品B	70	¥815,000.00
2018/7/9	小刘	商品C	50	¥420,000.00
2018/7/10	小孙	商品A	40	¥559,000.00
2018/7/11	小孙	商品B	30	¥240,000.00
2018/7/12	小孙	商品C	0	¥0.00

○

❺使用多重表头

Excel默认首行为标题行，目的是为调用菜单命令以及自动识别数据区域提供方便。本例的表格使用多个表头，即第一行的标题文字占用了Excel默认标题行的位置。第二行看似是标题行，但实际只起到了说明的作用，并没有太大用处。此时想要对数据进行筛选，Excel将无法自动定位到正确的数据区域，必须经过手动设置才能实现。要是按照正确的方法设计表格，那么根本不需要选中数据区域首行，只需选中数据区域任意单元格，就能准确调用自动筛选功能。如果想要对本案例表格进行补救，只需将第一行和第二行的表头删除，使第一行的标题内容呈现在工作表标签上即可。

2018年员工请假明细表

基本信息			请假明细				其他
日期	姓名	部门	类别	天数	年假天数	剩余年假	应扣工资
2018/1/15	高长恭	行政部	事假	2	7	5	0
2018/2/16	卫玠	人事部	事假	1	7	6	0
2018/3/6	慕容冲	财务部	事假	2	7	5	0
2018/3/8	卫玠	人事部	事假	3	6	3	0
2018/4/10	高长恭	行政部	病假	1	5	4	0
2018/4/20	子都	设计部	病假	3	7	4	0
2018/5/9	貂蝉	人事部	事假	2	7	5	0
2018/5/22	潘安	设计部	事假	1	7	6	0
2018/6/23	高长恭	行政部	事假	4	4	0	100
2018/6/24	貂蝉	人事部	事假	4	5	1	0
2018/7/10	慕容冲	财务部	病假	2	5	3	0
2018/7/26	卫玠	人事部	病假	2	3	1	0
2018/8/18	王衍	财务部	婚假	7	7	0	100
2018/9/28	慕容冲	财务部	事假	1	3	2	0
2018/10/20	慕容冲	财务部	事假	2	2	0	100

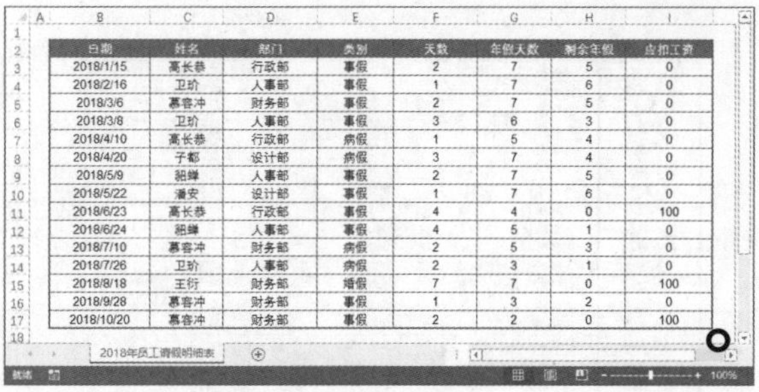

日期	姓名	部门	类别	天数	年假天数	剩余年假	应扣工资
2018/1/15	高长恭	行政部	事假	2	7	5	0
2018/2/16	卫玠	人事部	事假	1	7	6	0
2018/3/6	慕容冲	财务部	事假	2	7	5	0
2018/3/8	卫玠	人事部	事假	3	6	3	0
2018/4/10	高长恭	行政部	病假	1	5	4	0
2018/4/20	子都	设计部	病假	3	7	4	0
2018/5/9	貂蝉	人事部	事假	2	7	5	0
2018/5/22	潘安	设计部	事假	1	7	6	0
2018/6/23	高长恭	行政部	事假	4	4	0	100
2018/6/24	貂蝉	人事部	事假	4	5	1	0
2018/7/10	慕容冲	财务部	病假	2	5	3	0
2018/7/26	卫玠	人事部	病假	2	3	1	0
2018/8/18	王衍	财务部	婚假	7	7	0	100
2018/9/28	慕容冲	财务部	事假	1	3	2	0
2018/10/20	慕容冲	财务部	事假	2	2	0	100

通过上面几个例子可以看出，表格设计不规范会导致本来几分钟就能完成的工作，却要花上一整天，甚至更多时间来完成，费力不说，还常被领导批评。所以设计一个规范的表格是非常重要的。

1.2 为何你的工作效率难以提高

经过前面的分析，可以看出不规范的表格是导致经常加班、处理数据效率低下的原因之一。那么还有其他原因吗？当然有！下面将全面分析数据处理效率低下的原因，找到症结所在，以便对症下药。

1.2.1 错过了真正好用的功能

一些财务人员觉得只要有丰富的经验加上对专业知识的掌握，加上会一些基础的Excel操作，就能在工作中游刃有余。不可否认经验和专业知识的确很重要，但在实际工作中会遇到各种各样的问题，只凭以往积累的经验，还不足以解决各种困难。况且在这个讲究效率的时代，用户所掌握的专业知识能保证准确率，却不一定能提高处理数据的效率。要想在工作中既快又准，还需要依靠强大的Excel功能。

下面给大家讲一个小故事，小刘曾在一家公司做会计，工作了四五年，也算积累了不少的经验，一些新来的员工在工作中遇到不懂的问题都会来请教他，他也会耐心地进行解答，因此很受大家的欢迎。有一天，他看到新来的小员工满面愁容地从办公室走了出来，就上前询问原因，原来是财务经理给了小员工一张表格，要求去掉“职工”字段中的“编号”，只保留姓名。于是她收到表格后，就开始选中“001-”这几个字，然后按Delete键将其删除，就这样一条一条地删了几百个后，财务经理坐不住了，问她怎么这么慢，她觉得很委屈，几百条数据呢，眼睛都看花了。财务经理不听她解释，让她立刻就弄好。小刘听完小员工的叙述后也表示不理解，难道那么多条数据能立刻就删除完吗？于是他上网百度了一下，竟然发现了一个神奇的方法，于是他把小员工叫了过来，找到一张类似的表格，选中“职工”列，按Ctrl+H组合键打开了“查找和替换”对话框，在“查找内容”文本框中输入了“*-”，“替换为”文本框中什么也不填，最后单击“全部替换”按钮，“职工”列中的编号一次性就被删除了。小员工立即惊呼道：“天呐，Excel竟然还有这个功能！”小刘也很感慨，做了那么多年的会计竟然第一次发现Excel功能的强大，看来要想提高工作效率，熟悉Excel的各项功能是很有必要的。

职工	所属部门	职务	入职时间	工作年限	基本工资	工龄工资
001-王富贵	财务部	经理	2001/8/1	16	¥3,800.00	¥1,600.00
002-王卓	销售部	经理	2002/12/1	15	¥2,500.00	¥1,500.00
003-刘凯风	生产部	员工	2009/3/9	9	¥2,500.00	¥900.00
004-林然	办公室	经理	2003/9/1	14	¥3,000.00	¥1,400.00
005-袁君	人事部	经理	2004/11/10	13	¥3,500.00	¥1,300.00
006-海棠	设计部	员工	2008/10/2	9	¥4,500.00	¥900.00
007-谢飞花	销售部	主管	2005/4/6	13	¥2,500.00	¥1,300.00
008-王权	采购部	经理	2001/6/2	16	¥2,500.00	¥1,600.00
009-赵默	销售部	员工	2013/9/8	4	¥2,500.00	¥400.00
010-于朝	生产部	员工	2014/2/1	4	¥2,500.00	¥400.00
011-朝闽	人事部	主管	2007/9/1	10	¥3,500.00	¥1,000.00
012-李宇	设计部	主管	2006/6/8	12	¥4,500.00	¥1,200.00
013-程洋	销售部	员工	2013/1/1	5	¥2,500.00	¥500.00
014-郭涛	设计部	主管	2008/9/10	9	¥4,500.00	¥900.00
015-宁静	销售部	员工	2013/3/2	5	¥2,500.00	¥500.00
016-夏天	采购部	员工	2011/10/1	6	¥2,500.00	¥600.00
017-章良	财务部	主管	2010/1/2	8	¥3,800.00	¥800.00
018-陆名	销售部	员工	2012/5/8	6	¥2,500.00	¥600.00
019-刘冲	生产部	员工	2007/1/3	11	¥2,500.00	¥1,100.00

职工	所属部门	职务	入职时间	工作年限	基本工资	工龄工资
王富贵	财务部	经理	2001/8/1	16	¥3,800.00	¥1,600.00
王卓	销售部	经理	2002/12/1	15	¥2,500.00	¥1,500.00
刘凯风	生产部	员工	2009/3/9	9	¥2,500.00	¥900.00
林然	办公室	经理	2003/9/1	14	¥3,000.00	¥1,400.00
袁君	人事部	经理	2004/11/10	13	¥3,500.00	¥1,300.00
海棠	设计部	员工	2008/10/2	9	¥4,500.00	¥900.00
谢飞花	销售部	主管	2005/4/6	13	¥2,500.00	¥1,300.00
王权	采购部	经理	2001/6/2	17	¥2,500.00	¥1,700.00
赵默	销售部	员工	2013/9/8	4	¥2,500.00	¥400.00
于朝	生产部	员工	2014/2/1	4	¥2,500.00	¥400.00
朝闽	人事部	主管	2007/9/1	10	¥3,500.00	¥1,000.00
李宇	设计部	主管	2006/6/8	12	¥4,500.00	¥1,200.00
程洋	销售部	员工	2013/1/1	5	¥2,500.00	¥500.00
郭涛	设计部	主管	2008/9/10	9	¥4,500.00	¥900.00
宁静	销售部	员工	2013/3/2	5	¥2,500.00	¥500.00
夏天	采购部	员工	2011/10/1	6	¥2,500.00	¥600.00
章良	财务部	主管	2010/1/2	8	¥3,800.00	¥800.00
陆名	销售部	员工	2012/5/8	6	¥2,500.00	¥600.00
刘冲	生产部	员工	2007/1/3	11	¥2,500.00	¥1,100.00

其实Excel有太多的功能用户都未曾了解和使用，这也是处理数据效率低下的原因之一。用户对Excel功能的认识或许还停留在排序、筛选、分类汇总等，一些冷门一点的功能，例如模拟分析、合并计算，甚至控件的使用，并不一定真正会应用。

1.2.2 Excel技能储备不足

对Excel功能了解不够是处理数据效率低下的原因之一，不学习Excel的相关知识，就没有知识点的储备，也就不可能高效地完成数据的处理。同样一个问题，如果用比较笨的方法来处理，花费的时间则比较长。但如果使用相关技巧，可能只需很短的时间就能将问题解决。例如，在一张员工评价得分表格中有许多空白单元格，按照前面的讲解，这是一张不规范的表格，现在就要求将所有空白单元格用0填充。要达到这个目的有几种方法可以实现。

姓名	部门	工作能力得分	责任感得分	积极性得分	创新性得分	总分
宋 江	财务部	75	88	98		261
卢俊义	销售部	84		75	82	241
吴 用	行政部	96	67			163
公孙胜	研发部		84	86	96	266
关 胜	财务部	75	89	82		246
林 冲	销售部	72		79	66	217
秦 明	行政部	45	72		68	185
呼延灼	销售部	68		71	63	202
花 荣	研发部		86	68	78	232
柴 进	销售部	98		88	74	260
李 应	行政部	69	98			167
朱 仝	行政部	78	87		85	250
鲁智深	财务部	68	76	59		203
武 松	研发部		75	73	89	237
董 平	销售部	92		74	98	264
张 清	行政部	86	94			180

方法一

手动一个一个选中表格中的空白单元格，在其中输入0。

方法二

先手动选中表格中所有的空白单元格，在编辑栏中输入0，按Ctrl+Enter组合键确认输入。

方法三

打开“定位条件”对话框，选择“空值”单选按钮，确认后系统自动将空白单元格选中，在编辑栏中输入0，按Ctrl+Enter组合键确认输入。

方法四

选中数据区域，按Ctrl+H组合键打开“查找和替换”对话框，“查找内容”文本框中不做任何填写，在“替换为”文本框中输入“0”，单击“全部替换”按钮，即可将表格中所有的空白单元格填充为0。

以上四种方法，亲自操作后效率高下立刻就能分辨出来。当然，除了这四种方法或许还有更快更好的解决办法，但前提是必须掌握更多的Excel相关知识。

再举一个例子，下面的表格中已经通过公式求出了G3单元格中的“总金额”，要想求出其他单元格中的总金额，一般会选中G3单元格，将光标移至单元格的右下角，当光标变为十字形时，按住鼠标左键不放，向下拖动鼠标填充公式。或者选中G3:G13单元格区域，在“开始”选项卡中单击“填充”下拉按钮，从列表中选择“向下”选项求出其他单元格中的总金额。实际上，用户可以直接选中G3单元格，将光标移至单元格右下角，双击鼠标即可。

G3 =E3*F3

采购日期	采购产品	规格型号	数量	单价	总金额
2018/3/3	商品A	DG-001	200	¥1,200.00	¥240,000.00
2018/3/6	商品B	DG-002	500	¥2,890.00	
2018/3/12	商品C	DG-003	400	¥1,500.00	
2018/3/20	商品D	DG-004	300	¥2,120.00	
2018/4/11	商品E	DG-005	250	¥3,500.00	
2018/4/12	商品F	DG-006	450	¥50.00	
2018/4/20	商品G	DG-007	600	¥600.00	
2018/4/21	商品H	DG-008	800	¥100.00	
2018/4/26	商品I	DG-009	700	¥45.00	
2018/4/27	商品G	DG-010	300	¥2,000.00	
2018/5/3	商品K	DG-011	600	¥20.00	

G3 =E3*F3

采购日期	采购产品	规格型号	数量	单价	总金额
2018/3/3	商品A	DG-001	200	¥1,200.00	¥240,000.00
2018/3/6	商品B	DG-002	500	¥2,890.00	¥1,445,000.00
2018/3/12	商品C	DG-003	400	¥1,500.00	¥600,000.00
2018/3/20	商品D	DG-004	300	¥2,120.00	¥636,000.00
2018/4/11	商品E	DG-005	250	¥3,500.00	¥875,000.00
2018/4/12	商品F	DG-006	450	¥50.00	¥22,500.00
2018/4/20	商品G	DG-007	600	¥600.00	¥360,000.00
2018/4/21	商品H	DG-008	800	¥100.00	¥80,000.00
2018/4/26	商品I	DG-009	700	¥45.00	¥31,500.00
2018/4/27	商品G	DG-010	300	¥2,000.00	¥600,000.00
2018/5/3	商品K	DG-011	600	¥20.00	¥12,000.00

如果掌握了Excel更多的相关知识，就会知道解决此问题的多种技巧，并且可以从多种技巧中选择一种最便捷的方法，工作效率必然会大大提高。

1.2.3 缺乏“投机取巧”的意识

除了前面讲到的原因外，处理数据效率低下还有一个重要的原因，那就是满足于当前的解决方法，缺乏“投机取巧”的意识。用户在处理数据时习惯一直使用一种方法，也不管此方法是不是最优的，只要能解决问题就行。这种做法是不可取的。如果拿到一张计算量庞大的表格，先别忙着埋头苦干，要思考使用该方法是否可以提高工作效率，还有没有更好的解决方法，充分发挥主观能动性，上网寻求最佳的解决方案。

例如，下面一张表格，想要求出“总分”，一般会按照常规的方法在H3单元格中输入公式“=SUM(D3:G3)”，按Enter键确认计算出结果，接着将公式向下填充，求出其他员工的总分。这种方法虽然也可以快速计算出结果，但录入公式时容易出错。这时就应该有“投机取巧”的意识，问问自己有没有别的方法可以不用输入公式就能求出数据之和。可在网上搜索一下，就会找到一个更好的方法：首先选中需要计算的数据区域，即D3:H18单元格区域，直接按Alt+=组合键，即可求出计算结果。不过，这种方法适合数据量较小的表格，如果需要计算几百甚至上千个员工的总分，使用函数求和则是效率更高的方法了。

姓名	部门	工作能力得分	责任感得分	积极性得分	创新性得分	总分
宋 江	财务部	75	88	98	0	=SUM(D3:G3)
卢俊义	销售部	84	0	75	82	
吴 用	行政部	96	67	0	0	
公孙胜	研发部	0	84	86	96	
关 胜	财务部	75	89	82	0	
林 冲	销售部	72	0	79	66	
秦 明	行政部	45	72	0	68	
呼延灼	销售部	68	0	71	63	
花 荣	研发部	0	86	68	78	
柴 进	销售部	98	0	88	74	
李 应	行政部	69	98	0	0	
朱 仝	行政部	78	87	0	85	
鲁智深	财务部	68	76	59	0	
武 松	研发部	0	75	73	89	
董 平	销售部	92	0	74	98	
张 清	行政部	86	94	0	0	

姓名	部门	工作能力得分	责任感得分	积极性得分	创新性得分	总分
宋 江	财务部	75	88	98	0	261
卢俊义	销售部	84	0	75	82	241
吴 用	行政部	96	67	0	0	163
公孙胜	研发部	0	84	86	96	266
关 胜	财务部	75	89	82	0	246
林 冲	销售部	72	0	79	66	217
秦 明	行政部	45	72	0	68	185
呼延灼	销售部	68	0	71	63	202
花 荣	研发部	0	86	68	78	232
柴 进	销售部	98	0	88	74	260
李 应	行政部	69	98	0	0	167
朱 仝	行政部	78	87	0	85	250
鲁智深	财务部	68	76	59	0	203
武 松	研发部	0	75	73	89	237
董 平	销售部	92	0	74	98	264
张 清	行政部	86	94	0	0	180

1.2.4 不良的操作习惯

影响数据处理效率还有一个重要的原因，那就是不良的操作习惯。有些财务人员由于缺乏Excel知识，在处理问题时只能使用笨办法来解决，时间长了就养成了不好的操作习惯。即使后来学习了新的便捷方法，在遇到同样的问题时还是习惯用之前的老方法，这样非常影响数据处理的效率。例如，需要复制粘贴数据时，有的财务人员习惯性地使用右键菜单，从中选择“复制”命令，然后再次使用右键菜单，进行粘贴。完全想不起来使用组合键Ctrl+C和Ctrl+V来实现数据的复制粘贴操作。

又或者，当想要将表格从第一行翻到最后一行时，有的人第一选择就是拖动工作表右边的滑块。如果表格较小时还很容易操作，但如果表格非常大，那感觉就像一个无底洞，怎么也拖不到底部。此时如果使用Ctrl+↓组合键，则可以轻松地跳转到表格的底部，进而提高操作效率。

还有一种就是习惯在表格中使用合并单元格、多行表头、小计等，这些不良的操作习惯严重影响了数据的处理和分析，导致工作效率低下。

Chapter

02

常用的函数有哪些

本章概述

财务人员在制作报表或填写凭证时会用到各种函数，函数的使用极大地提高了数据输入的准确性，也使制表的速度有所提升。函数的种类有很多，本章主要介绍财务管理和会计工作中常用的函数，包括逻辑函数、日期和时间函数、数学和三角函数、查找和引用函数、文本函数、财务函数等。

核心知识点

逻辑函数

日期和时间函数

数学和三角函数

查找和引用函数

文本函数

统计函数

财务函数

2.1 逻辑函数

逻辑函数的作用就像日常生活中判断一件事情是真的还是假的，是对还是错。在财务管理和会计工作中常用到的逻辑函数有IF函数、OR函数和AND函数。下面分别对其进行详细介绍。

2.1.1 IF函数的应用

IF函数是Excel中最常使用的逻辑判断函数，使用简单方便，功能也较强大，可直接使用，也可以配合其他函数实现更多功能。

IF函数的作用是根据指定的条件来判断其“真”（TRUE）、“假”（FALSE），根据逻辑计算的真假值，返回相应的内容。可以使用IF函数对数值和公式进行条件检测。

语法格式

IF(logical_test,value_if_true,value_if_false)

参数说明

- logical_test：表示计算结果为TRUE或FALSE的任意值或表达式。
- value_if_true：Logical_test为TRUE时返回的值。
- value_if_false：Logical_test为FALSE时返回的值。

下面将以案例的形式介绍IF函数的用法。例如，判断是否超出预算值。

Step 01 选中E3单元格，输入公式“=IF(C3>D3,"未超出","已超出")”，按Enter键确认，返回判断结果。

Step 02 再次选中E3单元格，将公式向下填充，完成其他商品的判断。

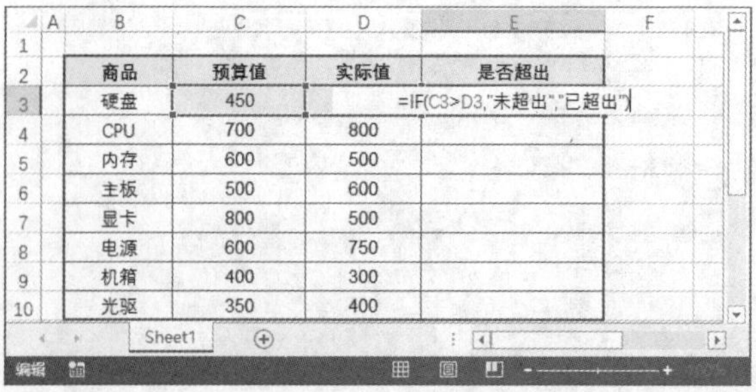

商品	预算值	实际值	是否超出
硬盘	450		=IF(C3>D3,"未超出","已超出")
CPU	700	800	
内存	600	500	
主板	500	600	
显卡	800	500	
电源	600	750	
机箱	400	300	
光驱	350	400	

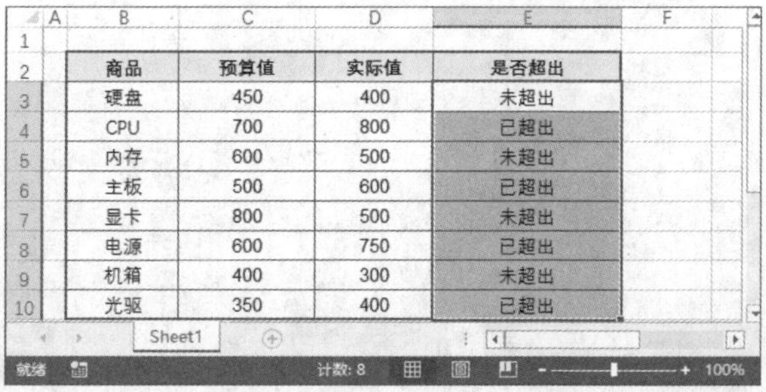

商品	预算值	实际值	是否超出
硬盘	450	400	未超出
CPU	700	800	已超出
内存	600	500	未超出
主板	500	600	已超出
显卡	800	500	未超出
电源	600	750	已超出
机箱	400	300	未超出
光驱	350	400	已超出

公式分析：使用C列和D列的相同行数据进行比较，看是否C列的数据大，如果大，则判断值为“TRUE”，输出“未超出”，否则判断值为“FALSE”，输出“已超出”。

2.1.2 OR函数的应用

OR函数的作用是在其参数组中，任何一个参数逻辑值为TRUE，即返回TRUE；所有参数的逻辑值为FALSE，才返回FALSE。

语法格式

OR(logical1,logical2,...)

参数说明

logical1, logical2, ...：为需要进行检验的1~30个条件表达式。

- 参数必须能计算为逻辑值，如TRUE或FALSE，或者为包含逻辑值的数组或引用。
- 如果数组或引用参数中包含文本或空白单元格，则这些值将被忽略。
- 如果指定的区域中不包含逻辑值，函数OR返回错误值#VALUE!。
- 可以使用OR数组公式来检验数组中是否包含特定的数值。若要输入数组公式，则需按Ctrl+Shift+Enter组合键。

OR函数的使用范围很广，一般同IF函数搭配使用。下面将以发放奖金资格为例，介绍其使用方法。

Step 01 选中E3单元格，输入公式“=IF(OR(C3>40,D3>10),"是","否")”，按Enter键确认，返回计算结果。

Step 02 再次选中E3单元格，将公式向下填充，完成其他员工的资格判定。

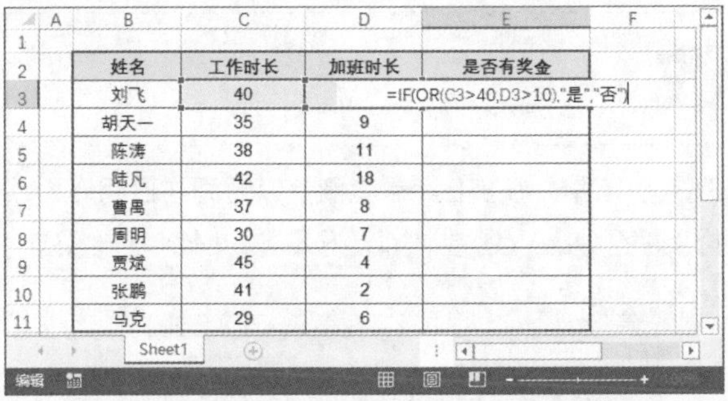

姓名	工作时长	加班时长	是否有奖金
刘飞	40		=IF(OR(C3>40,D3>10),"是","否")
胡天一	35	9	
陈涛	38	11	
陆凡	42	18	
曹禺	37	8	
周明	30	7	
贾斌	45	4	
张鹏	41	2	
马克	29	6	

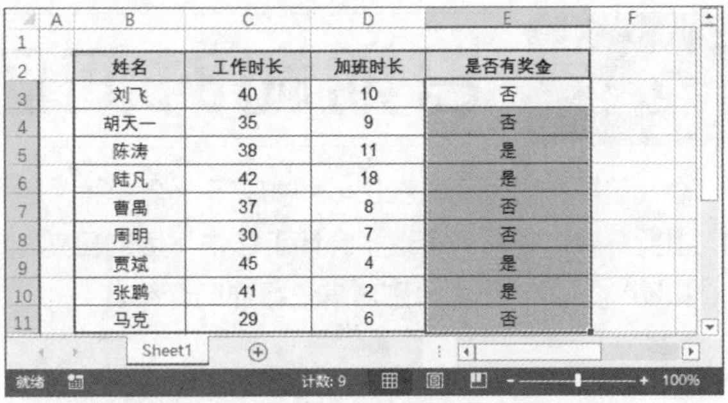

姓名	工作时长	加班时长	是否有奖金
刘飞	40	10	否
胡天一	35	9	否
陈涛	38	11	是
陆凡	42	18	是
曹禺	37	8	否
周明	30	7	否
贾斌	45	4	是
张鹏	41	2	是
马克	29	6	否

公式分析：本例中，使用OR函数以工作时长大于40或加班时长大于10为条件，只要满足一个就返回TRUE值，再配合IF函数，很容易判断出是否符合奖金发放标准。如果还有其他限制条件，也可以继续添加。

2.1.3 AND函数的应用

AND函数的作用就是其所有参数的逻辑值为真时，返回TRUE；只要有一个参数的逻辑值为假，即返回FALSE。

语法格式

AND(logical1,logical2, ...)

参数说明

logical1, logical2, ...：表示待检测的1~30个条件值，各条件值可为TRUE或FALSE。参数必须是逻辑值TRUE或FALSE，或者包含逻辑值的数组或引用。若数组或引用参数中包含文本或空白单元格，则这些值将被忽略。若指定的单元格区域内包括非逻辑值，则AND将返回错误值#VALUE!。

AND函数一般来说并不是独立出现的，而是与其他函数一起使用。下面介绍其与IF函数一起使用来判断元素含量是否符合要求。

Step 01 选中D3单元格，输入公式“=IF(AND(C3>180,C3<400),"合格","不合格")”，按Enter键确认，返回计算结果。

Step 02 再次选中D3单元格，将公式向下填充，判断其他型号的元素含量是否合格。

型号	元素含量	是否合格
TS001	=IF(AND(C3>180,C3<400),"合格","不合格")	
TS002	350	
TS003	300	
TS004	180	
DS001	400	
DS002	410	
DS003	320	
DS004	270	

型号	元素含量	是否合格
TS001	200	合格
TS002	350	合格
TS003	300	合格
TS004	180	不合格
DS001	400	不合格
DS002	410	不合格
DS003	320	合格
DS004	270	合格

公式分析：在这里首先进行AND函数的运算，当符合标准时返回TRUE，否则返回FALSE。之后与IF函数配合，生成相对应的“合格”与“不合格”的验证。

2.2 日期和时间函数

日期和时间函数在Excel中属于一个大类，因为在现实应用中，很多Excel实例都以时间与日期作为重要参数。在财务管理和会计工作中常用的日期和时间函数有TODAY函数、YEAR函数、MONTH函数和DAY函数，下面分别对其进行详细介绍。

2.2.1 TODAY函数的应用

TODAY函数的作用就是返回当前日期，在使用时不需要任何参数。

语法格式

=TODAY()

下面以案例的形式介绍TODAY函数的使用方法。

Step 01 选中H2单元格，输入公式“=TODAY()”。

Step 02 按Enter键确认，就可以直接获取到当前日期。

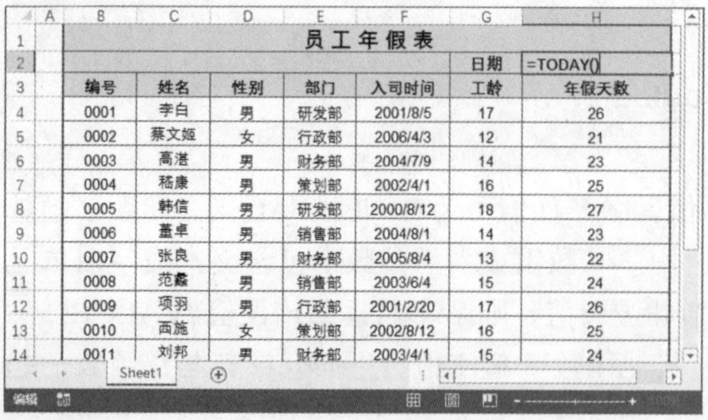

员工年假表						
					日期	=TODAY()
编号	姓名	性别	部门	入司时间	工龄	年假天数
0001	李白	男	研发部	2001/8/5	17	26
0002	蔡文姬	女	行政部	2006/4/3	12	21
0003	高湛	男	财务部	2004/7/9	14	23
0004	嵇康	男	策划部	2002/4/1	16	25
0005	韩信	男	研发部	2000/8/12	18	27
0006	董卓	男	销售部	2004/8/1	14	23
0007	张良	男	财务部	2005/8/4	13	22
0008	范蠡	男	销售部	2003/6/4	15	24
0009	项羽	男	行政部	2001/2/20	17	26
0010	西施	女	策划部	2002/8/12	16	25
0011	刘邦	男	财务部	2003/4/1	15	24

员工年假表						
					日期	2018/9/18
编号	姓名	性别	部门	入司时间	工龄	年假天数
0001	李白	男	研发部	2001/8/5	17	26
0002	蔡文姬	女	行政部	2006/4/3	12	21
0003	高湛	男	财务部	2004/7/9	14	23
0004	嵇康	男	策划部	2002/4/1	16	25
0005	韩信	男	研发部	2000/8/12	18	27
0006	董卓	男	销售部	2004/8/1	14	23
0007	张良	男	财务部	2005/8/4	13	22
0008	范蠡	男	销售部	2003/6/4	15	24
0009	项羽	男	行政部	2001/2/20	17	26
0010	西施	女	策划部	2002/8/12	16	25
0011	刘邦	男	财务部	2003/4/1	15	24

提示

本例中用户也可以在选择单元格后，使用CTRL+;组合键，这样便可以直接在单元格中显示当前的日期信息。

2.2.2 YEAR、MONTH及DAY函数的应用

YEAR函数的作用是将数据转换为年。

语法格式

YEAR(serial_number)

参数说明

serial_number：一个日期值，其中包含要查找的年份。日期有多种输入方式：带引号的文本串（"1998/01/30"）、系列数（如35825表示1998年1月30日）或其他公式或函数的结果（例如DATEVALUE("1998/1/30")）。

与之相关的还有月份的提取函数MONTH、日期的提取函数DAY，用法与YEAR基本相同。下面以提取某日期的年、月、日为例，介绍日期函数的基本使用方法。

Step 01 选中C3单元格，输入公式“=YEAR(B3)”，按Enter键确认，返回年份信息。

Step 02 再次选中C3单元格，将公式向下填充，完成其他日期的年份信息。

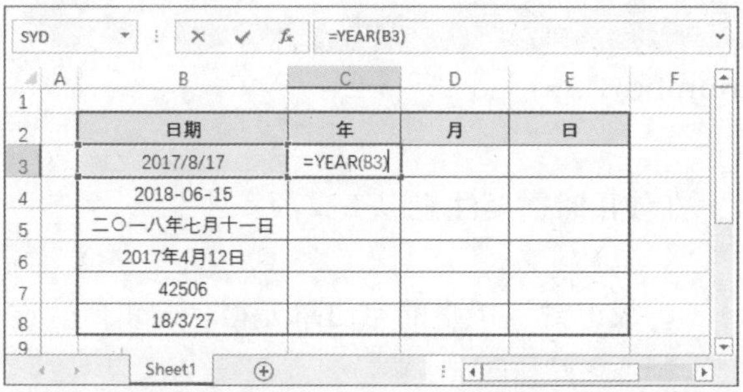

Step 03 选中D3单元格，输入公式“=MONTH(B3)”，按Enter键确认，返回月份信息。

Step 04 再次选中D3单元格，将公式向下填充，完成其他日期的月份信息。

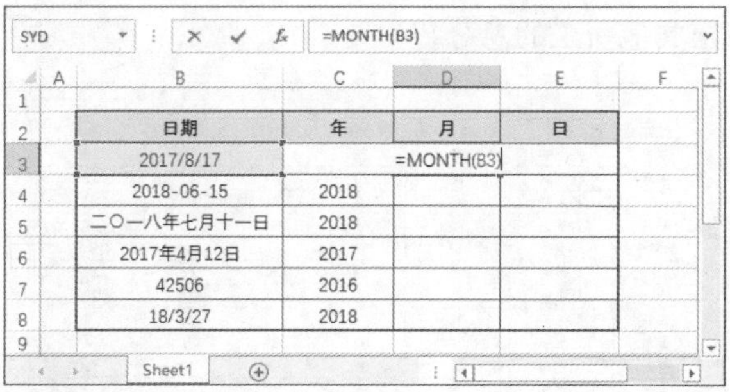

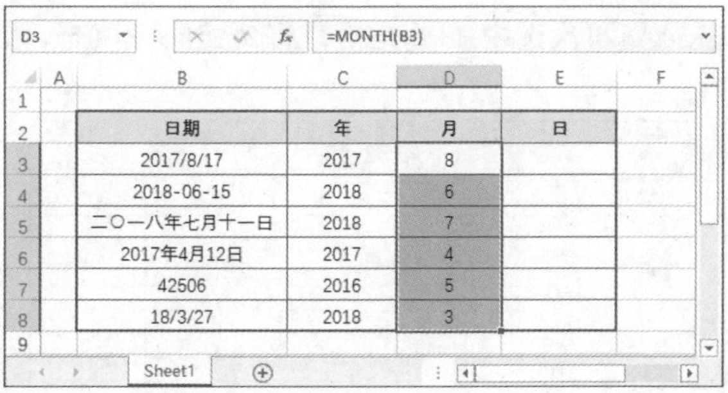

Step 05 选中E3单元格，输入公式“=DAY(B3)”，按Enter键确认，返回日信息。

Step 06 再次选中E3单元格，将公式向下填充，完成其他日期的日信息。

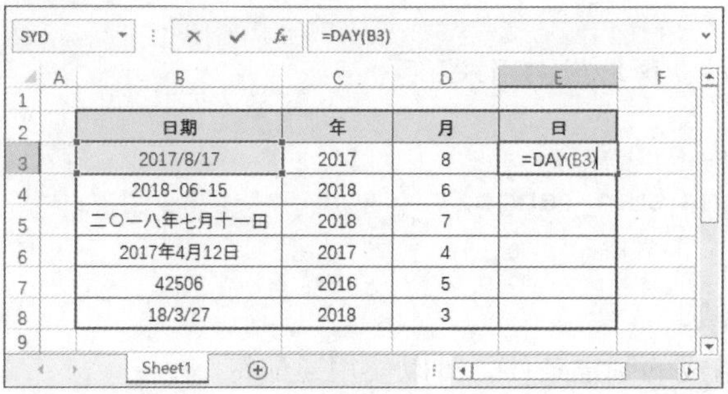

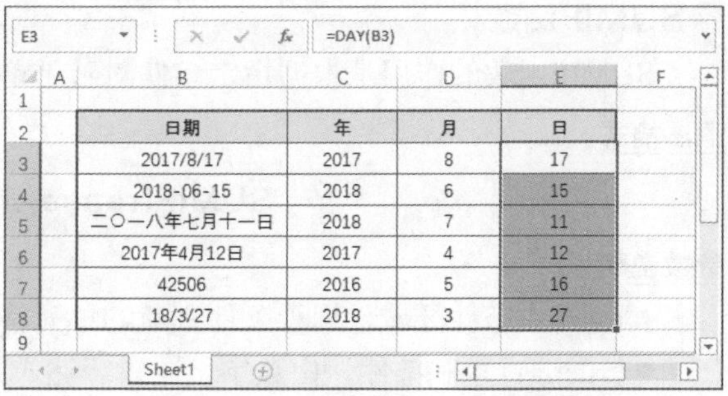

2.3 数学和三角函数

数学和三角函数时常被用来进行计算或分析表格内的数据。在财务管理和会计工作中常用到的数学和三角函数有SUM函数、SUMIF函数、SUMPRODUCT函数、ROUND函数、INT函数等。下面分别对其进行详细介绍。

2.3.1 SUM和SUMIF函数的应用

❶SUM函数

SUM是Excel中进行求和运算使用的函数之一，也是最常使用的函数。其作用是返回某一单元格区域中数字、逻辑值及数字的文本表达式之和。如果参数中有错误值或不能转换为数字的文本，将会导致错误。

语法格式

SUM(number1,number2,···)

参数说明

number：必要参数，为1~254个需要求和的参数。在使用时需要注意以下事项：

- 逻辑值及数字的文本表达式会被计算。
- 如果参数为数组或引用，只有其中的数字被计算，数组或引用中的空白单元格、逻辑值、文本将被忽略。
- 如果参数中有错误值或不能转换成数字的文本，将会导致错误。

下面以简单的SUM求和为例，介绍SUM函数的基本使用方法。

Step 01 选中H3单元格，输入公式“=SUM(D3:G3)”，按Enter键确认，计算出“总分”。

Step 02 再次选中H3单元格，将公式向下填充，计算出其他员工的总分。

姓名	部门	工作能力得分	责任感得分	积极性得分	协调性得分	总分
王贵	网络部	80	85	90	81	=SUM(D3:G3)
李卓	销售部	78	80	96	75	
刘凯	行政部	90	67	84	91	
林方	财务部	75	84	86	96	
袁君艺	研发部	40	89	82	74	
海棠红	行政部	85	73	80	66	
谢飞	研发部	88	60	74	60	
王权	网络部	60	79	75	63	
赵默	研发部	89	86	68	78	
于朝	销售部	94	98	88	75	
朝闽	研发部	69	98	92	76	
李宇	财务部	78	87	98	85	
程洋	销售部	68	75	59	84	

姓名	部门	工作能力得分	责任感得分	积极性得分	协调性得分	总分
王贵	网络部	80	85	90	81	336
李卓	销售部	78	80	96	75	329
刘凯	行政部	90	67	84	91	332
林方	财务部	75	84	86	96	341
袁君艺	研发部	40	89	82	74	285
海棠红	行政部	85	73	80	66	304
谢飞	研发部	88	60	74	60	282
王权	网络部	60	79	75	63	277
赵默	研发部	89	86	68	78	321
于朝	销售部	94	98	88	75	355
朝闽	研发部	69	98	92	76	335
李宇	财务部	78	87	98	85	348
程洋	销售部	68	75	59	84	286

❷SUMIF函数

SUMIF函数的作用是根据指定条件对若干单元格、区域或引用求和。

语法格式

SUMIF(range,criteria,sum_range)

参数说明

- range：条件区域，用于条件判断的单元格区域。
- criteria：求和条件，由数字、逻辑表达式等组成的判定条件，可以使用通配符。

- sum_range：实际求和区域，需要求和的单元格、区域或引用。省略时，条件区域就是实际求和区域。

下面以计算销售总数量为例，介绍SUMIF函数的使用。

Step 01 选中K3单元格，输入公式“=SUMIF($C$3:$C$20,J3,$G$3:$G$20)”，按Enter键确认，计算销售总数量。

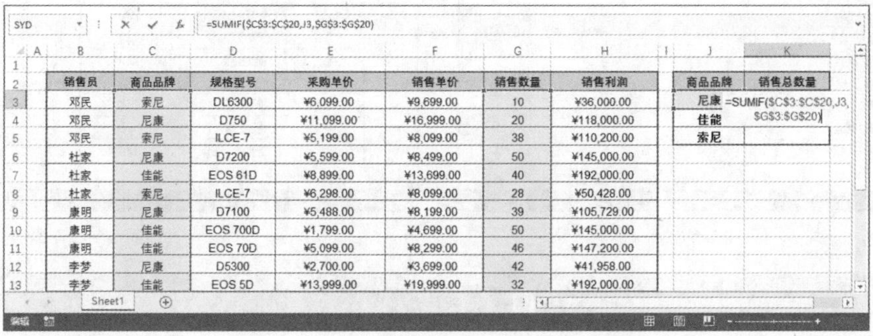

SYD　=SUMIF($C$3:$C$20,J3,$G$3:$G$20)

销售员	商品品牌	规格型号	采购单价	销售单价	销售数量	销售利润
邓民	索尼	DL6300	¥6,099.00	¥9,699.00	10	¥36,000.00
邓民	尼康	D750	¥11,099.00	¥16,999.00	20	¥118,000.00
邓民	索尼	ILCE-7	¥5,199.00	¥8,099.00	38	¥110,200.00
杜家	尼康	D7200	¥5,599.00	¥8,499.00	50	¥145,000.00
杜家	佳能	EOS 61D	¥8,899.00	¥13,699.00	40	¥192,000.00
杜家	索尼	ILCE-7	¥6,298.00	¥8,099.00	28	¥50,428.00
康明	尼康	D7100	¥5,488.00	¥8,199.00	39	¥105,729.00
康明	佳能	EOS 700D	¥1,799.00	¥4,699.00	50	¥145,000.00
康明	佳能	EOS 70D	¥5,099.00	¥8,299.00	46	¥147,200.00
李梦	尼康	D5300	¥2,700.00	¥3,699.00	42	¥41,958.00
李梦	佳能	EOS 5D	¥13,999.00	¥19,999.00	32	¥192,000.00

商品品牌	销售总数量
尼康	=SUMIF($C$3:$C$20,J3,$G$3:$G$20)
佳能	
索尼	

Step 02 将K3单元格中的公式向下填充，计算出各个商品品牌的销售总数量。

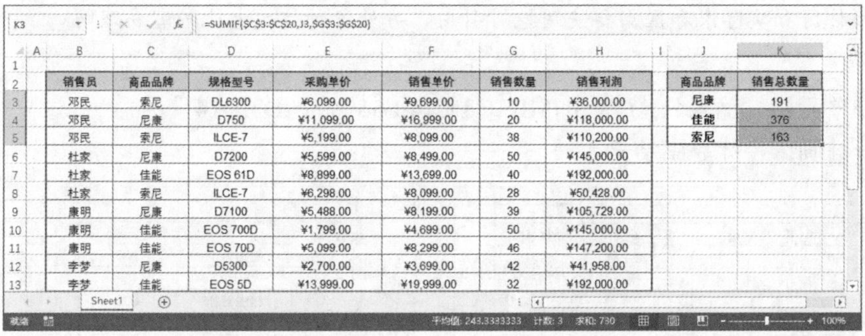

K3　=SUMIF($C$3:$C$20,J3,$G$3:$G$20)

销售员	商品品牌	规格型号	采购单价	销售单价	销售数量	销售利润
邓民	索尼	DL6300	¥6,099.00	¥9,699.00	10	¥36,000.00
邓民	尼康	D750	¥11,099.00	¥16,999.00	20	¥118,000.00
邓民	索尼	ILCE-7	¥5,199.00	¥8,099.00	38	¥110,200.00
杜家	尼康	D7200	¥5,599.00	¥8,499.00	50	¥145,000.00
杜家	佳能	EOS 61D	¥8,899.00	¥13,699.00	40	¥192,000.00
杜家	索尼	ILCE-7	¥6,298.00	¥8,099.00	28	¥50,428.00
康明	尼康	D7100	¥5,488.00	¥8,199.00	39	¥105,729.00
康明	佳能	EOS 700D	¥1,799.00	¥4,699.00	50	¥145,000.00
康明	佳能	EOS 70D	¥5,099.00	¥8,299.00	46	¥147,200.00
李梦	尼康	D5300	¥2,700.00	¥3,699.00	42	¥41,958.00
李梦	佳能	EOS 5D	¥13,999.00	¥19,999.00	32	¥192,000.00

商品品牌	销售总数量
尼康	191
佳能	376
索尼	163

上面为使用了SUMIF函数及其条件进行简单求和，在SUMIF函数中，用户还可以使用通配符来定更大的条件范围。下面以模糊查找求和为例来介绍SUMIF函数的用法。

Step 01 选中G3单元格，输入公式“=SUMIF(C3:C14,"路由器*",D3:D14)”。

Step 02 按Enter键确认，计算出销售总量。

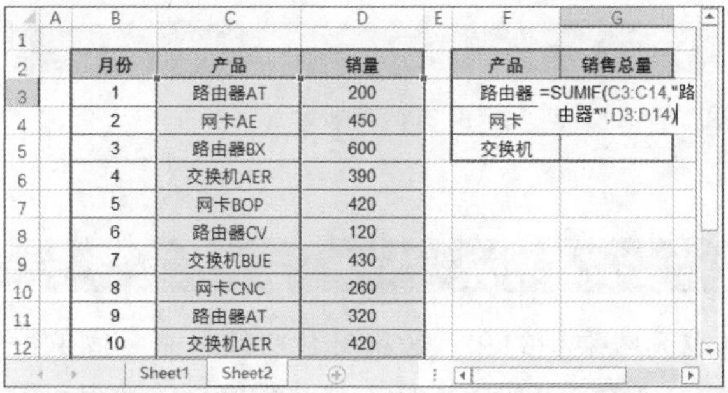

月份	产品	销量
1	路由器AT	200
2	网卡AE	450
3	路由器BX	600
4	交换机AER	390
5	网卡BOP	420
6	路由器CV	120
7	交换机BUE	430
8	网卡CNC	260
9	路由器AT	320
10	交换机AER	420

产品	销售总量
路由器	=SUMIF(C3:C14,"路由器*",D3:D14)
网卡	
交换机	

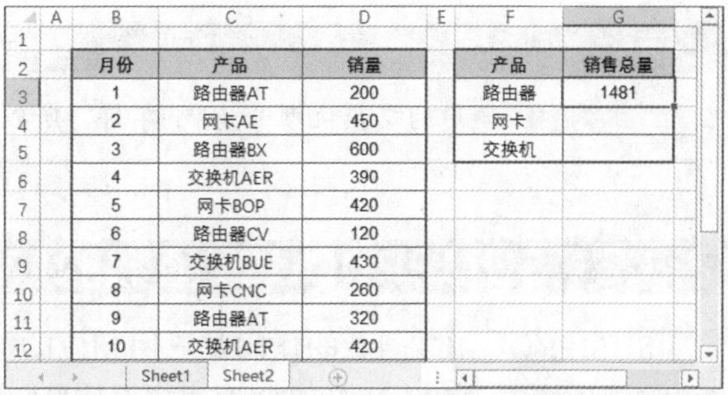

月份	产品	销量
1	路由器AT	200
2	网卡AE	450
3	路由器BX	600
4	交换机AER	390
5	网卡BOP	420
6	路由器CV	120
7	交换机BUE	430
8	网卡CNC	260
9	路由器AT	320
10	交换机AER	420

产品	销售总量
路由器	1481
网卡	
交换机	

提示

本例中，路由器有很多种型号，想要统计所有的路由器，虽然可以使用SUM函数通过一个一个销量进行添加计算，但是如果数据量过多，那么工作量会十分巨大，出错率也会增加。这时可以使用SUMIF函数，通过关键字及通配符的组合，“路由器*”来代表所有符合的条件，大大简化统计过程。

Step 03 选中G4单元格，输入公式“=SUMIF(C3:C14,F4&"*",D3:D14)”。

Step 04 按Enter键确认，计算出结果。

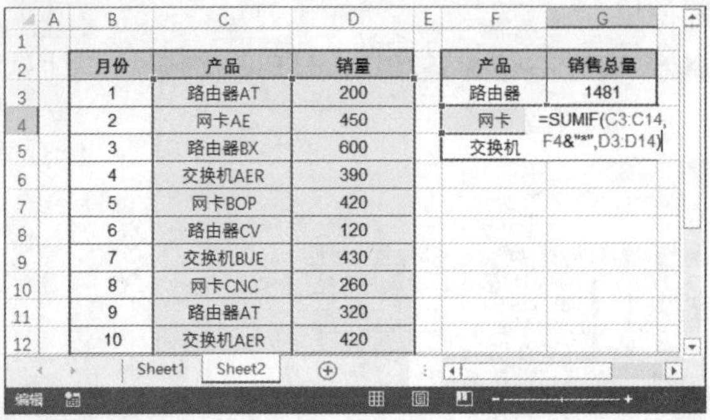

月份	产品	销量	产品	销售总量
1	路由器AT	200	路由器	1481
2	网卡AE	450	网卡	=SUMIF(C3:C14,F4&"*",D3:D14)
3	路由器BX	600	交换机	
4	交换机AER	390		
5	网卡BOP	420		
6	路由器CV	120		
7	交换机BUE	430		
8	网卡CNC	260		
9	路由器AT	320		
10	交换机AER	420		

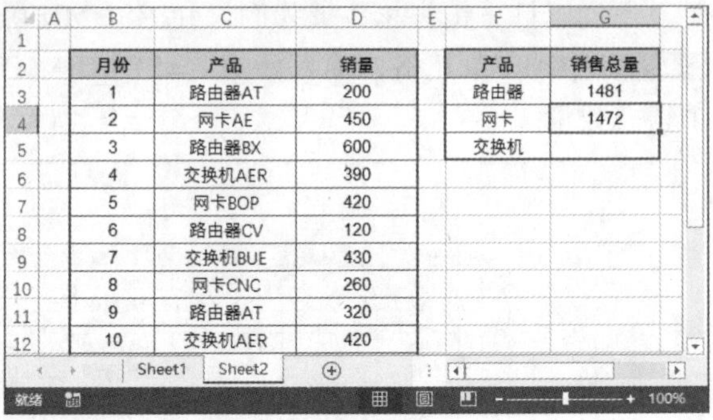

月份	产品	销量	产品	销售总量
1	路由器AT	200	路由器	1481
2	网卡AE	450	网卡	1472
3	路由器BX	600	交换机	
4	交换机AER	390		
5	网卡BOP	420		
6	路由器CV	120		
7	交换机BUE	430		
8	网卡CNC	260		
9	路由器AT	320		
10	交换机AER	420		

提示

公式“=SUMIF(C3:C14,F4&"*",D3:D14)”中使用F4&"*"来表示以网卡为开头的所有网卡型号。使用引用，可以方便更改查询的条件，也可以方便地进行公式填充操作。当然如果要进行公式填充，那么在条件区和实际求和区需要使用绝对引用。另外这种格式也比较容易理解。

Step 05 选中G5单元格，输入公式“=SUMIF(C3:C14,F5&"???",D3:D14)”。

Step 06 按Enter键确认，计算出结果。

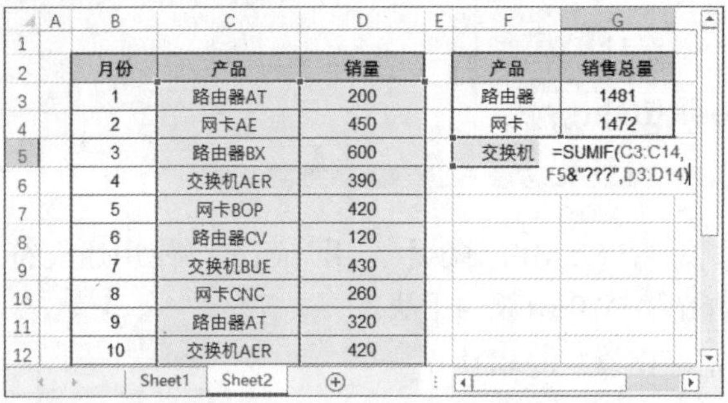

月份	产品	销量	产品	销售总量
1	路由器AT	200	路由器	1481
2	网卡AE	450	网卡	1472
3	路由器BX	600	交换机	=SUMIF(C3:C14,F5&"???",D3:D14)
4	交换机AER	390		
5	网卡BOP	420		
6	路由器CV	120		
7	交换机BUE	430		
8	网卡CNC	260		
9	路由器AT	320		
10	交换机AER	420		

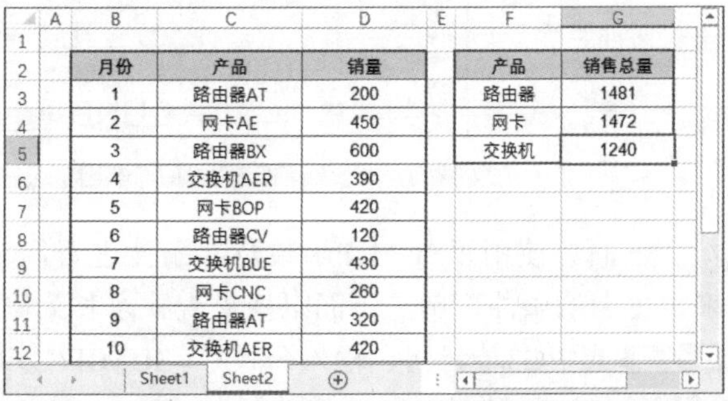

月份	产品	销量	产品	销售总量
1	路由器AT	200	路由器	1481
2	网卡AE	450	网卡	1472
3	路由器BX	600	交换机	1240
4	交换机AER	390		
5	网卡BOP	420		
6	路由器CV	120		
7	交换机BUE	430		
8	网卡CNC	260		
9	路由器AT	320		
10	交换机AER	420		

提示

本例中，使用的交换机型号为3个字符，所以使用了F5&"???"表示所有的交换机。

2.3.2 SUMPRODUCT函数的应用

SUMPRODUCT函数的作用是返回相应的数组或区域乘积的和。数组参数必须具有相同的维数，否则函数SUMPRODUCT将返回错误值#VALUE!。函数SUMPRODUCT将非数值型的数组元素作为0处理。

语法格式

SUMPRODUCT（array1,array2,array3, ...）

参数说明

array1,array2,array3, ... ：为2~30个数组，其相应元素需要进行相乘并求和。

下面以计算总销售金额为例，介绍如何使用SUMPRODUCT函数。

Step 01 选中C8单元格，输入公式“=SUMPRODUCT(C3:C7,D3:D7)”。

Step 02 按Enter键确认，计算出总销售金额。

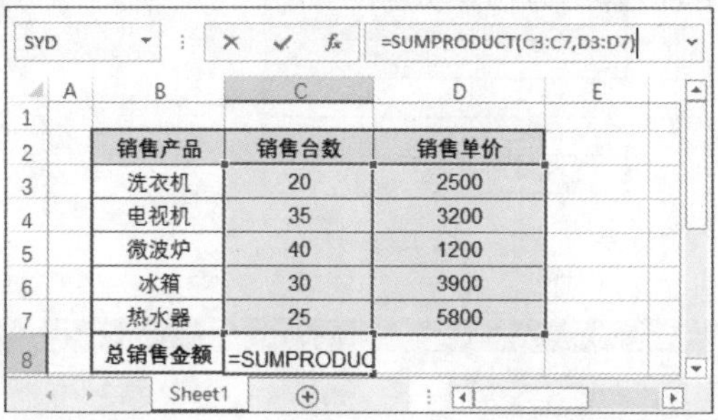

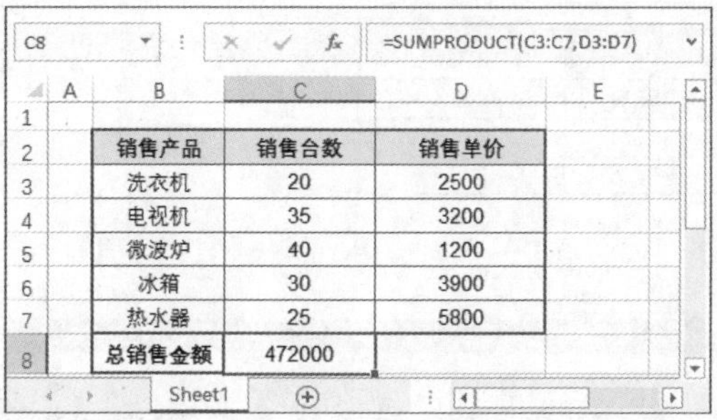

提示

因为在公式中需要计算每个产品的总金额，再相加，所以使用SUMPRODUCT函数时，只要将每个需要求和的区域选择出来，按照对应位置关系，先进行乘积的计算，再相加。

2.3.3 ROUND函数的应用

ROUND函数的作用就是按照指定的小数位数进行四舍五入运算的结果。

语法格式

ROUND（number,[digits]）

参数说明

- number：待做截取处理的数值。
- digits：指明需保留小数点后面的位数。可选项，若digits大于0，则四舍五入到指定的小数位；若digits等于0，则四舍五入到最接近的整数；若digits小于0，则在小数点左侧进行四舍五入。具体截取效果如下表所示。

公式	结果
=ROUND(150.5387,0)	151
=ROUND(150.5387,1)	150.5
=ROUND(150.5387,2)	150.54
=ROUND(150.5387,-2)	200

下面以最简单的运算为例，讲解该函数的用法。

Step 01 选中C3单元格，输入公式“=ROUND(B3,2)”。

Step 02 按Enter键确认，即可将B3单元格中的数值四舍五入2位数。

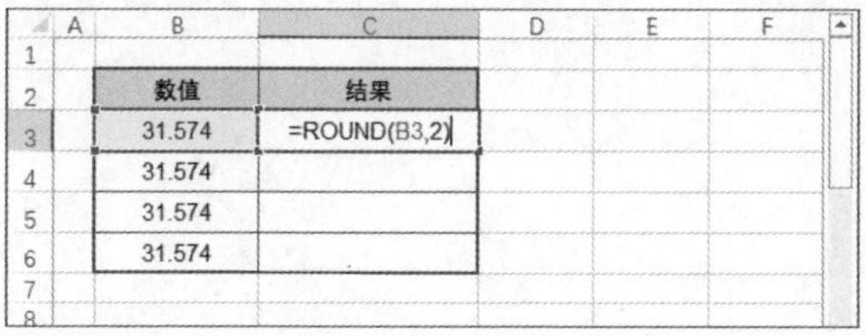

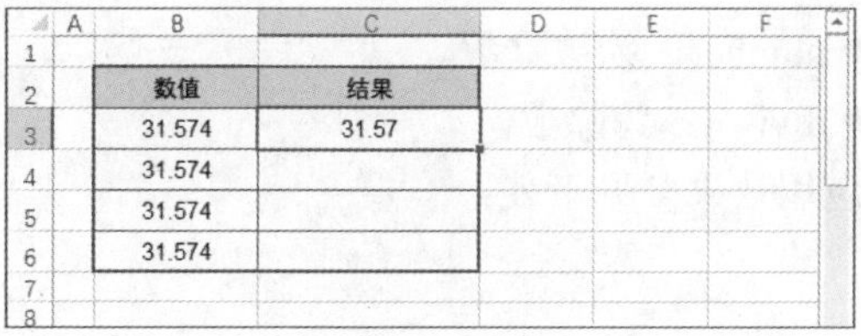

Step 03 选中C4单元格，输入公式“=ROUND(B4,1)”。

Step 04 按Enter键确认，即可将B4单元格中的数值四舍五入1位数。

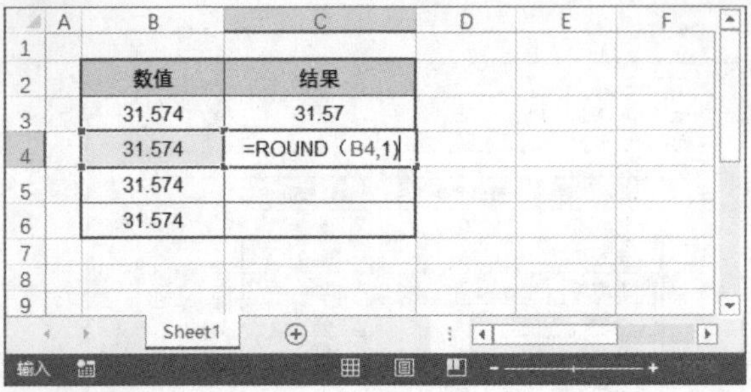

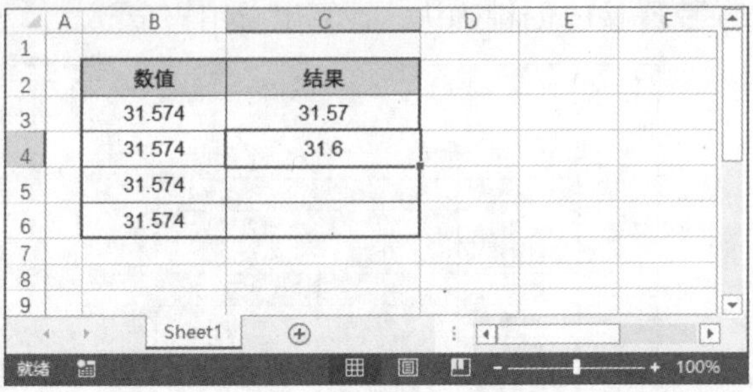

Step 05 选中C5单元格，输入公式“=ROUND(B5,0)”。

Step 06 按Enter键确认，即可将B5单元格中的数值四舍五入0位数。

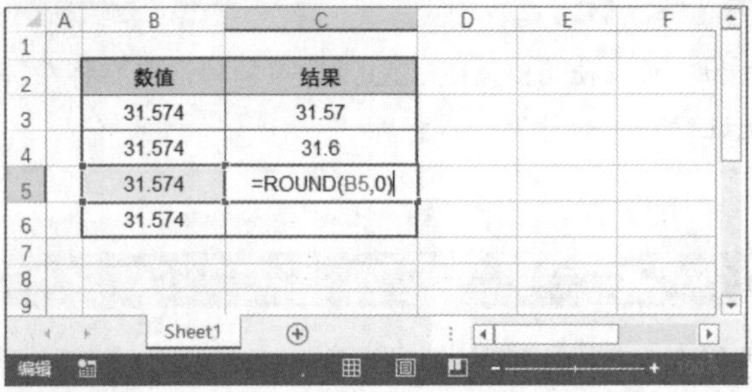

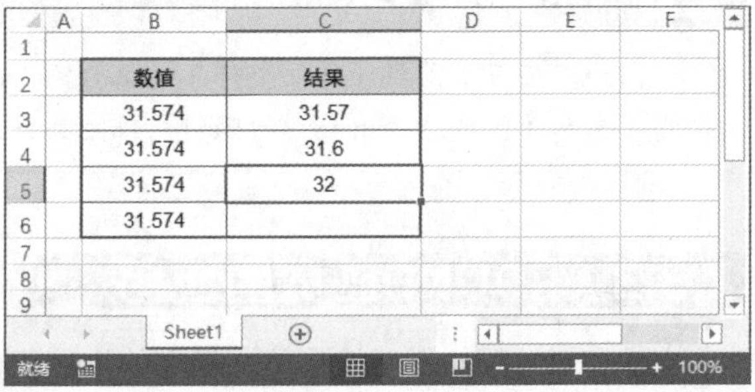

Step 07 选中C6单元格，输入公式“=ROUND(B6,-1)”。

Step 08 按Enter键确认，即可将B6单元格中的数值小数点左侧1位数四舍五入。

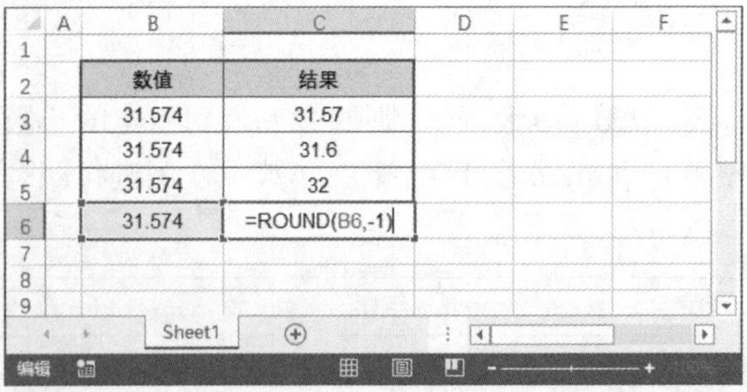

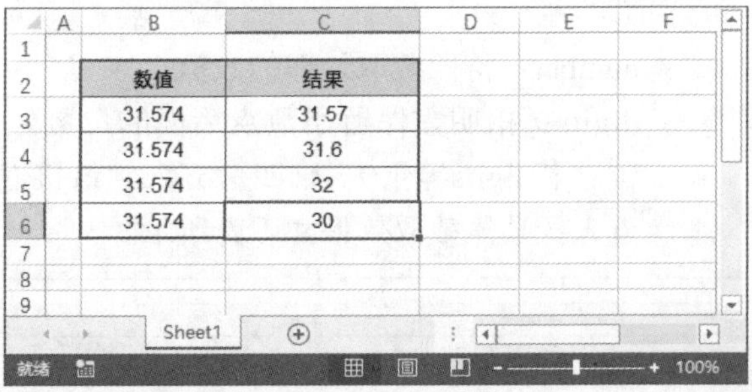

2.3.4 MOD函数的应用

MOD函数的作用就是求两数相除的余数。

语法格式

MOD(number,divisor)

参数说明

- number：为被除数。
- divisor：为除数。

应用效果参见下表：

公式	结果
=MOD(被除数,除数)	余数
=MOD(20,6)	2

下面通过简单的示例介绍MOD函数的用法。

Step 01 选中D3单元格，输入公式“=MOD(B3,C3)”。

Step 02 按Enter键确认，计算出余数是-3。

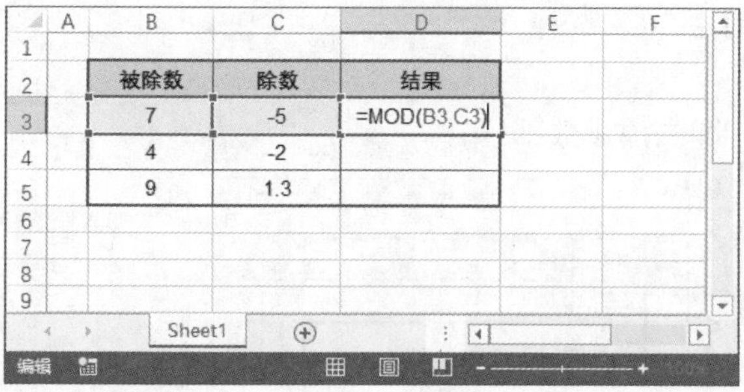

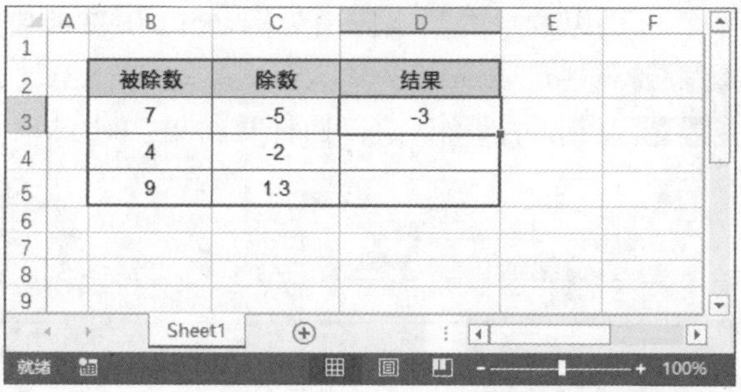

公式分析：两个异号的整数求余时，其结果的符号与除数的符号一致。两数能整除时，结果为0（或没有显示）；不能整除时，其结果为除数*（整商+1）-被除数。在上图中“=MOD(B3,C3)”公式表示7除以5整商为1，再加1等于2，2与5的积为10，10减7等于3，符号与除数一致，所以结果为-3。

Step 03 选中D4单元格，输入公式“=MOD(B4,C4)”。

Step 04 按Enter键确认，计算出余数是0。

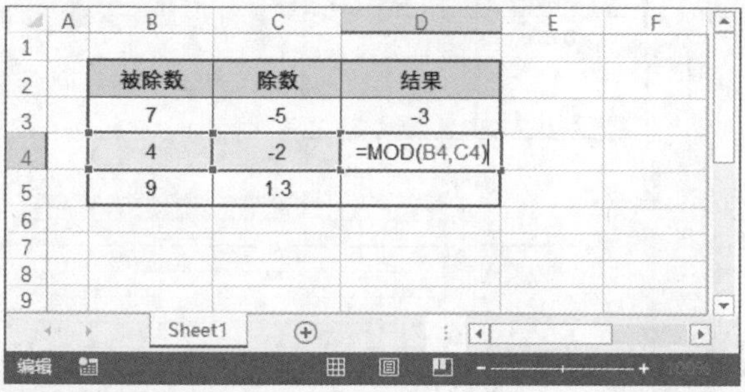

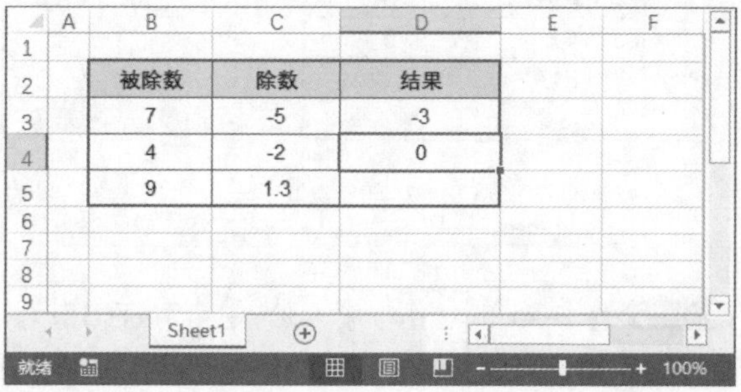

Step 05 选中D5单元格，输入公式“=MOD(B5,C5)”。

Step 06 按Enter键确认，计算出余数是1.2。

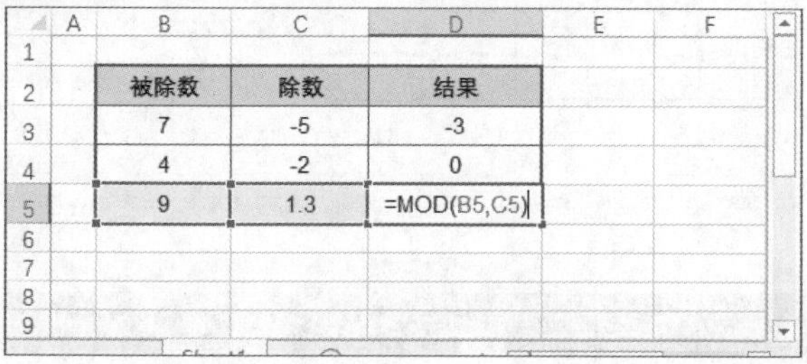

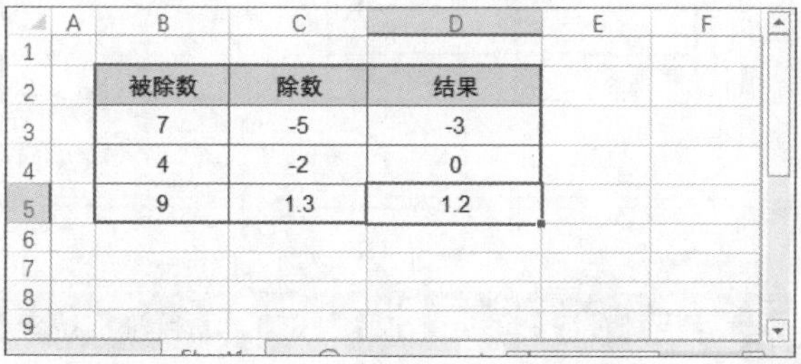

公式分析：如果被除数或除数都是小数或其中一个数为小数时，运算规则为被除数-（整商×除数）的结果。上图中的公式“=MOD(B5,C5)”表示9除以1.3整商为6，再乘以1.3等于7.8，9减去7.8等于1.2。

2.3.5 INT函数的应用

INT函数的作用是将数字向下舍入到最接近的整数。

语法格式

INT（number）

参数说明

number：表示需要进行向下舍入取整的实数。

下面以简单的数字应用为例，介绍INT函数的用法。

Step 01 选中C3单元格，输入公式"=INT(B3)"。

Step 02 按Enter键确认，返回计算结果。对0.8取整，即去掉小数部分。

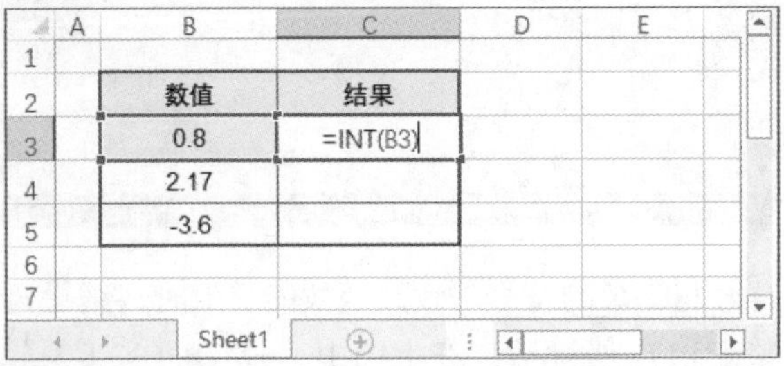

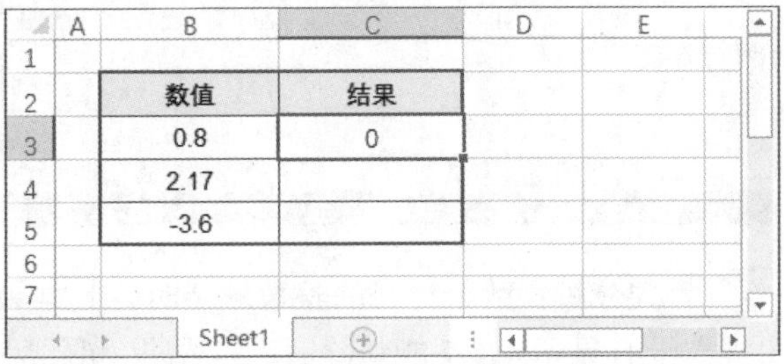

Step 03 选中C4单元格，输入公式"=INT(B4)"。

Step 04 按Enter键确认，返回计算结果。对2.17取整，即直接去掉小数部分。

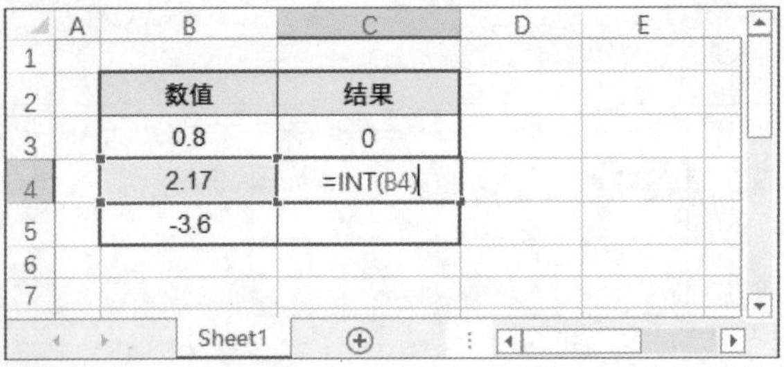

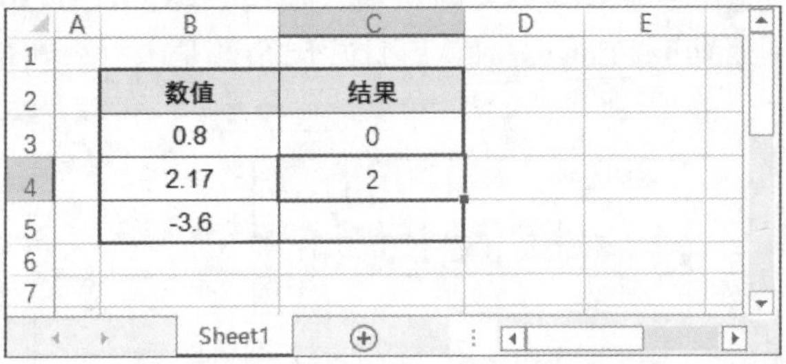

Step 05 选中C5单元格，输入公式"=INT(B5)"。

Step 06 按Enter键确认，返回计算结果。对负数的取整是收上小数部分。

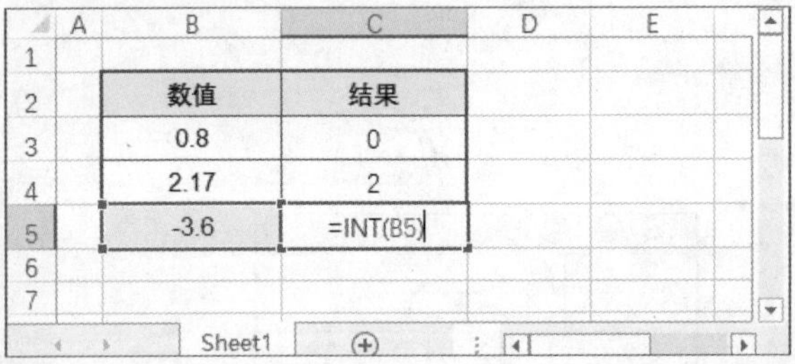

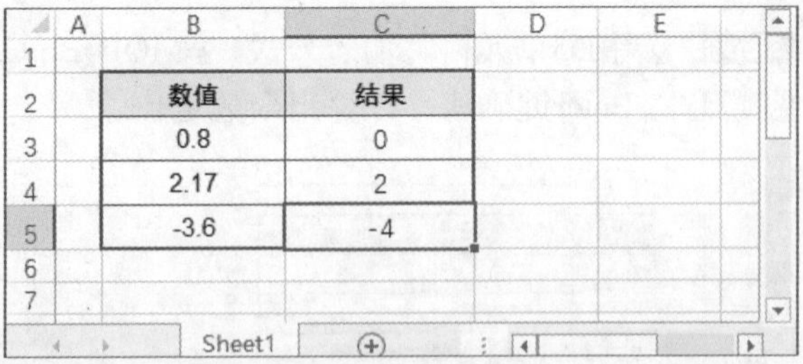

2.3.6 ABS函数的应用

ABS函数的作用是计算某个数值的绝对值。

语法格式

ABS（number）

参数说明

number：表示需要计算其绝对值的实数。函数返回数字的绝对值。

下面以简单的数字应用为例，介绍ABS函数的用法。

Step 01 选中C3单元格，输入公式“=ABS(B3)”。

Step 02 按Enter键确认，返回计算结果。正数的绝对值是它本身。

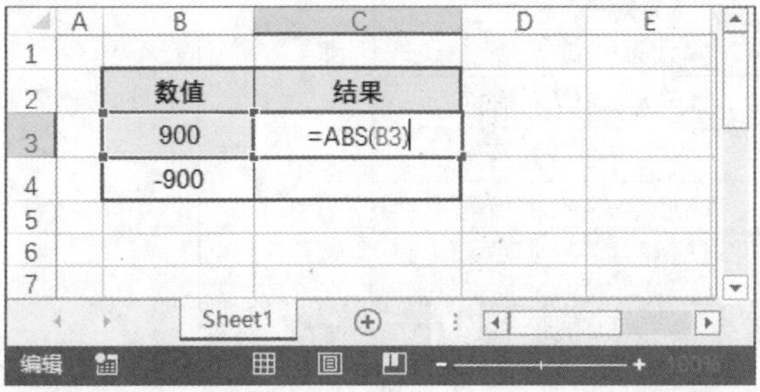

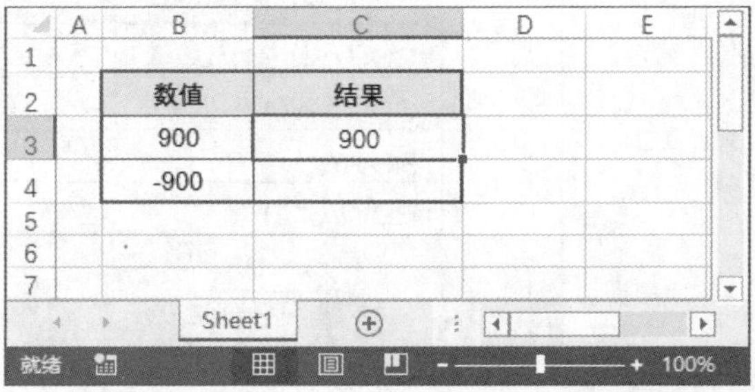

Step 03 选中C4单元格，输入公式“=ABS(B4)”。

Step 04 按Enter键确认，返回计算结果。负数的绝对值是去掉负号。

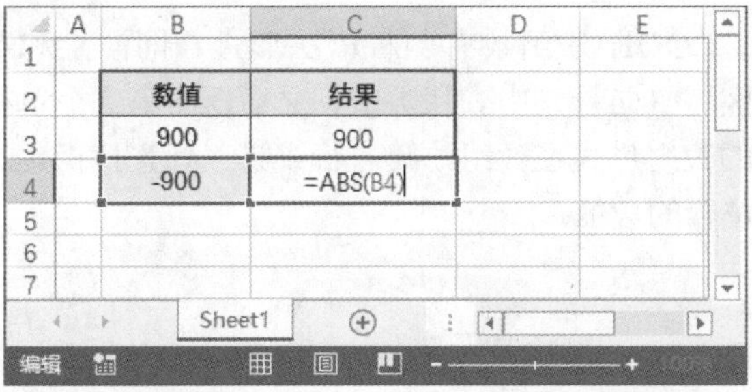

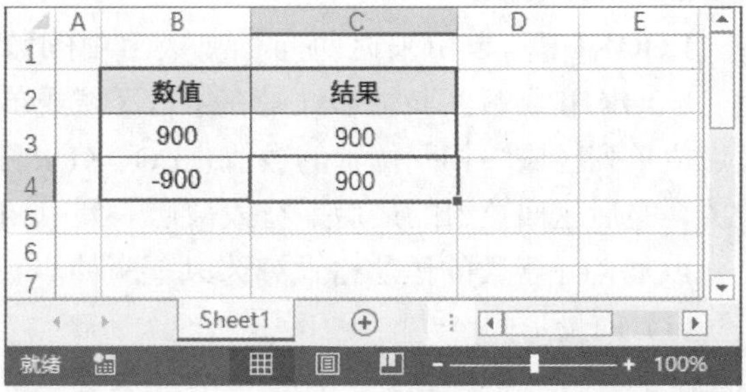

2.4 查找和引用函数

在Excel的函数中，查找和引用函数占有很大一块比重。用户在进行数据处理时，首先就需要按照要求对数据进行查找。找到满足条件的数据后，再进行其他操作。在财务管理和会计日常工作中常用的查找和引用函数包括COLUMN函数、ROW函数、LOOKUP函数、VLOOKUP函数、INDEX函数、MATCH函数等，下面分别对其进行详细介绍。

2.4.1 COLUMN和ROW函数的应用

COLUMN和ROW函数的功能分别是返回给定引用的列标和行号，其语法格式为：

COLUMN (reference)

ROW (reference)

参数说明

reference：表示需要得到其列标或者行号的单元格或者单元格区域。如果省略了reference，则默认为是对函数本身所在单元格的引用。当reference为一个单元格区域时，若函数COLUMN作为水平数组输入，函数将以水平数组的形式返回reference中的列标；若函数ROW作为垂直数组输入，函数将以垂直数组的形式返回reference中的行号。reference不能引用多个区域。

这两个函数的相关应用如下图所示。

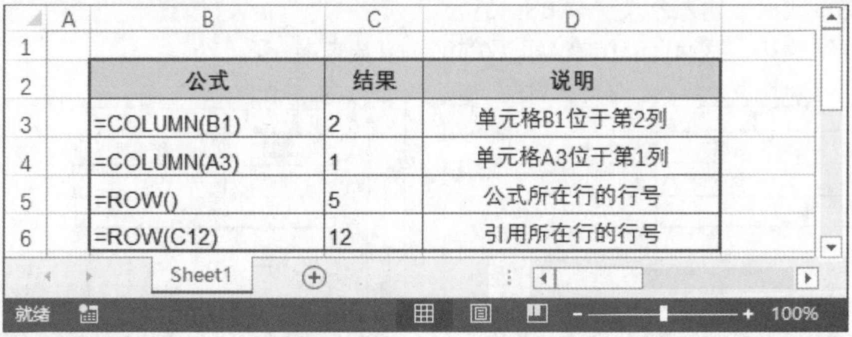

公式	结果	说明
=COLUMN(B1)	2	单元格B1位于第2列
=COLUMN(A3)	1	单元格A3位于第1列
=ROW()	5	公式所在行的行号
=ROW(C12)	12	引用所在行的行号

2.4.2 LOOKUP函数和VLOOKUP函数的应用

❶LOOKUP函数

LOOKUP函数用来返回向量或数组中的数值。LOOKUP函数有两种语法形式，即向量和数组。LOOKUP函数的向量形式是在单行区域或单列区域（向量）中查找数值，之后返回第二个单行区域或单列区域中相同位置的数值；LOOKUP函数的数组形式在数组的第一行或第一列查找指定的数值，之后返回数组的最后一行或最后一列中相同位置的数值。

LOOKUP函数的语法格式分为以下两种。

（1）向量形式

语法格式

LOOKUP(lookup_value,lookup_vector,result_vector)

参数说明

- lookup_value：函数LOOKUP在第一个向量中所要查找的数值，它可以为数字、文本、逻辑值或包含数值的名称或引用。
- lookup_vector：只包含一行或一列的区域lookup_vector的数值可以为文本、数字或逻辑值。
- result_vector：只包含一行或一列的区域其大小必须与lookup_vector相同。

（2）数组形式

语法格式

LOOKUP(lookup_value,array)

参数说明

- array：包含文本、数字或逻辑值的单元格区域或数组的值，用于与lookup_value进行比较。

数组形式使用时需要注意：array和lookup_vector的数据必须按升序排列，否则不能返回正确的结果。文本不区分大小写。如果LOOKUP找不到lookup_value，则查找array中小于lookup_value的最大数值。如果lookup_value小于array中的最小值，则返回错误值#N/A。另外还要注意：LOOKUP在查找字符方面是不支持通配符的，但可以使用FIND函数的形式来代替。

下面以查找销售员的销量为例，介绍两种方法的区别之处。

Step 01 选中G3单元格，输入向量形式公式“=LOOKUP(F3,B3:B12,D3:D12)”。

Step 02 按Enter键确认，即可查找到“杨康”的销量为“57000”。

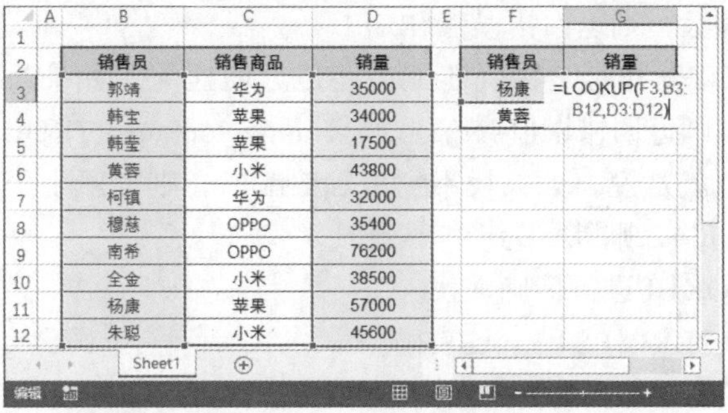

销售员	销售商品	销量		销售员	销量
郭靖	华为	35000		杨康	=LOOKUP(F3,B3:B12,D3:D12)
韩宝	苹果	34000		黄蓉	
韩莹	苹果	17500			
黄蓉	小米	43800			
柯镇	华为	32000			
穆慈	OPPO	35400			
南希	OPPO	76200			
全金	小米	38500			
杨康	苹果	57000			
朱聪	小米	45600			

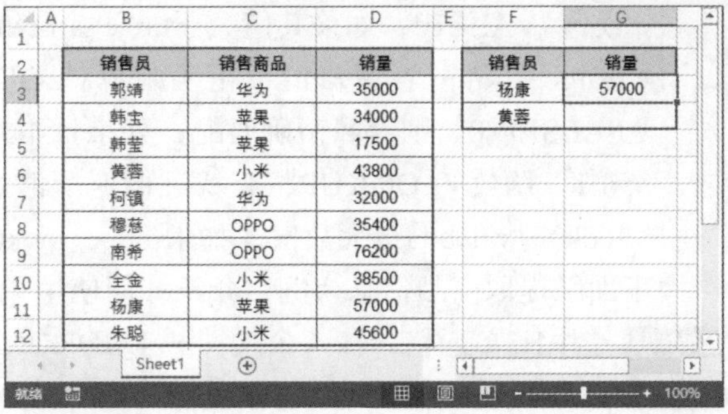

销售员	销售商品	销量		销售员	销量
郭靖	华为	35000		杨康	57000
韩宝	苹果	34000		黄蓉	
韩莹	苹果	17500			
黄蓉	小米	43800			
柯镇	华为	32000			
穆慈	OPPO	35400			
南希	OPPO	76200			
全金	小米	38500			
杨康	苹果	57000			
朱聪	小米	45600			

公式分析：此处使用的LOOKUP函数，以F3单元格的数据为关键字，在B3:B12单元格区域进行查找，如果找到，在D3:D12中找到相同的行号，返回对应的数据值，完成查询。

Step 03 选中G4单元格，输入数组形式公式“=LOOKUP(F4,B3:D12)”。

Step 04 按Enter键确认，即可查找到“黄蓉”的销量为“43800”。

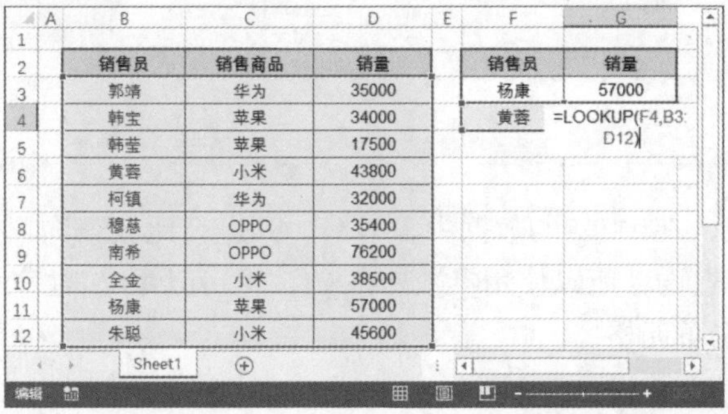

销售员	销售商品	销量		销售员	销量
郭靖	华为	35000		杨康	57000
韩宝	苹果	34000		黄蓉	=LOOKUP(F4,B3:D12)
韩莹	苹果	17500			
黄蓉	小米	43800			
柯镇	华为	32000			
穆慈	OPPO	35400			
南希	OPPO	76200			
全金	小米	38500			
杨康	苹果	57000			
朱聪	小米	45600			

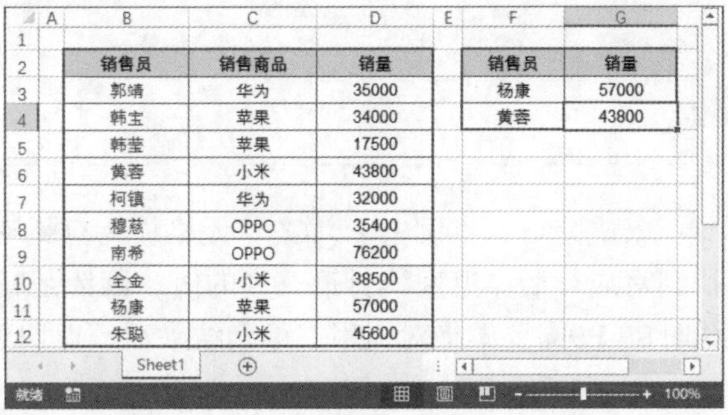

销售员	销售商品	销量		销售员	销量
郭靖	华为	35000		杨康	57000
韩宝	苹果	34000		黄蓉	43800
韩莹	苹果	17500			
黄蓉	小米	43800			
柯镇	华为	32000			
穆慈	OPPO	35400			
南希	OPPO	76200			
全金	小米	38500			
杨康	苹果	57000			
朱聪	小米	45600			

公式分析：此处使用的是数组形式公式，需要确定的是F4的关键字，以及查询的区域B3:D12，完成查询。

提示

在使用数组形式的LOOKUP公式前，需要对数据区域进行升序排序，只有排序成功，才能准确查询到正确的结果。

❷VLOOKUP函数

VLOOKUP函数是Excel中的一个纵向查找函数，它与LOOKUP函数和HLOOKUP函数属于一类函数。该函数用于按列进行查找，最终返回该列所需查询列序所对应的值，与之对应的HLOOKUP函数是按行查找。

语法格式

VLOOKUP(lookup_value,table_array,col_index_num,range_lookup)

参数说明

- lookup_value：需要在数据表第一列中进行查找的数值。lookup_value可以为数值、引用或文本字符串。当VLOOKUP函数第一参数省略查找值时，表示用0查找。
- table_array：需要在其中查找数据的数据表。使用对区域或区域名称的引用。
- col_index_num：表示在table_array中查找数据的数据列序号。若为1时，返回table_array第一列的数值；若为2时，返回table_array第二列的数值，以此类推。如果其值小于1，则返回错误值#VALUE!；如果其值大于table_array的列数，则返回错误值#REF!。

- range_lookup：逻辑值，指明函数VLOOKUP查找时是精确匹配，还是近似匹配。如果为FALSE或0，则返回精确匹配；如果找不到，则返回错误值#N/A。如果range_lookup为TRUE或1，函数VLOOKUP将查找近似匹配值，也就是说，如果找不到精确匹配值，则返回小于lookup_value的最大数值。如果range_lookup省略，则默认为近似匹配。

下面以提取商品信息为例，介绍如何使用VLOOKUP进行精确查找。

Step 01 选中H3单元格，输入公式“=VLOOKUP(G3,$B$3:$E$9,3,FALSE)”。

Step 02 按Enter键确认，返回计算结果，将公式向下填充得到其他的查询结果。

公式分析：本例中，以G3单元格作为查询对象，在B3:E9的数据中，对第一列进行比较查询，找到对应行后，返回该行第三列的值。因为是精确查询，所以使用参数FALSE，也可以用0。注意此时B3:E9需要做绝对引用。得到结果后，返回到H3单元格。

2.4.3 INDEX函数的应用

INDEX函数的作用是返回表或区域中的值或对值的引用。该函数有两种形式，即数组形式和引用形式。数组形式通常返回数组中指定的单元格或单元格数组的数值，引用形式通常返回引用中指定单元格或单元格区域的引用。

该函数常用于返回特定行和列交叉处单元格的引用。如果该引用是由非连续选定区域组成的，则可以选择要用作查找范围的选定区域。

❶数组形式

语法格式

INDEX(array,row_num,column_num)

参数说明

- array：单元格区域或数组常数。
- row_num：数组中某行的行序号，函数从该行返回数值。如果省略row_num，则必须有column_num。
- column_num：数组中某列的列序号，函数从该列返回数值。如果省略column_num，则必须有row_num。

❷引用形式

语法格式

INDEX(reference,row_num,column_num,area_num)

参数说明

- reference：是对一个或多个单元格区域的引用，如果引用输入一个不连续的选定区域，必须用括号括起来。
- area_num：是选择引用中的一个区域，并返回该区域中row_num和column_num的交叉区域。选中或输入的第一个区域序号为1，第二个为2，以此类推。如果省略area_num，则INDEX函数使用区域1。

其余参数的用法与数组形式类似。

下面通过实例介绍INDEX函数的用法。

Step 01 选中G3单元格，输入查找函数“=INDEX(B2:D4,2,3)”。

Step 02 按Enter键确认，返回查找结果。

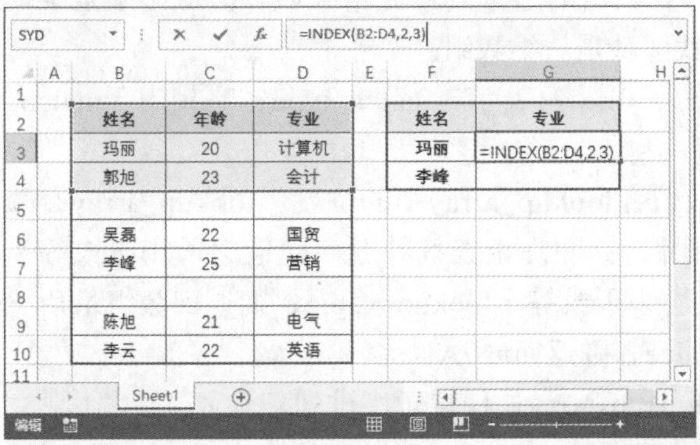

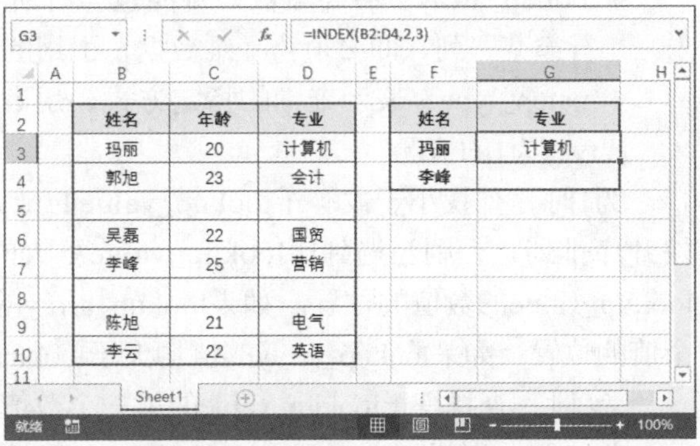

Step 03 在G4单元格中输入公式“=INDEX((B2:D4,B6:D7,B9:D10),2,3,2)”。

Step 04 按Enter键确认，返回查找结果。

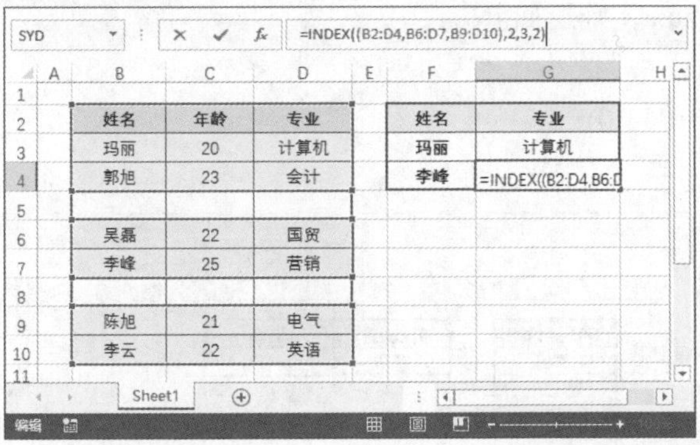

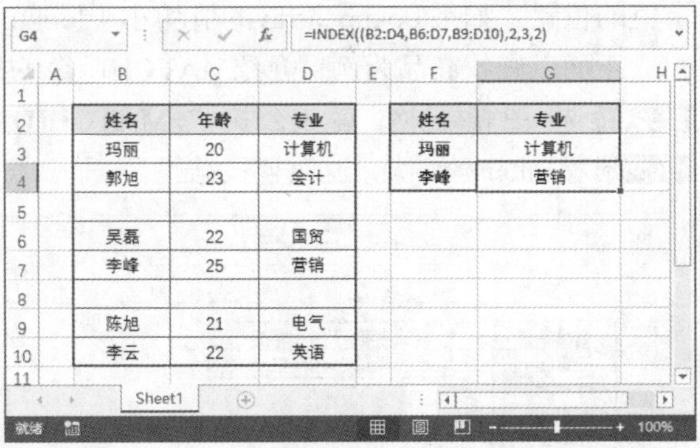

公式分析：在上面第一个步骤中，使用的是数组形式查询，此时确定了查找的范围，并给出查找的行号与列号，就可以找到对应的单元格，从而直接引用该单元格。在第三个步骤中，使用的是引用形式查询，可以使用多个数据区域，并指定行号与列号，而最后一个参数则代表了实际应从哪个数据区域引用单元格，这个参数可以省略，省略后，默认从第一个数据区域查找并引用单元格。

2.4.4 MATCH函数的应用

MATCH函数最重要的作用就是查找给定数值的位置信息，以便快速找到该数据所在的行或列，从而获取到其他有用的信息。

MATCH函数有以下作用：①返回指定数值在指定数组区域中的位置；②对某个输入值进行检验，确定这个值是否存在某个列表中；③判断某列表中是否存在重复数据；④定位某一列表中最后一个非空单元格的位置。需注意的是，MATCH函数在查找文本值的时候，是不区分大小写字母的。

语法格式

MATCH(lookup_value,lookup_array,match_type)

参数说明

- lookup_value：必要参数，指需要在数据表中查找的值。可以为数值（数字、文本或逻辑值）或对数字、文本或逻辑值的单元格引用。可以包含通配符、星号 (*) 和问号 (?)，星号可以匹配任何字符序列，问号可以匹配单个字符。
- lookup_array：必要参数，可能包含有所要查找数值的连续的单元格区域，区域必须是某一行或某一列，即必须为一维数据，引用的查找区域是一维数组。
- match_type：表示查询的指定方式，用数字-1、0或者1表示，match_type省略相当于match_type为1的情况。

为1时，查找小于或等于lookup_value的最大数值在lookup_array中的位置，lookup_array必须按升序排列；否则当遇到比lookup_value更大的值时，立即终止查找并返回此值之前小于或等于lookup_value的数值的位置。如果lookup_array的值均小于或等于lookup_value，则返回数组最后一个值的位置；如果lookup_array的值均大于lookup_value，则返回#N/A。

为0时，查找等于lookup_value的第一个数值，lookup_array按任意顺序排列。

为-1时，查找大于或等于lookup_value的最小数值在lookup_array中的位置，lookup_array必须按降序排列；否则当遇到比lookup_value更小的值时，立即终止查找并返回此值之前大于或等于lookup_value的数值的位置。如果lookup_array的值均大于或等于lookup_value，则返回数组最后一个值的位置；如果lookup_array的值均小于lookup_value，则返回#N/A。

下面以查找商品为例，介绍MATCH函数的用法。

Step 01 选中E3单元格，输入公式“=MATCH(D3,B3:B11,0)”。

Step 02 按Enter键确认，返回查找结果。

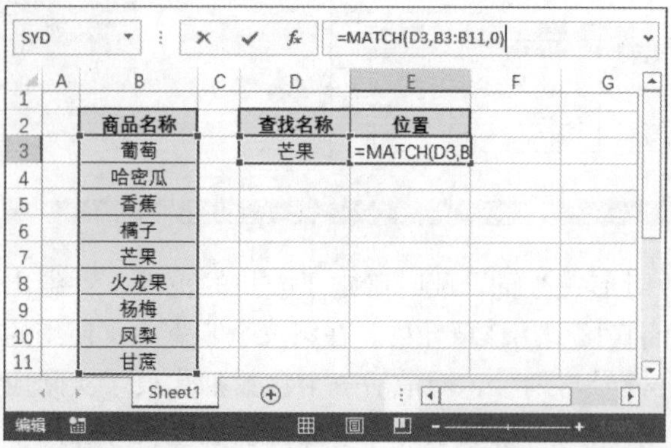

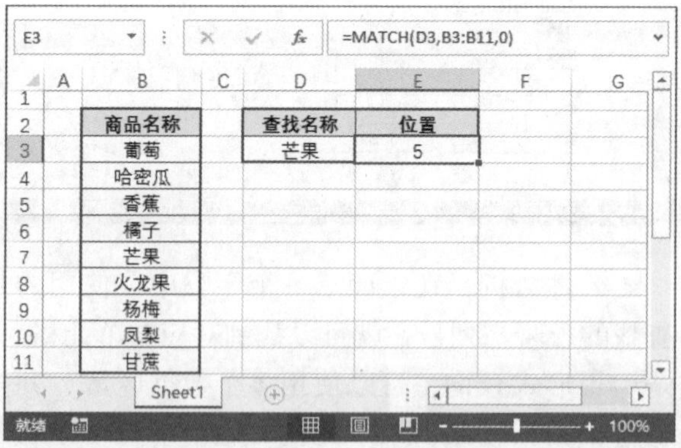

公式分析：本例中，要查找的数据在D3单元格，并在B3:B11的数组中进行查找。返回的位置信息是在B3:B11中的排列位置，标题栏B2并没有计算在内，所以得到的位置值与其在Excel中相差一个，需要注意这一点。另外，行的位置的查找与此类似。本例的数组内的数据较少，用户一眼就能看到。但当数组有成百上千条时，就能显示出该函数的效率了。

2.5 文本函数

Excel可以对各种文本进行处理，使用文本函数，可以按照用户的需要进行文本长度计算、合并、查找、提取、替换等操作。在财务管理和会计工作中常用到的文本函数有FIND函数、TEXT函数、MID函数、LEFT和RIGHT函数等，下面分别对其进行详细介绍。

2.5.1 FIND函数的应用

FIND函数用来对文本中某个字符或字符串进行定位，返回并确定其位置。

语法格式

FIND(find_text,within_text,start_num)

参数说明

- find_text：要查找的字符串。
- within_text：表示包含要查找关键字的单元格，即要在这个单元格内查找关键字。
- start_num：指定开始进行查找的字符数。

下面以查找特定字符为例，介绍FIND函数的用法。

Step 01 选中C3单元格，输入公式“=FIND("精",B3)”。

Step 02 按Enter键确认，计算出“精”在B3单元格中的位置。

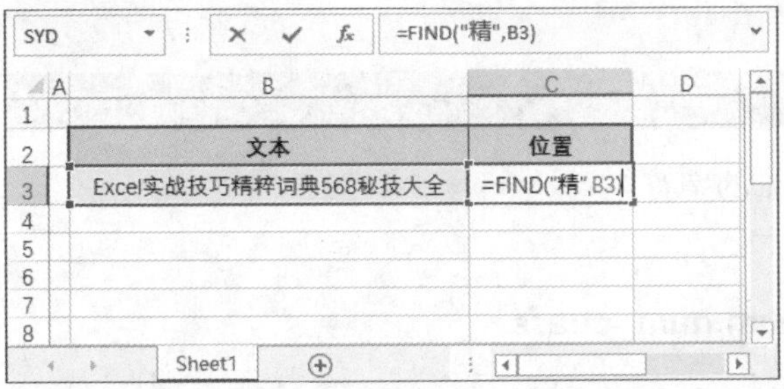

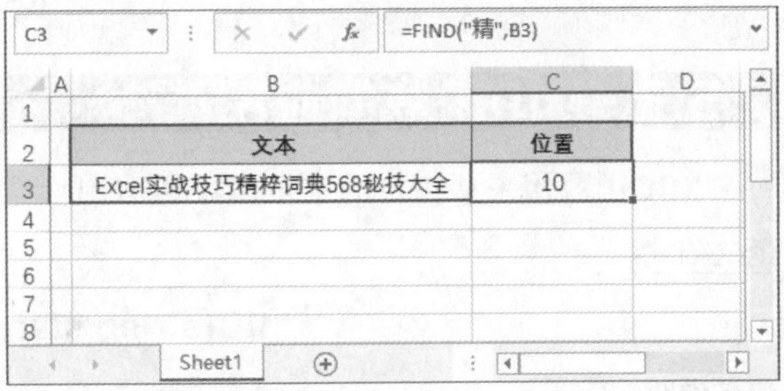

提示

本例中，使用的是查找字符所在位置的命令，返回的就是该字符串在单元格文本中的起始位置。如果没有查找到，则会显示“#VALUE”。

2.5.2 TEXT函数的应用

TEXT函数的作用是通过格式代码对文本应用格式，从而改变显示方式。

语法格式

TEXT(value,format_text)

参数说明

- value：数值，或是计算结果为数字的公式，也可以是对包含数字值的单元格引用。
- format_text：文本形式的数字格式。

TEXT返回的全部都是文本形式的数据。如果需要计算，可以先将文本转换为数值，然后再计算。文本型数值遇到四则运算会自动转化为数值。但文本不参与SUM之类的运算。

用户可能会觉得TEXT函数就是函数版的自定义数字格式，但实际上两者有本质的区别：使用自定义格式只改变了数据的显示样式，却不会改变数据的大小；而使用TEXT函数不仅改变了数据的显示样式，同时也改变了数据本身，无论元数据是什么类型的数据，函数返回的数据一定是文本类型的字符串。

下面通过案例介绍TEXT函数的用法。

Step 01 选中E3单元格，输入公式“=TEXT(C3,"00年00月00日")”。

Step 02 按Enter键确认，返回计算结果，将公式向下填充完成其他出生日期的日期格式化。

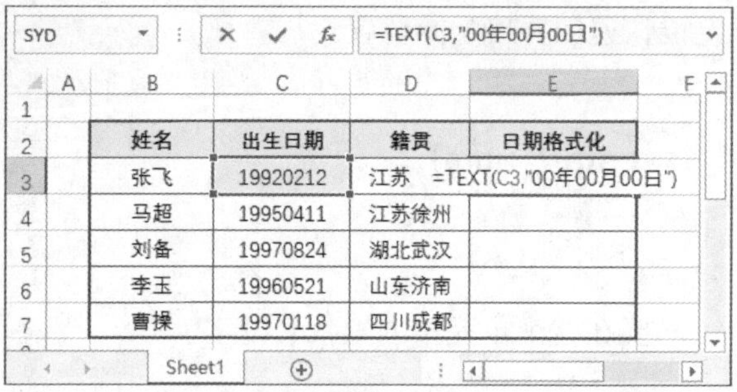

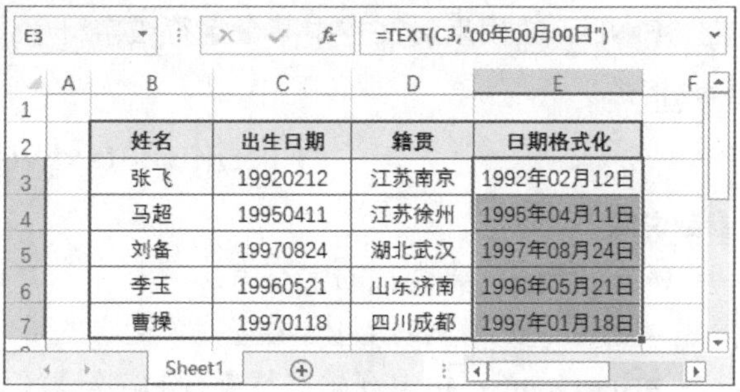

公式分析：本例的公式参数是“00年00月00日”，表示年、月、日均需要2位，不足则补0，多出的就会显示全部，所以得到上图所示的结果。其实就是将C3单元格的数字按照E3单元格的格式从右开始按0进行填充。用户可以填写3个0，验证之。

2.5.3 MID函数的应用

MID函数用来从指定的字符串中截取出指定数量的字符。

语法格式

MID(string,start_num,num_chars)

参数说明

- string：必选参数，需要进行截取的字符串。
- start_num：必选参数，表示从左开始的第几位开始截取。
- num_chars：必选参数，表示截取的长度。

下面通过案例简单介绍MID函数的用法。

Step 01 选中B3单元格，输入公式“=MID(C3,1,4)”。

Step 02 按Enter键确认，返回计算结果，将公式向下填充完成其他编码的截取。

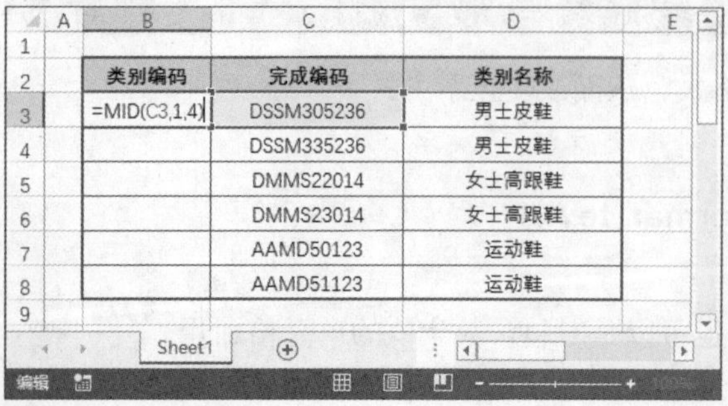

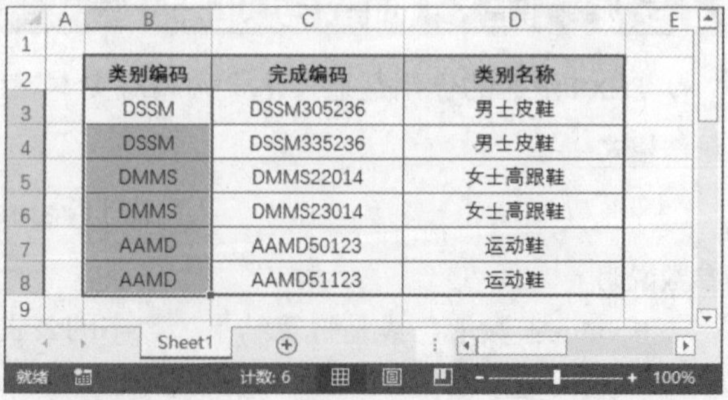

2.5.4 LEFT和RIGHT函数的应用

❶LEFT函数

LEFT函数用来返回字符串左侧指定个数的字符。

语法格式

LEFT(string,n)

参数说明

- string：必要参数，字符串表达式中左边的那些字符将被返回。如果string包含Null，将返回Null。
- n：必要参数，指出将返回多少个字符。如果为 0，返回零长度字符串（“”）。如果大于或等于string的字符数，则返回整个字符串。

下面通过案例简单介绍LEFT函数的用法。

Step 01 选中B3单元格，输入公式“=LEFT(C3,4)”。

Step 02 按Enter键确认，返回计算结果，将公式向下填充提取其他产品的类别编码。

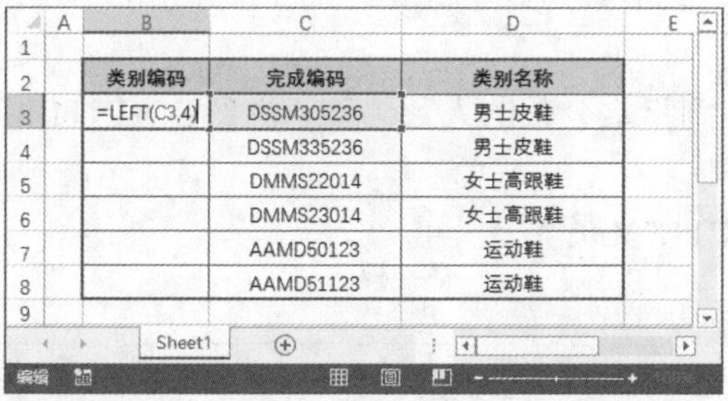

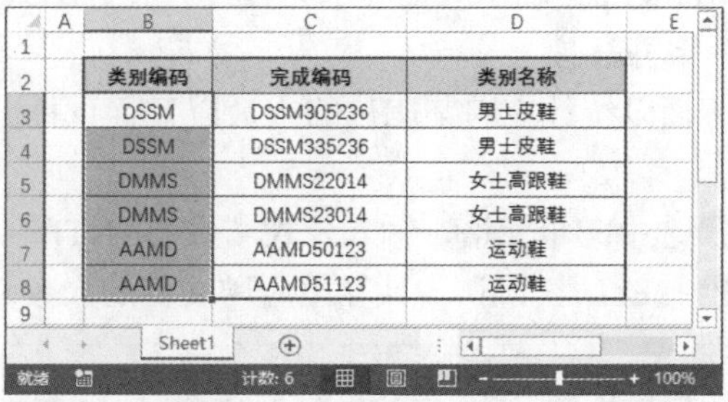

❷RIGHT函数

RIGHT函数用来返回字符串右侧指定个数的字符。

语法格式

RIGHT(string,n)

参数说明

- string：必要参数，字符串表达式中右边的那些字符将被返回。如果string包含Null，将返回Null。
- n：必要参数，指出将返回多少个字符。如果为0，返回零长度字符串（“”）。如果大于或等于string的字符数，则返回整个字符串。

下面通过案例简单介绍RIGHT函数的用法。

Step 01 选中D3单元格，输入公式“=RIGHT(B3,8)”。

Step 02 按Enter键确认，返回计算结果，将公式向下填充提取其他电话号码的号码部分。

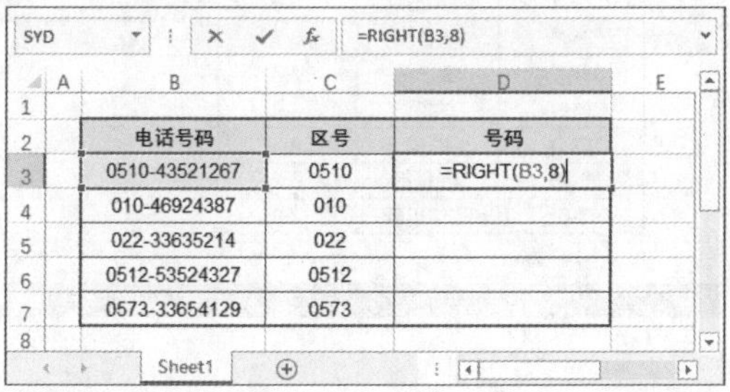

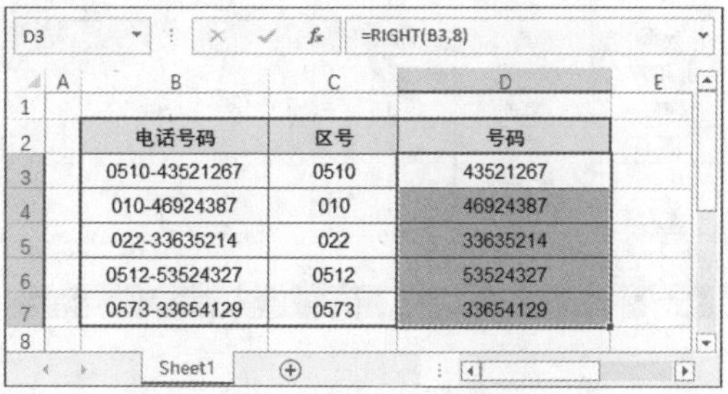

2.6 统计函数

统计函数用于对数据区域进行统计分析。统计函数比较多，在财务管理和会计工作中常用到的统计函数有COUNTIF函数、SMALL函数等。下面分别对其进行详细介绍。

2.6.1 COUNTIF函数的应用

使用COUNTIF函数能够对区域中满足指定条件的单元格进行计数。

语法格式

COUNTIF(range,criteria)

参数说明

- range：表示对其进行计数的单元格区域，例如数字、名称、数组或包含数字的引用。
- criteria：表示对某些单元格进行计数的条件，其形式为数字、表达式、单元格的引用或文本字符串。

下面以统计应聘某职位的人数以及面试评分达到指定分数的人数为例，介绍COUNTIF函数的用法。

Step 01 选中F3单元格，输入公式“=COUNTIF(C3:C11,"文员")”。

Step 02 按Enter键确认，计算出应聘文员的人数。

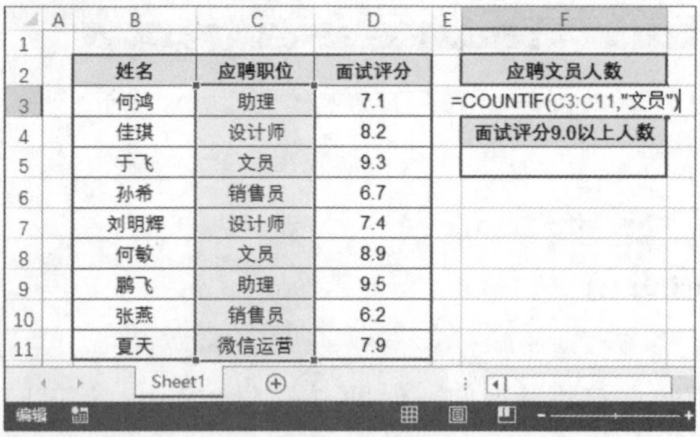

姓名	应聘职位	面试评分		应聘文员人数
何鸿	助理	7.1		=COUNTIF(C3:C11,"文员")
佳琪	设计师	8.2		面试评分9.0以上人数
于飞	文员	9.3		
孙希	销售员	6.7		
刘明辉	设计师	7.4		
何敏	文员	8.9		
鹏飞	助理	9.5		
张燕	销售员	6.2		
夏天	微信运营	7.9		

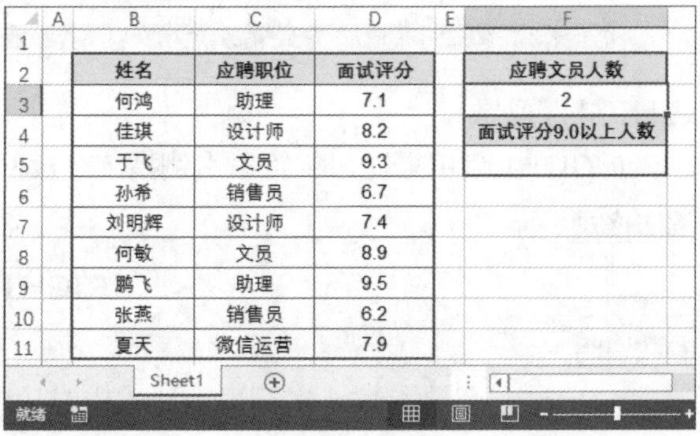

姓名	应聘职位	面试评分		应聘文员人数
何鸿	助理	7.1		2
佳琪	设计师	8.2		面试评分9.0以上人数
于飞	文员	9.3		
孙希	销售员	6.7		
刘明辉	设计师	7.4		
何敏	文员	8.9		
鹏飞	助理	9.5		
张燕	销售员	6.2		
夏天	微信运营	7.9		

Step 03 选中F5单元格，输入公式“=COUNTIF(D3:D11,">9")”。

Step 04 按Enter键确认，计算出面试评分在9以上的人数。

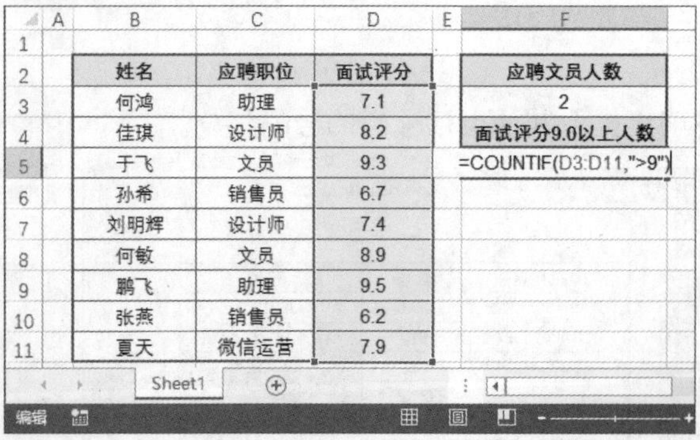

姓名	应聘职位	面试评分		应聘文员人数
何鸿	助理	7.1		2
佳琪	设计师	8.2		面试评分9.0以上人数
于飞	文员	9.3		=COUNTIF(D3:D11,">9")
孙希	销售员	6.7		
刘明辉	设计师	7.4		
何敏	文员	8.9		
鹏飞	助理	9.5		
张燕	销售员	6.2		
夏天	微信运营	7.9		

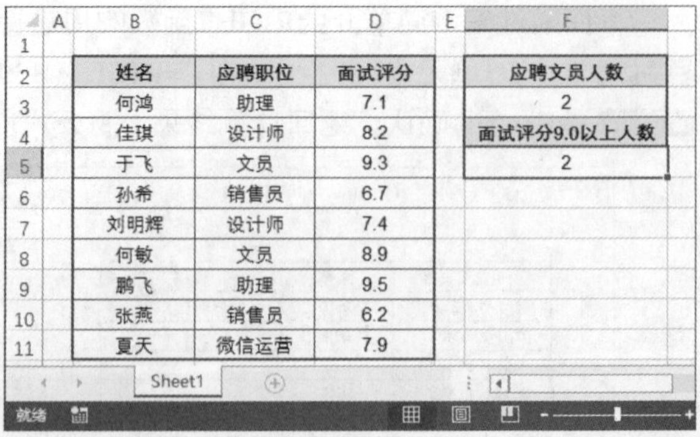

姓名	应聘职位	面试评分		应聘文员人数
何鸿	助理	7.1		2
佳琪	设计师	8.2		面试评分9.0以上人数
于飞	文员	9.3		2
孙希	销售员	6.7		
刘明辉	设计师	7.4		
何敏	文员	8.9		
鹏飞	助理	9.5		
张燕	销售员	6.2		
夏天	微信运营	7.9		

2.6.2 SMALL函数的应用

SMALL函数可以返回数据集中的第k个最小值。

语法格式

SMALL(array,k)

参数说明

- array：为必需参数，表示需要找到第k个最小值的数组或数值数据区域。
- k：为必需参数，表示要返回的数据在数组或数据区域中的位置（从小到大）。

下面将以SMALL函数提取倒数第2的面试评分为例，介绍SMALL函数的用法。

Step 01 选中F3单元格，输入公式“=SMALL(D3:D11,2)”。

Step 02 按Enter键确认，计算出倒数第2的面试评分。

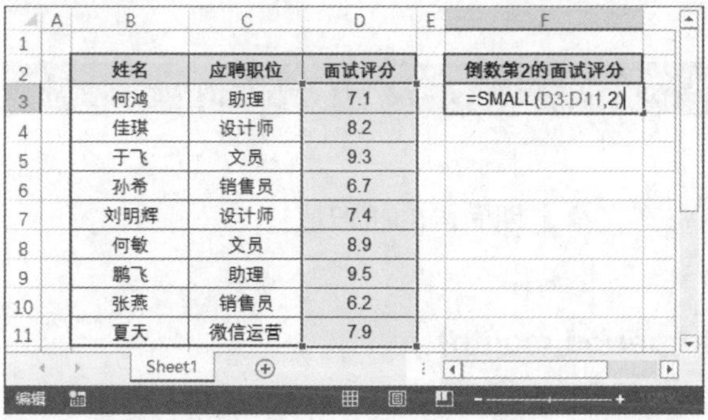

姓名	应聘职位	面试评分	倒数第2的面试评分
何鸿	助理	7.1	=SMALL(D3:D11,2)
佳琪	设计师	8.2	
于飞	文员	9.3	
孙希	销售员	6.7	
刘明辉	设计师	7.4	
何敏	文员	8.9	
鹏飞	助理	9.5	
张燕	销售员	6.2	
夏天	微信运营	7.9	

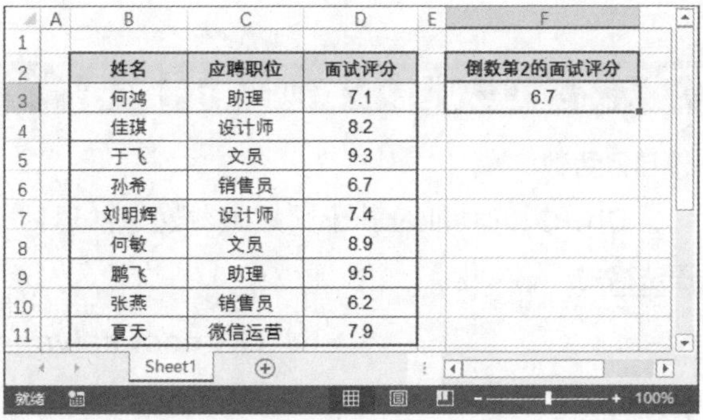

姓名	应聘职位	面试评分	倒数第2的面试评分
何鸿	助理	7.1	6.7
佳琪	设计师	8.2	
于飞	文员	9.3	
孙希	销售员	6.7	
刘明辉	设计师	7.4	
何敏	文员	8.9	
鹏飞	助理	9.5	
张燕	销售员	6.2	
夏天	微信运营	7.9	

2.7 财务函数

财务函数是Excel中重要的函数类型之一，在财务方面的计算和核算中起着重要作用。在财务管理和会计工作中时常用到的财务函数有SLN函数、DB函数、DDB函数、SYD函数等，下面分别对其进行详细介绍。

2.7.1 SLN函数的应用

SLN函数的功能是基于直线折旧法返回某项资产每期的线性折旧值，即平均折旧值。

语法格式

SLN(cost,salvage,life)

参数说明

- cost：为资产原值。
- salvage：为资产在折旧期末的价值，即资产残值。
- life：为折旧期限，有时也称为使用寿命。

所有的参数值必须都是正数，否则函数将返回错误值“#NUM!”。

下面通过案例介绍SLN函数的用法。例如，某公司新购一台价值50万元的机器，该机器折旧年限为30年，30年后的残值为4万元，计算这台机器每年的折旧为多少？

Step 01 选中C6单元格，输入公式“=SLN(C3,C4,C5)”。

Step 02 按Enter键确认，计算出折旧金额。

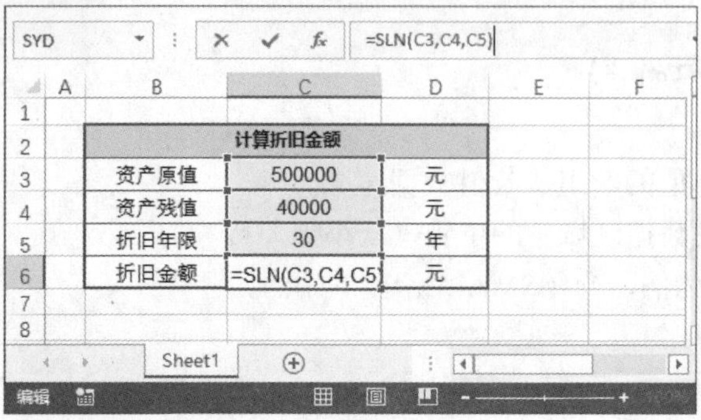

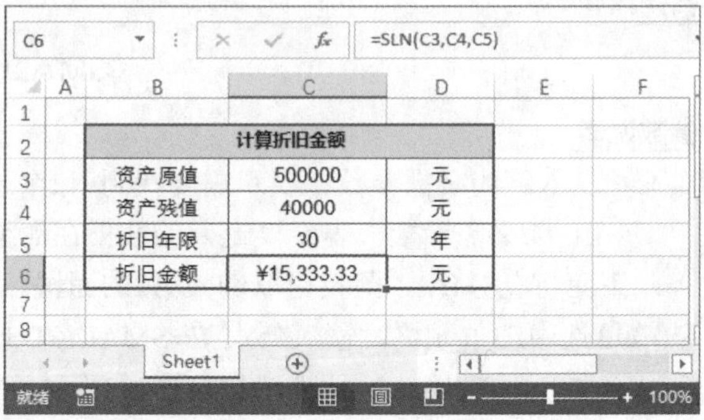

2.7.2 DB和DDB函数的应用

❶ DB函数

DB函数的功能是基于固定余额递减法返回一笔资产在给定期间内的折旧值。

语法格式

DB(cost,salvage,life,period,month)

参数说明

- cost：为资产原值。
- salvage：为资产残值，即资产在折旧期末的价值。
- life：为折旧期限，有时也称为使用寿命。
- period：为需要计算折旧值的期间，它必须和life使用相同的单位。
- month：为第一年的月份数，如果省略则假设为12。

下面将以案例的形式介绍DB函数的用法。例如，在上例中，如果要求采用固定余额递减法折旧，则在使用周期限内机器每年的折旧额是多少？

Step 01 选中E4单元格，输入公式“=DB($B$4,$B$5,$B$6,D4,12)”。

Step 02 按Enter键确认，计算出第1年的折旧金额，将公式向下填充计算其他几年的折旧金额。

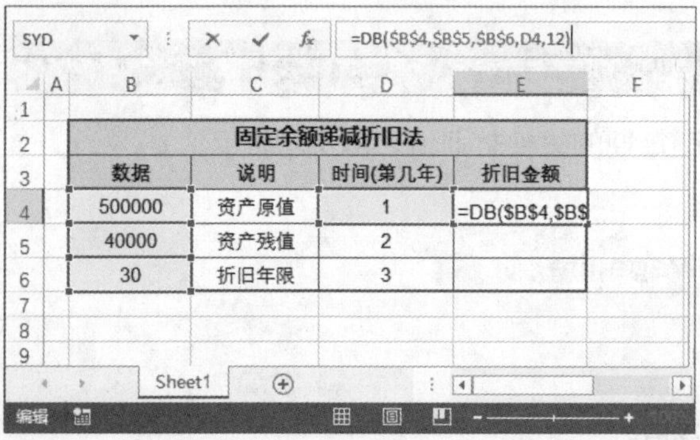

❷ DDB函数

DDB函数的功能是基于双倍余额递减法或其他指定方法返回一笔资产在给定期间内的折旧值。

语法格式

DDB(cost,salvage,life,period,factor)

参数说明

- cost：表示固定资产原值。
- salvage：为资产残值，即资产在折旧期末的价值。
- life：为折旧期限，如果计算年折旧额则为折旧年限数，如果计算月折旧额则为折旧月份数。
- period：为需要计算折旧额的期间，它必须使用与life相同的单位。
- factor：为余额递减速率，如果省略则默认为2。

需要注意的是这5个参数必须都是正数。

下面以案例的形式介绍DDB函数的用法。例如，某公司新购一台价值30万元的机器，经评估该机器折旧年限为20年，20年后的残值为2500元，如何使用双倍余额递减法来计算不同期间内的折旧金额？

Step 01 选中D4单元格，输入公式“=DDB(B4,B5,B6*365,1)”。

Step 02 按Enter键确认，返回计算结果。

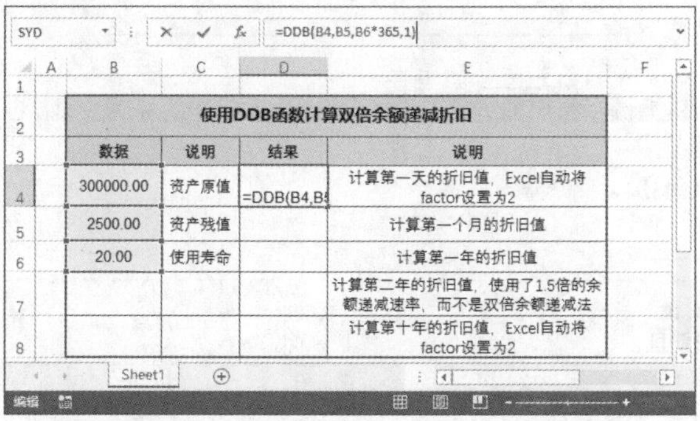

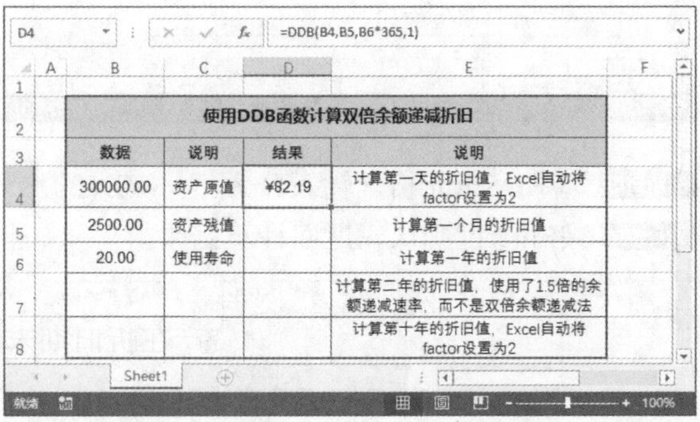

Step 03 在D5单元格中输入公式“=DDB(B4,B5,B6*12,1,2)”，在D6单元格中输入公式“=DDB(B4,B5,B6,1,2)”，在D7单元格中输入公式“=DDB(B4,B5,B6,2,1.5)”，在D8单元格中输入公式“=DDB(B4,B5,B6,10)”，输入完成后按Enter键确认，返回计算结果。

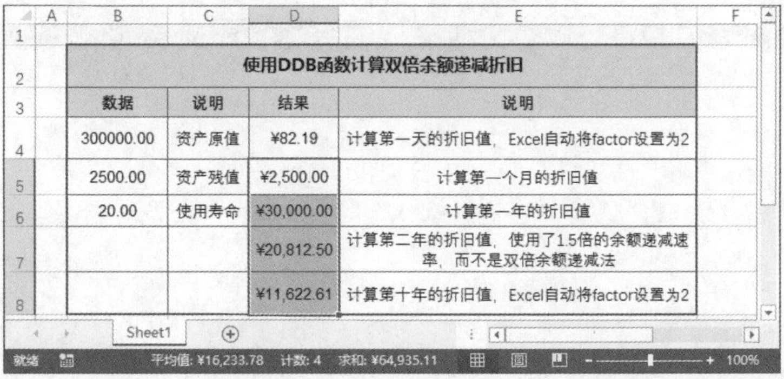

2.7.3 SYD函数的应用

SYD函数的功能是基于年限总和法返回某项投资在指定期间的折旧值。

语法格式

SYD (cost,salvage,life,per)

参数说明

- cost：表示固定资产原值。
- salvage：为资产残值，即资产在折旧期末的价值。
- life：为折旧期限。
- per：为需要计算折旧额的期间，其单位与life相同。

下面以案例的形式介绍SYD函数的用法。例如，在上例中，如果要求按年限总和法来计算指定时间内的折旧，该如何计算？

Step 01 选中D4单元格，输入公式“=SYD(B4,B5,B6,1)”。

Step 02 按Enter键确认，返回计算结果。

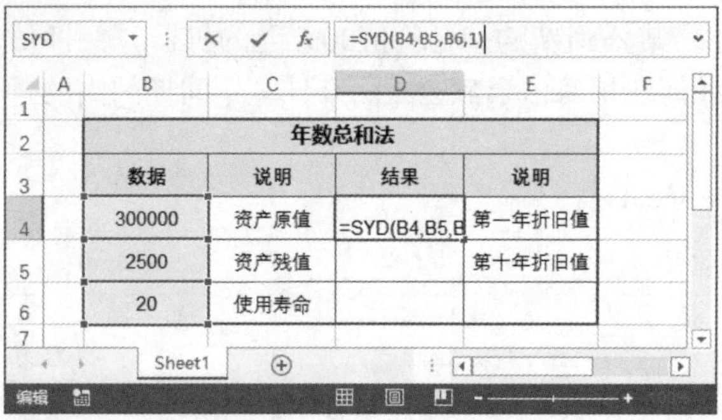

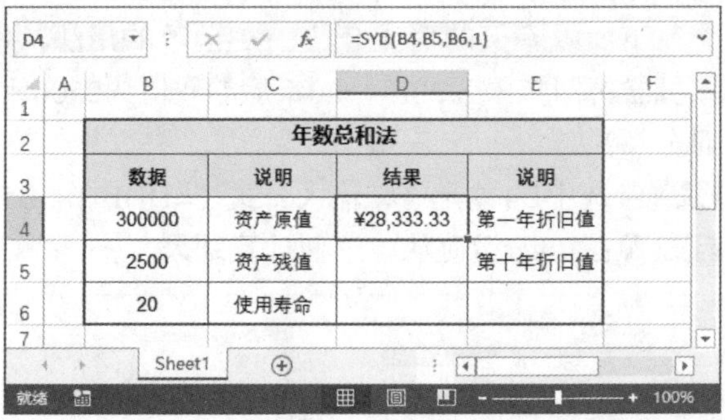

Step 03 选中D5单元格，输入公式“=SYD(B4,B5,B6,10)”。

Step 04 按Enter键确认，返回计算结果。

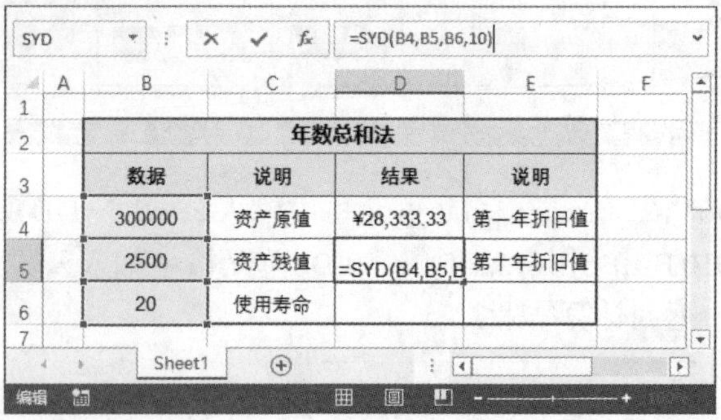

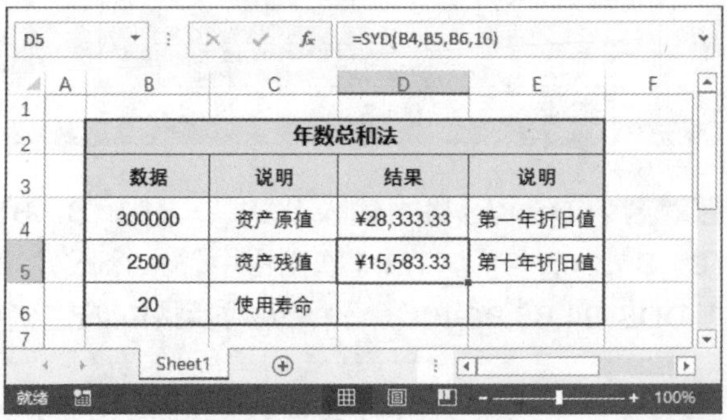

Chapter

03

你了解财务工作吗

本章概述

企业在经营的过程中必然会产生一系列的费用，这就需要制作相应的费用统计表和财务单据进行记录管理。例如，医疗费用统计表、日常费用统计表、差旅费报销单、收款单和付款单等。财务人员可以使用Excel制作统计表和财务单据，也可以用它分析财务数据，为管理者做出决策提供理论依据。本章将介绍使用Excel制作出适合企业财务工作的财务单据和统计表。

核心知识点

费用统计表

创建银行借款登记卡

差旅费报销单

收款单和付款单两种单据

客户清单

制作借款单

3.1 初次接触费用统计表

费用统计表是由财务部门制作的，目的是通过费用统计表查看各种费用的占比情况，以便将企业的费用支出控制在合理的范围内。常用的费用统计表包括医疗费用统计表、日常费用统计表等。

3.1.1 医疗费用统计表的创建

医疗费用统计表用于系统地统计员工的医疗费用情况，从而对员工医疗费用的报销进行管理。医疗费用统计表的内容主要包括日期、员工编号、员工姓名、性别、工资情况、所属部门、医疗报销种类、医疗费用和企业报销金额。下面介绍如何创建医疗费用统计表。

Step 01 新建一个空白工作表，并命名为“医疗费用统计表”。

Step 02 在工作表中输入表格的列标题，设置单元格格式，并设置列标题的字体格式。

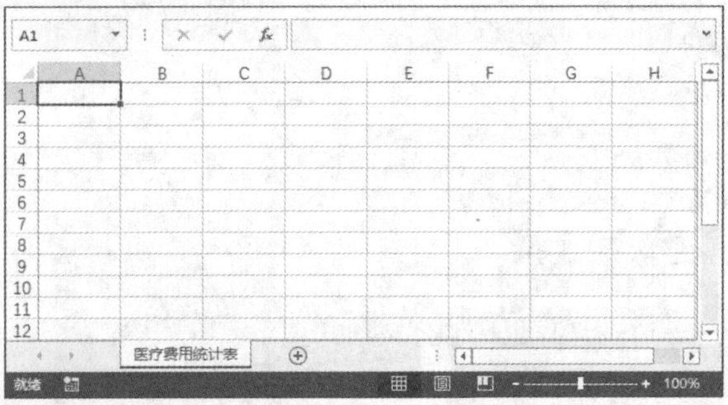

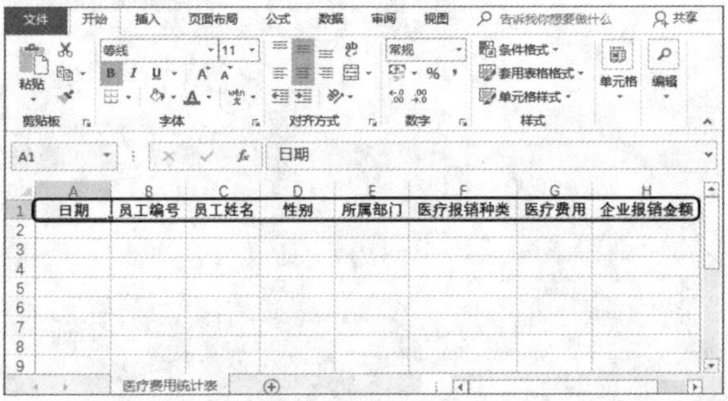

Step 03 选中A1:H12单元格区域，按Ctrl+1组合键打开“设置单元格格式”对话框，在“边框”选项卡中设置表格的框线，单击“确定”按钮。

Step 04 适当调整表格的行高和列宽，选中B2:B12单元格区域，按Ctrl+1组合键打开“设置单元格格式”对话框。

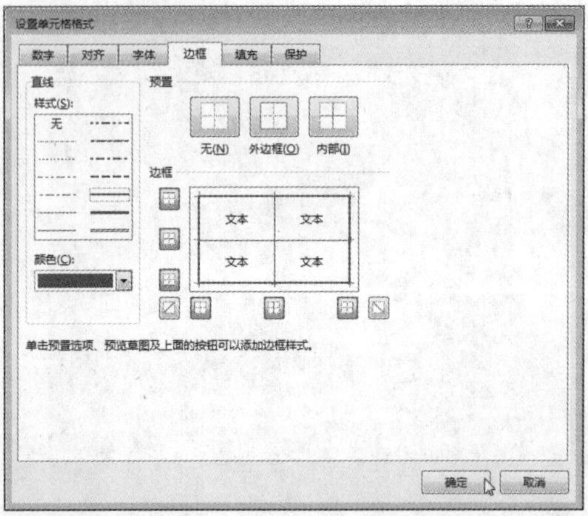

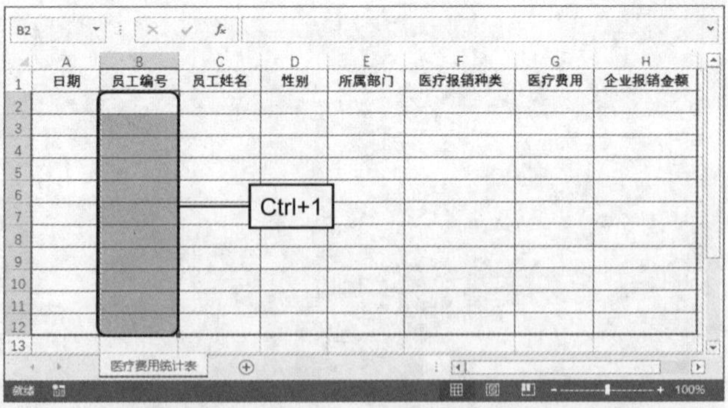

Step 05 在“数字”选项卡中，选择“自定义”选项，在右侧“类型”文本框中输入“00#”，单击“确定”按钮。

Step 06 企业一般会对员工医疗报销种类限制一定的范围，因此需要为“医疗报销种类”列设置数据验证，即选中F2:F12单元格区域，在“数据”选项卡中单击“数据验证”按钮。

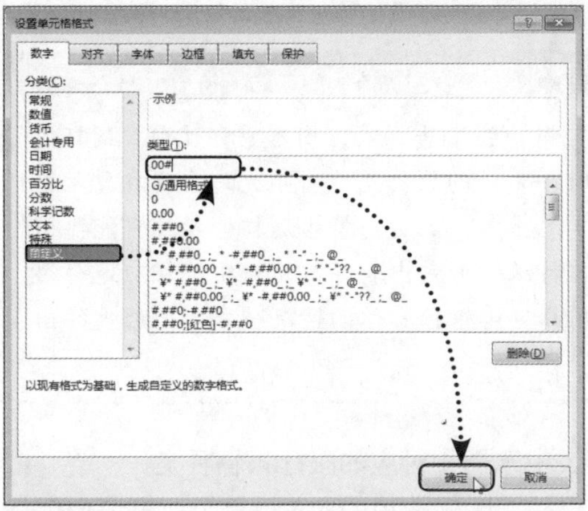

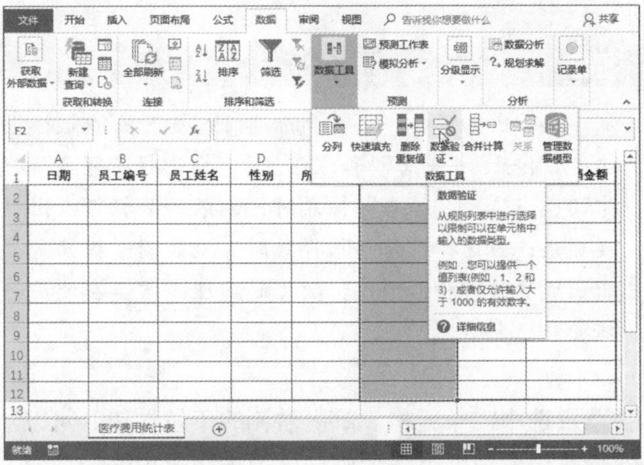

Step 07 打开“数据验证”对话框，在“设置”选项卡中单击“允许”下拉按钮，从列表中选择“序列”选项，在“来源”文本框中输入“药品费,住院费,理疗费,体检费,计划生育费,接生费,注射费,针灸费,X光透视费,输血费”。

Step 08 切换至“输入信息”选项卡，在“标题”和“输入信息”文本框中输入内容。

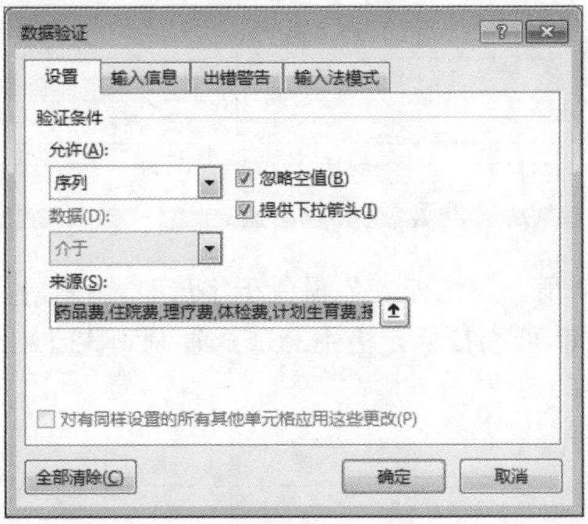

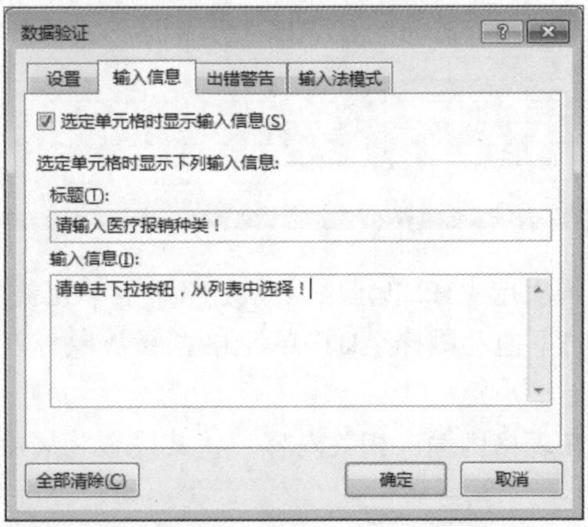

Step 09 切换至“出错警告”选项卡，在“标题”和“错误信息”文本框中输入内容，最后单击“确定”按钮。

Step 10 返回工作表，此时选中F2单元格，其右侧会出现一个下拉按钮，并且在下方会显示设置的输入信息。

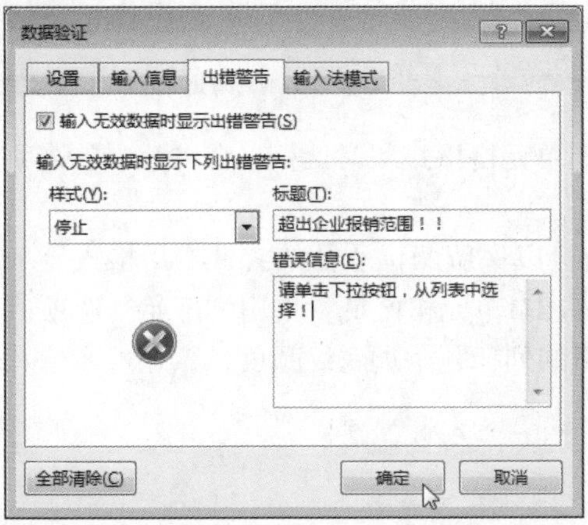

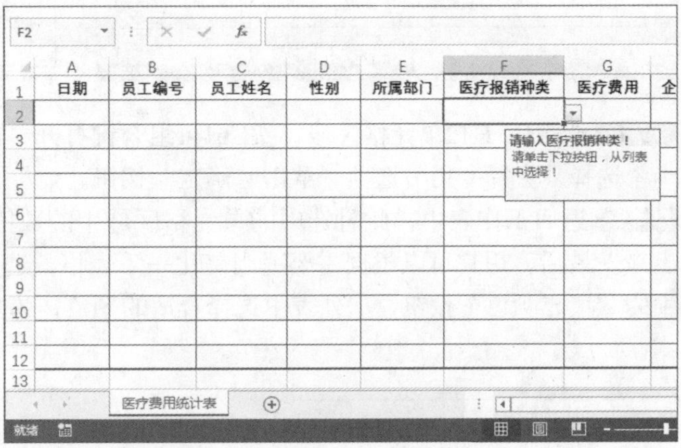

提示

在“出错警告”选项卡的“样式”下拉列表中提供了3种出错警告样式，由严重程度由重到轻依次是“停止”“警告”和“信息”。当选择“停止”样式时，无效的数据是绝对不允许出现在单元格中的；当选择“警告”样式时，无效的数据可以出现在单元格中，但是会警告这样的操作可能要出现错误；当选择“信息”样式时，无效的数据只是被当作特殊的形式出现在单元格中，相应地会给出出现这种“特殊形式”数据的处理方案。在使用时，用户可以根据具体的情况选择不同程度的出错警告　样式。

Step 11 选中F2单元格，单击右侧的下拉按钮，可以从列表中选择相对应的医疗报销种类。

Step 12 一般情况下，企业只报销医疗费用的一部分，这里按照医疗费用的80%计算企业报销金额。选中H2单元格，输入公式“=IF[①](G2="","",G2*0.8)”，按Enter键确认即可。

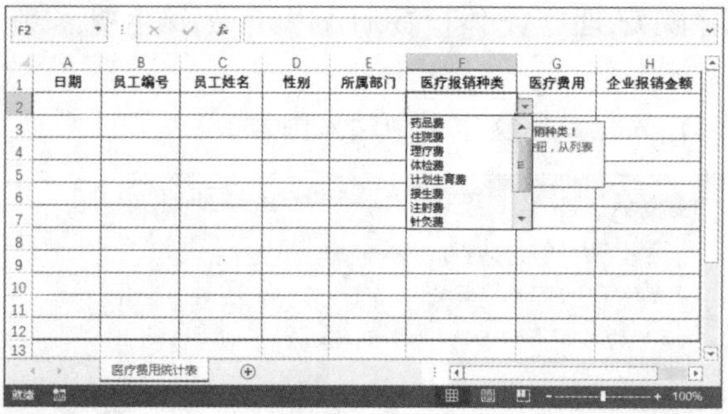

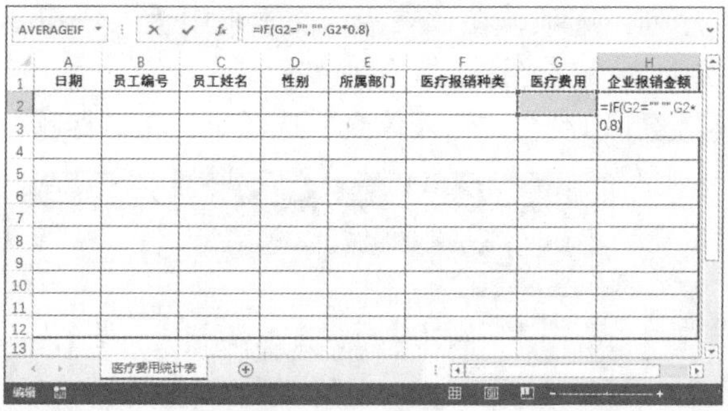

Step 13 再次选中H2单元格，将光标移至单元格右下角，当光标变为黑色十字形时，按住鼠标左键不放，向下拖动鼠标至H12单元格，释放鼠标左键即可将H2单元格中的公式复制到H3:H12单元格区域中。

Step 14 在表格内输入相关内容，将其设置为居中对齐。

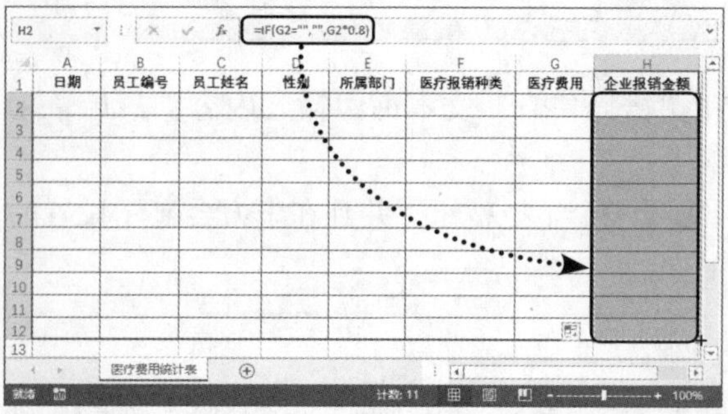

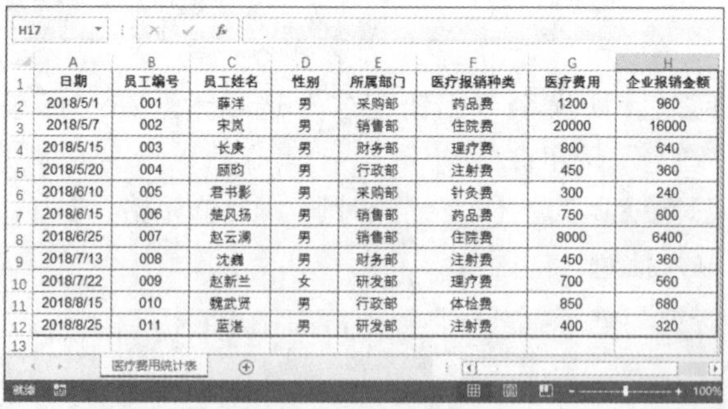

日期	员工编号	员工姓名	性别	所属部门	医疗报销种类	医疗费用	企业报销金额
2018/5/1	001	薛洋	男	采购部	药品费	1200	960
2018/5/7	002	宋岚	男	销售部	住院费	20000	16000
2018/5/15	003	长庚	男	财务部	理疗费	800	640
2018/5/20	004	顾昀	男	行政部	注射费	450	360
2018/6/10	005	君书影	男	采购部	针灸费	300	240
2018/6/15	006	楚风扬	男	销售部	药品费	750	600
2018/6/25	007	赵云澜	男	销售部	住院费	8000	6400
2018/7/13	008	沈巍	男	财务部	注射费	450	360
2018/7/22	009	赵新兰	女	研发部	理疗费	700	560
2018/8/15	010	魏武贤	男	行政部	体检费	850	680
2018/8/25	011	蓝湛	男	研发部	注射费	400	320

Step 15 选中G2:H12单元格区域，按Ctrl+1组合键打开“设置单元格格式”对话框，在“数字”选项卡中选择“会计专用”选项，单击“确定”按钮。

Step 16 返回工作表中，此时选中的单元格区域中的数值就会以保留两位小数的会计专用格式显示出来。最后，用户可以根据需要适当美化一下表格，选中A1:H1单元格区域，单击“开始”选项卡中的“填充颜色”按钮，从列表中选择合适的颜色，为表格的列标题添加底纹颜色。

①关于IF函数的使用说明请查阅2.1.1小节，详见本书第12页。

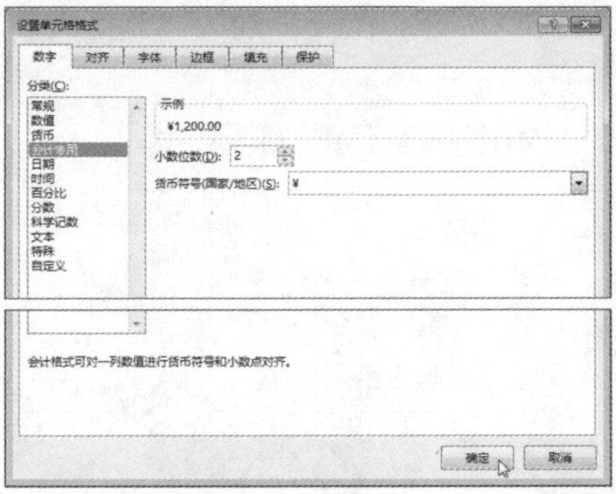

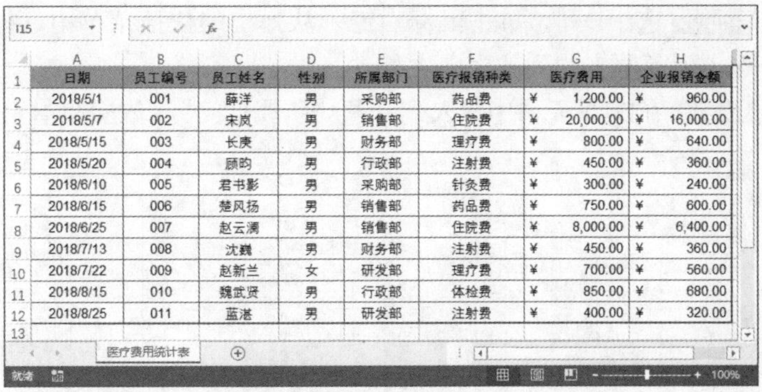

	A	B	C	D	E	F	G	H
1	日期	员工编号	员工姓名	性别	所属部门	医疗报销种类	医疗费用	企业报销金额
2	2018/5/1	001	薛洋	男	采购部	药品费	¥ 1,200.00	¥ 960.00
3	2018/5/7	002	宋岚	男	销售部	住院费	¥ 20,000.00	¥ 16,000.00
4	2018/5/15	003	长庚	男	财务部	理疗费	¥ 800.00	¥ 640.00
5	2018/5/20	004	顾昀	男	行政部	注射费	¥ 450.00	¥ 360.00
6	2018/6/10	005	君书影	男	采购部	针灸费	¥ 300.00	¥ 240.00
7	2018/6/15	006	楚风扬	男	销售部	药品费	¥ 750.00	¥ 600.00
8	2018/6/25	007	赵云澜	男	销售部	住院费	¥ 8,000.00	¥ 6,400.00
9	2018/7/13	008	沈巍	男	财务部	注射费	¥ 450.00	¥ 360.00
10	2018/7/22	009	赵新兰	女	研发部	理疗费	¥ 700.00	¥ 560.00
11	2018/8/15	010	魏武贤	男	行政部	体检费	¥ 850.00	¥ 680.00
12	2018/8/25	011	蓝湛	男	研发部	注射费	¥ 400.00	¥ 320.00

3.1.2 日常费用统计表的创建

日常费用统计表记录了企业中各个部门的日常费用情况，创建日常费用统计表可以更好地反映企业资金的运用情况，统计分析各部门费用的使用情况。日常费用统计表的主要内容包括编号、日期、姓名、所属部门、费用类别、金额和备注。下面介绍日常费用统计表的创建过程。

Step 01 新建一个空白工作表，并将其命名为“日常费用统计表”，输入列标题，设置列标题的单元格格式和字体格式，最后为其添加边框。

Step 02 选中A2:A12单元格区域，单击“开始”选项卡中的“数字格式”下拉按钮，从列表中选择“文本”选项。

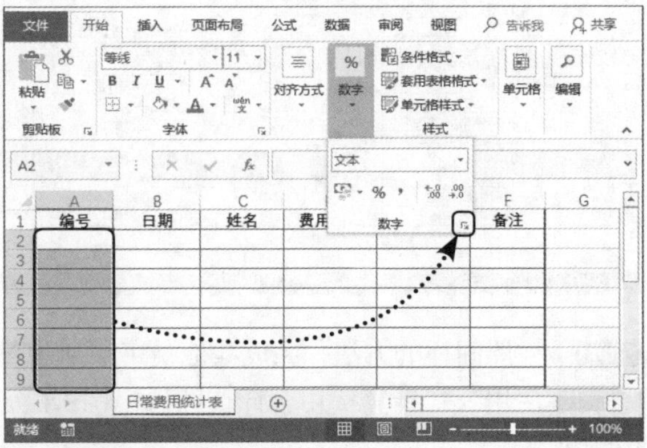

Step 03 选中E2:E12单元格区域，在“数字格式”下拉列表中选择“会计专用”选项。

Step 04 在表格中输入日常费用数据。

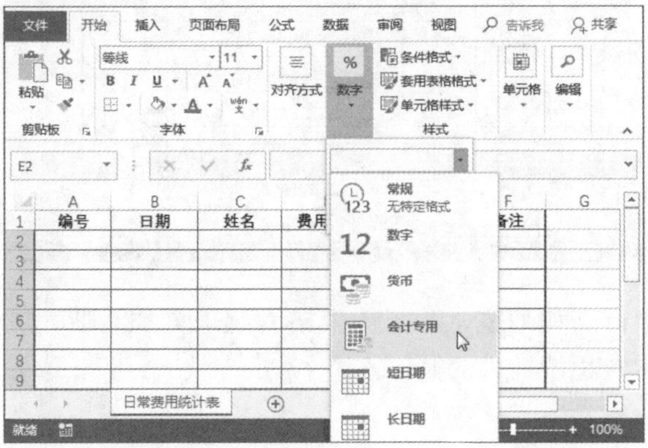

	A	B	C	D	E	F
1	编号	日期	姓名	费用类别	金额	备注
2	001	2018/4/1	王富贵	办公费	¥ 800.00	办公用纸
3	002	2018/4/2	王卓	招待费	¥ 1,200.00	应酬
4	003	2018/4/3	刘凯风	交通费	¥ 600.00	
5	004	2018/4/5	林然	差旅费	¥ 1,500.00	出差
6	005	2018/4/8	袁君	招待费	¥ 900.00	应酬
7	006	2018/4/9	海棠	招聘费	¥ 500.00	
8	007	2018/4/11	谢飞花	交通费	¥ 800.00	
9	008	2018/4/20	王权	办公费	¥ 1,200.00	购买电脑
10	009	2018/4/25	赵默	差旅费	¥ 1,100.00	出差
11	010	2018/4/26	于朝	招聘费	¥ 400.00	
12	011	2018/4/27	朝阖	办公费	¥ 300.00	购买打印机

Step 05 选中D列，单击鼠标右键，从弹出的快捷菜单中选择“插入”命令。在选中列的左侧插入新的一列，原来的列依次向右移动。

Step 06 在D1单元格中输入列标题“所属部门”，依次在单元格D2:D5中输入具体的部门名称。

Step 07 由于D6单元格中要输入的部门“销售部”前面已经输入过，因此用户可以使用下拉列表功能输入数据，即选中D6单元格，单击鼠标右键，从弹出的快捷菜单中选择“从下拉列表中选择”命令。

Step 08 选中的D6单元格下方弹出一个下拉列表，可以在列表中选择对应员工的所属部门，这里选择“销售部”。

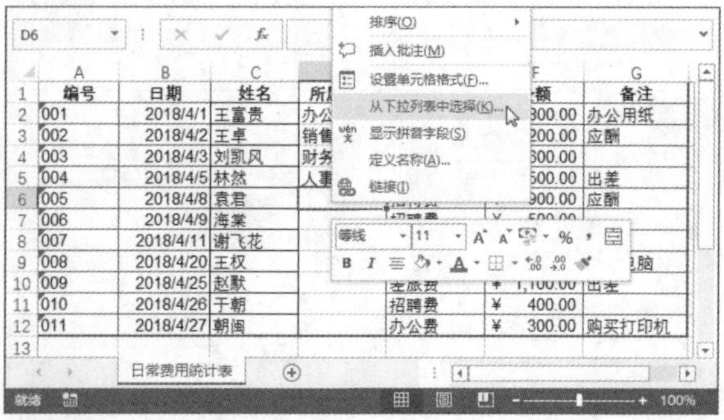

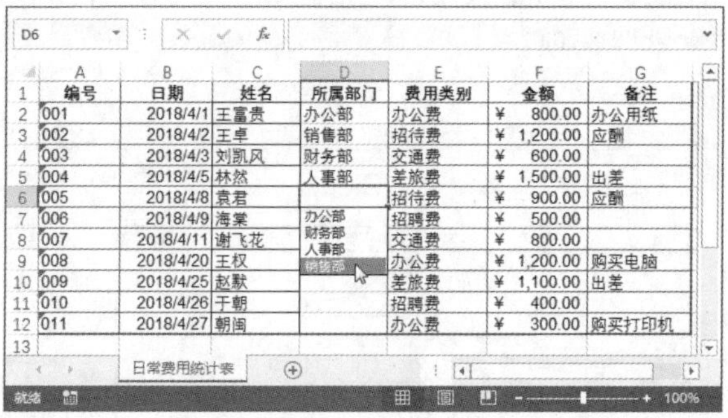

Step 09 按照同样的方法，完成其他员工“所属部门”的输入。完善D列表格的边框。

Step 10 使用公式计算费用合计，即选中F13单元格，输入公式“=SUM②(F2:F12)”，按Enter键计算出结果。

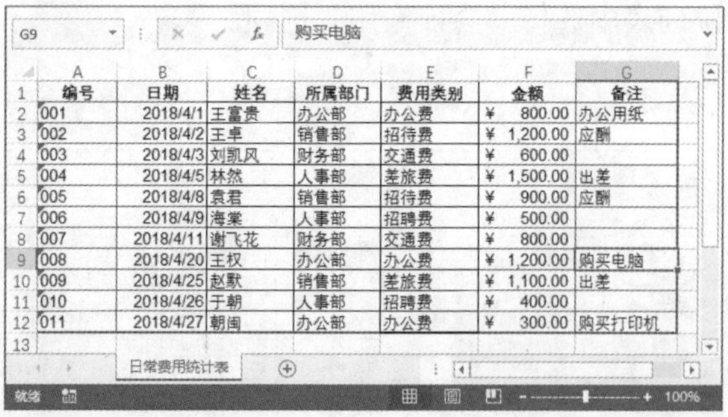

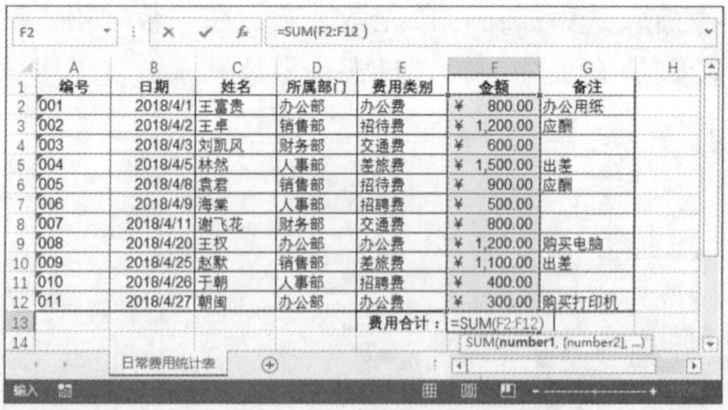

Step 11 将表格中的内容设置为居中对齐，适当调整行高和列宽，为了使表格看起来更加清晰，可以在A列和第一行前面添加一空列和空行，完成日常费用统计表的制作。

---

②关于SUM函数的使用说明请查阅2.3.1小节，详见本书第16页。

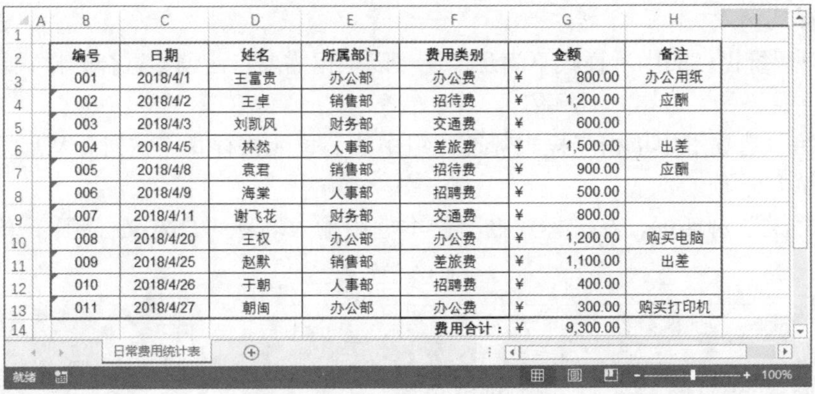

编号	日期	姓名	所属部门	费用类别	金额	备注
001	2018/4/1	王富贵	办公部	办公费	¥ 800.00	办公用纸
002	2018/4/2	王卓	销售部	招待费	¥ 1,200.00	应酬
003	2018/4/3	刘凯风	财务部	交通费	¥ 600.00	
004	2018/4/5	林然	人事部	差旅费	¥ 1,500.00	出差
005	2018/4/8	袁君	销售部	招待费	¥ 900.00	应酬
006	2018/4/9	海棠	人事部	招聘费	¥ 500.00	
007	2018/4/11	谢飞花	财务部	交通费	¥ 800.00	
008	2018/4/20	王权	办公部	办公费	¥ 1,200.00	购买电脑
009	2018/4/25	赵默	销售部	差旅费	¥ 1,100.00	出差
010	2018/4/26	于朝	人事部	招聘费	¥ 400.00	
011	2018/4/27	朝闽	办公部	办公费	¥ 300.00	购买打印机
				费用合计：	¥ 9,300.00	

提示

制作完成日常费用统计表后，如果用户想要对单元格或者单元格区域设置相同的格式时，可以通过应用样式的方法快速设置单元格的样式。

❶使用内置样式

Excel系统提供了多种单元格样式，用户可以根据需要为表格应用合适的样式，下面将介绍如何为单元格应用内置样式。

Step 01 选中B2:H2单元格区域，在“开始”选项卡中单击“单元格样式”下拉按钮。

Step 02 从展开的下拉列表中选择合适的样式，这里选择“绿色，着色6”选项。

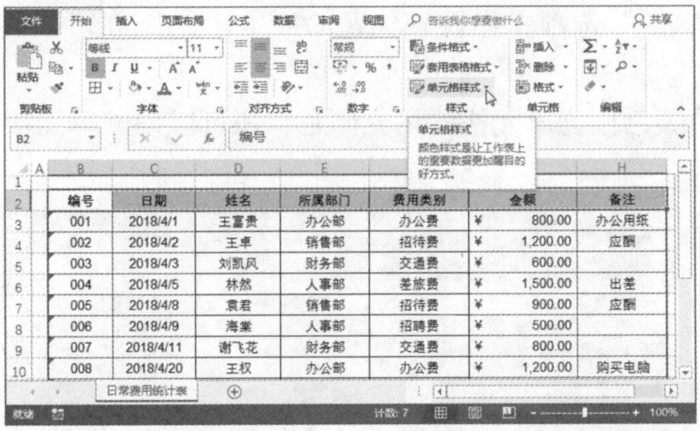

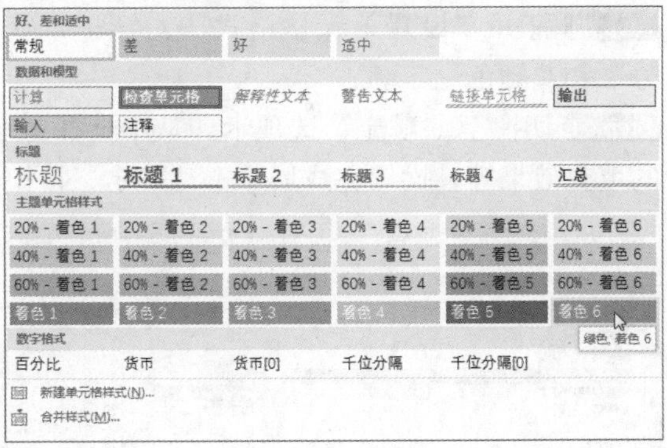

Step 03 选中的单元格区域即可应用相应的样式。

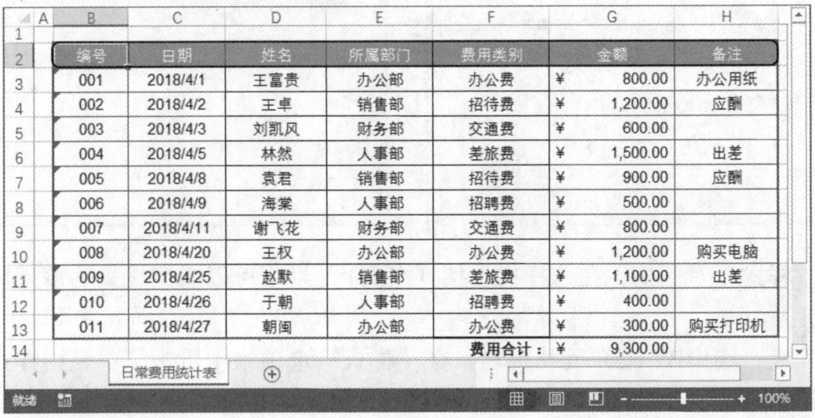

编号	日期	姓名	所属部门	费用类别	金额	备注
001	2018/4/1	王富贵	办公部	办公费	¥ 800.00	办公用纸
002	2018/4/2	王卓	销售部	招待费	¥ 1,200.00	应酬
003	2018/4/3	刘凯风	财务部	交通费	¥ 600.00	
004	2018/4/5	林然	人事部	差旅费	¥ 1,500.00	出差
005	2018/4/8	袁君	销售部	招待费	¥ 900.00	应酬
006	2018/4/9	海棠	人事部	招聘费	¥ 500.00	
007	2018/4/11	谢飞花	财务部	交通费	¥ 800.00	
008	2018/4/20	王权	办公部	办公费	¥ 1,200.00	购买电脑
009	2018/4/25	赵默	销售部	差旅费	¥ 1,100.00	出差
010	2018/4/26	于朝	人事部	招聘费	¥ 400.00	
011	2018/4/27	朝闽	办公部	办公费	¥ 300.00	购买打印机
				费用合计：	¥ 9,300.00	

❷使用自定义样式

如果用户对系统提供的内置样式不满意，还可以根据需要自己创建适合的样式。下面介绍如何自定义样式。

Step 01 在“开始”选项卡中单击“样式”选项组中的“单元格样式”按钮，从展开的列表中选择“新建单元格样式”选项。

Step 02 打开“样式”对话框，在“样式名”文本框中输入名称“自定义标题”，单击“格式”按钮。

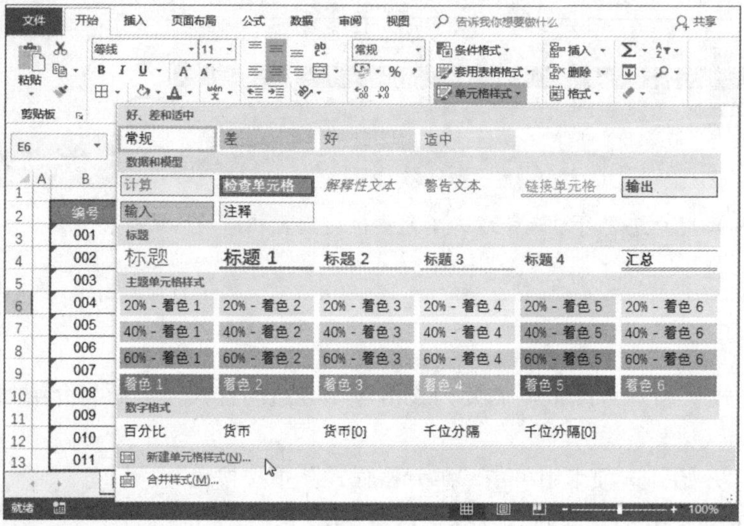

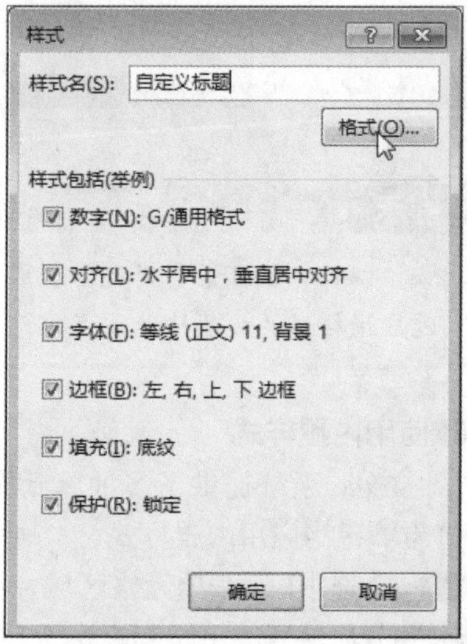

Step 03 打开“设置单元格格式”对话框，在“字体”选项卡中设置标题的“字体”“字形”“字号”和“颜色”。

Step 04 切换至“填充”选项卡，从中选择适合的颜色作为单元格的填充颜色，还可以设置单元格的填充效果等，设置完成后单击“确定”按钮。

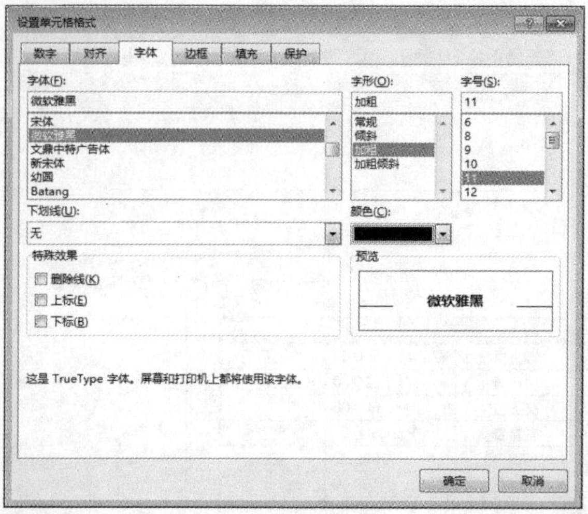

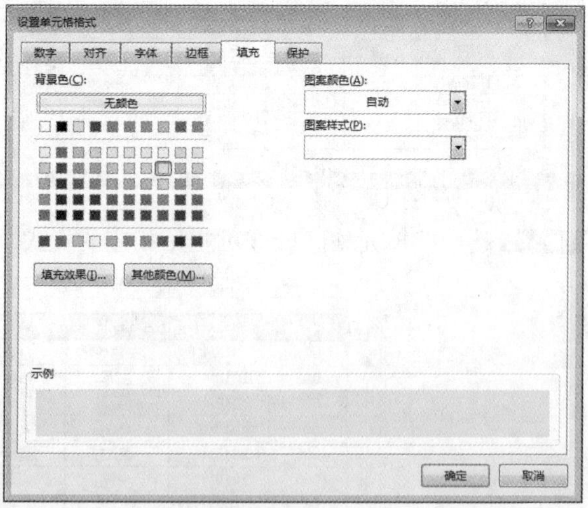

Step 05 返回到“样式”对话框，在“样式包括（举例）”栏下可以看到设置的单元格样式，最后单击“确定”按钮。

Step 06 返回工作表，选中B2:H2单元格区域，在“样式”选项组中单击“单元格样式”按钮，从列表中选择“自定义标题”选项。

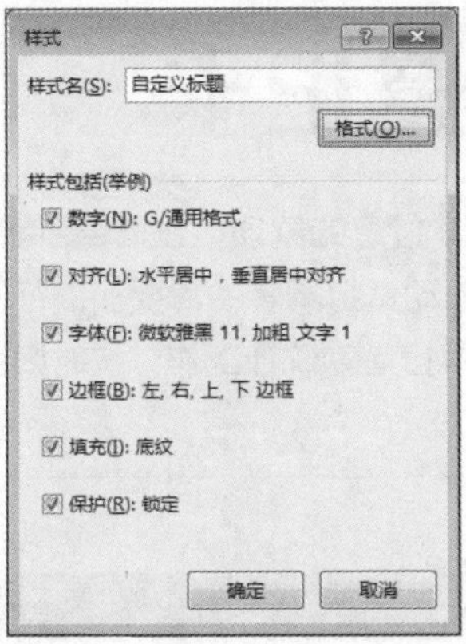

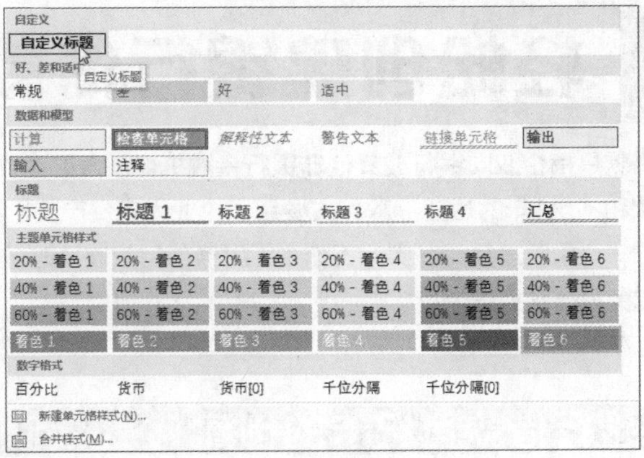

Step 07 选中的单元格区域随即应用了自定义的标题样式。

编号	日期	姓名	所属部门	费用类别	金额	备注
001	2018/4/1	王富贵	办公部	办公费	¥ 800.00	办公用纸
002	2018/4/2	王卓	销售部	招待费	¥ 1,200.00	应酬
003	2018/4/3	刘凯风	财务部	交通费	¥ 600.00	
004	2018/4/5	林然	人事部	差旅费	¥ 1,500.00	出差
005	2018/4/8	袁君	销售部	招待费	¥ 900.00	应酬
006	2018/4/9	海棠	人事部	招聘费	¥ 500.00	
007	2018/4/11	谢飞花	财务部	交通费	¥ 800.00	
008	2018/4/20	王权	办公部	办公费	¥ 1,200.00	购买电脑
009	2018/4/25	赵默	销售部	差旅费	¥ 1,100.00	出差
010	2018/4/26	于朝	人事部	招聘费	¥ 400.00	
011	2018/4/27	朝闽	办公部	办公费	¥ 300.00	购买打印机
				费用合计：	¥ 9,300.00	

❸修改样式

如果对自定义的标题样式不满意，无需重新自定义，只需在其基础上进行修改即可。无论是内置样式还是自定义样式，用户都可对其进行修改。下面简单介绍如何修改自定义标题样式。

Step 01 在“单元格样式”下拉列表中右键单击“自定义标题”选项，在弹出的快捷菜单中选择“修改”命令。

Step 02 弹出“样式”对话框，单击“格式”按钮，打开“设置单元格格式”对话框，按照需要进行修改即可。

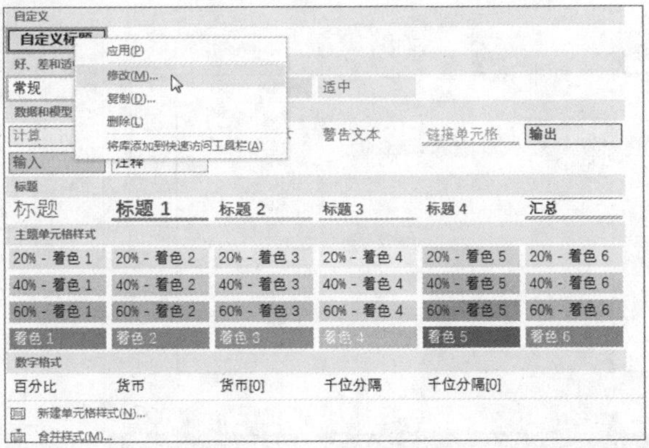

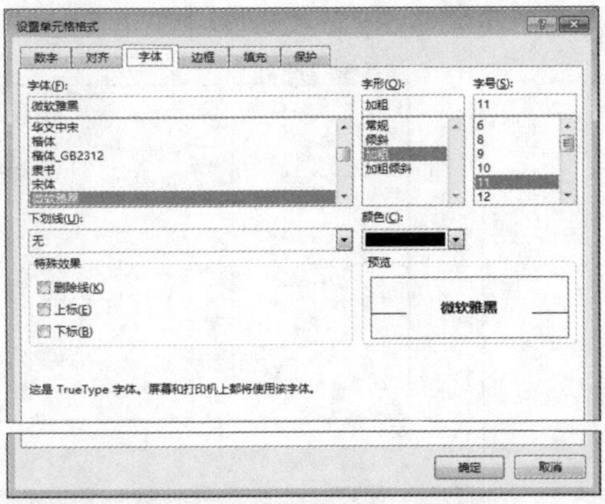

提示

如果用户不再需要创建的样式，可以将其删除，只需在“单元格样式”下拉列表中右键单击“自定义标题”选项，从弹出的菜单中选择“删除”命令，即可将自定义的样式删除。

3.2 轻松创建银行借款登记卡

银行借款是指企业向银行或其他非银行金融机构借入的需要还本付息的款项，包括偿还期限超过1年的长期借款和不足1年的短期借款，主要用于企业固定资产支出和流动资金周转的需要。银行借款是企业资金来源的一个重要途径，在实际工作中，财务部门应该及时做好银行借款统计工作，按时归还到期的银行借款，以免损害企业信誉度。

3.2.1 银行借款登记卡的创建

银行借款登记卡包括银行名称、借款名称、账号、日期、摘要、抵押品名称、借款额度、借款偿还金额、未偿还金额等。下面介绍如何创建银行借款登记卡。

Step 01 新建一个空白工作表，在工作表适当位置输入银行借款登记卡的标题和相关内容。

Step 02 选择A2:H12单元格区域，按Ctrl+1组合键打开“设置单元格格式”对话框，切换至“边框”选项卡，设置边框的样式和颜色，设置完成后单击“确定”按钮。

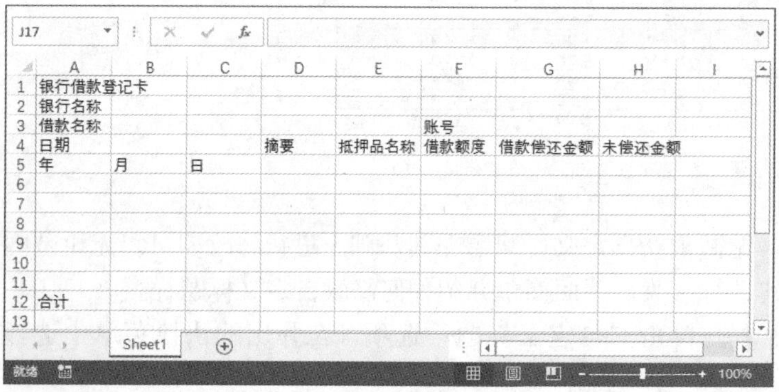

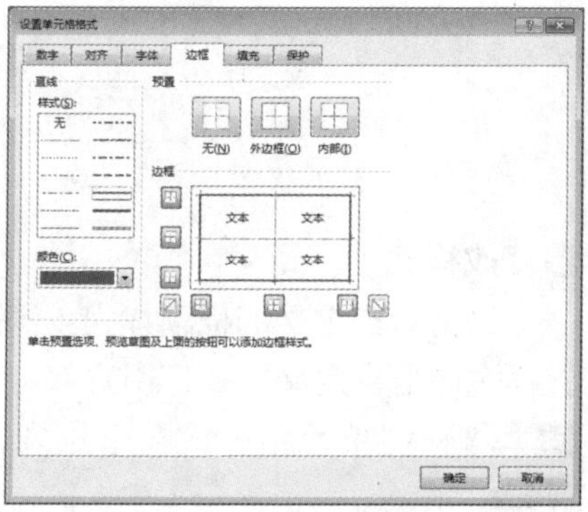

Step 03 返回工作表，适当调整表格的行高和列宽，并在A列前插入一空白列，使表格看起来更加清晰。

3.2.2 内容格式的设置

银行借款登记卡的基本框架构建完成后，用户可以对其进行一系列的设置，首先介绍一下内容格式的设置。

Step 01 选中B1单元格，在“开始”选项卡中单击“字体”选项组的对话框启动器按钮。

Step 02 打开“设置单元格格式”对话框，在“字体”选项卡中设置“字体”为“微软雅黑”，“字形”为“加粗”，“字号”为“18”。设置完成后单击“确定”按钮。

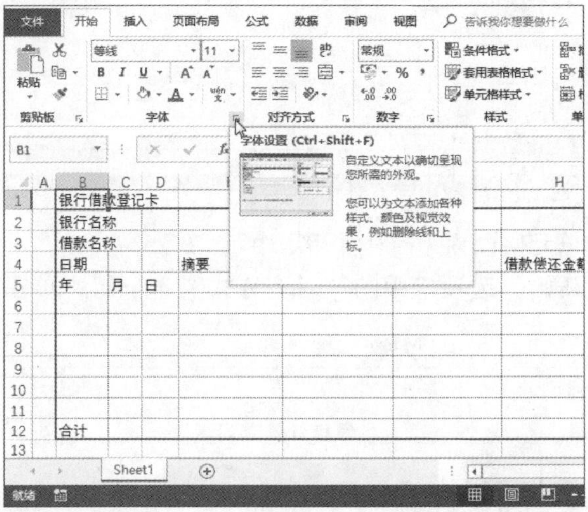

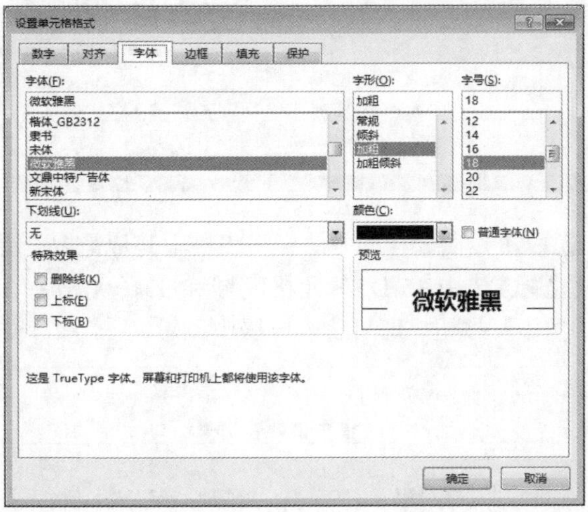

Step 03 返回工作表，选中H3:I3单元格区域，打开“设置单元格格式”对话框，在“数字”选项卡中选择“文本”选项，单击“确定”按钮。

Step 04 选中G5:I12单元格区域，打开“设置单元格格式”对话框，在“数字”选项卡中选择“货币”选项，将“货币符号”设置为“无”，单击“确定”按钮。

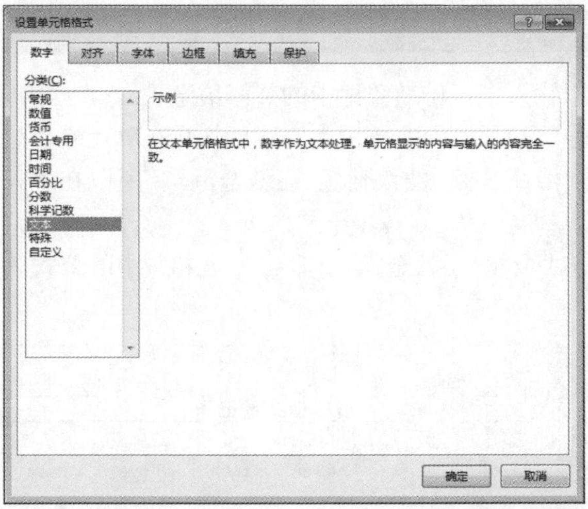

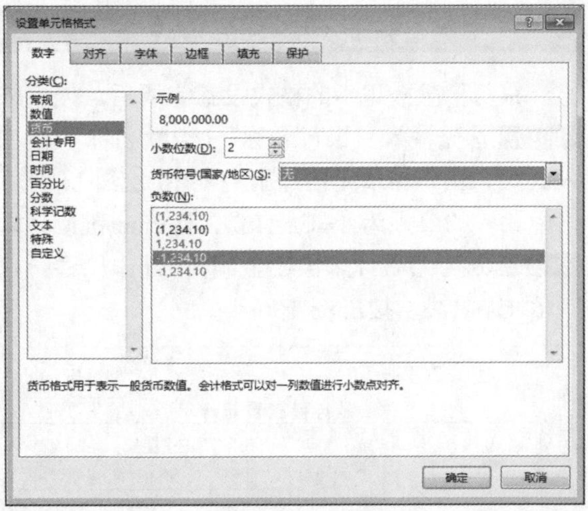

3.2.3 单元格格式的设置

对表格中的内容格式设置完成后，接下来对单元格格式进行设置。

Step 01 选中B1:I1单元格区域，在“开始”选项卡中单击“对齐方式”选项组的“合并后居中”按钮，从列表中选择“合并后居中”选项。

Step 02 B1:I1单元格区域合并为一个单元格，并且单元格中的内容居中显示，适当调整单元格中文本间距即可。

Step 03 按照同样的方法，将表格中其他需要合并的单元格设置为“合并后居中”。

Step 04 选中B5:D5单元格区域和G3单元格，在“开始”选项卡中的“对齐方式”选项组中单击“居中”按钮，即可将内容居中显示。

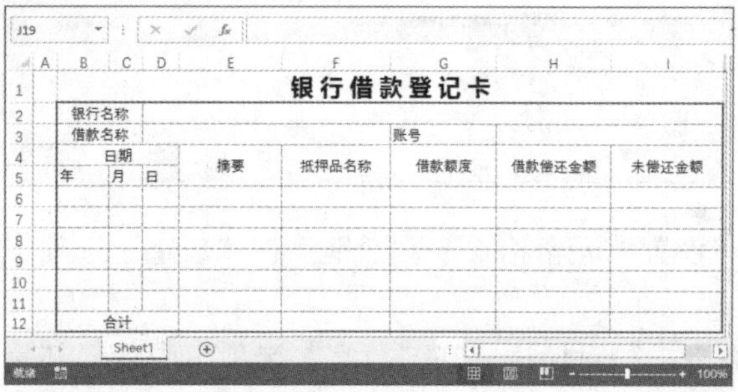

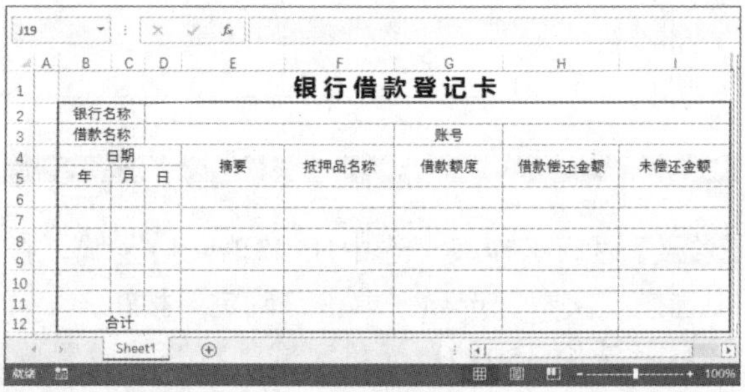

3.2.4 信息内容的输入

银行借款登记卡的格式设置完成后，接下来可以输入银行借款登记卡的具体信息了。

Step 01 首先输入“银行名称”“借款名称”和“账号”的相关内容，输入完成后选中I6单元格，输入公式，由于I6单元格是第一笔借款登记，因为“未偿还金额=借款金额-还款金额”，所以在单元格中输入的公式为“=G6-H6”，按Enter键确认即可。

Step 02 因为“累计未偿还金额=上期未偿还金额+借款金额-还款金额”，所以单元格I7中的公式为“=I6+G7-H7”，按Enter键确认。

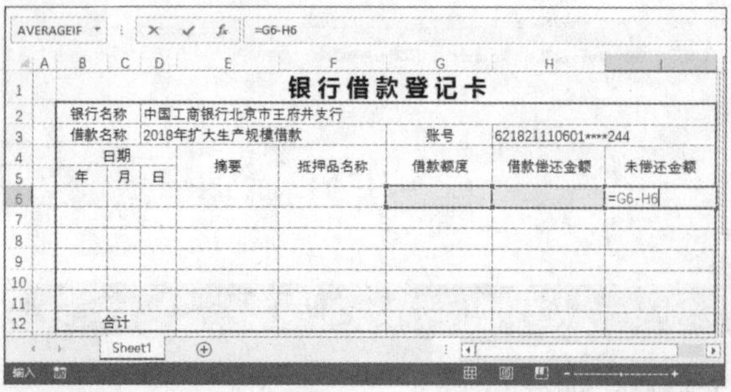

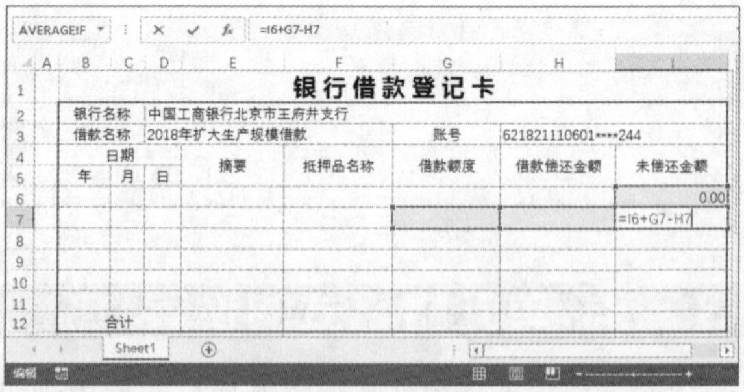

Step 03 在工作表中输入银行借款登记卡的详细信息，选中I7单元格，将光标移至单元格右下角，当光标变为十字形时按住鼠标左键不放向下拖动鼠标填充公式。

Step 04 选中G12单元格，输入公式“=SUM(G6:G11)”，按Enter键确认，计算出结果。

I7 =I6+G7-H7

银行借款登记卡							
银行名称	中国工商银行北京市王府井支行						
借款名称	2018年扩大生产规模借款				账号	621821110601****244	
日期			摘要	抵押品名称	借款额度	借款偿还金额	未偿还金额
年	月	日					
2018	2	1	新建分公司	办公楼	8,000,000.00		8,000,000.00
2018	3	1	购置设备	厂房	860,000.00		8,860,000.00
2018	5	2	归还贷款			500,000.00	8,360,000.00
2018	8	10	归还贷款			1,000,000.00	7,360,000.00
2018	10	20	修建员工宿舍	设备	500,000.00		7,860,000.00
2018	11	8	研究新产品		100,000.00		7,960,000.00
合计							

G12 =SUM(G6:G11)

银行借款登记卡							
银行名称	中国工商银行北京市王府井支行						
借款名称	2018年扩大生产规模借款				账号	621821110601****244	
日期			摘要	抵押品名称	借款额度	借款偿还金额	未偿还金额
年	月	日					
2018	2	1	新建分公司	办公楼	8,000,000.00		8,000,000.00
2018	3	1	购置设备	厂房	860,000.00		8,860,000.00
2018	5	2	归还贷款			500,000.00	8,360,000.00
2018	8	10	归还贷款			1,000,000.00	7,360,000.00
2018	10	20	修建员工宿舍	设备	500,000.00		7,860,000.00
2018	11	8	研究新产品		100,000.00		7,960,000.00
合计					9,460,000.00		

Step 05 再次选中G12单元格，将公式向右复制到H12单元格，选中I12单元格，输入公式“=I11”，最后按Enter键确认即可。

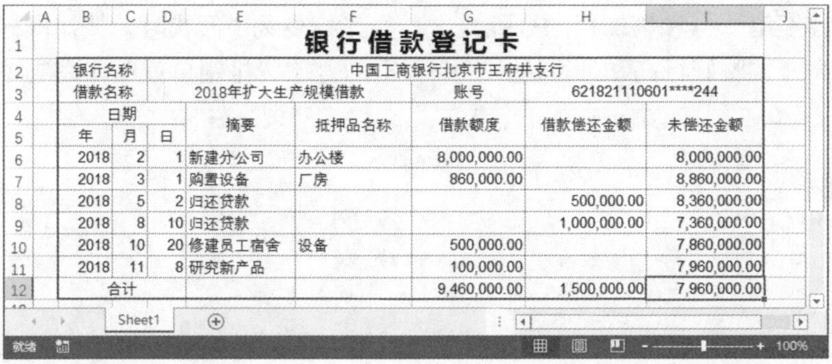

银行借款登记卡							
银行名称	中国工商银行北京市王府井支行						
借款名称	2018年扩大生产规模借款				账号	621821110601****244	
日期			摘要	抵押品名称	借款额度	借款偿还金额	未偿还金额
年	月	日					
2018	2	1	新建分公司	办公楼	8,000,000.00		8,000,000.00
2018	3	1	购置设备	厂房	860,000.00		8,860,000.00
2018	5	2	归还贷款			500,000.00	8,360,000.00
2018	8	10	归还贷款			1,000,000.00	7,360,000.00
2018	10	20	修建员工宿舍	设备	500,000.00		7,860,000.00
2018	11	8	研究新产品		100,000.00		7,960,000.00
合计					9,460,000.00	1,500,000.00	7,960,000.00

3.3 不可或缺的差旅费报销单

差旅费报销单是企业员工因出差而发生的差旅费用报销的单据，是员工报销费用的凭证。员工在出差前会从财务部门预支一定金额的钱款，出差结束后，出差人员需完整地填写差旅费报销单，这样财务部门才能根据员工提交的原始凭证上的实用金额进行多退少补的报销。

3.3.1 差旅费报销单的创建

差旅报销单一般包括出差人、出差事由、出差补贴、交通工具、交通费、报销总额、预借旅费等项目。接下来就具体介绍如何制作差旅费报销单。

Step 01 新建一个空白工作表，并将其命名为“差旅费报销单”，在工作表中输入基本信息。

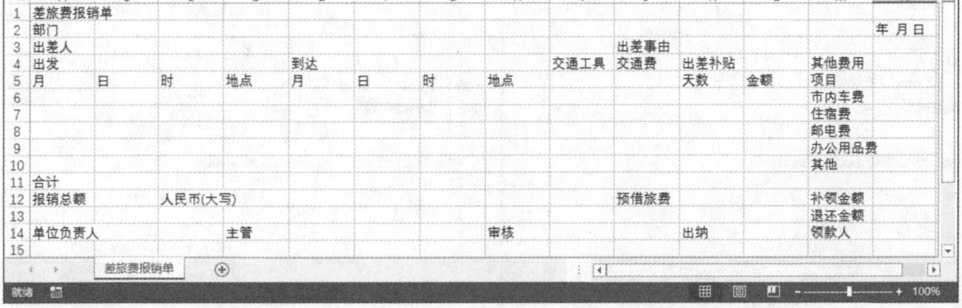

	A	B	C	D	E	F	G	H	I	J	K	L	M	N
1	差旅费报销单													
2	部门													年 月 日
3	出差人									出差事由				
4	出发				到达				交通工具	交通费	出差补贴		其他费用	
5	月	日	时	地点	月	日	时	地点			天数	金额	项目	
6													市内车费	
7													住宿费	
8													邮电费	
9													办公用品费	
10													其他	
11	合计													
12	报销总额		人民币(大写)							预借旅费			补领金额	
13													退还金额	
14	单位负责人			主管				审核			出纳		领款人	
15														

Step 02 选中A1:O1单元格区域，在“开始”选项卡中单击“对齐方式”选项组的“合并后居中”按钮让标题居中显示。按照同样的方法，将表格中其他需要合并的单元格进行合并。

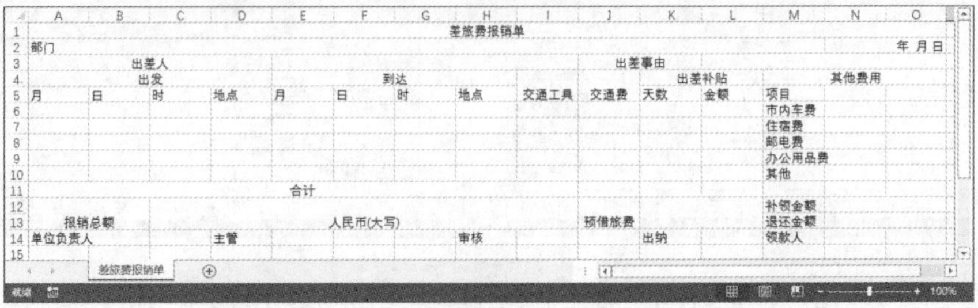

Step 03 将光标移到A列和B列的分隔线上，当光标变为✛形状时，按住鼠标左键不放，拖动鼠标调整列宽。将光标移至第一行和第二行的分隔线上，当光标变为✛形状时，按住鼠标左键不放，上下拖动鼠标调整行高。调整好行高和列宽后，一个基本的差旅费报销单就制作完成了。

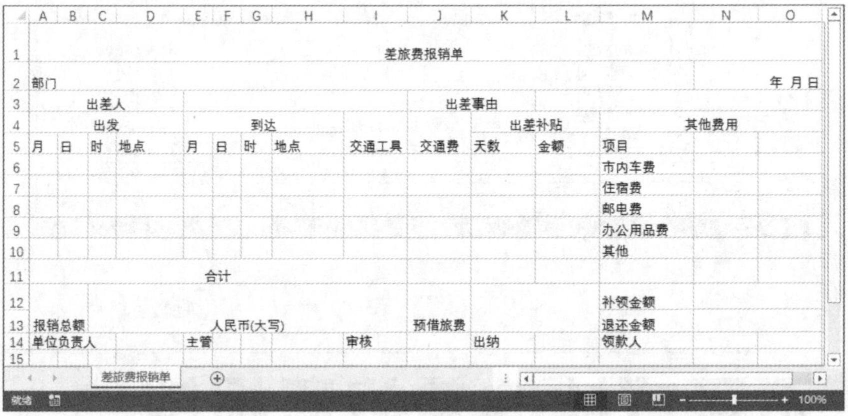

3.3.2 差旅费报销单的边框设置

为了使差旅费报销单中的各项内容能够更加清晰地呈现出来，用户可以为报销单添加边框，添加边框后，表格也会更加美观。下面介绍差旅费报销单边框的添加。

Step 01 选中A3:O13单元格区域，按Ctrl+1组合键打开“设置单元格格式”对话框，切换至“边框”选项卡，在“样式”列表框中选择合适的样式，并为其选择合适的颜色，单击“内部”按钮。

Step 02 在“样式”列表框中选择合适的样式，单击“外边框”按钮，单击“确定”按钮。

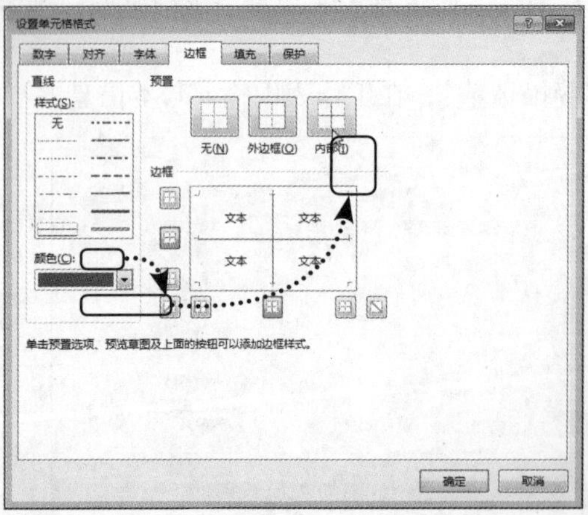

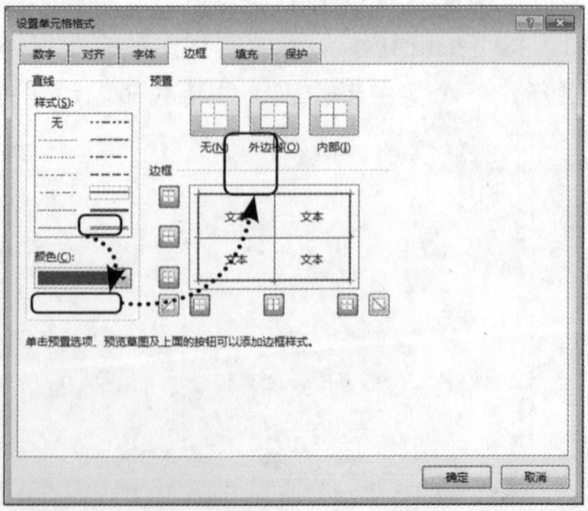

Step 03 返回工作表编辑区，为了使边框更加清晰，可以在A列前面插入一空白列，至此完成差旅费报销单边框的添加。

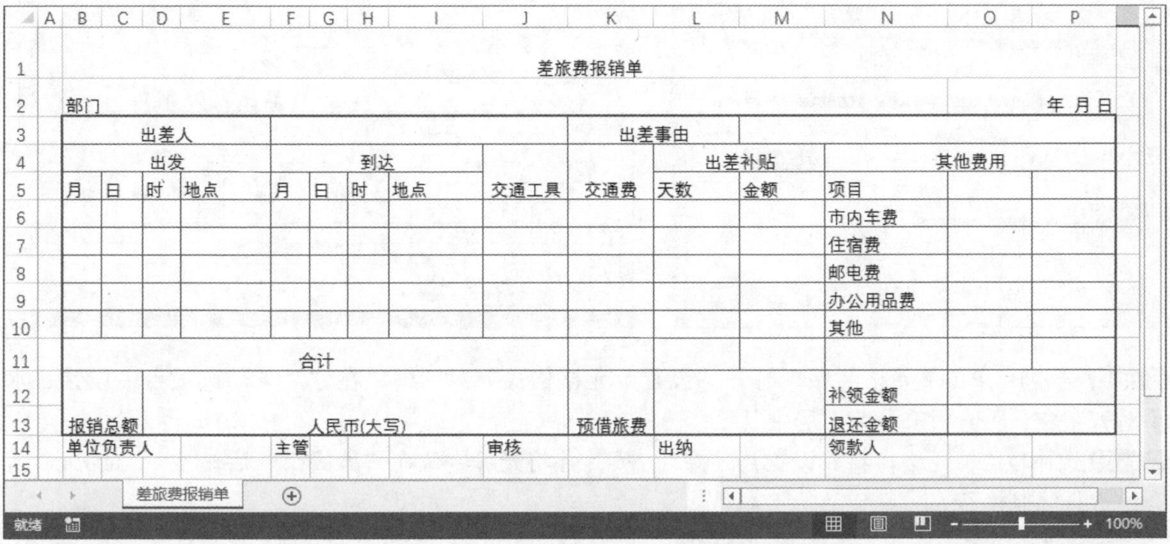

3.3.3 差旅费报销单的字体格式设置

为差旅费报销单添加边框后，为了使其看起来更加美观，用户还可以对其文字格式和单元格格式进行设置，例如为标题添加下划线、将文本居中对齐等。下面就对其操作进行具体介绍。

Step 01 选中报销单的标题，在“开始”选项卡中单击“字体”下拉按钮，从展开的列表中选择“微软雅黑”。

Step 02 单击“字体”选项组中的“字号”下拉按钮，从展开的列表中选择“18”。

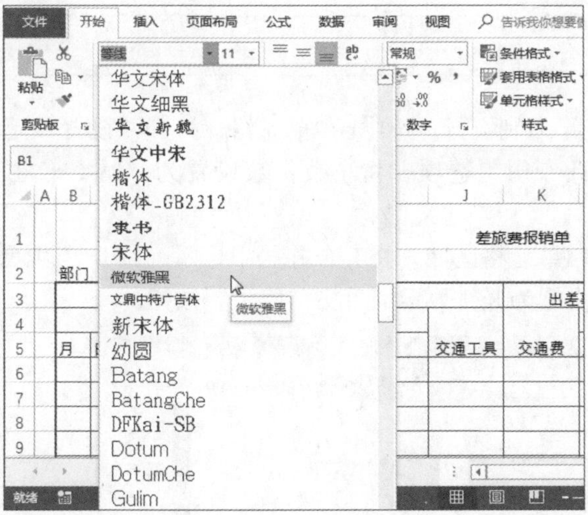

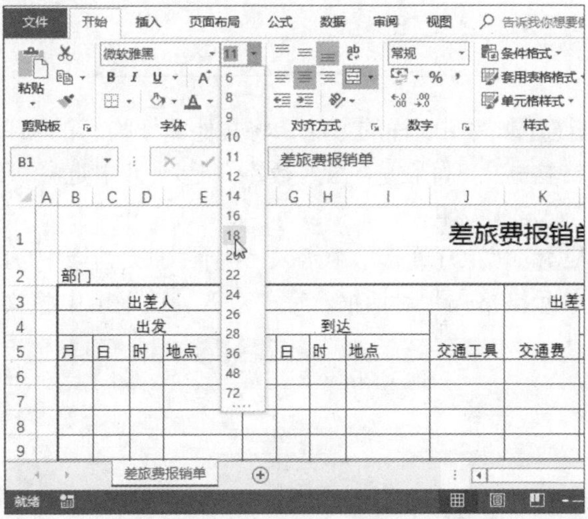

Step 03 单击“字体”选项组的对话框启动器按钮，打开“设置单元格格式”对话框，在“字体”选项卡中设置“下划线”为“会计用双下划线”，在“字形”列表框中选择“加粗”选项。设置完成后单击“确定”按钮。

Step 04 适当调整标题的字符间距，为“部门”添加下划线，并将其设置为“垂直居中”。

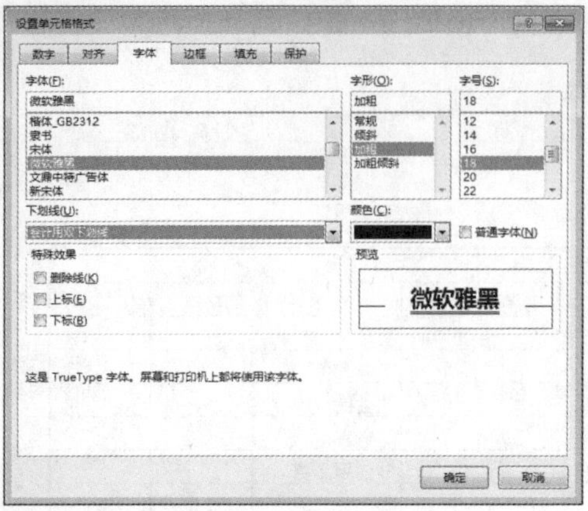

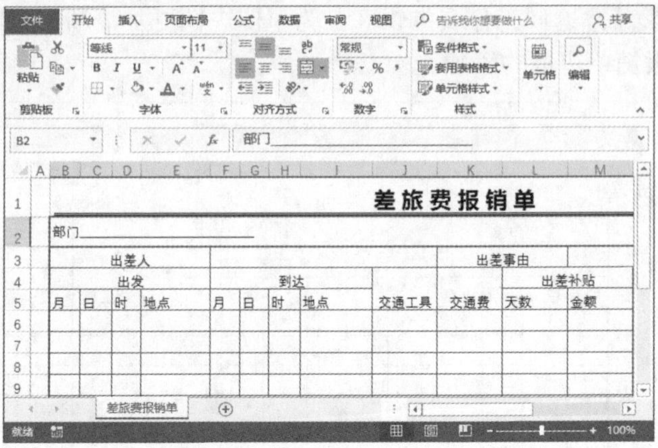

Step 05 选中B3:P13单元格区域，打开“设置单元格格式”对话框，在“对齐”选项卡中设置“水平对齐”和“垂直对齐”为“居中”。

Step 06 选中D12单元格，将其设置为“左对齐”，并将光标定位在“人民币”后，按下Alt+Enter组合键进行强制换行。

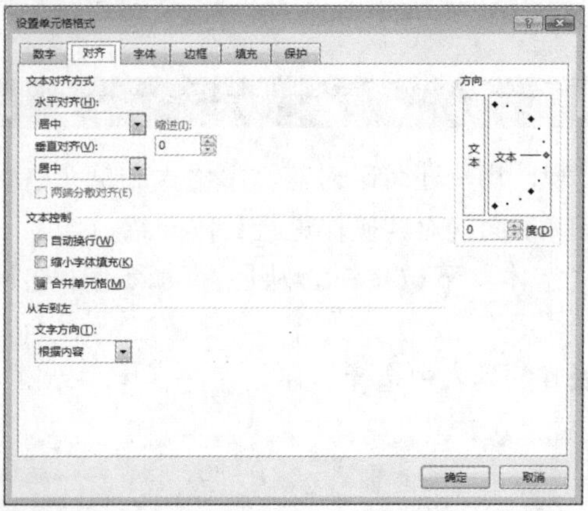

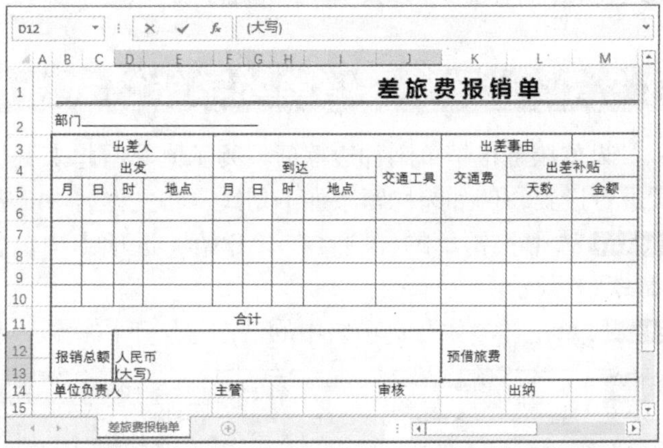

Step 07 按照同样的方法，将其他需要换行的项目进行强制换行。选中L12单元格，打开“设置单元格格式”对话框，在“数字”选项卡中选择“会计专用”选项，将小数位数设置为“2”，单击“确定”按钮。

Step 08 在Q1单元格中输入“附件 张”，选中Q1:Q14单元格区域，将其合并居中显示。打开“设置单元格格式”对话框，在“对齐”选项卡中将文本设置为竖排显示，单击“确定”按钮。

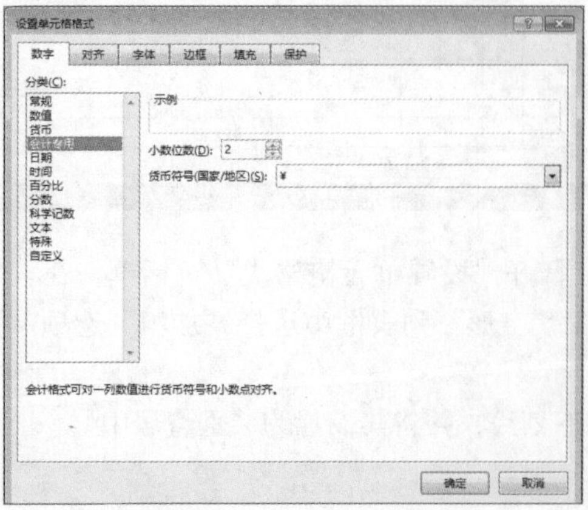

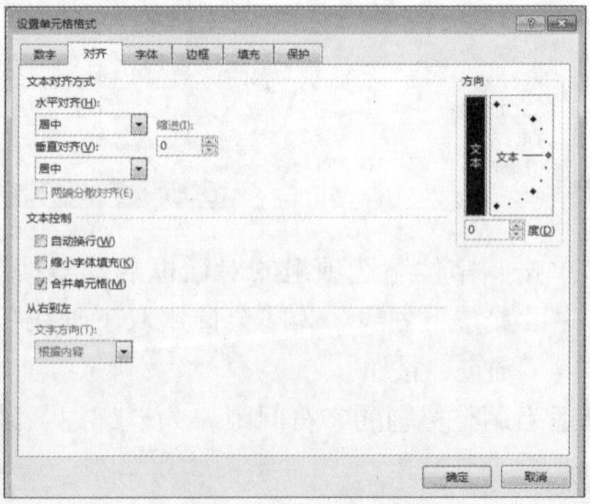

Step 09 设置完成后，适当调整行高和列宽，并适当调整表格中文本的字符间距，最后为了使表格看起来美观一些，在“视图”选项卡中取消“网格线”复选框的勾选，至此，差旅费报销单就制作完成了。

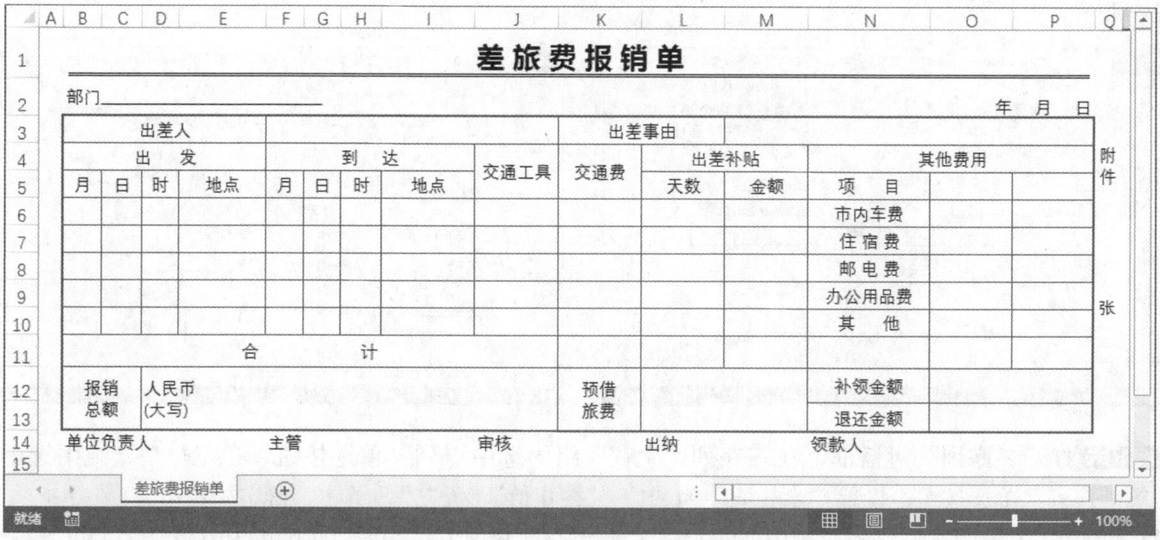

3.4 收款单和付款单两种单据

财务部门制作收款单和付款单作为记账的原始凭证，目的是为了便于管理企业在采购和销售过程中的流动资金。下面介绍两种单据的创建方法。

3.4.1 收款单的创建

收款单一般包括单据编号、收款日期、客户、结算方式、结算金额、客户银行、客户账号等。接下来具体介绍其创建过程。

Step 01 新建一个空白工作表，并将其命名为“收款单”，在工作表的合适位置输入收款单的基本内容。

Step 02 选中B1:G1单元格区域，将其合并居中显示，在“字体”选项组中单击“字体”下拉按钮，从列表中选择“微软雅黑”，在“字号”列表中选择“18”，并适当调整字符间距。

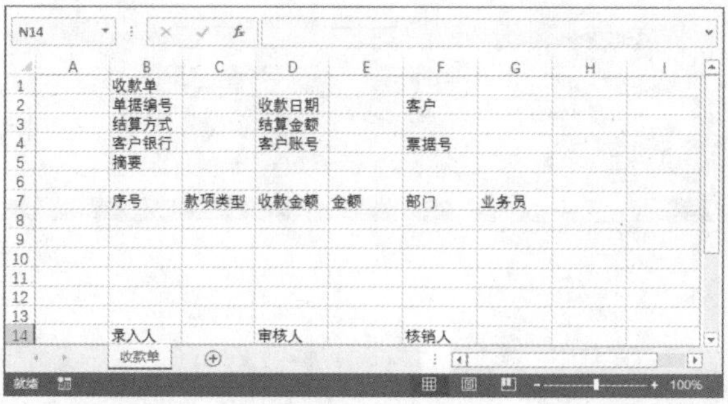

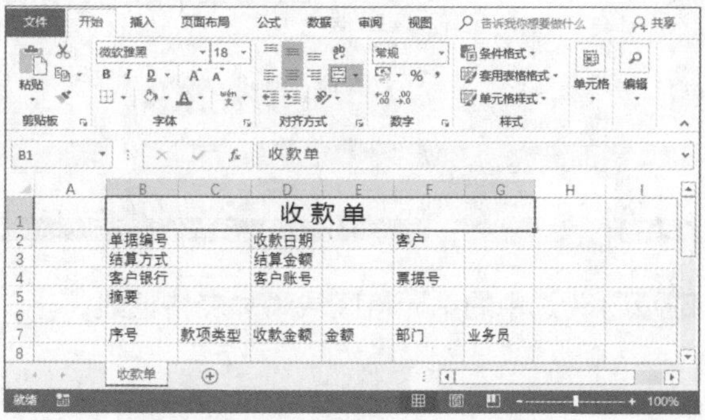

Step 03 保持B1:G1单元格区域为选中状态，在“字体”选项组中单击“下划线”按钮，从列表中选择“双下划线”选项。

Step 04 在B8单元格中输入1，在“编辑”选项组中单击“填充”按钮，从列表中选择“序列”选项。

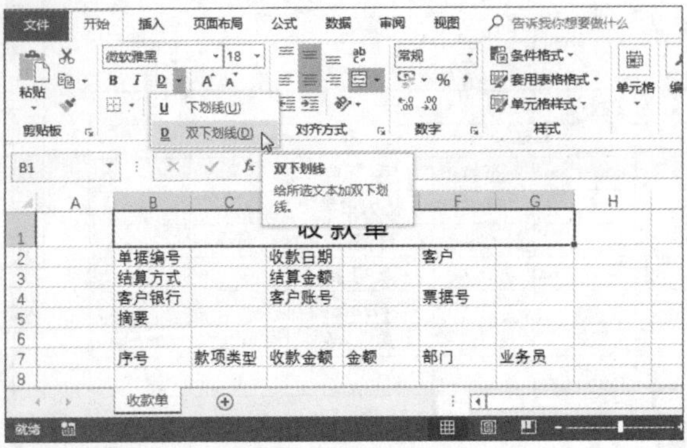

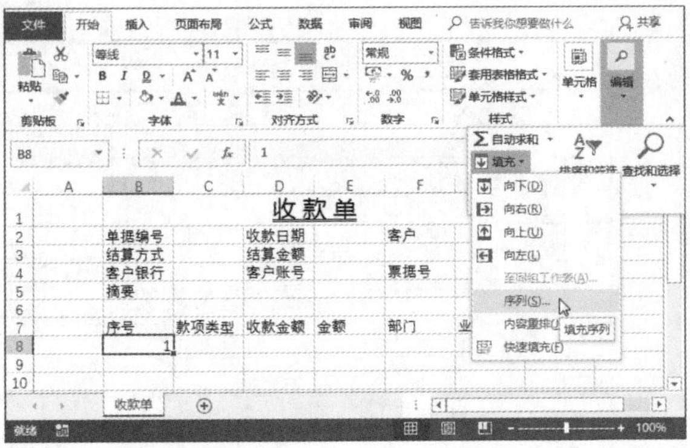

Step 05 打开“序列”对话框，在“序列产生在”组中选中“列”单选按钮，在“类型”组中选中“等差序列”单选按钮，设置“步长值”为“1”，“终止值”为“5”，单击“确定”按钮。

Step 06 按住Ctrl键不放，依次选中C2、C3、C4、C14、E2、E3、E4、E14、G2、G4、G14和C5:G5单元格区域。

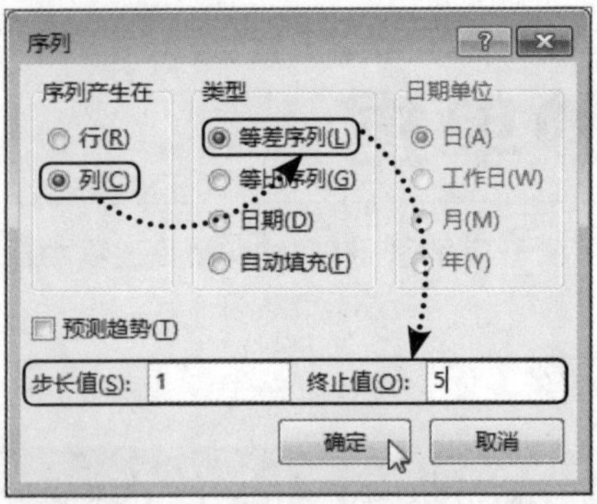

Step 07 在“开始”选项卡中，单击“边框”下拉按钮，从展开的列表中选择“粗下框线”选项。

Step 08 选中B7:G12单元格区域，单击“边框”下拉按钮，从列表中选择“所有框线”选项。

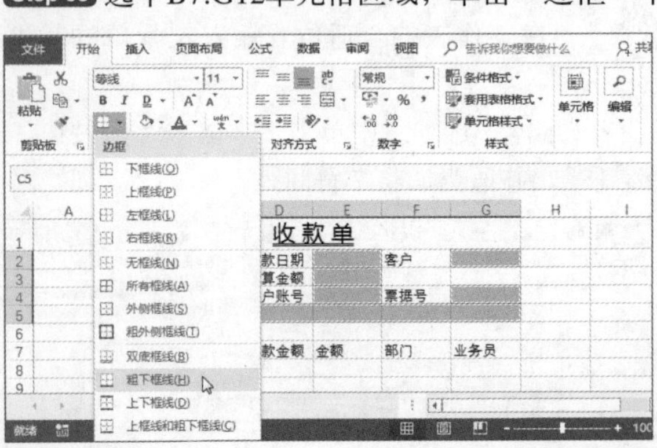

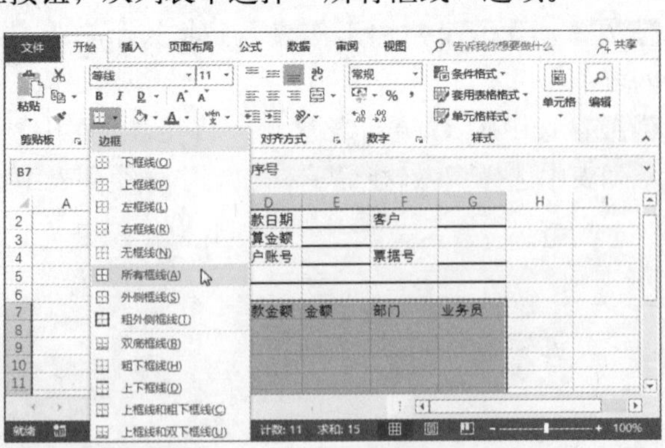

Step 09 为选中的单元格区域添加表格框线。

Step 10 再次选中B7:G12单元格区域，在“对齐方式”选项组中单击“居中”按钮，将文本内容居中显示。

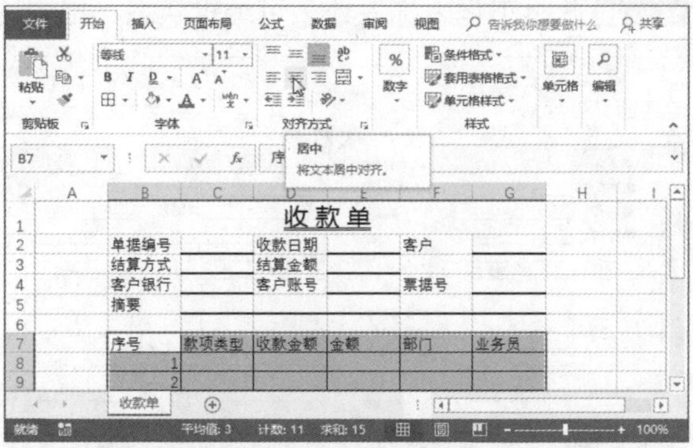

Step 11 调整表格的行高和列宽，在“视图”选项卡中取消对“网格线”复选框的勾选，至此，就完成了收款单的创建。

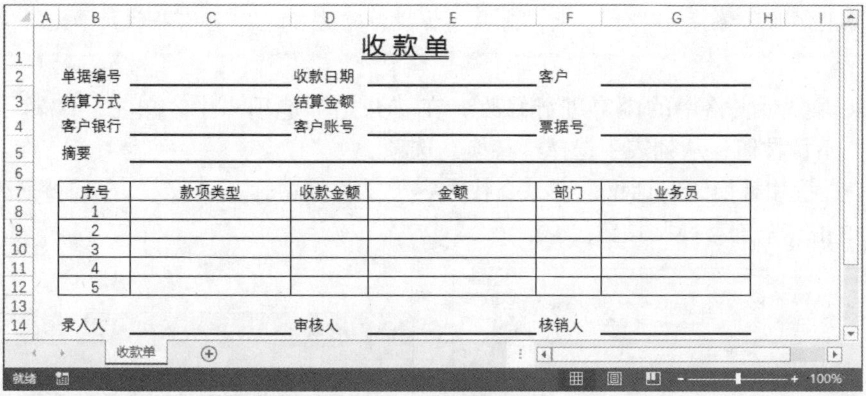

3.4.2 付款单的创建

因为付款单和收款单的内容基本一致，所以用户只需要在收款单上稍作修改即可，具体操作步骤如下。

Step 01 选中“收款单”工作表标签，单击鼠标右键，在快捷菜单中选择“移动或复制”命令。

Step 02 弹出“移动或复制工作表”对话框，在“下列选定工作表之前”列表框中选择“移至最后”选项，勾选“建立副本”复选框，单击“确定”按钮。

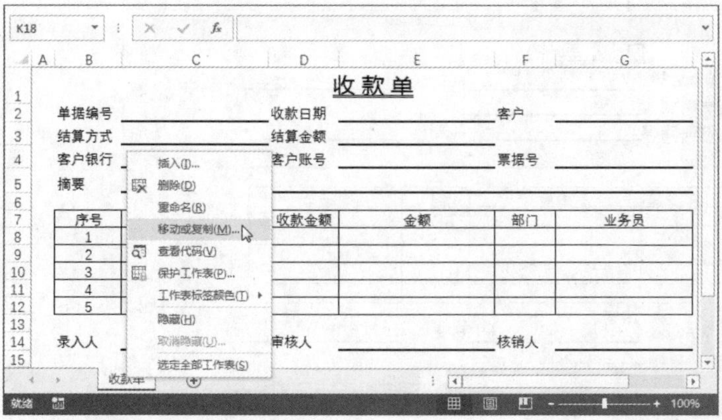

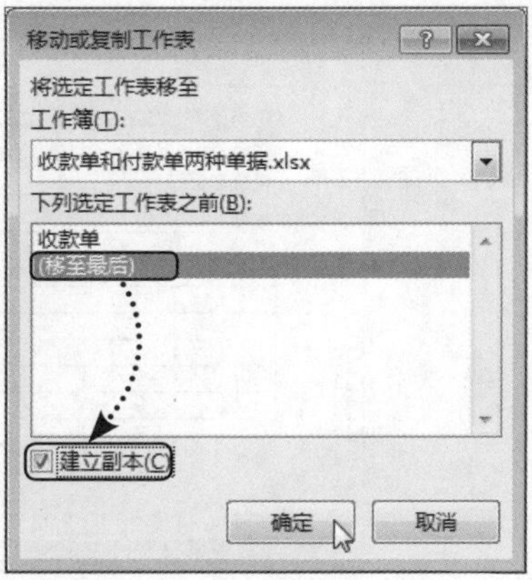

Step 03 在工作表“收款单”右侧创建一个副本“收款单（2）”工作表，选择该工作表标签，单击鼠标右键，在弹出的快捷菜单中选择“重命名”选项。

Step 04 此时工作表标签处于可编辑状态，用户可以直接输入“付款单”，按Enter键确认即可。

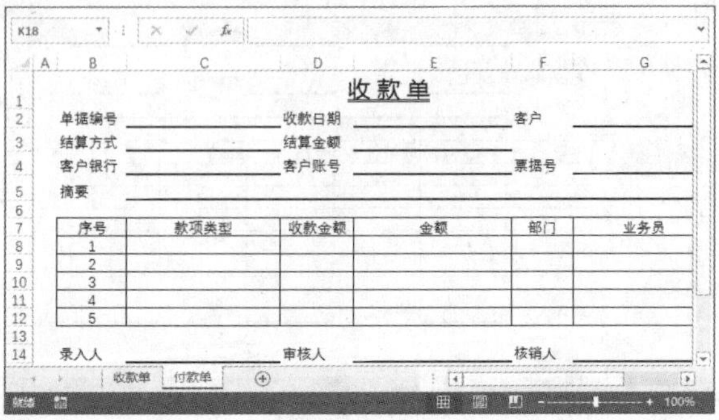

用户只需将“收”替换为“付”，将“客户”替换为“供应商”，即可将收款单更改为付款单。

Step 05 接下来需要对表格中的内容进行修改。在“开始”选项卡中，单击“编辑”选项组中的“查找和选择”下拉按钮，从列表中选择“替换”选项。

Step 06 打开“查找和替换”对话框，在“查找内容”文本框中输入“收”，在“替换为”文本框中输入“付”，单击“全部替换”按钮。

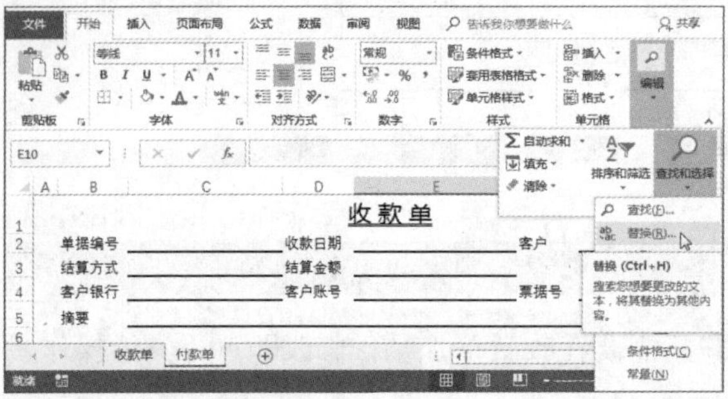

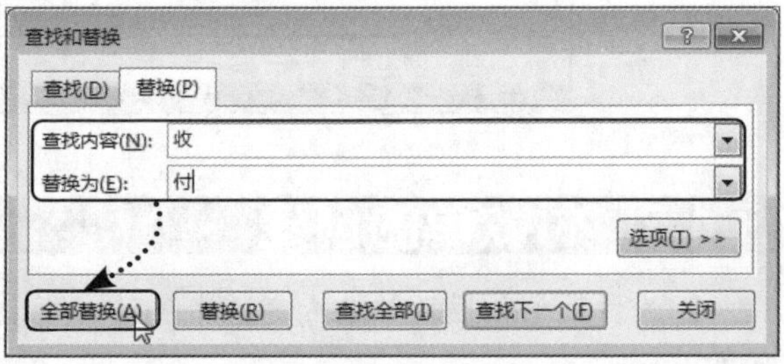

Step 07 按照同样的方法，打开“查找和替换”对话框，在“查找内容”文本框中输入“客户”，在“替换为”文本框中输入“供应商”，单击“全部替换”按钮即可。

Step 08 返回工作表，可以看到“付款单”已经根据设置进行了修改，至此，完成付款单的创建。

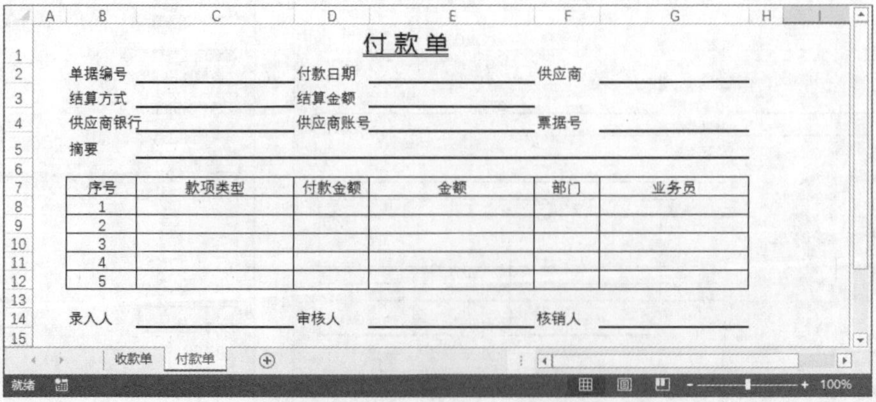

3.5 客户清单一目了然

企业往往会建立一个往来客户一览表来记录与其有业务往来的企业或个人的相关信息，以备日后查找。

往来客户一览表主要包括客户名称、法人代表、联系地址、联系人、联系电话、邮箱等。下面介绍如何创建往来客户一览表。

Step 01 新建一个空白工作表，将其命名为“往来客户一览表”，在工作表中输入列标题，并为表格添加边框。

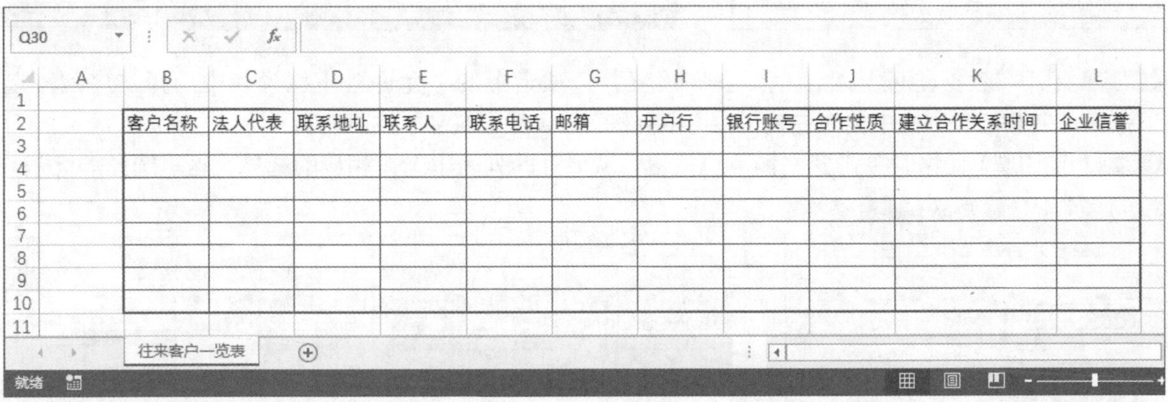

Step 02 在列标题下方输入往来客户的信息。在输入“邮箱”地址后系统会自动将该地址设置为超链接形式，将光标移动到该地址上，会显示提示信息。

Step 03 将光标移至超链接左下角的矩形图标上，会弹出“自动更正选项”按钮，单击该按钮，从展开的列表中选择“控制自动更正选项”选项。

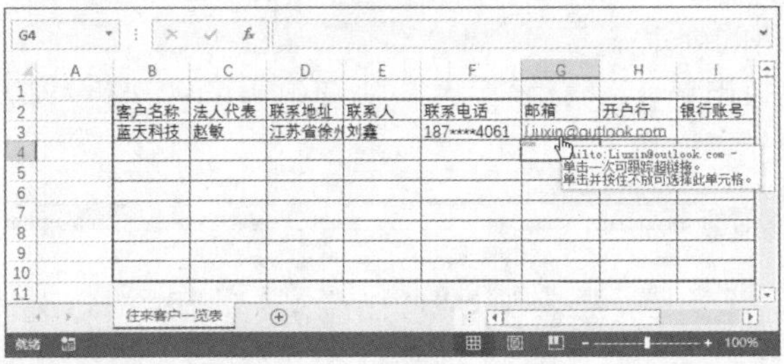

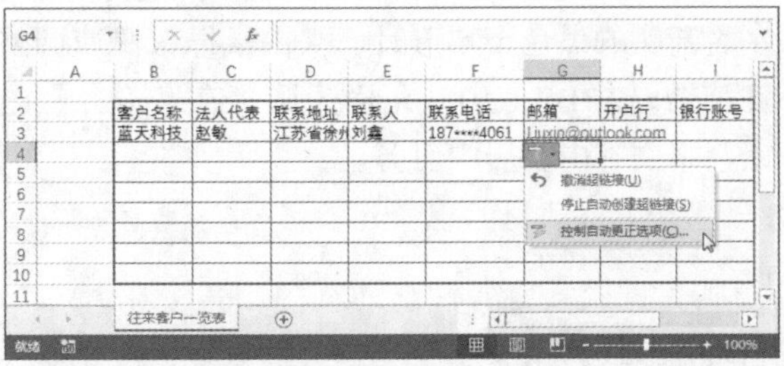

提示

如果在步骤3所示的图中选择“撤消超链接”选项，即可取消当前超链接。如果选择“停止自动创建超链接”选项，那么不仅取消当前超链接，还会停止超链接的自动创建。

Step 04 打开“自动更正”对话框，在“键入时自动套用格式”选项卡中取消对“Internet及网络路径替换为超链接”复选框的勾选，单击“确定”按钮。这样后面输入邮箱地址时，不会自动变成超链接格式，但不会取消当前超链接。

Step 05 输入其他信息，随后选中L3:L10单元格区域，在“数据”选项卡中单击“数据验证”按钮。

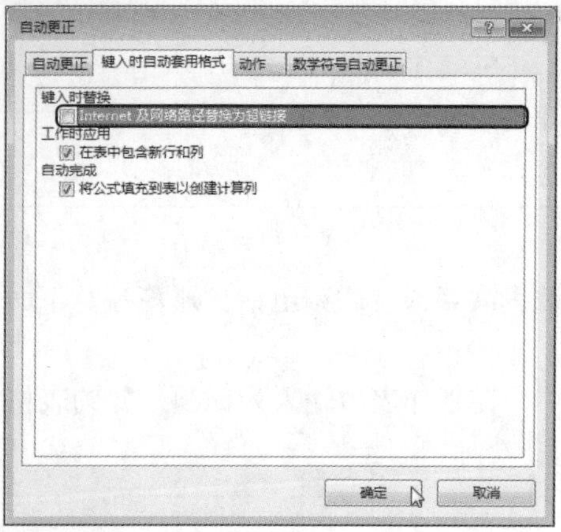

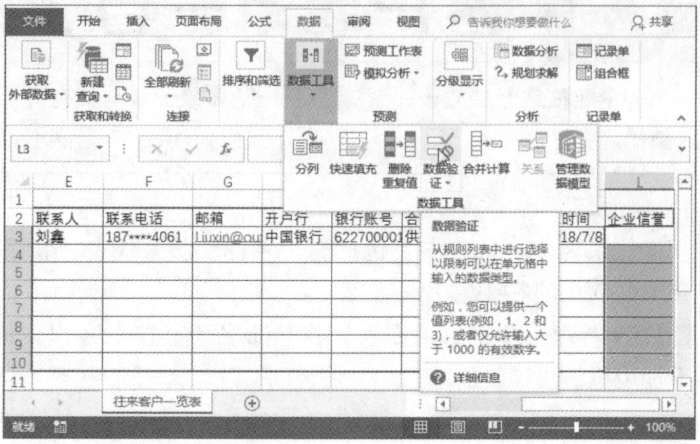

Step 06 打开“数据验证”对话框，在“设置”选项卡中的“允许”下拉列表中选择“序列”选项，在“来源”文本框中输入“优,良,中,不合格”，单击“确定”按钮。

Step 07 选中L3单元格，单击其右侧下拉按钮，从展开的列表中选择相应的选项，这里选择“优”。

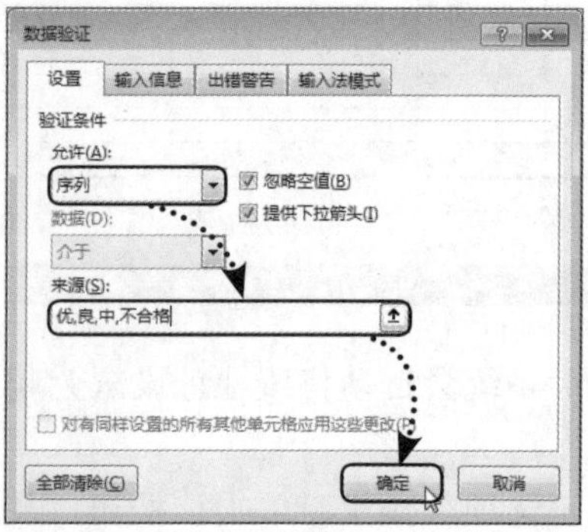

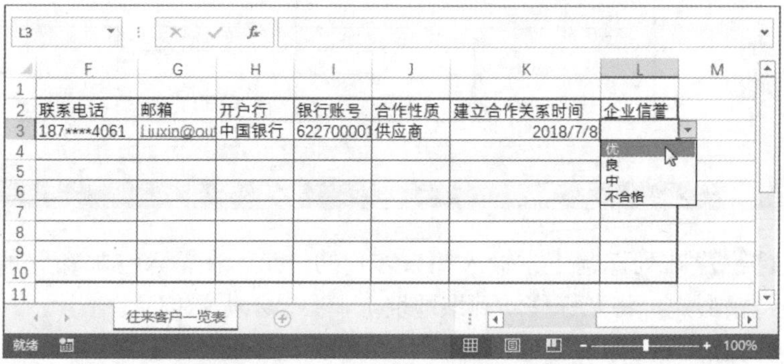

Step 08 输入所有往来客户的信息后，选择B:L列，将光标移至任意两列间的分隔线上，当光标变为左右箭头的黑色十字形时，双击鼠标，快速调整表格的列宽。

Step 09 选中B2:L10单元格区域，在“开始”选项卡中单击“对齐方式”选项组中的“居中”按钮，将文本内容居中对齐。

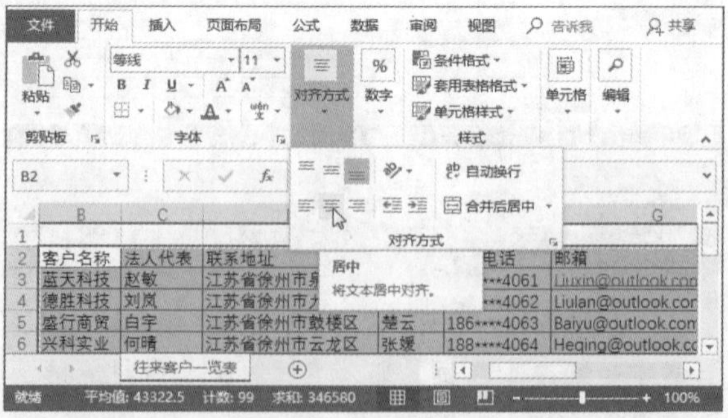

Step 10 选中B2:L2单元格区域，将列标题加粗显示。单击“开始”选项卡中的“填充颜色”按钮，从列表中选择合适的颜色，为列标题添加填充颜色。

Step 11 适当调整表格的行高，并取消网格线的显示，至此，往来客户一览表就制作完成了。

客户名称	法人代表	联系地址	联系人	联系电话	邮箱	开户行	银行账号	合作性质	建立合作关系时间	企业信誉
蓝天科技	赵敏	江苏省徐州市泉山区	刘鑫	187****4061	Liuxin@outlook.com	中国银行	622700001238****159	供应商	2018/7/8	优
德胜科技	刘岚	江苏省徐州市九里区	夏雨	185****4062	Liulan@outlook.com	江苏银行	622712001238****130	供应商	2018/7/15	优
盛行商贸	白宇	江苏省徐州市鼓楼区	楚云	186****4063	Baiyu@outlook.com	中国人民银行	622704501238****271	供应商	2018/7/25	良
兴科实业	何晴	江苏省徐州市云龙区	张媛	188****4064	Heqing@outlook.com	华夏银行	622700371238****622	客户	2018/8/1	中
白云科技	李章	江苏省徐州市泉山区	倩云	182****4065	Lizhang@outlook.com	建设银行	622789001238****178	供应商	2018/8/19	优
森宇科技	王凤	江苏省徐州市云龙区	苏飞	181****4066	Wangfeng@outlook.com	工商银行	622700431238****154	客户	2018/8/26	优
小风商贸	刘梅	江苏省徐州市九里区	林坤	183****4067	Liumei@outlook.com	农业银行	622702301238****795	客户	2018/9/1	良
宏宇科技	沈巍	江苏省徐州市铜山区	许攸	184****4068	Shenwei@outlook.com	建设银行	622786001238****296	供应商	2018/9/20	不合格

3.6 尝试制作借款单

借款单是指员工或部门向企业借款时所填写的单据。为了合理使用和管理企业的流动资金，企业内部人员向企业借款时，应填写借款单，交财务部门，由会计主管批准、记账并支付借款。下面就介绍如何制作借款单。

Step 01 新建一个空白工作表，并命名为“借款单”，在其中输入基本信息。

Step 02 选中C1:F1单元格区域，在“开始”选项卡中单击“字体”选项组的对话框启动器按钮。

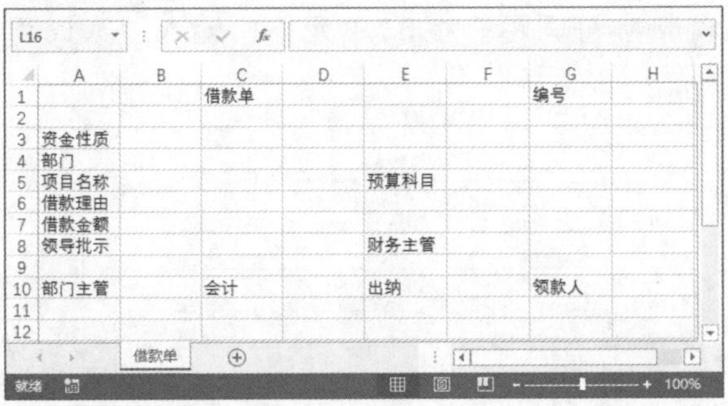

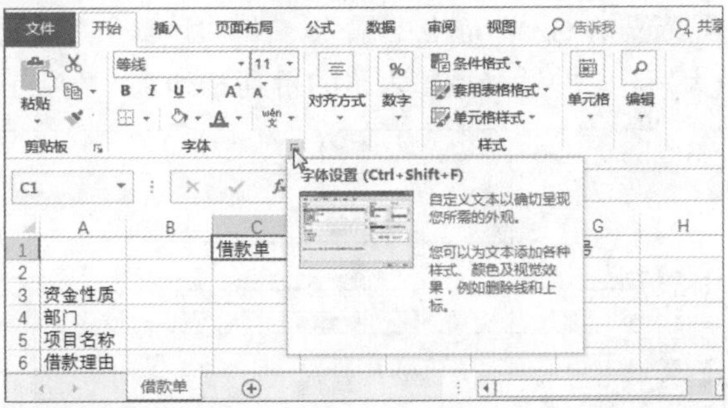

Step 03 打开“设置单元格格式”对话框，在“字体”选项卡中设置“字体”为“微软雅黑”，“字形”为“加粗”，“字号”为“18”，并在“下划线”列表中选择“会计用双下划线”。

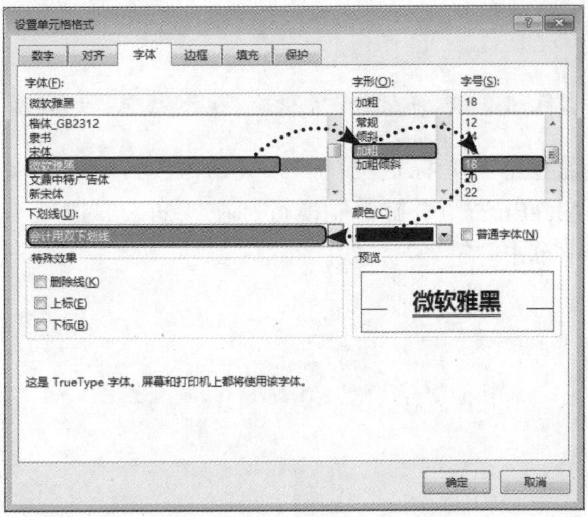

Step 04 切换至“对齐”选项卡，设置“水平对齐”为“居中”，勾选“合并单元格”复选框，单击“确定”按钮。

Step 05 选择A4:H8单元格区域，按Ctrl+1组合键打开“设置单元格格式”对话框，在“边框”选项卡中分别设置表格外边框和内部边框的样式和颜色，设置完成后单击“确定”按钮，即可为表格添加边框。

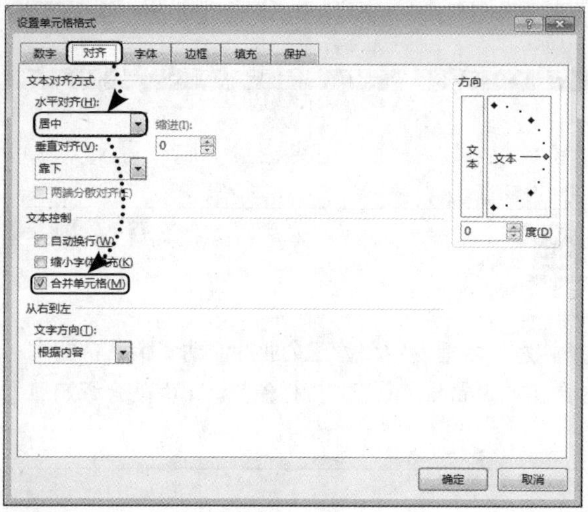

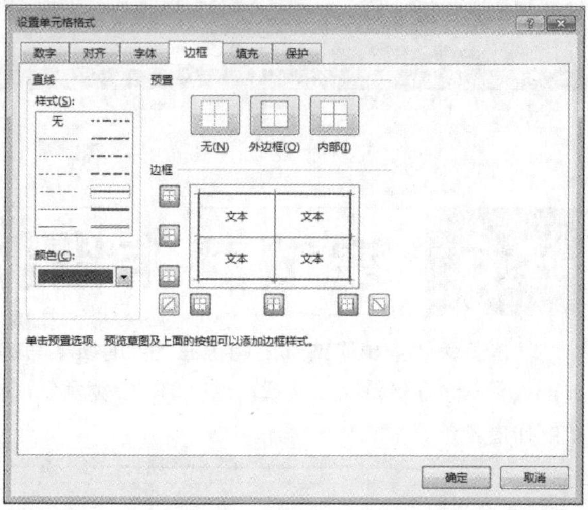

Step 06 选中B4:H4单元格区域，将其设置为合并单元格显示。按照同样的方法，设置其他需要合并的单元格。

Step 07 在G3单元格中输入“年 月 日”，并适当调整字符间距。在B7单元格中输入“人民币(大写)”，并适当调整表格的行高和列宽。

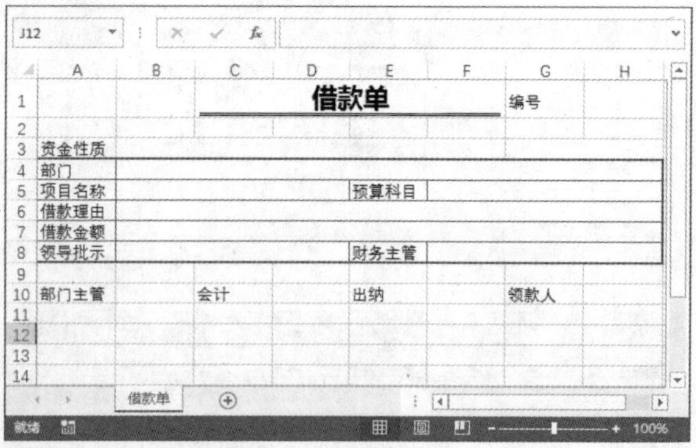

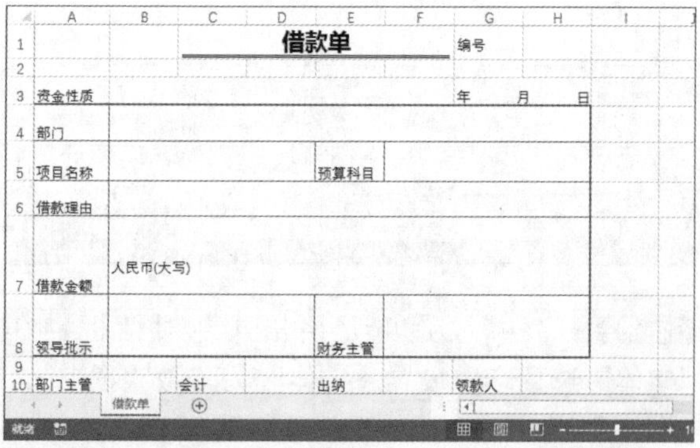

Step 08 将光标定位在“人民币(大写)”后，按Alt+Enter组合键强制换行。在“插入”选项卡中单击“符号”按钮。

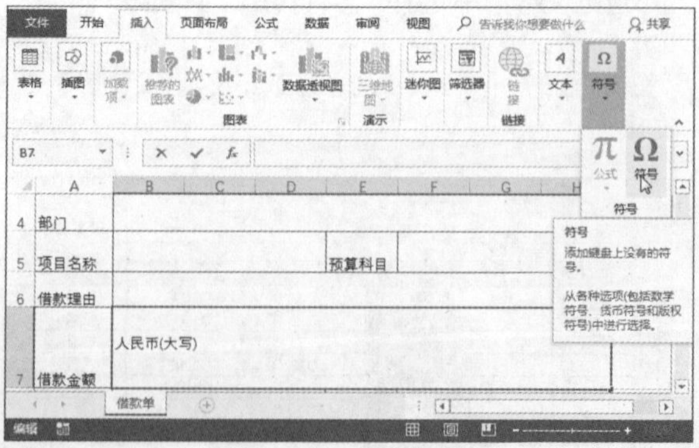

Step 09 打开“符号”对话框，从中选择人民币符号，单击“插入”按钮，即可在单元格中插入一个人民币符号，将其移至合适位置。

Step 10 选择A8单元格，将光标定位在“领导”之后，按Alt+Enter组合键强制换行。按照同样的方法，为其他需要的单元格进行强制换行。

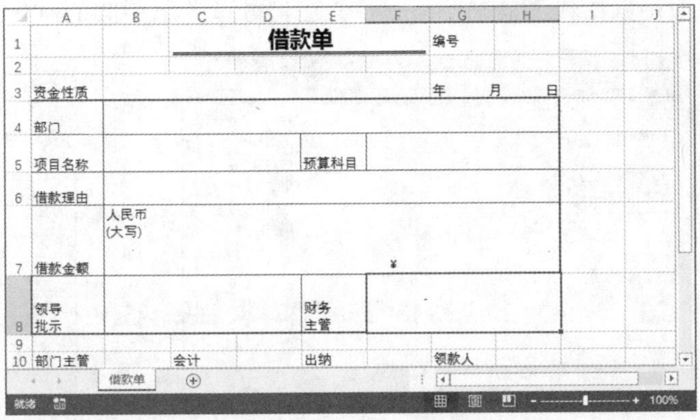

Step 11 在“插入”选项卡中单击“插图”选项组中的“形状”按钮，从展开的列表中选择“直线”选项。

Step 12 按住Shift键不放，在表格的指定位置绘制直线，再复制直线，将其粘贴到合适的位置。

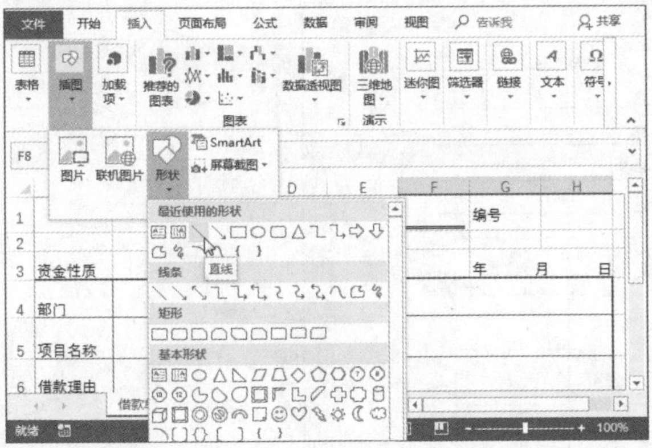

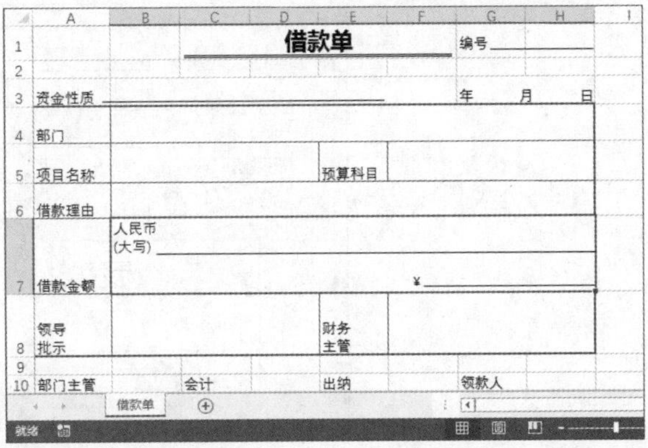

Step 13 按住Ctrl键，选择A4:A8、E5和E8单元格，将其设置为“垂直居中”和“居中”对齐。

Step 14 选择A10:H10单元格区域，打开“设置单元格格式”对话框，在“填充”选项卡中选择合适的填充颜色，选择合适的图案样式和图案颜色，单击“确定”按钮。

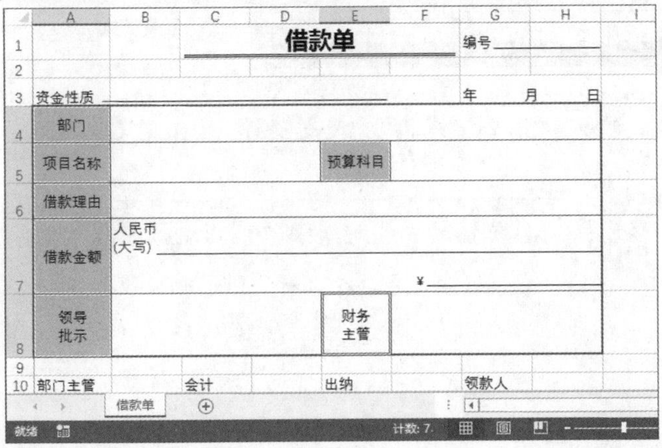

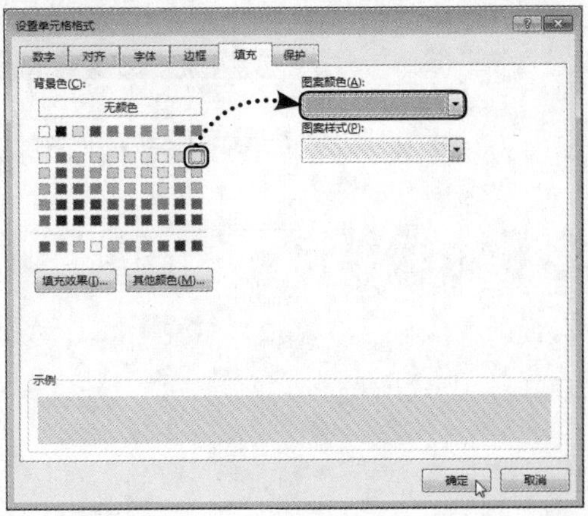

Step 15 在I3单元格中输入“付款凭证联 （借款时财务做账）”，选择I3:I10单元格区域，将其设置为合并后居中显示。接着打开“设置单元格格式”对话框，在“对齐”选项卡中将文本方向设置为竖排显示，单击“确定”按钮。

Step 16 适当调整表格中文本的字符间距，为了使表格看起来更加清晰，在A列前插入一空白列，并取消网格线的显示，至此，完成借款单的第一联的制作。

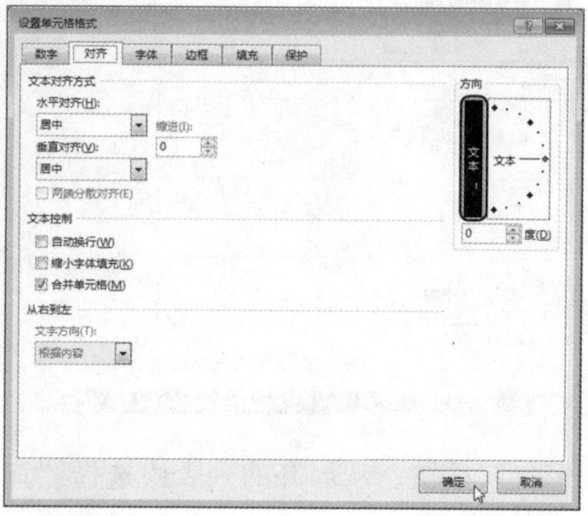

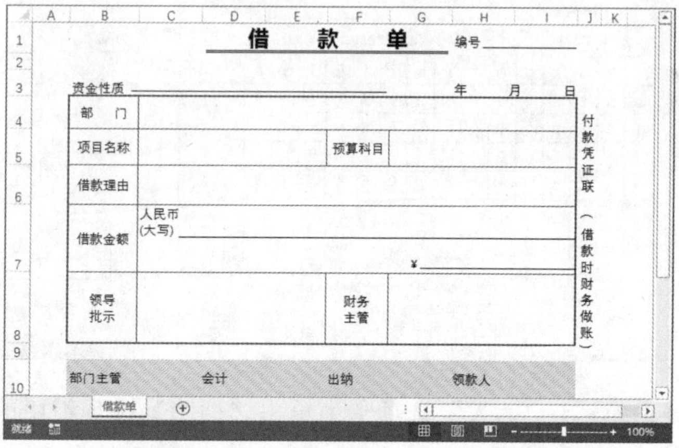

Step 17 按照同样的方法制作借款单的结算凭证联和结算回执联。此处不再赘述。

Chapter

04

别怕，会计记账So Easy

本章概述

会计记账是每个财务人员必须要做的工作，也是财务管理的重要组成部分。在记账时，财务人员首先根据具体的经济业务填制原始凭证和记账凭证，再根据凭证登记凭证汇总表，最后根据凭证汇总表登记相关的账簿。本章将主要介绍会计科目、填制会计凭证、编制凭证汇总表和登记日记账。

核心知识点

会计科目

填制会计凭证

编制凭证汇总表

日记账

4.1 会计科目知多少

会计科目是对会计要素对象的具体内容进行分类核算的类目。会计对象的具体内容各有不同，管理要求也有不同。为了全面、系统、分类地核算与监督各项经济业务的发生情况，以及由此发生的各项资产、负债、所有者权益和各项损益的增减变动，有必要按照各项会计对象分别设置会计科目。设置会计科目是对会计对象的具体内容加以科学归类，是进行分类核算与监督的一种方法。

4.1.1 会计科目是什么

为了连续、系统、全面地核算和监督经济活动所发生的各项会计要素的增减变化，有必要对会计要素的具体内容按照其不同的特点和经济管理要求进行科学的分类，并事先确定分类核算的项目名称，规定其核算内容。这种对会计要素的具体内容进行分类核算的项目，称为会计科目。

❶设置会计科目的意义

会计科目的设置可以把各项会计要素的增减变化分门别类地归集起来，使之一目了然，设置会计科目的意义具体表现在以下几个方面。

- 会计科目是复式记账的基础。
- 会计科目是编制记账凭证的基础。
- 会计科目为成本核算及财产清查提供了前提条件。
- 会计科目为编制会计报表提供了方便。

❷设置会计科目的原则

会计科目作为向投资者、债权人、企业经营管理者等提供会计信息的重要手段，在其设置过程中应努力做到科学、合理、适用，需遵循下列原则。

（1）全面性原则

会计科目作为对会计要素具体内容进行分类核算，科目的设置应能保证对各会计要素做全面地反映，形成一个完整的体系。

（2）合法性原则

合法性原则是指所设置的会计科目应当符合国家统一的会计制度的规定。我国现行的统一会计制度中均对企业设置的会计科目作出规定，以保证不同企业对外提供的会计信息的可比性。企业应当参照会计制度中的统一规定的会计科目，根据自身的实际情况设置会计科目，但其设置的会计科目不得违反现行会计制度的规定。对于国家统一会计制度规定的会计科目，企业可以根据自身的生产经营特点，在不影响统一会计核算要求以及对外提供统一的财务报表的前提下，自行增设、减少或合并某些会计科目。

（3）相关性原则

相关性原则是指所设置的会计科目应当为提供有关各方所需要的会计信息服务，满足对外报告与对内管理的要求。根据企业会计准则的规定，企业财务报告提供的信息必须满足对内对外各方面的需要，而设置会计科目必须服务于会计信息的提供，必须与财务报告的编制相协调、相关联。

（4）清晰性原则

会计科目作为对会计要素分类核算的项目，要求简单明确、字义相符、通俗易懂。同时，企业对每个会计科目所反映的经济内容也必须做到界限明确，既要避免不同会计科目所反映的内容重叠的情况，也要防止全部会计科目未能涵盖企业某些经济内容的情况。

（5）简要实用原则

在合法性的基础上，企业应当根据组织形式、所处行业、经营内容、业务种类等自身特点，设置符合企业需要的会计科目。会计科目设置应该简单明了、通俗易懂、突出重点，对不重要的信息进行合并或删减，要尽量达到一目了然，便于理解的使用要求。

❸会计科目的分类

为明确会计科目之间的相互关系，充分理解会计科目的性质和作用，进而更加科学规范地设置会计科目，以便更好地进行会计核算和会计监督，有必要对会计科目按一定的标准进行分类。对会计科目进行分类的标准主要有三个：一是会计科目核算的归属分类；二是会计科目核算信息的详略程度；三是会计科目的经济用途。

- 按其归属的会计要素分类：资产类科目、负债类科目、共同类科目、所有者权益类科目、成本类科目、损益类科目等。
- 按其核算信息详略程度分类：为了使企业提供的会计信息更好地满足会计信息使用者的不同要求，必须对会计科目按照其核算信息的详略程度进行级次划分。一般情况下，可以将会计科目分为总分类科目和明细分类科目。
- 按其经济用途分类：经济用途指的是会计科目能够提供什么经济指标。会计科目按照经济用途可以分为盘存类科目、结算类科目、跨期摊配类科目、资本类科目、调整类科目、集合分配类科目、成本计算类科目、损益计算类科目和财务成果类科目等。

4.1.2 制作会计科目表

会计科目表，是指按照经济业务的内容和经济管理的要求，对会计要素的具体内容进行分类核算的会计科目所构成的集合。在制作会计科目表时，每个会计科目名称对应唯一的科目代码。下面介绍如何制作会计科目表。

Step 01 新建一个空白工作表，将其命名为“会计科目表”，在表格中输入基本信息，并进行格式设置。

Step 02 选中C列，在“开始”选项卡中单击“数字格式”下拉按钮，从列表中选择“文本”选项。

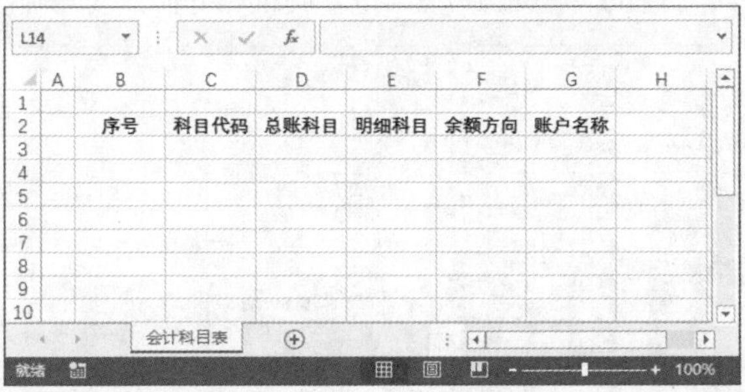

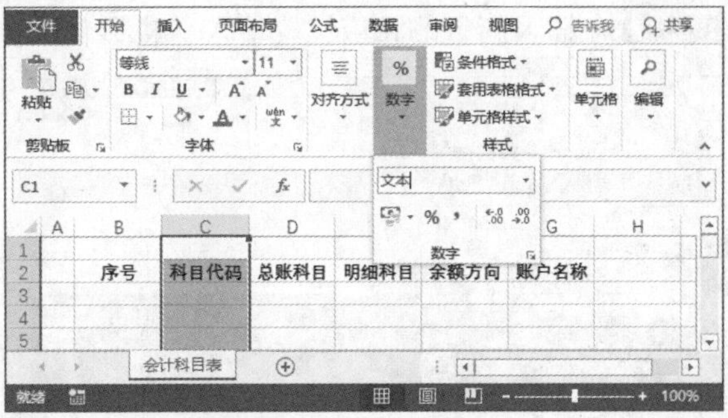

Step 03 在“科目代码”和“总账科目”列中输入一级会计科目代码及其科目名称。

Step 04 同时选中第5行和第6行，按下Ctrl+Shift+=组合键，即可在选中行的上方插入两个新行，原来的行依次下移。

提示

如果想要删除插入的行，可以先选中所要删除的行，再单击鼠标右键，在弹出的快捷菜单中选择“删除”选项即可。

Step 05 在新插入的行中输入“科目代码”，在“总账科目”列中输入“科目代码”对应的一级科目，在“明细科目”列中输入“科目代码”对应的二级科目。

Step 06 同时选中24～27行，单击鼠标右键，在弹出的快捷菜单中选择“插入”选项，即可在所选行的上方插入4行新行。

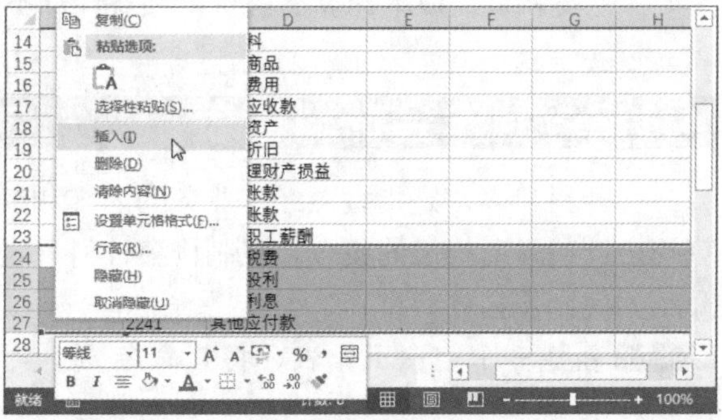

Step 07 选中29～33行，按照同样的方法在其上方插入5行新行。

Step 08 在插入新行的相应位置输入“科目代码”及其对应的“总账科目”和“明细科目”。

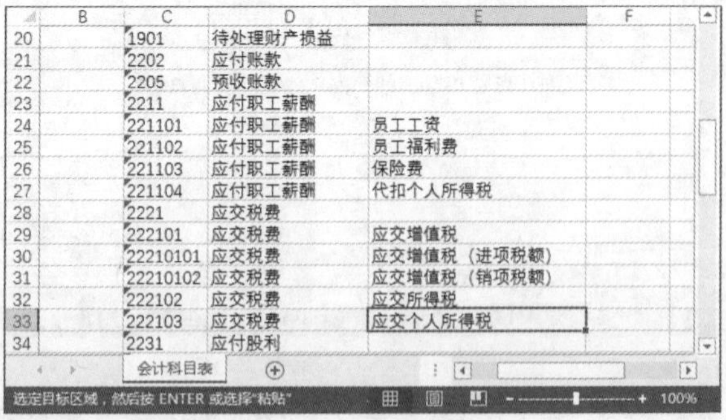

Step 09 在B3单元格中输入1，在B4单元格中输入2，选中B3:B4单元格区域，将光标移至B4单元格右下角，当光标变为黑色十字形时，按住鼠标左键不放，向下拖动鼠标进行填充。

Step 10 按住Ctrl键的同时选中F3:F11、F13:F18、F20和F44:F51单元格区域，在编辑栏中输入“借”，按Ctrl+Enter组合键，即可将输入的内容自动填充到选中的单元格中。

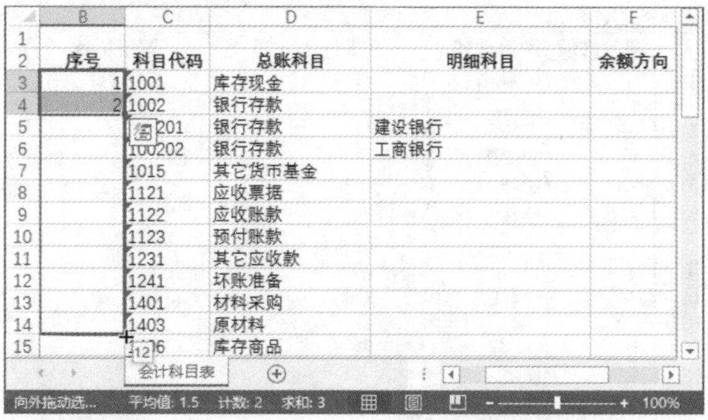

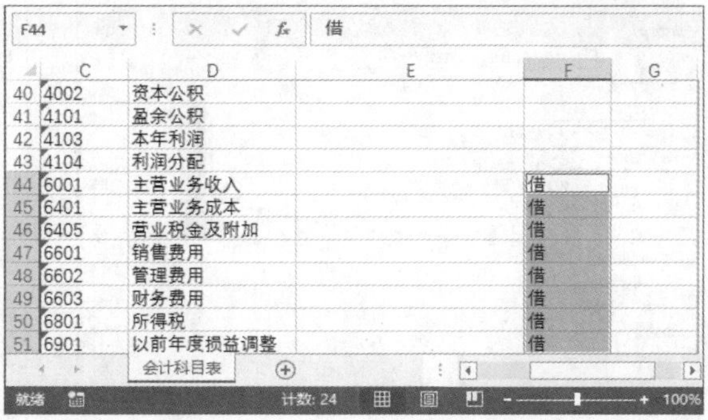

Step 11 按照同样的方法，填充其他科目的余额方向（“借”或“贷”），选中G3单元格，输入公式“=IF(E3="",D3,D3&"——"&E3)”，按Enter键确认。

Step 12 再次选中G3单元格，将公式向下填充，对工作表进行单元格设置，并适当调整行高和列宽。

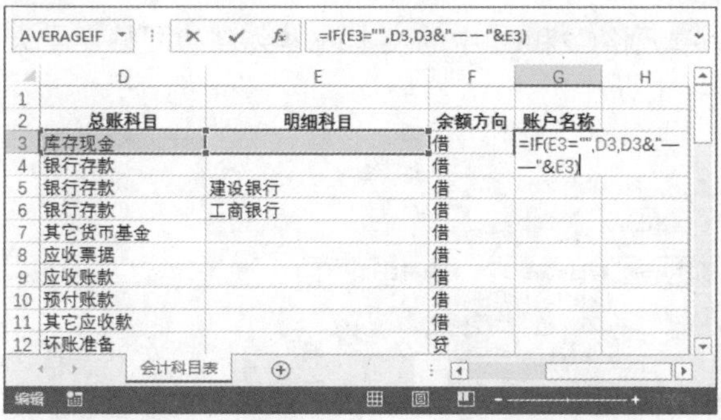

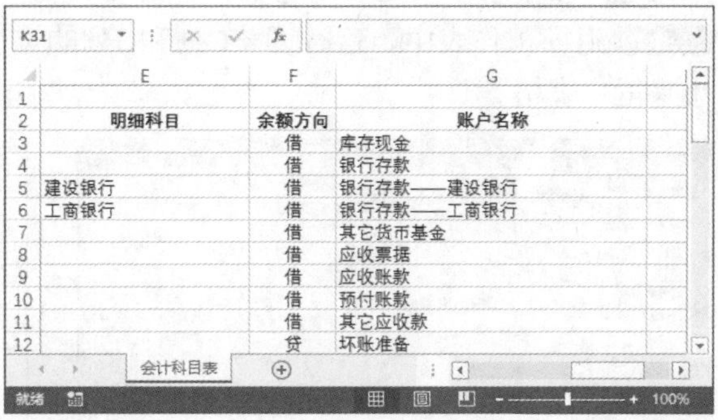

提示

符号“&”为文本连接运算符，它可以将两个或多个文本（或表达式）连接起来合成一个文本。

Step 13 在“序号”列和“科目代码”列之间插入一列，输入列标题“科目性质”。

Step 14 在C3单元格中输入“资产类”，选中C3:C20单元格区域，单击鼠标右键，在弹出的快捷菜单中选择“设置单元格格式”选项。

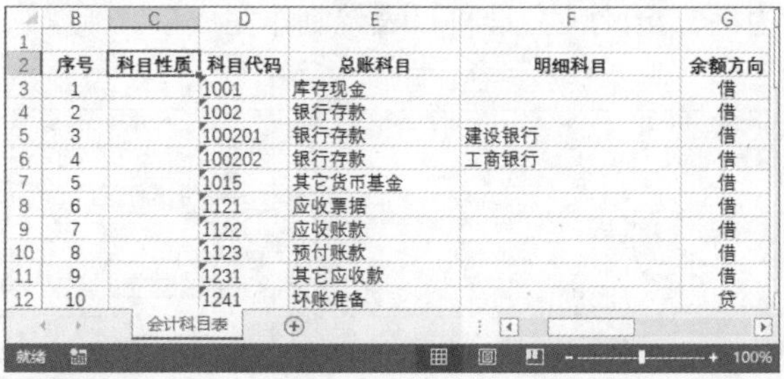

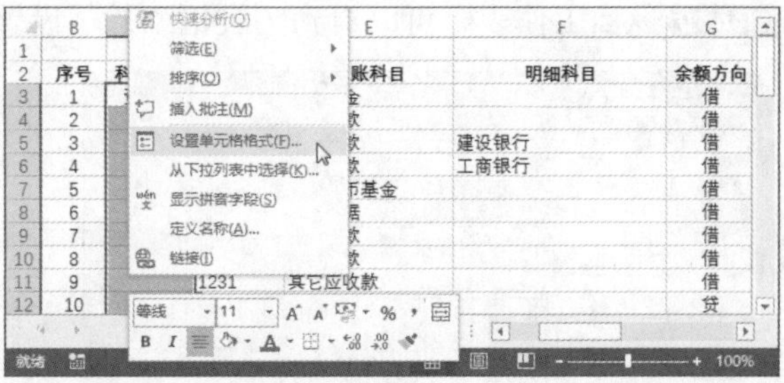

Step 15 打开“设置单元格格式”对话框，在“对齐”选项卡中设置“水平对齐”和“垂直对齐”为“居中”，勾选“合并单元格”复选框，并设置文字方向为“竖排”显示，最后单击“确定”按钮。

Step 16 返回工作表中，此时单元格区域中的文本以竖排方式显示，适当调整文本的字符间距，按照同样的方法填充其他科目性质。

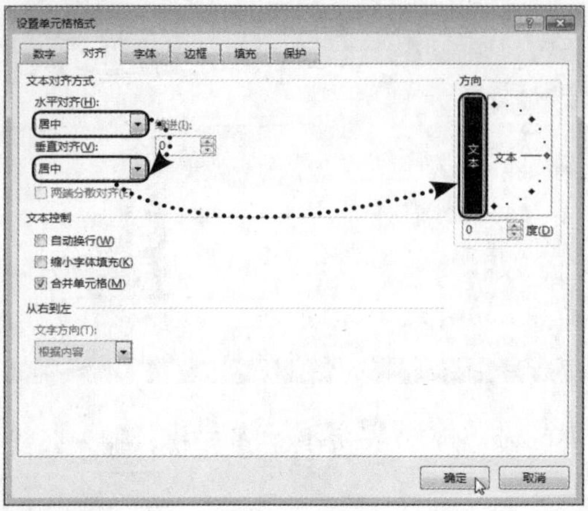

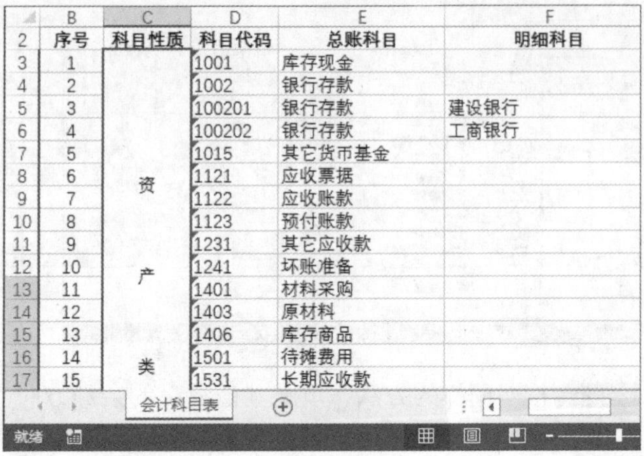

Step 17 选中C2和G2单元格，按Ctrl+1组合键打开“设置单元格格式”对话框，在“对齐”选项卡中勾选“缩小字体填充”复选框，单击“确定”按钮。

Step 18 返回工作表中，这时调整C列和G列的宽度，单元格C2和G2中的文本内容会自动调整字号大小来适应表格。

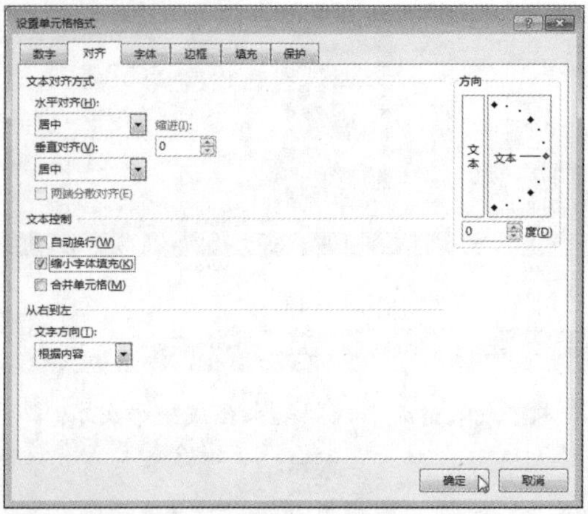

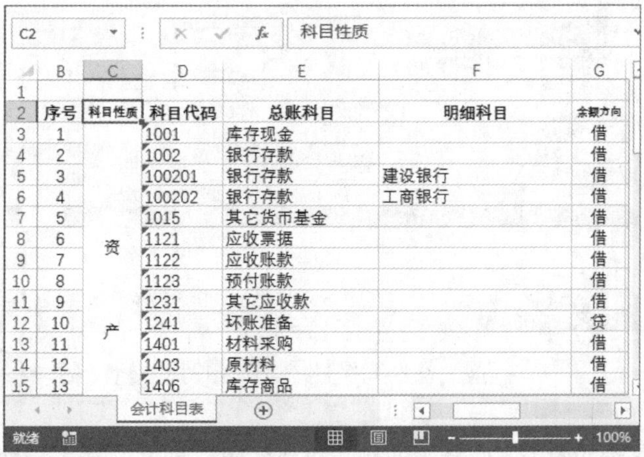

Step 19 选中B2:H51单元格区域，按Ctrl+1组合键打开“设置单元格格式”对话框，在“边框”选项卡中设置线条的样式和颜色，设置完成后单击“确定”按钮。

Step 20 返回工作表，可以看到为表格添加了设置的边框，至此，会计科目表就制作完成了。

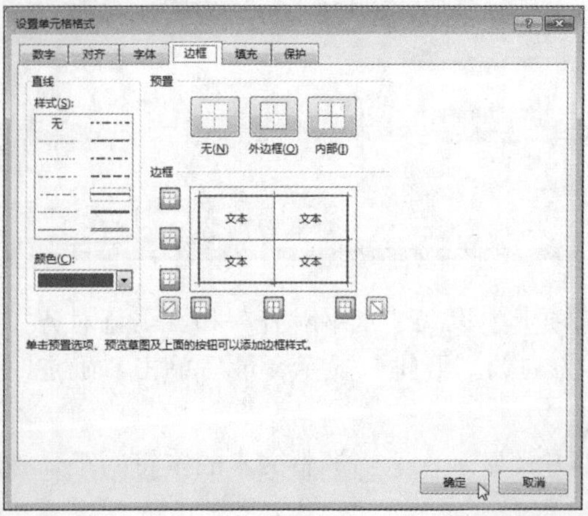

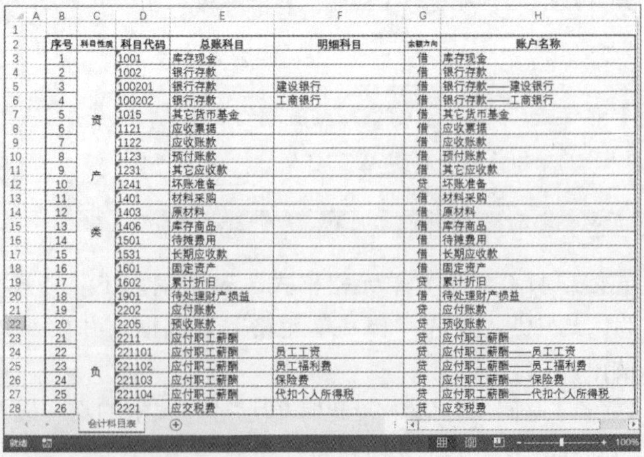

4.2 填制会计凭证

会计凭证是记录经营业务、明确经济责任、按一定格式编制的用以登记会计账簿的书面证明。会计凭证按其编制程序和用途的不同，可以分为原始凭证和记账凭证。

4.2.1 原始凭证的制作

原始凭证是在业务发生时取得或填制的，用以记录和证明业务发生或完成情况的凭证。原始凭证的种类很多，如发货票、收货单、领料单、银行结算凭证、各种报销单据等。下面以中国建设银行转账支票为例，介绍如何制作原始凭证。

Step 01 新建一个空白工作表，并命名为“转账支票”，在其中输入基本信息。

Step 02 选中C2:F2单元格区域，在“开始”选项卡中单击“对齐方式”选项组中的“合并后居中”按钮。

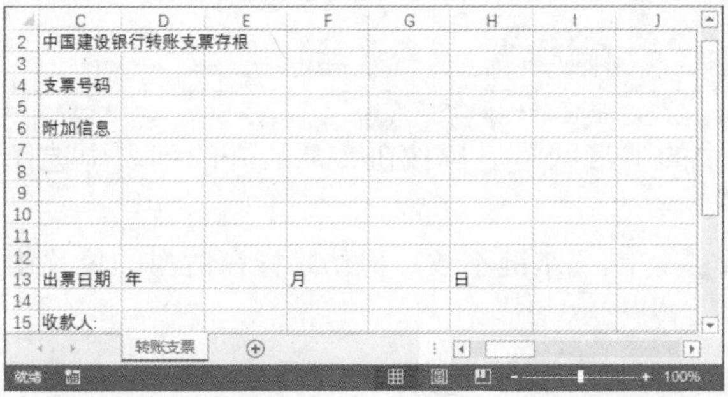

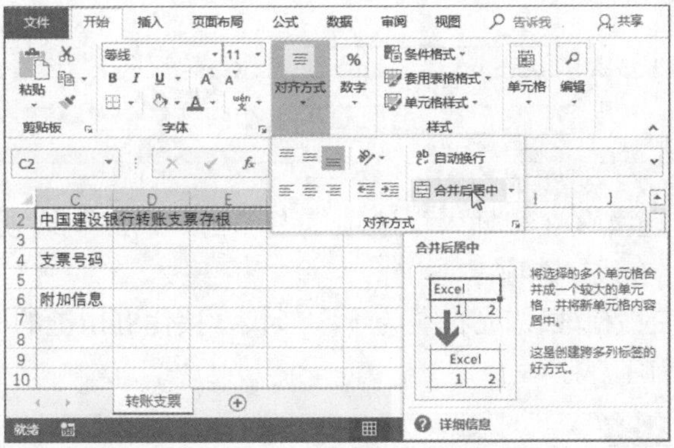

Step 03 按照同样的方法，对表格中需要合并的单元格进行合并，适当调整表格的行高和列宽。

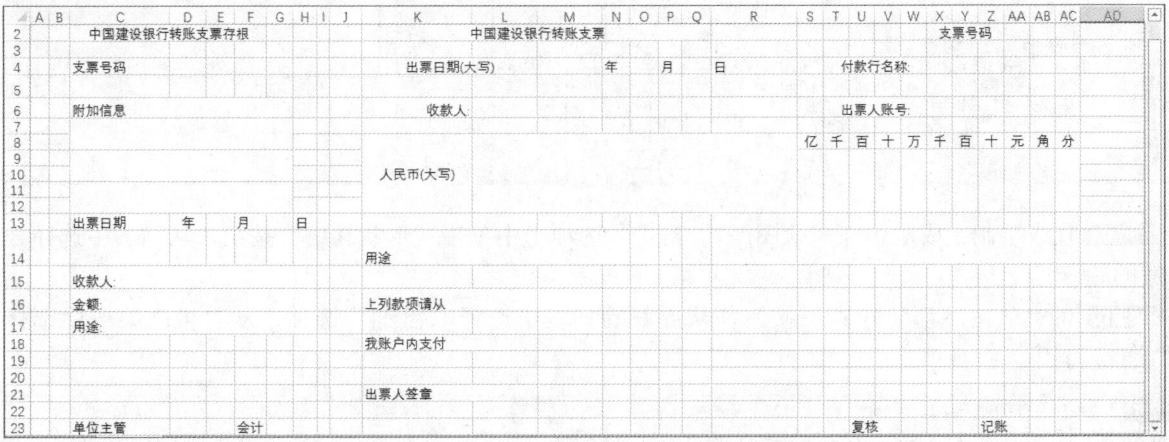

Step 04 选中K2单元格，在“开始”选项卡中设置其“字体”为“微软雅黑”，“字号”为“22”，加粗显示，适当调整文本的字符间距。

Step 05 选中K8:AC12单元格区域，打开“设置单元格格式”对话框，在“边框”选项卡中选择合适的线条样式和颜色，单击“内部”和“外边框”按钮，单击“确定”按钮。

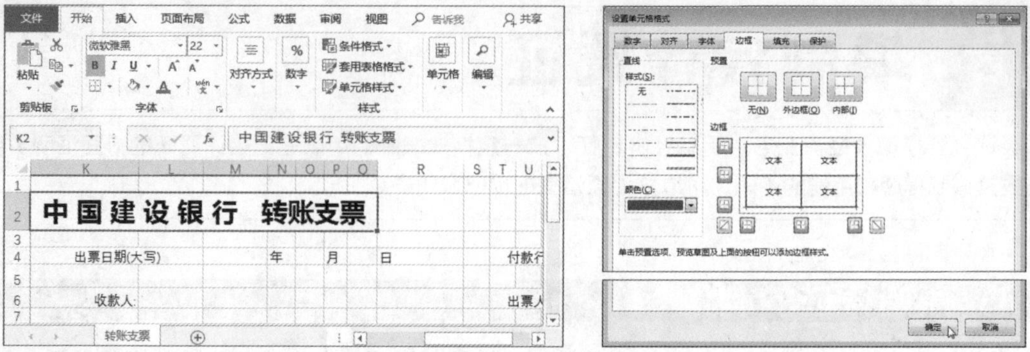

Step 06 按照相同的方法，为表格中其他单元格添加边框。

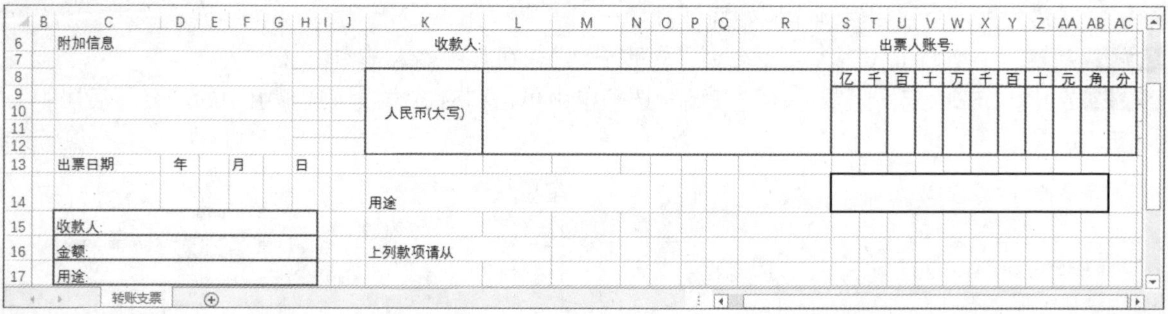

Step 07 在“插入”选项卡中单击“插图”选项组中的“形状”下拉按钮，从展开的列表中选择“直线”选项。

Step 08 鼠标光标变为十字形状，按住Shift键的同时按住鼠标左键不放，拖动鼠标在适当的位置绘制直线。

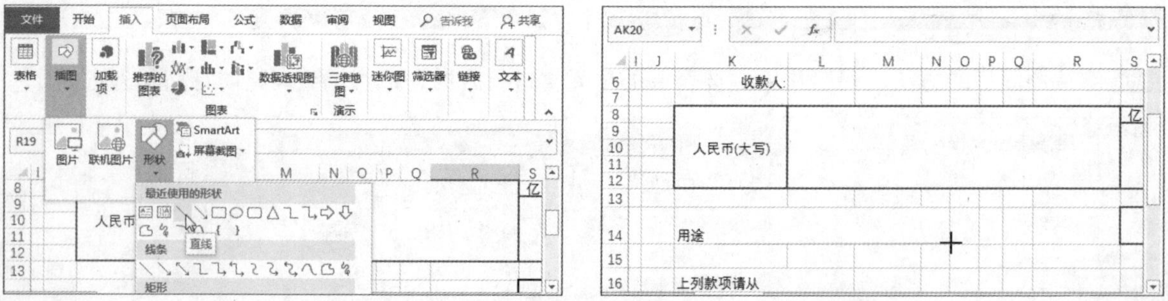

Step 09 直线绘制完成后，在“绘图工具-格式”选项卡中单击“形状轮廓”按钮，从列表中选择合适的颜色。

Step 10 再次单击“形状轮廓”按钮，从展开的列表中选择“粗细”选项，从其级联菜单中选择“1.5磅”。

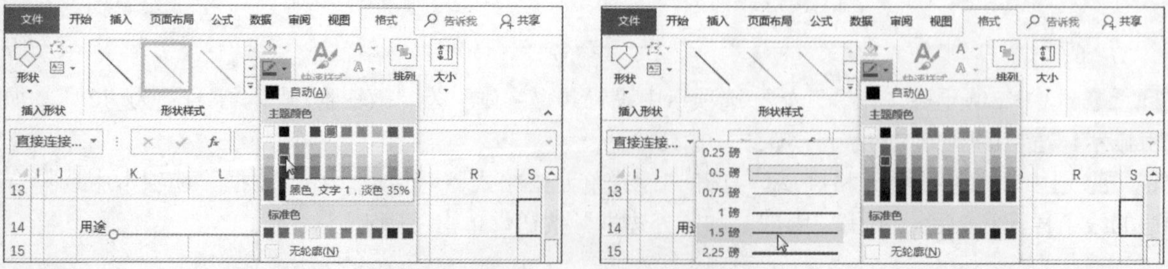

Step 11 选中C6单元格，在“开始”选项卡中单击“边框”下拉按钮，从展开的列表中选择“粗下框线”选项。

Step 12 按照同样的方法，为其他单元格添加粗下框线。

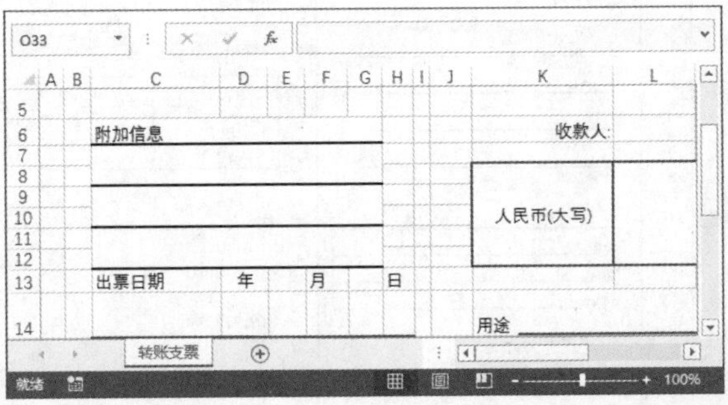

Step 13 在“开始”选项卡中再次单击“边框”按钮，从列表中选择“绘制边框”选项。在列表中设置边框的“线条颜色”和“线型”。

Step 14 鼠标光标变为铅笔样式，按住鼠标左键不放，在合适的位置拖动鼠标绘制直线。

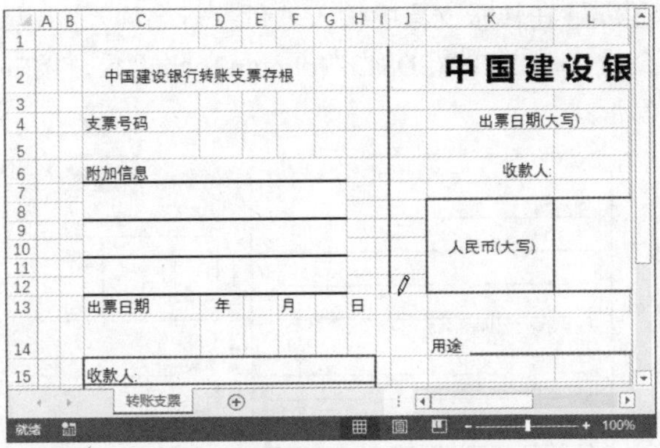

Step 15 在J8单元格中输入“本支票付款期限十天”。选中J8:J18单元格区域，按Ctrl+1组合键打开“设置单元格格式”对话框，在“对齐”选项卡中设置“水平对齐”和“垂直对齐”为“居中”，勾选“合并单元格”复选框，设置文本为竖排显示，单击“确定”按钮。

Step 16 将光标定位至“人民币”后，按Alt+Enter组合键进行强制换行。

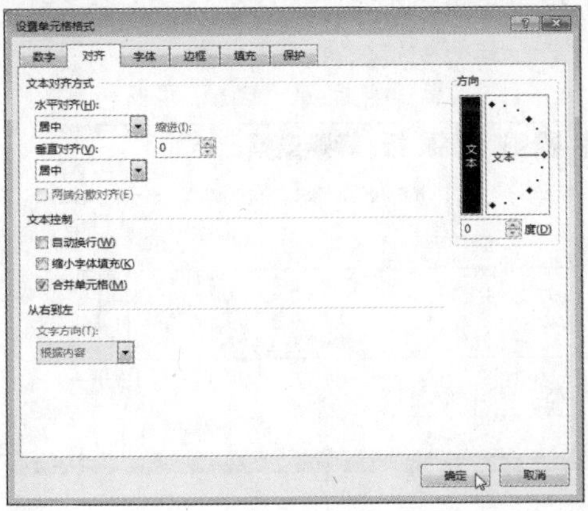

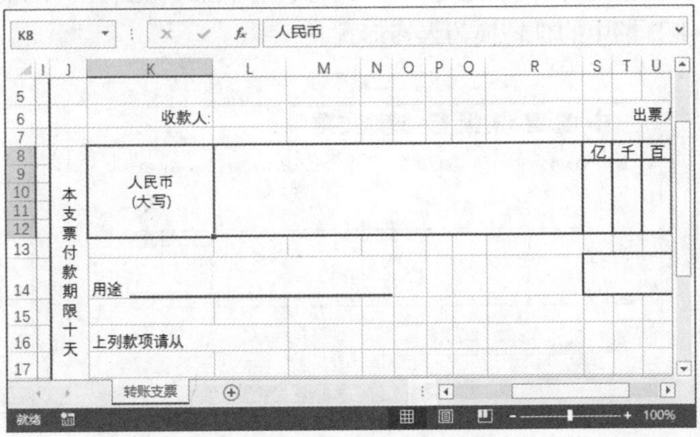

Step 17 选中B2:AD24单元格区域，为其添加边框，在“视图”选项卡中取消“网格线”复选框的勾选。

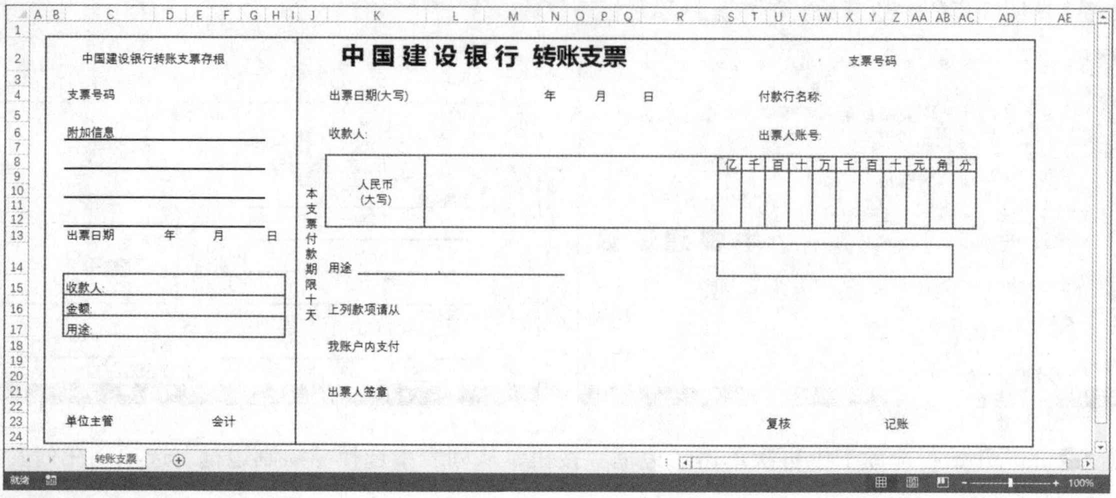

Step 18 在支票存根中输入“出票日期”“收款人”“金额”和“用途”的相关信息。

Step 19 在转账支票中输入“付款行名称”“出票人账号”“收款人”等信息。选中N4单元格并输入公式“=TEXT[①]($D$13,"[dbnum2]yyyy")”，按Enter键确认，将D13单元格中日期中的年份转换为大写形式。

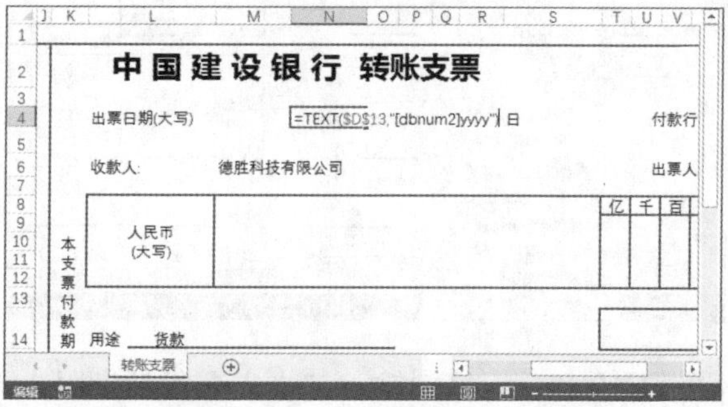

Step 20 选中P4单元格，输入公式“=TEXT($D$13,"[dbnum2]mm")”，按Enter键确认，将D13单元格中日期中的月份转换为大写形式。

Step 21 选中R4单元格，输入公式“=TEXT($D$13,"[dbnum2]dd")”，按Enter键确认，将D13单元格中日期中的日转换为大写形式。

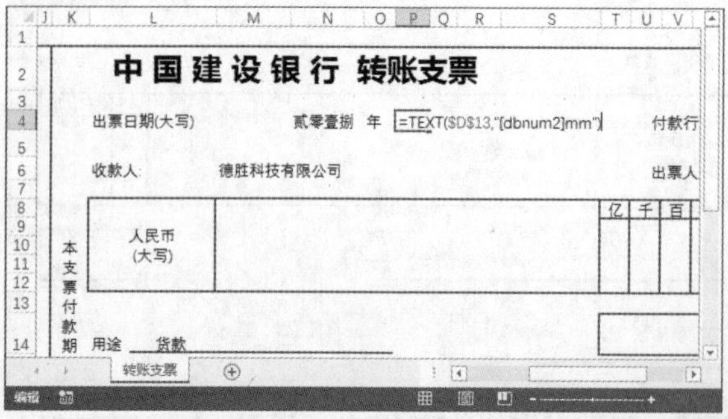

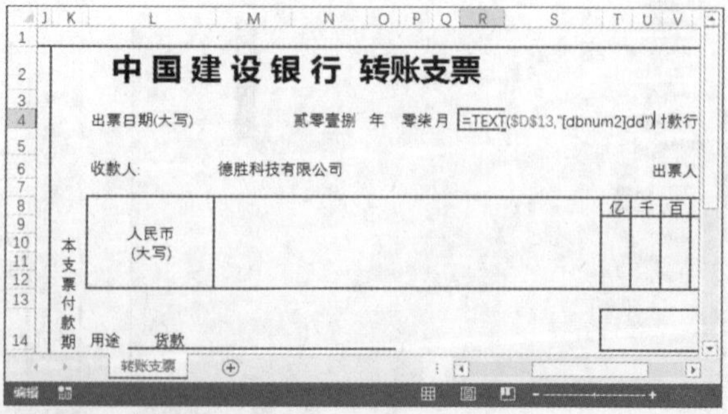

①关于TEXT函数的使用说明请查阅2.5.2小节，详见本书第29页。

提示

上述TEXT函数中的“[dbnum2]”是中文大写数字的格式代码，“yyyy”是4位年份的格式代码，“mm”是2位月份的格式代码，“dd”是2位日期天数的格式代码。另外，常用的数字格式代码还有“[dbnum1]”，它是中文小写数字的格式代码。

Step 22 选中M8单元格，输入公式“=IF(D16="","",IF(D16<0,"无效数值",IF(INT②(D16),TEXT(INT(D16),"[dbnum2]")&"元",)&IF(INT(D16*10)-INT(D16)*10,TEXT(INT(D16*10)-INT(D16)*10,"[dbnum2]")&"角",IF(INT(D16)=D16,,IF(D16<0.1,,"零")))&IF(ROUND③(D16*100-INT(D16*10)*10,),TEXT(ROUND(D16*100-INT(D16*10)*10,),"[dbnum2]")&"分","整")))”，按Enter键确认，计算出人民币大写金额。

Step 23 选中T9单元格，输入公式“=IF($D$16,LEFT④(RIGHT⑤("￥"&$D$16*100,COLUMNS(N:$X))),"")”，按Enter键确认。

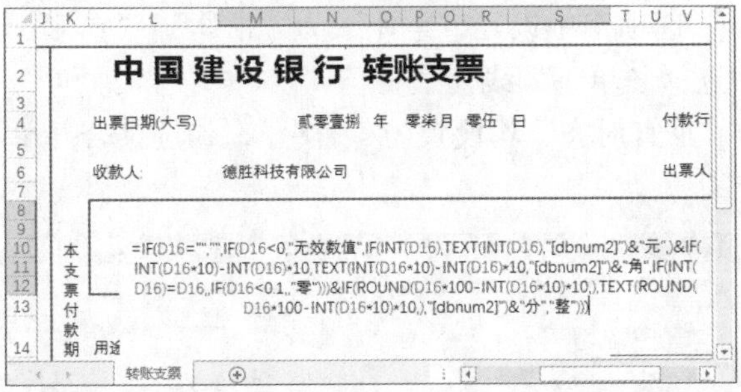

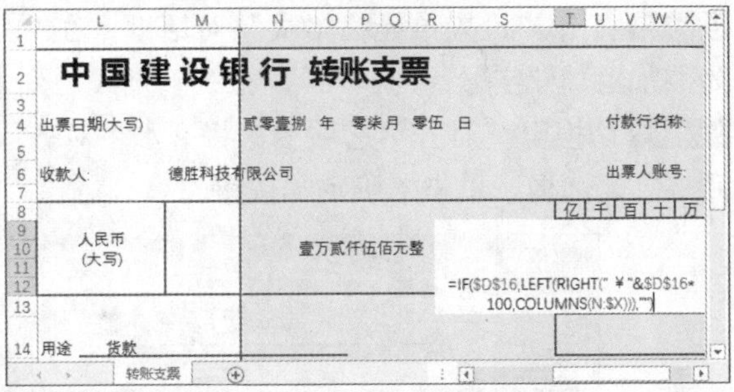

提示

计算人民币大写金额的公式编制思路：分别判断单元格D16中金额的整数部分，以及小数部分的角、分等各位置的值，然后在相应位置使用文本连接符&将中文大写数字与“元”“角”“分”“零”“整”等文本连接起来。

Step 24 再次选中T9单元格，将公式向右填充，即可完成转账支票的填写。

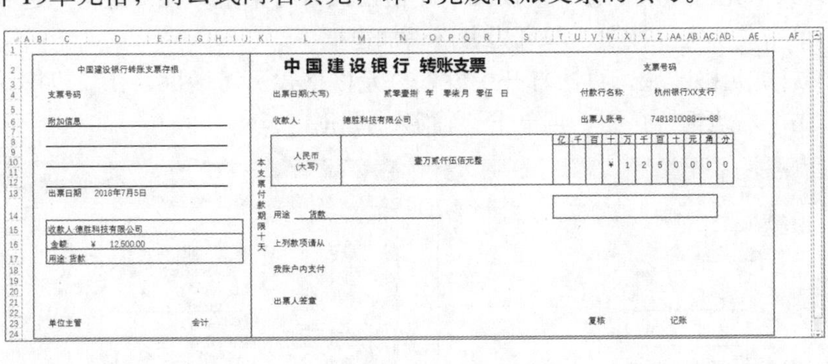

②关于INT函数的使用说明请查阅2.3.5小节，详见本书第22页。

③关于ROUND函数的使用说明请查阅2.3.3小节，详见本书第19页。

④关于LEFT函数的使用说明请查阅2.5.4小节，详见本书第31页。

⑤关于RIGHT函数的使用说明请查阅2.5.4小节，详见本书第31页。

4.2.2 收款凭证的制作

收款凭证是用来记录收款业务的凭证，它是由财务人员根据审核无误的原始凭证收款后填制的。下面介绍如何制作收款凭证。

Step 01 新建一张名为“收款凭证”的空白工作表，在表格中输入基本信息。

Step 02 选中B1:O1单元格区域，在“开始”选项卡中单击“字体”选项组的对话框启动器按钮。

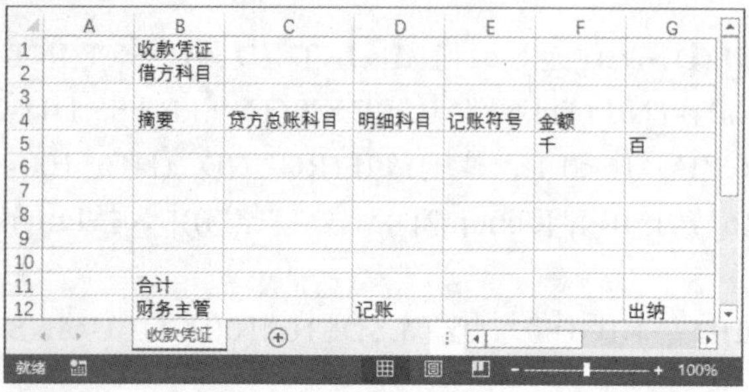

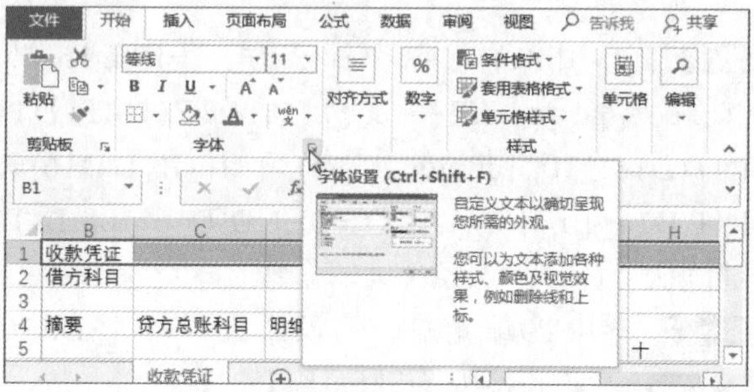

Step 03 打开“设置单元格格式”对话框，在“字体”选项卡中设置“字体”为“楷体”，“字形”为“加粗”，“字号”为“18”，在“下划线”列表中选择“单下划线”。

Step 04 切换至“对齐”选项卡，将“水平对齐”和“垂直对齐”均设置为“居中”，勾选“合并单元格”复选框，单击“确定”按钮。

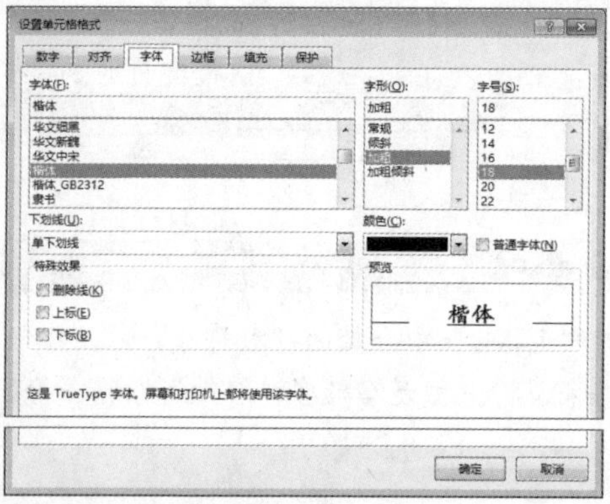

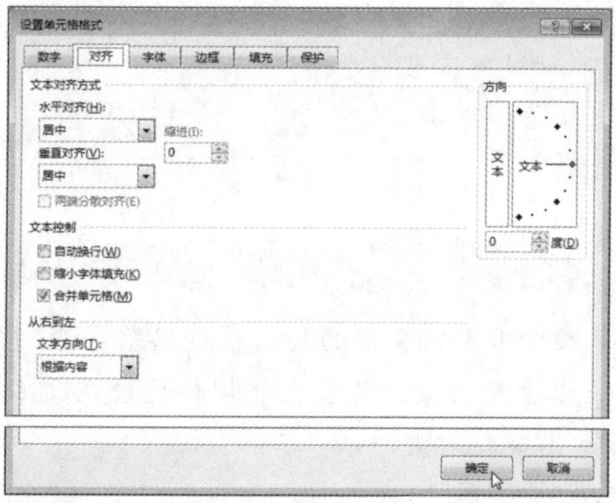

Step 05 选中B4:Q11单元格区域，打开“设置单元格格式”对话框，在“边框”选项卡中设置线条的样式和颜色，单击“确定”按钮，即可为表格添加边框。

Step 06 选中E4:E11单元格区域，再次打开“设置单元格格式”对话框，在“边框”选项卡中选择好线条样式，单击“右边框”按钮，再单击“确定”按钮。

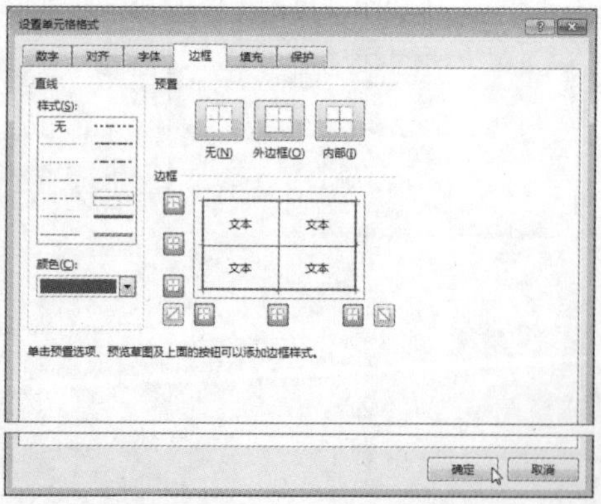

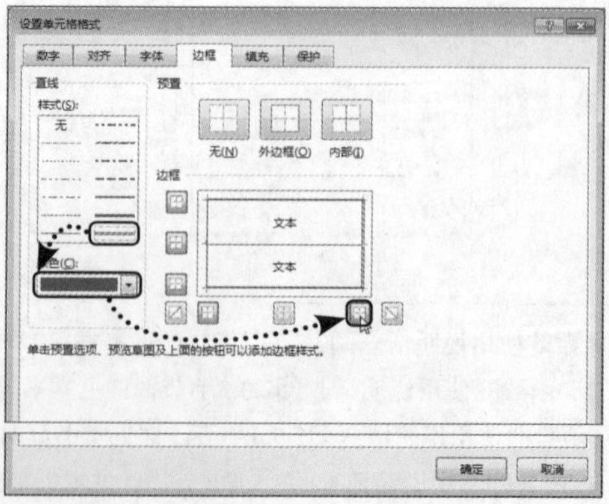

Step 07 为表格添加好边框后，适当调整表格的行高和列宽，合并必要的单元格。

Step 08 选中E4单元格，打开“设置单元格格式”对话框，在“对齐”选项卡中将文字方向设置为竖排显示，勾选“缩小字体填充”复选框，单击“确定”按钮。

Step 09 适当调整E列列宽，单元格会随之改变大小。

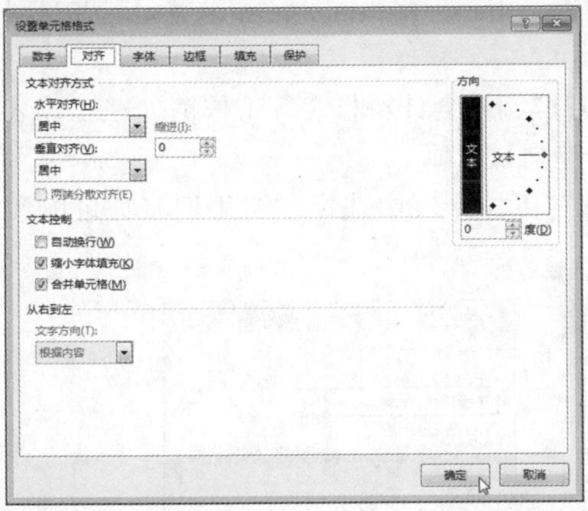

Step 10 在P1单元格中输入“附单据 张”。选中P1:P11单元格区域，打开“设置单元格格式”对话框，在“对齐”选项卡中将“水平对齐”和“垂直对齐”均设置为“居中”，将文字方向设置为竖排显示，单击“确定”按钮。

Step 11 在“视图”选项卡的“显示”选项组中取消对“网格线”复选框的勾选。

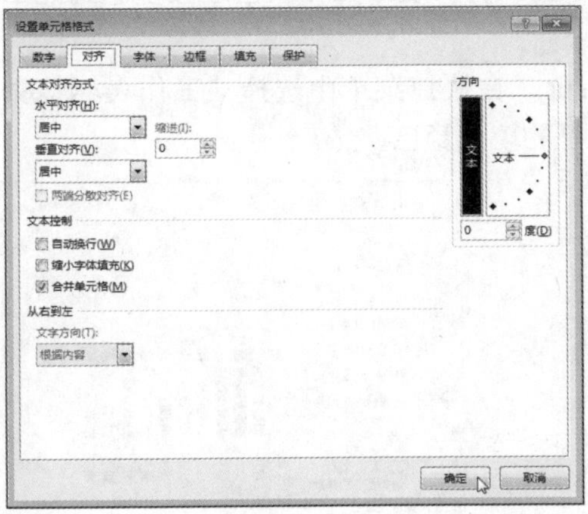

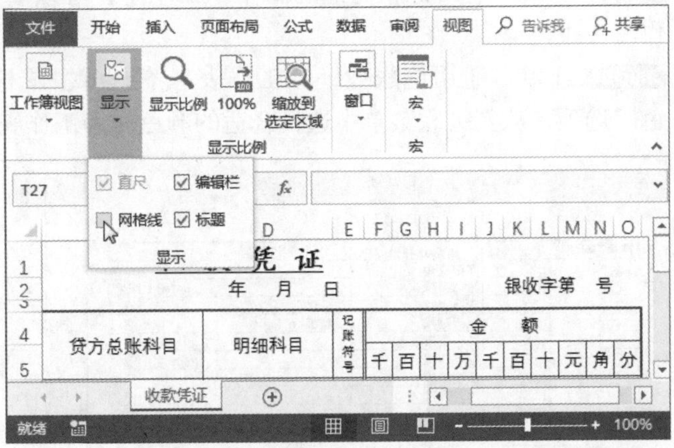

Step 12 可以根据需要为表格添加背景色，至此，完成收款凭证的制作。

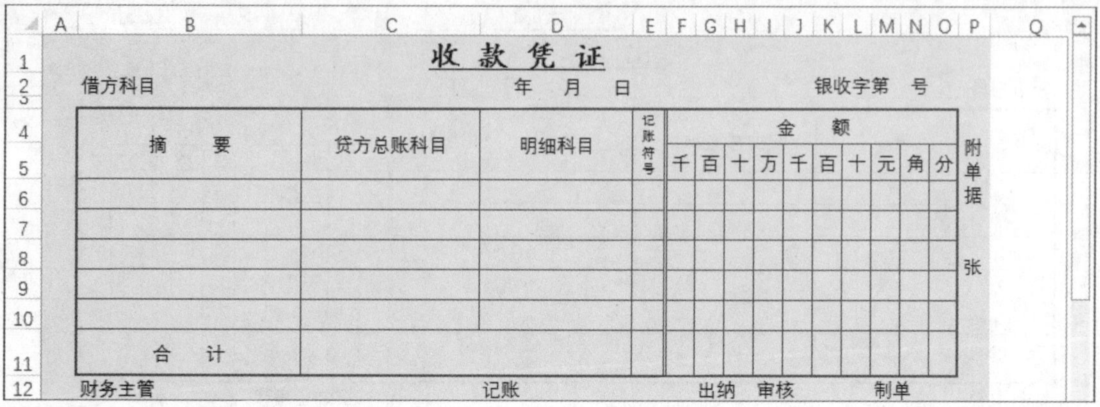

4.2.3 通用记账凭证的制作

通用记账凭证是相对于专用记账凭证而言的，一般适用于业务量少、凭证不多的小型企事业单位。通用记账凭证是不分业务性质的记账凭证，所有业务都采用一种格式的凭证加以登记，并且可以简化凭证。下面介绍如何制作通用记账凭证。

Step 01 新建一个名为“通用记账凭证”空白工作表，打开“制作会计科目表”工作簿，在工作表标签上单击鼠标右键，从弹出的快捷菜单中选择“移动或复制”选项。

Step 02 弹出“移动或复制工作表”对话框，在“工作簿”下拉列表中选择“通用记账凭证的制作”选项，勾选“建立副本”复选框，单击“确定”按钮。

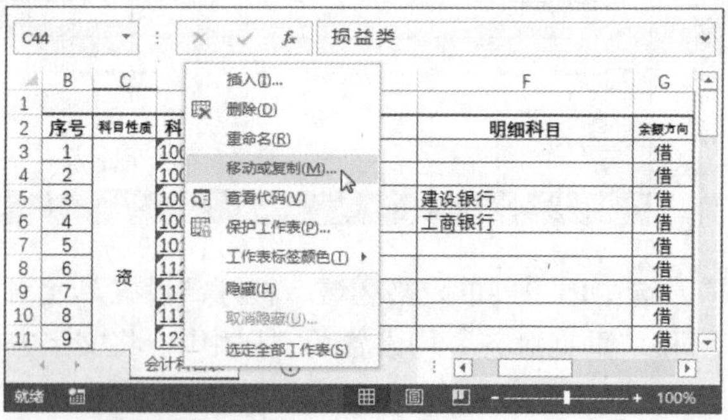

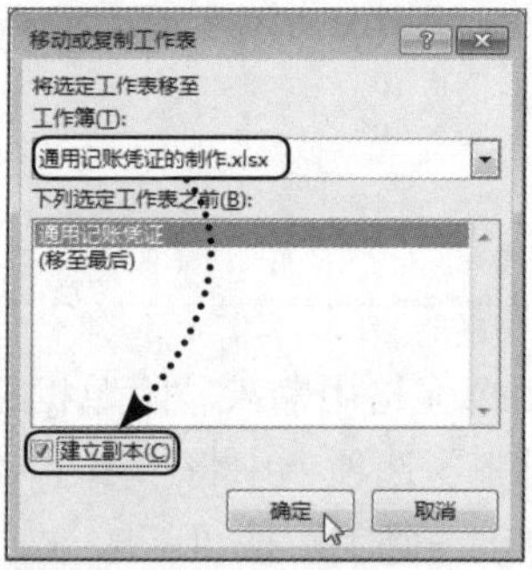

Step 03 返回“通用记账凭证的制作”工作簿，可以看到“会计科目表”工作表已经被复制到此工作簿中了。

Step 04 选中“通用记账凭证”工作表标签，单击鼠标右键，在快捷菜单中选择“工作表标签颜色”选项，从其级联菜单中选择合适的颜色作为工作表标签的填充颜色。

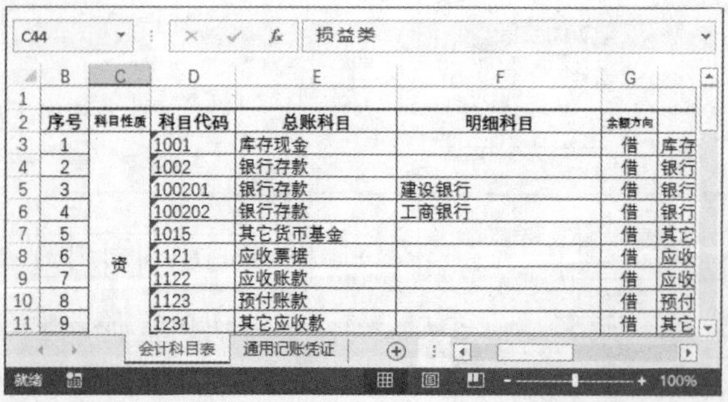

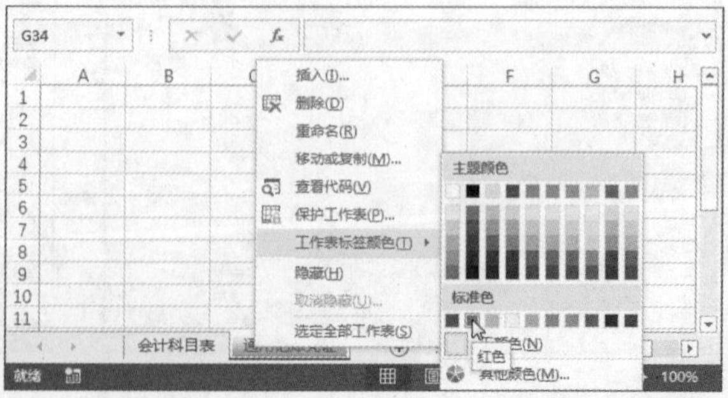

Step 05 在空白工作表中输入基本内容，按照前面介绍的方法设置表格格式并添加表格边框。

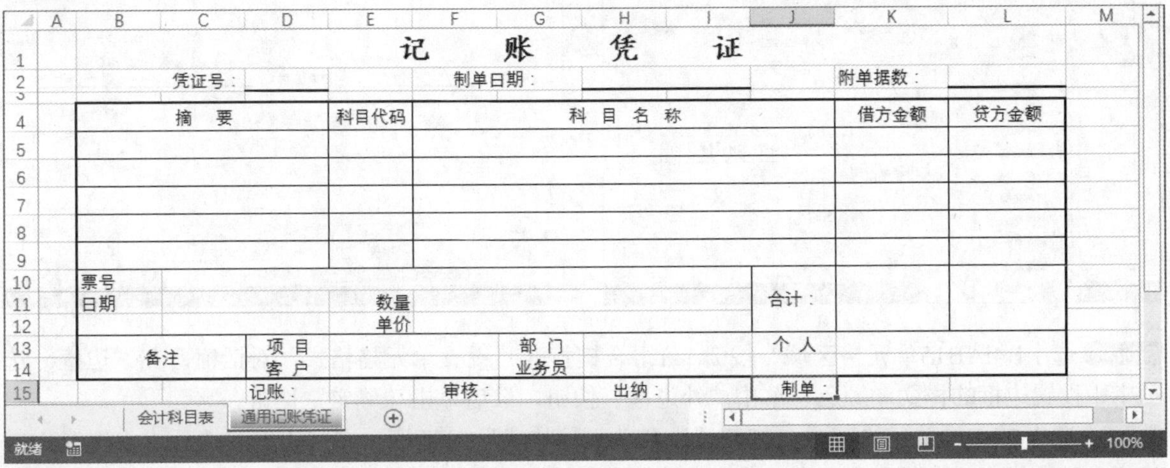

Step 06 选中B1:L15单元格区域，在“开始”选项卡中单击“填充颜色”按钮，从列表中选择合适的颜色作为表格的背景填充色。

Step 07 在“视图”选项卡中取消对“网格线”复选框的勾选，至此，完成通用记账凭证的制作。

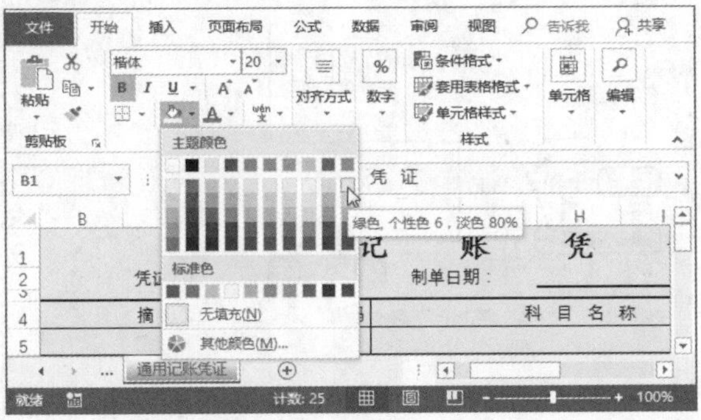

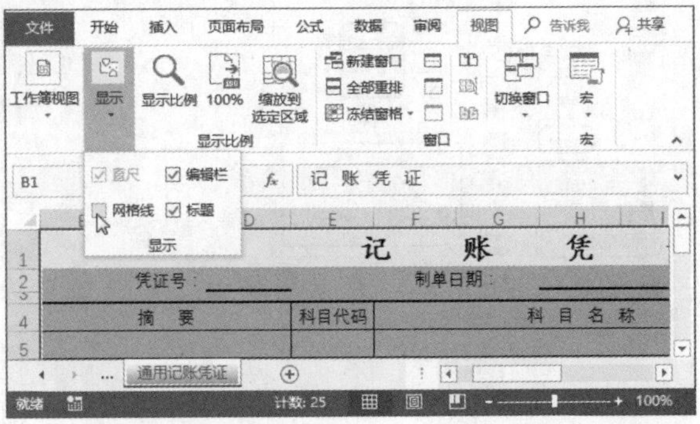

以上制作的是简化后的记账凭证，如果在实际工作中需要按位填写金额，以确保填写金额的准确性，可以制作一个打印格式的记账凭证，具体操作步骤如下。

Step 01 在“通用记账凭证”工作表后面新建一个空白工作表，并命名为“记账凭证”。为其工作表标签设置一种合适的颜色。

Step 02 在工作表中输入文字，设置文本格式和单元格格式，并适当调整表格的行高和列宽。

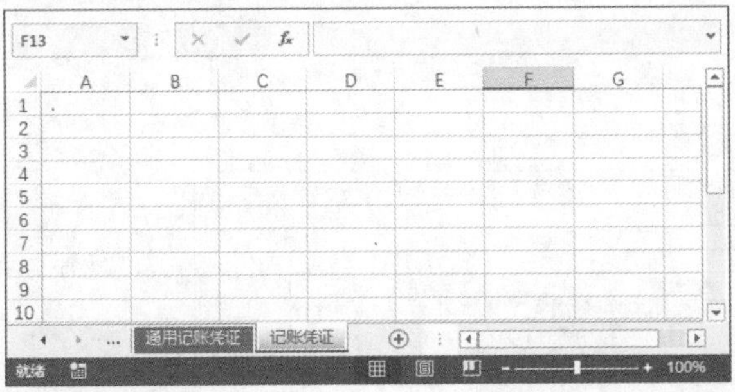

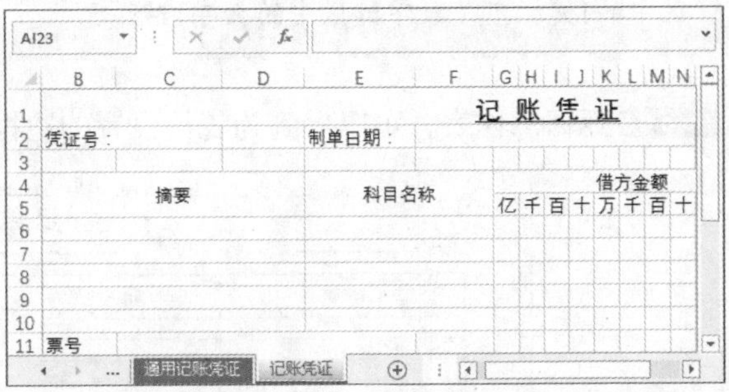

Step 03 选择C2单元格，在“开始”选项卡中单击“边框”下拉按钮，从列表中选择“粗下框线”选项。

Step 04 按照同样的方法为F2:N2和U2:Y2单元格添加粗下框线。

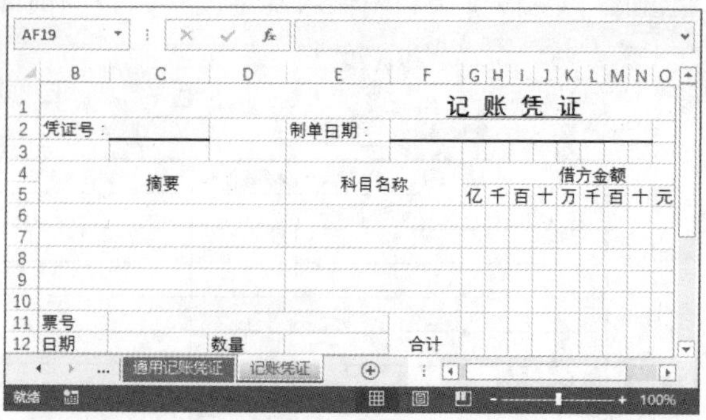

Step 05 选中B4:AB15单元格区域，按Ctrl+1组合键打开“设置单元格格式”对话框，在“边框”选项卡中设置边框的样式和颜色，单击“外边框”按钮，最后单击“确定”按钮。

Step 06 选中B4:F10单元格区域，打开“设置单元格格式”对话框，在“边框”选项卡中选择细实线样式，选择合适的线条颜色，单击“内部”按钮，再单击“下框线”和“右框线”按钮，设置完成后单击“确定”按钮。

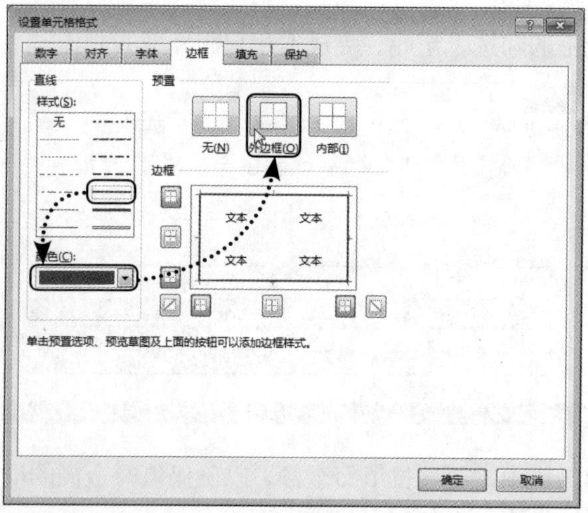

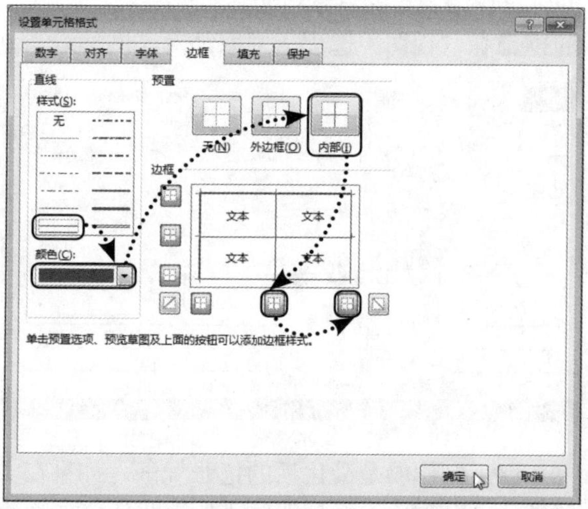

提示

Ctrl+1组合键是调用“设置单元格格式”对话框的快捷方式。但需要注意，此处的1键是主键盘区中的1键，不是数字键区中的数字1键。

Step 07 返回工作表，可以看到为表格设置的边框的效果。

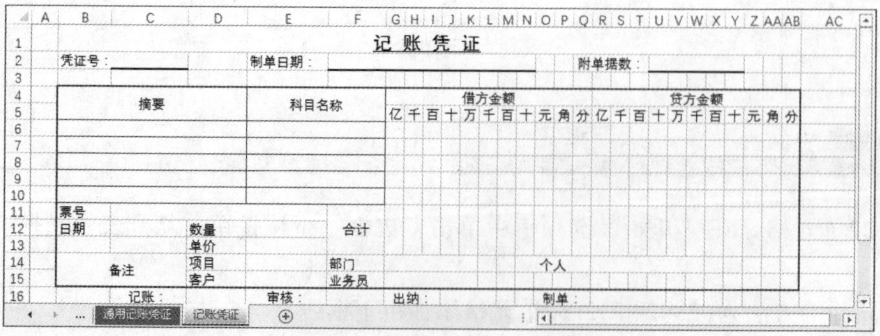

Step 08 按照同样的方法，为表格中其他单元格区域添加边框。

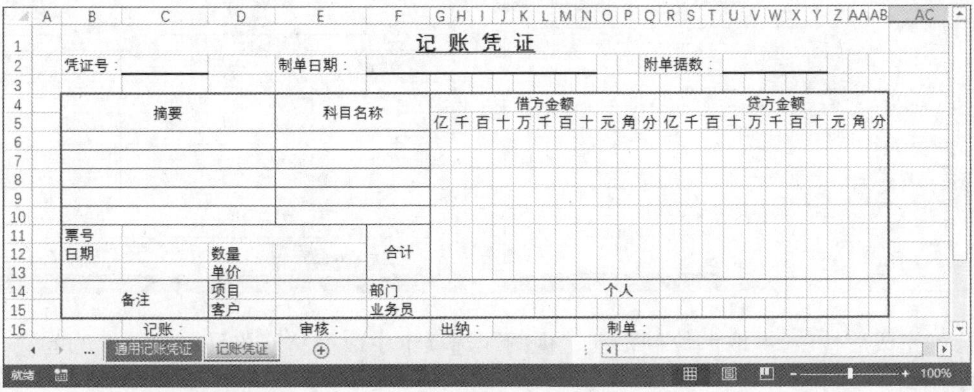

Step 09 选中G4:AB13单元格区域，打开“设置单元格格式”对话框，在“边框”选项卡中选择细实线样式，选择线条颜色，单击“中框线”按钮，最后单击“确定”按钮。

Step 10 选择G5:AB13单元格区域，打开“设置单元格格式”对话框，在“边框”选项卡中选择虚线样式，单击中间的“垂直直线”按钮，再单击“确定”按钮。

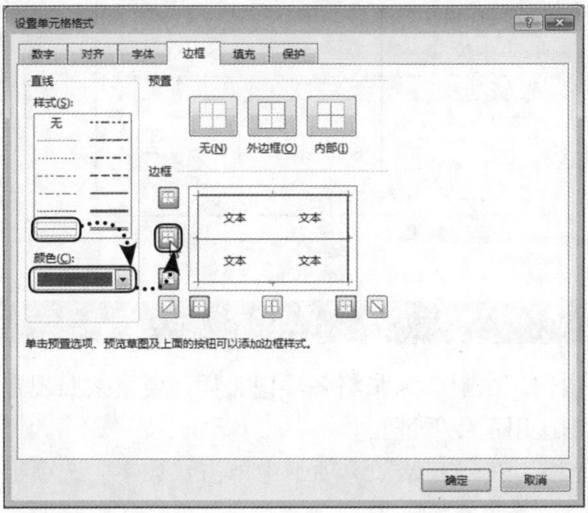

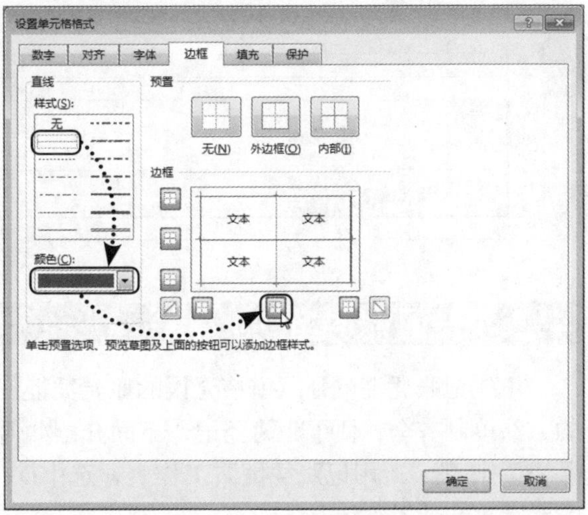

Step 11 返回工作表，可以看到为表格设置边框的效果。

Step 12 在“开始”选项卡中单击“边框”下拉按钮，从列表中选择“绘制边框”选项。

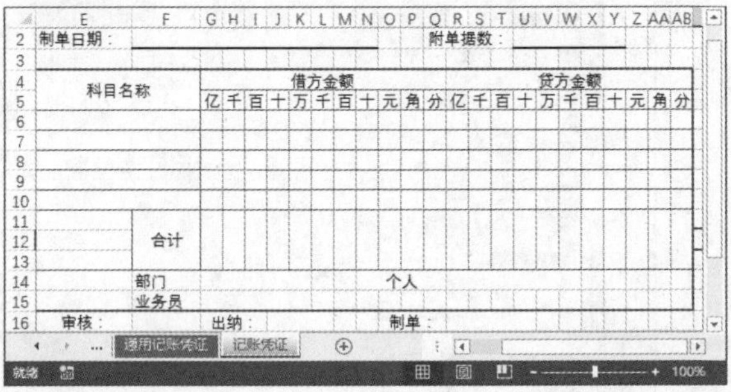

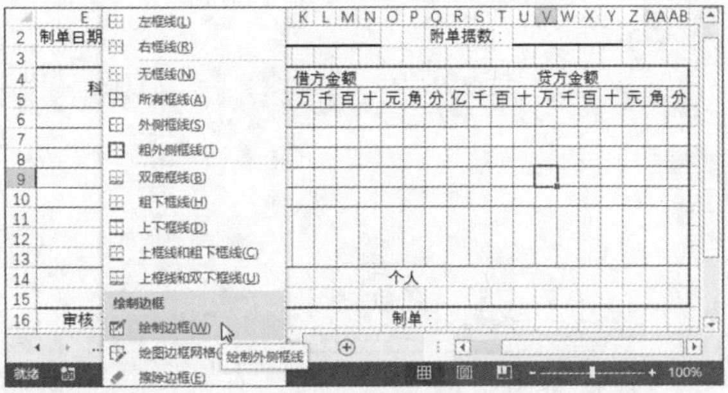

Step 13 再次单击“边框”按钮，从列表中选择“线型”选项，从其级联菜单中选择合适的线型。

Step 14 鼠标光标变为铅笔样式，在表格中合适的位置按住鼠标左键不放，拖动鼠标绘制直线。

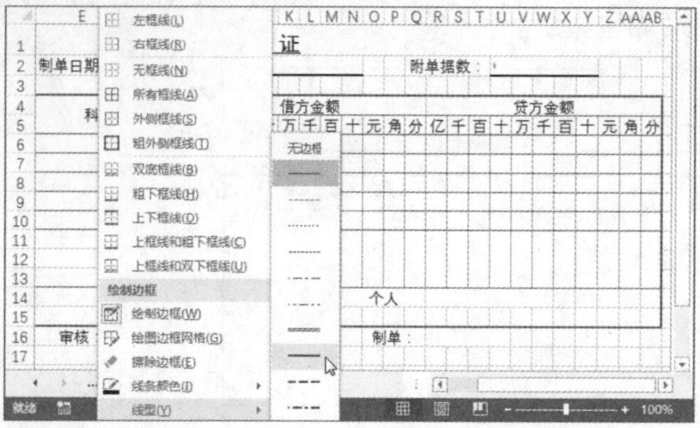

Step 15 绘制完成后按Esc键取消绘制，在“视图”选项卡中取消“网格线”复选框的勾选，完成记账凭证的制作。

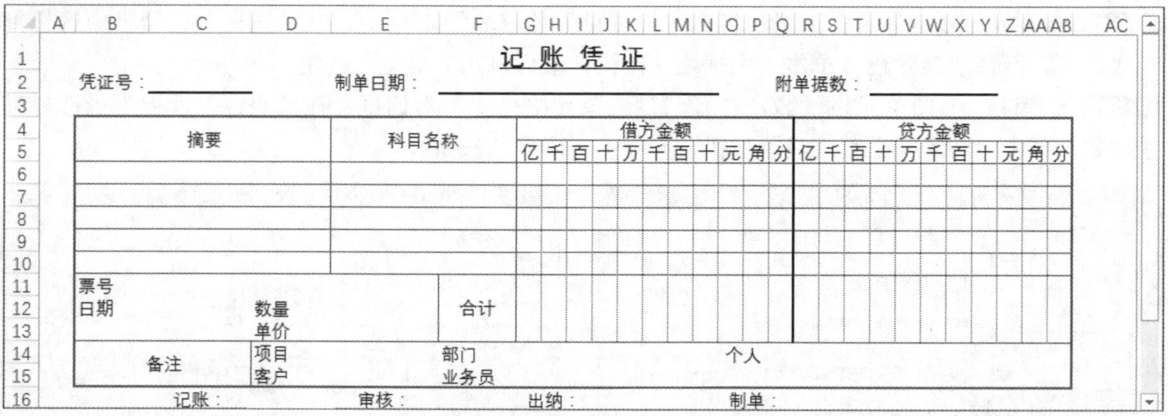

4.2.4 记账凭证的填制

填制记账凭证就是以审核无误的原始凭证作为依据，由财务人员将各项记账凭证要素按照规定的方法填制齐全，便于账簿登记。下面介绍如何填制通用记账凭证。

Step 01 打开“通用记账凭证”工作表，选中D2单元格，在“开始”选项卡中单击“数字”选项组的对话框启动器按钮。

Step 02 打开“设置单元格格式”对话框，在“数字”选项卡中选择“自定义”选项，在右侧“类型”文本框中输入“000#”，单击“确定”按钮。

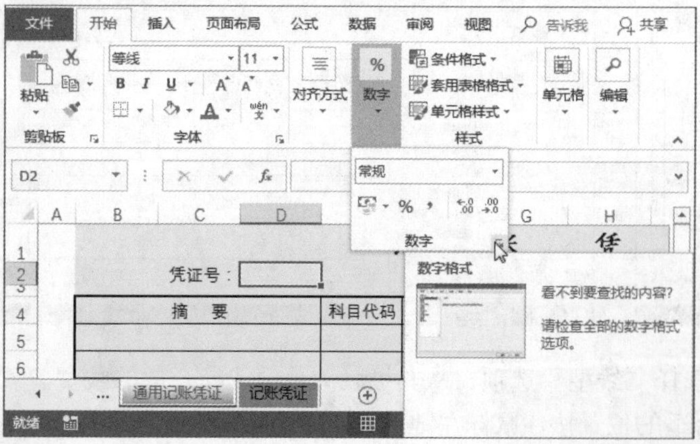

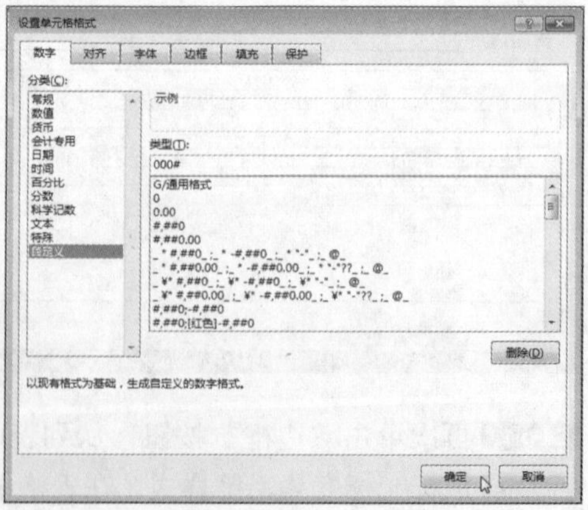

Step 03 返回工作表中，在D2、H2和L2单元格中输入“凭证号”为“0001”，“制单日期”为“2018/8/23”，“附单据数”为“1”。

Step 04 切换至“会计科目表”工作表中，选中D3:D51单元格区域，在“公式”选项卡中单击“定义名称”按钮。

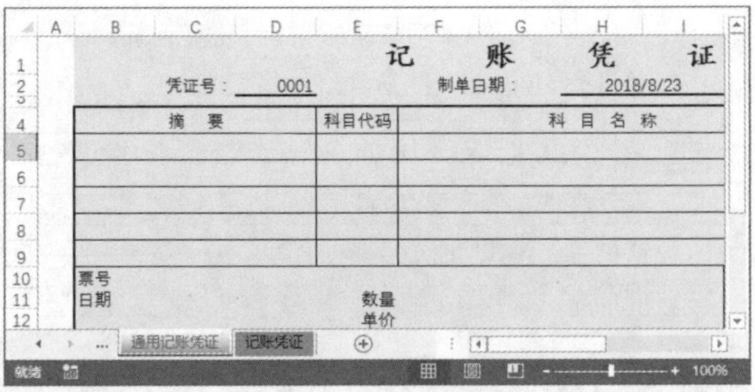

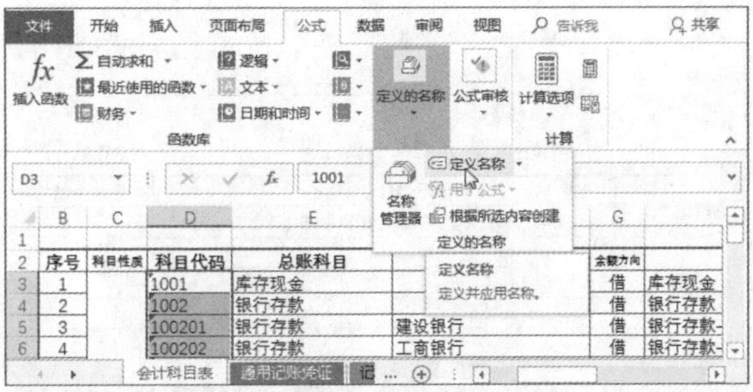

Step 05 打开“新建名称”对话框，在“名称”文本框中输入定义的名称“科目代码”，单击“确定”按钮。

Step 06 切换至“通用记账凭证”工作表，选中E5:E9单元格区域，在“数据”选项卡中单击“数据验证”按钮。

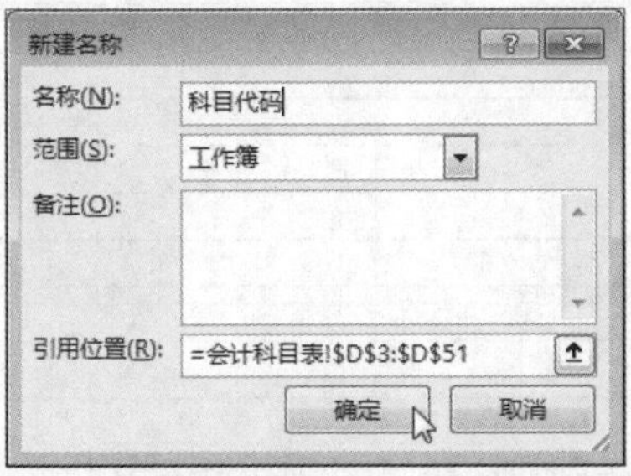

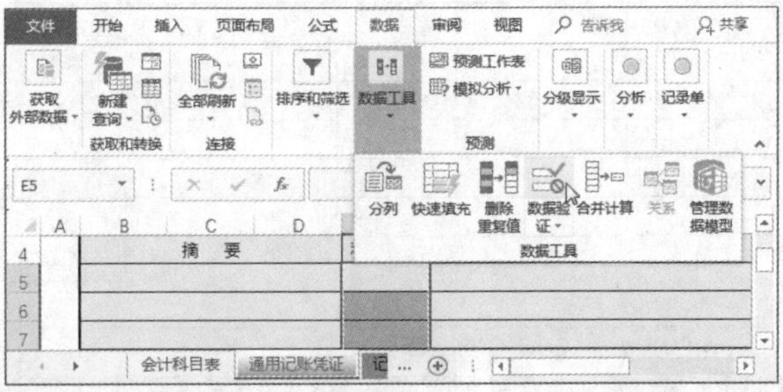

提示

定义名称时应遵循以下规则：定义的名称不能与单元格的名称相同，而且同一工作簿中的名称不能相同；名称的第1个字符必须是字母、汉字或者下划线；名称长度不能超过255个字符，并且字符之间不能有空格；字母不区分大小写。

Step 07 打开“数据验证”对话框，在“设置”选项卡中设置“允许”为“序列”，在“来源”文本框中输入“=科目代码”，单击“确定”按钮。

Step 08 返回工作表，单击E5:E9单元格区域中的任意单元格，会在该单元格右侧出现一个下拉按钮，单击该下拉按钮，可以从列表中进行相应的选择。

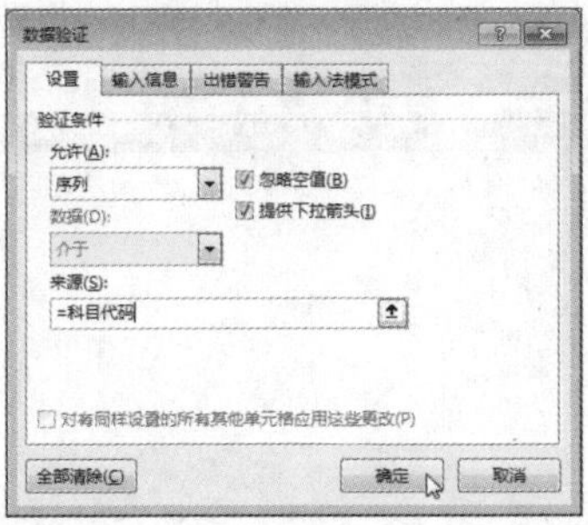

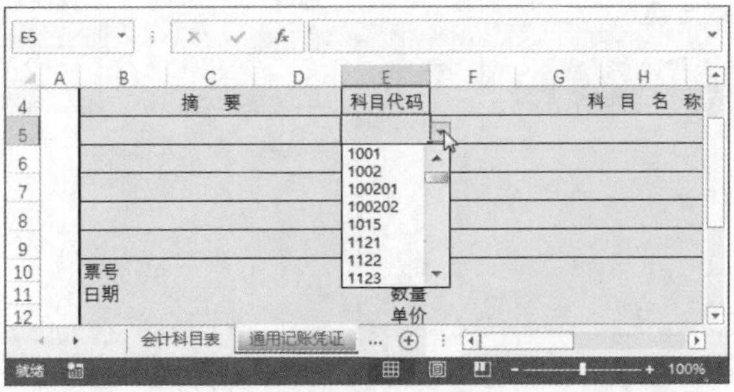

Step 09 选中F5单元格，输入公式"=IF(E5="","",VLOOKUP[⑥](E5,会计科目表!$D$3:$H$51,5))"，按Enter键确认，引用"会计科目表"中的"账户名称"。

Step 10 再次选中F5单元格，将光标移至该单元格右下角，按住鼠标左键不放，向下拖动鼠标填充公式。

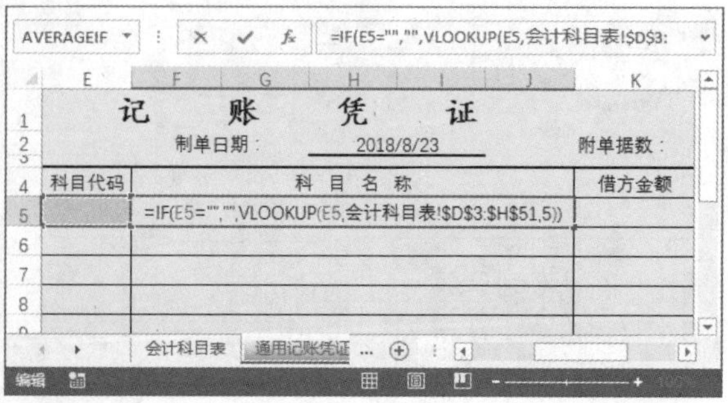

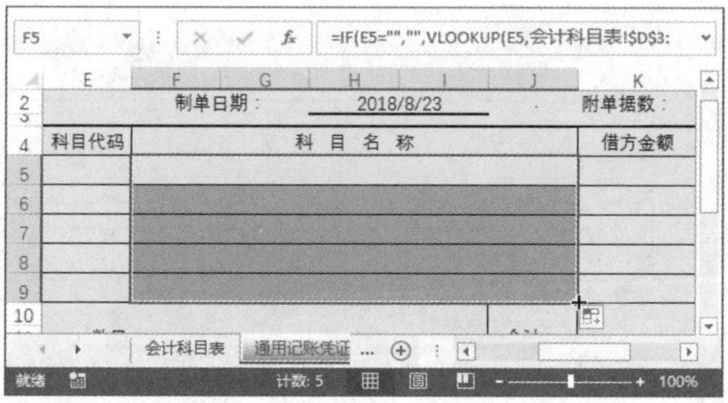

Step 11 在记账凭证中输入"摘要""科目代码""借方金额"和"贷方金额"。

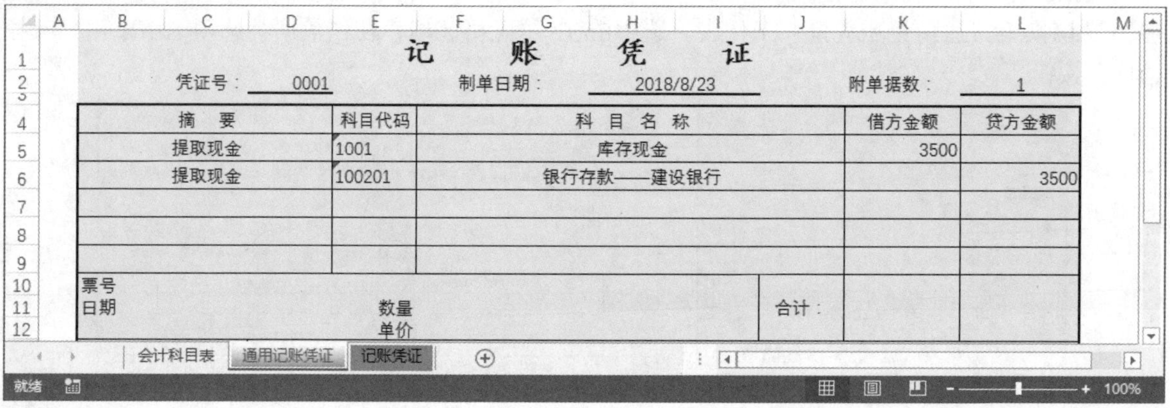

Step 12 选中K5:L12单元格区域，在"开始"选项卡中单击"数字"选项组中的"数字格式"按钮，从列表中选择"货币"选项。

Step 13 选中K10单元格，输入公式"=SUM(K5:K9)"，按Enter键确认。选中L10单元格，输入公式"=SUM(L5:L9)"，按Enter键确认，即可计算出"借方金额"和"贷方金额"的合计值。

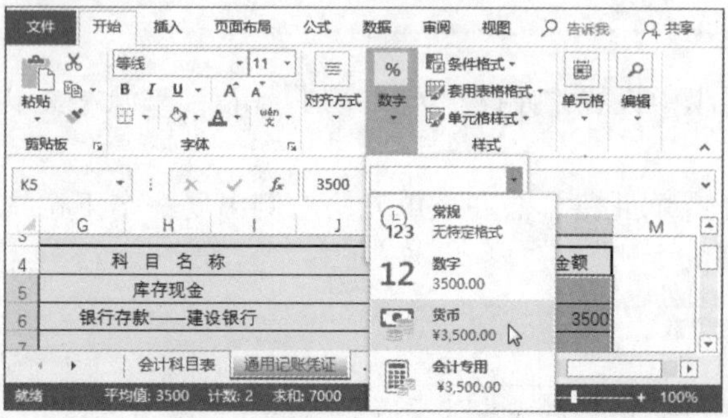

⑥关于VLOOKUP函数的使用说明请查阅2.4.2小节，详见本书第25页。

4.3 教你编制凭证汇总表

编制凭证汇总表的目的是方便财务人员进行相关账簿的登记。当记账凭证审核无误后，就可以将其汇总到一个表中，这个表就是凭证汇总表。

4.3.1 凭证汇总表的制作

凭证汇总表中包含凭证号、摘要、科目代码、账户名称、总账科目、借方金额和贷方金额等。下面介绍如何制作凭证汇总表。

Step 01 新建一个名为“记账凭证汇总表”的工作表，输入列标题，对其进行格式设置。

Step 02 选中B～I列，在“开始”选项卡中单击“条件格式”按钮，从展开的列表中选择“新建规则”选项。

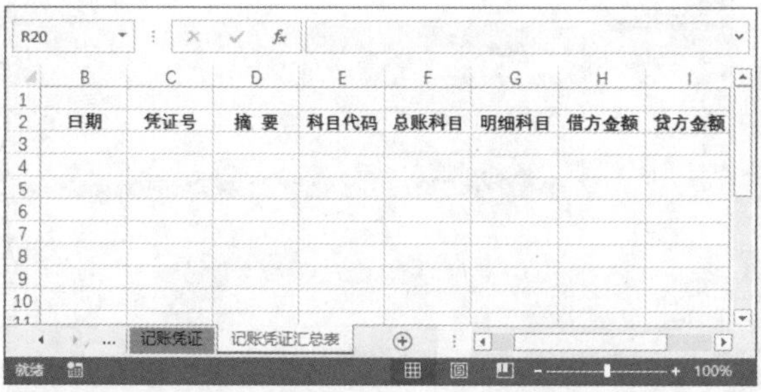

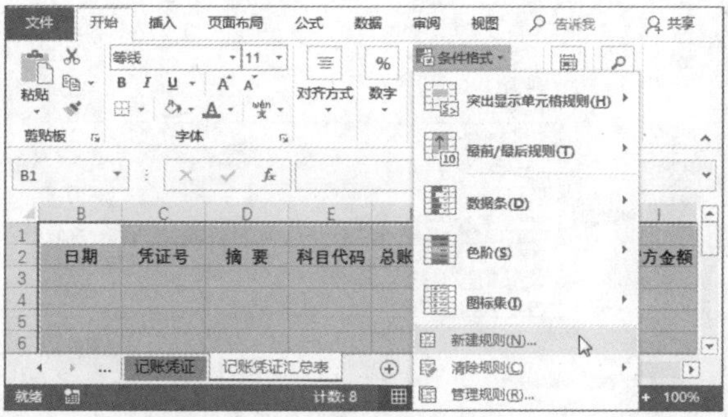

Step 03 打开“新建格式规则”对话框，从中选择“使用公式确定要设置格式的单元格”，在“为符合此公式的值设置格式”文本框中输入公式“=$B1<>""”，接着单击“格式”按钮。

Step 04 打开“设置单元格格式”对话框，在“边框”选项卡中设置线条的样式和颜色，单击“外边框”按钮。

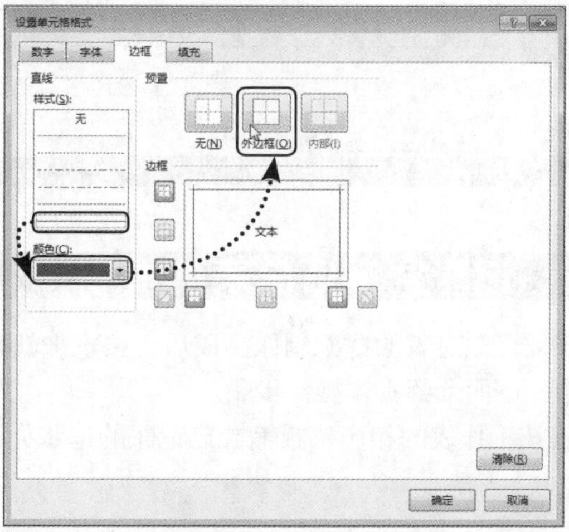

Step 05 单击“确定”按钮，返回“新建格式规则”对话框，在“预览”文本框中可以看到设置的效果。单击“确定”按钮，返回工作表，可以看到表格自动添加了设置的边框样式。

Step 06 选中C列，单击鼠标右键，从弹出的快捷菜单中选择“设置单元格格式”命令。

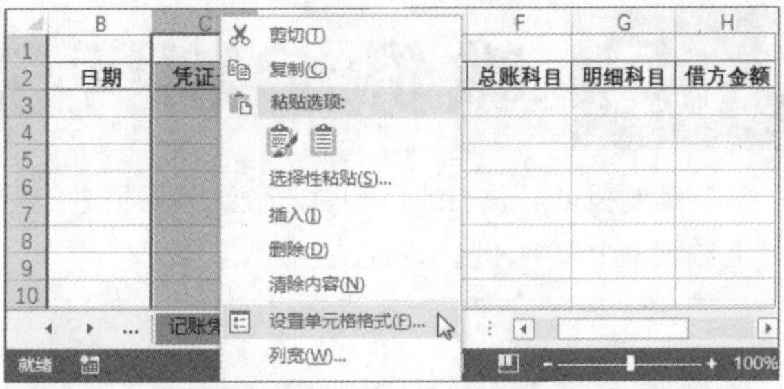

Step 07 打开“设置单元格格式”对话框，在“数字”选项卡中选择“自定义”选项，在右侧“类型”文本框中输入“000#”，单击“确定”按钮。

Step 08 选择H列和I列，打开“设置单元格格式”对话框，在“数字”选项卡中选择“货币”选项，单击“确定”按钮。

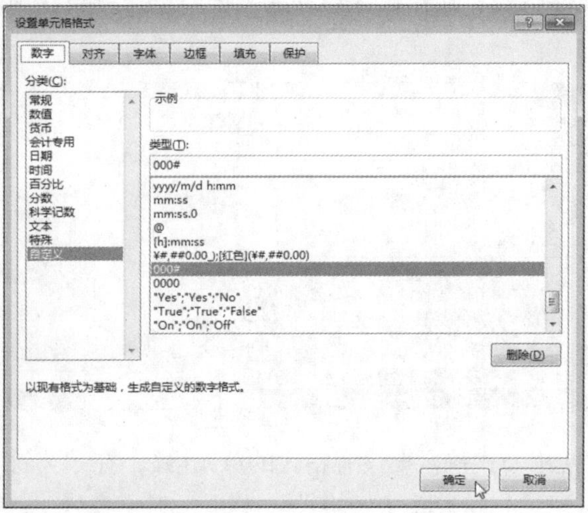

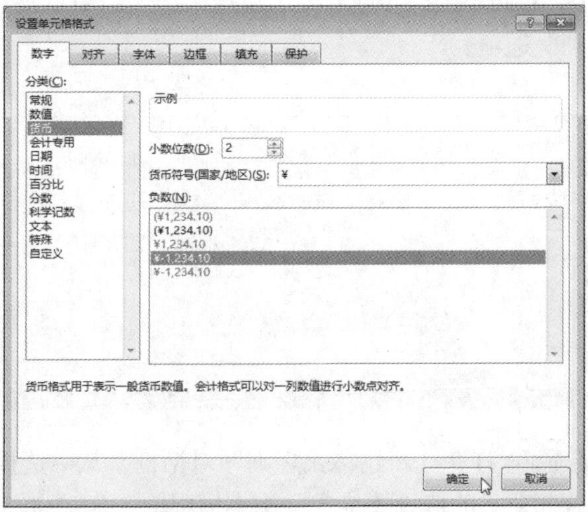

Step 09 适当调整表格的列宽，至此，凭证汇总表的框架就制作完成了。

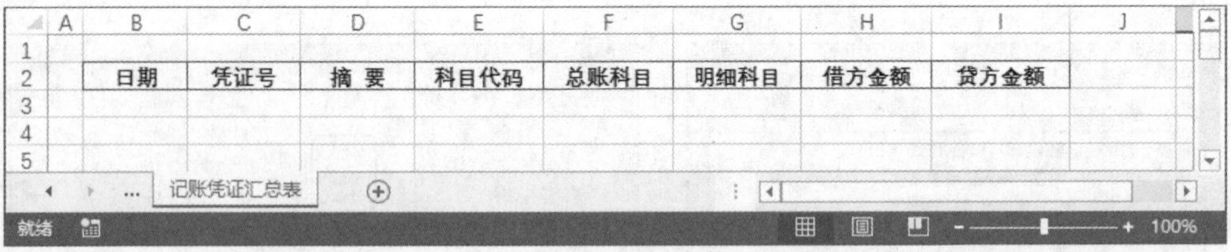

4.3.2 记账凭证汇总表的填制

记账凭证汇总表的框架制作完成后，接下来就需要将审核无误的记账凭证汇总登记到记账凭证汇总表中，下面介绍具体操作步骤。

Step 01 在该工作表的相应位置输入已记账的记账凭证信息。

Step 02 选中E3:E4单元格，在“数据”选项卡中单击“数据工具”选项组中的“数据验证”按钮。

Step 03 打开“数据验证”对话框，在“设置”选项卡中设置“允许”为“序列”，在“来源”文本框中输入“=科目代码”，单击“确定”按钮。

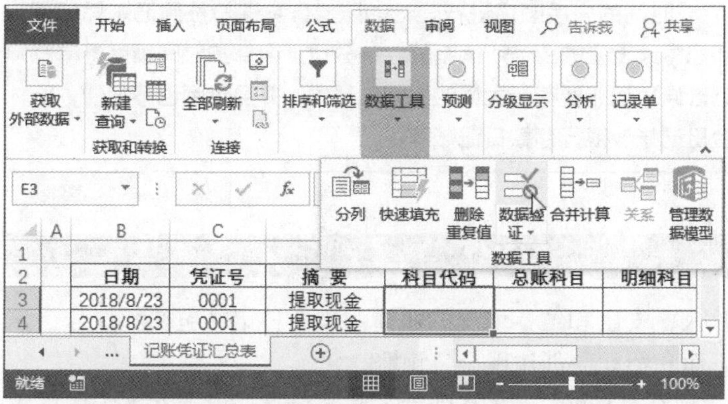

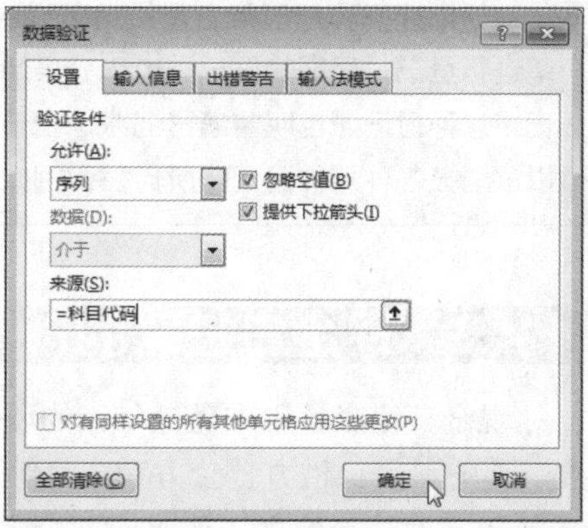

Step 04 返回工作表，选中E3单元格，其右侧会出现一个下拉按钮，单击该下拉按钮，从列表中选择“1001”。按照同样的方法输入E4单元格中的内容。

Step 05 选中F3单元格，输入公式“=VLOOKUP(E3,会计科目表!$D$3:$H$51,2,FALSE)”，按Enter键确认，引用“会计科目表”中的“总账科目”。

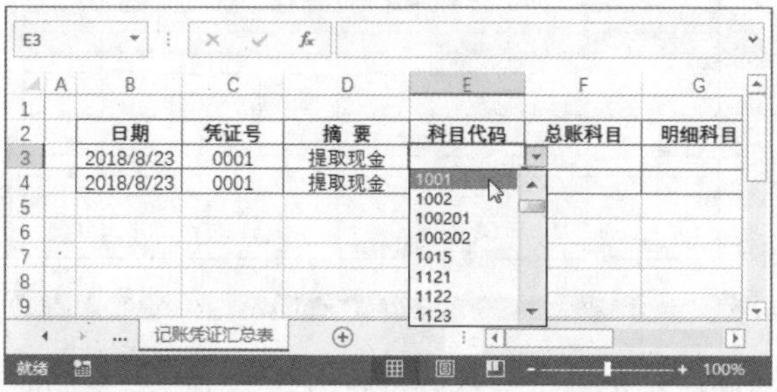

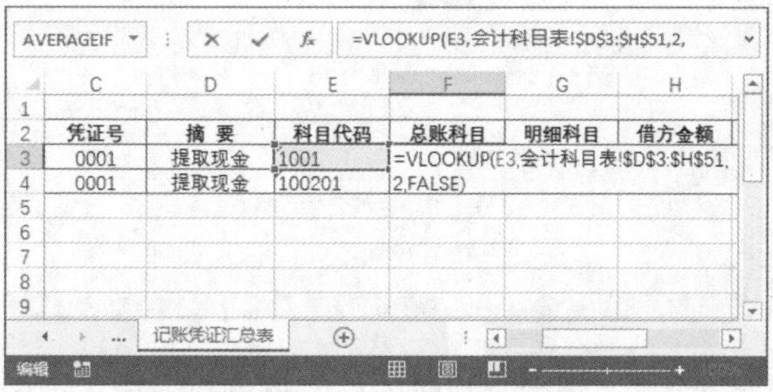

Step 06 将F3单元格中的公式向下填充，选中G3单元格，输入公式“=VLOOKUP(E3,会计科目表!$D$3:$H$51,3,FALSE)”。

Step 07 按Enter键确认，即可引用“会计科目表”中的明细科目，将公式向下填充，完成记账凭证汇总表的填制。

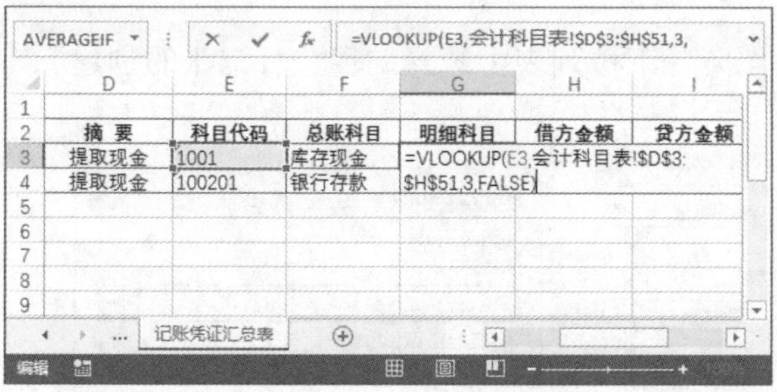

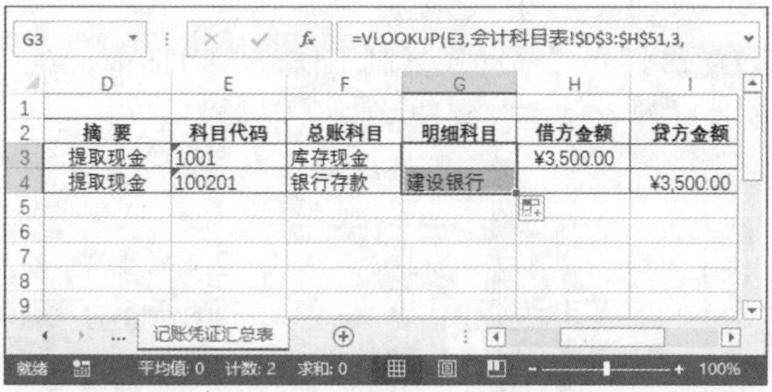

4.4 认识日记账

日记账又称序时账，是按业务发生和完成时间的先后顺序进行登记的账簿，它逐日按照记账凭证逐笔进行登记。早期的日记账也称分录簿，即把每天发生的业务所编制的会计分录，全部按时间顺序逐笔登记，这种日记账也叫普通日记账。由于登记普通日记账要花费大量的时间和精力，并且查阅也不方便，所以逐渐被各种特种日记账所代替，例如现金日记账、银行存款日记账等。

4.4.1 现金日记账的创建

现金日记账是用来登记每天的现金收入、支出和结存情况的账簿。现金日记账包括凭证号、摘要、对方科目、借方、贷方和余额等。下面介绍如何创建现金日记账。

Step 01 新建一个空白工作表，并命名为“现金日记账”，在其中输入基本信息，设置文本字体格式和单元格格式。

Step 02 选中B2:I16单元格区域，为表格添加合适的边框，为列标题添加合适的填充颜色。

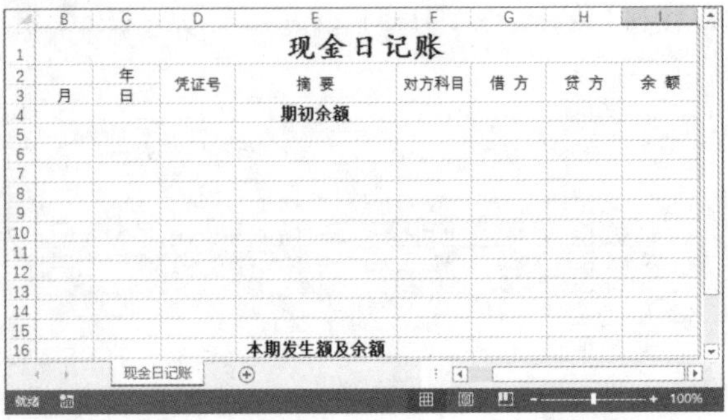

至此，现金日记账的框架就创建完成了。由于前面已经讲解过表格的创建方法，所以关于如何创建现金日记账就不再详细介绍了，接下来介绍如何登记现金日记账。在登记现金日记账时，首先应登记期初余额（借方为正数，贷方为负数），然后逐笔登记本期发生额，月末结算出本期借贷方发生额合计及期末余额。具体操作方法如下。

Step 01 打开“记账凭证汇总表”工作表，在工作表标签上单击鼠标右键，从弹出的快捷菜单中选择“移动或复制”选项。

Step 02 打开“移动或复制工作表”对话框，在“工作簿”下拉列表中选择“现金日记账的创建”，勾选“建立副本”复选框。

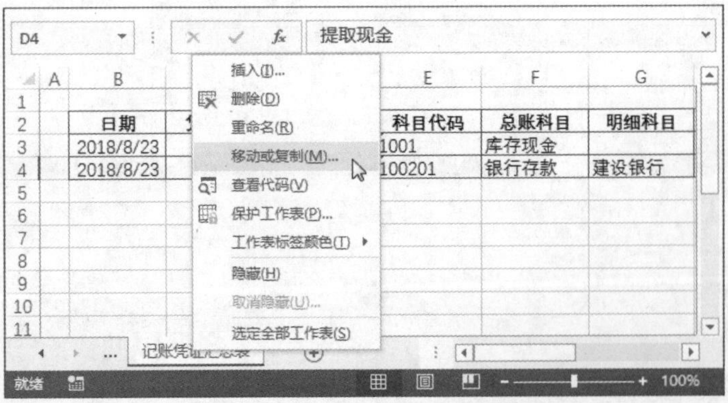

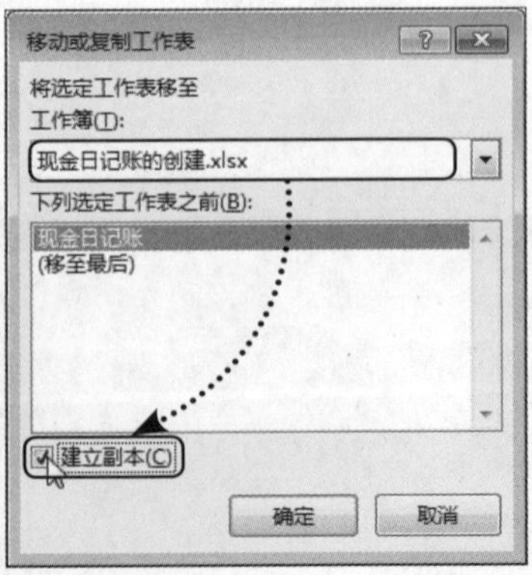

Step 03 单击“确定”按钮，即可将“记账凭证汇总表”工作表复制到“现金日记账的创建”工作簿中的“现金日记账”工作表前面。

Step 04 切换至“现金日记账”工作表，输入期初日期和期初余额。

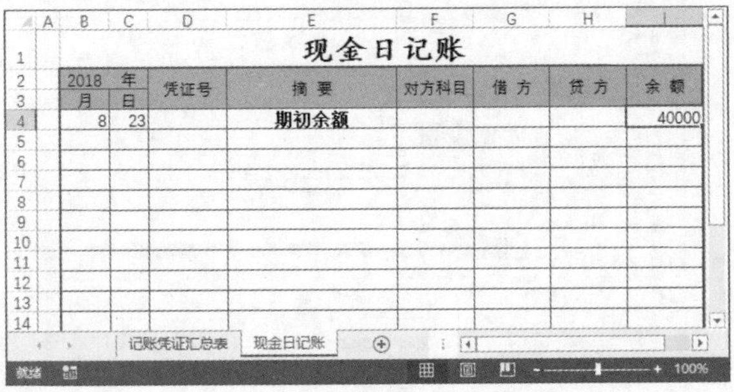

Step 05 根据记账凭证汇总表填写“现金日记账”的日期和凭证号，并设置“凭证号”的数字格式。

Step 06 选中E5单元格，输入公式“=IF(D5="","",VLOOKUP(D5,记账凭证汇总表!$C:$I,2, FALSE))”，按Enter键确认，即可返回引用结果。

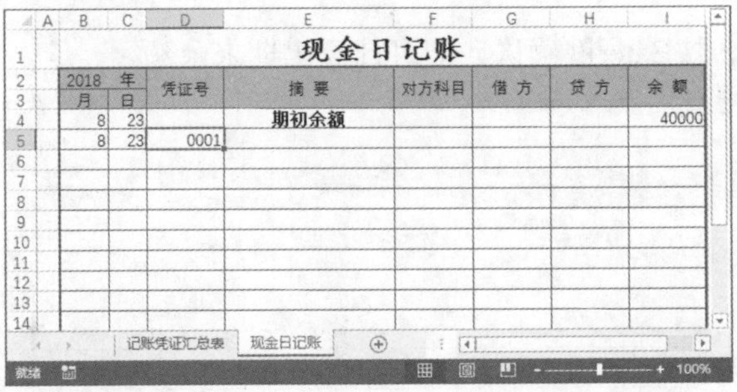

Step 07 输入“对方科目”，选中G5单元格，输入公式“=SUMPRODUCT⑦((记账凭证汇总表!$C$3:$C$1000=现金日记账!D5)*(记账凭证汇总表!$E$3:$E$1000="1001") *(记账凭证汇总表!$H$3:$H$1000))”，按Enter键确认，即可引用“记账凭证汇总表”中的借方金额。

Step 08 选中H5单元格，输入公式“=SUMPRODUCT((记账凭证汇总表!$C$3:$C$1000=现金日记账!D5)*(记账凭证汇总表!$E$3:$E$1000="1001") *(记账凭证汇总表!$I$3:$I$1000))”，按Enter键确认，即可引用“记账凭证汇总表”中的贷方金额。

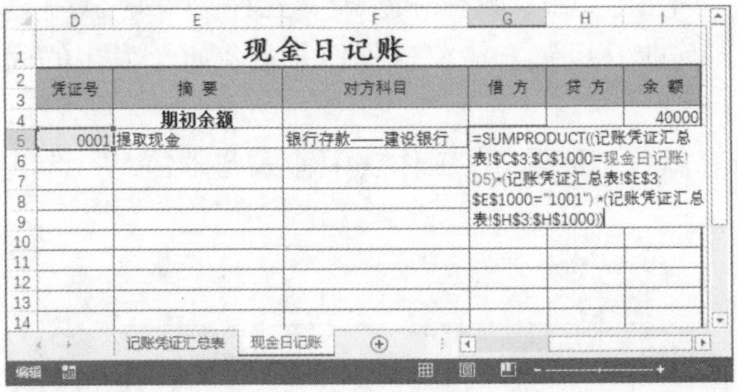

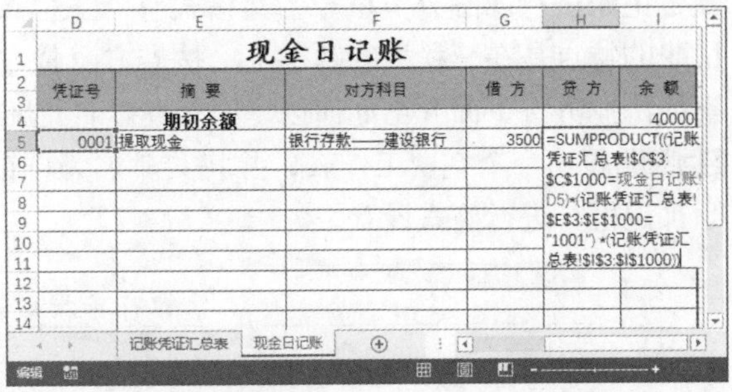

Step 09 选中G4:I16单元格区域，按Ctrl+1组合键打开“设置单元格格式”对话框，在“数字”选项卡中选择“货币”选项，在右侧设置“小数位数”为“2”，接着在“负数”列表框中进行相应的选择。

---

⑦关于SUMPRODUCT函数的使用说明请查阅2.3.2小节，详见本书第18页。

Step 10 设置完成后单击“确定”按钮，返回工作表，参照前面介绍的方法，在“Excel选项”对话框中将“贷方”列中计算出的零值隐藏。

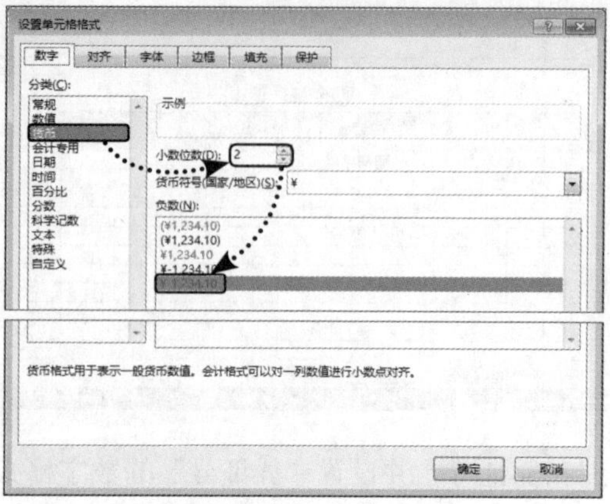

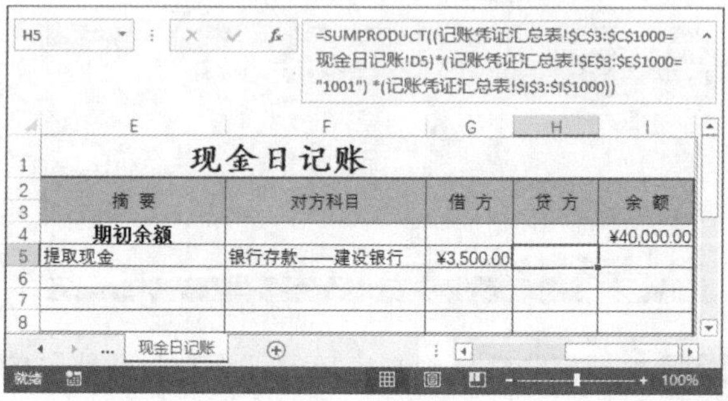

Step 11 分别在G16和H16单元格中输入公式“=SUM(G5:G15)”和“=SUM(H5:H15)”，按Enter键即可计算出本期发生额的合计值。

Step 12 选中I16单元格，输入公式“=I4+G16-H16”，按Enter键确认，即可计算出期末余额。

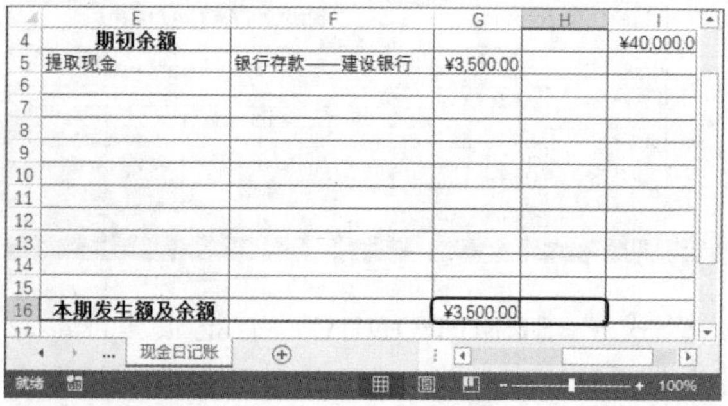

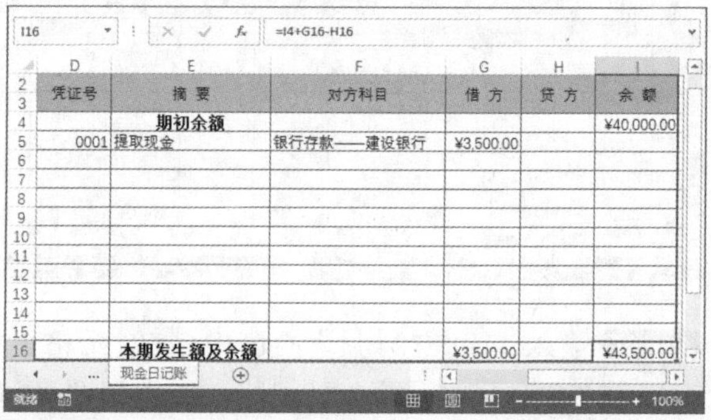

4.4.2 银行存款日记账的创建

银行存款日记账是用来反映银行存款增加、减少和结存情况的账簿。企业应按币种设置银行存款日记账进行明细分类核算，其格式有“三栏式”“多栏式”和“收付分页式”三种。“多栏式”日记账的特点是在三栏式的基础上，按借方、贷方的对应账户设置专栏，这样便于汇集重复发生的同类经济业务。下面介绍如何创建银行存款日记账。

Step 01 新建一个空白工作表，并将其命名为“银行存款日记账”，在工作表中输入基本信息，为其添加边框，进行格式设置。

Step 02 选中B2:E3单元格，在“开始”选项卡中单击“填充颜色”按钮，从列表中选择合适的颜色作为填充色。

Step 03 按照同样的方法，为表格中其他单元格区域填充合适的底纹颜色。

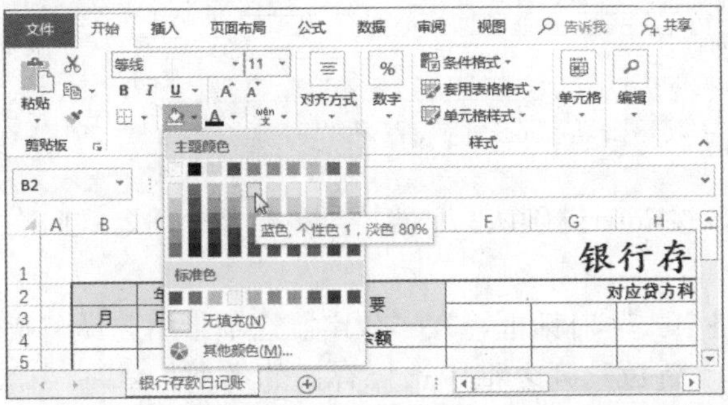

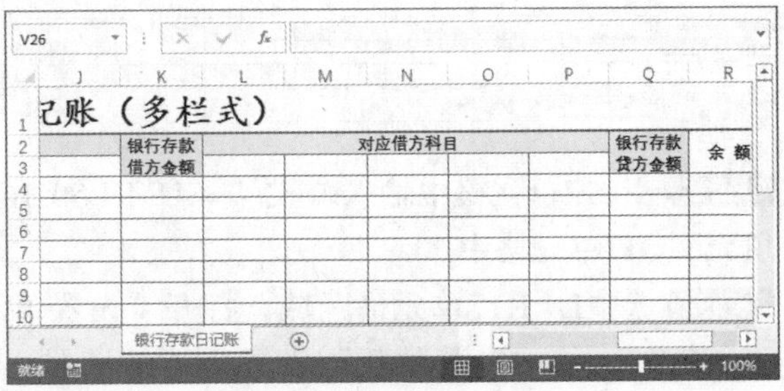

至此，银行存款日记账的框架就创建完成了。接下来介绍银行存款日记账的登记。

Step 01 按照前面介绍的方法，将“记账凭证汇总表”工作表复制到“银行存款日记账的创建”工作簿中的“银行存款日记账”工作表的前面。

Step 02 切换至“银行存款日记账”工作表，输入期初日期和期初账面余额。

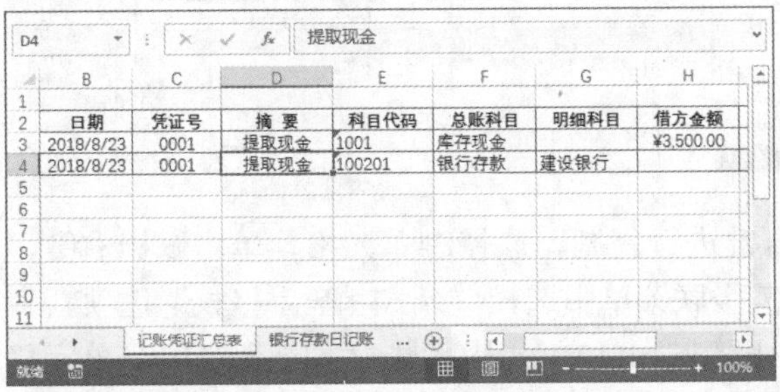

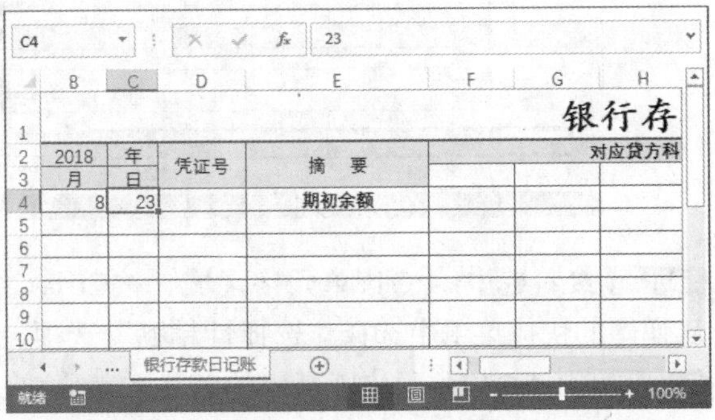

Step 03 根据记账凭证汇总表填写“银行存款日记账”的日期和“凭证号”，并设置“凭证号”的数字格式。

Step 04 在E5单元格中输入公式“=IF(D5="","",VLOOKUP(D5,记账凭证汇总表!$C:$I,2,FALSE))”，按Enter键确认，即可引用“记账凭证汇总表”中的“摘要”。

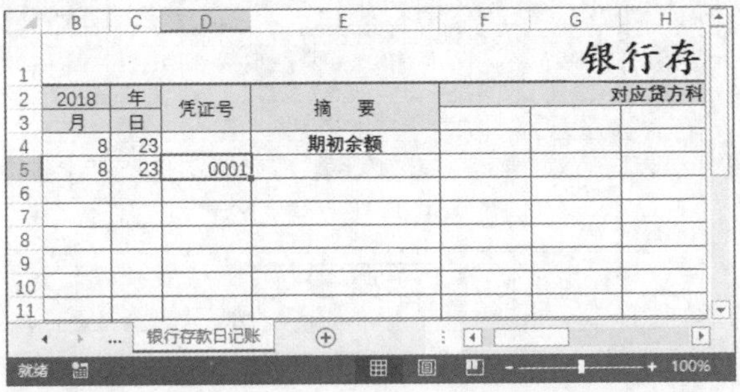

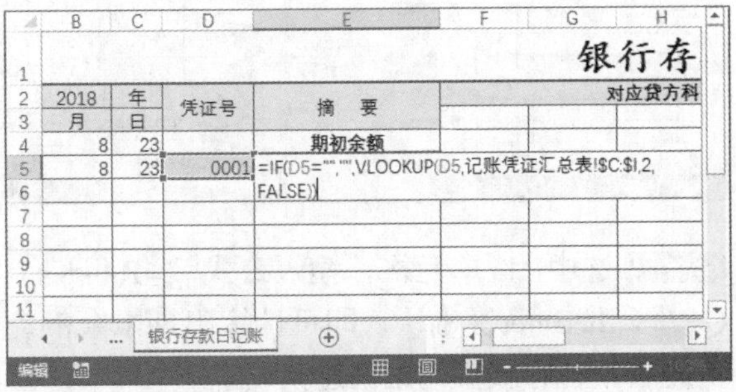

Step 05 将E5单元格中的公式向下填充，根据记账凭证汇总表填写对方科目，在这里“0001”凭证号对应“记账凭证汇总表”中的“银行存款”在贷方，而与之相对应的借方科目为“库存现金”，因此在“对应借方科目”列中添加“库存现金”列标题。

Step 06 在L5单元格中输入对方科目的金额，选中Q5单元格并输入公式“=IF($D5="","",SUM(L5:P5))”，按Enter键确认，即可计算银行存款的金额。

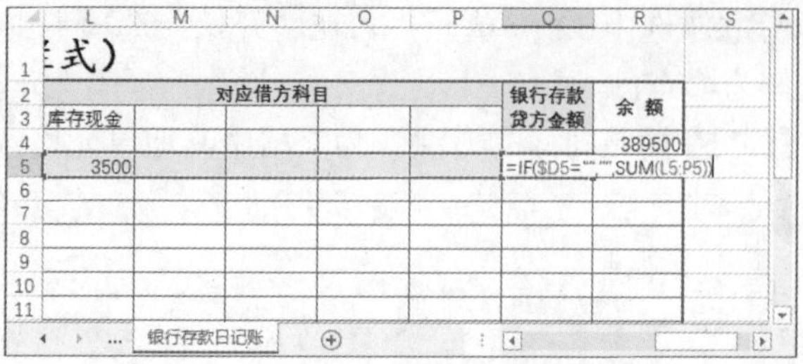

Step 07 在L17单元格中输入公式“=SUM(L5:L16)”，按Enter键确认，计算本期发生额，将公式向右填充到Q17单元格中。

Step 08 选中L4:R17单元格区域，打开“设置单元格格式”对话框，在“数字”选项卡中选择“货币”选项，将“小数位数”设置为“2”，接着在“负数”列表框中选择合适的类型，单击“确定”按钮。

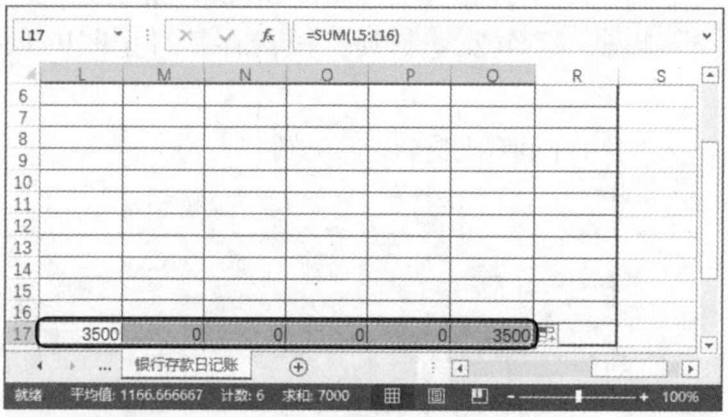

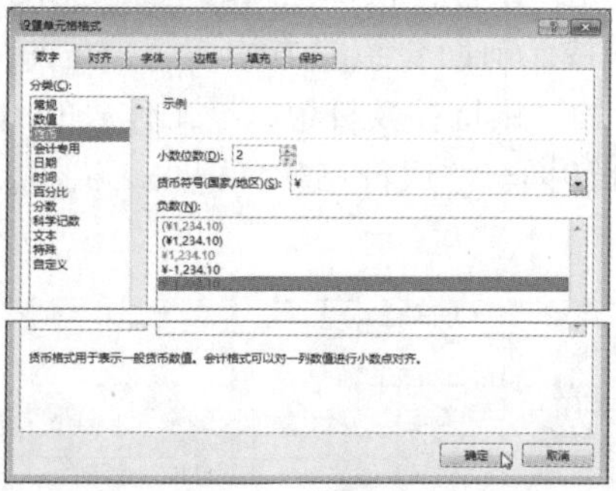

Step 09 接着选中L4:Q17单元格区域，按Ctrl+C组合键进行复制，选择F4单元格，单击鼠标右键，从弹出的快捷菜单中选择“选择性粘贴”选项，在其级联菜单中选择“公式和数字格式”选项。

Step 10 将L4:Q17单元格区域中的公式和数字格式粘贴到F4:K17单元格区域中，删除F5和K5单元格中的数据。

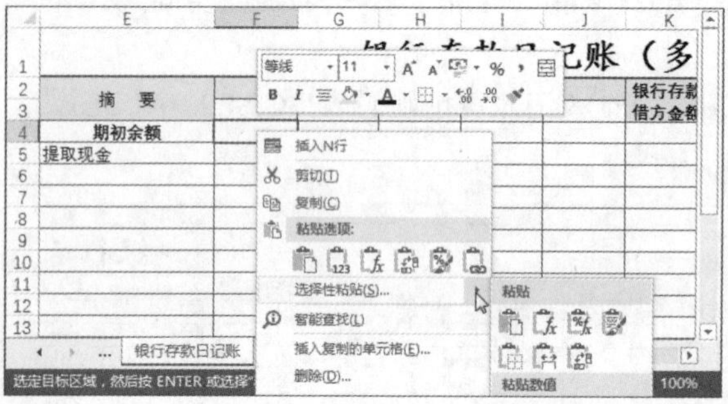

Step 11 选中R17单元格，输入公式“=R4+K17-Q17”，按Enter键确认，即可计算出期末余额。至此，银行存款日记账创建完成了。

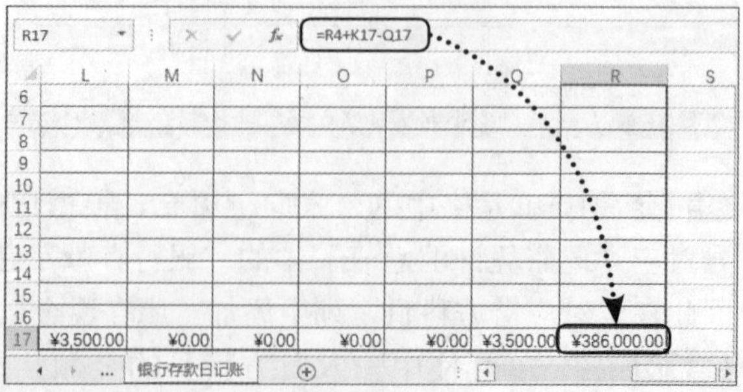

Chapter

05

进销存的高效管理

本章概述

进销存管理又称为购销链管理。“进”是指询价、采购到入库与付款的过程。“销”是指报价、销售到出库与收款的过程。“存”是指出入库之外，影响库存数量的动作包括领料、退货、盘点、报损报益、借出、调拨等。

其中采购成本的大小直接影响着企业的利润，因此采购管理是企业进行管理的重点。销售是企业获取利润的重要渠道，是企业进销存管理的重要组成部分。存货管理对采购和销售来说至关重要，存货管理的好坏和信息提供的准确性会直接影响企业的采购、生产和销售业务的进行。

核心知识点

第一环节——采购管理

第二环节——销售管理

第三环节——库存管理

5.1 第一环节——采购管理

企业需要不断采购相关原材料，才能保障正常的生产运营。在采购原材料之前，各部门需要提出采购申请，经相关主管和财务部门审核后由采购部门统一预算并采购，并对原材料的采购情况进行登记。同时对于采购过程中发生的一些经济业务，财务人员需要编制相应的会计凭证，登记相关账簿。

5.1.1 采购申请单的填写

采购申请单是为了采购物品而提出款项支取的申请凭证。每个部门根据需要填写采购单，提交相关部门审批，最后交给采购部门进行统一采购。采购申请单主要包括申请部门、原料名称、规格型号、采购数量以及库存数量等。下面具体介绍如何填写采购申请单。

Step 01 打开一张创建好的空白采购申请单。

Step 02 选中C2单元格，按Ctrl+1组合键打开“设置单元格格式”对话框，在“数字”选项卡中选择“自定义”选项，在右侧“类型”框中输入“00#”，单击“确定”按钮。

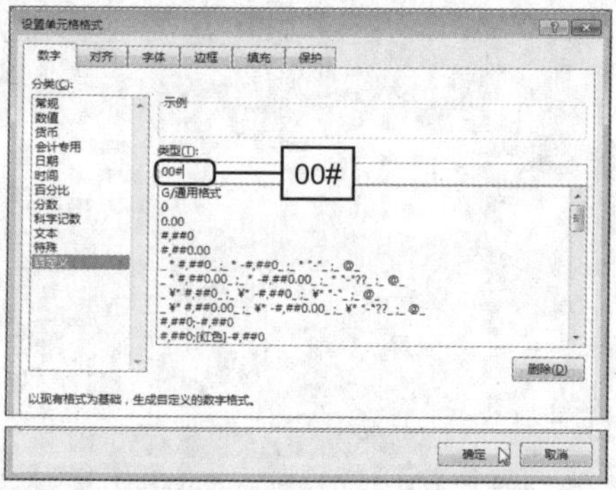

Step 03 选中E2单元格，在“数据”选项卡中单击“数据验证”按钮。

Step 04 打开“数据验证”对话框，在“设置”选项卡中单击“允许”下拉按钮，从列表中选择“序列”选项，在“来源”文本框中输入“办公部,财务部,销售部”，单击“确定”按钮。

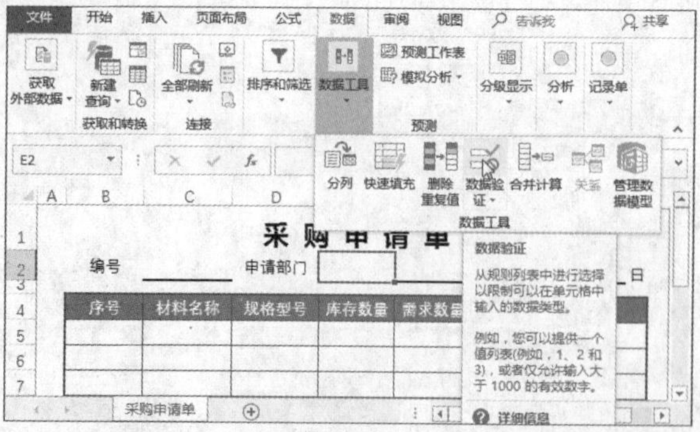

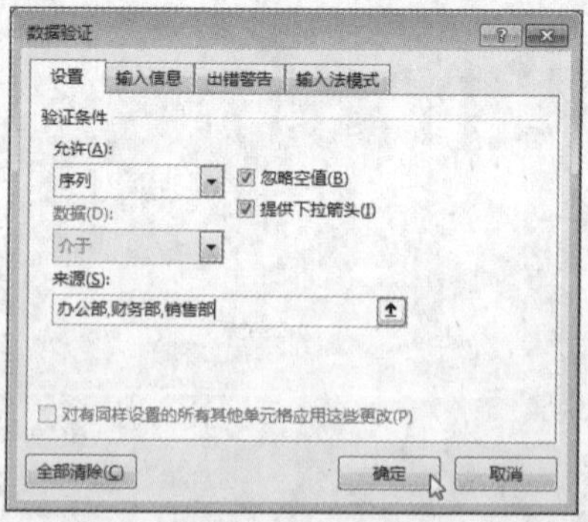

提示

在“数据验证”对话框中的“来源”文本框中输入的“办公部,财务部,销售部”文本，要用英文状态下的逗号分隔。

Step 05 在C2单元格中输入“001”，单击E2单元格右侧的下拉按钮，从列表中选择合适的选项，这里选择“办公部”。

Step 06 选中F2单元格，输入公式“=YEAR①(TODAY②())”，按Enter键确认，即可计算出当前日期的年份。

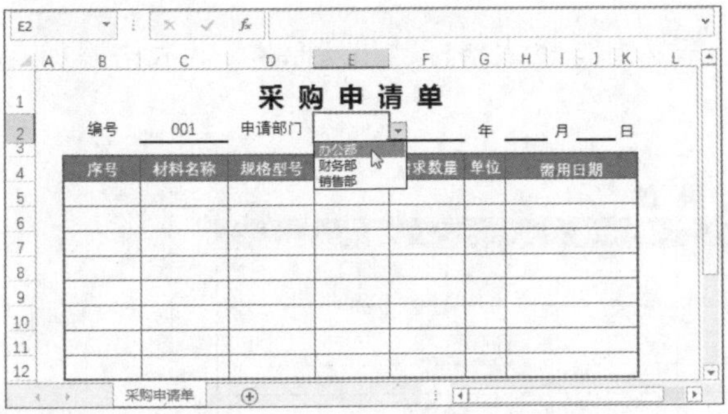

Step 07 选中H2单元格，输入公式“=MONTH③(TODAY())”，按Enter键确认，即可计算出当前日期的月份。

Step 08 选中J2单元格，输入公式“=DAY④(TODAY())”，按Enter键确认，即可计算出当前日期的日值。

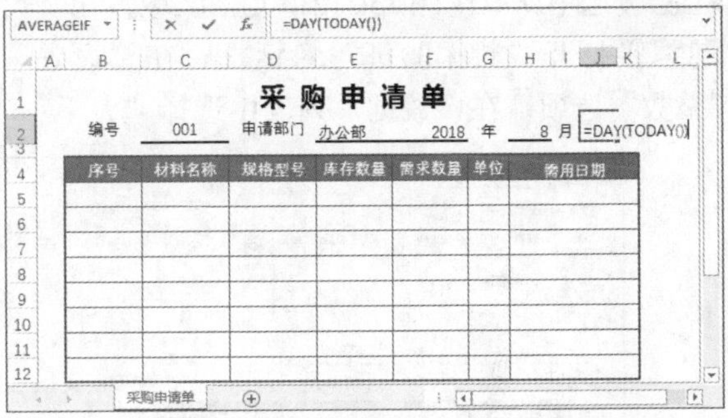

Step 09 一般情况下，申请部门可以根据自己的实际需要设置所需日期，在这里假设采购的材料要在12天后使用，所以在H5单元格中输入的公式为“=TODAY()+12”，按Enter键确认，将公式向下复制到H7单元格中，计算出所需日期。

Step 10 输入表格中的其他信息，完成采购申请单的填制。

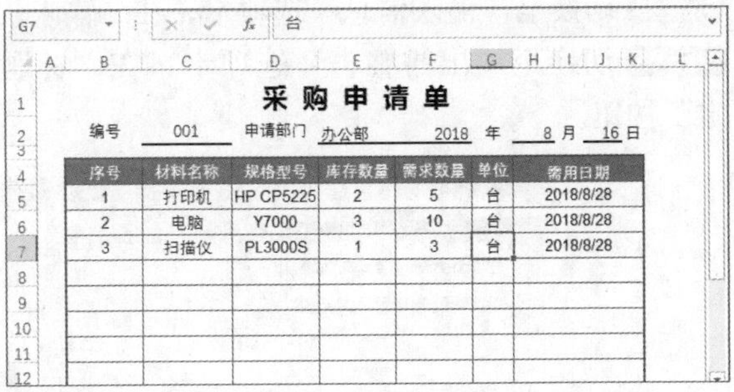

①关于YEAR函数的使用说明请查阅2.2.2小节，详见本书第15页。

②关于TODAY函数的使用说明请查阅2.2.1小节，详见本书第14页。

③关于MONTH函数的使用说明请查阅2.2.2小节，详见本书第15页。

④关于DAY函数的使用说明请查阅2.2.2小节，详见本书第15页。

5.1.2 采购记录单的创建

采购结束后，采购部门需要对采购的材料进行登记汇总，形成采购记录单。采购记录单包括材料名称、规格型号、采购数量、单位、单价、金额、订购日期、交货日期等。下面介绍如何创建采购记录单。

Step 01 新建一个工作表，并命名为“采购记录单”，输入相关的表格标题和列标题，为表格添加边框，进行格式设置。

Step 02 选中D3:D12和J3:J12单元格区域，在“数据”选项卡中单击“数据验证”按钮。

Step 03 打开“数据验证”对话框，在“设置”选项卡中单击“允许”下拉按钮，从列表中选择“整数”选项，在“数据”列表中选择“大于”，在“最小值”文本框中输入“0”。

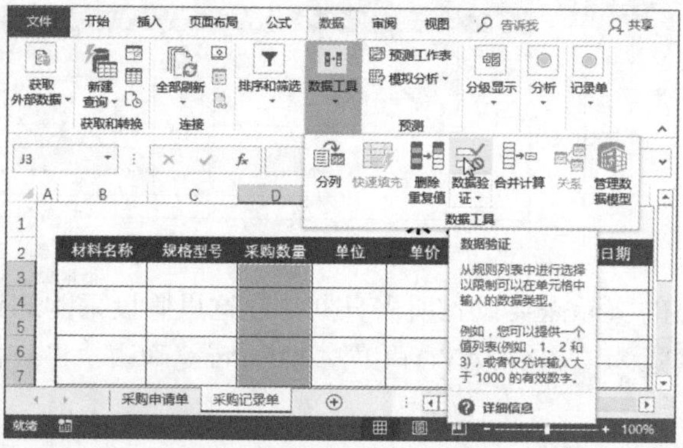

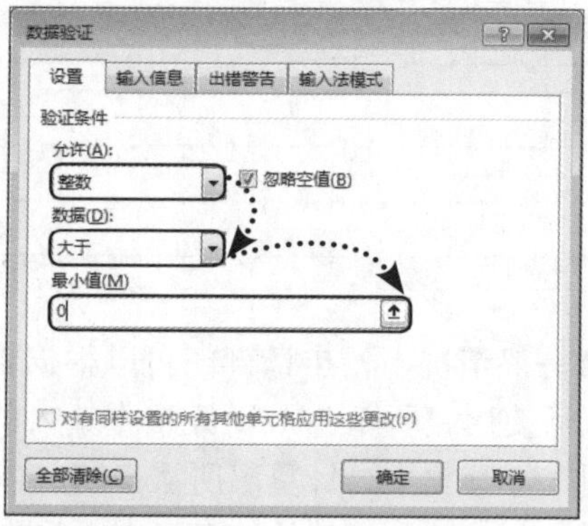

Step 04 切换至“输入信息”选项卡，在“输入信息”文本框中输入内容。

Step 05 切换至“出错警告”选项卡，在“标题”和“错误信息”文本框中输入内容，单击“确定”按钮。

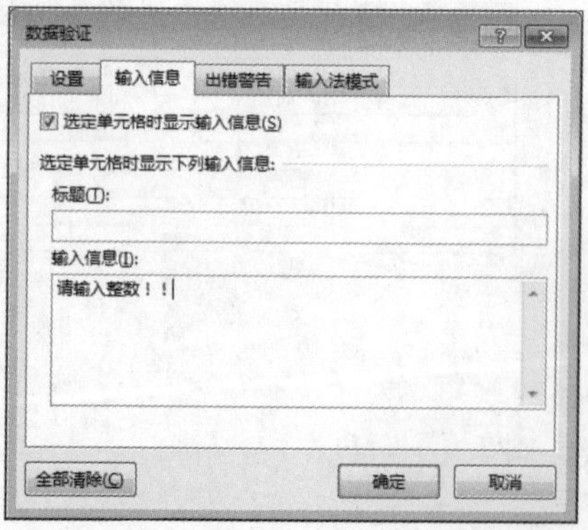

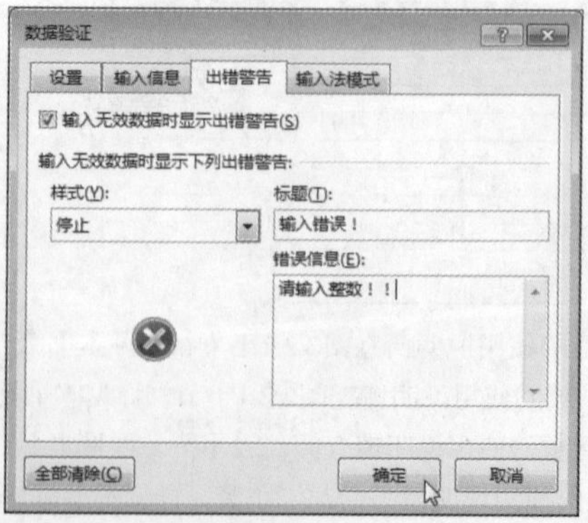

Step 06 返回工作表，可以看到选中设置了数据验证的单元格后，其下方会出现提示信息，提醒用户输入整数。

Step 07 选中G3单元格并输入公式“=IF(AND[⑤](B3<>"",D3<>"",F3<>""),F3*D3,"")”，按Enter键确认，即可返回计算结果。将公式向下填充即可。

提示

为了保证信息的完整性，此处在计算金额的时候增加了限制条件，只有“材料名称”“采购数量”“单价”都不为空时，才会计算金额。

Step 08 选中F3:G12单元格区域，在“开始”选项卡中单击“数字”选项组中的“数字格式”下拉按钮，从列表中选择“货币”选项。

Step 09 输入第一条采购记录后，选中数据区域中任意一个单元格，在“数据”选项卡中单击“记录单”按钮，使用“记录单”功能添加记录。

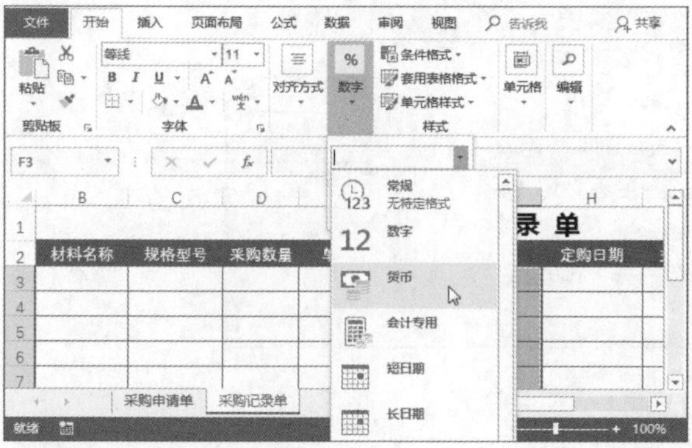

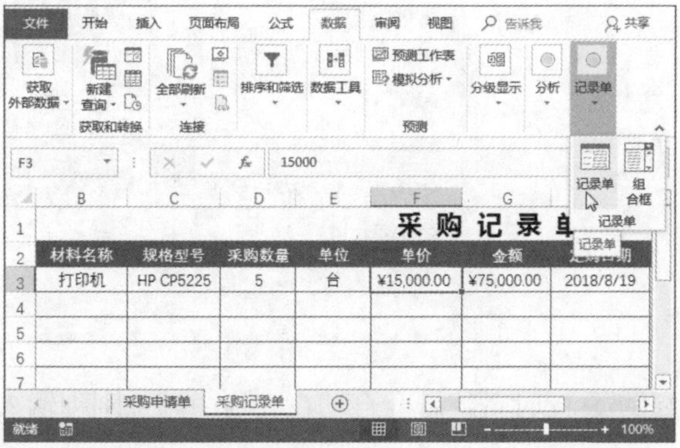

提示

用户还可以在“Excel选项”对话框中选择“自定义功能区”选项，在“从下列位置选择命令”下拉列表中选择“所有命令”选项，接着在下面的列表框中选择“记录单”选项，将其添加到“主选项卡”中即可。

⑤关于AND函数的使用说明请查阅2.1.3小节，详见本书第13页。

Step 10 如果功能区中没有“记录单”，可以在“Excel选项”对话框中，选择“快速访问工具栏”，将“记录单”添加到“自定义快速访问工具栏”列表框中即可。

Step 11 打开“采购记录单”对话框，记录单中显示了第一条记录，单击“新建”按钮。

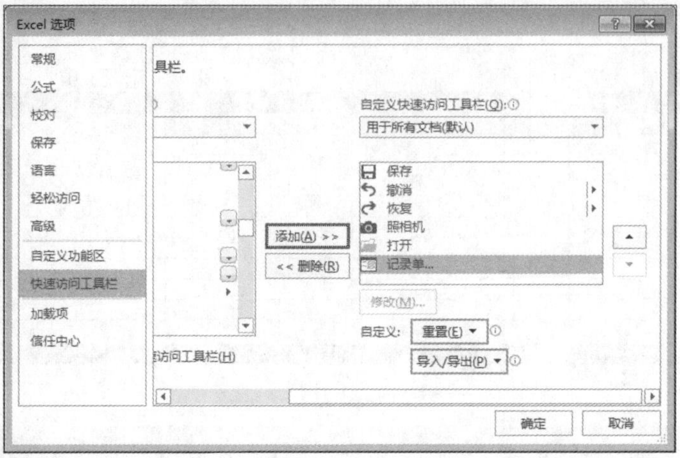

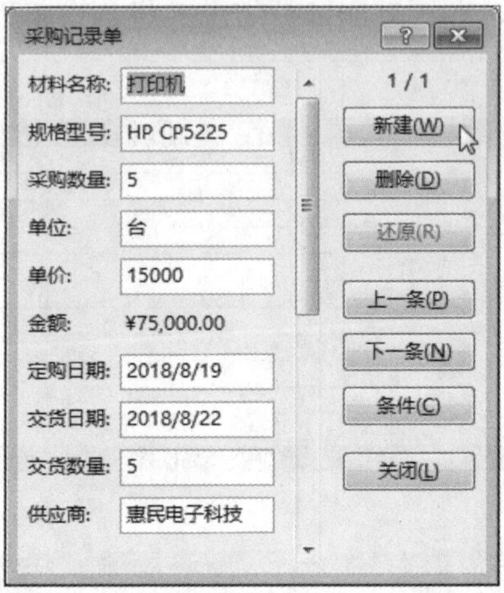

Step 12 弹出一个空白的“采购记录单”对话框，在相应的位置输入数据信息，输入完成后再次单击“新建”按钮。

Step 13 再次弹出空白“采购记录单”，输入相应的内容后单击“关闭”按钮。

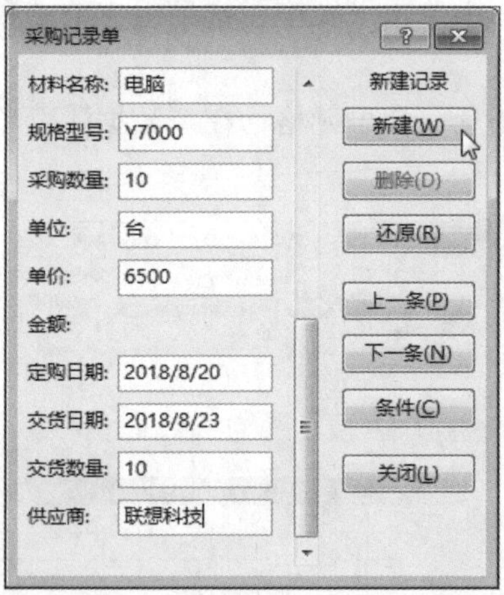

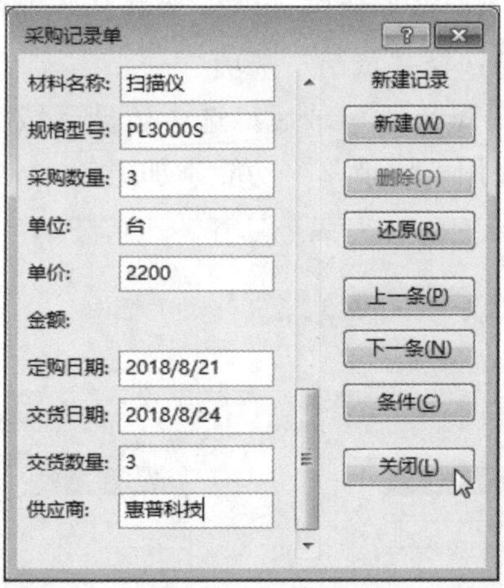

Step 14 此时系统就会自动在表格中添加刚刚输入的信息。

采购记录单

材料名称	规格型号	采购数量	单位	单价	金额	定购日期	交货日期	交货数量	供应商
打印机	HP CP5225	5	台	¥15,000.00	¥75,000.00	2018/8/19	2018/8/22	5	惠民电子科技
电脑	Y7000	10	台	¥6,500.00	¥65,000.00	2018/8/20	2018/8/23	10	联想科技
扫描仪	PL3000S	3	台	¥2,200.00	¥6,600.00	2018/8/21	2018/8/24	3	惠普科技

5.1.3 采购物资的账务处理

企业在采购的过程中，由于结算方式和采购地点不同、货款的支付时间不同、货品入库时间不同，造成账务处理不同。企业采购时，按照应支付的款项金额，借记“材料采购”“在途物资”等科目；按照发票上注明的增值税额，借记“应交税费—应交增值税（进项税额）”科目。如果已经结算了货款，贷记“银行存款”或“库存现金”科目；如果货款尚未支付，贷记“应付账款”科目。

当物资验收入库时，借记“原材料”“库存商品”等科目，贷记“材料采购”“在途物资”等科目。

❶货款已付，验收入库的账务处理

例如，某企业在2018年8月24日采购5台打印机，共计75000元，取得增值税率为16%的采购专用发票，货款已由银行存款（建设银行）支付，在2018年8月27日收到货品并验收入库。该笔业务的账务处理如下。

（1）支付货款时的账务处理

Step 01 打开“记账凭证”工作簿，切换至“通用记账凭证”工作表，输入“凭证号”为“0002”，“制单日期”为“2018/8/24”，“附单据数”为“2”（这里所附的单据为从供应商处取得的“采购专用发票”和银行结算凭证）。

Step 02 输入摘要为“采购打印机”，会计分录借方科目代码为“1401”和“22210101”，贷方科目代码为“100201”，“科目名称”列中会自动显示出与“科目代码”相对应的“科目名称”。

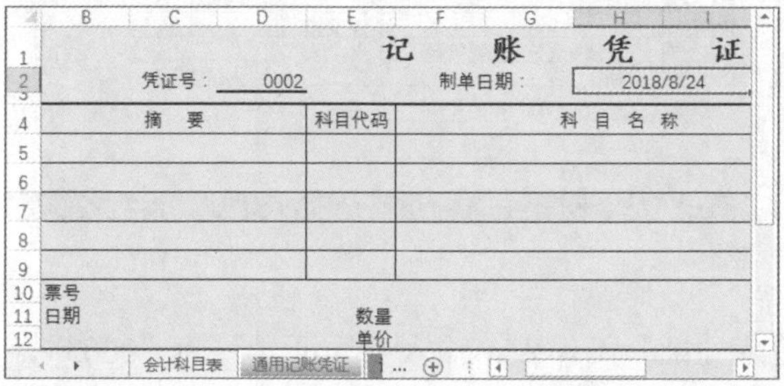

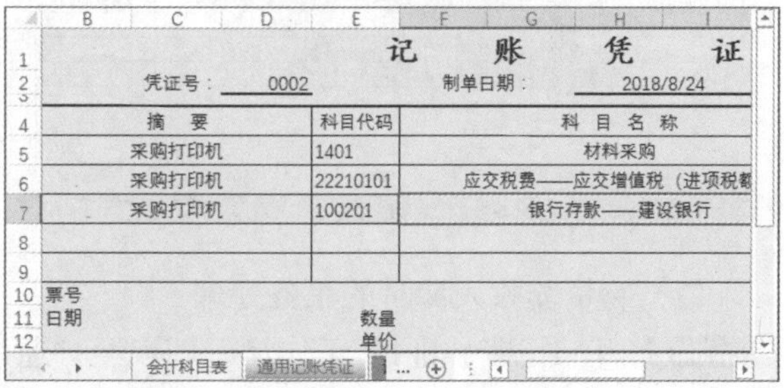

Step 03 输入借方“材料采购”的金额为“75000”，输入“应交税费—应交增值税（进项税额）”的公式为“=K5*16%”，贷方“银行存款—建设银行”的金额为“87000”，自动显示出借贷方金额的“合计”值。

Step 04 输入采购材料这笔业务的补充信息和备注。

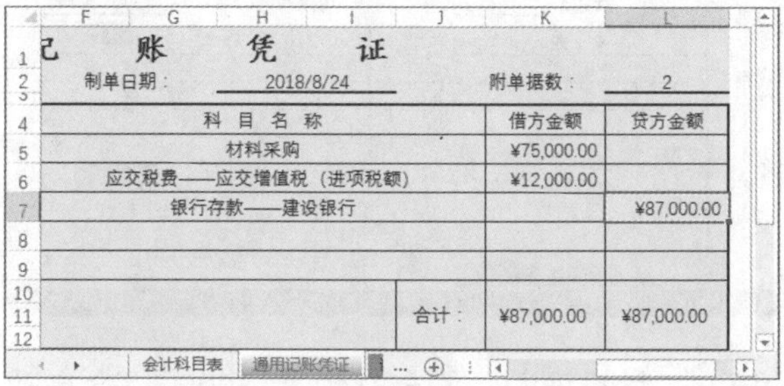

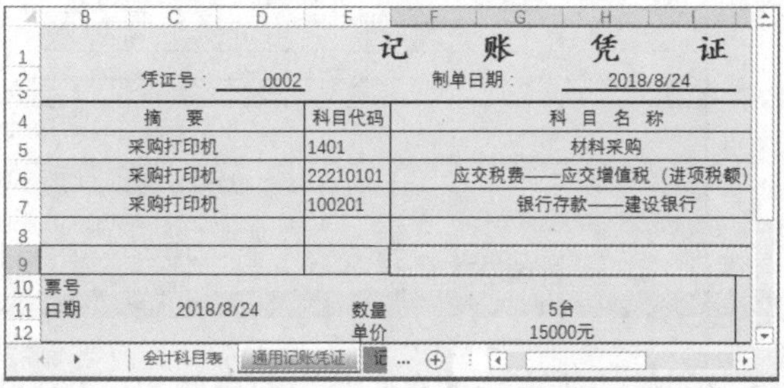

提示

2018年3月28日，国务院常务会议决定从2018年5月1日起，将制造业等行业增值税税率从17%降至16%。

Step 05 将审核无误的记账凭证登记到“记账凭证汇总表”，并在输入“日期”“凭证号”和“摘要”。

Step 06 选中E4单元格，将光标移至该单元格右下角，当光标变为十字形时，按住鼠标左键不放向下拖动至E7单元格，可以将E4单元格中的数据验证填充到E7单元格中。分别从下拉列表中选择相应的“科目代码”。

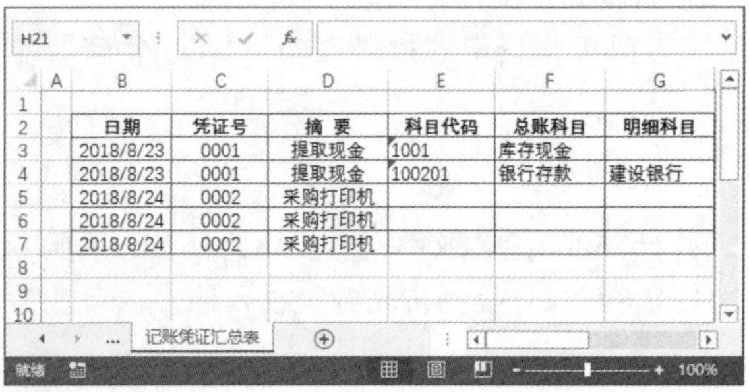

日期	凭证号	摘 要	科目代码	总账科目	明细科目
2018/8/23	0001	提取现金	1001	库存现金	
2018/8/23	0001	提取现金	100201	银行存款	建设银行
2018/8/24	0002	采购打印机			
2018/8/24	0002	采购打印机			
2018/8/24	0002	采购打印机			

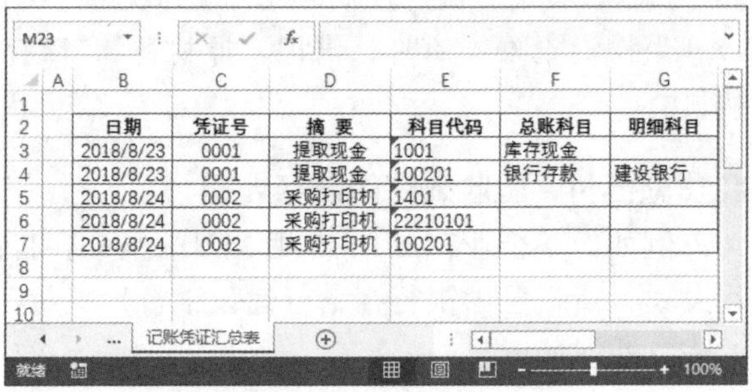

日期	凭证号	摘 要	科目代码	总账科目	明细科目
2018/8/23	0001	提取现金	1001	库存现金	
2018/8/23	0001	提取现金	100201	银行存款	建设银行
2018/8/24	0002	采购打印机	1401		
2018/8/24	0002	采购打印机	22210101		
2018/8/24	0002	采购打印机	100201		

Step 07 选中F3:G4单元格区域，将公式向下填充到G7单元格，返回相应的计算结果。

Step 08 输入借贷方金额，并设置金额的数字格式。至此，完成记账凭证汇总表的填制。

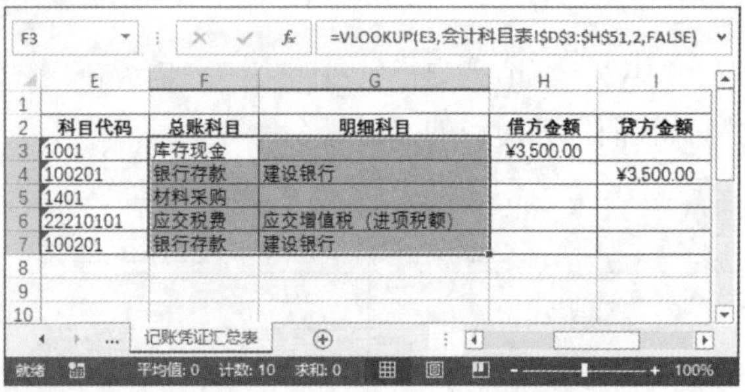

=VLOOKUP(E3,会计科目表!$D$3:$H$51,2,FALSE)

科目代码	总账科目	明细科目	借方金额	贷方金额
1001	库存现金		¥3,500.00	
100201	银行存款	建设银行		¥3,500.00
1401	材料采购			
22210101	应交税费	应交增值税（进项税额）		
100201	银行存款	建设银行		

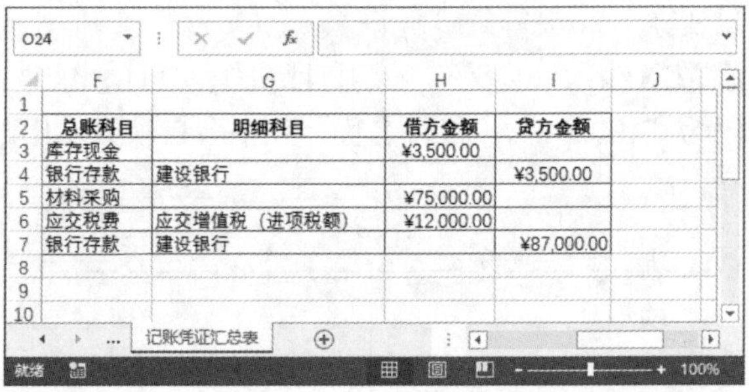

总账科目	明细科目	借方金额	贷方金额
库存现金		¥3,500.00	
银行存款	建设银行		¥3,500.00
材料采购		¥75,000.00	
应交税费	应交增值税（进项税额）	¥12,000.00	
银行存款	建设银行		¥87,000.00

（2）物资验收入库时的账务处理

Step 01 打开“记账凭证1”工作簿，切换至“通用记账凭证”工作表，输入“凭证号”为“0003”，“制单日期”为“2018/8/27”，“附单据数”为“1”（这里所附的单据为“入库单”）。

Step 02 输入摘要为“商品入库”，会计分录借方科目代码为“1406”，贷方科目代码为“1401”，“科目名称”列中会自动显示与“科目代码”相对应的“科目名称”。

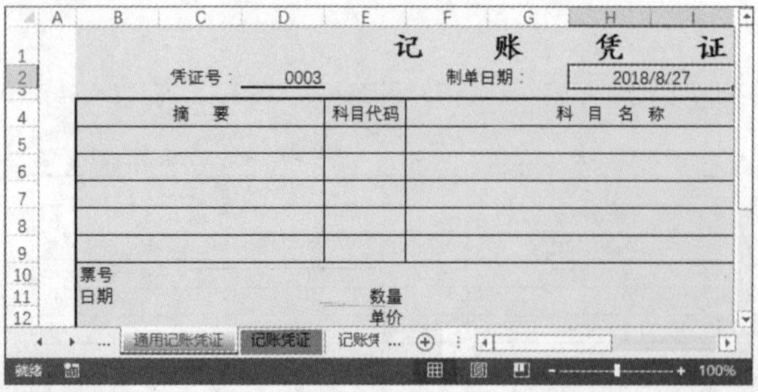

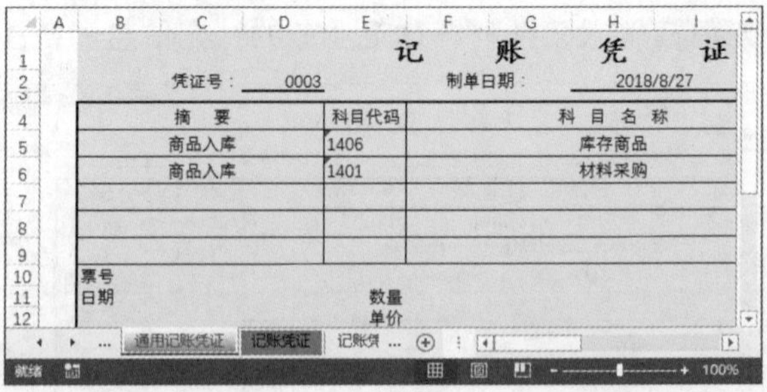

记 账 凭 证

凭证号： 0003　制单日期： 2018/8/27

摘 要	科目代码	科 目 名 称
商品入库	1406	库存商品
商品入库	1401	材料采购

Step 03 输入借方“库存商品”的金额为“75000”，贷方“材料采购”的金额为“75000”，会自动显示借贷方金额的“合计”值。

Step 04 输入采购材料这一笔业务的补充信息和备注。

Step 05 切换至"记账凭证汇总表"工作表中，将审核无误的记账凭证登记到"记账凭证汇总表"即可。

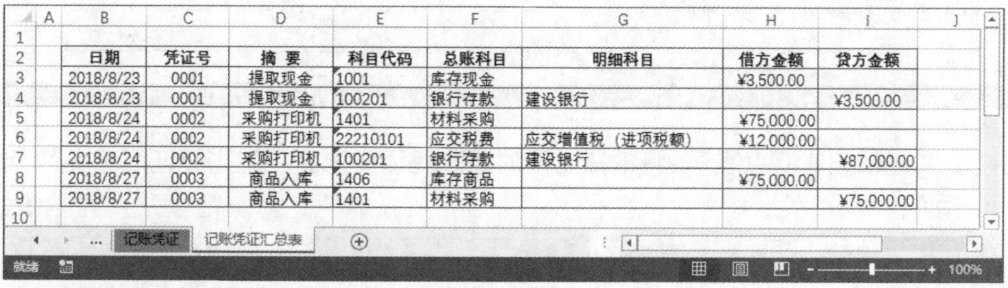

日期	凭证号	摘 要	科目代码	总账科目	明细科目	借方金额	贷方金额
2018/8/23	0001	提取现金	1001	库存现金		¥3,500.00	
2018/8/23	0001	提取现金	100201	银行存款	建设银行		¥3,500.00
2018/8/24	0002	采购打印机	1401	材料采购		¥75,000.00	
2018/8/24	0002	采购打印机	22210101	应交税费	应交增值税（进项税额）	¥12,000.00	
2018/8/24	0002	采购打印机	100201	银行存款	建设银行		¥87,000.00
2018/8/27	0003	商品入库	1406	库存商品		¥75,000.00	
2018/8/27	0003	商品入库	1401	材料采购			¥75,000.00

❷货款未付，验收入库的账务处理

例如，企业在2018年9月1日收到采购的扫描仪6台，共计13200元，已验收入库，货款尚未支付，该业务的账务处理如下。

（1）收到物资时的账务处理

Step 01 打开"记账凭证2"工作簿，切换至"通用记账凭证"工作表，输入该业务的记账凭证信息。

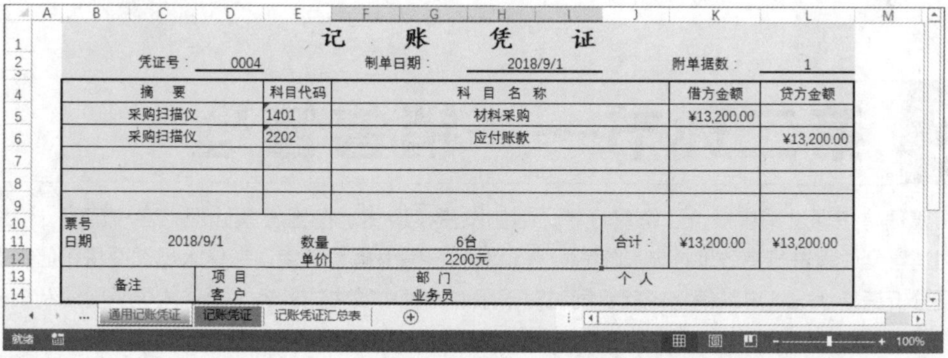

Step 02 切换至"记账凭证汇总表"工作表，将审核无误的记账凭证登记到"记账凭证汇总表"中。

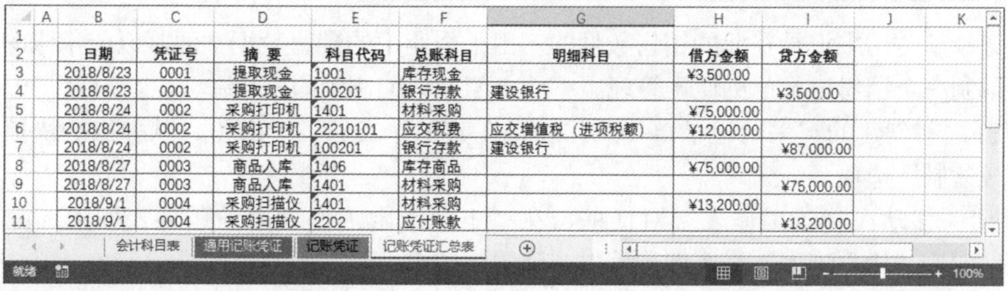

日期	凭证号	摘 要	科目代码	总账科目	明细科目	借方金额	贷方金额
2018/8/23	0001	提取现金	1001	库存现金		¥3,500.00	
2018/8/23	0001	提取现金	100201	银行存款	建设银行		¥3,500.00
2018/8/24	0002	采购打印机	1401	材料采购		¥75,000.00	
2018/8/24	0002	采购打印机	22210101	应交税费	应交增值税（进项税额）	¥12,000.00	
2018/8/24	0002	采购打印机	100201	银行存款	建设银行		¥87,000.00
2018/8/27	0003	商品入库	1406	库存商品		¥75,000.00	
2018/8/27	0003	商品入库	1401	材料采购			¥75,000.00
2018/9/1	0004	采购扫描仪	1401	材料采购		¥13,200.00	
2018/9/1	0004	采购扫描仪	2202	应付账款			¥13,200.00

（2）物资验收入库时的账务处理

Step 01 打开“记账凭证3”工作簿，切换至“通用记账凭证”工作表，在工作表中输入该笔业务的记账凭证。

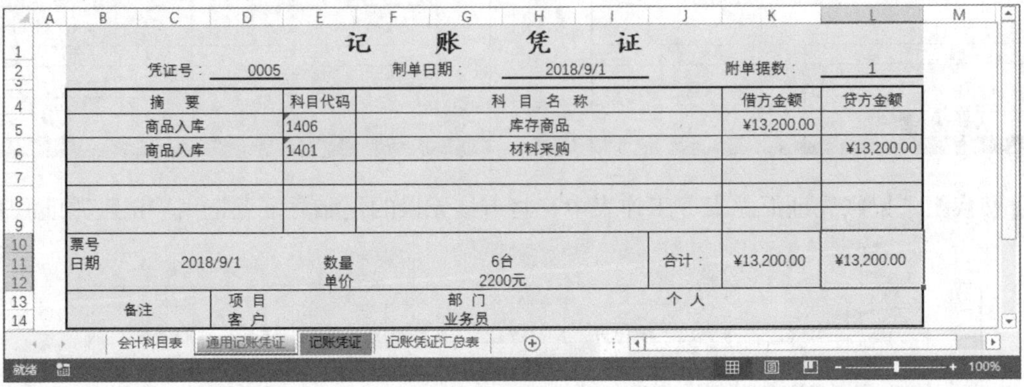

记 账 凭 证

凭证号：0005　　制单日期：2018/9/1　　附单据数：1

摘 要	科目代码	科 目 名 称	借方金额	贷方金额
商品入库	1406	库存商品	¥13,200.00	
商品入库	1401	材料采购		¥13,200.00
票号 日期 2018/9/1	数量 6台 单价 2200元		合计： ¥13,200.00	¥13,200.00
备注	项 目 客 户	部 门 业务员	个 人	

Step 02 切换至“记账凭证汇总表”，将审核无误的记账凭证登记到“记账凭证汇总表”工作表中。

日期	凭证号	摘 要	科目代码	总账科目	明细科目	借方金额	贷方金额
2018/8/23	0001	提取现金	1001	库存现金		¥3,500.00	
2018/8/23	0001	提取现金	100201	银行存款	建设银行		¥3,500.00
2018/8/24	0002	采购打印机	1401	材料采购		¥75,000.00	
2018/8/24	0002	采购打印机	22210101	应交税费	应交增值税（进项税额）	¥12,000.00	
2018/8/24	0002	采购打印机	100201	银行存款	建设银行		¥87,000.00
2018/8/27	0003	商品入库	1406	库存商品		¥75,000.00	
2018/8/27	0003	商品入库	1401	材料采购			¥75,000.00
2018/9/1	0004	采购扫描仪	1401	材料采购		¥13,200.00	
2018/9/1	0004	采购扫描仪	2202	应付账款			¥13,200.00
2018/9/1	0005	商品入库	1406	库存商品		¥13,200.00	
2018/9/1	0005	商品入库	1401	材料采购			¥13,200.00

5.2 第二环节——销售管理

销售管理是指通过销售报价、销售订单、销售发货、退货、销售发票处理、客户管理、价格管理等环节，对销售全过程进行有效地控制和跟踪。在企业的日常销售管理中，销售人员需要将销售数据记录下来，以便分析销售状况，总结销售经验。同时对于采购过程中发生的业务，财务人员需要编制相应的会计凭证，登记相关账簿。

5.2.1 销售记录单的编制

销售记录单是用来记录企业的销售数据的。由于企业中的销售数据主要是以流水账的形式记录的，所以编制一个销售记录单更便于管理。下面介绍如何编制销售记录单。

Step 01 打开之前创建的“采购记录单”工作表，在其工作表标签上右击，从弹出的快捷菜单中选择“移动或复制”选项。

Step 02 弹出“移动或复制工作表”对话框，在“下列选定工作表之前”列表框中选中“移至最后”选项，勾选“建立副本”复选框，单击“确定”按钮。

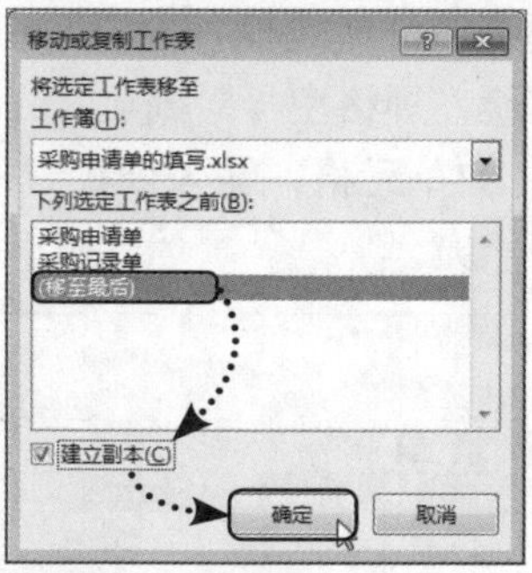

Step 03 此时会出现一个“采购记录单（2）”工作表，清除其单元格中的内容，在工作表适当的位置输入标题和相应的列标题，并将工作表重命名为“销售记录单”。

Step 04 选中K列，单击鼠标右键，从弹出的快捷菜单中选择“删除”选项，即可将多余的K列删除。

Step 05 选中B1单元格，在“开始”选项卡中单击“合并后居中”按钮，此时，合并的单元格已经被拆分成多个单元格。

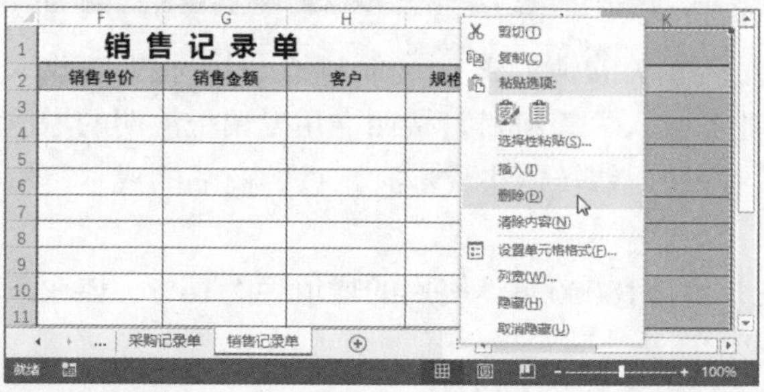

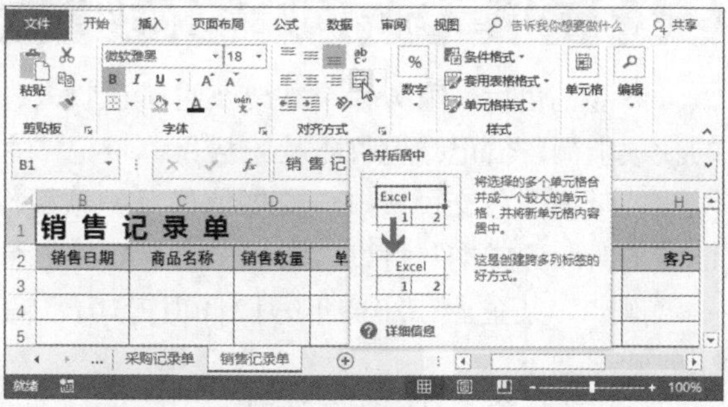

Step 06 选中要调整顺序的列，如I列，单击鼠标右键，从弹出的快捷菜单中选择“剪切”选项。

Step 07 选中D列，单击鼠标右键，从快捷菜单中选择“插入剪切的单元格”选项，即可将“规格型号”列移至“销售数量”列前。

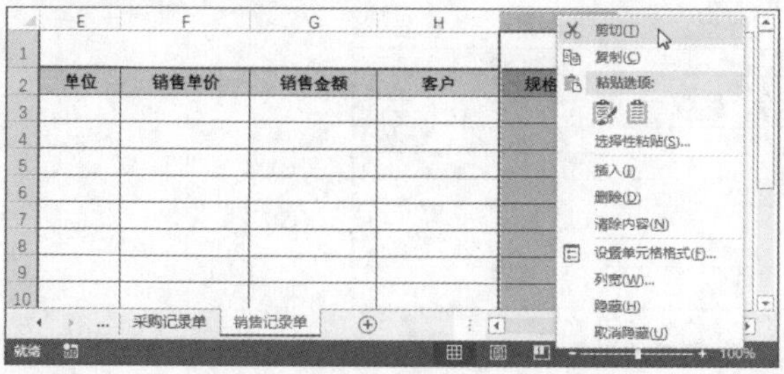

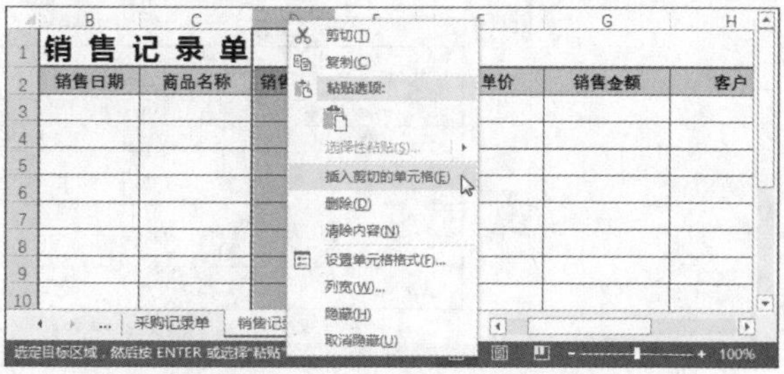

Step 08 选中F列，将光标移至F列的右侧，当光标变为十字形时，按住鼠标左键的同时按住Shift键，将其移至“规格型号”列后。

Step 09 选中H3单元格，输入公式“=IF(AND(C3="",F3="",G3=""),"",G3*F3)”，按Enter键确认，并将公式向下填充。

Step 10 根据实际销售情况填写销售记录单，重新将B1:J1单元格区域合并居中显示。

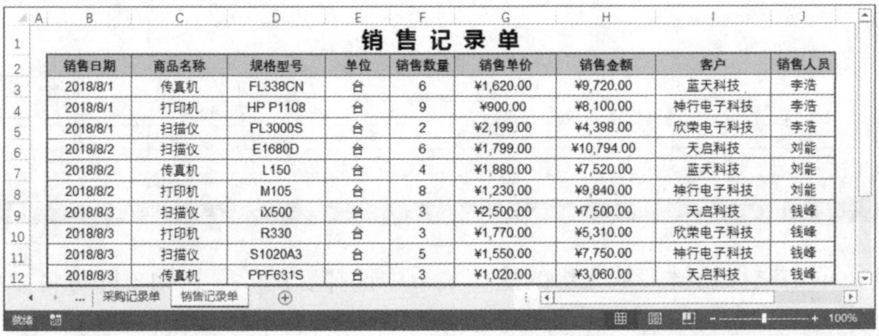

销售记录单

销售日期	商品名称	规格型号	单位	销售数量	销售单价	销售金额	客户	销售人员
2018/8/1	传真机	FL338CN	台	6	¥1,620.00	¥9,720.00	蓝天科技	李浩
2018/8/1	打印机	HP P1108	台	9	¥900.00	¥8,100.00	神行电子科技	李浩
2018/8/1	扫描仪	PL3000S	台	2	¥2,199.00	¥4,398.00	欣荣电子科技	李浩
2018/8/2	扫描仪	E1680D	台	6	¥1,799.00	¥10,794.00	天启科技	刘能
2018/8/2	传真机	L150	台	4	¥1,880.00	¥7,520.00	蓝天科技	刘能
2018/8/2	打印机	M105	台	8	¥1,230.00	¥9,840.00	神行电子科技	刘能
2018/8/3	扫描仪	iX500	台	3	¥2,500.00	¥7,500.00	天启科技	钱峰
2018/8/3	打印机	R330	台	3	¥1,770.00	¥5,310.00	欣荣电子科技	钱峰
2018/8/3	扫描仪	S1020A3	台	5	¥1,550.00	¥7,750.00	神行电子科技	钱峰
2018/8/3	传真机	PPF631S	台	3	¥1,020.00	¥3,060.00	天启科技	钱峰

5.2.2 销售商品的账务处理

商品销售后，财务人员需要及时确认收入，并结转相关的销售成本。确认收入时，按照应收取的款项金额，借记“应收账款”科目，贷记“主营业务收入”等科目，按照专用发票上注明的增值税额，贷记“应交税费—应交增值税（销项税额）”科目。结转销售成本时，按照商品的成本，借记“主营业务成本”科目，贷记“库存商品”科目。

例如，某企业在2018年9月2日销售10台传真机，价值18000元，使用的增值税为16%，该业务账务处理如下。

（1）确认收入时的账务处理

Step 01 打开“记账凭证4”工作簿，切换至“通用记账凭证”工作表，删除该工作表中除了“科目名称”和借贷方金额的“合计”值之外的数据，输入该业务的记账凭证信息。

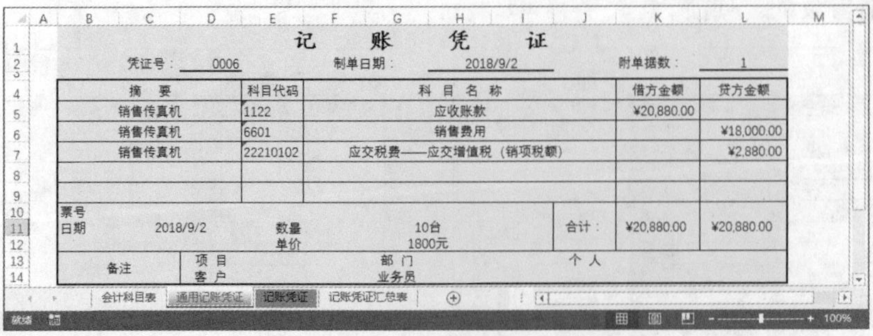

记 账 凭 证

凭证号：0006　制单日期：2018/9/2　附单据数：1

摘 要	科目代码	科 目 名 称	借方金额	贷方金额
销售传真机	1122	应收账款	¥20,880.00	
销售传真机	6601	销售费用		¥18,000.00
销售传真机	22210102	应交税费——应交增值税（销项税额）		¥2,880.00

票号　日期 2018/9/2　数量 10台　单价 1800元　合计：¥20,880.00　¥20,880.00

备注　项目　客户　部门　业务员　个人

Step 02 切换至“记账凭证汇总表”工作表，将审核无误的记账凭证登记到“记账凭证汇总表”中。

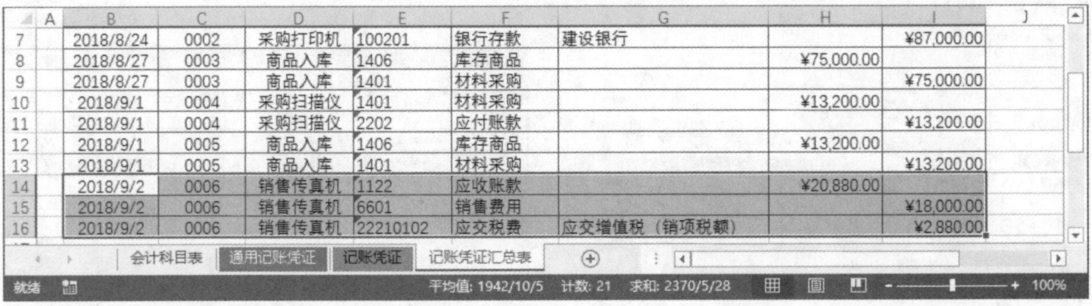

	A	B	C	D	E	F	G	H	I
7		2018/8/24	0002	采购打印机	100201	银行存款	建设银行		¥87,000.00
8		2018/8/27	0003	商品入库	1406	库存商品		¥75,000.00	
9		2018/8/27	0003	商品入库	1401	材料采购			¥75,000.00
10		2018/9/1	0004	采购扫描仪	1401	材料采购		¥13,200.00	
11		2018/9/1	0004	采购扫描仪	2202	应付账款			¥13,200.00
12		2018/9/1	0005	商品入库	1406	库存商品		¥13,200.00	
13		2018/9/1	0005	商品入库	1401	材料采购			¥13,200.00
14		2018/9/2	0006	销售传真机	1122	应收账款		¥20,880.00	
15		2018/9/2	0006	销售传真机	6601	销售费用			¥18,000.00
16		2018/9/2	0006	销售传真机	22210102	应交税费	应交增值税（销项税额）		¥2,880.00

（2）结转销售成本时的账务处理

Step 01 打开“记账凭证5”工作簿，切换至“通用记账凭证”工作表，删除该工作表中除了“科目名称”和借贷方金额的“合计”值之外的数据，输入该业务的记账凭证信息。

记 账 凭 证

凭证号：0007 制单日期：2018/9/2 附单据数：1

摘 要	科目代码	科 目 名 称	借方金额	贷方金额
结转销售成本	6401	主营业务成本	¥9,500.00	
结转销售成本	1406	库存商品		¥9,500.00
票号 日期 2018/9/2	数量 10台 单价 1800元	合计：	¥9,500.00	¥9,500.00
备注	项 目 客 户	部 门 业务员	个 人	

Step 02 切换至“记账凭证汇总表”工作表，将审核无误的记账凭证登记到“记账凭证汇总表”中。

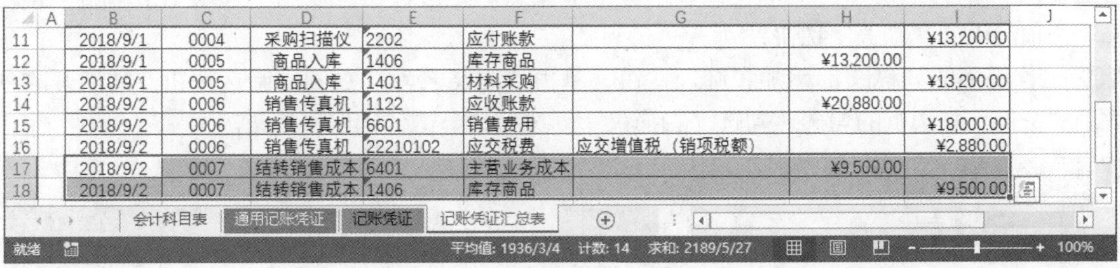

	A	B	C	D	E	F	G	H	I
11		2018/9/1	0004	采购扫描仪	2202	应付账款			¥13,200.00
12		2018/9/1	0005	商品入库	1406	库存商品		¥13,200.00	
13		2018/9/1	0005	商品入库	1401	材料采购			¥13,200.00
14		2018/9/2	0006	销售传真机	1122	应收账款		¥20,880.00	
15		2018/9/2	0006	销售传真机	6601	销售费用			¥18,000.00
16		2018/9/2	0006	销售传真机	22210102	应交税费	应交增值税（销项税额）		¥2,880.00
17		2018/9/2	0007	结转销售成本	6401	主营业务成本		¥9,500.00	
18		2018/9/2	0007	结转销售成本	1406	库存商品			¥9,500.00

5.2.3 分析销售数据

企业通过对销售数据的分析来评判销售状况和销售前景。用户可以通过排序、筛选和分类汇总的方法来分析数据。

（1）对销售数据进行排序

Step 01 打开“销售记录单”工作表，选中表格中任意单元格，在“数据”选项卡中单击“排序和筛选”选项组中的“排序”按钮。

Step 02 打开“排序”对话框，从中设置“主要关键字”为“销售数量”，“次序”为“降序”，单击“添加条件”按钮，添加并设置“次要关键字”为“销售金额”，“次序”为“降序”，设置完成后单击“确定”按钮。

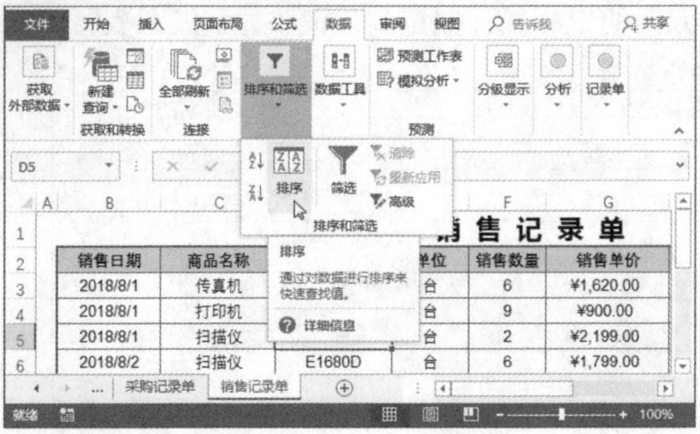

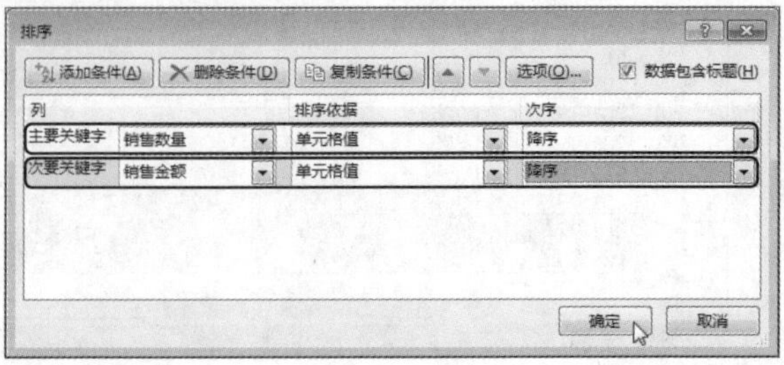

Step 03 返回工作表，可以看到表格中的数据按照销售数量降序排列，销售数量相同的，按照销售金额降序排列。

销售日期	商品名称	规格型号	单位	销售数量	销售单价	销售金额	客户	销售人员
2018/8/1	打印机	HP P1108	台	9	¥900.00	¥8,100.00	神行电子科技	李浩
2018/8/2	打印机	M105	台	8	¥1,230.00	¥9,840.00	神行电子科技	刘能
2018/8/2	扫描仪	E1680D	台	6	¥1,799.00	¥10,794.00	天启科技	刘能
2018/8/1	传真机	FL338CN	台	6	¥1,620.00	¥9,720.00	蓝天科技	李浩
2018/8/3	扫描仪	S1020A3	台	5	¥1,550.00	¥7,750.00	神行电子科技	钱峰
2018/8/2	传真机	L150	台	4	¥1,880.00	¥7,520.00	蓝天科技	刘能
2018/8/3	扫描仪	iX500	台	3	¥2,500.00	¥7,500.00	天启科技	钱峰
2018/8/3	打印机	R330	台	3	¥1,770.00	¥5,310.00	欣荣电子科技	钱峰
2018/8/3	传真机	PPF631S	台	3	¥1,020.00	¥3,060.00	天启科技	钱峰
2018/8/1	扫描仪	PL3000S	台	2	¥2,199.00	¥4,398.00	欣荣电子科技	李浩

（2）按需筛选销售数据

Step 01 打开“销售记录单”工作表，选中表格中任意单元格，在“数据”选项卡中单击“排序和筛选”选项组中的“筛选”按钮。

Step 02 工作表中的列标题都添加了筛选按钮，单击“商品名称”右侧的筛选按钮，从展开的列表中取消“全选”复选框的勾选，勾选“扫描仪”复选框，单击“确定”按钮。

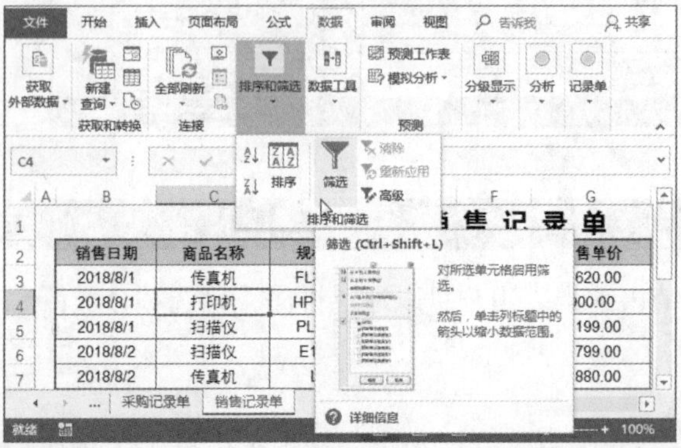

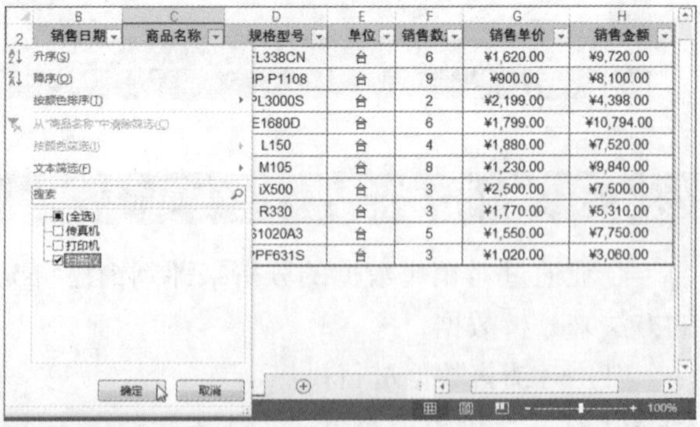

Step 03 销售商品是扫描仪的记录已经筛选出来，单击“销售金额”筛选按钮，从列表中选择“数字筛选”选项，在其级联菜单中选择“大于”选项。

Step 04 打开“自定义自动筛选方式”对话框，设置“销售金额”大于“7500”，单击“确定”按钮。

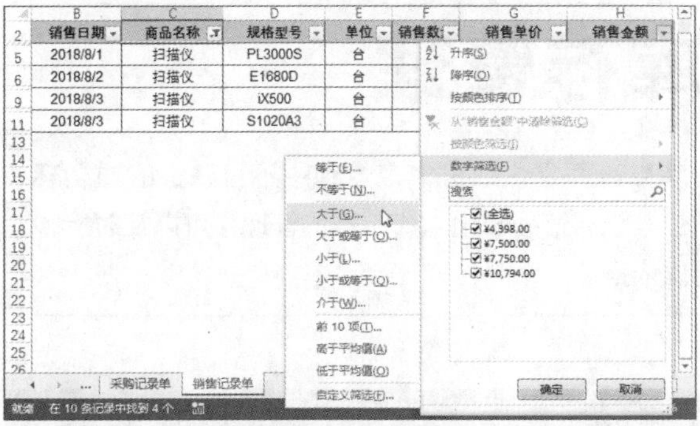

Step 05 工作表中所有关于扫描仪的，并且销售金额大于“7500”的销售记录被筛选出来。

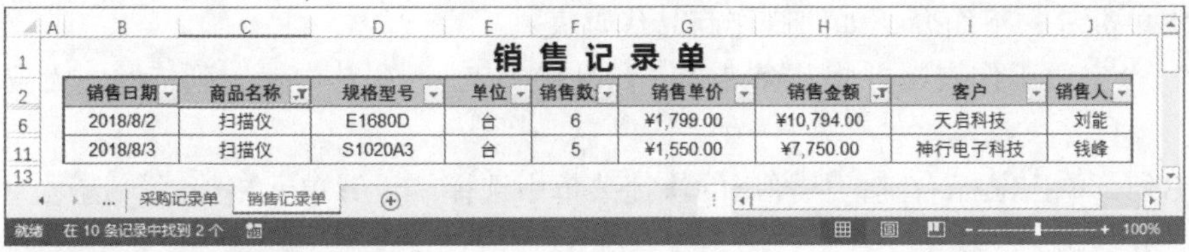

（3）对销售数据分类汇总分析

Step 01 打开“销售记录单”工作表，选中表格中任意单元格，在“数据”选项卡中单击“排序”按钮，打开“排序”对话框，设置“主要关键字”为“商品名称”，“次序”为“升序”，单击“确定”按钮。

Step 02 将“商品名称”按照升序的次序排列后，单击“分级显示”选项组中的“分类汇总”按钮。

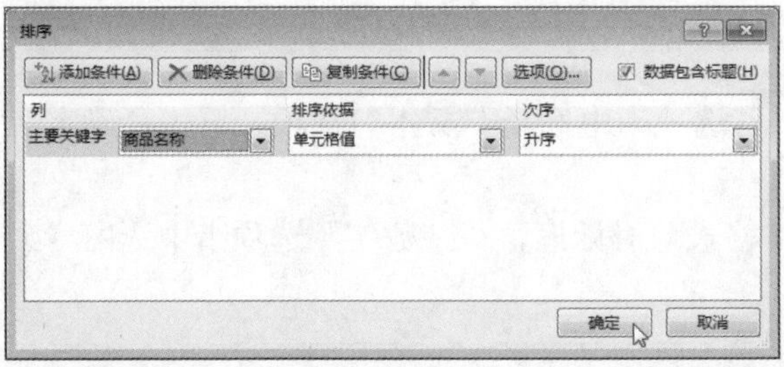

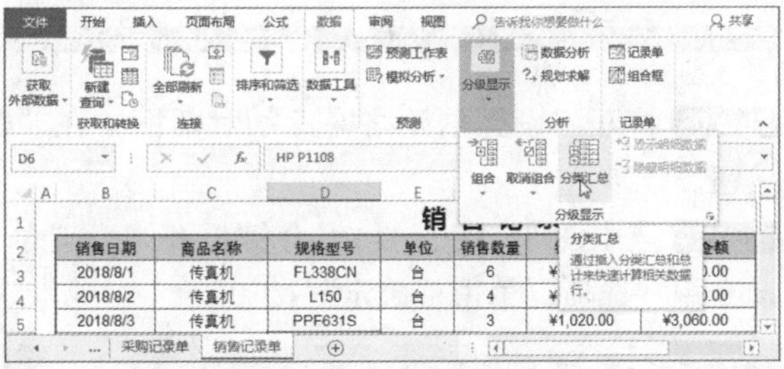

Step 03 打开“分类汇总”对话框，设置“分类字段”为“商品名称”，“汇总方式”为“求和”，并在“选定汇总项”列表框中勾选“销售数量”和“销售金额”复选框，单击“确定”按钮。

Step 04 返回工作表，可以看到已经按照商品名称对销售数量和销售金额进行了分类汇总。

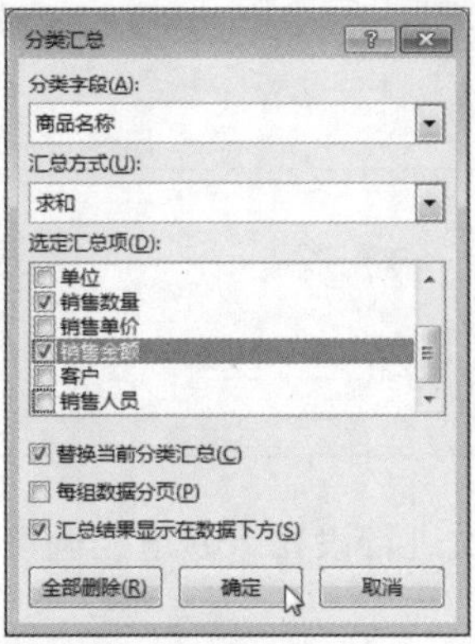

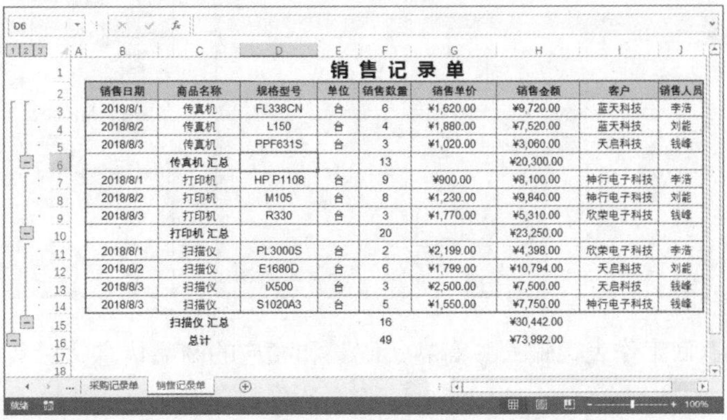

5.3 第三环节——库存管理

库存管理是指在物流过程中对商品数量的管理。库存管理是企业进销存管理中不可缺少的重要环节，与采购管理和销售管理紧密相连。通过对仓库、货位等账务管理及出入库单据的管理，可以及时反映各种物资的仓储、流向情况，为生产管理和成本核算提供依据。

5.3.1 商品代码表的制作

商品代码表在库存管理中占有非常重要的地位，它主要包括商品代码、商品名称、规格型号、供应商、成本单价等。下面介绍如何制作商品代码表。

Step 01 新建一个空白工作表，并将其命名为“商品代码表”，在其中输入列标题，设置列标题的字体格式。

Step 02 选中B列，单击鼠标右键，从弹出的快捷菜单中选择“设置单元格格式”选项。

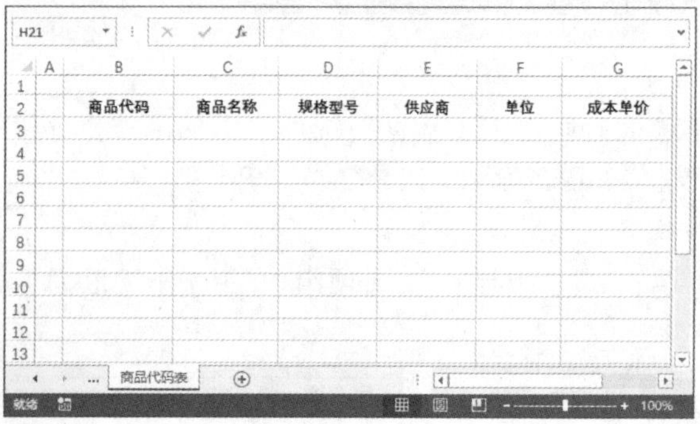

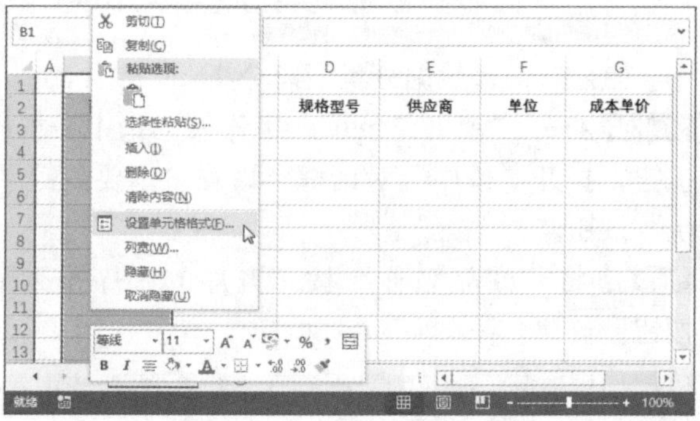

Step 03 打开“设置单元格格式”对话框，在“数字”选项卡中选择“文本”选项，单击“确定”按钮。

Step 04 选中G列，按Ctrl+1组合键打开“设置单元格格式”对话框，在“数字”选项卡中选中“会计专用”选项，单击“确定”按钮。

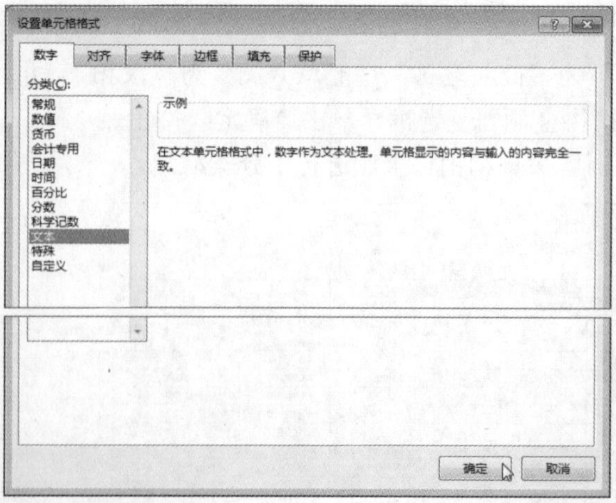

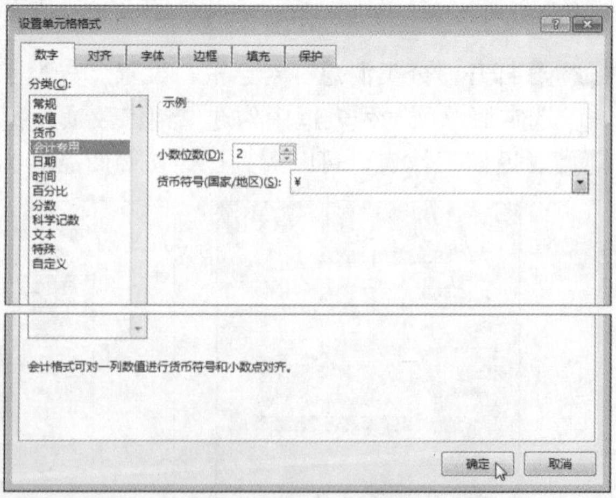

Step 05 返回工作表，输入“商品代码”和相应的商品信息，对其格式进行设置，并适当调整列宽。

Step 06 选中A3:H13单元格区域，在“开始”选项卡中单击“条件格式”按钮，从展开的列表中选择“新建规则”选项。

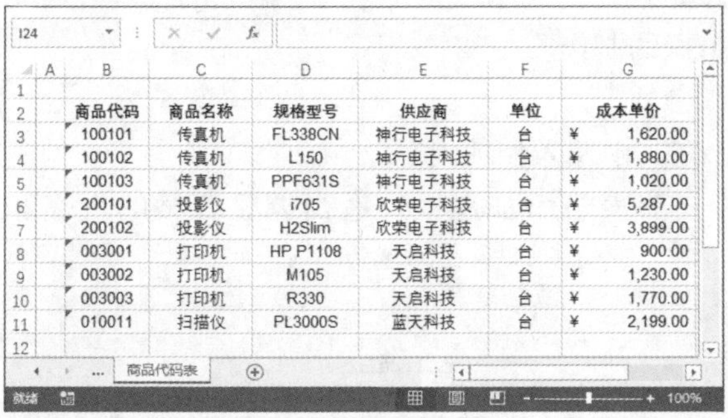

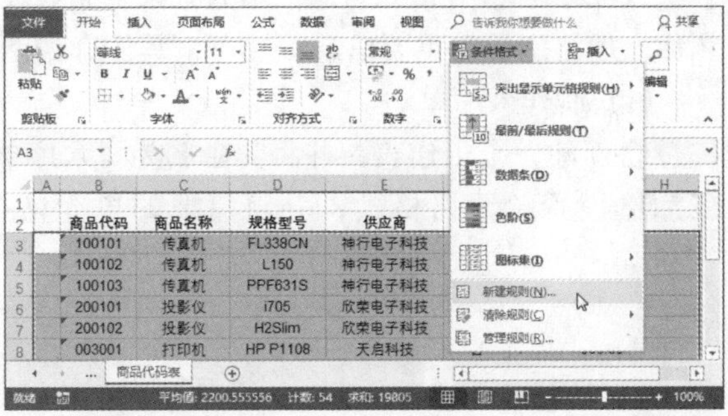

Step 07 打开“新建格式规则”对话框，在“选择规则类型”列表框中选择“使用公式确定要设置格式的单元格”选项，并在“为符合此公式的值设置格式”文本框中输入公式“=$C4<>$C3”，单击“格式”按钮。

Step 08 打开“设置单元格格式”对话框，在“边框”选项卡中设置线条的样式和颜色，单击“下框线”按钮，单击“确定”按钮。

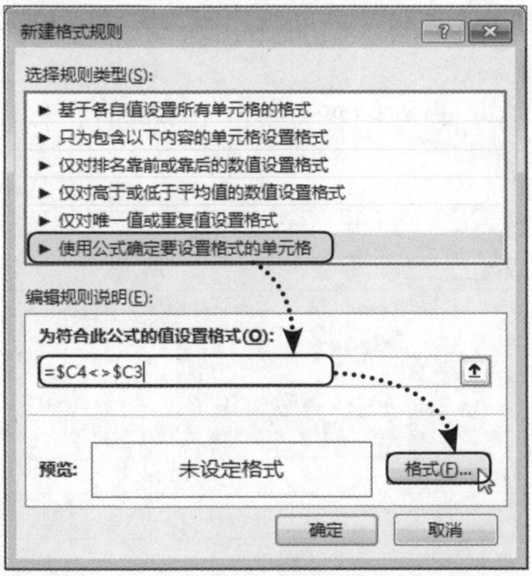

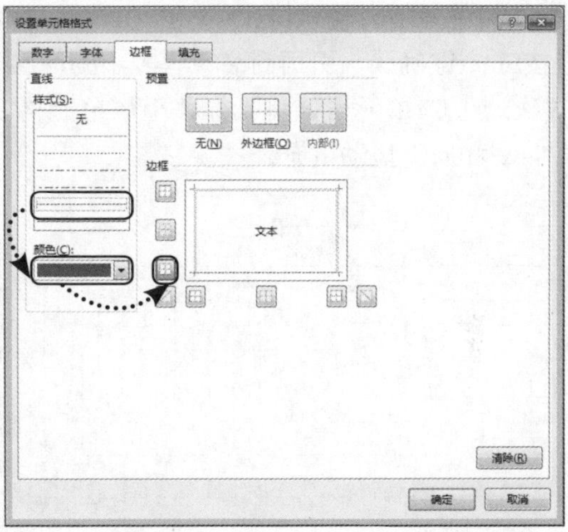

Step 09 返回“新建格式规则”对话框，可以在“预览”文本框中看到设置线条的效果，单击“确定”按钮返回工作表，此时在不同的商品名称下方会出现一条底部框线，以便将不同的商品区分开来。

Step 10 为了使不同商品之间的分隔线看起来更加清晰，可以在“视图”选项卡中取消对“网格线”复选框的勾选，至此，完成商品代码表的制作。

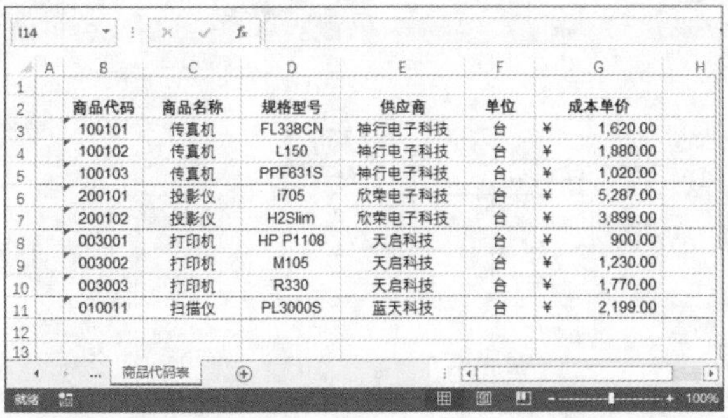

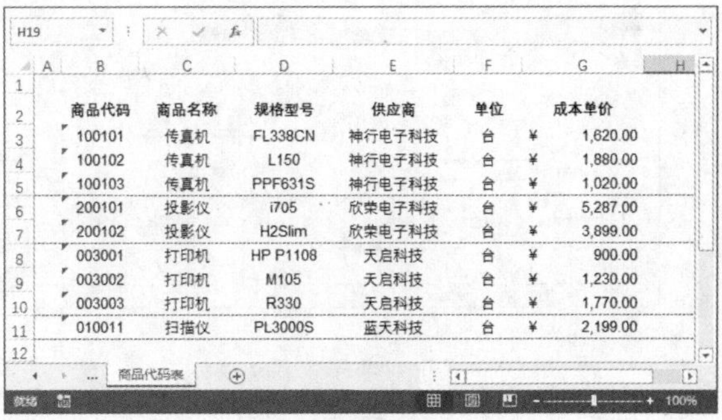

5.3.2 出入库单据的制作

入库单据和出库单据是常用的记录存货收发的原始凭证。入库单主要记录了商品的代码、商品名称、规格型号等重要信息，接下来具体介绍两种单据的制作。

（1）制作入库单

Step 01 新建一个工作表，并将其命名为“入库单”，在其中输入相关内容。

Step 02 设置单元格格式，并将需要的单元格合并，为表格添加边框，适当调整表格的行高和列宽。

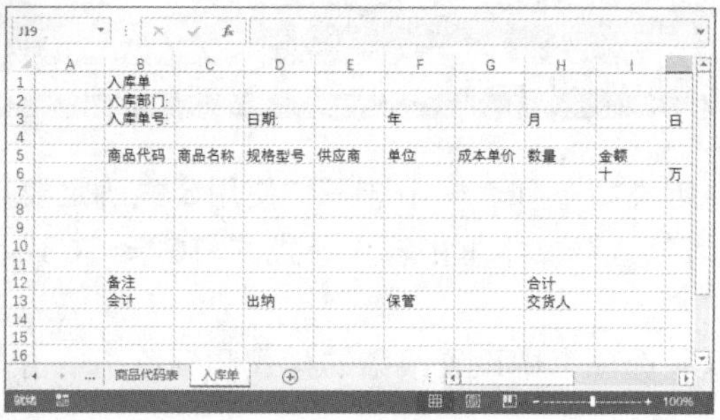

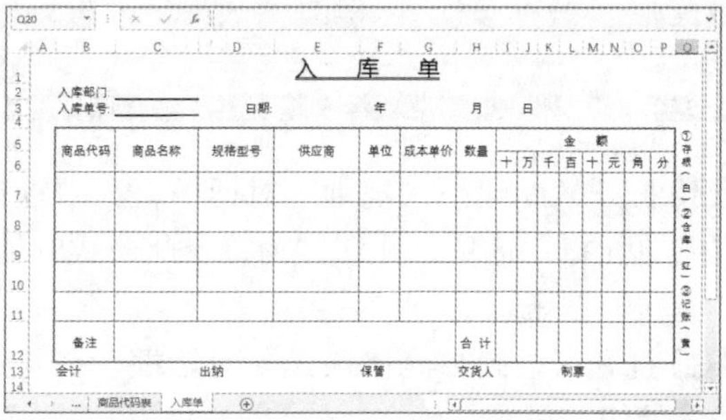

Step 03 选中C7单元格，输入公式“=IF($B7="","",VLOOKUP($B7,商品代码表!$B:$G,COLUMN⑥()-1,0))”，按Enter键确认，引用商品代码表中的商品名称。

Step 04 再次选中C7单元格，将光标移至该单元格右下角，当光标变为黑色十字形时，按住鼠标左键不放，向右和向下拖动填充公式。

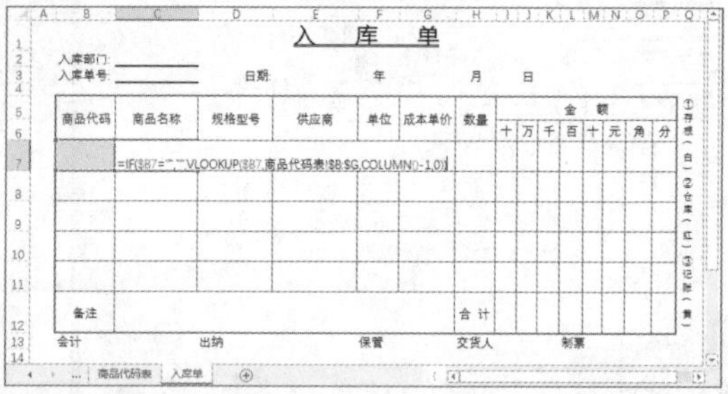

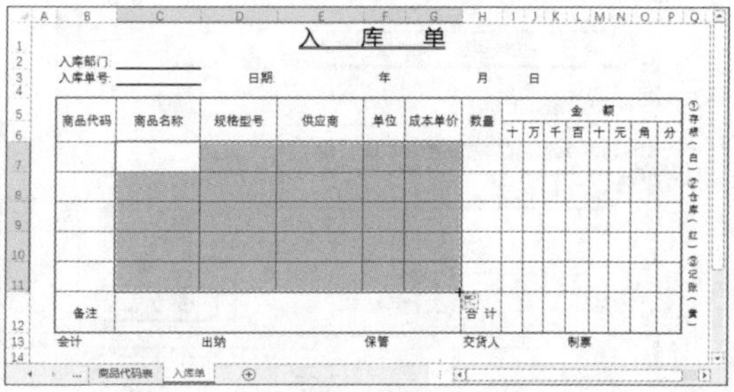

Step 05 选中B7:B11单元格区域，在“开始”选项卡中单击“数字格式”下拉按钮，从列表中选择“文本”选项。

Step 06 选中G7:G11单元格区域，在“开始”选项卡中单击“数字格式”下拉按钮，从列表中选择“货币”选项。

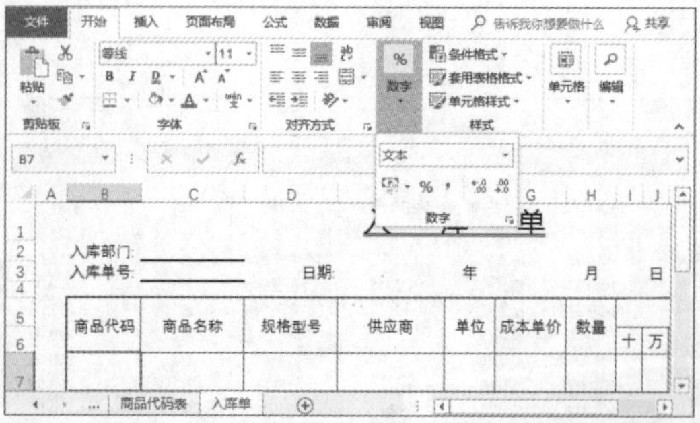

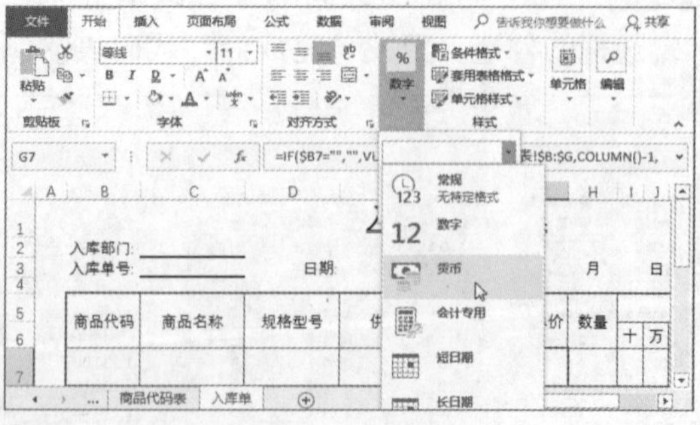

⑥关于COLUMN函数的使用说明请查阅2.4.1小节，详见本书第23页。

Step 07 在B7单元格中输入“100101”，此时表格中会自动出现其对应的商品名称、规格型号、供应商和成本单价等信息。手动输入其他信息即可。

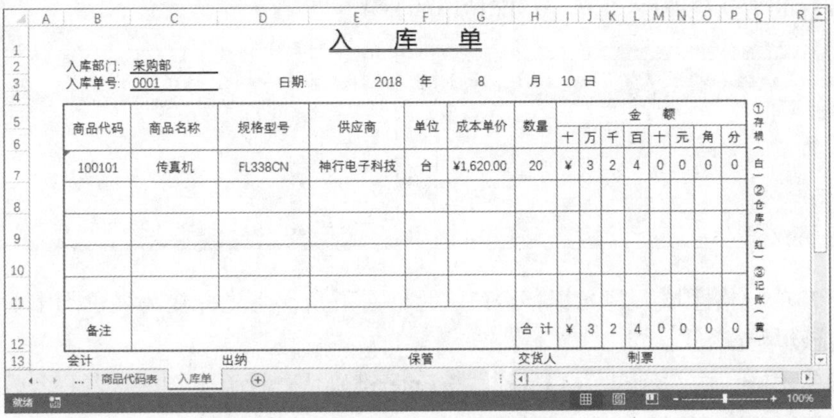

（2）制作出库单

制作出库单时只需将“入库单”工作表进行复制，并将其重命名为“出库单”，将工作表中的“入库”更改为“出库”，将“供应商”改为“客户”。删除“客户”列中的公式，根据实际情况更改表格中的内容即可。

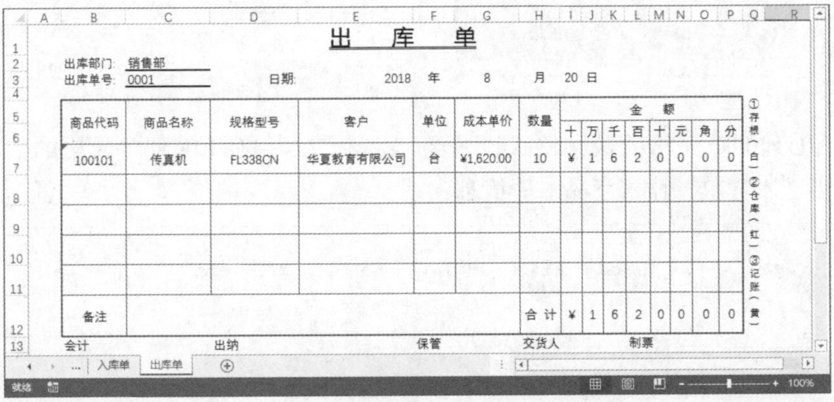

5.3.3 出入库统计表的编制

为了统计商品的入库和出库情况，用户需要编制出入库统计表，将所有商品的入库和出库情况进行登记。下面具体讲解出入库统计表的编制。

（1）编制入库统计表

Step 01 新建一个工作表，并将其命名为“入库统计表”，在其中输入列标题，设置其格式。

Step 02 选中E3单元格，输入公式“=IF($D3="","",VLOOKUP($D3,商品代码表!$B$3:$G$11,2,0))”，按Enter键确认，引用商品代码表中的数据。

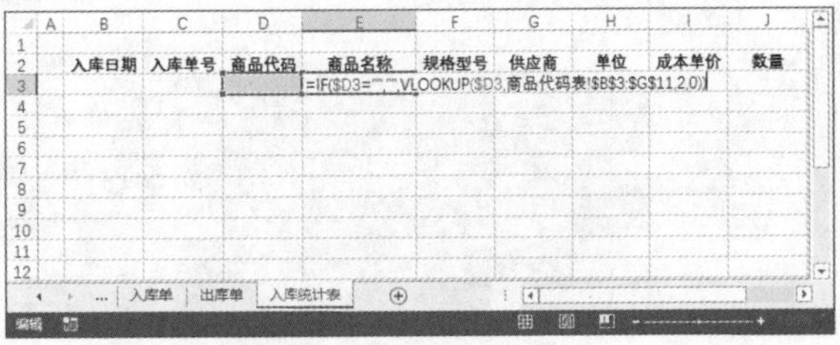

Step 03 再次选中E3单元格，将公式向右填充至I3单元格。

Step 04 选中F3单元格，将公式修改为“=IF($D3="","",VLOOKUP($D3,商品代码表!$B$3:$G$11,3,0))”。按照同样的方法修改G3:I3单元格区域中的公式。

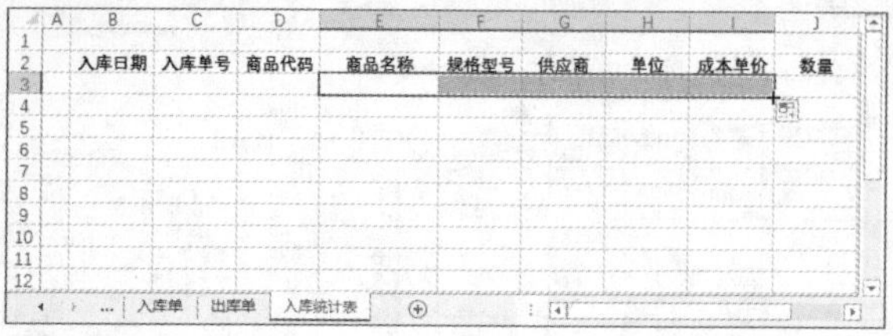

Step 05 选中E3:I3单元格区域，将光标移至I3单元格右下角，当光标变为黑色十字形时，按住鼠标左键不放向下拖动填充公式。

Step 06 选中K3单元格，输入公式“=I3*J3”，按Enter键确认，计算金额。接着将公式向下填充。

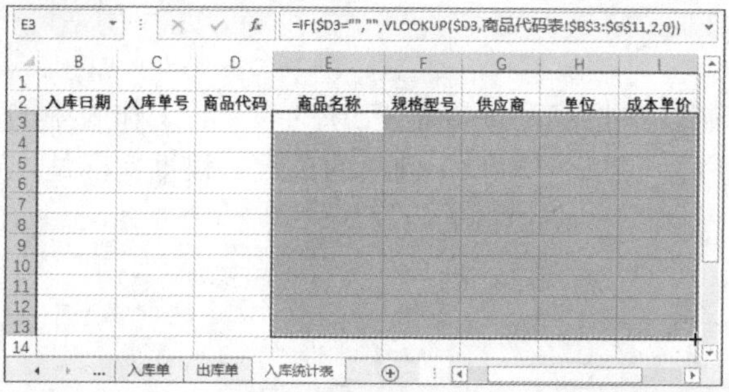

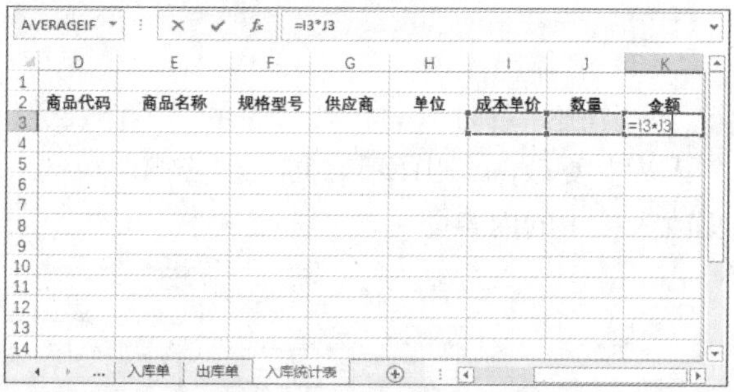

Step 07 将C列和D列的单元格的数字格式设置为“文本”，将I列和K列单元格的数字格式设置为“货币”，再根据“入库单”输入商品入库信息。

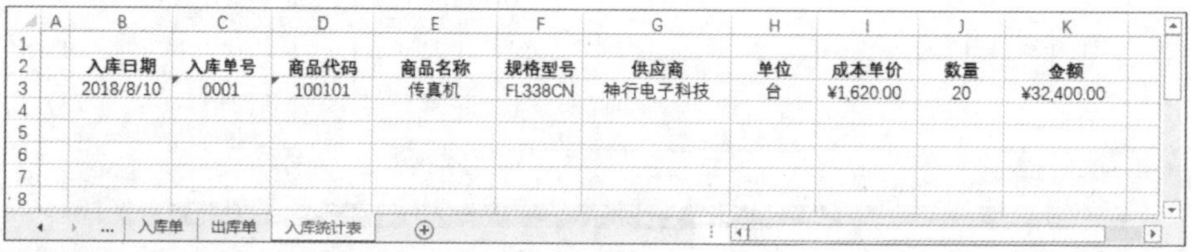

Step 08 同时选中B～K列，在“开始”选项卡中单击“条件格式”按钮，从展开的列表中选择“新建规则”选项。

Step 09 打开“新建格式规则”对话框，在“选择规则类型”列表框中选择“使用公式确定要设置格式的单元格”选项，在“为符合此公式的值设置格式”文本框中输入公式“=$B1<>""”，单击“格式”按钮。

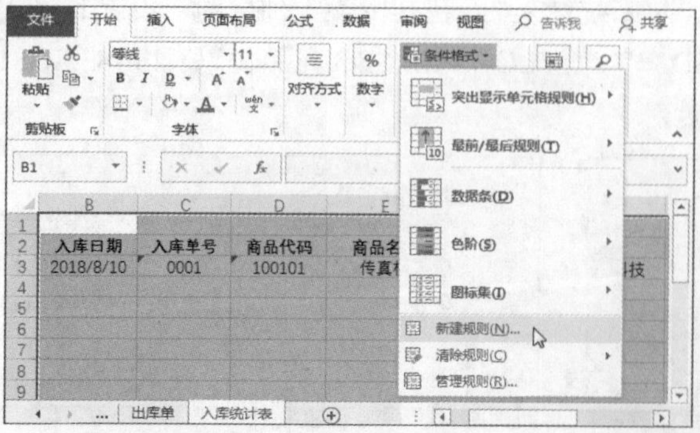

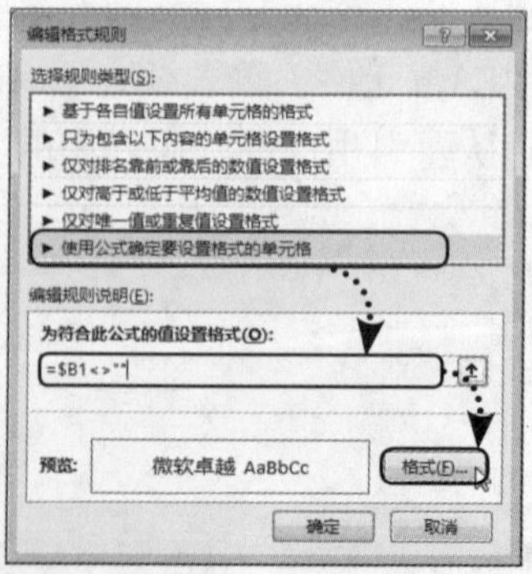

Step 10 打开“设置单元格格式”对话框，在“边框”选项卡中设置线条的样式和颜色，单击“外边框”按钮。

Step 11 单击“确定”按钮后返回“新建格式规则”对话框，在“预览”文本框中可以预览设置的效果，单击“确定”按钮返回工作表，可以看到B列有数据的行会自动添加边框。

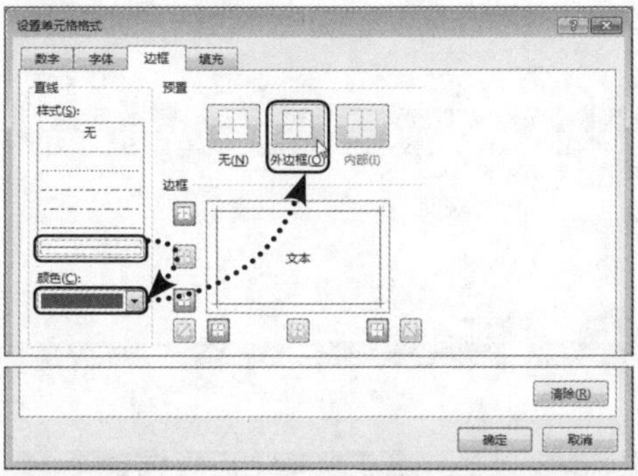

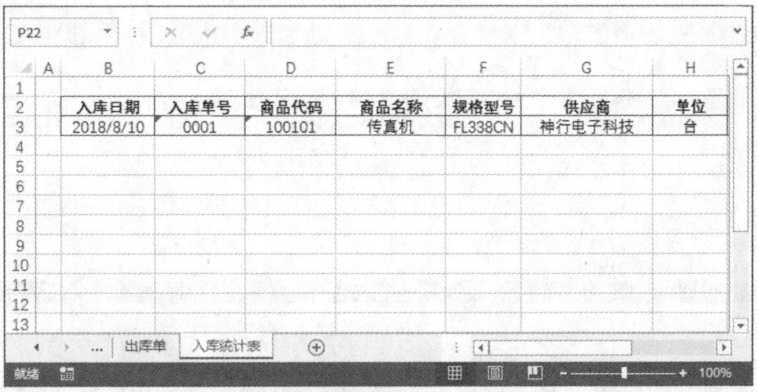

Step 12 接着在表格中输入“0002”号“入库单”的入库信息，随着增加记录，记录行会自动添加边框。为列标题添加底纹颜色美化一下表格。

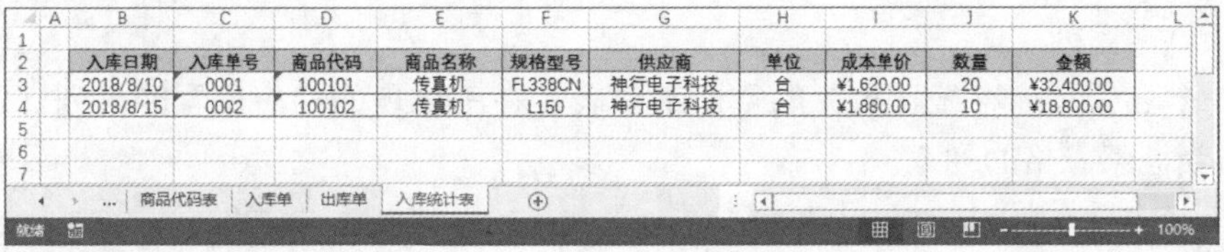

（2）编制出库统计表

Step 01 对“入库统计表”进行复制，重新命名为“出库统计表”，修改表格中的列标题，将“入库”更改为“出库”，将“供应商”更改为“客户”，删除表格中的两条记录。

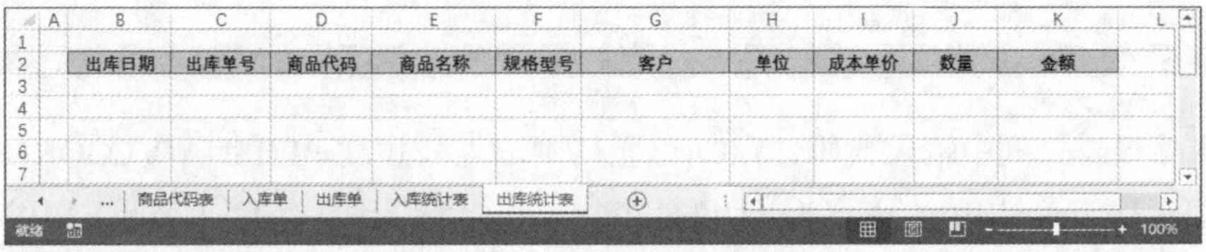

Step 02 根据“出库单”添加出库记录，其中E3:F3、H3:I3和K3单元格中的引用公式不变，添加记录后，记录行会自动添加边框。

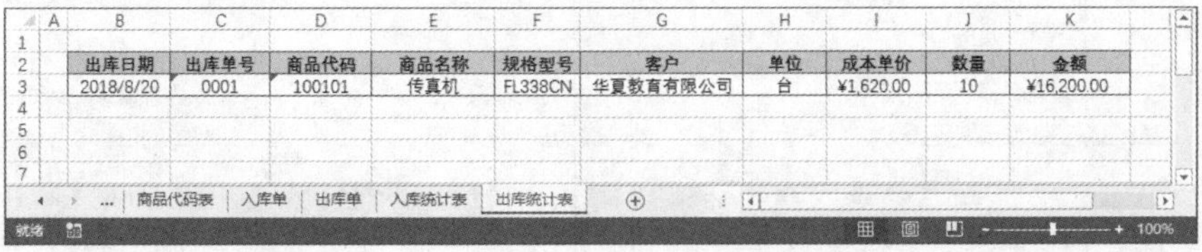

Step 03 在“成本单价”后面插入一列，在“金额”后面插入两列，分别输入列标题为“销售单价”“销售金额”和“毛利”。

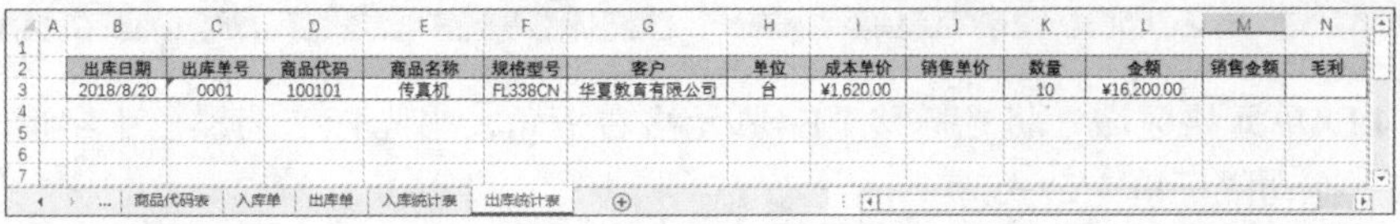

Step 04 在J3单元格中输入“销售单价”，选中M3单元格并输入公式“=IF(C3="","",J3*K3)”，按Enter键确认，即可计算出“销售金额”。

Step 05 选中N3单元格，输入公式“=IF(C3="","",M3-L3)”，按Enter键确认，即可计算出“毛利”。最后将M3:N3单元格区域中的公式向下填充即可。

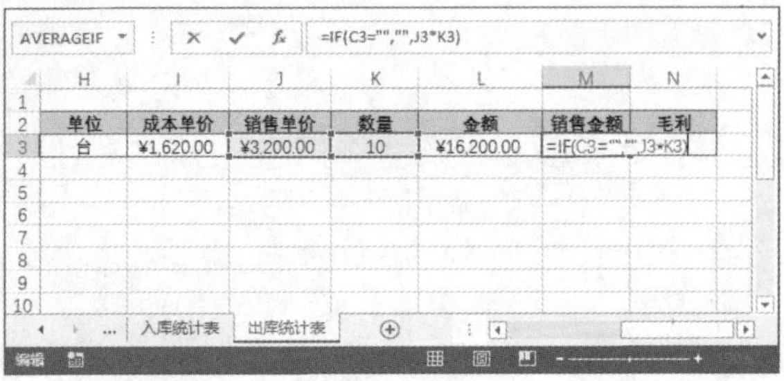

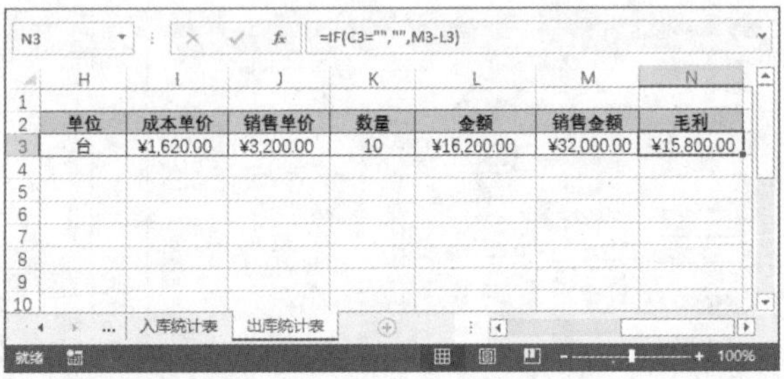

5.3.4 库存统计

出入库统计表创建完成后，用户还需要创建库存统计表，库存统计表是对商品的出入库情况进行综合统计，它主要包括期初库存、本期入库、本期出库和期末库存等信息。下面介绍如何创建库存统计表。

Step 01 新建一个名为“库存统计表”的空白工作表，在工作表的相应位置输入列标题，设置单元格格式，并适当调整表格的列宽。

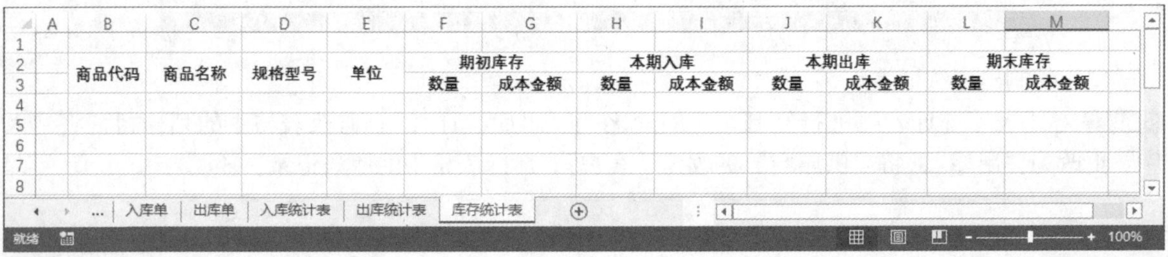

Step 02 在“商品代码”列中输入代码，在C4单元格中输入公式“=IF(ISNA(VLOOKUP($B4,商品代码表!$B:$G,COLUMN()-1,0)),"",VLOOKUP($B4,商品代码表!$B:$G,COLUMN()-1,0))”，按Enter键确认。将公式向右填充。

Step 03 选中E4单元格，将公式修改为“=IF(ISNA(VLOOKUP($B4,商品代码表!$B:$G,COLUMN()-1,0)),"",VLOOKUP($B4,商品代码表!$B:$G,COLUMN(),0))”，按Enter键确认，引用商品代码表中的单位。

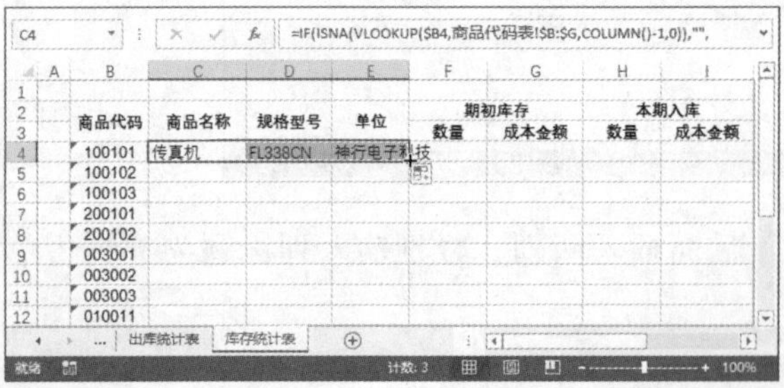

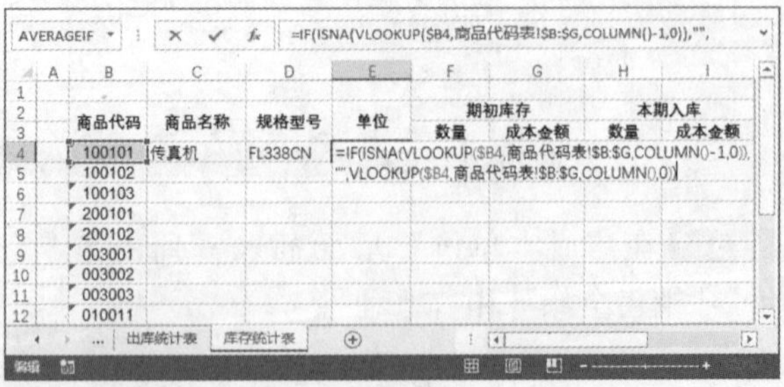

Step 04 选中C4:E4单元格区域，将光标移至E4单元格右下角，当光标变为黑色十字形时，按住鼠标左键不放，向下拖动鼠标填充公式。

Step 05 在F4:F12单元格区域中输入期初库存数量，在G4单元格中输入公式“=IF(ISNA(VLOOKUP($B4,商品代码表!$B:$G,6,0)),0,VLOOKUP($B4,商品代码表!$B:$G,6,0)*F4)”，按Enter键确认，计算成本金额。将公式向下填充计算出其他商品代码的成本金额。

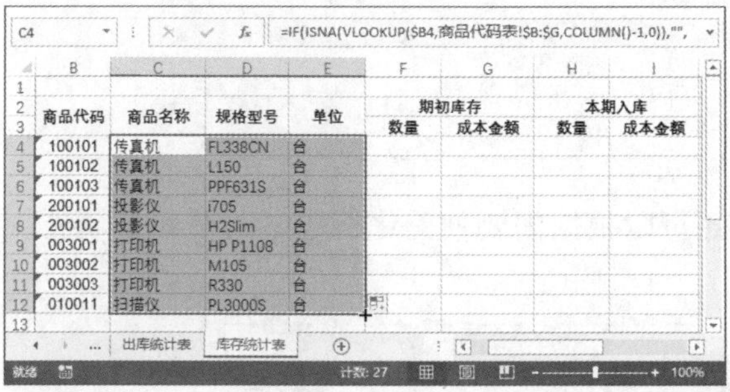

C4 =IF(ISNA(VLOOKUP($B4,商品代码表!$B:$G,COLUMN()-1,0)),"",

商品代码	商品名称	规格型号	单位	期初库存 数量	期初库存 成本金额	本期入库 数量	本期入库 成本金额
100101	传真机	FL338CN	台				
100102	传真机	L150	台				
100103	传真机	PPF631S	台				
200101	投影仪	i705	台				
200102	投影仪	H2Slim	台				
003001	打印机	HP P1108	台				
003002	打印机	M105	台				
003003	打印机	R330	台				
010011	扫描仪	PL3000S	台				

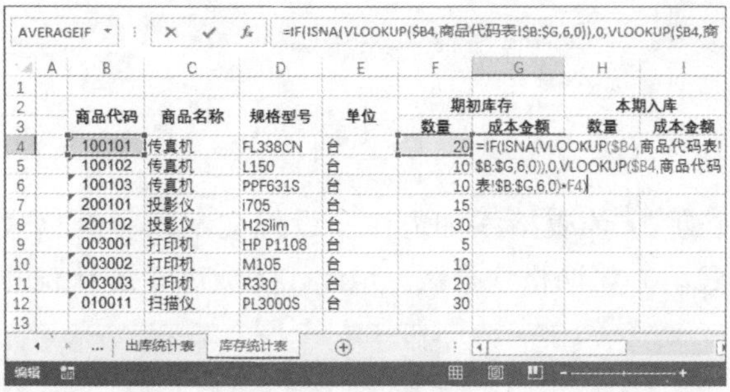

AVERAGEIF =IF(ISNA(VLOOKUP($B4,商品代码表!$B:$G,6,0)),0,VLOOKUP($B4,商

商品代码	商品名称	规格型号	单位	期初库存 数量	期初库存 成本金额
100101	传真机	FL338CN	台	20	=IF(ISNA(VLOOKUP($B4,商品代码表!$B:$G,6,0)),0,VLOOKUP($B4,商品代码表!$B:$G,6,0)*F4)
100102	传真机	L150	台	10	
100103	传真机	PPF631S	台	10	
200101	投影仪	i705	台	15	
200102	投影仪	H2Slim	台	30	
003001	打印机	HP P1108	台	5	
003002	打印机	M105	台	10	
003003	打印机	R330	台	20	
010011	扫描仪	PL3000S	台	30	

Step 06 选中H4单元格，输入公式“=SUMIF[⑦](入库统计表!D:D, 库存统计表!B4,入库统计表!J:J)”，按Enter键确认，引用入库统计表中的数量。将公式向下填充即可。

Step 07 选中I4单元格，输入公式“=SUMIF(入库统计表!D:D, 库存统计表!B4,入库统计表!K:K)”，按Enter键确认，引用入库统计表中的成本金额。将公式向下填充。

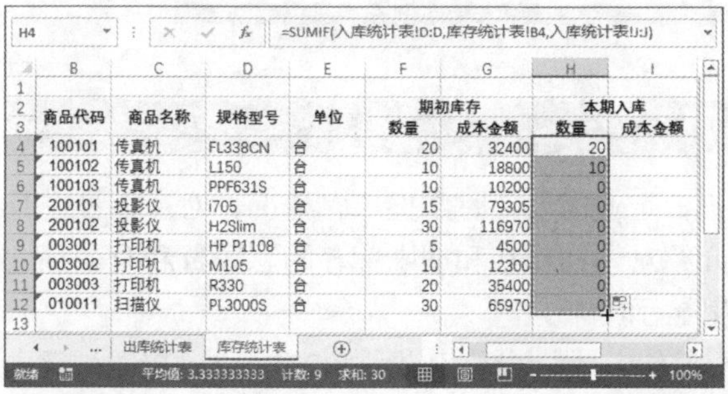

H4 =SUMIF(入库统计表!D:D,库存统计表!B4,入库统计表!J:J)

商品代码	商品名称	规格型号	单位	期初库存 数量	期初库存 成本金额	本期入库 数量	本期入库 成本金额
100101	传真机	FL338CN	台	20	32400	20	
100102	传真机	L150	台	10	18800	10	
100103	传真机	PPF631S	台	10	10200	0	
200101	投影仪	i705	台	15	79305	0	
200102	投影仪	H2Slim	台	30	116970	0	
003001	打印机	HP P1108	台	5	4500	0	
003002	打印机	M105	台	10	12300	0	
003003	打印机	R330	台	20	35400	0	
010011	扫描仪	PL3000S	台	30	65970	0	

I4 =SUMIF(入库统计表!D:D,库存统计表!B4,入库统计表!K:K)

商品名称	规格型号	单位	期初库存 数量	期初库存 成本金额	本期入库 数量	本期入库 成本金额
传真机	FL338CN	台	20	32400	20	32400
传真机	L150	台	10	18800	10	18800
传真机	PPF631S	台	10	10200	0	0
投影仪	i705	台	15	79305	0	0
投影仪	H2Slim	台	30	116970	0	0
打印机	HP P1108	台	5	4500	0	0
打印机	M105	台	10	12300	0	0
打印机	R330	台	20	35400	0	0
扫描仪	PL3000S	台	30	65970	0	0

Step 08 选中J4单元格，输入公式“=SUMIF(出库统计表!D:D, 库存统计表!B4,出库统计表!K:K)”，按Enter键确认，引用出库统计表中的数量。向下填充公式。

Step 09 选中K4单元格，输入公式“=SUMIF(出库统计表!D:D, 库存统计表!B4,出库统计表!L:L)”，按Enter键确认，引用出库统计表中的成本金额。向下填充公式。

J4 =SUMIF(出库统计表!D:D,库存统计表!B4,出库统计表!K:K)

期初库存 数量	期初库存 成本金额	本期入库 数量	本期入库 成本金额	本期出库 数量	本期出库 成本金额	期末库存 数量	期末库存 成本金额
20	32400	20	32400	10			
10	18800	10	18800	0			
10	10200	0	0	0			
15	79305	0	0	0			
30	116970	0	0	0			
5	4500	0	0	0			
10	12300	0	0	0			
20	35400	0	0	0			
30	65970	0	0	0			

K4 =SUMIF(出库统计表!D:D,库存统计表!B4,出库统计表!L:L)

期初库存 数量	期初库存 成本金额	本期入库 数量	本期入库 成本金额	本期出库 数量	本期出库 成本金额	期末库存 数量	期末库存 成本金额
20	32400	20	32400	10	16200		
10	18800	10	18800	0	0		
10	10200	0	0	0	0		
15	79305	0	0	0	0		
30	116970	0	0	0	0		
5	4500	0	0	0	0		
10	12300	0	0	0	0		
20	35400	0	0	0	0		
30	65970	0	0	0	0		

Step 10 选中L4单元格，输入公式“=F4+H4-J4”，按Enter键确认，计算出期末库存的数量。将该单元格中的公式向下填充到其他单元格。

Step 11 选中M4单元格，输入公式“=G4+I4-K4”，按Enter键确认，计算出期末库存的成本金额。将该公式向下填充。

---

⑦关于SUMIF函数的使用说明请查阅2.3.1小节，详见本书第16页。

Step 12 为表格添加边框，设置文本内容的格式，还可以根据需要列美化标题，为其添加填充颜色，并将网格线隐藏。至此，完成库存统计表的制作。

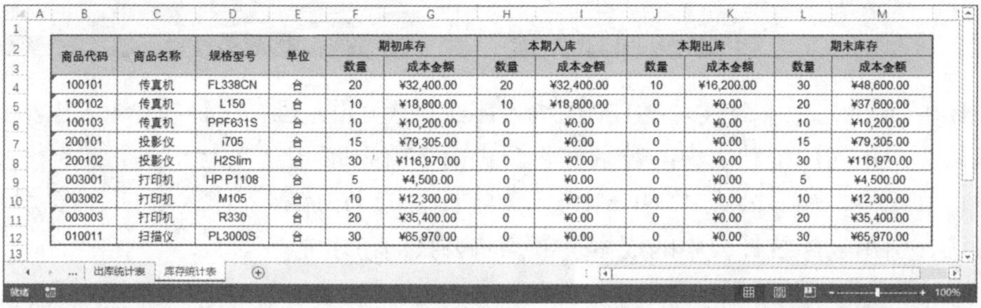

5.3.5 控制库存量

为了使企业能正常运营，又不会造成库存的负担，企业需要随时掌握库存情况，对库存量进行统计和分析，企业以便对库存量进行控制。接下来介绍对期初库存和期末库存的总数量和总金额进行统计，并将期末库存数量大于或等于30的记录突出显示出来。

Step 01 在O1:P5单元格区域中新建一个“库存总成本统计”表格，选中P2单元格并输入公式“=SUM(G4:G12)”，按Enter键确认，计算出期初库存总成本。

Step 02 选中P3单元格并输入公式“=SUM(M4:M12)”，按Enter键确认，计算出期末库存总成本。

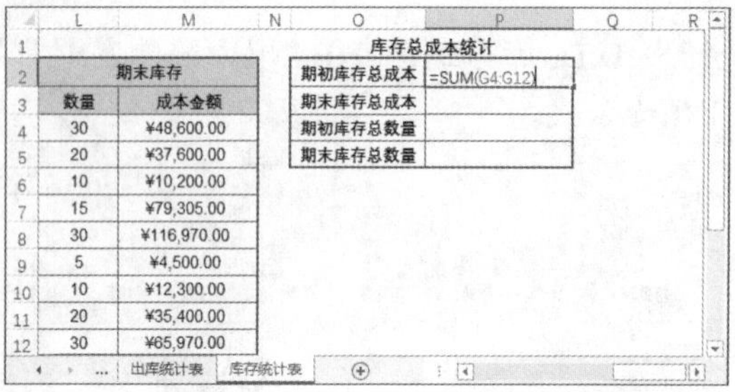

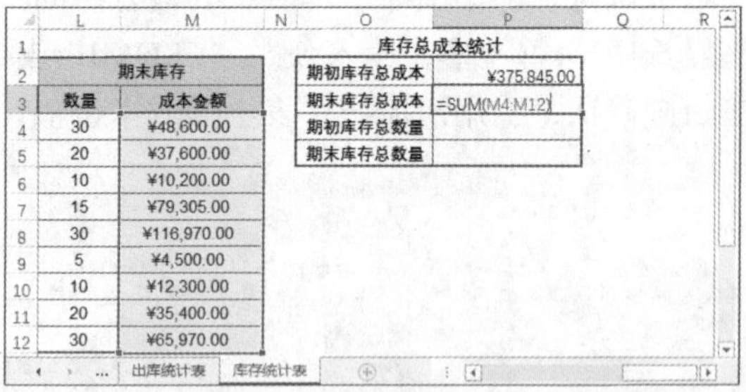

Step 03 选中P4单元格，输入公式“=SUM(F4:F12)”，按Enter键确认，计算出期初库存总数量。

Step 04 选中P5单元格，输入公式“=SUM(L4:L12)”，按Enter键确认，计算出期末库存总数量。

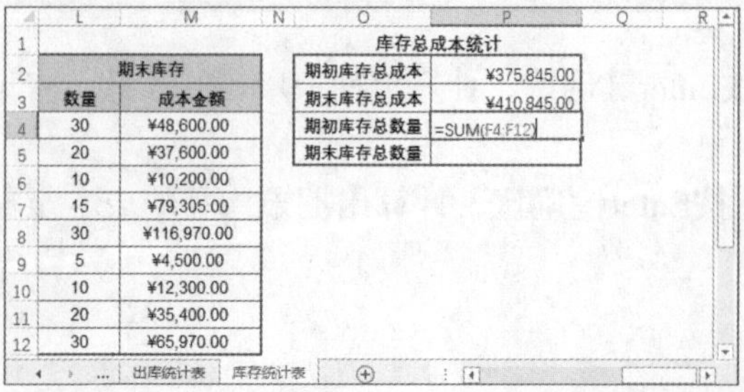

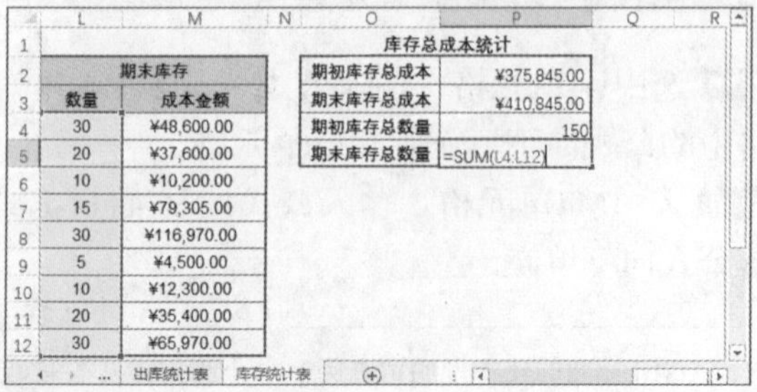

Step 05 选中L4:L12单元格区域，在“开始”选项卡中单击“条件格式”按钮，从列表中选择“新建规则”选项。

Step 06 打开“新建格式规则”对话框，在“选择规则类型”文本框中选择“只为包含以下内容的单元格设置格式”，在“编辑规则说明”区域输入设置的规则，接着单击“格式”按钮。

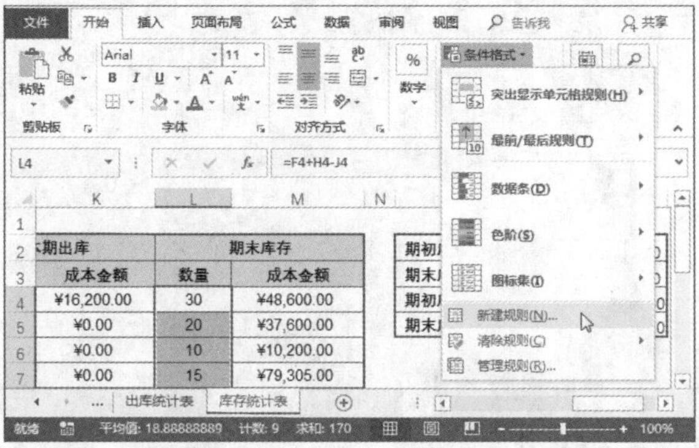

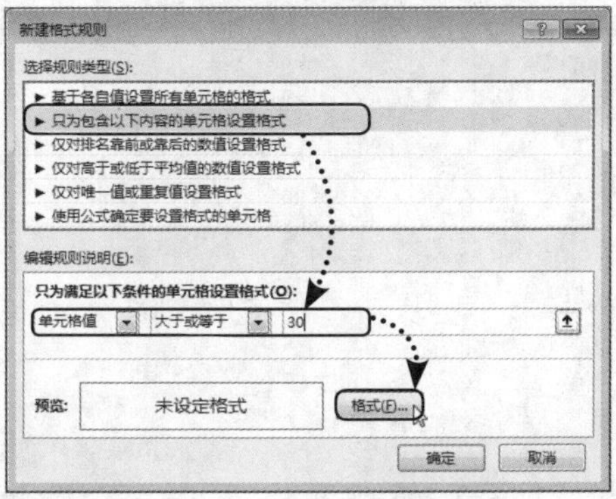

Step 07 打开“设置单元格格式”对话框，在“字体”选项卡中设置“字形”为“加粗”，“颜色”为“红色”。

Step 08 切换至“填充”选项卡，在“背景色”颜色库中选择合适的颜色作为填充色，单击“确定”按钮。

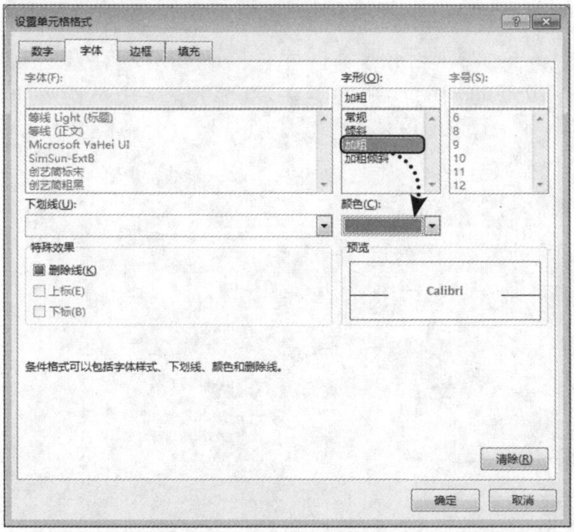

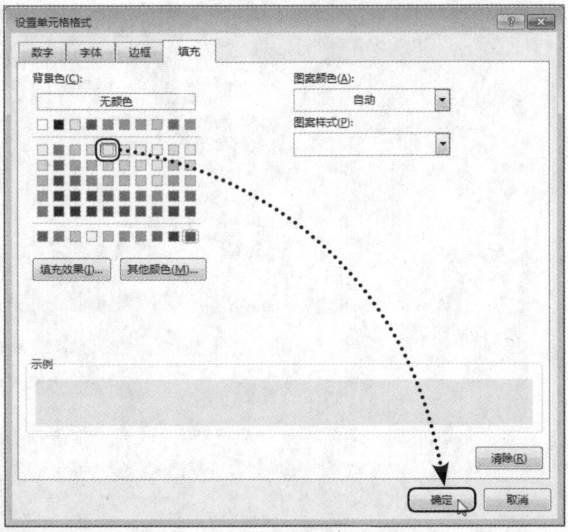

Step 09 返回至“新建格式规则”对话框，在“预览”文本框中可以预览设置的效果，单击“确定”按钮，返回工作表区域，此时满足设置条件的单元格就会突出显示出来了。

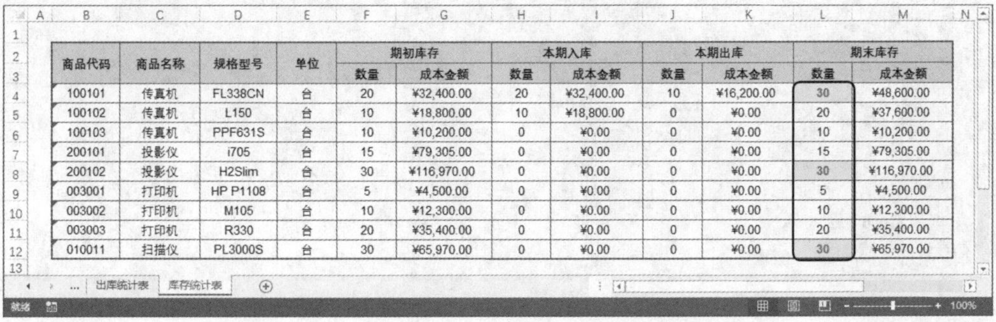

商品代码	商品名称	规格型号	单位	期初库存		本期入库		本期出库		期末库存	
				数量	成本金额	数量	成本金额	数量	成本金额	数量	成本金额
100101	传真机	FL338CN	台	20	¥32,400.00	20	¥32,400.00	10	¥16,200.00	30	¥48,600.00
100102	传真机	L150	台	10	¥18,800.00	10	¥18,800.00	0	¥0.00	20	¥37,600.00
100103	传真机	PPF631S	台	10	¥10,200.00	0	¥0.00	0	¥0.00	10	¥10,200.00
200101	投影仪	i705	台	15	¥79,305.00	0	¥0.00	0	¥0.00	15	¥79,305.00
200102	投影仪	H2Slim	台	30	¥116,970.00	0	¥0.00	0	¥0.00	30	¥116,970.00
003001	打印机	HP P1108	台	5	¥4,500.00	0	¥0.00	0	¥0.00	5	¥4,500.00
003002	打印机	M105	台	10	¥12,300.00	0	¥0.00	0	¥0.00	10	¥12,300.00
003003	打印机	R330	台	20	¥35,400.00	0	¥0.00	0	¥0.00	20	¥35,400.00
010011	扫描仪	PL3000S	台	30	¥65,970.00	0	¥0.00	0	¥0.00	30	¥65,970.00

Chapter

06

薪酬核算是怎样生成的

本章概述

企业在实际运营中都少不了薪酬管理，薪酬管理不仅是一种企业管理的重要手段，也是财务人员的一项重要工作内容。薪酬管理需要实现公平性、合法性和有效性三个目标，并且薪酬管理又是一个持续的组织过程，需要不断修订薪酬计划。薪酬管理涉及大量的数据和复杂计算，因此企业需要一个独立的工资管理体系来规范管理员工薪酬。

核心知识点

员工工资信息表

统计员工薪资

创建工资条

6.1 员工工资信息表

工资信息表是与工资核算相关的一系列表格，例如员工基本信息表、基本福利表、员工考勤记录表、应扣应缴统计表等。这些表格对财务人员来说非常重要，可以帮助财务人员进行工资核算。

6.1.1 创建员工基本信息表

员工基本信息表记录了员工的工号、姓名、部门、职务、基本工资等，是薪酬管理中比较重要的表格。下面介绍如何创建员工基本信息表。

Step 01 新建一个空白工作表，并将其命名为“员工基本信息表”，在工作表中输入列标题，为表格添加边框，进行相应的格式设置。

Step 02 选中B2:G2单元格区域，在“开始”选项卡中单击“填充颜色”按钮，从列表中选择合适的颜色作为列标题的填充色。

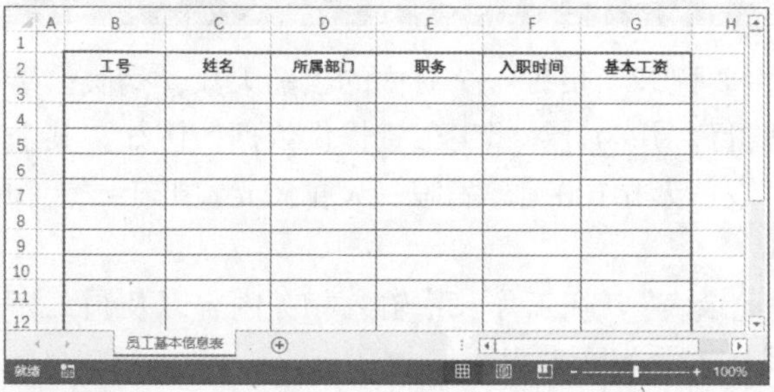

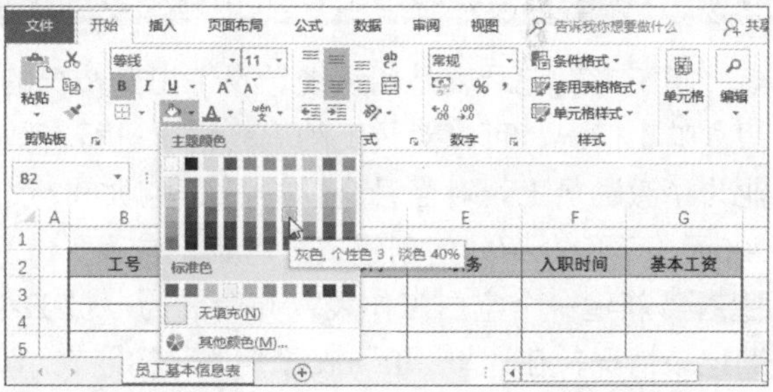

Step 03 选中B3:B18单元格区域，按Ctrl+1组合键打开“设置单元格格式”对话框，在“数字”选项卡中选择“自定义”选项，在右侧“类型”文本框中输入“00#”，单击“确定”按钮。

Step 04 在表格中输入相关的数据信息，将输入的文本内容居中显示，适当调整行高和列宽，至此，完成员工信息表的创建。

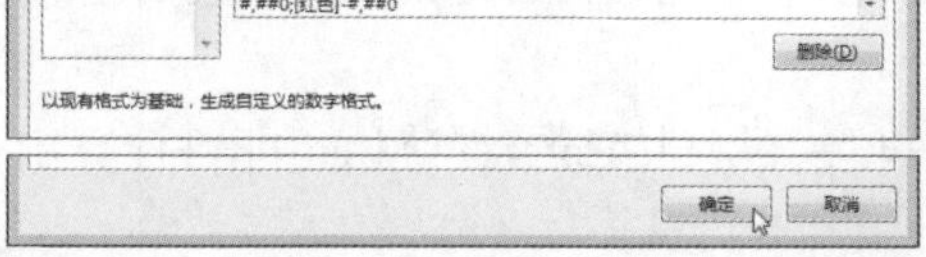

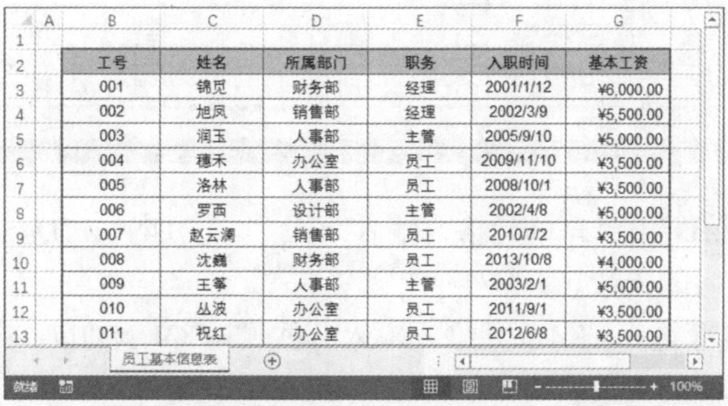

工号	姓名	所属部门	职务	入职时间	基本工资
001	锦觅	财务部	经理	2001/1/12	¥6,000.00
002	旭凤	销售部	经理	2002/3/9	¥5,500.00
003	润玉	人事部	主管	2005/9/10	¥5,000.00
004	穗禾	办公室	员工	2009/11/10	¥3,500.00
005	洛林	人事部	员工	2008/10/1	¥3,500.00
006	罗西	设计部	主管	2002/4/8	¥5,000.00
007	赵云澜	销售部	员工	2010/7/2	¥3,500.00
008	沈巍	财务部	员工	2013/10/8	¥4,000.00
009	王筝	人事部	主管	2003/2/1	¥5,000.00
010	丛波	办公室	员工	2011/9/1	¥3,500.00
011	祝红	办公室	员工	2012/6/8	¥3,500.00

6.1.2 创建基本福利表

通常情况下，企业会根据员工的职务级别发放福利津贴，例如，经理级别的按基本工资的25%计算津贴，主管级别的按基本工资的15%计算津贴，一般员工按基本工资的10%计算津贴。下面介绍如何创建基本福利表。

Step 01 新建一个名为“基本福利表”的空白工作表，将“员工基本信息表”中的内容复制到该工作表中，并进行适当修改就形成了“基本福利表”。

Step 02 在F3单元格中输入公式“=LOOKUP①(B3,员工基本信息表!B:B,员工基本信息表!G:G)*(IF(E3="经理",25%,IF(E3="主管",15%,10%)))”，按Enter键确认，计算津贴。将公式向下填充，计算出全部员工的津贴。至此，完成基本福利表的创建。

工号	姓名	所属部门	职务	津贴
001	锦觅	财务部	经理	
002	旭凤	销售部	经理	
003	润玉	人事部	主管	
004	穗禾	办公室	员工	
005	洛林	人事部	员工	
006	罗西	设计部	主管	
007	赵云澜	销售部	员工	
008	沈巍	财务部	员工	
009	王筝	人事部	主管	

F3 =LOOKUP(B3,员工基本信息表!B:B,员工基本信息表!G:G)*(IF(E3="经理",25%,IF(E3="主管",15%,10%)))

工号	姓名	所属部门	职务	津贴
001	锦觅	财务部	经理	¥1,500.00
002	旭凤	销售部	经理	¥1,375.00
003	润玉	人事部	主管	¥750.00
004	穗禾	办公室	员工	¥350.00
005	洛林	人事部	员工	¥350.00
006	罗西	设计部	主管	¥750.00

平均值: ¥592.19 计数: 16 求和: ¥9,475.00

6.1.3 创建员工考勤记录表

员工考勤记录表是用来统计员工出勤情况的，主要记录了员工一个月内的出勤天数、病假、事假、旷工情况，可以对员工的出勤情况进行有效的监督，并为计算员工工资提供依据。例如，某企业为了激励员工，对当月全勤的员工奖励300元，事假一天扣100元，病假一天扣50元，旷工一天扣200元。下面介绍如何创建员工考勤记录表。

Step 01 新建一个空白工作表，并命名为“员工考勤记录表”，在工作表中输入相关内容以及员工考勤记录情况，在这里“B”表示病假，“S”表示事假，“K”表示旷工。

工号	姓名	员 工 考 勤 记 录 (2018年8月)																															考 勤 统 计				应扣额	满勤奖	合计
		1	2	3	4	5	6	7	8	9	10	11	12	13	14	15	16	17	18	19	20	21	22	23	24	25	26	27	28	29	30	31	出勤天数	病假	事假	旷工			
001	锦觅	B														S																							
002	旭凤						K																							B									
003	润玉									K																													
004	穗禾																																						
005	洛林														B																								
006	罗西																																						
007	赵云澜							S																	B														
008	沈巍													S																									
009	王筝										S																		B										
010	丛波																																						
011	祝红			S																																			
012	林静										B										K																		
013	楚云																S														B								
014	君书影			S																			K																
015	张飞扬																																						
016	夏雨								K															S															

Step 02 选中AJ4单元格，输入公式“=COUNTIF(D4:AH4,"B")”，按Enter键确认，即可计算出员工请病假的天数。

Step 03 选中AK4单元格，输入公式“=COUNTIF(D4:AH4,"S")”，按Enter键确认，即可计算出员工请事假的天数。

---

①关于LOOKUP函数的使用说明请查阅2.4.2小节，详见本书第24页。

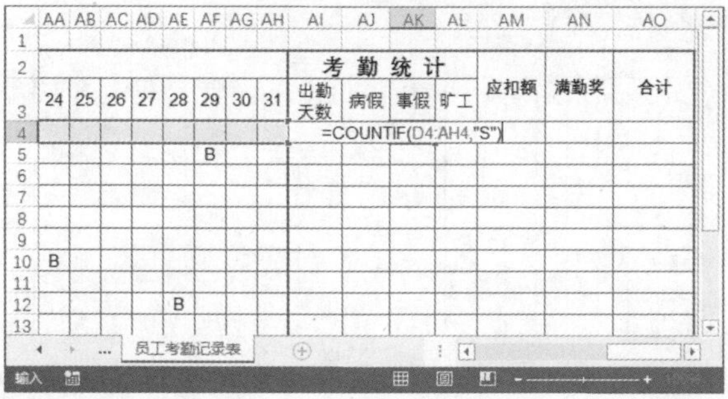

Step 04 选中AL4单元格，输入公式“=COUNTIF(D4:AH4,"K")”，按Enter键确认，即可计算出员工旷工天数。

Step 05 选中AI4单元格，输入公式“=NETWORKDAYS("2018/8/1","2018/8/31")-AJ4-AK4-AL4”，按Enter键确认，即可计算出员工出勤天数。

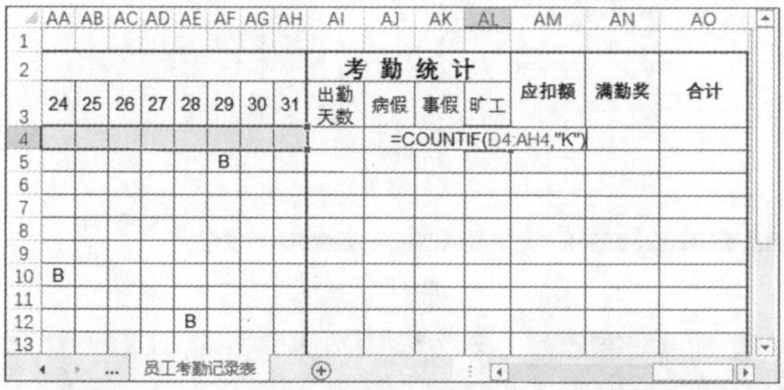

提示

NETWORKDAYS函数用于计算起止日期之间的工作日天数。工作日不包含周六和周日，以及特定节假日。

Step 06 选中AM4单元格，输入公式“=AJ4*50+AK4*100+AL4*200”，按Enter键确认，即可计算出员工当月应扣额。

Step 07 选中AN4单元格，输入公式“=IF(AM4=0,"300",")”，按Enter键确认，即可计算出满勤奖。

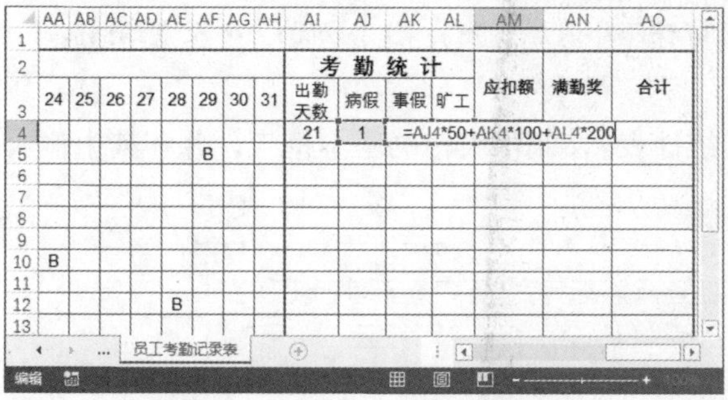

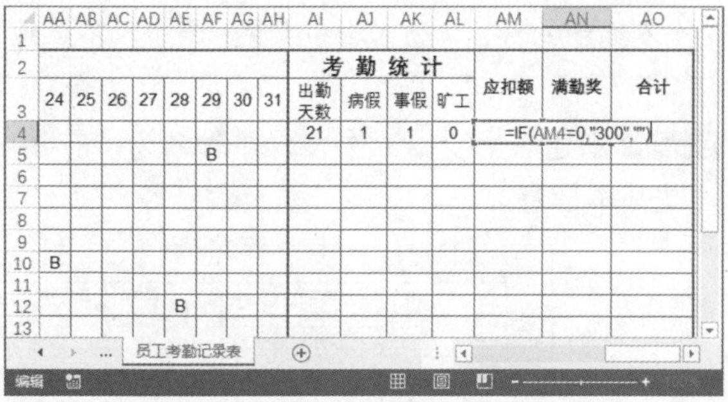

公式分析：使用公式“=IF(AM4=0,"300","")”来判断AM4是否为0，如果为0，则表明没有出现病假、事假和旷工的情况，所以奖励满勤奖300元。

Step 08 选中AO4单元格，输入公式“=IF(AM4<>0,-AM4,AN4)”，按Enter键即可计算出合计值。

Step 09 选中AI4:AO4单元格区域，将光标移至AO4单元格右下角，当光标变为黑色十字形时，按住鼠标左键不放向下拖动鼠标填充公式。

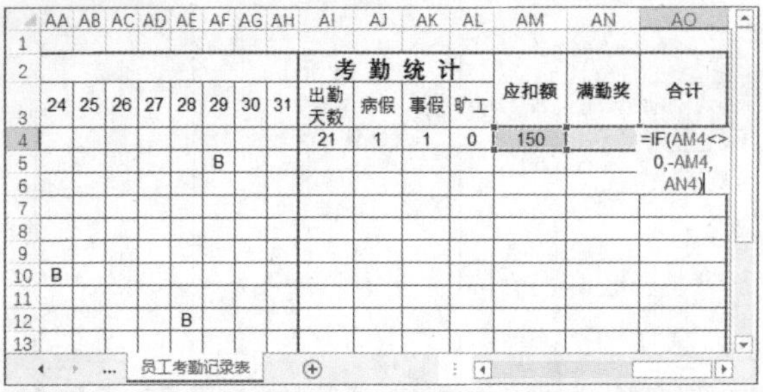

									考勤统计				应扣额	满勤奖	合计
3	24	25	26	27	28	29	30	31	出勤天数	病假	事假	旷工			
4									21	1	1	0	150		=IF(AM4<>0,-AM4,AN4)
5						B									
6															
7															
8															
9															
10	B														
11															
12					B										
13															

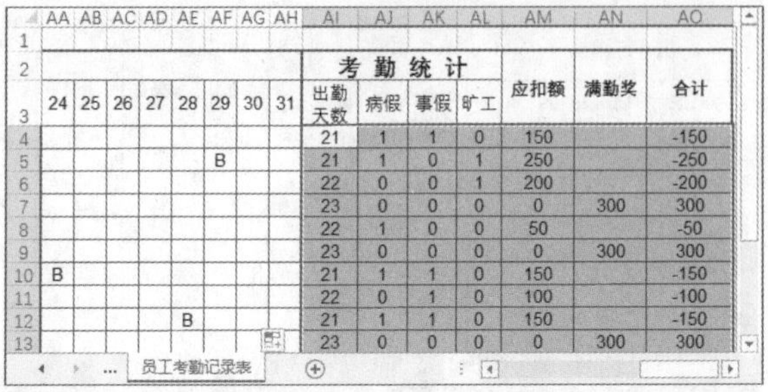

									考勤统计				应扣额	满勤奖	合计
3	24	25	26	27	28	29	30	31	出勤天数	病假	事假	旷工			
4									21	1	1	0	150		-150
5						B			21	1	0	1	250		-250
6									22	0	0	1	200		-200
7									23	0	0	0	0	300	300
8									22	1	0	0	50		-50
9									23	0	0	0	0	300	300
10	B								21	1	1	0	150		-150
11									22	0	1	0	100		-100
12					B				21	1	1	0	150		-150
13									23	0	0	0	0	300	300

Step 10 公式填充完成后，即可查看当月员工的考勤情况和奖惩情况，至此，员工考勤记录表就创建完成了。

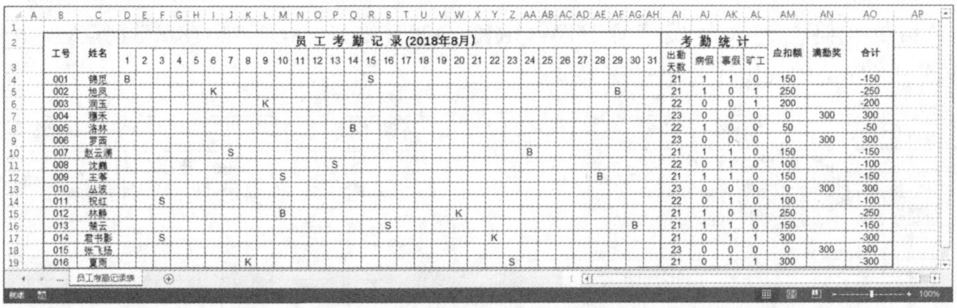

工号	姓名	员 工 考 勤 记 录(2018年8月)																														考 勤 统 计				应扣额	满勤奖	合计
		1	2	3	4	5	6	7	8	9	10	11	12	13	14	15	16	17	18	19	20	21	22	23	24	25	26	27	28	29	30	31	出勤天数	病假	事假	旷工			
001	锦觅	B														S																	21	1	1	0	150		-150
002	旭凤						K																							B			21	1	0	1	250		-250
003	润玉									K																							22	0	0	1	200		-200
004	穗禾																																23	0	0	0	0	300	300
005	洛林														B																		22	1	0	0	50		-50
006	罗西																																23	0	0	0	0	300	300
007	赵云澜							S																	B								21	1	1	0	150		-150
008	沈巍													S																			22	0	1	0	100		-100
009	王筝										S																		B				21	1	1	0	150		-150
010	丛波																																23	0	0	0	0	300	300
011	祝红			S																													22	0	1	0	100		-100
012	林静										B										K												21	1	0	1	250		-250
013	楚云																S														B		21	1	1	0	150		-150
014	君书影			S																			K										21	0	1	1	300		-300
015	张飞扬																																23	0	0	0	0	300	300
016	夏雨								K															S									21	0	1	1	300		-300

6.1.4 创建应扣应缴统计表

应扣应缴统计表是用来统计员工工资中应扣除的“五险一金”的缴纳金额。其中“五险”包括养老保险、医疗保险、失业保险、工伤保险和生育保险；“一金”指的是住房公积金。其中养老保险、医疗保险和失业保险，这三种险是由企业和个人共同缴纳的；工伤保险和生育保险完全是由企业承担的，个人不需要缴纳。这里要注意的是“五险”是法定的，而“一金”不是法定的。接下来就介绍如何创建应扣应缴统计表。

提示

由于各地个人和企业缴纳五险一金的比例不同，所以本例假设养老保险个人缴纳8%，失业保险个人缴纳0.5%，工伤保险和生育保险个人不缴纳，医疗保险个人缴纳2%，住房公积金个人缴纳8%。

Step 01 新建一个空白工作表，并命名为“应扣应缴统计表”，制作表格的基本框架，并在其中输入一些基本信息。

工号	姓名	所属部门	职务	工资合计	养老保险	失业保险	医疗保险	生育保险	工伤保险	住房公积金	总计
001	锦觅	财务部	经理								
002	旭凤	销售部	经理								
003	润玉	人事部	主管								
004	穗禾	办公室	员工								
005	洛林	人事部	员工								
006	罗西	设计部	主管								
007	赵云澜	销售部	员工								
008	沈巍	财务部	员工								
009	王筝	人事部	主管								
010	丛波	办公室	员工								
011	祝红	办公室	员工								
012	林静	财务部	员工								
013	楚云	销售部	员工								
014	君书影	设计部	主管								
015	张飞扬	人事部	员工								
016	夏雨	人事部	员工								

Step 02 选中F3单元格，输入公式“=VLOOKUP(B3,员工基本信息表!$B:$G,6)+VLOOKUP(B3,基本福利表!$B:$F,5)”，按Enter键确认，即可计算出工资合计。

Step 03 选中G3单元格，输入公式“=F3*8%”，按Enter键确认，即可计算出养老保险应扣金额。

工号	姓名	所属部门	职务	工资合计	养老保险	失业保险
001	锦觅	财务部	经理	=VLOOKUP(B3,员工基本信息表!$B:$G,6)+VLOOKUP(B3,基本福利表!$B:$F,5)		
002	旭凤	销售部	经理			
003	润玉	人事部	主管			
004	穗禾	办公室	员工			
005	洛林	人事部	员工			
006	罗西	设计部	主管			
007	赵云澜	销售部	员工			
008	沈巍	财务部	员工			
009	王筝	人事部	主管			
010	丛波	办公室	员工			

工号	姓名	所属部门	职务	工资合计	养老保险	失业保险
001	锦觅	财务部	经理	7500	=F3*8%	
002	旭凤	销售部	经理			
003	润玉	人事部	主管			
004	穗禾	办公室	员工			
005	洛林	人事部	员工			
006	罗西	设计部	主管			
007	赵云澜	销售部	员工			
008	沈巍	财务部	员工			
009	王筝	人事部	主管			
010	丛波	办公室	员工			

Step 04 选中H3单元格，输入公式“=F3*0.5%”，按Enter键确认，即可计算出失业保险应扣金额。

Step 05 选中I3单元格，输入公式“=F3*2%”，按Enter键确认，即可计算出医疗保险应扣金额。

所属部门	职务	工资合计	养老保险	失业保险	医疗保险
财务部	经理	7500	600	=F3*0.5%	
销售部	经理				
人事部	主管				
办公室	员工				
人事部	员工				
设计部	主管				
销售部	员工				
财务部	员工				
人事部	主管				

工资合计	养老保险	失业保险	医疗保险	生育保险	工伤保险
7500	600	37.5	=F3*2%		

Step 06 由于生育保险和工伤保险全部由公司缴纳，个人不缴纳，所以在J3和K3单元格中输入0。

Step 07 选中L3单元格，输入公式“=F3*8%”，按Enter键确认，即可计算出住房公积金应扣金额。

养老保险	失业保险	医疗保险	生育保险	工伤保险	住房公积金
600	37.5	150	0	0	

失业保险	医疗保险	生育保险	工伤保险	住房公积金	总计
37.5	150	0	0	=F3*8%	

Step 08 选中M3单元格，输入公式“=SUM(G3:L3)”，按Enter键确认，即可计算出员工总共要扣除的金额。

Step 09 选中F3:M3单元格区域，将公式向下填充，这样就可以统计出每个员工各项应扣除金额和总共应扣除的金额了。

医疗保险	生育保险	工伤保险	住房公积金	总计
150	0	0	600	=SUM(G3:L3)

工资合计	养老保险	失业保险	医疗保险	生育保险	工伤保险
7500	600	37.5	150	0	0
6875	550	34.375	137.5	0	0
5750	460	28.75	115	0	0
3850	308	19.25	77	0	0
3850	308	19.25	77	0	0
5750	460	28.75	115	0	0
3850	308	19.25	77	0	0
4400	352	22	88	0	0
5750	460	28.75	115	0	0

Step 10 为列标题添加合适的填充颜色，并且设置文本内容的数字格式。至此，就完成了应扣应缴统计表的创建。

工号	姓名	所属部门	职务	工资合计	养老保险	失业保险	医疗保险	生育保险	工伤保险	住房公积金	总计
001	锦觅	财务部	经理	¥7,500.00	¥600.00	¥37.50	¥150.00	¥0.00	¥0.00	¥600.00	¥1,387.50
002	旭凤	销售部	经理	¥6,875.00	¥550.00	¥34.38	¥137.50	¥0.00	¥0.00	¥550.00	¥1,271.88
003	润玉	人事部	主管	¥5,750.00	¥460.00	¥28.75	¥115.00	¥0.00	¥0.00	¥460.00	¥1,063.75
004	穗禾	办公室	员工	¥3,850.00	¥308.00	¥19.25	¥77.00	¥0.00	¥0.00	¥308.00	¥712.25
005	洛林	人事部	员工	¥3,850.00	¥308.00	¥19.25	¥77.00	¥0.00	¥0.00	¥308.00	¥712.25
006	罗西	设计部	主管	¥5,750.00	¥460.00	¥28.75	¥115.00	¥0.00	¥0.00	¥460.00	¥1,063.75
007	赵云澜	销售部	员工	¥3,850.00	¥308.00	¥19.25	¥77.00	¥0.00	¥0.00	¥308.00	¥712.25
008	沈巍	财务部	员工	¥4,400.00	¥352.00	¥22.00	¥88.00	¥0.00	¥0.00	¥352.00	¥814.00
009	王筝	人事部	主管	¥5,750.00	¥460.00	¥28.75	¥115.00	¥0.00	¥0.00	¥460.00	¥1,063.75
010	丛波	办公室	员工	¥3,850.00	¥308.00	¥19.25	¥77.00	¥0.00	¥0.00	¥308.00	¥712.25
011	祝红	办公室	员工	¥3,850.00	¥308.00	¥19.25	¥77.00	¥0.00	¥0.00	¥308.00	¥712.25
012	林静	财务部	员工	¥4,400.00	¥352.00	¥22.00	¥88.00	¥0.00	¥0.00	¥352.00	¥814.00
013	楚云	销售部	员工	¥3,850.00	¥308.00	¥19.25	¥77.00	¥0.00	¥0.00	¥308.00	¥712.25
014	君书影	设计部	主管	¥5,750.00	¥460.00	¥28.75	¥115.00	¥0.00	¥0.00	¥460.00	¥1,063.75
015	张飞扬	人事部	员工	¥3,850.00	¥308.00	¥19.25	¥77.00	¥0.00	¥0.00	¥308.00	¥712.25
016	夏雨	人事部	员工	¥3,850.00	¥308.00	¥19.25	¥77.00	¥0.00	¥0.00	¥308.00	¥712.25

员工基本信息表 | 基本福利表 | 员工考勤记录表 | 应扣应缴统计表

6.1.5 创建员工个人所得税计算表

根据国家有关规定，员工工资超过个人所得税起征点时企业需要从员工工资中扣除应缴纳的个人所得税，代替员工缴纳。自2011年9月1日起，中国内地个税免征额调至3500元，但自2018年10月起，个税起征点调至每月5000元。

Step 01 插入一个工作表，将其重命名为“个人所得税表”，在该工作表中输入相关的内容，并进行格式的设置。

工号	姓名	所属部门	职务	工资合计	应纳税所得额	税率	速算扣除数	代扣个人所得税
001	锦觅	财务部	经理					
002	旭凤	销售部	经理					
003	润玉	人事部	主管					
004	穗禾	办公室	员工					
005	洛林	人事部	员工					
006	罗西	设计部	主管					
007	赵云澜	销售部	员工					
008	沈巍	财务部	员工					
009	王筝	人事部	主管					
010	丛波	办公室	员工					
011	祝红	办公室	员工					
012	林静	财务部	员工					

... | 基本福利表 | 员工考勤记录表 | 应扣应缴统计表 | 个人所得税表

Step 02 在该工作表的适当位置设置辅助表格“个人所得税税率表”。

Step 03 选中F3单元格，输入公式“=应扣应缴统计表!F3”，按Enter键确认，引用“应扣应缴统计表”中的“工资合计”。

全月应纳税所得额	上限范围	税率	速算扣除数
不超过3000元的部分	0	3%	0
超过3000元至12000元的部分	3000	10%	210
超过12000元至25000元的部分	12000	20%	1410
超过25000元至35000元的部分	25000	25%	2660
超过35000元至55000元的部分	35000	30%	4410
超过55000元至80000元的部分	55000	35%	7160
超过80000元的部分	80000	45%	15160

注：工资薪金所得适用

F3 =应扣应缴统计表!F3

工号	姓名	所属部门	职务	工资合计
001	锦觅	财务部	经理	¥7,500.00
002	旭凤	销售部	经理	
003	润玉	人事部	主管	
004	穗禾	办公室	员工	
005	洛林	人事部	员工	
006	罗西	设计部	主管	
007	赵云澜	销售部	员工	

提示

本案例的“个人所得税税率表”只适用于工资薪金所得。

Step 04 再次选中F3单元格，将该单元格中的公式向下填充，引用其他员工的“工资合计”。

Step 05 在G3单元格输入公式“=IF(F3>5000,F3-5000,0)”，按Enter确认，计算“应纳税所得额”。

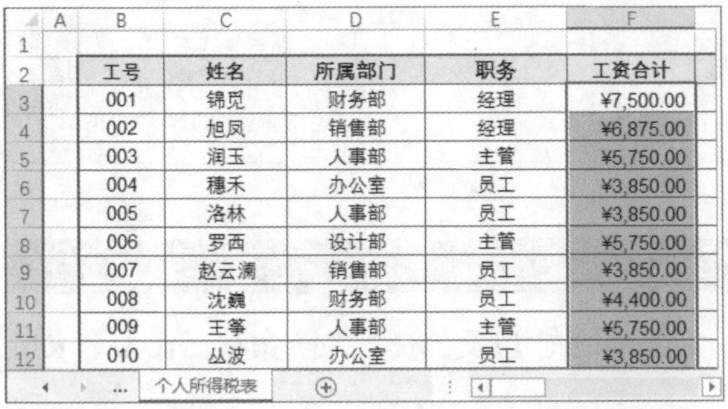

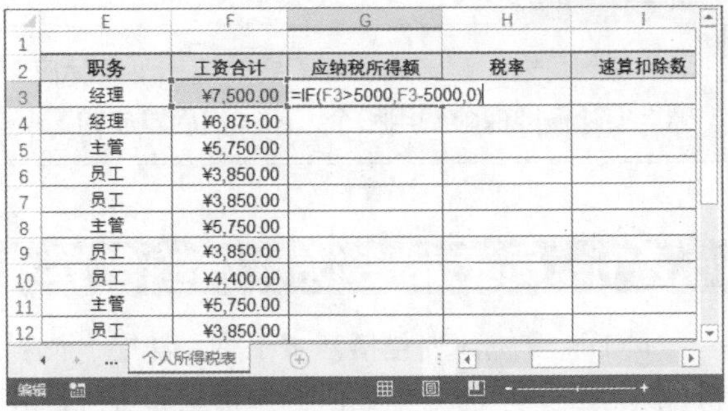

Step 06 再次选中G3单元格，将该单元格中的公式向下填充。

Step 07 选中H3单元格，输入公式“=IF(G3=0,0,LOOKUP(G3,$M$3:$M$9,$N$3:$N$9))”，按Enter键确认，计算出税率。

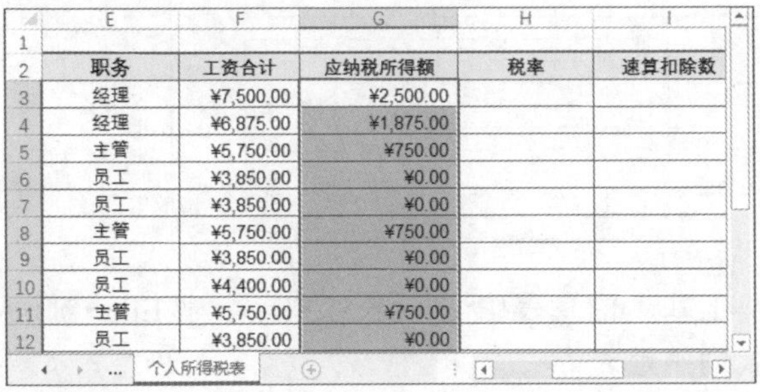

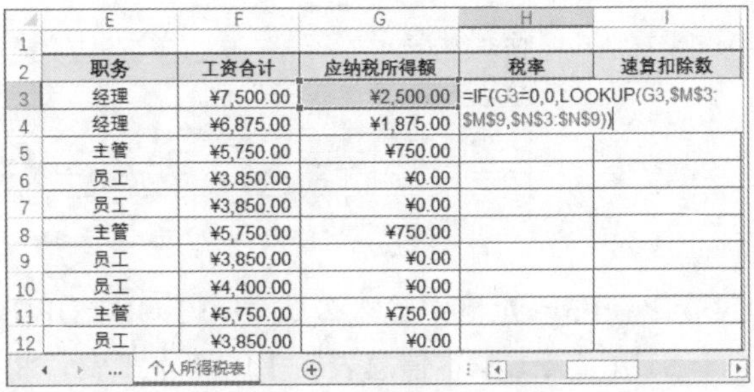

Step 08 选中I3单元格，输入公式“=IF(G3=0,0,LOOKUP(G3,$M$3:$M$9,$O$3:$O$9))”，按Enter键确认，计算速算扣除数。

Step 09 选中J3单元格，输入公式“=G3*H3-I3”，按Enter键确认，计算代扣个人所得税。

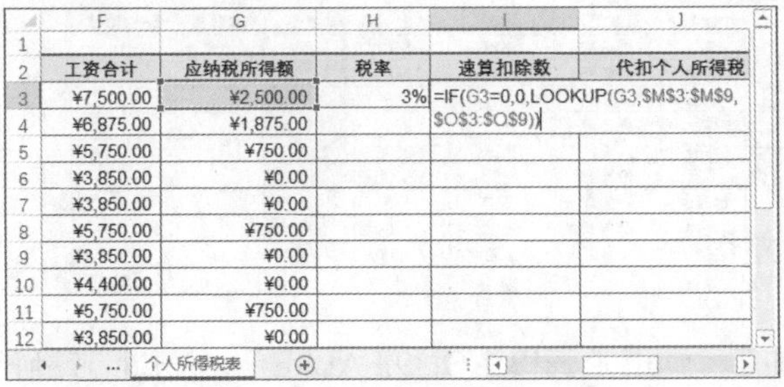

Step 10 选中H3:J3单元格区域，将光标移至J3单元格的右下角，当光标变为十字形时，按住鼠标左键不放，向下拖动鼠标填充公式。至此，完成员工个人所得税表的创建。

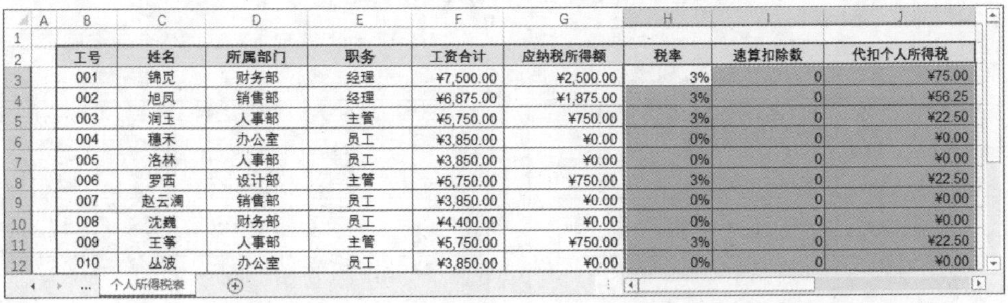

6.2 月末统计员工薪资

每到月末，财务人员都需要计算员工实际应该发放的工资，员工的实际发放工资是在应发工资的基础上扣除各种保险费用和个人所得税后发放的工资。

6.2.1 员工薪资统计表的创建

员工薪资统计表包括基本工资、津贴、满勤奖、缺勤扣款、应发工资、保险扣款、代扣个人所得税等项目。下面介绍如何创建员工薪资统计表。

Step 01 插入一个工作表，将其命名为“员工薪资统计表”，在其中输入列标题和相关内容，设置格式，并为其添加边框。

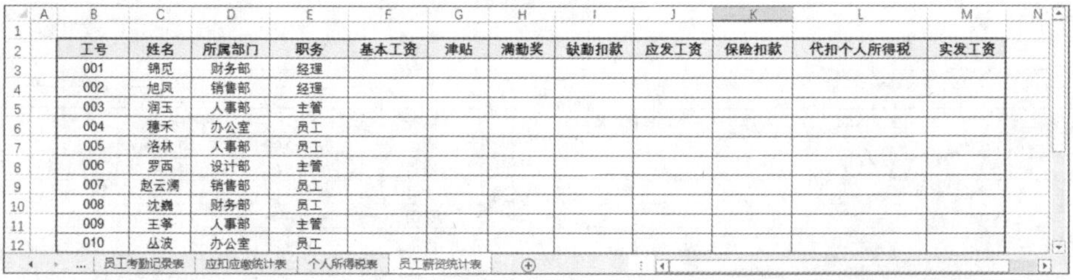

工号	姓名	所属部门	职务	基本工资	津贴	满勤奖	缺勤扣款	应发工资	保险扣款	代扣个人所得税	实发工资
001	锦觅	财务部	经理								
002	旭凤	销售部	经理								
003	润玉	人事部	主管								
004	穗禾	办公室	员工								
005	洛林	人事部	员工								
006	罗西	设计部	主管								
007	赵云澜	销售部	员工								
008	沈巍	财务部	员工								
009	王筝	人事部	主管								
010	丛波	办公室	员工								

Step 02 在F3单元格中输入公式“=VLOOKUP(B3,员工基本信息表!B:G,6, FALSE)”，按Enter键确认，引用“员工基本信息表”中的基本工资。将公式向下填充。

Step 03 在G3单元格中输入公式“=VLOOKUP(B3,基本福利表!B:F,5,FALSE)”，按Enter键确认，引用“基本福利表”中的津贴。将公式向下填充。

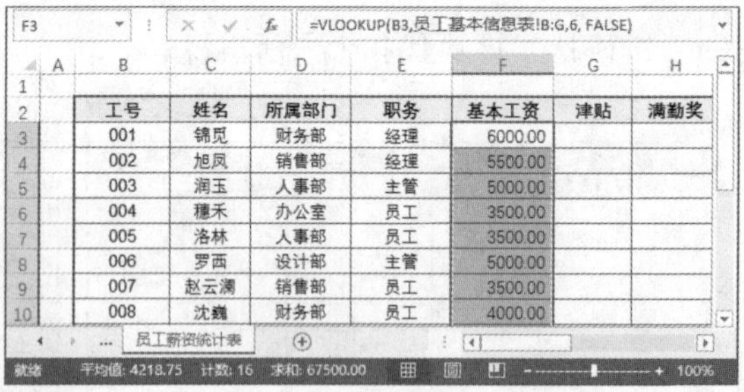

F3 =VLOOKUP(B3,员工基本信息表!B:G,6, FALSE)

工号	姓名	所属部门	职务	基本工资	津贴	满勤奖
001	锦觅	财务部	经理	6000.00		
002	旭凤	销售部	经理	5500.00		
003	润玉	人事部	主管	5000.00		
004	穗禾	办公室	员工	3500.00		
005	洛林	人事部	员工	3500.00		
006	罗西	设计部	主管	5000.00		
007	赵云澜	销售部	员工	3500.00		
008	沈巍	财务部	员工	4000.00		

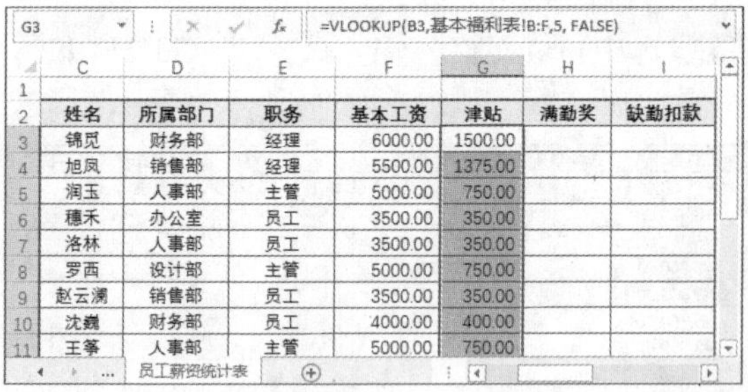

G3 =VLOOKUP(B3,基本福利表!B:F,5, FALSE)

姓名	所属部门	职务	基本工资	津贴	满勤奖	缺勤扣款
锦觅	财务部	经理	6000.00	1500.00		
旭凤	销售部	经理	5500.00	1375.00		
润玉	人事部	主管	5000.00	750.00		
穗禾	办公室	员工	3500.00	350.00		
洛林	人事部	员工	3500.00	350.00		
罗西	设计部	主管	5000.00	750.00		
赵云澜	销售部	员工	3500.00	350.00		
沈巍	财务部	员工	4000.00	400.00		
王筝	人事部	主管	5000.00	750.00		

Step 04 在H3单元格中输入公式“=VLOOKUP(B3,员工考勤记录表!B:AO,39,FALSE)”，按Enter键确认，引用“员工考勤记录表”中的满勤奖。将公式向下填充。

Step 05 在I3单元格中输入公式“=VLOOKUP(B3,员工考勤记录表!B:AO,38,FALSE)”，按Enter键确认，引用“员工考勤记录表”中的缺勤扣款。向下填充公式。

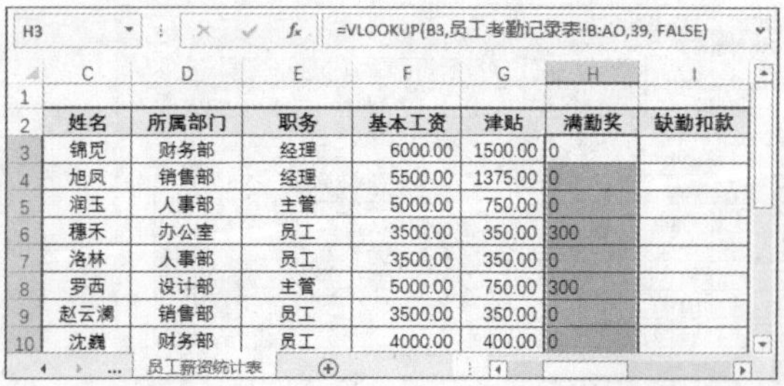

H3 =VLOOKUP(B3,员工考勤记录表!B:AO,39, FALSE)

姓名	所属部门	职务	基本工资	津贴	满勤奖	缺勤扣款
锦觅	财务部	经理	6000.00	1500.00	0	
旭凤	销售部	经理	5500.00	1375.00	0	
润玉	人事部	主管	5000.00	750.00	0	
穗禾	办公室	员工	3500.00	350.00	300	
洛林	人事部	员工	3500.00	350.00	0	
罗西	设计部	主管	5000.00	750.00	300	
赵云澜	销售部	员工	3500.00	350.00	0	
沈巍	财务部	员工	4000.00	400.00	0	

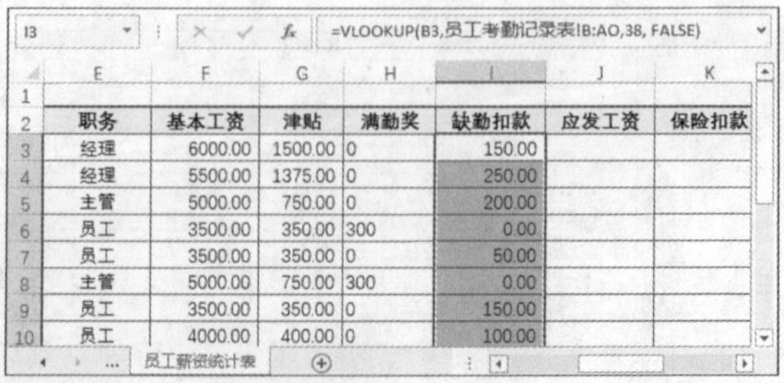

I3 =VLOOKUP(B3,员工考勤记录表!B:AO,38, FALSE)

职务	基本工资	津贴	满勤奖	缺勤扣款	应发工资	保险扣款
经理	6000.00	1500.00	0	150.00		
经理	5500.00	1375.00	0	250.00		
主管	5000.00	750.00	0	200.00		
员工	3500.00	350.00	300	0.00		
员工	3500.00	350.00	0	50.00		
主管	5000.00	750.00	300	0.00		
员工	3500.00	350.00	0	150.00		
员工	4000.00	400.00	0	100.00		

Step 06 在J3单元格中输入公式“=F3+G3+H3-I3”，按Enter键确认，计算“应发工资”。将公式向下填充。

Step 07 在K3单元格中输入公式“=VLOOKUP(B3,应扣应缴统计表!B:M,12,FALSE)”，按Enter键确认，引用“应扣应缴统计表”中的保险扣款。向下填充公式。

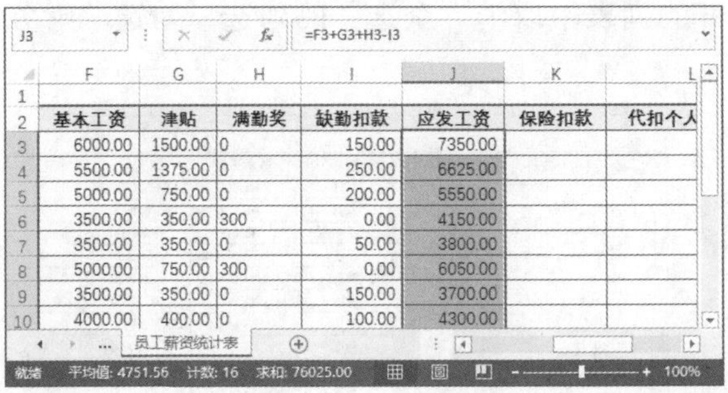

J3 =F3+G3+H3-I3

	F	G	H	I	J	K	L
1							
2	基本工资	津贴	满勤奖	缺勤扣款	应发工资	保险扣款	代扣个人
3	6000.00	1500.00	0	150.00	7350.00		
4	5500.00	1375.00	0	250.00	6625.00		
5	5000.00	750.00	0	200.00	5550.00		
6	3500.00	350.00	300	0.00	4150.00		
7	3500.00	350.00	0	50.00	3800.00		
8	5000.00	750.00	300	0.00	6050.00		
9	3500.00	350.00	0	150.00	3700.00		
10	4000.00	400.00	0	100.00	4300.00		

员工薪资统计表

就绪 平均值: 4751.56 计数: 16 求和: 76025.00 100%

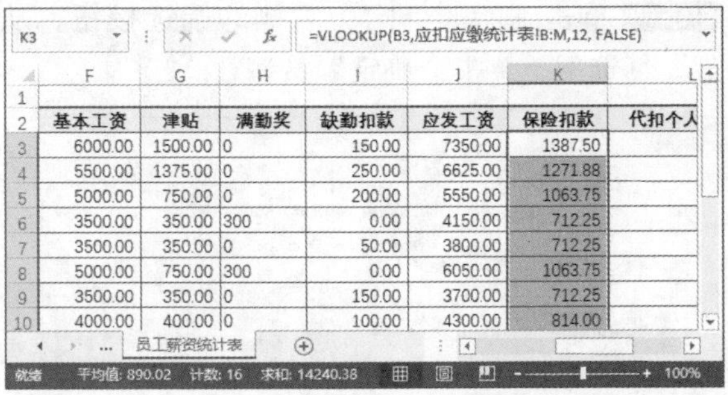

K3 =VLOOKUP(B3,应扣应缴统计表!B:M,12, FALSE)

	F	G	H	I	J	K	L
1							
2	基本工资	津贴	满勤奖	缺勤扣款	应发工资	保险扣款	代扣个人
3	6000.00	1500.00	0	150.00	7350.00	1387.50	
4	5500.00	1375.00	0	250.00	6625.00	1271.88	
5	5000.00	750.00	0	200.00	5550.00	1063.75	
6	3500.00	350.00	300	0.00	4150.00	712.25	
7	3500.00	350.00	0	50.00	3800.00	712.25	
8	5000.00	750.00	300	0.00	6050.00	1063.75	
9	3500.00	350.00	0	150.00	3700.00	712.25	
10	4000.00	400.00	0	100.00	4300.00	814.00	

员工薪资统计表

就绪 平均值: 890.02 计数: 16 求和: 14240.38 100%

Step 08 在L3单元格中输入公式“=VLOOKUP(B3,个人所得税表!B:J,9,FALSE)”，按Enter键确认，引用“个人所得税表”中的代扣个人所得税。向下填充公式。

Step 09 在M3单元格中输入公式“=ROUND②(J3-K3-L3,2)”，按Enter键确认，计算实发工资。向下填充公式。

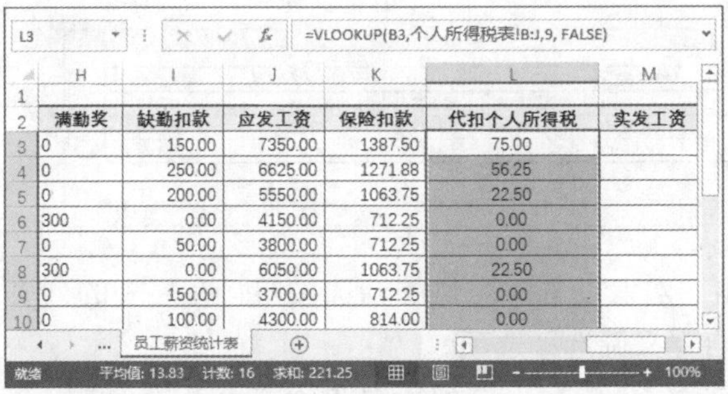

L3 =VLOOKUP(B3,个人所得税表!B:J,9, FALSE)

	H	I	J	K	L	M
1						
2	满勤奖	缺勤扣款	应发工资	保险扣款	代扣个人所得税	实发工资
3	0	150.00	7350.00	1387.50	75.00	
4	0	250.00	6625.00	1271.88	56.25	
5	0	200.00	5550.00	1063.75	22.50	
6	300	0.00	4150.00	712.25	0.00	
7	0	50.00	3800.00	712.25	0.00	
8	300	0.00	6050.00	1063.75	22.50	
9	0	150.00	3700.00	712.25	0.00	
10	0	100.00	4300.00	814.00	0.00	

员工薪资统计表

就绪 平均值: 13.83 计数: 16 求和: 221.25 100%

M3 =ROUND(J3-K3-L3,2)

	I	J	K	L	M	N
1						
2	缺勤扣款	应发工资	保险扣款	代扣个人所得税	实发工资	
3	150.00	7350.00	1387.50	75.00	5887.50	
4	250.00	6625.00	1271.88	56.25	5296.88	
5	200.00	5550.00	1063.75	22.50	4463.75	
6	0.00	4150.00	712.25	0.00	3437.75	
7	50.00	3800.00	712.25	0.00	3087.75	
8	0.00	6050.00	1063.75	22.50	4963.75	
9	150.00	3700.00	712.25	0.00	2987.75	
10	100.00	4300.00	814.00	0.00	3486.00	

员工薪资统计表

就绪 平均值: 3847.71 计数: 16 求和: 61563.38 100%

Step 10 最后将表格中的数据设置为货币数字格式，适当调整表格的行高和列宽，至此，完成“员工薪资统计表”的创建。

工号	姓名	所属部门	职务	基本工资	津贴	满勤奖	缺勤扣款	应发工资	保险扣款	代扣个人所得税	实发工资
001	锦觅	财务部	经理	¥6,000.00	¥1,500.00	0	¥150.00	¥7,350.00	¥1,387.50	¥75.00	¥5,887.50
002	旭凤	销售部	经理	¥5,500.00	¥1,375.00	0	¥250.00	¥6,625.00	¥1,271.88	¥56.25	¥5,296.88
003	润玉	人事部	主管	¥5,000.00	¥750.00	0	¥200.00	¥5,550.00	¥1,063.75	¥22.50	¥4,463.75
004	穗禾	办公室	员工	¥3,500.00	¥350.00	300	¥0.00	¥4,150.00	¥712.25	¥0.00	¥3,437.75
005	洛林	人事部	员工	¥3,500.00	¥350.00	0	¥50.00	¥3,800.00	¥712.25	¥0.00	¥3,087.75
006	罗西	设计部	主管	¥5,000.00	¥750.00	300	¥0.00	¥6,050.00	¥1,063.75	¥22.50	¥4,963.75
007	赵云澜	销售部	员工	¥3,500.00	¥350.00	0	¥150.00	¥3,700.00	¥712.25	¥0.00	¥2,987.75
008	沈巍	财务部	员工	¥4,000.00	¥400.00	0	¥100.00	¥4,300.00	¥814.00	¥0.00	¥3,486.00
009	王筝	人事部	主管	¥5,000.00	¥750.00	0	¥150.00	¥5,600.00	¥1,063.75	¥22.50	¥4,513.75
010	丛波	办公室	员工	¥3,500.00	¥350.00	300	¥0.00	¥4,150.00	¥712.25	¥0.00	¥3,437.75

员工薪资统计表

就绪 100%

6.2.2 员工薪资统计表的分析

员工薪资统计表创建完成后，用户还可以对其进行分析，以便更加清楚地了解员工的工资情况。下面介绍具体操作步骤。

②关于ROUND函数的使用说明请查阅2.3.3小节，详见本书第19页。

❶使用筛选功能分析

例如，将“所属部门”是“财务部”的信息筛选出来。

Step 01 打开“员工薪资统计表”工作表，选中表中数据区域任意单元格，在“数据”选项卡中单击“排序和筛选”选项组中的“筛选”按钮。

Step 02 单击“所属部门”右侧的筛选按钮，从展开的列表中取消“全选”的勾选，勾选“财务部”复选框，单击“确定”按钮。

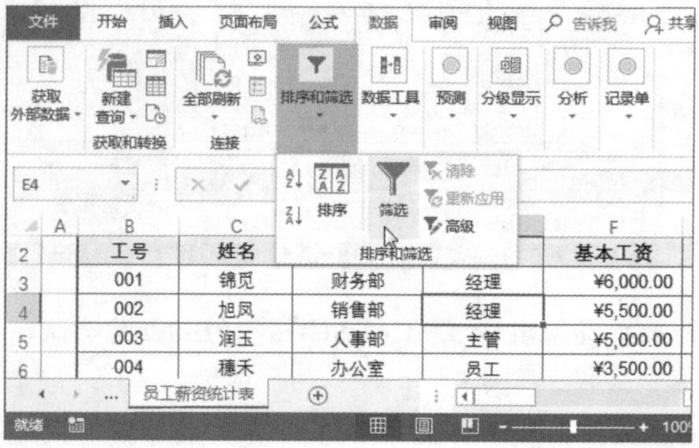

Step 03 返回工作表，此时工作表只显示“财务部”的工资记录。

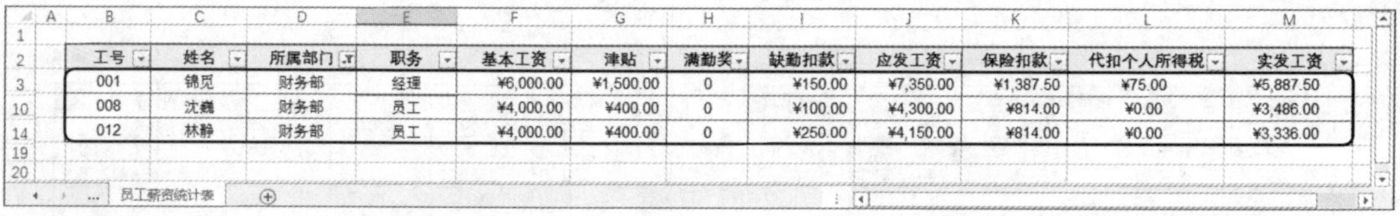

工号	姓名	所属部门	职务	基本工资	津贴	满勤奖	缺勤扣款	应发工资	保险扣款	代扣个人所得税	实发工资
001	锦觅	财务部	经理	¥6,000.00	¥1,500.00	0	¥150.00	¥7,350.00	¥1,387.50	¥75.00	¥5,887.50
008	沈巍	财务部	员工	¥4,000.00	¥400.00	0	¥100.00	¥4,300.00	¥814.00	¥0.00	¥3,486.00
012	林静	财务部	员工	¥4,000.00	¥400.00	0	¥250.00	¥4,150.00	¥814.00	¥0.00	¥3,336.00

Step 04 此外，用户还可以自定义筛选条件。即单击“实发工资”右侧的筛选按钮，在展开的列表中选择“数字筛选”选项，从其级联菜单中选择“自定义筛选”选项。

Step 05 打开“自定义自动筛选方式”对话框，在“实发工资”下拉列表中选择“大于”选项，在后面的文本框中输入“4000”，设置完成后单击“确定”按钮。

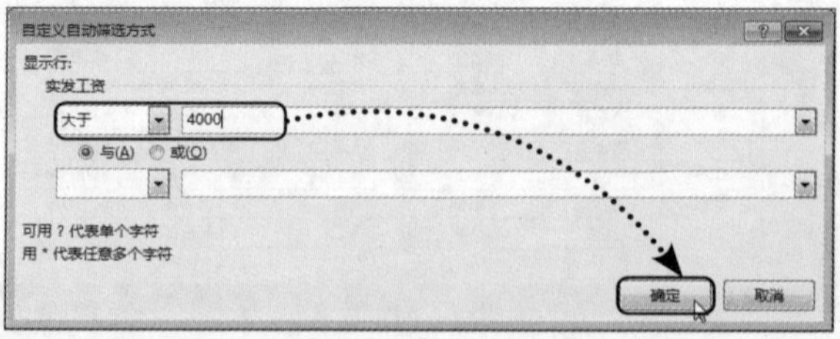

Step 06 返回工作表，可以看到“实发工资”大于4000元的工资记录已经被筛选出来。

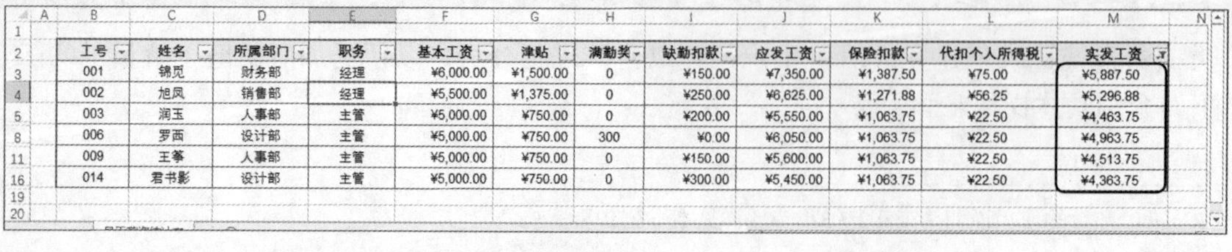

工号	姓名	所属部门	职务	基本工资	津贴	满勤奖	缺勤扣款	应发工资	保险扣款	代扣个人所得税	实发工资
001	锦觅	财务部	经理	¥6,000.00	¥1,500.00	0	¥150.00	¥7,350.00	¥1,387.50	¥75.00	¥5,887.50
002	旭凤	销售部	经理	¥5,500.00	¥1,375.00	0	¥250.00	¥6,625.00	¥1,271.88	¥56.25	¥5,296.88
003	润玉	人事部	主管	¥5,000.00	¥750.00	0	¥200.00	¥5,550.00	¥1,063.75	¥22.50	¥4,463.75
006	罗西	设计部	主管	¥5,000.00	¥750.00	300	¥0.00	¥6,050.00	¥1,063.75	¥22.50	¥4,963.75
009	王筝	人事部	主管	¥5,000.00	¥750.00	0	¥150.00	¥5,600.00	¥1,063.75	¥22.50	¥4,513.75
014	君书影	设计部	主管	¥5,000.00	¥750.00	0	¥300.00	¥5,450.00	¥1,063.75	¥22.50	¥4,363.75

❷使用列表分析

例如，使用列表对表中数据进行排序、汇总等操作。

Step 01 打开“员工薪资统计表 1”工作表，选中数据区域任意单元格，在“插入”选项卡中单击“表格”选项组中的“表格”按钮。

Step 02 弹出“创建表”对话框，保持“表数据的来源”选项区域不变，单击“确定”按钮。

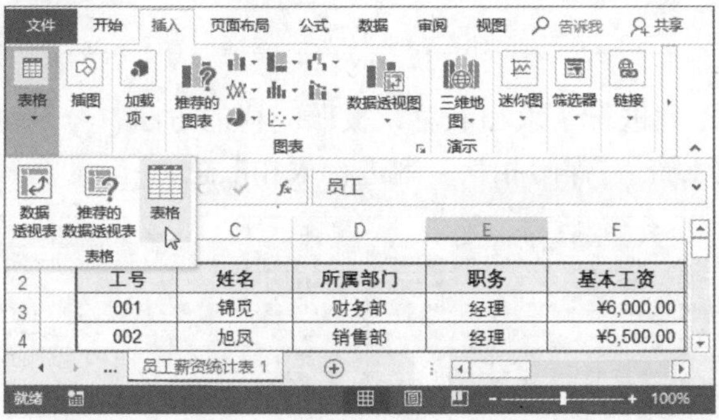

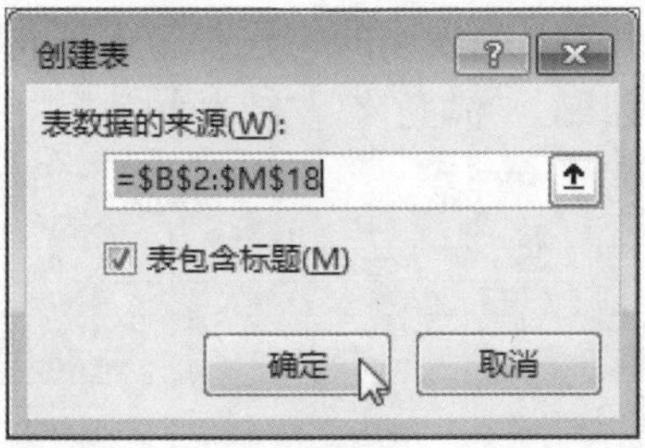

Step 03 将选中的单元格区域创建为一个列表，并自动进入筛选状态，同时弹出“表格工具-设计”选项。

Step 04 选中“实发工资”列任意单元格，单击鼠标右键，从弹出的快捷菜单中选择“排序”选项，从其级联菜单中选择“升序”选项。

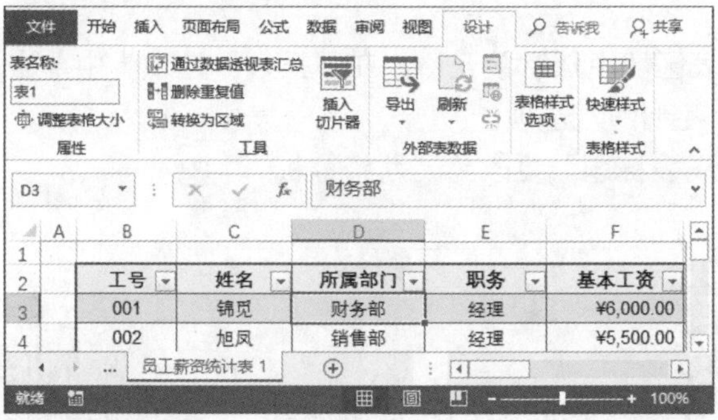

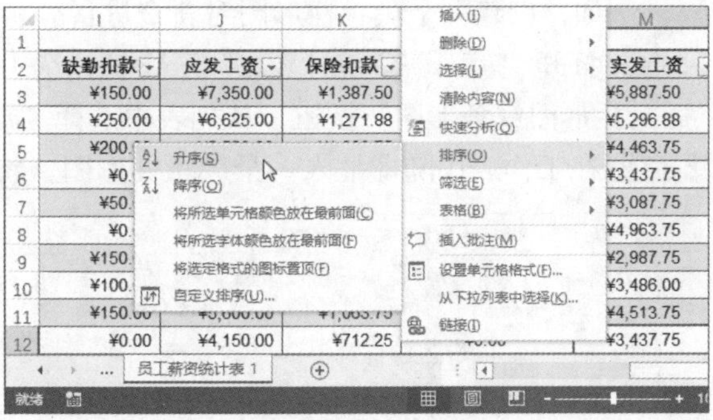

Step 05 系统会自动对“实发工资”列进行升序排序，即数据由小到大顺序显示出来。

Step 06 选中列表中任意单元格，在“表格工具-设计”选项卡中勾选“表格样式选项”选项组中的“汇总行”复选框。

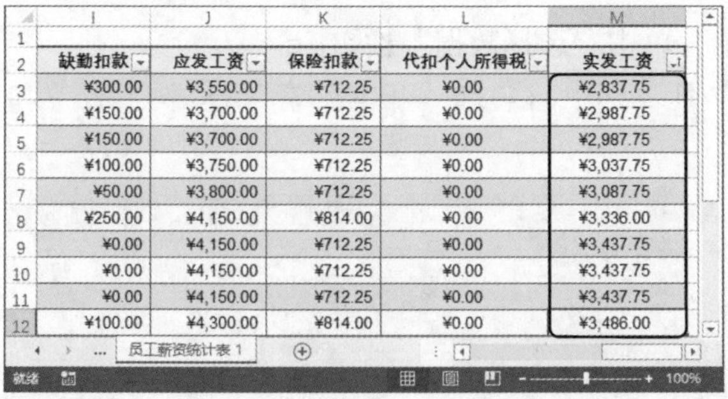

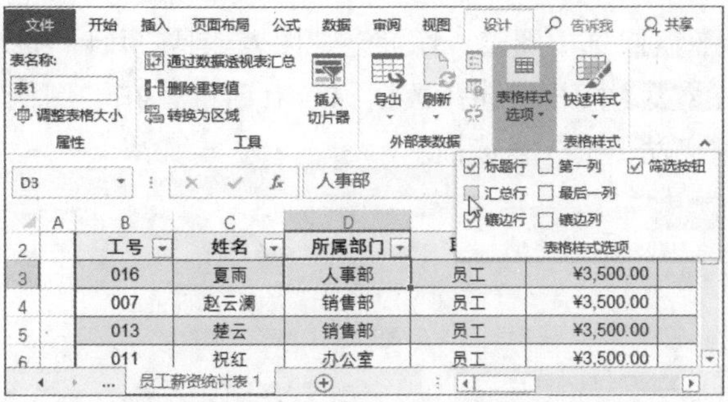

Step 07 系统随即在列表的最后一行添加一个汇总行，并自动对列表的最后一列进行了汇总。

Step 08 选中汇总行的任意一个单元格，单击其右侧的下拉按钮，从列表中选择“求和”选项。

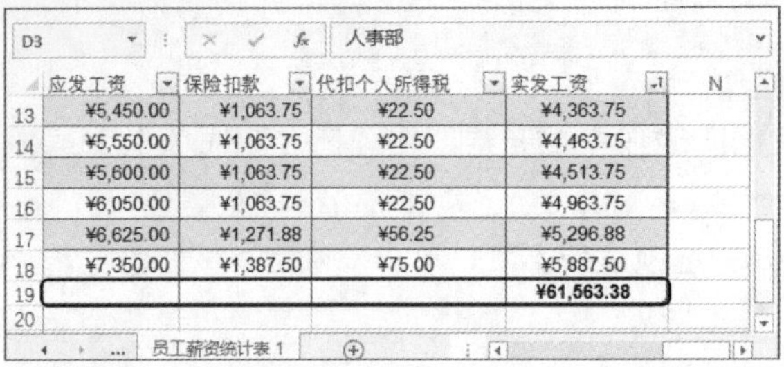

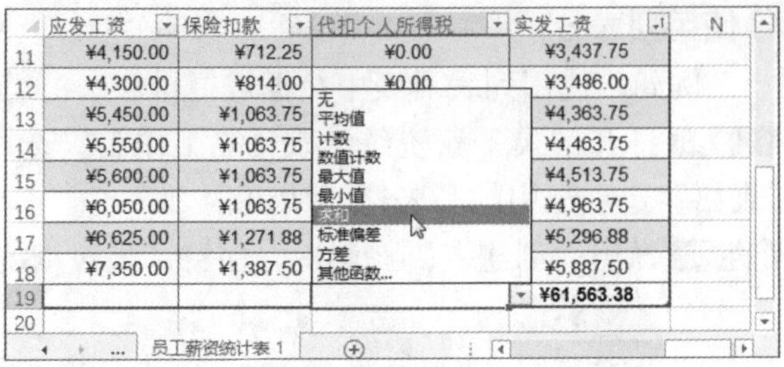

Step 09 系统对列表中的“代扣个人所得税”列进行了求和汇总，按照同样的方法，分别对“基本工资”“津贴”“满勤奖”“缺勤扣款”“应发工资”“保险扣款”列进行求和汇总。

工号	姓名	所属部门	职务	基本工资	津贴	满勤奖	缺勤扣款	应发工资	保险扣款	代扣个人所得税	实发工资
004	穆禾	办公室	员工	¥3,500.00	¥350.00	300	¥0.00	¥4,150.00	¥712.25	¥0.00	¥3,437.75
010	丛波	办公室	员工	¥3,500.00	¥350.00	300	¥0.00	¥4,150.00	¥712.25	¥0.00	¥3,437.75
015	张飞扬	人事部	员工	¥3,500.00	¥350.00	300	¥0.00	¥4,150.00	¥712.25	¥0.00	¥3,437.75
008	沈巍	财务部	员工	¥4,000.00	¥400.00	0	¥100.00	¥4,300.00	¥814.00	¥0.00	¥3,486.00
014	君书影	设计部	主管	¥5,000.00	¥750.00	0	¥300.00	¥5,450.00	¥1,063.75	¥22.50	¥4,363.75
003	润玉	人事部	主管	¥5,000.00	¥750.00	0	¥200.00	¥5,550.00	¥1,063.75	¥22.50	¥4,463.75
009	王筝	人事部	主管	¥5,000.00	¥750.00	0	¥150.00	¥5,600.00	¥1,063.75	¥22.50	¥4,513.75
006	罗西	设计部	主管	¥5,000.00	¥750.00	300	¥0.00	¥6,050.00	¥1,063.75	¥22.50	¥4,963.75
002	旭凤	销售部	经理	¥5,500.00	¥1,375.00	0	¥250.00	¥6,625.00	¥1,271.88	¥56.25	¥5,296.88
001	锦觅	财务部	经理	¥6,000.00	¥1,500.00	0	¥150.00	¥7,350.00	¥1,387.50	¥75.00	¥5,887.50
汇总				¥67,500.00	¥9,475.00	¥1,200.00	¥2,150.00	¥76,025.00	¥14,240.38	¥221.25	¥61,563.38

❸ 使用图表分析

例如，创建一个簇状柱形图对薪资进行分析。

Step 01 打开“员工薪资统计表 2”工作表，选中列表区域中任意单元格，在“插入”选项卡中单击“插入柱形图或条形图”按钮，从列表中选择“簇状柱形图”选项。

Step 02 在工作表中随即插入一个簇状柱形图，将“图表标题”更改为“薪资分析”。

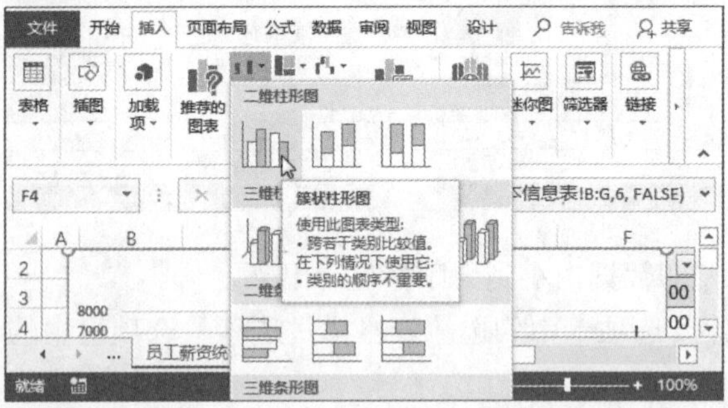

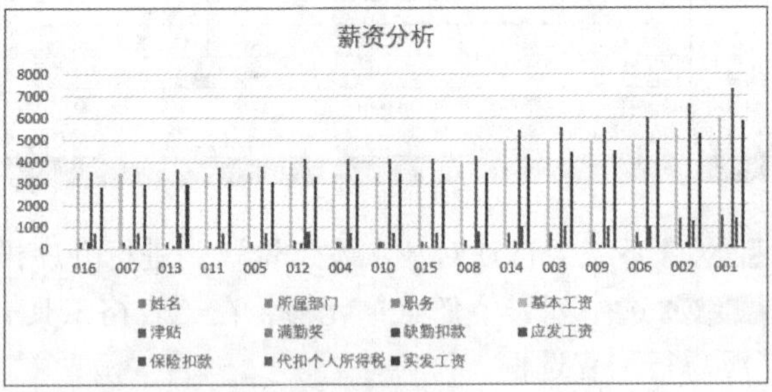

Step 03 选中图表，切换至“图表工具-设计”选项卡，单击“选择数据”按钮。

Step 04 打开“选择数据源”对话框，在“图例项”列表框中只勾选“基本工资”“应发工资”和“实发工资”复选框。

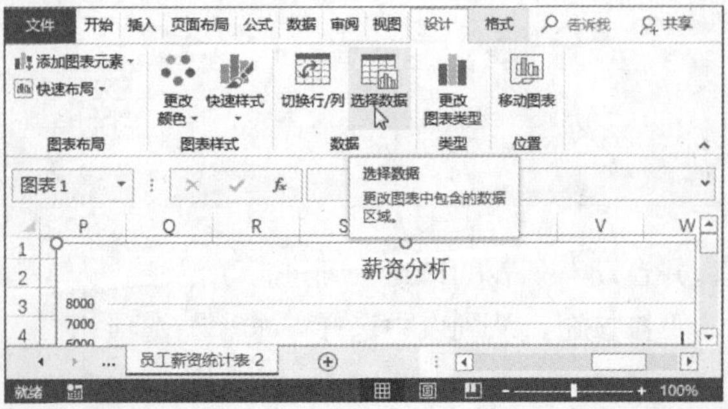

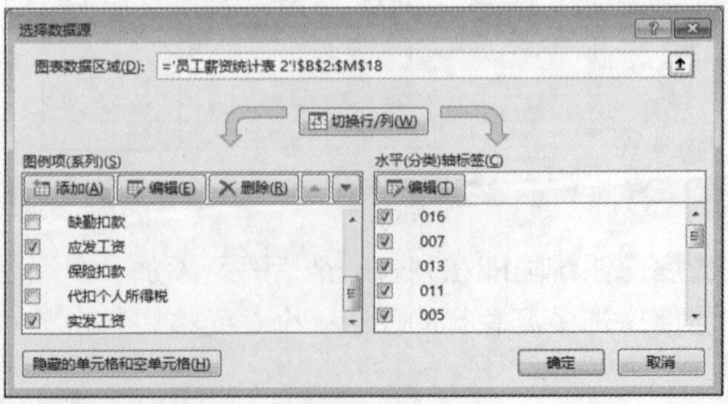

Step 05 在“水平（分类）轴标签”列表框中单击“编辑”按钮，弹出“轴标签”对话框，从中单击“轴标签区域”右侧折叠按钮，切换到工作表中选择C3:C18单元格区域，接着单击“确定”按钮。

Step 06 返回“选择数据源”对话框，用户可以看到“水平（分类）轴标签”列表框中的数据已经发生改变，单击“确定”按钮。

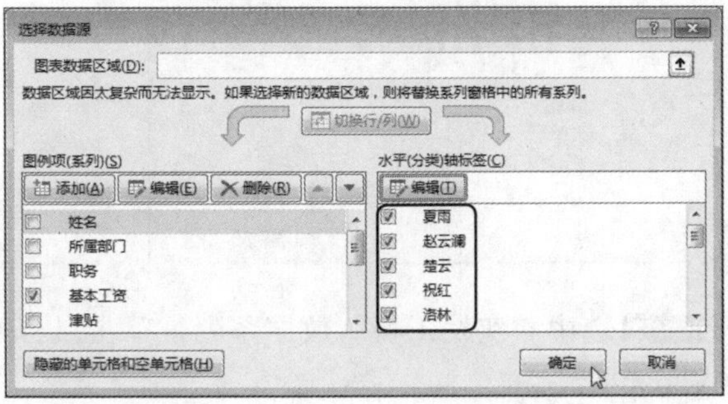

Step 07 返回工作表，可以看到已经将图表中多余的系列选项删除。

Step 08 选中图表，在“图表工具-设计”选项卡中单击“快速样式”下拉按钮，从列表中选择“样式11”选项。

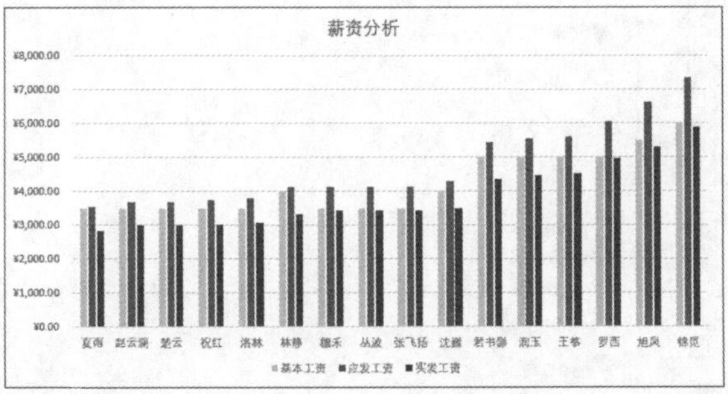

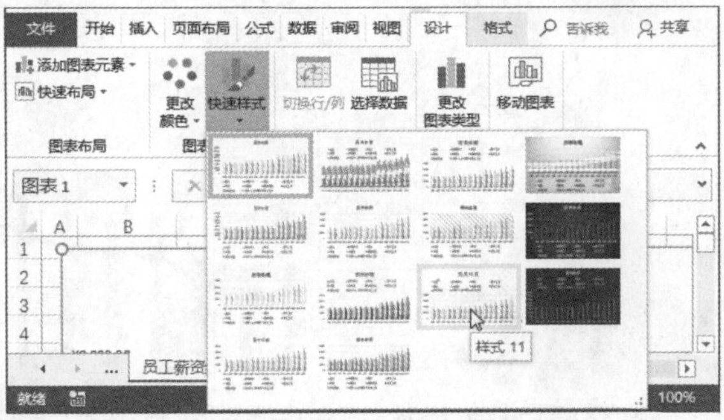

Step 09 返回工作表，可以看到图表已经应用了选择的样式。

Step 10 用户还可以更改图表类型，即选中图表，在“图表工具-设计”选项卡中单击“更改图表类型”按钮。

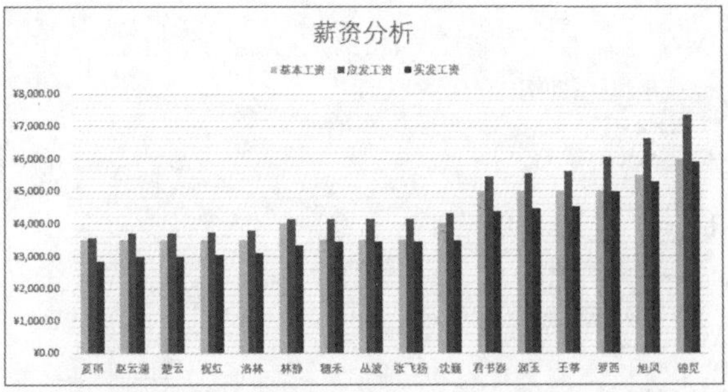

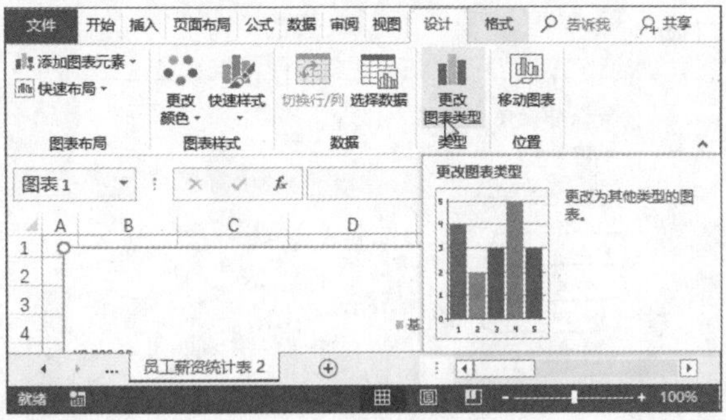

Step 11 弹出“更改图表类型”对话框，切换至“所有图表”选项卡，选择“组合”选项，在右侧“为您的数据系列选择图表类型和轴”的列表框中单击“实发工资”的“图表类型”下拉按钮，从列表中选择“带数据标记的折线图”选项。

Step 12 单击“确定”按钮，返回工作表，可以看到更改图表类型的效果。

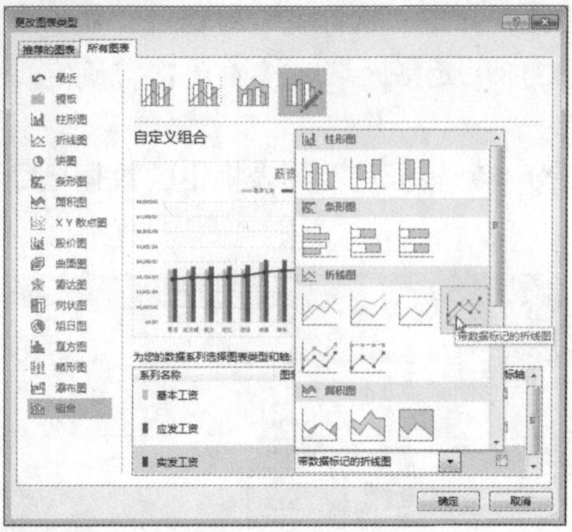

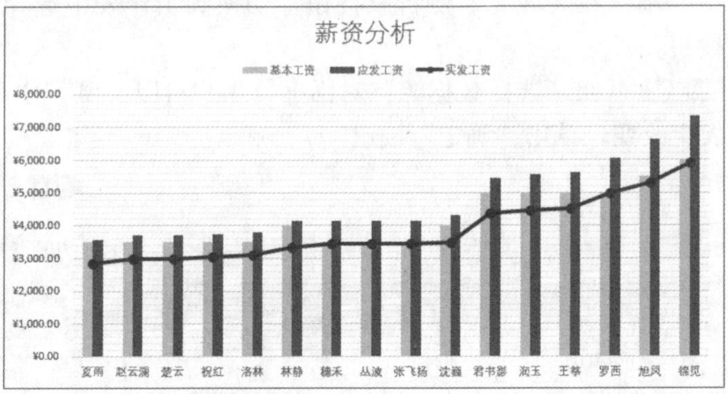

Step 13 选中“实发工资”数据系列，单击鼠标右键，从弹出的快捷菜单中选择“设置数据系列格式”选项。

Step 14 打开“设置数据系列格式”窗格，切换至“填充与线条”选项卡，选择“标记”选项，在“数据标记选项”选项组中单击“内置”单选按钮，接着在“类型”下拉列表中选择一种合适的类型，在“大小”文本框中输入合适的大小。

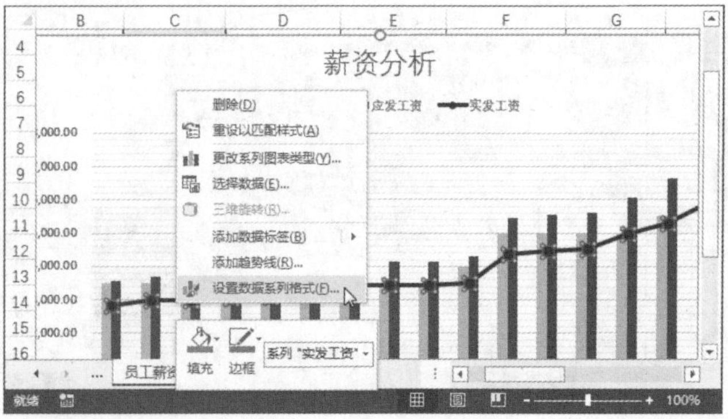

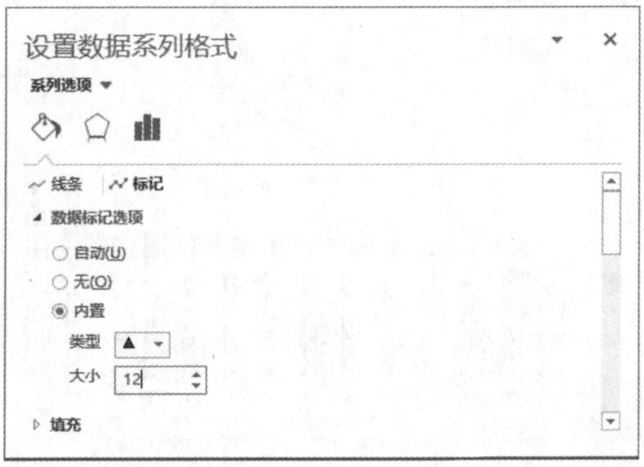

Step 15 在“填充”选项组中单击“纯色填充”单选按钮，在“颜色”列表中选择一种合适的颜色。

Step 16 在“边框”选项组中单击“实线”单选按钮，设置合适的颜色，在“宽度”文本框中输入“1磅”。

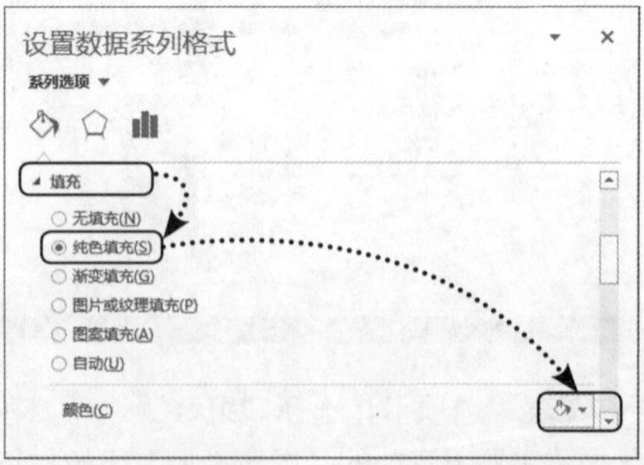

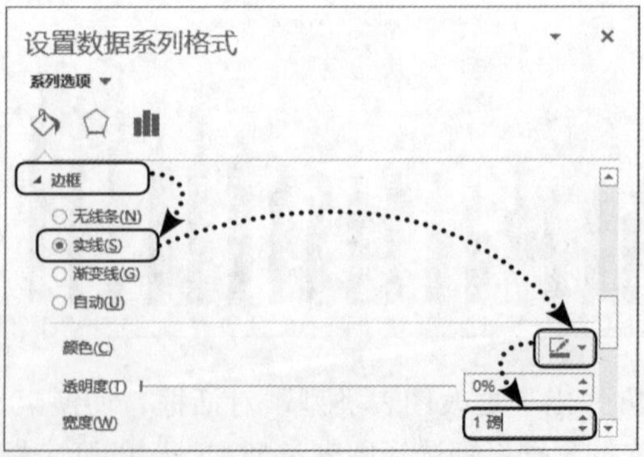

Step 17 切换至“线条”选项，选中“实线”单选按钮，设置合适的颜色，并将“宽度”设置为“4磅”。

Step 18 设置完成后关闭窗格，返回工作表，查看设置图表的效果。

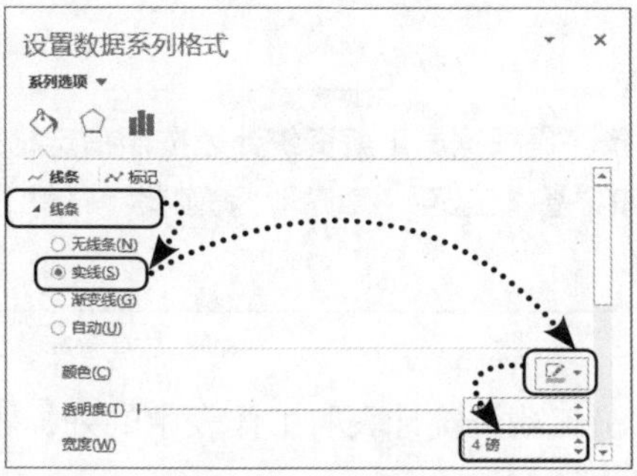

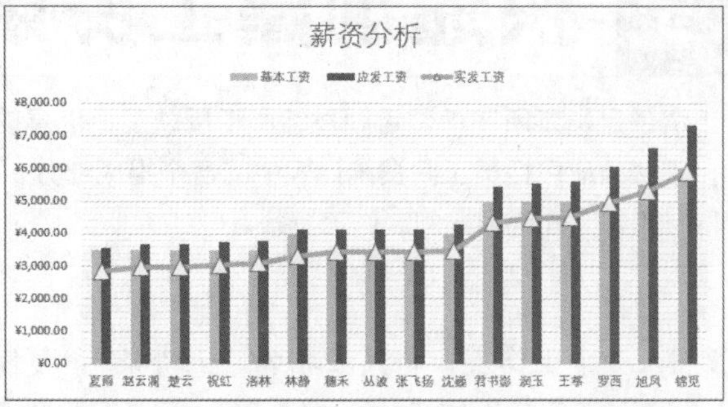

Step 19 选中“基本工资”数据系列，单击鼠标右键，从弹出的快捷菜单中选择“设置数据系列格式”选项。

Step 20 打开“设置数据系列格式”窗格，在“填充”选项组中选中“渐变填充”单选按钮，单击“预设渐变”按钮，从列表中选择一种合适的渐变效果。

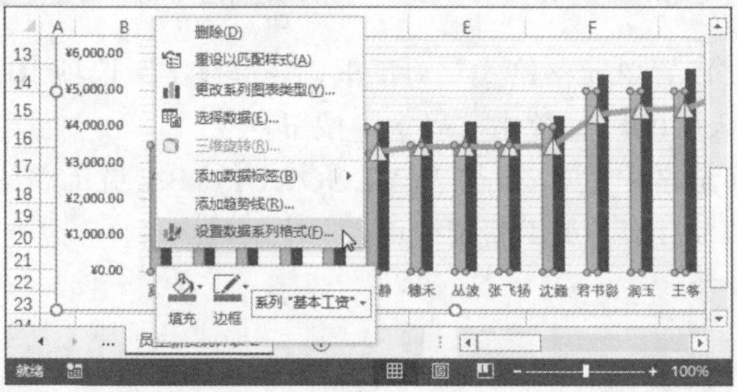

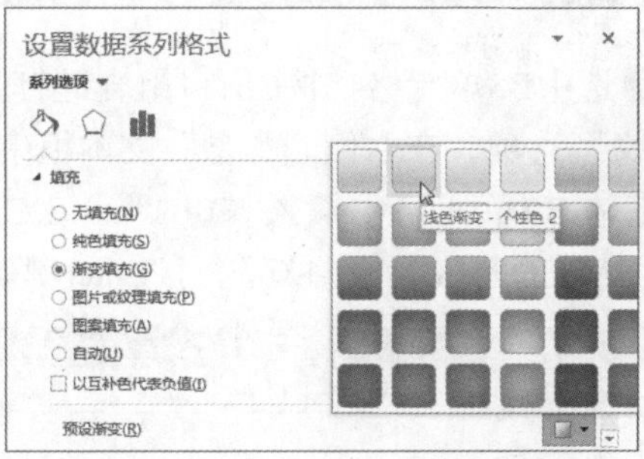

Step 21 按照同样的方法为“应发工资”数据系列设置合适的渐变填充效果，设置完成后关闭窗格，查看设置后图表的效果。

Step 22 选中图表，在“图表工具-格式”选项卡中单击“形状样式”选项组中的“形状填充”按钮，从列表中选择一种合适的填充颜色。

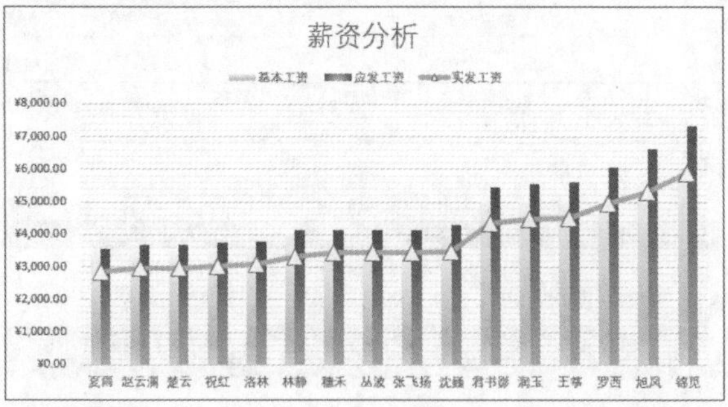

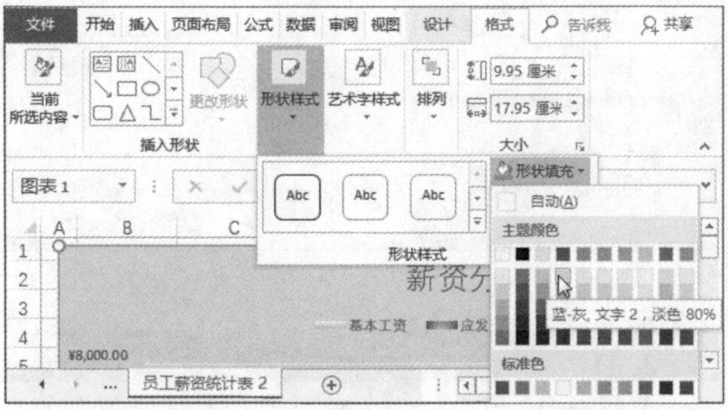

Step 23 返回工作表，调整图表的大小，查看最终效果。

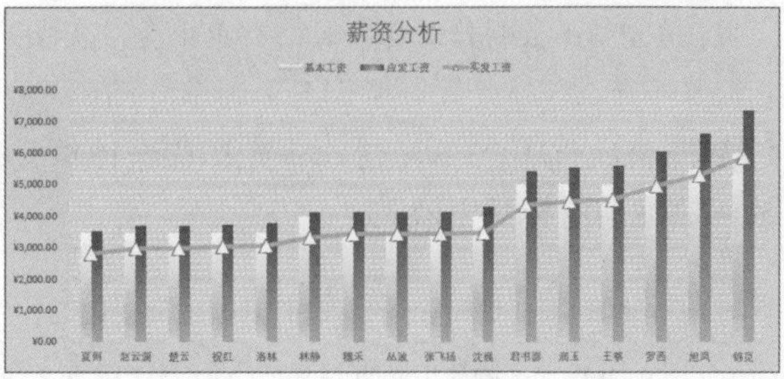

6.3 快速创建工资条

工资条是员工所在单位定期发给员工反映工资信息的纸条，是根据员工薪资统计表按照指定格式生成的，工资条应包括员工薪资统计表中的各个组成部分，例如“基本工资”“津贴”“满勤奖”“代扣个人所得税”等。下面介绍如何制作工资条。

Step 01 插入一个工作表，将其命名为“工资条”，复制“员工薪资统计表”工作表中的列标题，将其粘贴至“工资条”工作表中，接着输入标题，构建表格框架。

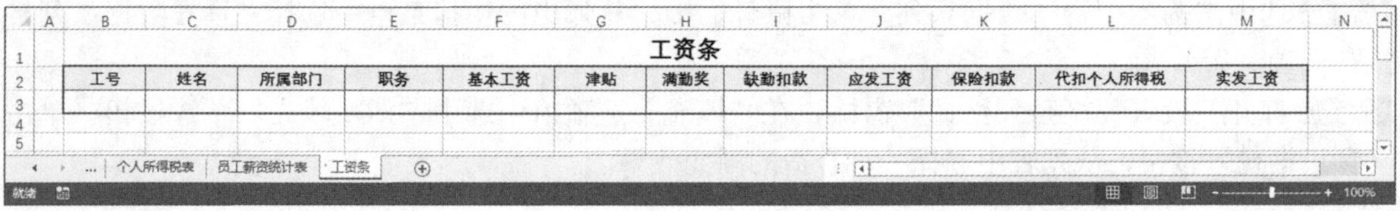

Step 02 选中B3单元格，按Ctrl+1组合键打开“设置单元格格式”对话框，在“数字”选项卡中选择“自定义”选项，在右侧“类型”文本框中输入“00#”，单击“确定”按钮。

Step 03 在B3单元格中输入“001”，在C3单元格中输入公式“=VLOOKUP($B3,员工薪资统计表!$B:$M,COLUMN③()-1,0)”，按Enter键确认，引用“员工薪资统计表”中的姓名。

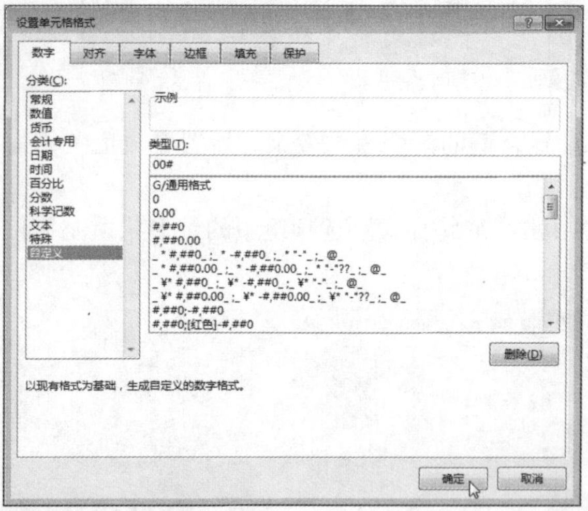

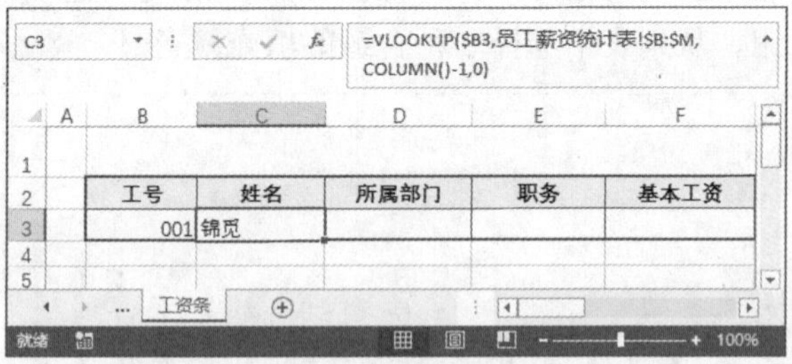

提示

除了使用VLOOKUP函数快速制作工资条之外，用户还可以使用OFFSET函数制作工资条，在使用OFFSET函数制作工资条时，公式中会涉及OFFSET函数和MOD函数的应用。

Step 04 再次选中C3单元格，将光标移至该单元格右下角，当光标变为十字形时，按住鼠标左键不放向右拖动鼠标填充公式。

③关于COLUMN函数的使用说明请查阅2.4.1小节，详见本书第23页。

Step 05 选中B3:M3单元格区域，将光标移至M3单元格的右下角，当光标变为十字形状时，按住鼠标左键不放，向下拖动鼠标填充公式。

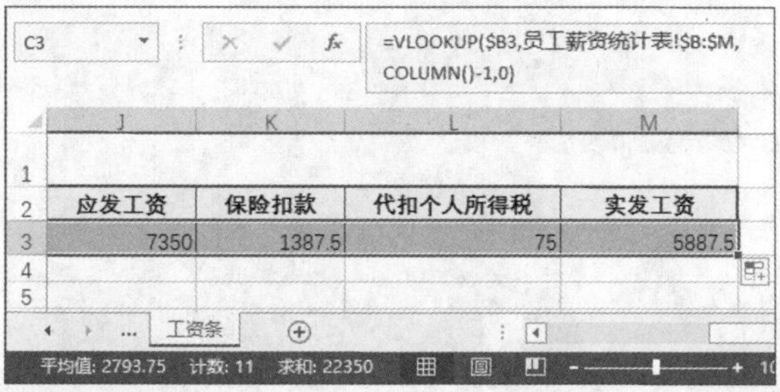

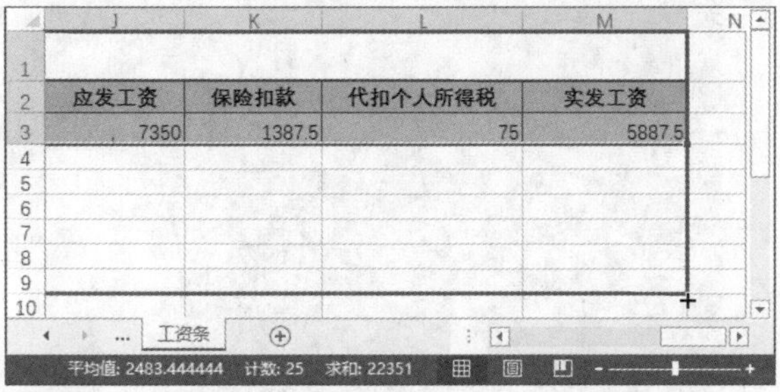

Step 06 将数据内容居中显示，并设置为货币数据格式，至此，完成工资条的制作。

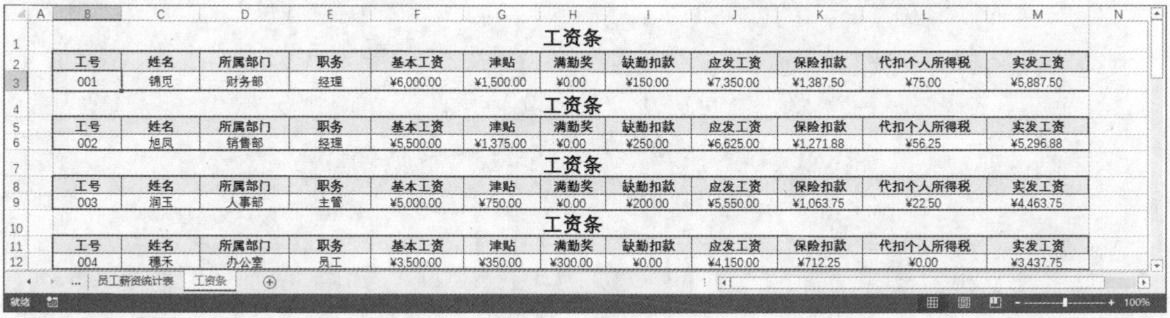

工号	姓名	所属部门	职务	基本工资	津贴	满勤奖	缺勤扣款	应发工资	保险扣款	代扣个人所得税	实发工资
001	锦觅	财务部	经理	¥6,000.00	¥1,500.00	¥0.00	¥150.00	¥7,350.00	¥1,387.50	¥75.00	¥5,887.50
工号	姓名	所属部门	职务	基本工资	津贴	满勤奖	缺勤扣款	应发工资	保险扣款	代扣个人所得税	实发工资
002	旭凤	销售部	经理	¥5,500.00	¥1,375.00	¥0.00	¥250.00	¥6,625.00	¥1,271.88	¥56.25	¥5,296.88
工号	姓名	所属部门	职务	基本工资	津贴	满勤奖	缺勤扣款	应发工资	保险扣款	代扣个人所得税	实发工资
003	润玉	人事部	主管	¥5,000.00	¥750.00	¥0.00	¥200.00	¥5,550.00	¥1,063.75	¥22.50	¥4,463.75
工号	姓名	所属部门	职务	基本工资	津贴	满勤奖	缺勤扣款	应发工资	保险扣款	代扣个人所得税	实发工资
004	穗禾	办公室	员工	¥3,500.00	¥350.00	¥300.00	¥0.00	¥4,150.00	¥712.25	¥0.00	¥3,437.75

Chapter

07

你能处理好应收账款吗

本章概述

在当今市场经济环境下，企业的财务部门必须按照会计制度的有关规定，往来账进行记录和核算。随着市场经济的发展，竞争的加剧，企业为了提高市场占有率，利用商业信用进行促销，发生大量的应收账款。为了避免坏账的产生，保证企业资金的流动性，财务人员需要对应收账款和应付账款进行有效的管理。

核心知识点

应收账款的统计

对应收账款进行分析

应付账款的统计

7.1 应收账款的统计很简单

应收账款是指企业销售商品、提供劳务等业务活动时，应向购货单位或接受劳务单位收取的款项。应收账款属于流动资产。

7.1.1 应收账款的账务处理

加强对应收账款的管理是企业财务管理的重要工作，在进行应收账款的账务处理之前，首先要创建应收账款表单。下面介绍创建应收账款表单的步骤。

Step 01 新建一个名为“应收账款表单”的空白工作表，在其中输入相应的内容，并设置格式，为表格添加边框。

Step 02 在表格中输入公司尚未收回的应收账款的数据信息。

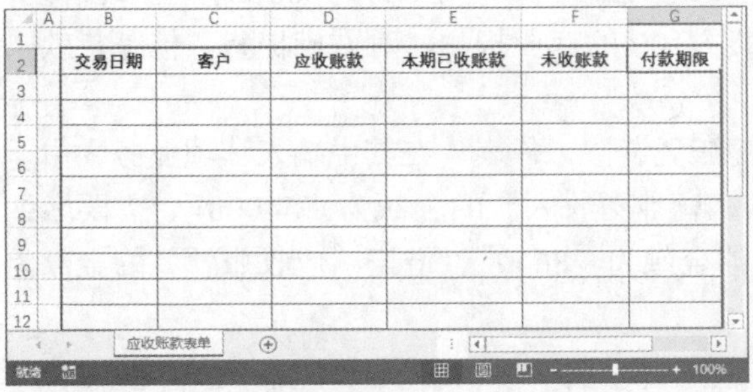

交易日期	客户	应收账款	本期已收账款	未收账款	付款期限

交易日期	客户	应收账款	本期已收账款	未收账款	付款期限
2018/8/1	小风科技	¥36,000.00			
2018/8/5	清月实业	¥75,800.00			
2018/8/9	盛丰科技	¥65,200.00			
2018/8/20	飞鸿实业	¥68,900.00			
2018/8/25	清月实业	¥45,200.00			
2018/8/28	盛丰科技	¥18,900.00			
2018/9/1	小风科技	¥98,900.00			

Step 03 在F3单元格中输入公式“=D3-E3”，按Enter键确认，计算未收账款金额。

Step 04 将F3单元格中的公式向下填充，在G列输入“付款期限”。

交易日期	客户	应收账款	本期已收账款	未收账款	付款期限
2018/8/1	小风科技	¥36,000.00		=D3-E3	
2018/8/5	清月实业	¥75,800.00			
2018/8/9	盛丰科技	¥65,200.00			
2018/8/20	飞鸿实业	¥68,900.00			
2018/8/25	清月实业	¥45,200.00			
2018/8/28	盛丰科技	¥18,900.00			
2018/9/1	小风科技	¥98,900.00			

交易日期	客户	应收账款	本期已收账款	未收账款	付款期限
2018/8/1	小风科技	¥36,000.00		¥36,000.00	30
2018/8/5	清月实业	¥75,800.00		¥75,800.00	30
2018/8/9	盛丰科技	¥65,200.00		¥65,200.00	30
2018/8/20	飞鸿实业	¥68,900.00		¥68,900.00	60
2018/8/25	清月实业	¥45,200.00		¥45,200.00	60
2018/8/28	盛丰科技	¥18,900.00		¥18,900.00	30
2018/9/1	小风科技	¥98,900.00		¥98,900.00	60

Step 05 选中G3:G9单元格区域，按Ctrl+1组合键打开“设置单元格格式”对话框，在“数字”选项卡中的“分类”列表框中选择“自定义”选项，在右侧“类型”文本框中输入“0"天"”，单击“确定”按钮。

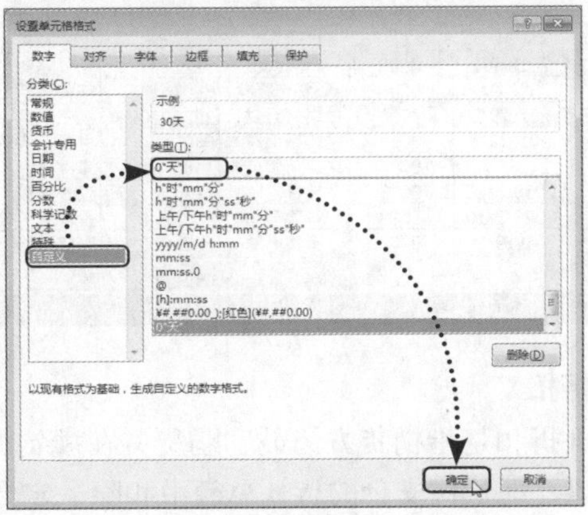

Step 06 返回工作表，可以看到G3:G9单元格区域中的数字后面都添加了“天”单位。再美化一下表格即可。

交易日期	客户	应收账款	本期已收账款	未收账款	付款期限
2018/8/1	小风科技	¥36,000.00		¥36,000.00	30天
2018/8/5	清月实业	¥75,800.00		¥75,800.00	30天
2018/8/9	盛丰科技	¥65,200.00		¥65,200.00	30天
2018/8/20	飞鸿实业	¥68,900.00		¥68,900.00	60天
2018/8/25	清月实业	¥45,200.00		¥45,200.00	60天
2018/8/28	盛丰科技	¥18,900.00		¥18,900.00	30天
2018/9/1	小风科技	¥98,900.00		¥98,900.00	60天

完成应收账款表单的创建后，接下来讲解应收账款的账务处理。在进行应收账款的账务处理时，通常按实际发生额计价入账，计价时还需要考虑商业折扣和现金折扣等因素。

❶商业折扣

商业折扣是指企业为促进商品销售而在商品标价上给予的价格扣减，不影响销售商品收入的计量。此时，购销双方都按扣减后的实际金额计算并入账，商业折扣不在买卖双方任何一方的账上反映。

例如，企业在2018年9月10日销售给小风科技10台电脑，每台电脑标价6000元（不含税价格），增值税为16%，由于是批量销售，所以给购货方10%的商业折扣，对方已提货，但是货款未收到。

Step 01 打开“记账凭证6”工作簿，切换至“通用记账凭证”工作表，在其中输入该项业务，由于给予了10%的商业折扣，所以扣除折扣后，贷记“主营业务收入”的金额为“54000”，需要缴纳16%的增值税，贷记“应交税费——应交增值税”的金额为“8640”，借记“应收账款”的金额为“62640”。

记　账　凭　证

凭证号：0008　　制单日期：2018/9/10　　附单据数：1

摘　要	科目代码	科 目 名 称	借方金额	贷方金额
销售电脑	1122	应收账款	¥62,640.00	
销售电脑	6001	主营业务收入		¥54,000.00
销售电脑	22210102	应交税费——应交增值税（销项税额）		¥8,640.00
票号 日期　2018/9/10	数量　10台 单价　6000元	合计：	¥62,640.00	¥62,640.00
备注	项 目 客 户	部 门 业务员	个 人	

Step 02 切换至“记账凭证汇总表”工作表，按照审核无误的记账凭证进行登记。

	B	C	D	E	F	G	H	I
14	2018/9/2	0006	销售传真机	1122	应收账款		¥20,880.00	
15	2018/9/2	0006	销售传真机	6601	销售费用			¥18,000.00
16	2018/9/2	0006	销售传真机	22210102	应交税费	应交增值税（销项税额）		¥2,880.00
17	2018/9/2	0007	结转销售成本	6401	主营业务成本		¥9,500.00	
18	2018/9/2	0007	结转销售成本	1406	库存商品			¥9,500.00
19	2018/9/10	0008	销售电脑	1122	应收账款		¥62,640.00	
20	2018/9/10	0008	销售电脑	6001	主营业务收入			¥54,000.00
21	2018/9/10	0008	销售电脑	22210102	应交税费	应交增值税（销项税额）		¥8,640.00

❷现金折扣

现金折扣是指销货方为鼓励购货方在规定的期限内尽快付款，而协议许诺给予购货方的一种折扣优惠，即从应支付的货款总额中扣除一定比例的金额。现金折扣一般用“折扣/付款期限”表示，例如，2/10、1/20、N/30，即10天内付款折扣为2%，20天内付款折扣为1%，30天内付款不给折扣。在存在现金折扣的情况下，应收账款的计价有两种方法：一种是总价法，另一种是净价法。我国新企业会计准则要求采用总价法入账，不允许采用净价法。总价法是将未减除现金折扣前的金额作为实际售价，记作应收账款，而把给予客户的现金折扣看作理财费用，当作财务费用处理。总价法可以较好地反映销售的全过程，且简便易行。

例如，2018年9月12日企业销售一批商品给甲公司，价款是100000元，增值税为17000元，企业给予的现金折扣条件为：2/10、1/20、N/30。该企业第10天付款，可以享受2%的折扣。

Step 01 打开“记账凭证7”工作簿，切换至“通用记账凭证”工作表，在其中输入该项业务，由于给与了2%的现金折扣，所以借记“银行存款”的金额为“114660”，借记“财务费用”的金额为“2340”，贷记“应收账款”的金额为“117000”。

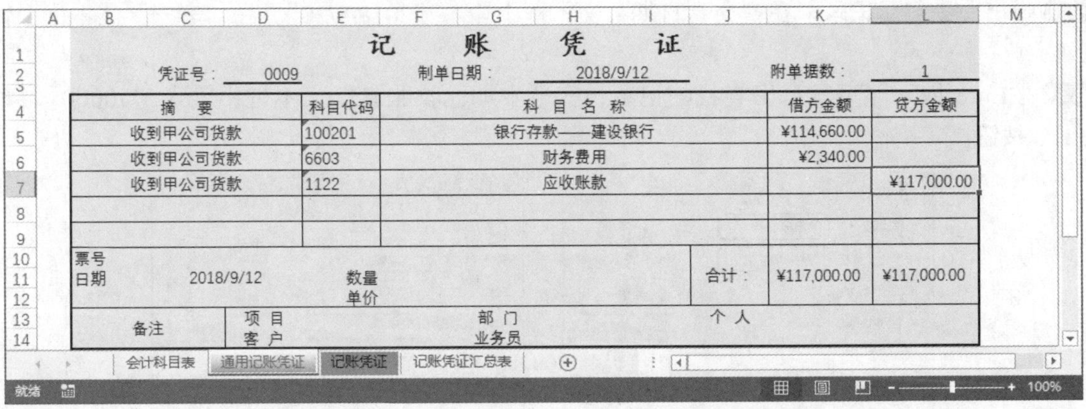

记 账 凭 证

凭证号：0009　制单日期：2018/9/12　附单据数：1

摘　要	科目代码	科 目 名 称	借方金额	贷方金额
收到甲公司货款	100201	银行存款——建设银行	¥114,660.00	
收到甲公司货款	6603	财务费用	¥2,340.00	
收到甲公司货款	1122	应收账款		¥117,000.00
票号 日期 2018/9/12	数量 单价		合计： ¥117,000.00	¥117,000.00
备注	项目 客户	部门 业务员	个人	

Step 02 切换至“记账凭证汇总表”工作表，按照审核无误的记账凭证进行登记。

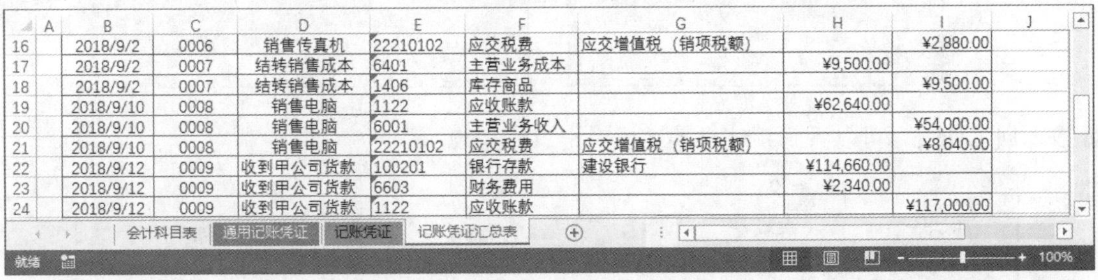

	B	C	D	E	F	G	H	I
16	2018/9/2	0006	销售传真机	22210102	应交税费	应交增值税（销项税额）		¥2,880.00
17	2018/9/2	0007	结转销售成本	6401	主营业务成本		¥9,500.00	
18	2018/9/2	0007	结转销售成本	1406	库存商品			¥9,500.00
19	2018/9/10	0008	销售电脑	1122	应收账款		¥62,640.00	
20	2018/9/10	0008	销售电脑	6001	主营业务收入			¥54,000.00
21	2018/9/10	0008	销售电脑	22210102	应交税费	应交增值税（销项税额）		¥8,640.00
22	2018/9/12	0009	收到甲公司货款	100201	银行存款	建设银行	¥114,660.00	
23	2018/9/12	0009	收到甲公司货款	6603	财务费用		¥2,340.00	
24	2018/9/12	0009	收到甲公司货款	1122	应收账款			¥117,000.00

7.1.2 利用记录单管理应收账款

企业的应收账款是不断发生变化的。当收到某一笔应收账款时，如果是偿还部分欠款，就应该对该笔应收账款进行修改，注明已收账款金额和未收账款金额。如果是全部偿还欠款，就应该将该笔应收账款消除。

如果发现“应收账款表单”中的记录较多，想要对数据进行查找、修改和消除会比较麻烦，这时可以使用“记录单”功能进行这些操作。例如，企业在2018年8月20日销售给飞鸿实业10台电脑，现已经收到部分货款50000元。下面介绍如何使用“记录单”查找并修改该记录。

Step 01 打开“应收账款表单”工作表，选中表格中任意单元格，在“数据”选项卡中单击“记录单”按钮。

Step 02 弹出“应收账款表单”对话框，如果记录较少，可以单击“上一条”或“下一条”按钮查找记录。如果记录较多，可以单击“条件”按钮查找。

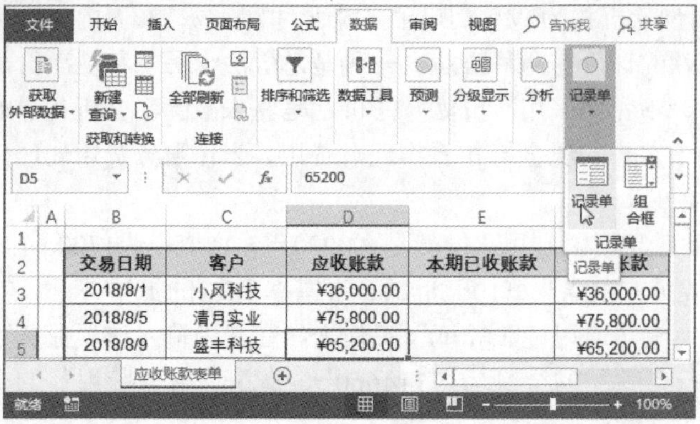

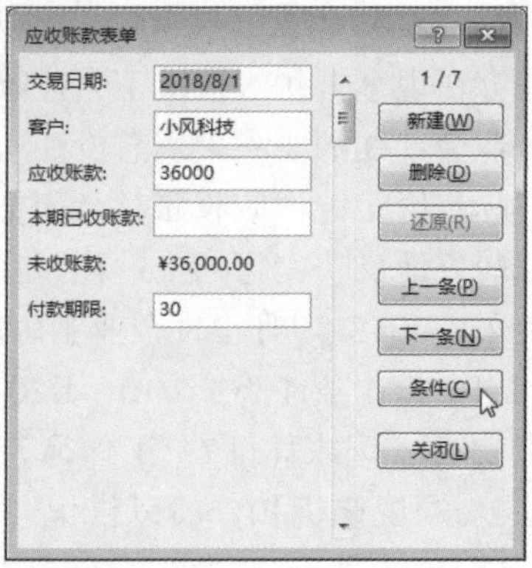

Step 03 弹出一条空白记录，在“交易日期”文本框中输入“2018/8/20”，在“客户”文本框中输入“飞鸿实业”。

Step 04 按Enter键，即可显示出查找的记录，在“本期已收账款”文本框中输入“50000”，单击“关闭”按钮。

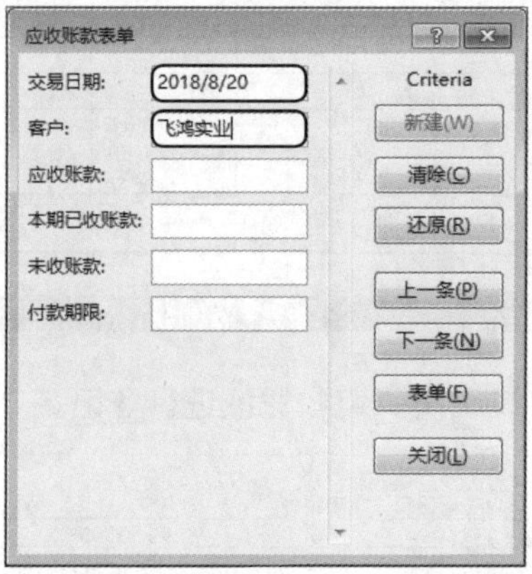

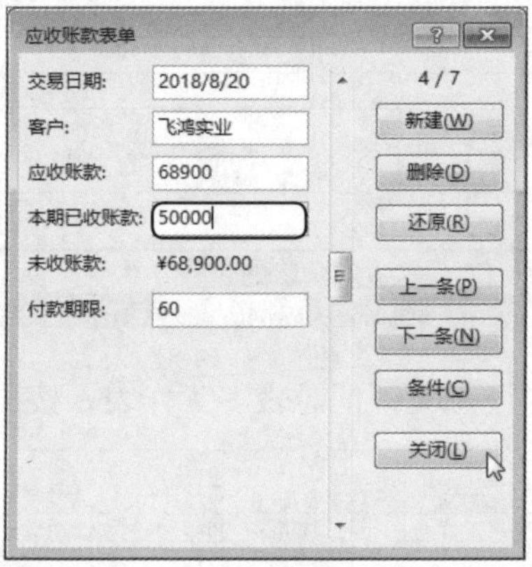

Step 05 返回工作表，可以看到系统自动完成对记录的修改。

交易日期	客户	应收账款	本期已收账款	未收账款	付款期限
2018/8/1	小风科技	¥36,000.00		¥36,000.00	30天
2018/8/5	清月实业	¥75,800.00		¥75,800.00	30天
2018/8/9	盛丰科技	¥65,200.00		¥65,200.00	30天
2018/8/20	飞鸿实业	¥68,900.00	¥50,000.00	¥18,900.00	60天
2018/8/25	清月实业	¥45,200.00		¥45,200.00	60天
2018/8/28	盛丰科技	¥18,900.00		¥18,900.00	30天
2018/9/1	小风科技	¥98,900.00		¥98,900.00	60天

用户也可以使用“记录单”查找并删除记录，例如，企业在2018年8月25日销售给清月实业15台传真机，现已收到全部货款45200元，此时使用“记录单”查找并删除该记录的操作步骤如下。

Step 01 打开“应收账款表单”工作表，选中数据区域中任意单元格，单击“数据”选项卡中的“记录单”按钮，弹出“应收账款表单”对话框，单击“条件”按钮。

Step 02 弹出一条空白记录，输入“交易日期”和“客户”信息。

Step 03 按Enter键查找出该记录，单击“删除”按钮，会弹出提示对话框，提醒用户“显示的记录将被删除”，单击“确定”按钮，单击“关闭”按钮。

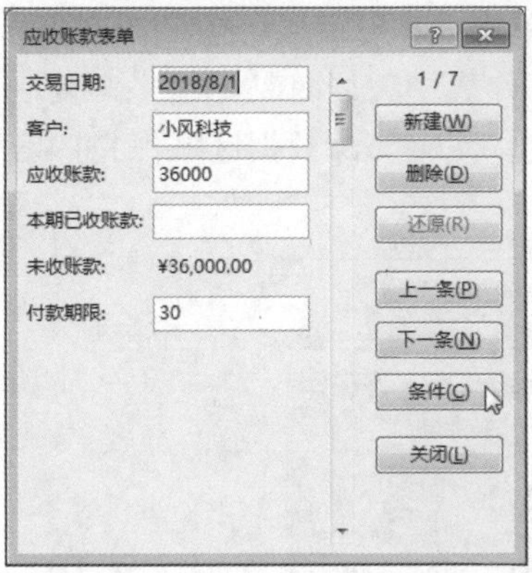

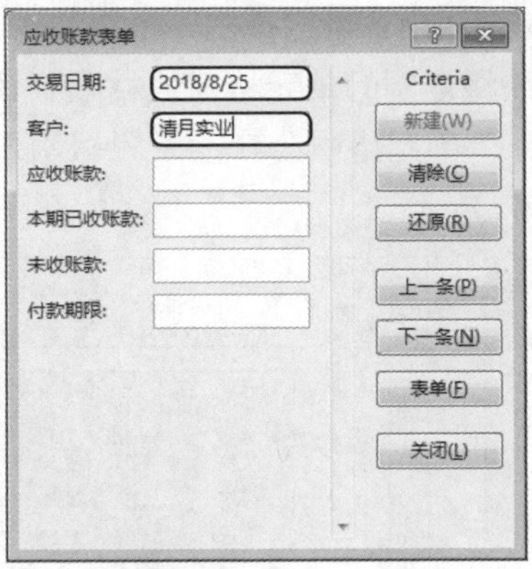

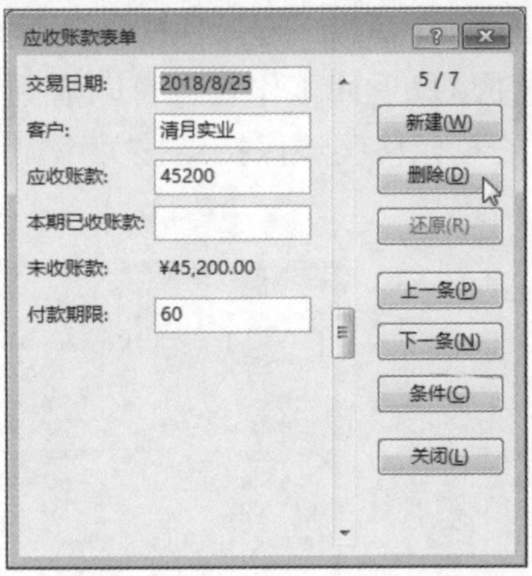

Step 04 返回工作表，此时表格中“交易日期”为“2018/8/25”、“客户”为“清月实业”的记录被删除了。

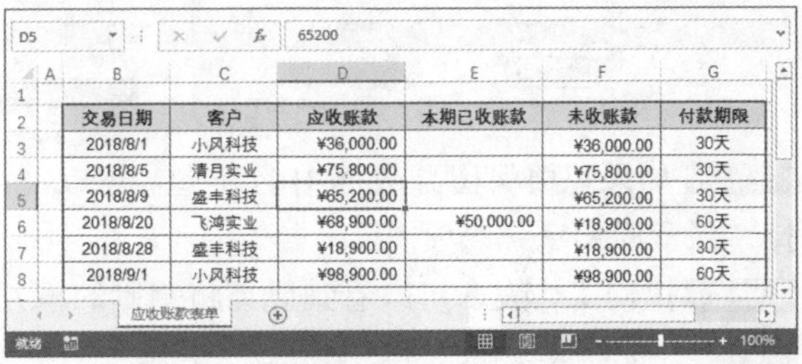

7.2 对应收账款进行分析

应收账款需要经过一段时间才可能全部收回，它关系着企业资金的回笼情况。如果不能及时收回账款，企业就无法持续运转，这样会影响企业的经营。因此需要对应收账款进行分析，以便能够制定相应的对策，及时采取措施收回应收账款。

7.2.1 分析逾期应收账款

在实际工作中，有些应收账款已经到期，但是没有及时收回，就形成了逾期应收账款。这里介绍利用函数判断应收账款是否到期及分析逾期的天数。

Step 01 打开“应收账款表单”工作表，首先将当前已经发生的应收账款全部登记到该工作表中，选中B2:G9单元格区域，按Ctrl+C组合键进行复制。

Step 02 新建一个空白工作表，并命名为“逾期应收账款分析”，选中该工作表B2单元格，单击鼠标右键，从弹出的快捷菜单中选择“选择性粘贴”选项。

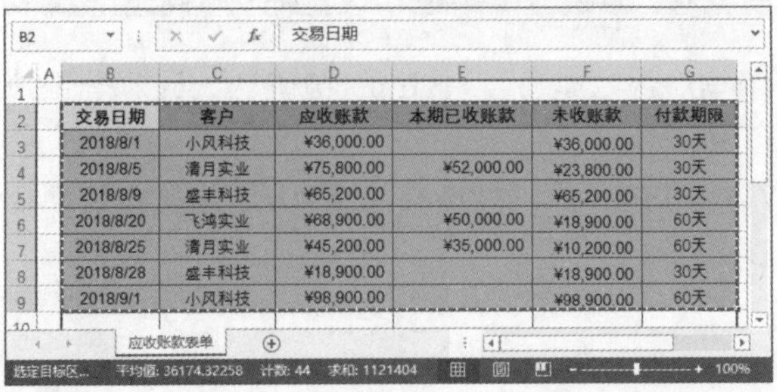

Step 03 弹出“选择性粘贴”对话框，从中选中“全部”单选按钮，单击“粘贴链接”按钮。

Step 04 返回工作表，可以看到已经将复制的单元格区域粘贴到该工作表中，同时粘贴结果与复制的单元格区域保持链接关系，即每个单元格中会自动设置引用公式，使之与源数据区域保持内容一致。

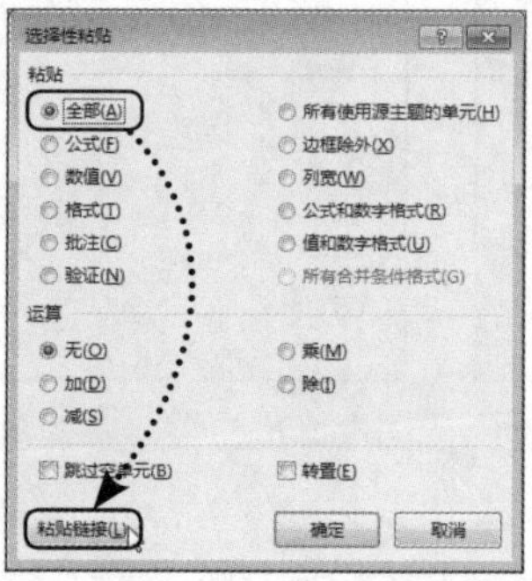

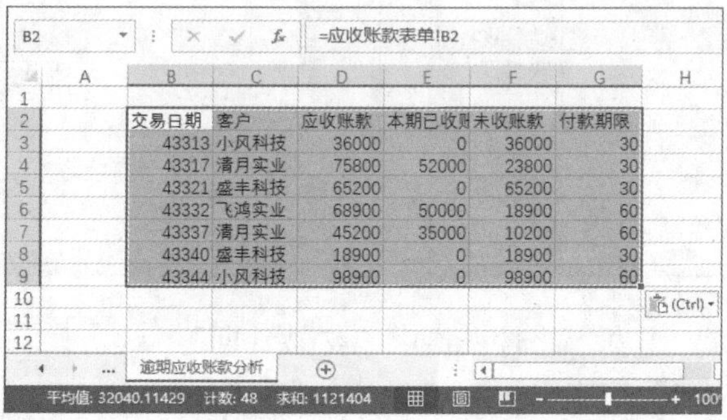

Step 05 如果想要保留源数据中的列宽，可以在“开始”选项卡中单击“粘贴”按钮，从列表中选择“保留源列宽”选项。

Step 06 返回工作表，可以看到已经将复制的单元格区域数据粘贴到目标位置，并且保留了列宽。

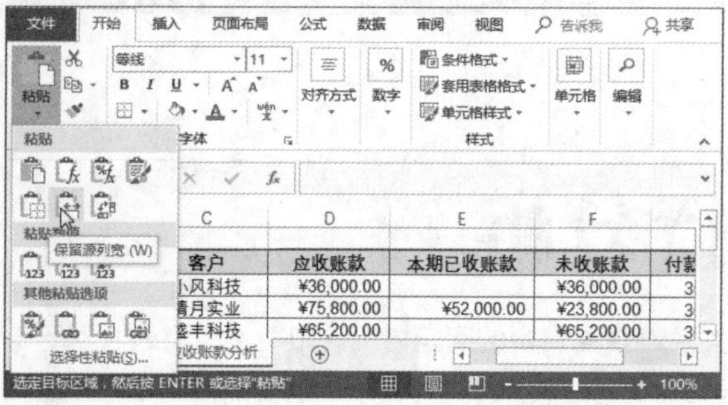

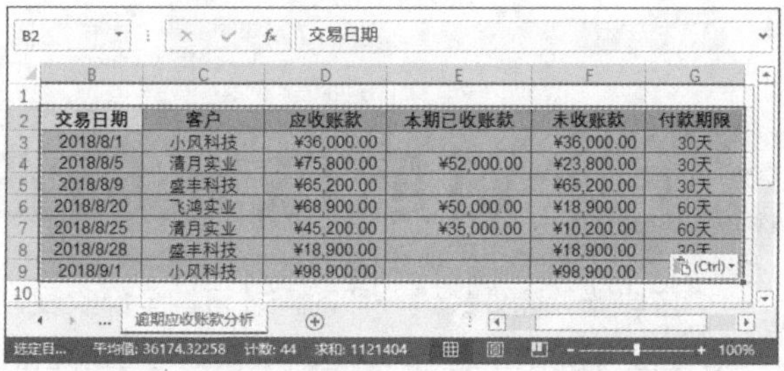

Step 07 在列标题行上方插入一行，输入新增的列标题，重新设置表格列标题的格式。

Step 08 选中H4单元格，输入公式“=B4+G4”，按Enter键确认，计算到期日期。将公式向下填充，并适当调整列宽。

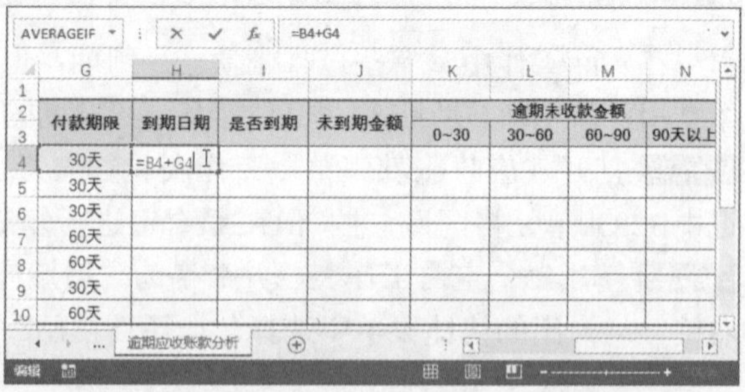

Step 09 选中I4单元格，输入公式“=IF(H4-TODAY()>=0,"否","是")”，按Enter键确认，计算是否到期。接着将公式向下填充，并设置单元格中的内容居中显示。

Step 10 选中J4单元格，输入公式“=IF(H4-TODAY()>=0,F4,0)”，按Enter键确认，计算未到期金额。将公式向下填充，并设置数字格式为“货币”形式。

I4 =IF(H4-TODAY()>=0,"否","是")

	G	H	I	J	K	L	M	N
2	付款期限	到期日期	是否到期	未到期金额	逾期未收款金额			
3					0~30	30~60	60~90	90天以上
4	30天	2018/8/31	是					
5	30天	2018/9/4	是					
6	30天	2018/9/8	是					
7	60天	2018/10/19	否					
8	60天	2018/10/24	否					
9	30天	2018/9/27	否					
10	60天	2018/10/31	否					

J4 =IF(H4-TODAY()>=0,F4,0)

	G	H	I	J	K	L	M	N
2	付款期限	到期日期	是否到期	未到期金额	逾期未收款金额			
3					0~30	30~60	60~90	90天以上
4	30天	2018/8/31	是	¥0.00				
5	30天	2018/9/4	是	¥0.00				
6	30天	2018/9/8	是	¥0.00				
7	60天	2018/10/19	否	¥18,900.00				
8	60天	2018/10/24	否	¥10,200.00				
9	30天	2018/9/27	否	¥18,900.00				
10	60天	2018/10/31	否	¥98,900.00				

Step 11 选中K4单元格，输入公式“=IF(AND[①](TODAY()-$H4>0,TODAY()-$H4<=30),$F4,0)”，按Enter键确认，计算在0~30天内逾期未收款金额。将公式向下填充，并设置数字格式。

Step 12 在L4、M4和N4单元格中分别输入公式“=IF(AND(TODAY()-$H4>30,TODAY()-$H4<=60),$F4,0)”，“=IF(AND(TODAY()-$H4>60,TODAY()-$H4<=90),$F4,0)”和“=IF(TODAY()-$H4>90,$F4,0)”，按Enter键确认，返回计算结果。

K4 =IF(AND(TODAY()-$H4>0,TODAY()-$H4<=30), $F4,0)

	G	H	I	J	K	L	M	N
2	付款期限	到期日期	是否到期	未到期金额	逾期未收款金额			
3					0~30	30~60	60~90	90天以上
4	30天	2018/8/31	是	¥0.00	¥36,000.00			
5	30天	2018/9/4	是	¥0.00	¥23,800.00			
6	30天	2018/9/8	是	¥0.00	¥65,200.00			
7	60天	2018/10/19	否	¥18,900.00	¥0.00			
8	60天	2018/10/24	否	¥10,200.00	¥0.00			
9	30天	2018/9/27	否	¥18,900.00	¥0.00			
10	60天	2018/10/31	否	¥98,900.00	¥0.00			

N4 =IF(TODAY()-$H4>90,$F4,0)

	G	H	I	J	K	L	M	N
2	付款期限	到期日期	是否到期	未到期金额	逾期未收款金额			
3					0~30	30~60	60~90	90天以上
4	30天	2018/8/31	是	¥0.00	¥36,000.00	¥0.00	¥0.00	¥0.00
5	30天	2018/9/4	是	¥0.00	¥23,800.00			
6	30天	2018/9/8	是	¥0.00	¥65,200.00			
7	60天	2018/10/19	否	¥18,900.00	¥0.00			
8	60天	2018/10/24	否	¥10,200.00	¥0.00			
9	30天	2018/9/27	否	¥18,900.00	¥0.00			
10	60天	2018/10/31	否	¥98,900.00	¥0.00			

Step 13 选中L4:N4单元格区域，将光标移至N4单元格右下角，当光标变为黑色十字形时，按住鼠标左键不放，向下拖动鼠标填充公式。

	E	F	G	H	I	J	K	L	M	N
2	本期已收账款	未收账款	付款期限	到期日期	是否到期	未到期金额	逾期未收款金额			
3							0~30	30~60	60~90	90天以上
4		¥36,000.00	30天	2018/8/31	是	¥0.00	¥36,000.00	¥0.00	¥0.00	¥0.00
5	¥52,000.00	¥23,800.00	30天	2018/9/4	是	¥0.00	¥23,800.00	¥0.00	¥0.00	¥0.00
6		¥65,200.00	30天	2018/9/8	是	¥0.00	¥65,200.00	¥0.00	¥0.00	¥0.00
7	¥50,000.00	¥18,900.00	60天	2018/10/19	否	¥18,900.00	¥0.00	¥0.00	¥0.00	¥0.00
8	¥35,000.00	¥10,200.00	60天	2018/10/24	否	¥10,200.00	¥0.00	¥0.00	¥0.00	¥0.00
9		¥18,900.00	30天	2018/9/27	否	¥18,900.00	¥0.00	¥0.00	¥0.00	¥0.00
10		¥98,900.00	60天	2018/10/31	否	¥98,900.00	¥0.00	¥0.00	¥0.00	¥0.00

Step 14 在I11单元格中输入“月末结算”，选中J11单元格，输入公式“=SUM(J4:J10)”，按Enter键确认，将单元格中的公式向右填充至N11单元格即可。

	E	F	G	H	I	J	K	L	M	N
2	本期已收账款	未收账款	付款期限	到期日期	是否到期	未到期金额	逾期未收款金额			
3							0~30	30~60	60~90	90天以上
4		¥36,000.00	30天	2018/8/31	是	¥0.00	¥36,000.00	¥0.00	¥0.00	¥0.00
5	¥52,000.00	¥23,800.00	30天	2018/9/4	是	¥0.00	¥23,800.00	¥0.00	¥0.00	¥0.00
6		¥65,200.00	30天	2018/9/8	是	¥0.00	¥65,200.00	¥0.00	¥0.00	¥0.00
7	¥50,000.00	¥18,900.00	60天	2018/10/19	否	¥18,900.00	¥0.00	¥0.00	¥0.00	¥0.00
8	¥35,000.00	¥10,200.00	60天	2018/10/24	否	¥10,200.00	¥0.00	¥0.00	¥0.00	¥0.00
9		¥18,900.00	30天	2018/9/27	否	¥18,900.00	¥0.00	¥0.00	¥0.00	¥0.00
10		¥98,900.00	60天	2018/10/31	否	¥98,900.00	¥0.00	¥0.00	¥0.00	¥0.00
11					月末结算	¥146,900.00	¥125,000.00	¥0.00	¥0.00	¥0.00

①关于AND函数的使用说明请查阅2.1.3小节，详见本书第13页。

7.2.2 分析应收账款的账龄

账龄是在分析应收账款时最为重要的信息，由于应收账款属于流动资产，所以所有账龄超出合理周转天数以上的应收账款都会给公司运营造成负面影响，而且账龄越长，资金效率越低，发生坏账的风险越大，财务成本越高。下面讲解如何分析应收账款的账龄。

❶ 创建应收账款账龄表

用户可以根据“逾期应收账款分析”来创建应收账款账龄表。

Step 01 插入一个新工作表，并将其命名为“应收账款账龄表”，在工作表中输入标题、列标题和行标题，设置其格式，为表格添加边框。

Step 02 选中D2单元格，输入公式“=TODAY()”，按Enter键确认，计算出当前日期。

Step 03 切换至“逾期应收账款分析”工作表，选中J11:N11单元格区域，按Ctrl+C组合键进行复制。

Step 04 切换至“应收账款账龄表”工作表，选择C4单元格，单击“开始”选项卡中的“粘贴”下拉按钮，从列表中选择“选择性粘贴”选项。

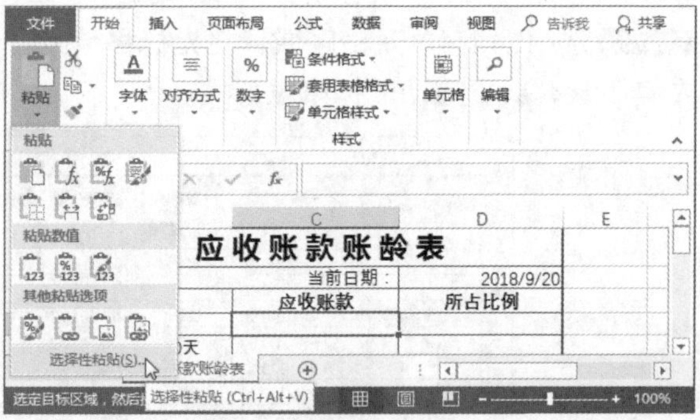

Step 05 弹出“选择性粘贴”对话框，从中选中“值和数字格式”单选按钮，勾选“转置”复选框。

Step 06 单击“确定”按钮，返回工作表，即可将复制的行区域转置为列区域粘贴到目标位置，并保持数字格式不变。

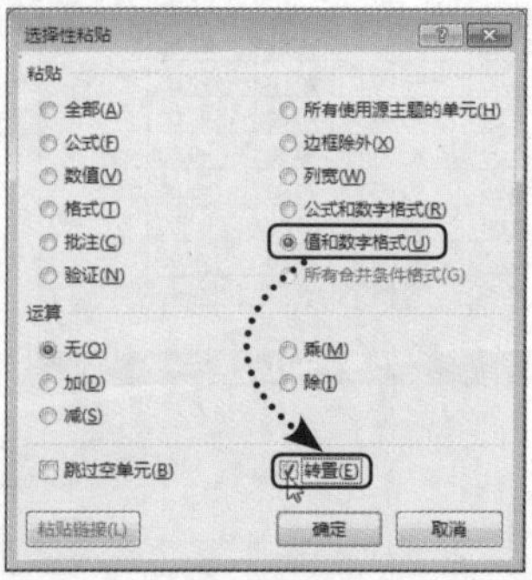

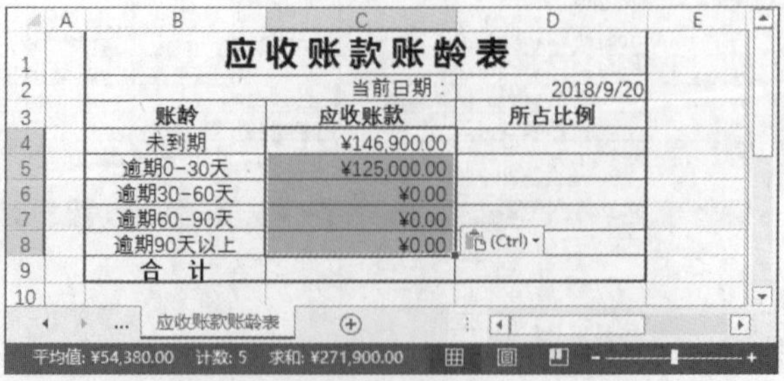

Step 07 选中C9单元格，输入公式“=SUM(C4:C8)”，按Enter键确认，即可计算出合计值。

Step 08 选中D4单元格，输入公式“=C4/$C$9”，按Enter键确认，即可计算出所占比例。

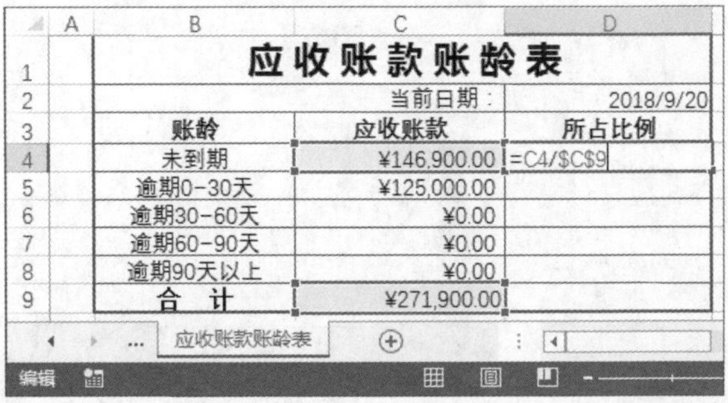

Step 09 再次选中D4单元格，将光标移至该单元格右下角，当光标变为十字形时，按住鼠标左键不放向下拖动鼠标，填充公式。

Step 10 选中D4:D9单元格区域，在“开始”选项卡中单击“数字格式”下拉按钮，从列表中选择“百分比”选项，即可将其设置为百分比格式。

❷创建应收账款账龄分析图

创建“应收账款账龄表”后，为了使表中的数据更加直观，可以在“应收账款账龄表”工作表的基础上创建图表进行分析。

Step 01 打开“应收账款账龄表”工作表，选中B3:D8单元格区域，在“插入”选项卡中单击“图表”选项组的对话框启动器按钮。

Step 02 打开“插入图表”对话框，切换至“所有图表”选项卡，选择“组合”选项，在右侧“为您的数据系列选择图表类型和轴”选项组中设置“应收账款”系列的图表类型为“簇状柱形图”，“所占比例”系列的图表类型为“带数据标记的折线图”，勾选“次坐标轴”复选框，单击“确定”按钮。

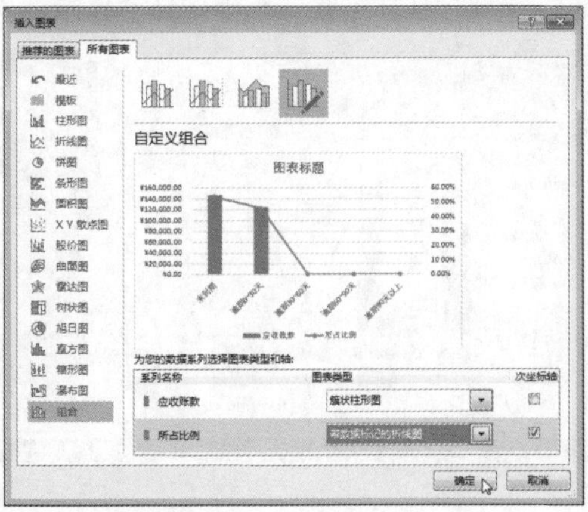

Step 03 返回工作表中，即可创建一个图表，在图表上柱形图表示应收账款，折线图表示所占比例。

Step 04 选中图表标题，将其修改为“应收账款账龄分析图”。

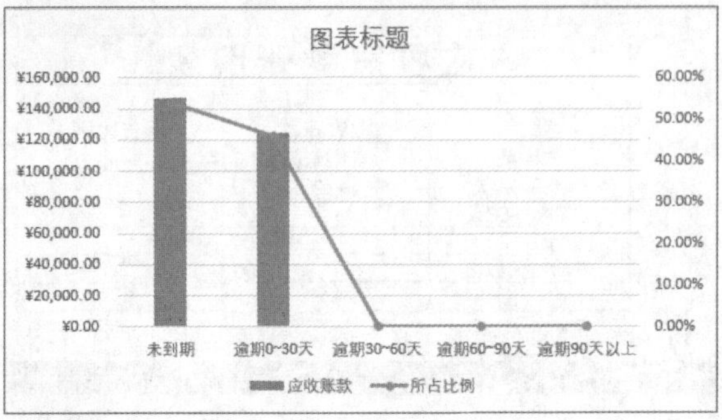

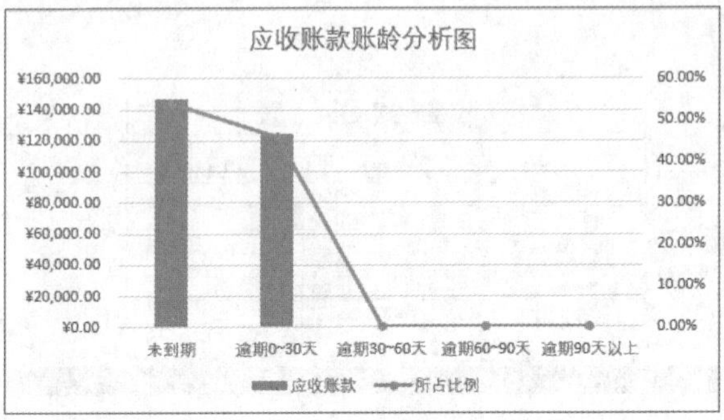

Step 05 新建一个工作表，并命名为“应收账款账龄分析图”，切换至“应收账款账龄表”工作表，选中图表，在“图表工具-设计”选项卡中单击“移动图表”按钮。

Step 06 打开“移动图表”对话框，从中选中“对象位于”单选按钮，在右侧下拉列表中选择“应收账款账龄分析图”选项，单击“确定”按钮。

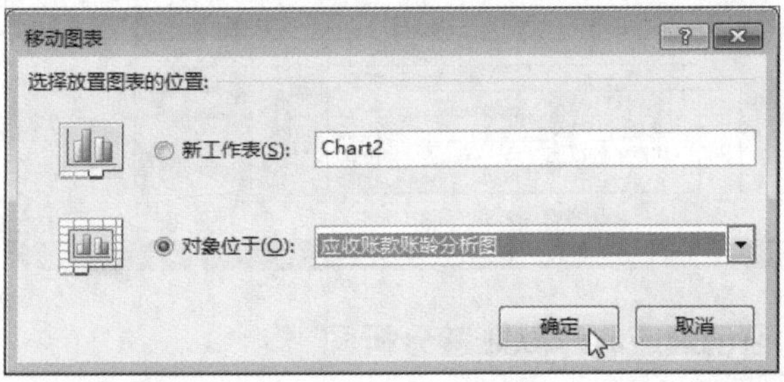

提示

用户也可以在“移动图表”对话框中选中“新工作表”单选按钮，在其后的文本框中输入新工作表的名称，确认后即可将图表移至新工作表中。

Step 07 返回工作表中，可以看到已经将图表移至“应收账款账龄分析图”工作表中了。

Step 08 选中图表，在“图表工具-设计”选项卡中单击“添加图表元素”按钮，从列表中选择“数据表”选项，从其级联菜单中选择“显示图例项标示”选项。

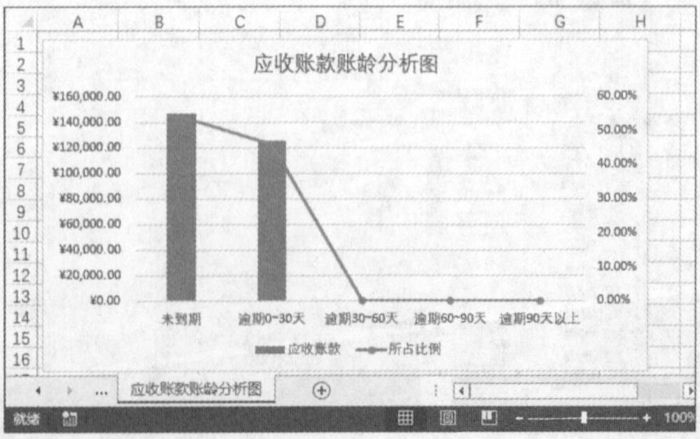

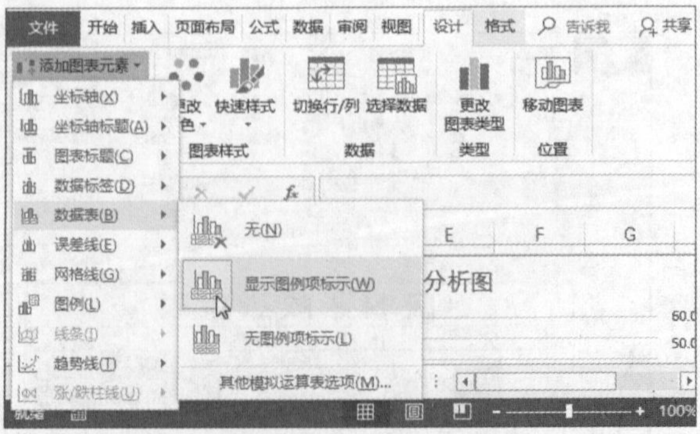

Step 09 在“设计”选项卡中单击“快速样式”下拉按钮，从列表中选择“样式2”选项，更改图表样式。

Step 10 单击“更改颜色”按钮，从展开的列表中选择“彩色调色板4”选项，更改图表的颜色。

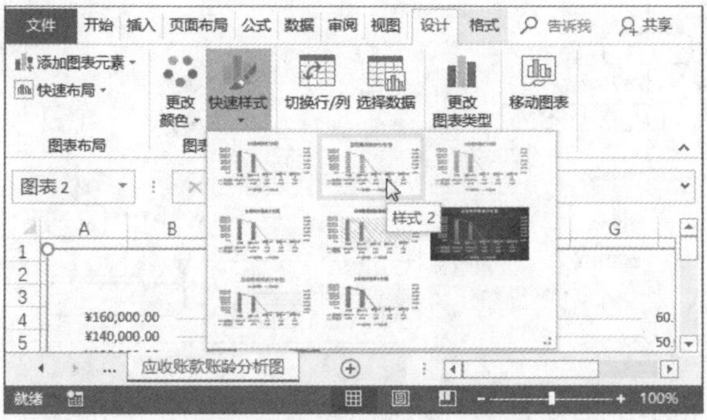

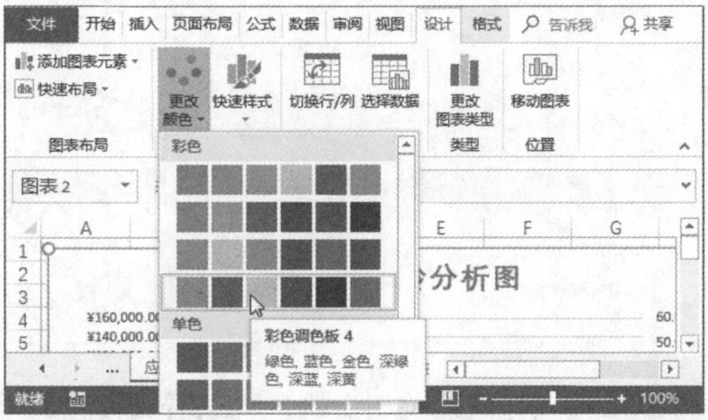

Step 11 可以看到图表设置后的样式和颜色。

Step 12 在图表的垂直坐标轴上单击鼠标右键，从弹出的快捷菜单中选择“设置坐标轴格式”选项。

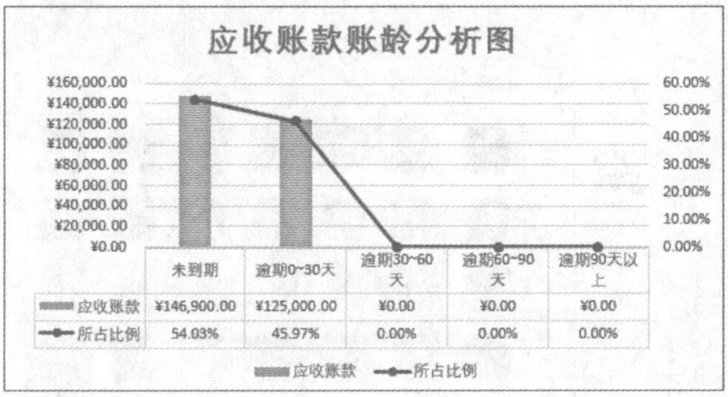

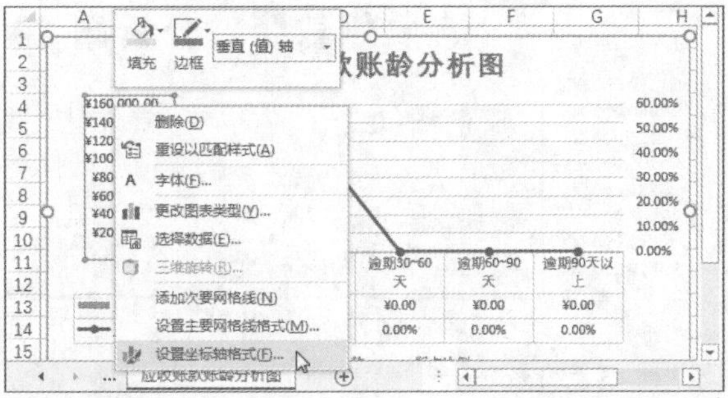

Step 13 打开“设置坐标轴格式”窗格，切换至“填充与线条”选项卡，在“线条”选项组中选中“实线”单选按钮，设置线条的颜色和宽度。

Step 14 向下拖动滚动条，单击“结尾箭头类型”右侧下拉按钮，从列表中选择“开放型箭头”选项，设置垂直轴的末端箭头。

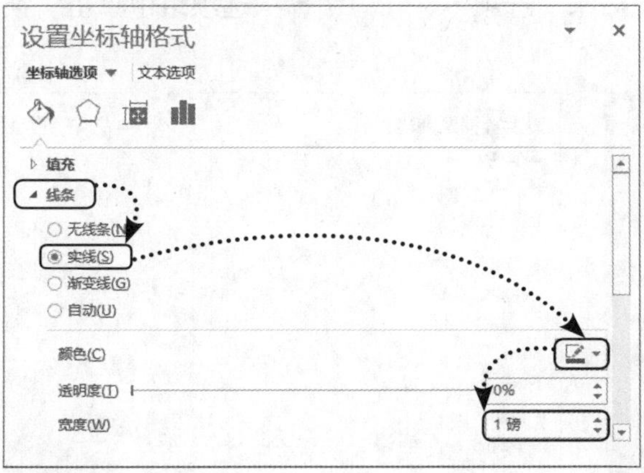

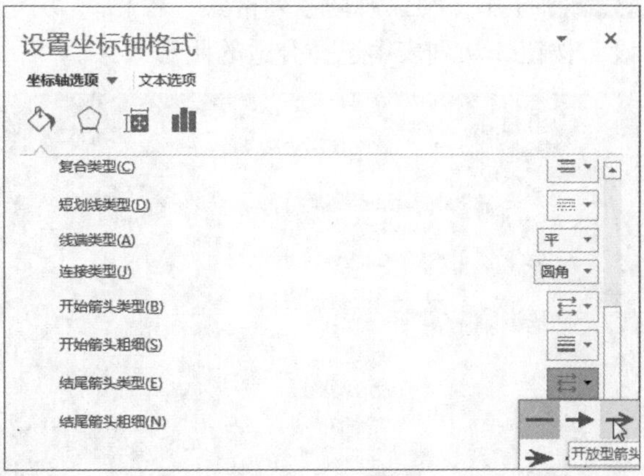

Step 15 单击“坐标轴选项”下拉按钮，从列表中选择“水平（类别）轴”选项，开始设置水平轴的格式。

Step 16 打开“填充与线条”选项卡，在“线条”选项组中选中“实线”单选按钮，设置线条的颜色和宽度，将“结尾箭头类型”设置为“开放型箭头”。

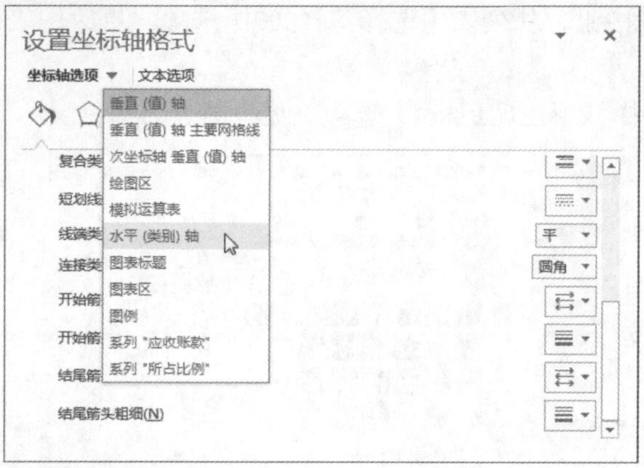

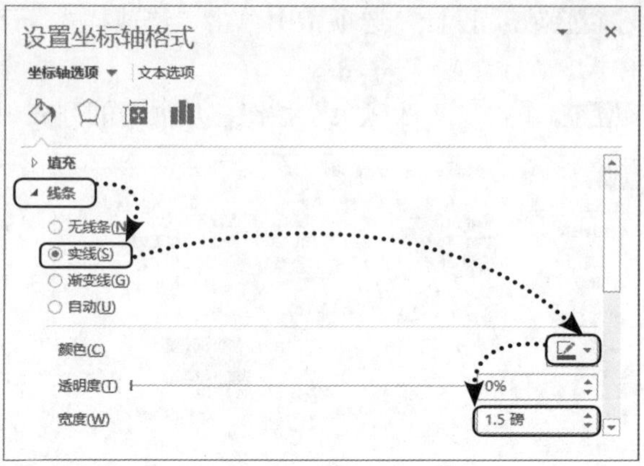

Step 17 设置完成后关闭窗格，可以看到设置的垂直和水平坐标轴的样式。

Step 18 选中图表，在“图表工具-格式”选项卡中单击“形状样式”选项组中的“其他”按钮，从列表中选择合适的样式。

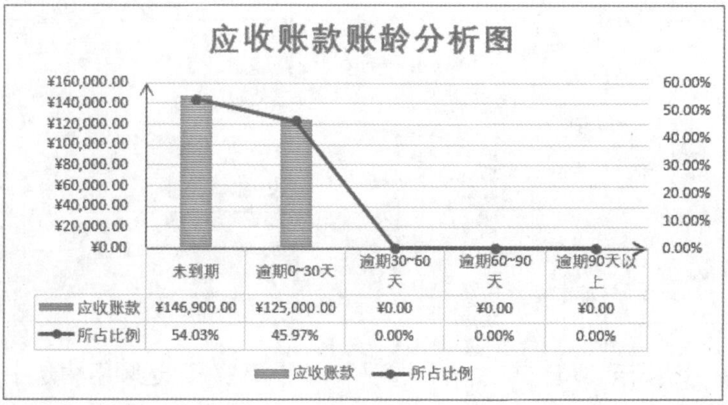

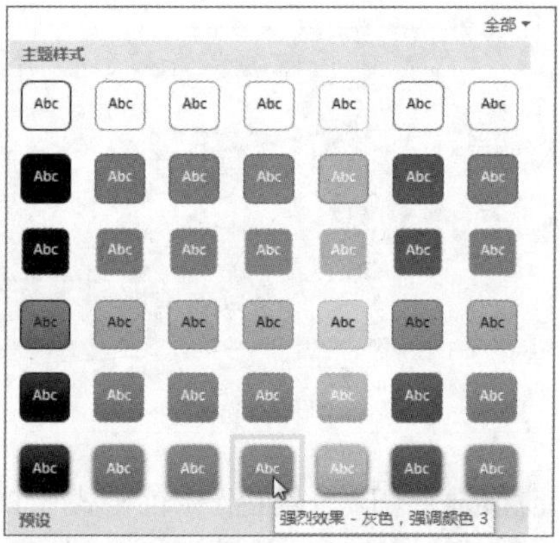

Step 19 选中“应收账款”数据系列，单击鼠标右键，从弹出的快捷菜单中选择“设置数据系列格式”选项。

Step 20 打开“设置数据系列格式”窗格，切换至“效果”选项卡，在“阴影”选项组中单击“预设”按钮，从列表中选择合适的阴影效果。

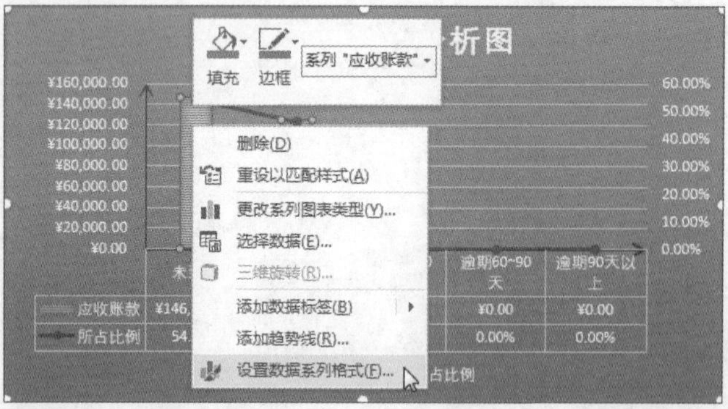

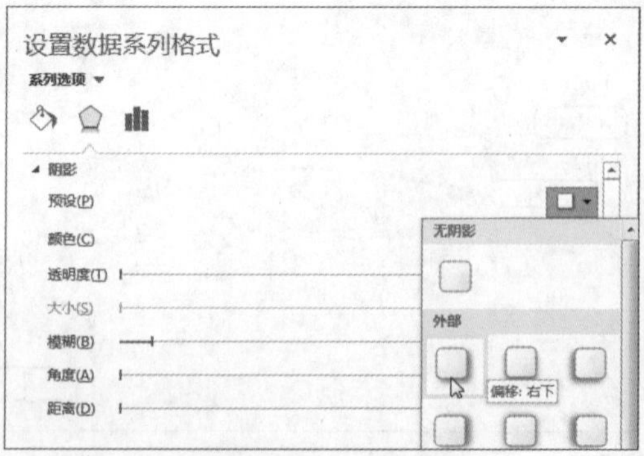

Step 21 按照同样的方法设置“所占比例”系列数据的阴影效果，设置完成后查看最终效果。从图表中可以直观地看到账龄的分布情况。

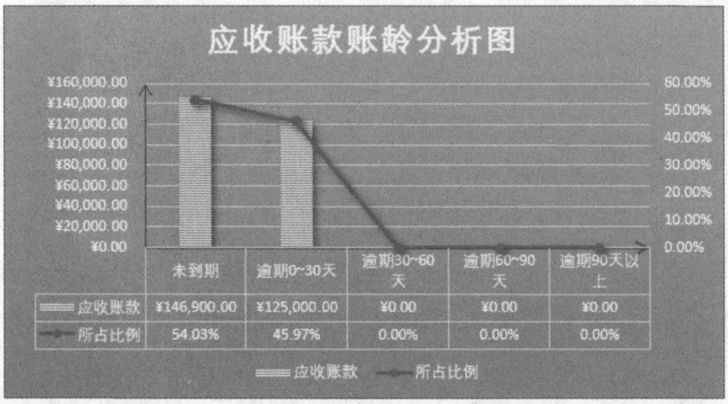

7.2.3 坏账准备的账务处理

坏账是指企业无法收回或收回的可能性极小的应收款项。由于发生坏账而产生的损失，称为坏账损失。企业发生坏账，造成坏账损失是一种很正常的现象。按照我国有关规定，企业应收账款符合下列条件之一的，应确认为坏账。

①因债务人死亡，以其遗产清偿后仍然无法收回。

②因债务人破产，以其破产财产清偿后仍然无法收回。

③债务人较长时期内（如超过3年）未履行偿债义务，并有足够的证据表明无法收回或收回的可能性极小。

但是，对于已确认为坏账的应收账款，企业还是应该继续追索，一旦重新收回，就应及时入账。在实际工作中，企业对坏账损失的核算会采用备抵法。在备抵法下，企业每期末要估计坏账损失，设置“坏账准备”账户。

采用备抵法核算时，计提坏账损失有三种方法，即应收账款余额百分比法、账龄分析法和销货百分比法。其中账龄分析法是根据应收账款入账时间的长短来估计坏账损失的方法。虽然应收账款能否收回以及能收回多少不一定完全取决于时间的长短，但一般来说，账款拖欠的时间越长，发生坏账的可能性就越大。

❶使用账龄分析法估计坏账损失

企业根据应收账款账龄估计坏账损失的具体操作步骤如下。

Step 01 打开“应收账款账龄表”工作表，在该工作表标签上单击鼠标右键，从弹出的快捷菜单中选择“移动或复制”选项。

Step 02 打开“移动或复制工作表”对话框，在“下列选定工作表之前”列表框中选择“（移至最后）”选项，勾选“建立副本”复选框，单击“确定”按钮。即可在“应收账款账龄表”工作表后面新建一个“应收账款账龄表 (2)”工作表，将其重命名为“应收账款账龄分析”。

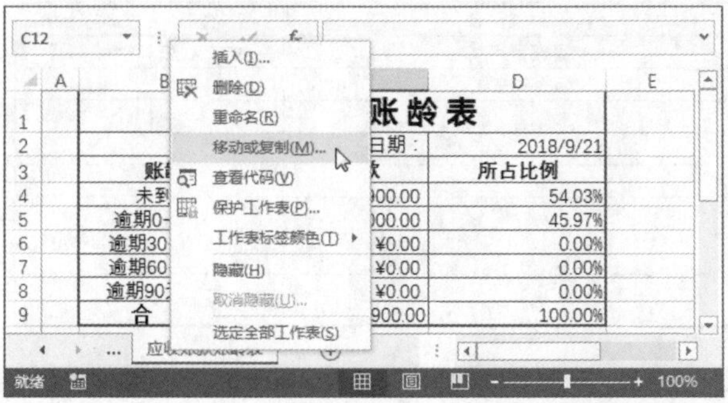

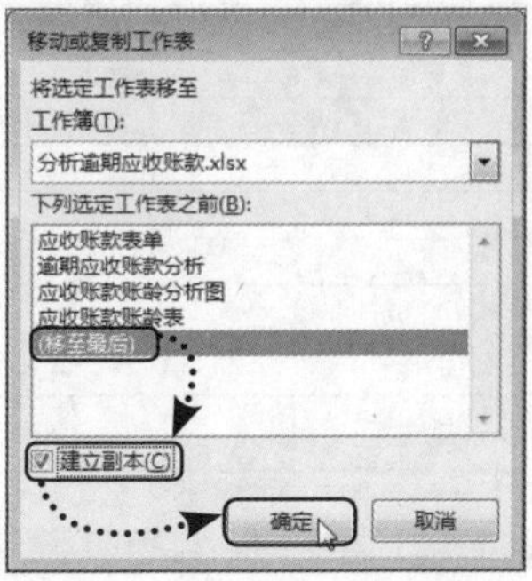

提示

用户还可以选中"应收账款账龄表"工作表，按住Ctrl键的同时单击鼠标左键，接着按住鼠标左键不放将光标移至合适位置，松开鼠标后即可复制一个工作表"应收账款账龄表 (2)"。

Step 03 切换至"应收账款账龄分析"工作表，分别在E3和F3单元格中输入"估计损失比例"和"估计损失金额"，在"估计损失比例"列输入不同账龄下的估计损失比例，并重新构建表格框架。

Step 04 选中F4单元格，输入公式"=C4*E4"，按Enter键确认，计算估计损失金额。

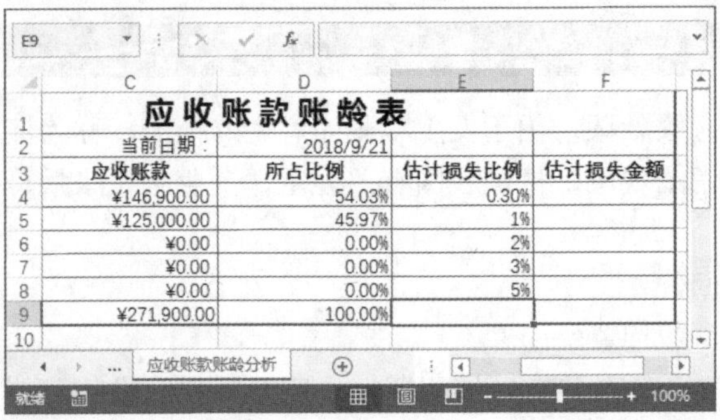

应收账款账龄表			
当前日期：	2018/9/21		
应收账款	所占比例	估计损失比例	估计损失金额
¥146,900.00	54.03%	0.30%	
¥125,000.00	45.97%	1%	
¥0.00	0.00%	2%	
¥0.00	0.00%	3%	
¥0.00	0.00%	5%	
¥271,900.00	100.00%		

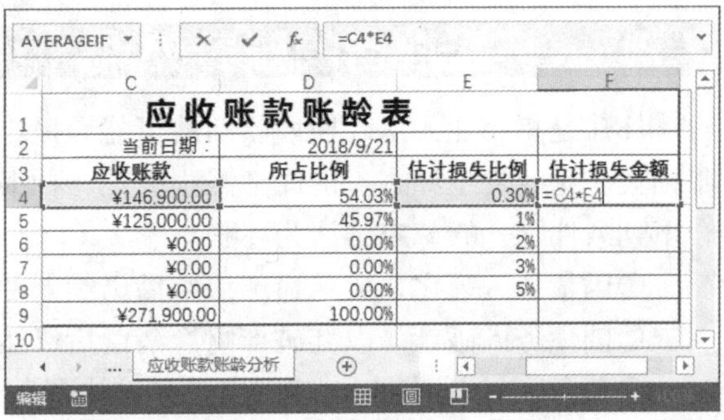

应收账款账龄表			
当前日期：	2018/9/21		
应收账款	所占比例	估计损失比例	估计损失金额
¥146,900.00	54.03%	0.30%	=C4*E4
¥125,000.00	45.97%	1%	
¥0.00	0.00%	2%	
¥0.00	0.00%	3%	
¥0.00	0.00%	5%	
¥271,900.00	100.00%		

Step 05 再次选中F4单元格，将公式向下填充，在F9单元格中输入公式"=SUM(F4:F8)"。

Step 06 按Enter键确认，即可计算出估计损失金额的合计值。

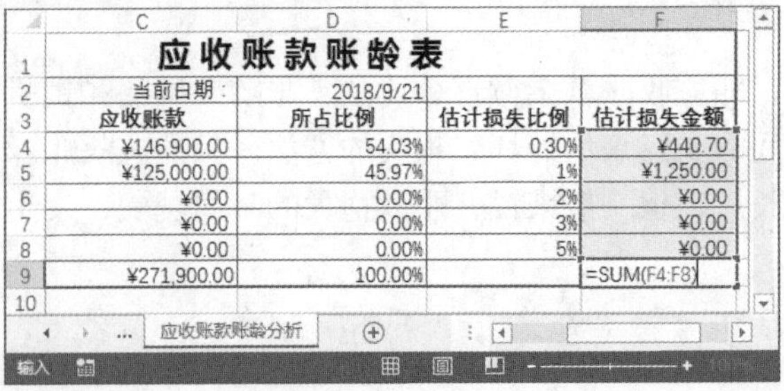

应收账款账龄表			
当前日期：	2018/9/21		
应收账款	所占比例	估计损失比例	估计损失金额
¥146,900.00	54.03%	0.30%	¥440.70
¥125,000.00	45.97%	1%	¥1,250.00
¥0.00	0.00%	2%	¥0.00
¥0.00	0.00%	3%	¥0.00
¥0.00	0.00%	5%	¥0.00
¥271,900.00	100.00%		=SUM(F4:F8)

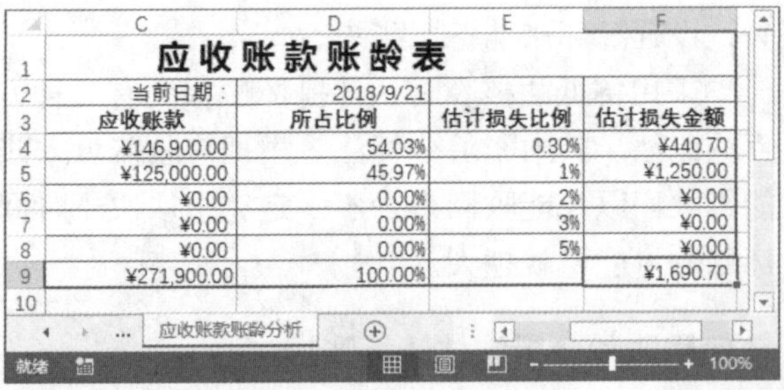

应收账款账龄表			
当前日期：	2018/9/21		
应收账款	所占比例	估计损失比例	估计损失金额
¥146,900.00	54.03%	0.30%	¥440.70
¥125,000.00	45.97%	1%	¥1,250.00
¥0.00	0.00%	2%	¥0.00
¥0.00	0.00%	3%	¥0.00
¥0.00	0.00%	5%	¥0.00
¥271,900.00	100.00%		¥1,690.70

❷计提坏账准备的账务处理

月末计提坏账准备时，借记"管理费用"，贷记"坏账准备"。其具体操作步骤如下。

Step 01 打开"记账凭证8"工作簿，切换至"通用记账凭证"工作表，输入该业务的记账凭证。

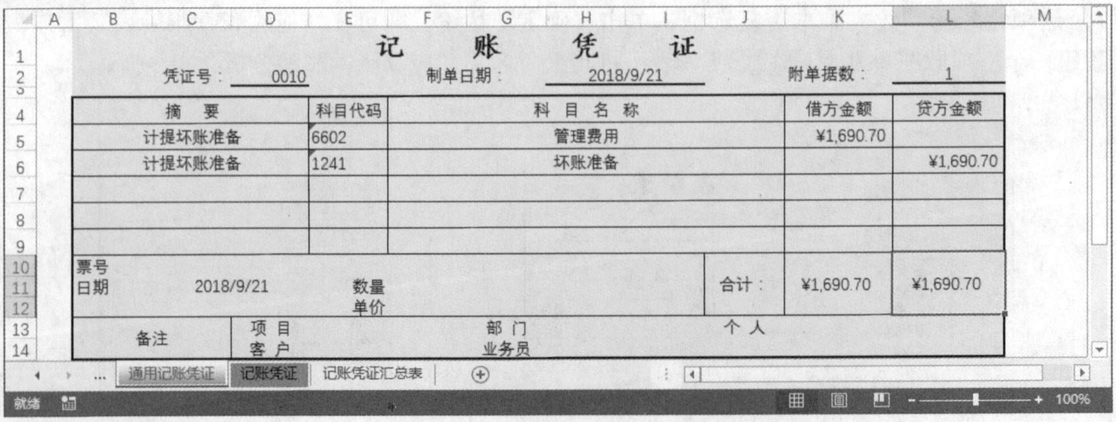

记账凭证

凭证号：0010　制单日期：2018/9/21　附单据数：1

摘要	科目代码	科目名称	借方金额	贷方金额
计提坏账准备	6602	管理费用	¥1,690.70	
计提坏账准备	1241	坏账准备		¥1,690.70
票号 日期 2018/9/21	数量 单价		合计： ¥1,690.70	¥1,690.70
备注	项目 客户	部门 业务员	个人	

Step 02 切换至“记账凭证汇总表”工作表，将审核无误的记账凭证登记到“记账凭证汇总表”。

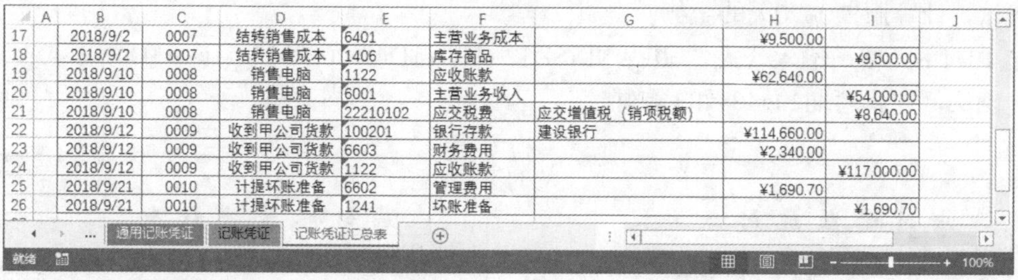

	A	B	C	D	E	F	G	H	I	J
17		2018/9/2	0007	结转销售成本	6401	主营业务成本		¥9,500.00		
18		2018/9/2	0007	结转销售成本	1406	库存商品			¥9,500.00	
19		2018/9/10	0008	销售电脑	1122	应收账款		¥62,640.00		
20		2018/9/10	0008	销售电脑	6001	主营业务收入			¥54,000.00	
21		2018/9/10	0008	销售电脑	22210102	应交税费	应交增值税（销项税额）		¥8,640.00	
22		2018/9/12	0009	收到甲公司货款	100201	银行存款	建设银行	¥114,660.00		
23		2018/9/12	0009	收到甲公司货款	6603	财务费用		¥2,340.00		
24		2018/9/12	0009	收到甲公司货款	1122	应收账款			¥117,000.00	
25		2018/9/21	0010	计提坏账准备	6602	管理费用		¥1,690.70		
26		2018/9/21	0010	计提坏账准备	1241	坏账准备			¥1,690.70	

7.3 应付账款的统计也不难

应付账款是指企业因购买材料、物资和接受劳务服务等而付给提供方的款项。应付账款是购销活动中买卖双方取得物资与支付货款在时间上的不一致而产生的负债。因此，企业应当加强对应付账款的管理，避免财务危机，保证企业正常运转。

7.3.1 使用表格统计应付账款

应付账款统计表主要包括客户名称、交易日期、付款期限、应付金额等。下面介绍如何创建应付账款统计表。

Step 01 新建一个名为“应付账款统计表”的工作表，在该工作表中输入相关的表格项目，并进行相应的格式设置，适当调整表格的列宽。

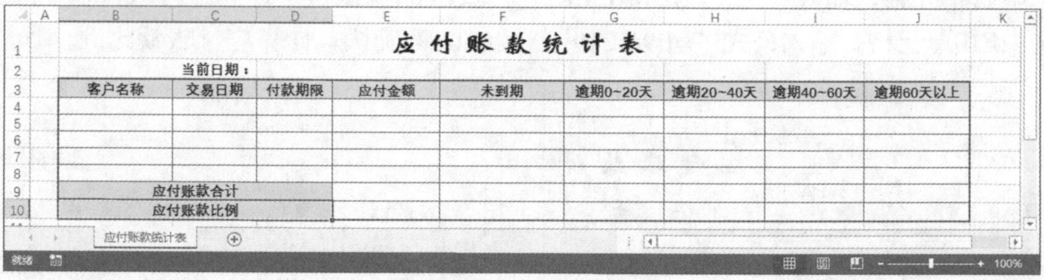

应付账款统计表

当前日期：

客户名称	交易日期	付款期限	应付金额	未到期	逾期0~20天	逾期20~40天	逾期40~60天	逾期60天以上
应付账款合计								
应付账款比例								

Step 02 在D2单元格中输入当前日期，在表格中输入企业尚未支付的应付账款的数据信息，并进行相应的格式设置。

Step 03 选中F4单元格，输入公式“=IF(C4+D4>$D$2,E4,0)”，按Enter键确认，计算未到期的应付账款金额。

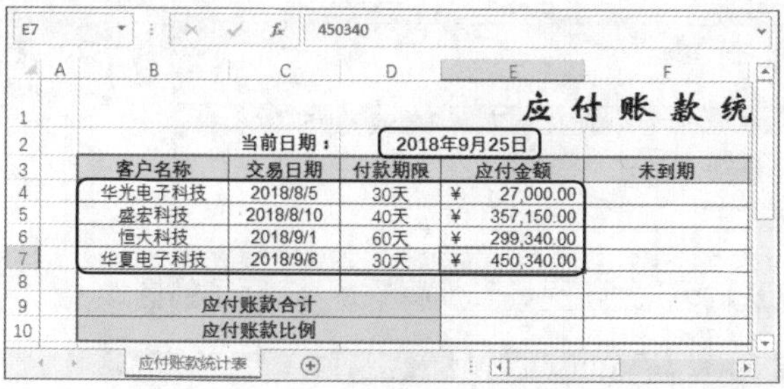

应付账款统

当前日期：2018年9月25日

客户名称	交易日期	付款期限	应付金额	未到期
华光电子科技	2018/8/5	30天	¥ 27,000.00	
盛宏科技	2018/8/10	40天	¥ 357,150.00	
恒大科技	2018/9/1	60天	¥ 299,340.00	
华夏电子科技	2018/9/6	30天	¥ 450,340.00	
应付账款合计				
应付账款比例				

应付账款统

当前日期：2018年9月25日

客户名称	交易日期	付款期限	应付金额	未到期
华光电子科技	2018/8/5	30天	¥ 27,000.00	=IF(C4+D4>$D$2,E4,0)
盛宏科技	2018/8/10	40天	¥ 357,150.00	
恒大科技	2018/9/1	60天	¥ 299,340.00	
华夏电子科技	2018/9/6	30天	¥ 450,340.00	
应付账款合计				
应付账款比例				

Step 04 选中G4单元格，输入公式“=IF(AND($D$2-($C4+$D4)>0,$D$2- ($C4+$D4)<= 20),$E4,"")”，按Enter键确认，计算逾期0~20天的金额。

Step 05 选中H4单元格，输入公式“=IF(AND($D$2-($C4+$D4)>20,$D$2- ($C4+$D4)<= 40),$E4,"")”，按Enter键确认，计算逾期20~40天的金额。

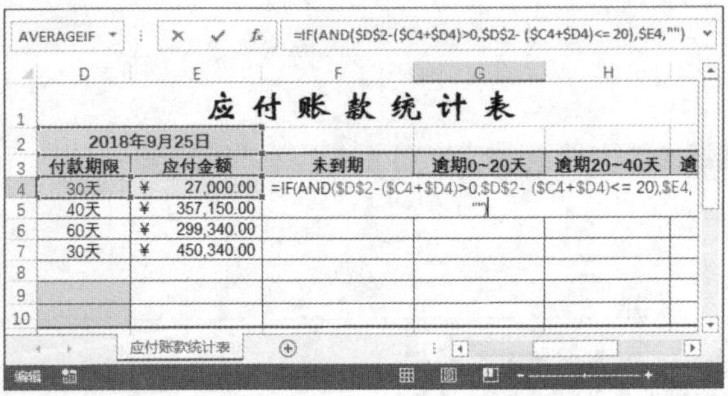

=IF(AND($D$2-($C4+$D4)>0,$D$2- ($C4+$D4)<= 20),$E4,"")

	D	E	F	G	H
1	应付账款统计表				
2	2018年9月25日				
3	付款期限	应付金额	未到期	逾期0~20天	逾期20~40天
4	30天	¥ 27,000.00	=IF(AND($D$2-($C4+$D4)>0,$D$2- ($C4+$D4)<= 20),$E4,		
5	40天	¥ 357,150.00			
6	60天	¥ 299,340.00			
7	30天	¥ 450,340.00			

=IF(AND($D$2-($C4+$D4)>20,$D$2- ($C4+$D4)<= 40),$E4,

	E	F	G	H	I
1	应付账款统计表				
2	年9月25日				
3	应付金额	未到期	逾期0~20天	逾期20~40天	逾期40~60天
4	¥ 27,000.00	¥ -		=IF(AND($D$2-($C4+$D4)>20,$D$2- ($C4+$D4)<= 40),$E4,"")	
5	¥ 357,150.00				
6	¥ 299,340.00				
7	¥ 450,340.00				

Step 06 在I4和J4单元格中分别输入公式“=IF(AND($D$2-($C4+$D4)>40,$D$2- ($C4+$D4)<=60),$E4,"")”和“=IF($D$2-($C4+$D4)>60,$E4,"")”，按Enter键确认，返回计算结果。选中F4:J4单元格区域，将公式向下填充。

	B	C	D	E	F	G	H	I	J
1	应付账款统计表								
2	当前日期：		2018年9月25日						
3	客户名称	交易日期	付款期限	应付金额	未到期	逾期0~20天	逾期20~40天	逾期40~60天	逾期60天以上
4	华光电子科技	2018/8/5	30天	¥ 27,000.00	¥ -		¥ 27,000.00		
5	盛宏科技	2018/8/10	40天	¥ 357,150.00	¥ -	¥ 357,150.00			
6	恒大科技	2018/9/1	60天	¥ 299,340.00	¥ 299,340.00				
7	华夏电子科技	2018/9/6	30天	¥ 450,340.00	¥ 450,340.00				
9	应付账款合计								
10	应付账款比例								

平均值: ¥188,971.67 计数: 20 求和: ¥1,133,830.00

Step 07 选中E9单元格，输入公式“=SUM(E4:E7)”，按Enter键确认，计算应付账款合计值。

Step 08 选中E10单元格，输入公式“=E9/$E$9”，按Enter键确认，计算应付账款比例。

=SUM(E4:E7)

	B	C	D	E	F
1	应付账款统				
2	当前日期：		2018年9月25日		
3	客户名称	交易日期	付款期限	应付金额	未到期
4	华光电子科技	2018/8/5	30天	¥ 27,000.00	¥ -
5	盛宏科技	2018/8/10	40天	¥ 357,150.00	¥ -
6	恒大科技	2018/9/1	60天	¥ 299,340.00	¥ 299,340.00
7	华夏电子科技	2018/9/6	30天	¥ 450,340.00	¥ 450,340.00
9	应付账款合计			=SUM(E4:E7)	
10	应付账款比例				

=E9/$E$9

	B	C	D	E	F
1	应付账款统				
2	当前日期：		2018年9月25日		
3	客户名称	交易日期	付款期限	应付金额	未到期
4	华光电子科技	2018/8/5	30天	¥ 27,000.00	¥ -
5	盛宏科技	2018/8/10	40天	¥ 357,150.00	¥ -
6	恒大科技	2018/9/1	60天	¥ 299,340.00	¥ 299,340.00
7	华夏电子科技	2018/9/6	30天	¥ 450,340.00	¥ 450,340.00
9	应付账款合计			¥ 1,133,830.00	
10	应付账款比例			=E9/$E$9	

Step 09 选中E9:E10单元格区域，将公式向右填充至J10单元格。

	B	C	D	E	F	G	H	I	J
1	应付账款统计表								
2	当前日期：		2018年9月25日						
3	客户名称	交易日期	付款期限	应付金额	未到期	逾期0~20天	逾期20~40天	逾期40~60天	逾期60天以上
4	华光电子科技	2018/8/5	30天	¥ 27,000.00	¥ -		¥ 27,000.00		
5	盛宏科技	2018/8/10	40天	¥ 357,150.00	¥ -	¥ 357,150.00			
6	恒大科技	2018/9/1	60天	¥ 299,340.00	¥ 299,340.00				
7	华夏电子科技	2018/9/6	30天	¥ 450,340.00	¥ 450,340.00				
9	应付账款合计			¥ 1,133,830.00	¥ 749,680.00	¥ 357,150.00	¥ 27,000.00	¥ -	¥ -
10	应付账款比例			1.00	0.66	0.31	0.02	0.00	0.00

平均值: ¥188,971.83 计数: 12 求和: ¥2,267,662.00

7.3.2 利用图表分析应付账款

创建完成应付账款统计表后，根据其统计结果创建图表，以便使会计人员能清楚地知道应付账款账期的累计金额和累计比例范畴。创建应付账款分析图的具体操作步骤如下。

Step 01 插入一个空白工作表，并重命名为“应付账款分析图”，在“插入”选项卡中单击“插入柱形图或条形图”按钮，从列表中选择“三维堆积柱形图”选项。

Step 02 创建一个空白的图表，在“图表工具-设计”选项卡中单击“选择数据”按钮。

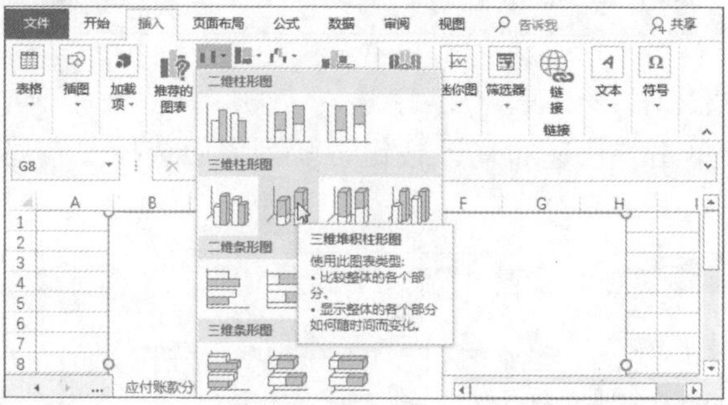

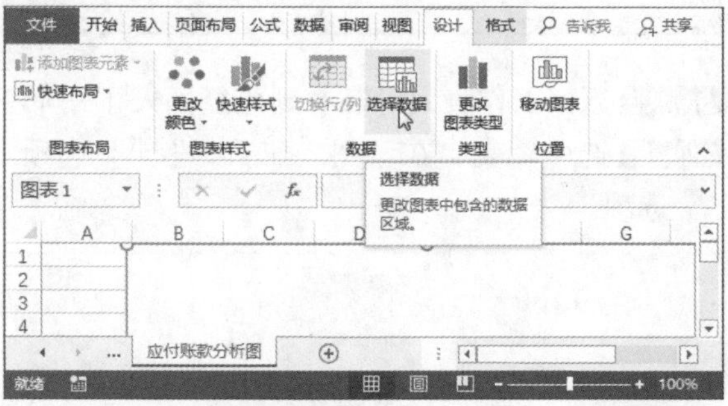

Step 03 弹出“选择数据源”对话框，单击“图表数据区域”文本框右侧的折叠按钮。

Step 04 “选择数据源”对话框处于折叠状态，切换至“应付账款统计表”工作表，按住Ctrl键不放，选择F3:J3和F9:J9单元格区域。

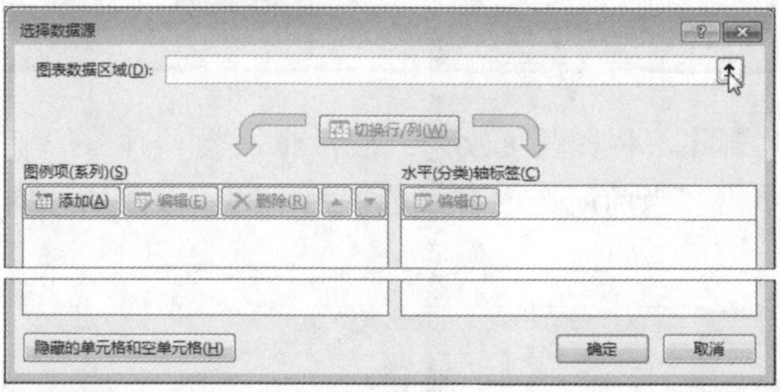

Step 05 再次单击“选择数据源”文本框右侧的展开按钮，将其展开，单击“切换行/列”按钮，将“图例项（系列）”和“水平（分类）轴标签”互换。

Step 06 单击“水平（分类）轴标签”组合框中的“编辑”按钮。

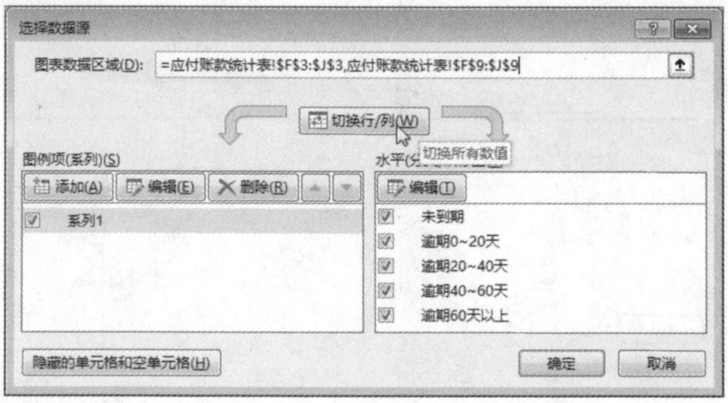

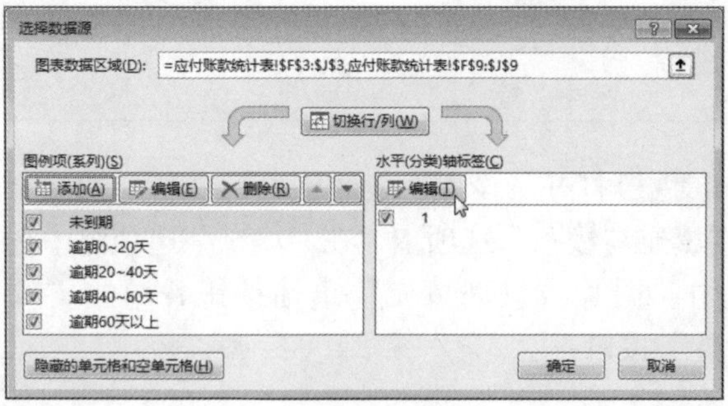

Step 07 弹出“轴标签”对话框，在“轴标签区域”文本框中输入文本“应付账款”，单击“确定”按钮。

Step 08 返回到“选择数据源”对话框，可以看到“水平（分类）轴标签”已经更改为“应付账款”，单击“确定”按钮。

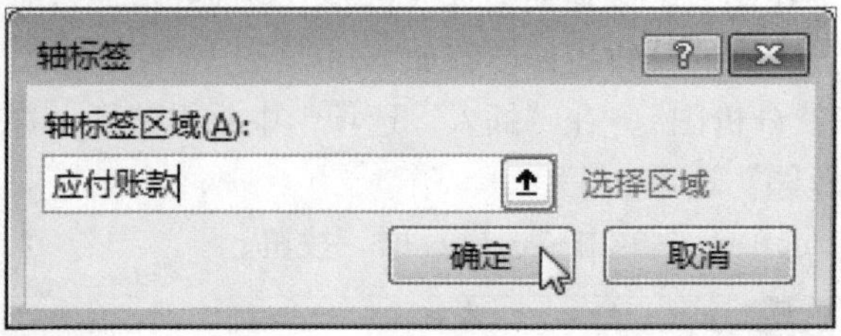

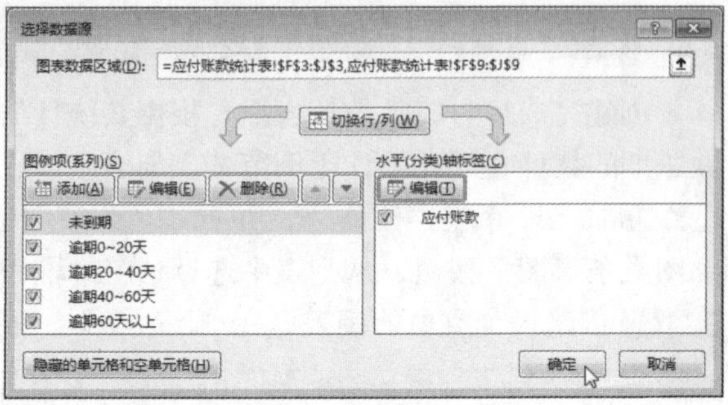

Step 09 返回工作表，可以看到已经插入了一个三维堆积柱形图表。

Step 10 选中图表，在“图表工具-设计”选项卡中单击“快速布局”按钮，从列表中选择“布局5”选项。

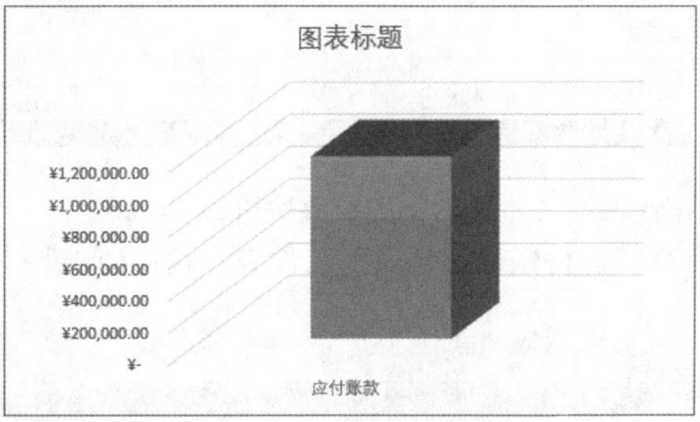

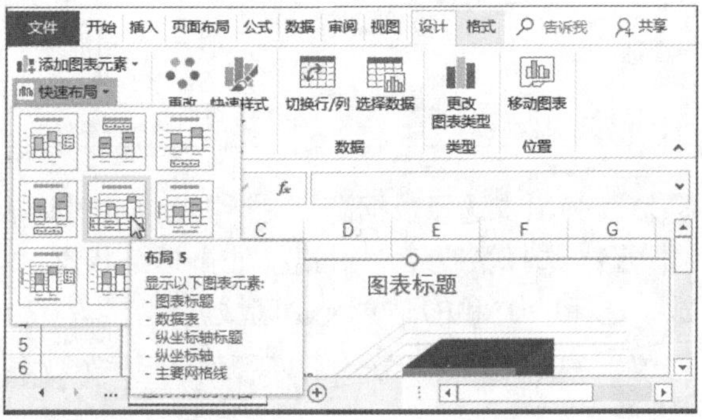

Step 11 选中“坐标轴标题”文本框，按Delete键将其删除，将标题更改为“应付账款”。

Step 12 选中图表，在“图表工具-格式”选项卡中单击“当前所选内容”选项组中的“设置所选内容格式”按钮。

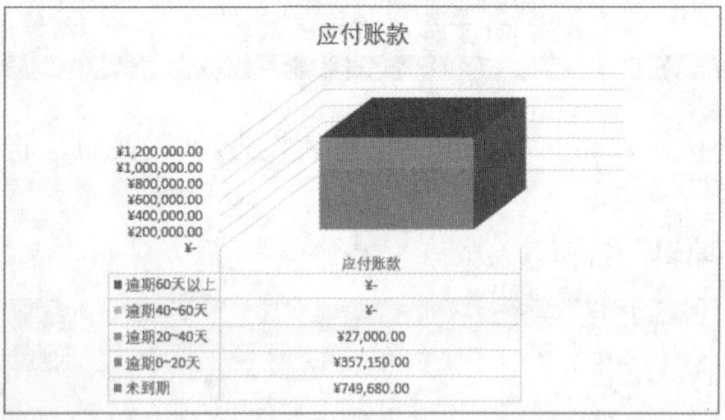

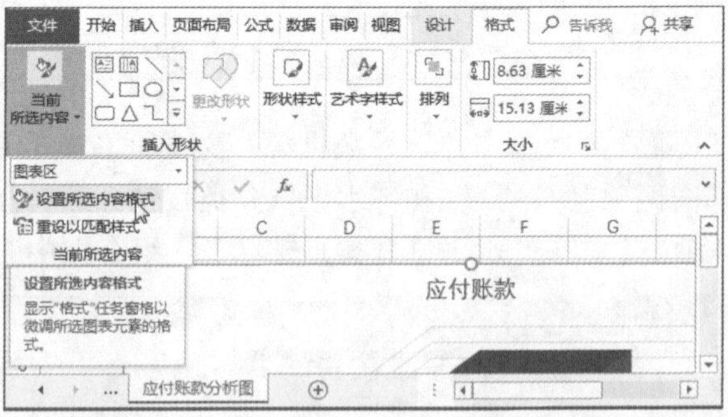

Step 13 打开“设置图表区格式”窗格，切换至“填充与线条”选项卡，在“填充”选项组中选中“图片或纹理填充”单选按钮，单击“文件”按钮。

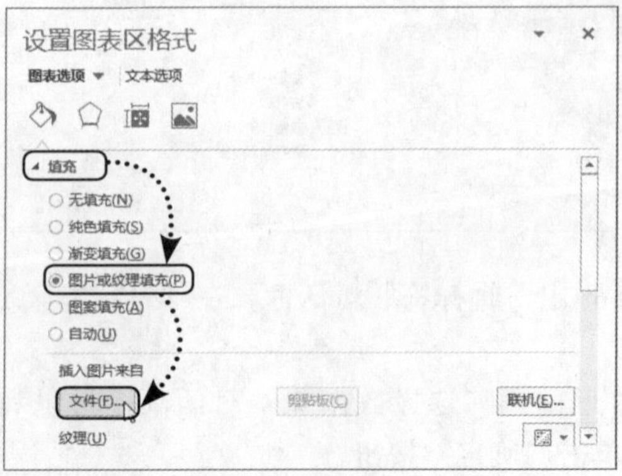

Step 14 打开“插入图片”对话框，从中选择图片后单击“插入”按钮，即可为图表添加背景图片。

Step 15 设置完成后关闭窗格，在“格式”选项卡中单击“图表元素”右侧下拉按钮，从列表中选择“背景墙”选项。

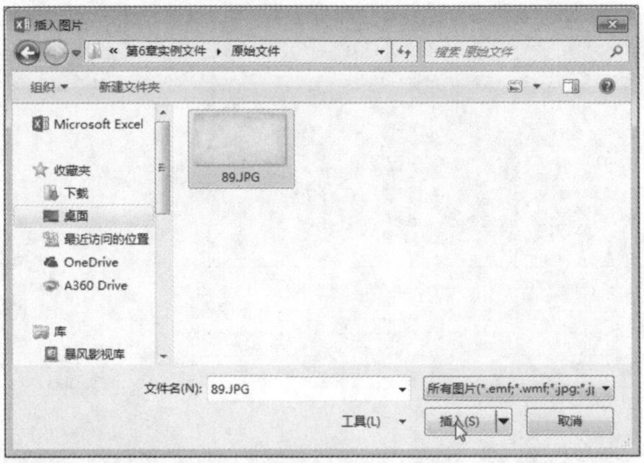

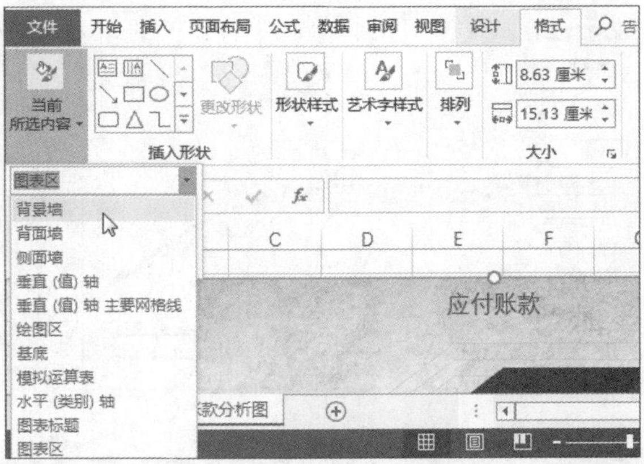

Step 16 单击“设置所选内容格式”按钮，打开“设置背景墙格式”窗格，在“填充”选项组中单击“渐变填充”单选按钮，单击“预设渐变”按钮，从列表中选择合适的渐变颜色。

Step 17 设置完成后关闭窗格，在“格式”选项卡中单击“图表元素”右侧下拉按钮，从列表中选择“基底”选项，接着单击“设置所选内容格式”按钮。

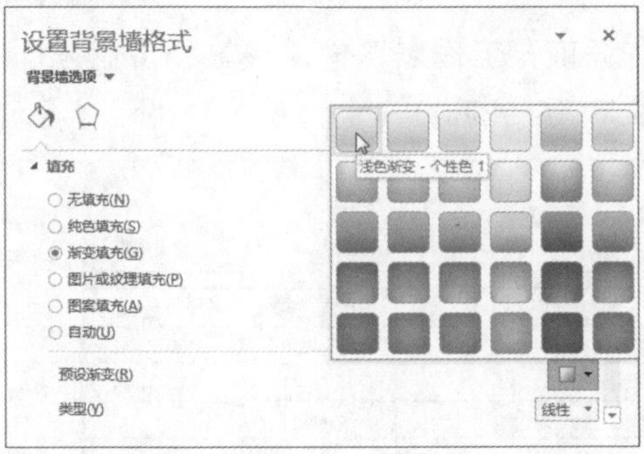

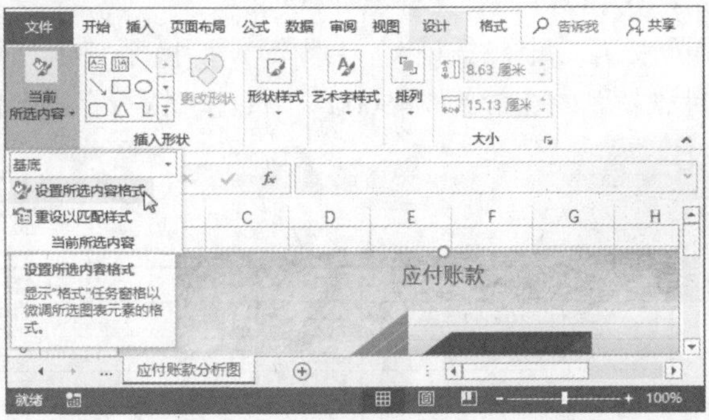

Step 18 打开“设置基底格式”窗格，在“填充”选项组中选中“图案填充”单选按钮，在下方选择一种合适的图案。

Step 19 设置完成后关闭窗格，选中“模拟运算表”，单击鼠标右键，从弹出的快捷菜单中选择“设置模拟运算表格式”选项。

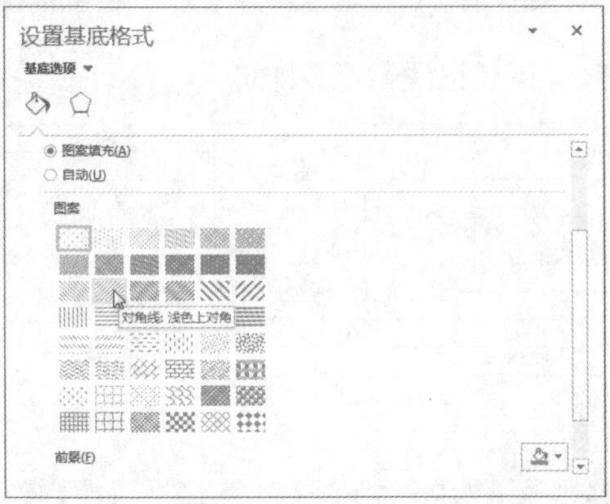

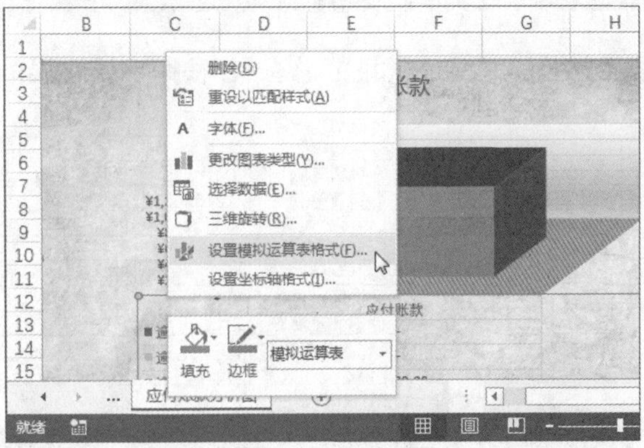

Step 20 打开“设置模拟运算表格式”窗格，在“边框”选项组中选中“实线”单选按钮，设置“颜色”为“黑色”，“宽度”为“1磅”。

Step 21 设置完成后关闭窗格，适当调整表格的大小即可。

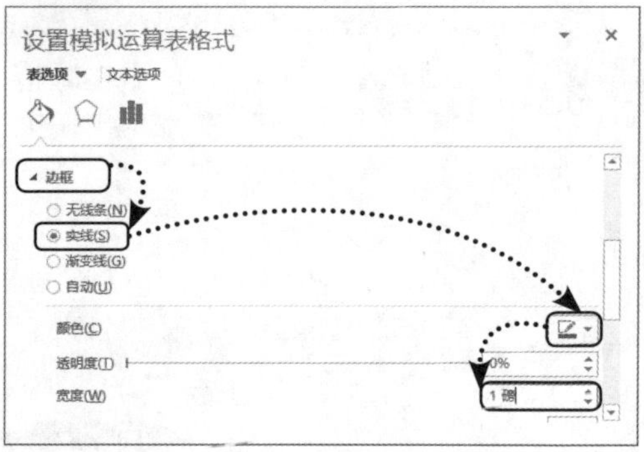

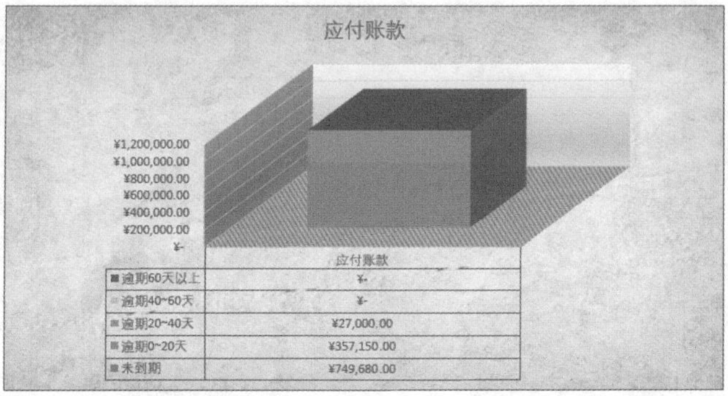

7.3.3 应付账款的账务处理

用户在进行应付账款账务处理时，应按照发票账单中的应付金额入账，而不是按照到期日的应付金额入账。

例如，企业在2018年9月22日采购10台投影仪，价值为45000元，尚未付款，但已经记账，到2018年10月12日企业支付该笔款项。

Step 01 打开“记账凭证9”工作簿，切换至“通用记账凭证”工作表，输入该笔经济业务，借记“应付账款”的金额为“45000”，贷记“银行存款”的金额为“45000”。

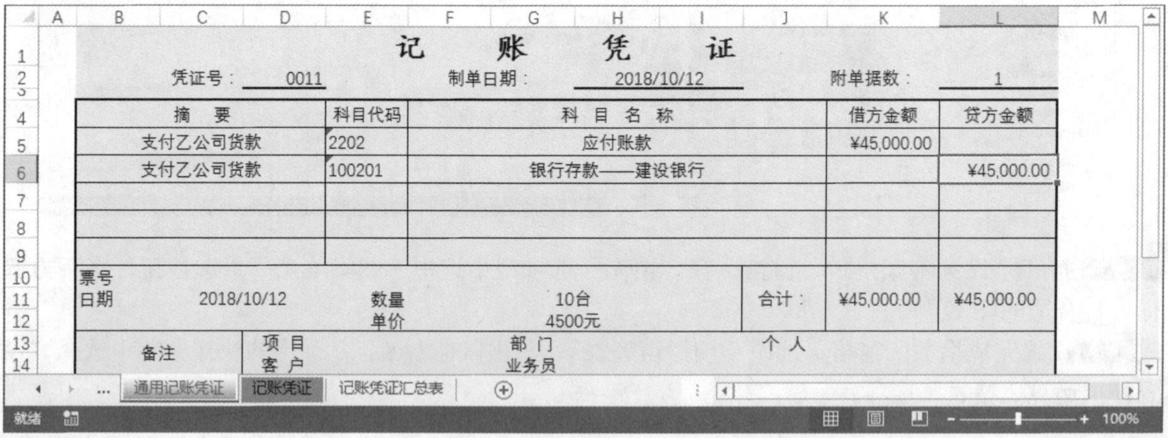

记　账　凭　证

凭证号：0011　　制单日期：2018/10/12　　附单据数：1

摘　要	科目代码	科 目 名 称	借方金额	贷方金额
支付乙公司货款	2202	应付账款	¥45,000.00	
支付乙公司货款	100201	银行存款——建设银行		¥45,000.00

票号
日期　2018/10/12　数量　10台　单价　4500元　合计：¥45,000.00　¥45,000.00

备注　项 目　客 户　部 门　业务员　个 人

Step 02 切换至“记账凭证汇总表”，按照审核无误的记账凭证登记该笔业务即可。

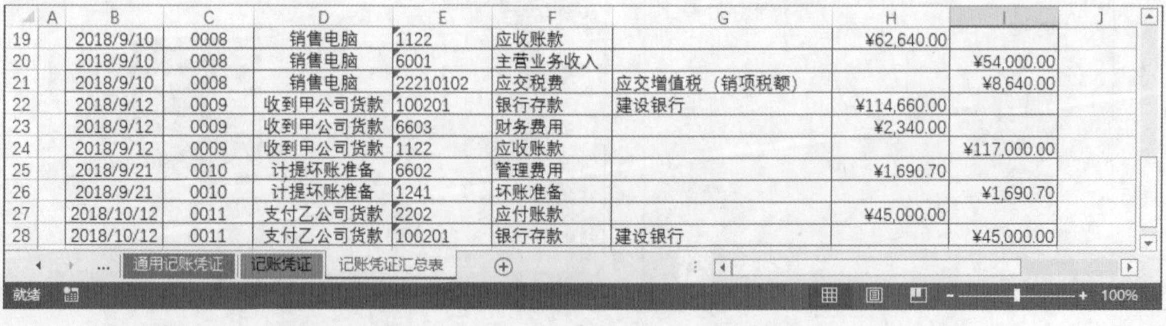

2018/9/10	0008	销售电脑	1122	应收账款		¥62,640.00	
2018/9/10	0008	销售电脑	6001	主营业务收入			¥54,000.00
2018/9/10	0008	销售电脑	22210102	应交税费	应交增值税（销项税额）		¥8,640.00
2018/9/12	0009	收到甲公司货款	100201	银行存款	建设银行	¥114,660.00	
2018/9/12	0009	收到甲公司货款	6603	财务费用		¥2,340.00	
2018/9/12	0009	收到甲公司货款	1122	应收账款			¥117,000.00
2018/9/21	0010	计提坏账准备	6602	管理费用		¥1,690.70	
2018/9/21	0010	计提坏账准备	1241	坏账准备			¥1,690.70
2018/10/12	0011	支付乙公司货款	2202	应付账款		¥45,000.00	
2018/10/12	0011	支付乙公司货款	100201	银行存款	建设银行		¥45,000.00

Chapter

08

轻松盘点固定资产

本章概述

固定资产是指企业为生产产品、提供劳务、出租或者经营管理而持有的、使用时间超过12个月的价值达到一定标准的非货币性资产，包括房屋、建筑物、机器、机械、运输工具以及其他与生产经营活动有关的设备、器具、工具等。每个企业都拥有一定的固定资产，其数量和种类各不相同。固定资产在企业资产总额中占有相当大的比重，是企业进行经营活动的物质基础，因此对固定资产的核算管理是非常重要的。

核心知识点

固定资产的种类

快速查询固定资产

固定资产的折旧处理

折旧费用分析

8.1 固定资产有哪些

固定资产是企业的生产工具，也是企业赖以生产经营的主要资产。固定资产有4个主要特征，即固定资产是有形资产、可供企业长期使用、不以投资和销售为目的、具有可衡量的未来经济利益。

8.1.1 编制固定资产列表

编制固定资产管理表的目的是方便系统地管理固定资产，编制固定资产管理表主要包括固定资产名称、规格型号、所属部门、使用状况、增加方式、减少方式等。下面将详细介绍如何编制固定资产管理表。

Step 01 新建一个空白工作表，并重命名为“固定资产管理表”，在其中输入相关数据内容，构建表格框架。

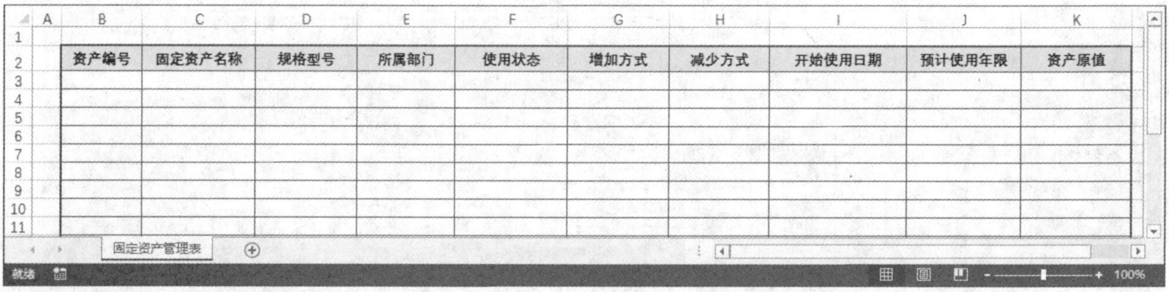

Step 02 选中B列，按Ctrl+1组合键打开“设置单元格格式”对话框，在“数字”选项卡中的“分类”列表框中选择“自定义”选项，在右侧“类型”文本框中输入“00#”，单击“确定”按钮。

Step 03 在表格的相应位置输入“资产编号”“固定资产名称”“规格型号”和“所属部门”等信息，适当调整表格的列宽。

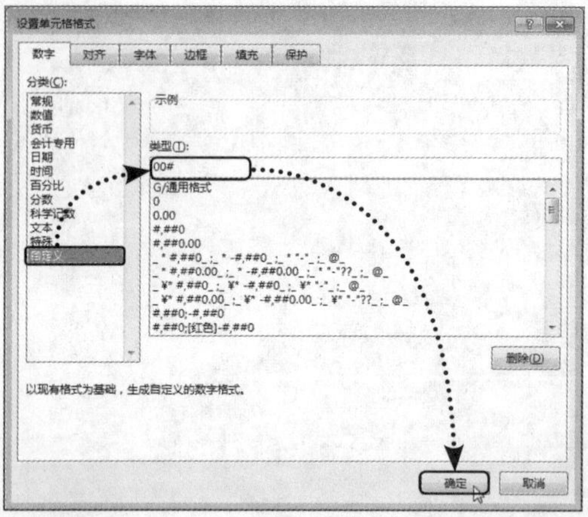

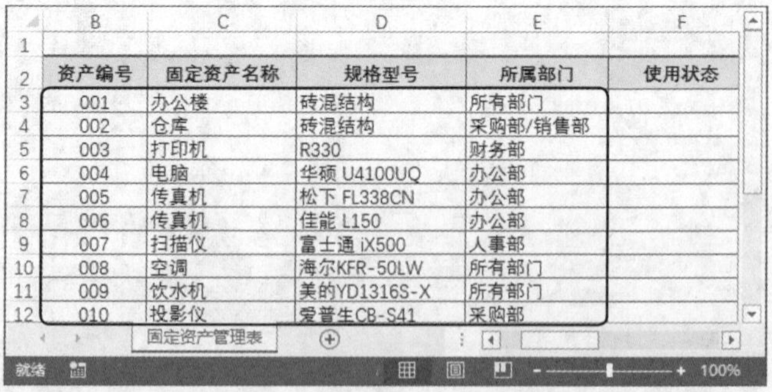

Step 04 选中F3:F20单元格区域，在“数据”选项卡中单击“数据工具”选项组中的“数据验证”按钮。

Step 05 打开“数据验证”对话框，在“设置”选项卡中单击“允许”下拉按钮，从列表中选择“序列”选项，在“来源”文本框中输入“在用,季节性停用,停用”，单击“确定”按钮。

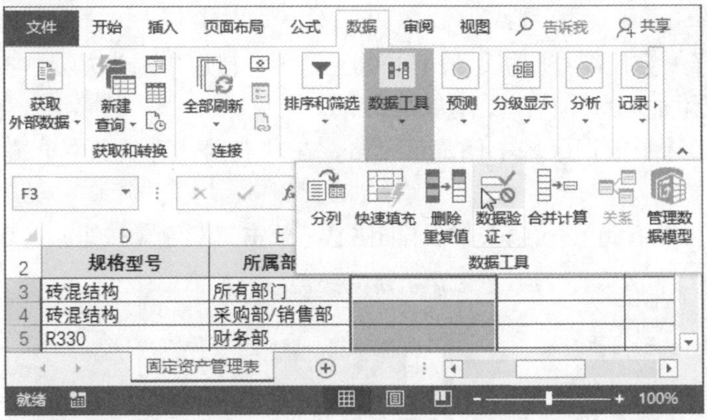

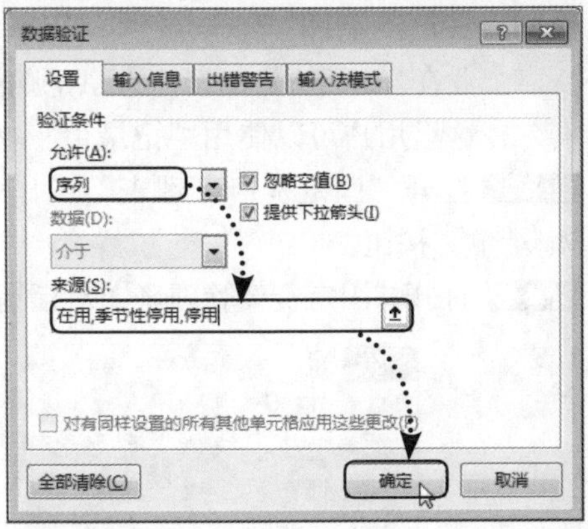

Step 06 选中G3:G20单元格区域，打开“数据验证”对话框，在“设置”选项卡中设置“允许”为“序列”，并在“来源”文本框中输入“直接购入,在建工程转入,捐赠,投资者投入,调拨”，单击“确定”按钮。

Step 07 选中H3:H20单元格区域，打开“数据验证”对话框，从中设置“允许”为“序列”，在“来源”文本框中输入“出售,报废,调拨,投资”，单击“确定”按钮。

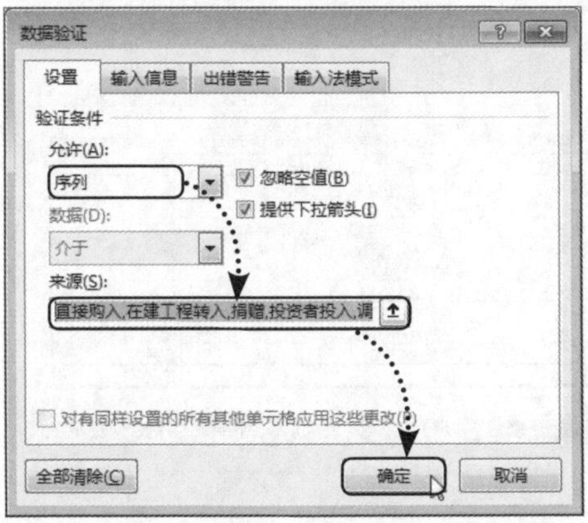

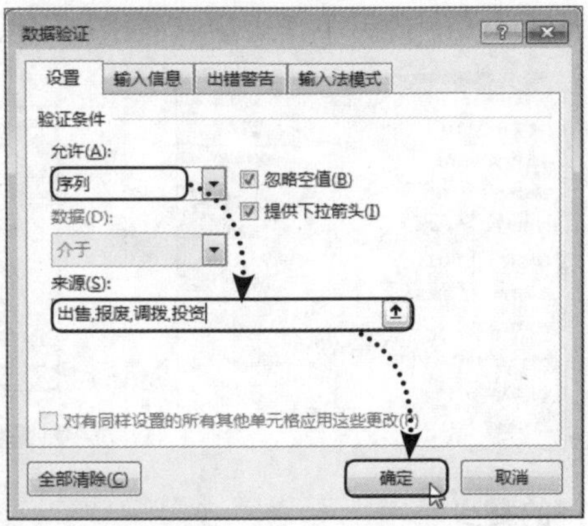

Step 08 在表格中输入固定资产的使用状态、增加方式、开始使用日期、预计使用年限、资产原值等信息。至此，完成固定资产管理表的编制。

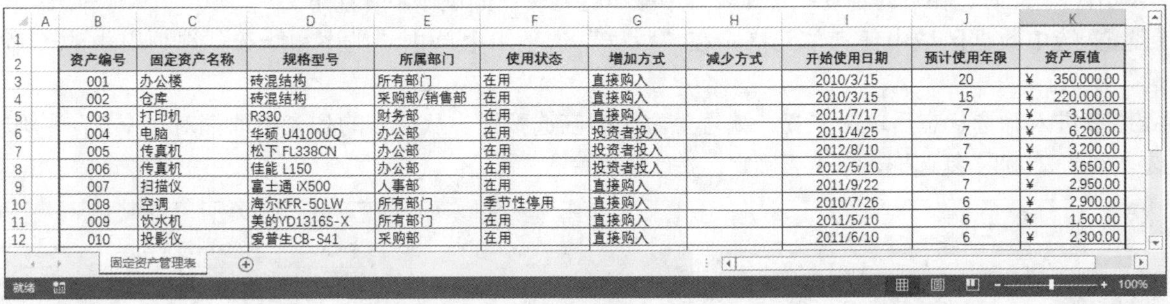

资产编号	固定资产名称	规格型号	所属部门	使用状态	增加方式	减少方式	开始使用日期	预计使用年限	资产原值
001	办公楼	砖混结构	所有部门	在用	直接购入		2010/3/15	20	¥ 350,000.00
002	仓库	砖混结构	采购部/销售部	在用	直接购入		2010/3/15	15	¥ 220,000.00
003	打印机	R330	财务部	在用	直接购入		2011/7/17	7	¥ 3,100.00
004	电脑	华硕 U4100UQ	办公部	在用	投资者投入		2011/4/25	7	¥ 6,200.00
005	传真机	松下 FL338CN	办公部	在用	投资者投入		2012/8/10	7	¥ 3,200.00
006	传真机	佳能 L150	办公部	在用	投资者投入		2012/5/10	7	¥ 3,650.00
007	扫描仪	富士通 iX500	人事部	在用	直接购入		2011/9/22	7	¥ 2,950.00
008	空调	海尔KFR-50LW	所有部门	季节性停用	直接购入		2010/7/26	6	¥ 2,900.00
009	饮水机	美的YD1316S-X	所有部门	在用	直接购入		2011/5/10	6	¥ 1,500.00
010	投影仪	爱普生CB-S41	采购部	在用	直接购入		2011/6/10	6	¥ 2,300.00

8.1.2 增减固定资产

企业的固定资产会随时发生变化，为了加强对固定资产的管理，固定资产的增加、减少以及固定资产部门之间的调拨等都需要计入固定资产的核算之中。

❶固定资产的增加

企业在2014年5月16日为人事部购买了一台佳能打印机，价值4200元，预计使用年限为5年。

在这里用户可以使用“记录单”功能添加信息，具体操作步骤如下。

Step 01 打开“固定资产管理表”工作表，选中数据区域中任意单元格，在“数据”选项卡中单击“记录单”按钮。

Step 02 打开“固定资产管理表”对话框，可以看到第一条记录的详细信息，单击“新建”按钮。

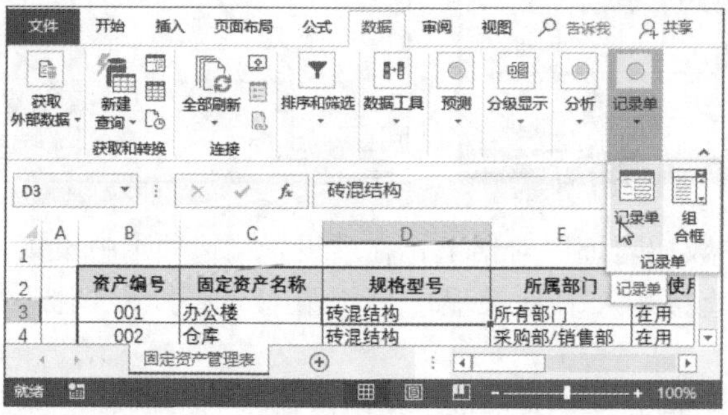

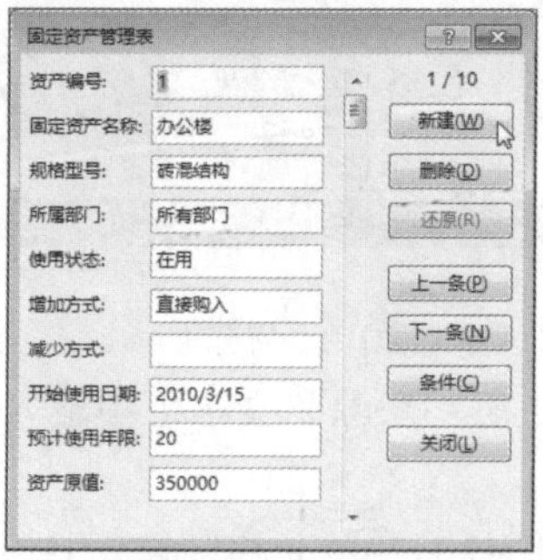

Step 03 弹出一个空白记录单，输入固定资产信息，输入完成后单击“关闭”按钮。

Step 04 返回工作表，此时工作表中就会增加一条固定资产记录。

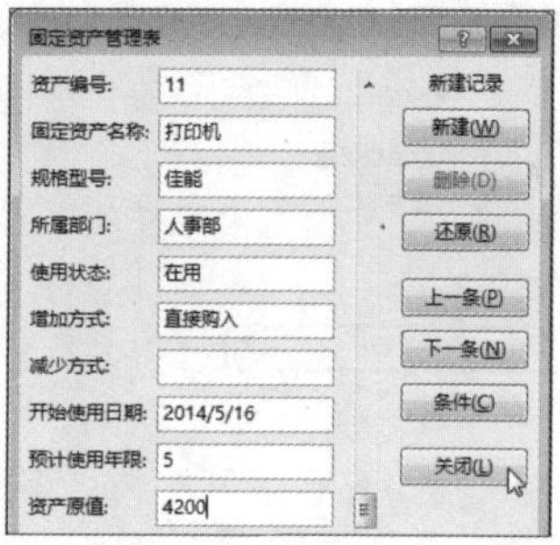

资产编号	固定资产名称	规格型号	所属部门	使用状态
001	办公楼	砖混结构	所有部门	在用
002	仓库	砖混结构	采购部/销售部	在用
003	打印机	R330	财务部	在用
004	电脑	华硕 U4100UQ	办公部	在用
005	传真机	松下 FL338CN	办公部	在用
006	传真机	佳能 L150	办公部	在用
007	扫描仪	富士通 iX500	人事部	在用
008	空调	海尔KFR-50LW	所有部门	季节性停用
009	饮水机	美的YD1316S-X	所有部门	在用
010	投影仪	爱普生CB-S41	采购部	在用
011	打印机	佳能	人事部	在用

❷固定资产的减少

固定资产由于使用年限到期，或者其他原因无法继续使用时，需要将固定资产处理，并注明其减少方式。例如，“资产编号”为“008”的空调由于制冷系统损坏而无法使用，企业将其作为二手空调出售。此时，在“固定资产管理表”中减少这笔资产的操作步骤如下。

Step 01 选中数据区域中任意单元格，在“数据”选项卡中单击“排序和筛选”选项组中的“筛选”按钮。

Step 02 进入筛选状态后单击“资产编号”右侧的筛选按钮，从展开的列表中取消对“全选”的勾选，勾选“008”复选框，单击“确定”按钮。

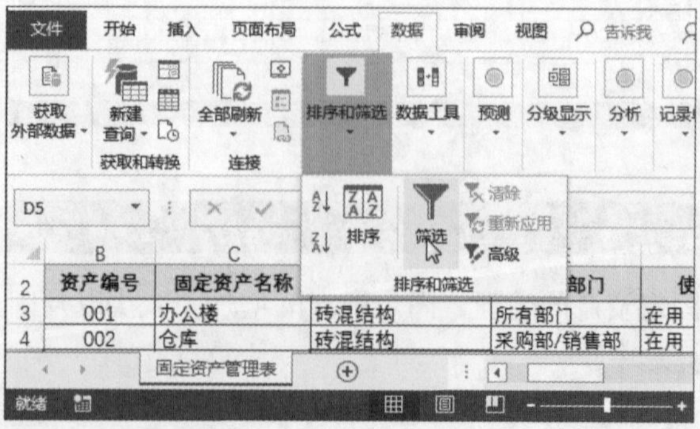

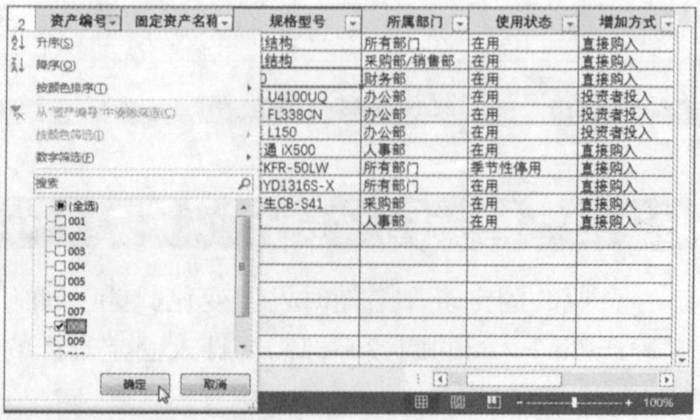

Step 03 系统随即将资产编号为“008”的记录筛选出来，选中F10单元格，单击右侧的下拉按钮，从列表中选择“停用”选项。

Step 04 接着选中H10单元格，单击其右侧的下拉按钮，从列表中选择“出售”选项。

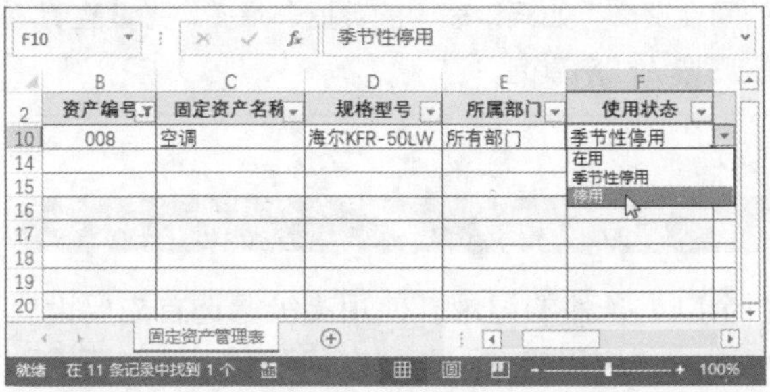

F10 季节性停用

	资产编号	固定资产名称	规格型号	所属部门	使用状态
10	008	空调	海尔KFR-50LW	所有部门	季节性停用

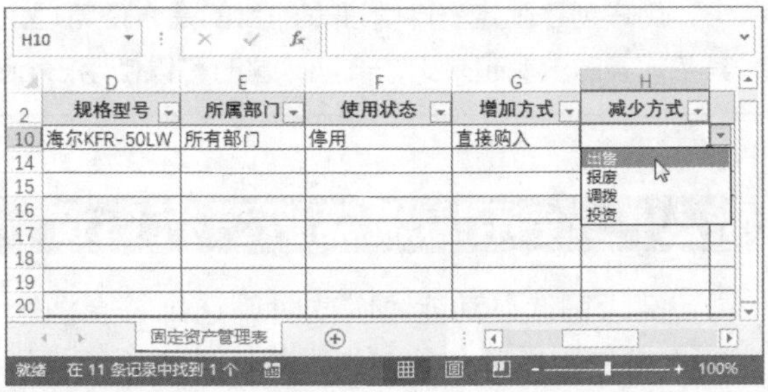

H10

	规格型号	所属部门	使用状态	增加方式	减少方式
10	海尔KFR-50LW	所有部门	停用	直接购入	

Step 05 单击“排序和筛选”选项组中的“清除”按钮，退出筛选状态即可。

	资产编号	固定资产名称	规格型号	所属部门	使用状态	增加方式	减少方式	开始使用日期	预计使用年限	资产原值
3	001	办公楼	砖混结构	所有部门	在用	直接购入		2010/3/15	20	¥ 350,000.00
4	002	仓库	砖混结构	采购部/销售部	在用	直接购入		2010/3/15	15	¥ 220,000.00
5	003	打印机	R330	财务部	在用	直接购入		2011/7/17	7	¥ 3,100.00
6	004	电脑	华硕 U4100UQ	办公部	在用	投资者投入		2011/4/25	7	¥ 6,200.00
7	005	传真机	松下 FL338CN	办公部	在用	投资者投入		2012/8/10	7	¥ 3,200.00
8	006	传真机	佳能 L150	办公部	在用	投资者投入		2012/5/10	7	¥ 3,650.00
9	007	扫描仪	富士通 iX500	人事部	在用	直接购入		2011/9/22	7	¥ 2,950.00
10	008	空调	海尔KFR-50LW	所有部门	停用	直接购入	出售	2010/7/26	6	¥ 2,900.00
11	009	饮水机	美的YD1316S-X	所有部门	在用	直接购入		2011/5/10	6	¥ 1,500.00
12	010	投影仪	爱普生CB-S41	采购部	在用	直接购入		2011/6/10	6	¥ 2,300.00
13	011	打印机	佳能	人事部	在用	直接购入		2014/5/16	5	¥ 4,200.00

提示

如果用户想要清除表格中的筛选按钮，在“数据”选项卡中再次单击“筛选”按钮即可。

❸ 固定资产部门之间的调拨

企业各部门之间可以调拨固定资产，当某个部门需要某项固定资产时，恰好其他部门有，并且该部门不再需要就可以将该固定资产调拨到另一个部门。例如，将“资产编号”为“006”的传真机调拨到财务部，具体操作步骤如下。

Step 01 在“固定资产管理表”工作表中找到“资产编号”为“006”的传真机记录，选中E8单元格，将“办公部”修改为“财务部”。

Step 02 选中G8单元格，将“增加方式”修改为“调拨”即可。

	资产编号	固定资产名称	规格型号	所属部门	使用状态
3	001	办公楼	砖混结构	所有部门	在用
4	002	仓库	砖混结构	采购部/销售部	在用
5	003	打印机	R330	财务部	在用
6	004	电脑	华硕 U4100UQ	办公部	在用
7	005	传真机	松下 FL338CN	办公部	在用
8	006	传真机	佳能 L150	财务部	在用
9	007	扫描仪	富士通 iX500	人事部	在用
10	008	空调	海尔KFR-50LW	所有部门	停用
11	009	饮水机	美的YD1316S-X	所有部门	在用
12	010	投影仪	爱普生CB-S41	采购部	在用
13	011	打印机	佳能	人事部	在用

	所属部门	使用状态	增加方式	减少方式	开始使用日期
3	所有部门	在用	直接购入		2010/3/15
4	采购部/销售部	在用	直接购入		2010/3/15
5	财务部	在用	直接购入		2011/7/17
6	办公部	在用	投资者投入		2011/4/25
7	办公部	在用	投资者投入		2012/8/10
8	财务部	在用	调拨		2012/5/10
9	人事部	在用	直接购入		2011/9/22
10	所有部门	停用	直接购入	出售	2010/7/26
11	所有部门	在用	直接购入		2011/5/10
12	采购部	在用	直接购入		2011/6/10
13	人事部	在用	直接购入		2014/5/16

8.2 快速查询固定资产

用户创建固定资产管理表的目的是方便管理企业的固定资产，如果该表中的数据非常多，想要查看某条记录时查找起来比较麻烦，这时可以使用Excel中的筛选功能来查询。

8.2.1 使用高级筛选进行查询

“高级筛选”功能可以同时筛选出符合两个或两个以上条件的记录。使用高级筛选首先要设置好筛选条件，通过条件对指定的区域进行筛选。例如，将“使用状态”为“在用”和“资产原值”大于4000元的固定资产筛选出来。下面具体介绍其操作步骤。

Step 01 打开“固定资产管理表”工作表，选中G~J列，单击鼠标右键，从弹出的快捷菜单中选择“隐藏”选项。

Step 02 G~J列隐藏起来，在D16:E17单元格区域设置筛选条件。

Step 03 选中数据区域任意单元格，在“数据”选项卡中单击“排序和筛选”选项组中的“高级”按钮。

Step 04 弹出“高级筛选”对话框，在“方式”组中选中“在原有区域显示筛选结果”单选按钮，保持“列表区域”为默认状态，单击“条件区域”右侧的折叠按钮。

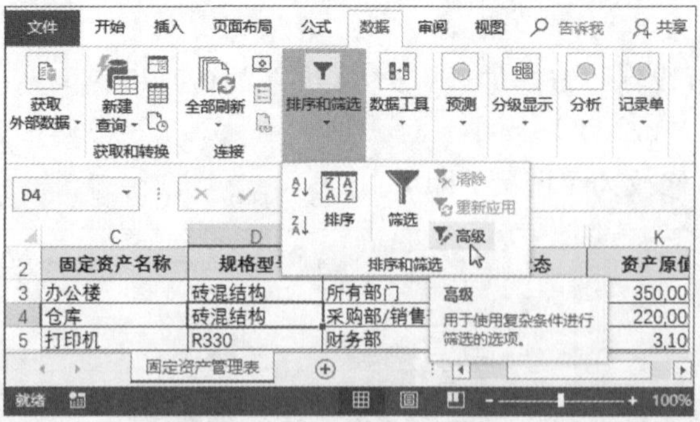

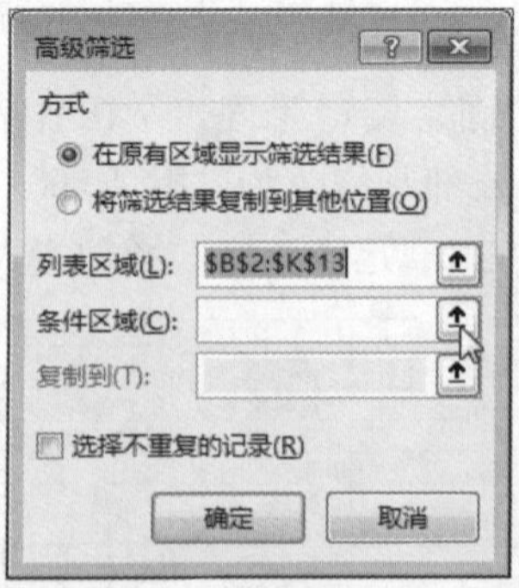

Step 05 返回工作表，使用鼠标拖选D16:E17单元格区域，再次单击“展开”按钮。

Step 06 返回“高级筛选”对话框，此时“条件区域”文本框中显示出刚才选中的单元格区域，单击“确定”按钮。

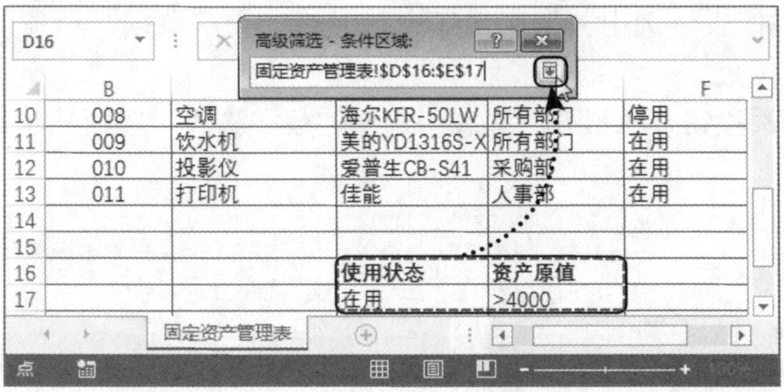

Step 07 返回工作表，这时可以看到已经按照设置的筛选条件，将符合条件的记录在原有的数据区域显示出来。

提示

如果用户想要取消对G~J列的隐藏，可以选中整个工作表，在任意列上单击鼠标右键，从弹出的快捷菜单中选择“取消隐藏”选项即可。

Step 08 如果用户想要在其他位置显示筛选结果，可以在“高级筛选”对话框中选中“将筛选结果复制到其他位置”单选按钮，设置“列表区域”和“条件区域”，并在“复制到”文本框中输入存放筛选结果的单元格B22，单击“确定”按钮。

Step 09 返回工作表，此时筛选结果即可在选中的单元格中显示出来。

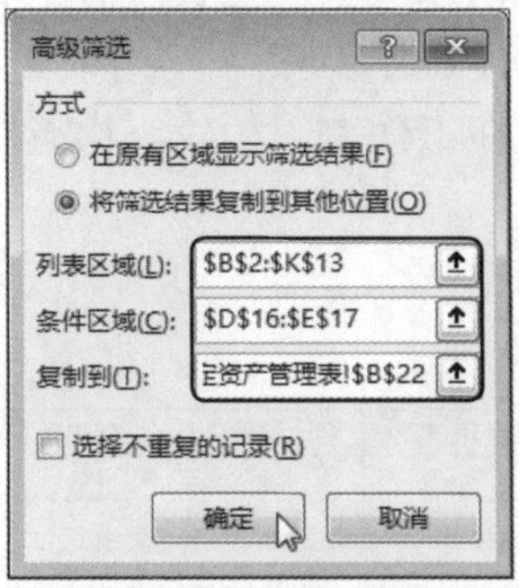

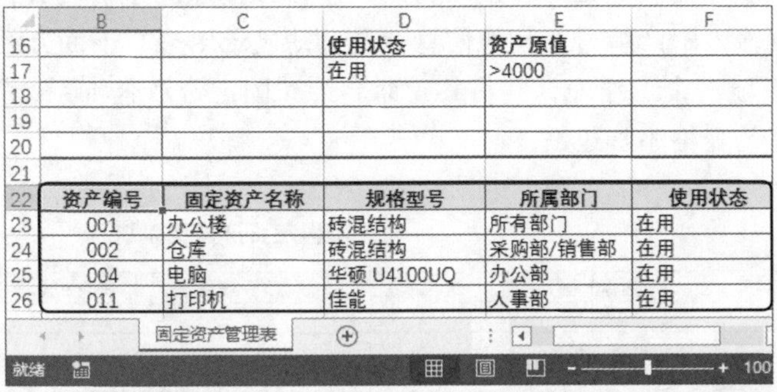

8.2.2 使用自定义筛选进行查询

自定义筛选是在自动筛选的基础上进行的，包括文本筛选、数字筛选、日期筛选等，用户可以根据需要进行筛选。例如，将“资产原值”大于3000并且小于4000的记录筛选出来，下面介绍具体操作步骤。

Step 01 打开“固定资产管理表”工作表，选中数据区域任意单元格，在“数据”选项卡中单击“排序和筛选”选项组中的“筛选”按钮。

Step 02 单击“资产原值”右侧的筛选按钮，从展开的列表中选择“数字筛选”选项，在其级联菜单中选择“自定义筛选”选项。

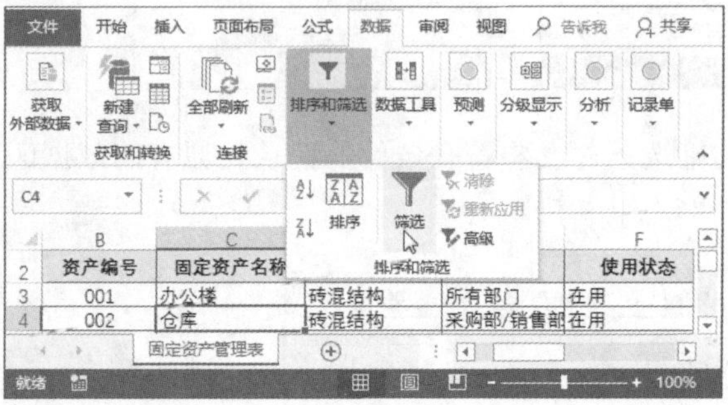

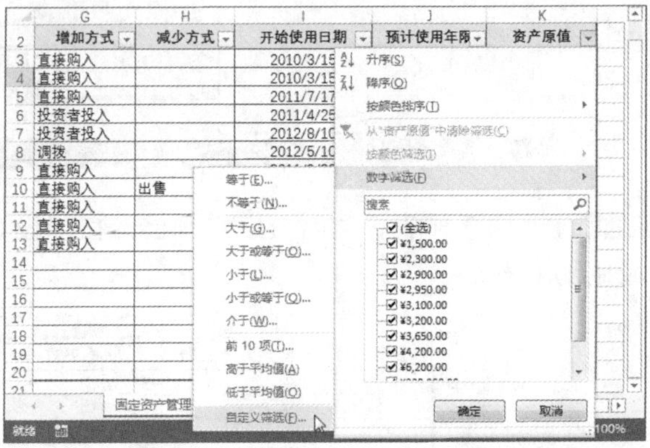

Step 03 打开“自定义自动筛选方式”对话框，在“资产原值”区域的第一个下拉列表框中选择“大于”选项，并在其右侧文本框中输入“3000”，在第二个下拉列表框中选择“小于”选项，在其右侧文本框中输入“4000”，单击“确定”按钮。

Step 04 返回工作表，此时可以看到已经将符合自定义条件的记录筛选出来了。

8.2.3 创建固定资产查询系统

如果企业的固定资产特别多，用户还可以创建固定资产查询系统来查找固定资产管理表中的记录，只要输入资产编号，其他信息就会自动显示出来，下面介绍具体操作步骤。

Step 01 新建一个工作表，并将其重命名为“固定资产查询系统”，在工作表中构建查询系统的基本框架，并为表格添加边框。

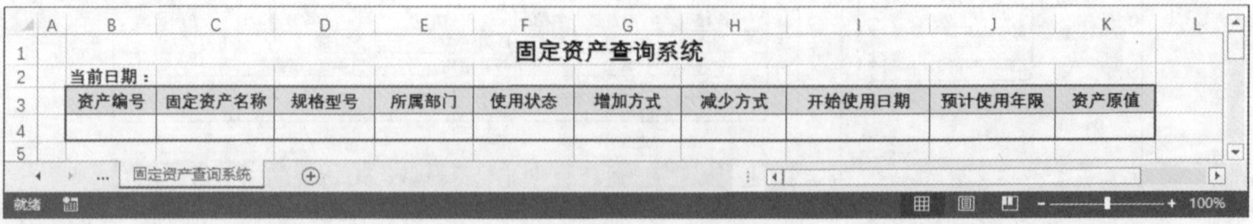

Step 02 选中B4单元格，按Ctrl+1组合键打开“设置单元格格式”对话框，在“分类”列表框中选择“自定义”选项，在右侧“类型”文本框中输入“00#”，单击“确定”按钮。

Step 03 再次选中B4单元格，在其中输入资产编号“004”。

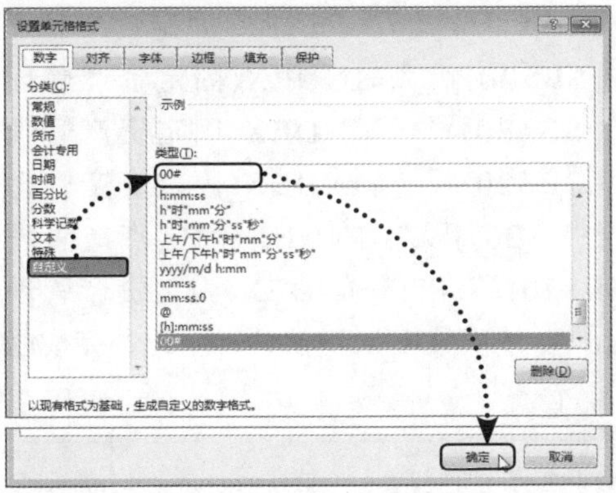

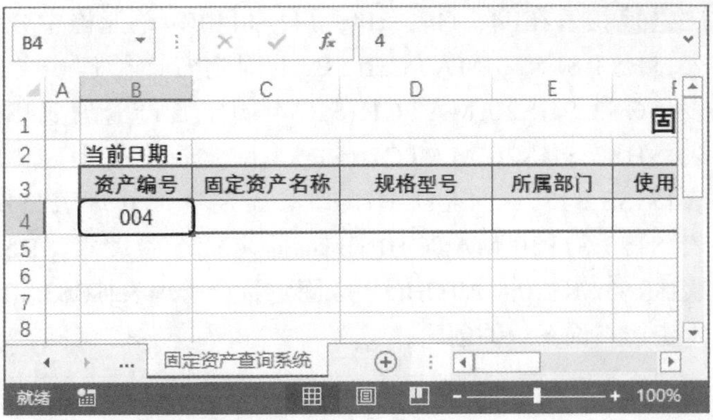

Step 04 选中C4单元格，输入公式“=INDEX[①](固定资产管理表!$C$3:$C$20,MATCH[②]($B$4,固定资产管理表!$B$3:$B$20))”，按Enter键确认。

Step 05 选中D4单元格，输入公式“=INDEX(固定资产管理表!$D$3:$D$20,MATCH($B$4,固定资产管理表!$B$3:$B$20))”，按Enter键确认。

Step 06 选中E4单元格，输入公式“=INDEX(固定资产管理表!$E$3:$E$20,MATCH($B$4,固定资产管理表!$B$3:$B$20))”，按Enter键确认。

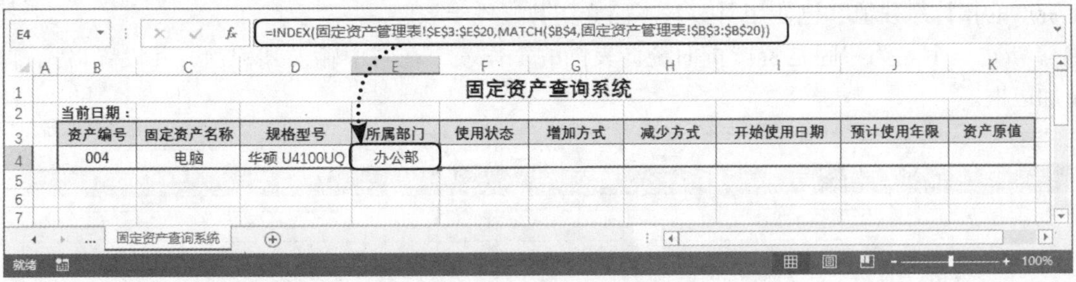

①关于INDEX函数的使用说明请查阅2.4.3小节，详见本书第26页。

②关于MATCH函数的使用说明请查阅2.4.4小节，详见本书第27页。

Step 07 接着在F4、G4、H4、I4、J4和K4单元格中分别输入以下公式“=INDEX(固定资产管理表!$F$3:$F$20,MATCH($B$4,固定资产管理表!$B$3:$B$20))”“=INDEX(固定资产管理表!$G$3:$G$20,MATCH($B$4,固定资产管理表!$B$3:$B$20))”“=INDEX(固定资产管理表!$H$3:$H$20,MATCH($B$4,固定资产管理表!$B$3:$B$20))”“=INDEX(固定资产管理表!$I$3:$I$20,MATCH($B$4,固定资产管理表!$B$3:$B$20))”“=INDEX(固定资产管理表!$J$3:$J$20,MATCH($B$4,固定资产管理表!$B$3:$B$20))”和“=INDEX(固定资产管理表!$K$3:$K$20,MATCH($B$4,固定资产管理表!$B$3:$B$20))”，依次按Enter键确认，至此，完成固定资产查询系统的创建。

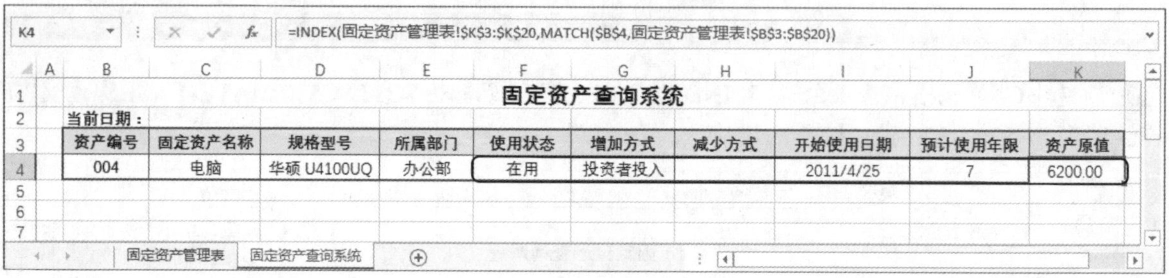

公式分析：本例公式“INDEX(固定资产管理表!$C$3:$C$20,MATCH($B$4,固定资产管理表!$B$3:$B$20))”的作用是将B4单元格与固定资产管理表中的“资产编号”相匹配后返回对应的固定资产名称。

8.3 掌握固定资产的折旧处理

固定资产折旧，是指固定资产在使用过程中逐渐损耗而转移到商品或费用中去的那部分价值，也是企业在生产经营过程中由于使用固定资产而在其使用年限内分摊的固定资产消耗。企业的固定资产都需要计提折旧，折旧的金额大小直接影响到产品的价格和企业的利润。

8.3.1 创建固定资产折旧统计表

为了方便、正确地计算每一项固定资产的折旧额，需要创建固定资产折旧统计表，计算每一项固定资产的预计净残值和已使用月数。下面介绍其操作步骤。

Step 01 新建一个名为“固定资产折旧统计表”的工作表，在其中输入列标题，并设置格式，为表格添加边框。

Step 02 在表格相应的位置输入“资产编号”“固定资产名称”“开始使用日期”“预计使用年限”“资产原值”和“残值率”等信息。

Step 03 选中H3单元格，输入公式“=F3*G3”，按Enter键确认，将公式向下填充，计算出净残值。

资产编号	固定资产名称	开始使用日期	预计使用年限	资产原值	残值率
001	办公楼	2010/3/15	20	¥ 350,000.00	5%
002	仓库	2010/3/15	15	¥ 220,000.00	5%
003	打印机	2011/7/17	7	¥ 3,100.00	5%
004	电脑	2011/4/25	7	¥ 6,200.00	5%
005	传真机	2012/8/10	7	¥ 3,200.00	5%
006	传真机	2012/5/10	7	¥ 3,650.00	5%
007	扫描仪	2011/9/22	7	¥ 2,950.00	5%
008	空调	2010/7/26	6	¥ 2,900.00	5%
009	饮水机	2011/5/10	6	¥ 1,500.00	5%
010	投影仪	2011/6/10	6	¥ 2,300.00	5%
011	打印机	2014/5/16	5	¥ 4,200.00	5%

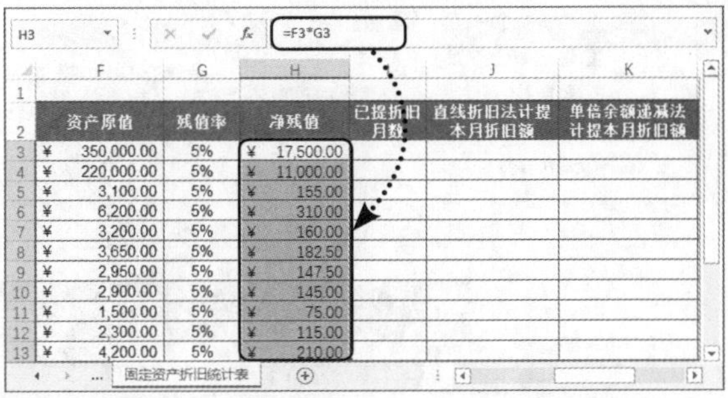

资产原值	残值率	净残值	已提折旧月数	直线折旧法计提本月折旧额	单倍余额递减法计提本月折旧额
¥ 350,000.00	5%	¥ 17,500.00			
¥ 220,000.00	5%	¥ 11,000.00			
¥ 3,100.00	5%	¥ 155.00			
¥ 6,200.00	5%	¥ 310.00			
¥ 3,200.00	5%	¥ 160.00			
¥ 3,650.00	5%	¥ 182.50			
¥ 2,950.00	5%	¥ 147.50			
¥ 2,900.00	5%	¥ 145.00			
¥ 1,500.00	5%	¥ 75.00			
¥ 2,300.00	5%	¥ 115.00			
¥ 4,200.00	5%	¥ 210.00			

Step 04 选中I3单元格，输入公式“=INT(DAYS360(D3,DATE(2015,8,31))/30)”。

Step 05 按Enter键确认，计算出已提折旧月数。再次选中I3单元格将公式向下填充。

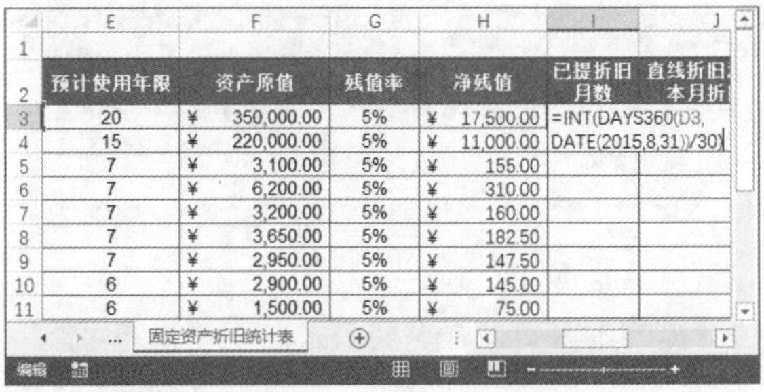

预计使用年限	资产原值	残值率	净残值	已提折旧月数	直线折旧法计提本月折旧
20	¥ 350,000.00	5%	¥ 17,500.00	=INT(DAYS360(D3,DATE(2015,8,31))/30)	
15	¥ 220,000.00	5%	¥ 11,000.00		
7	¥ 3,100.00	5%	¥ 155.00		
7	¥ 6,200.00	5%	¥ 310.00		
7	¥ 3,200.00	5%	¥ 160.00		
7	¥ 3,650.00	5%	¥ 182.50		
7	¥ 2,950.00	5%	¥ 147.50		
6	¥ 2,900.00	5%	¥ 145.00		
6	¥ 1,500.00	5%	¥ 75.00		

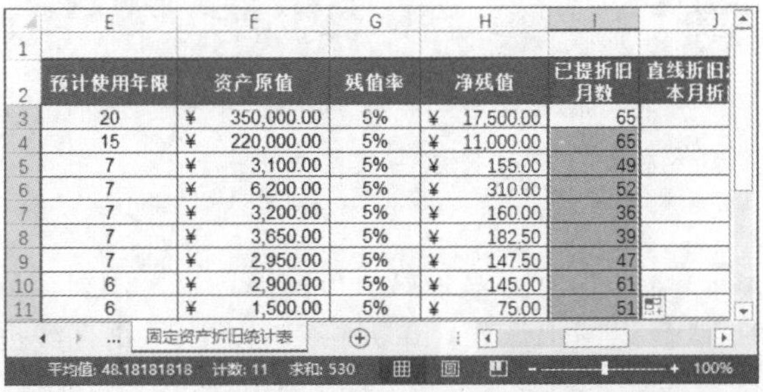

预计使用年限	资产原值	残值率	净残值	已提折旧月数	直线折旧法计提本月折旧
20	¥ 350,000.00	5%	¥ 17,500.00	65	
15	¥ 220,000.00	5%	¥ 11,000.00	65	
7	¥ 3,100.00	5%	¥ 155.00	49	
7	¥ 6,200.00	5%	¥ 310.00	52	
7	¥ 3,200.00	5%	¥ 160.00	36	
7	¥ 3,650.00	5%	¥ 182.50	39	
7	¥ 2,950.00	5%	¥ 147.50	47	
6	¥ 2,900.00	5%	¥ 145.00	61	
6	¥ 1,500.00	5%	¥ 75.00	51	

提示

DAYS360函数的功能是按照一年360天的算法（每个月以30天计，一年共计12个月），返回两个日期之间相差的天数。

8.3.2 直线折旧法计提折旧

直线折旧法又称平均年限法，是指将固定资产按预计使用年限平均计算折旧分摊到各期的一种方法。采用这种方法计算的每期（年、月）折旧额都是相同的。

❶计算公式

在不考虑减值准备的情况下，其计算公式如下：

- 固定资产年折旧率=(1-预计净残值率)/预计使用年限
- 固定资产月折旧率=年折旧率/12
- 固定资产月折旧额=固定资产原值*月折旧率

❷SLN函数

SLN函数用来返回固定资产的每期线性折旧费用。下面介绍如何使用SLN函数计提固定资产折旧额。

Step 01 打开“固定资产折旧统计表”工作表，选中J3单元格，在“公式”选项卡中单击“插入函数”按钮。

Step 02 打开“插入函数”对话框，在“选择函数”列表框中选择SLN函数③，单击“确定”按钮。

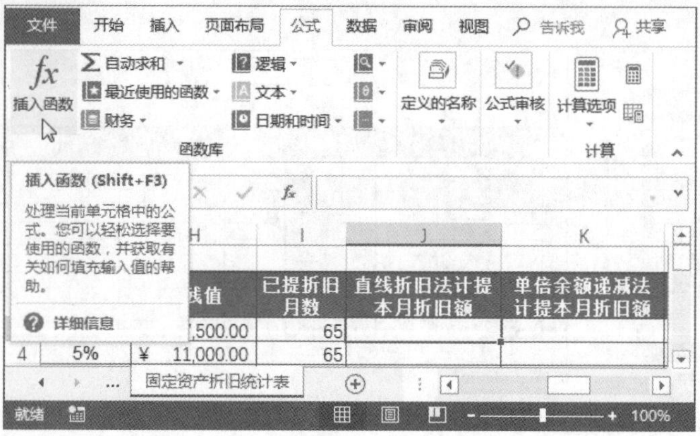

提示

在“插入函数”对话框中，用户还可以在“搜索函数”文本框中输入需要插入的函数，单击“转到”按钮，即可将该函数搜索出来。

Step 03 打开“函数参数”对话框，设置函数参数，设置完成后单击“确定”按钮。

Step 04 返回工作表，单元格J3中返回采用直线折旧法计提的本月折旧额，将公式向下填充即可。

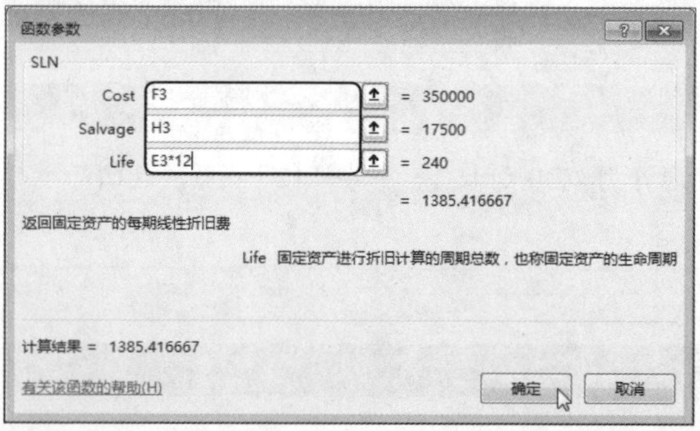

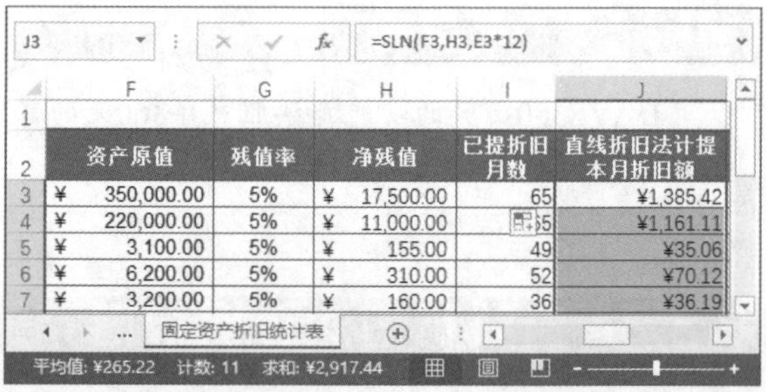

8.3.3 单倍余额递减法计提折旧

单倍余额递减法是加速计提折旧的方法之一，它采用一个固定的折旧率乘以一个递减的固定资产账面值，从而得到每期的折旧额。

用户可以使用DB函数来计提固定资产折旧额，具体操作方法如下。

Step 01 打开“固定资产折旧统计表”工作表，选中K3单元格，单击编辑栏左侧的“插入函数”按钮。

③关于SLN函数的使用说明请查阅2.7.1小节，详见本书第33页。

Step 02 打开“插入函数”对话框，在“或选择类别”下拉列表中选择“财务”选项，在“选择函数”列表框中选择DB函数[④]，单击“确定”按钮。

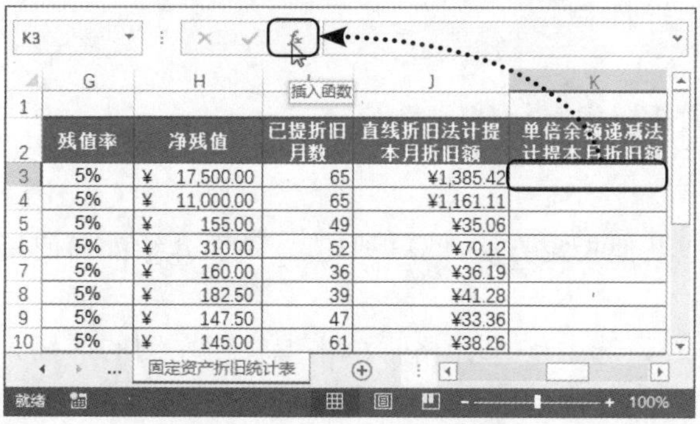

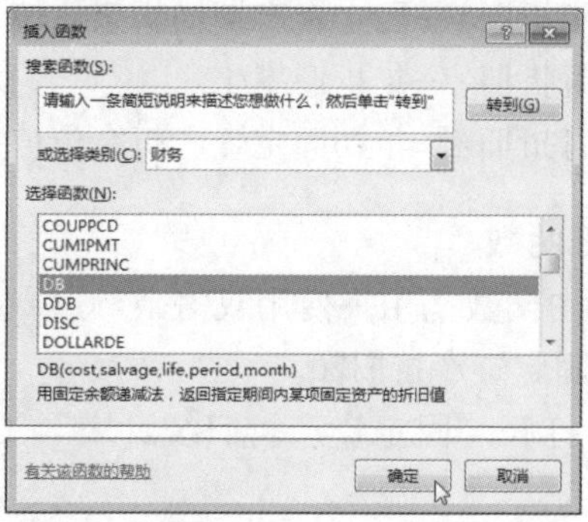

Step 03 打开“函数参数”对话框，从中设置各参数，设置完成后单击“确定”按钮。

Step 04 返回工作表，单元格K3中返回采用单倍余额递减法计提的本月折旧额。

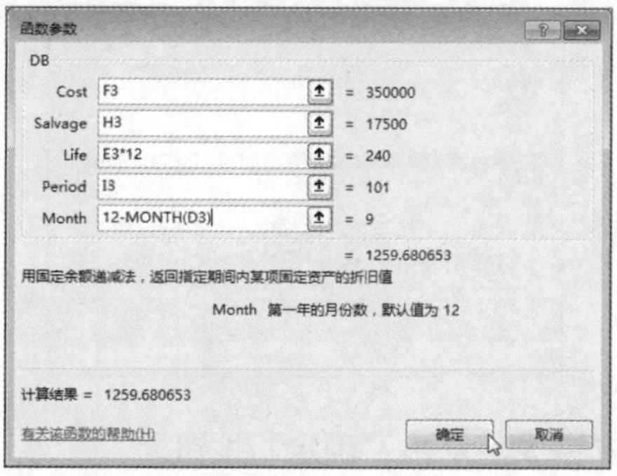

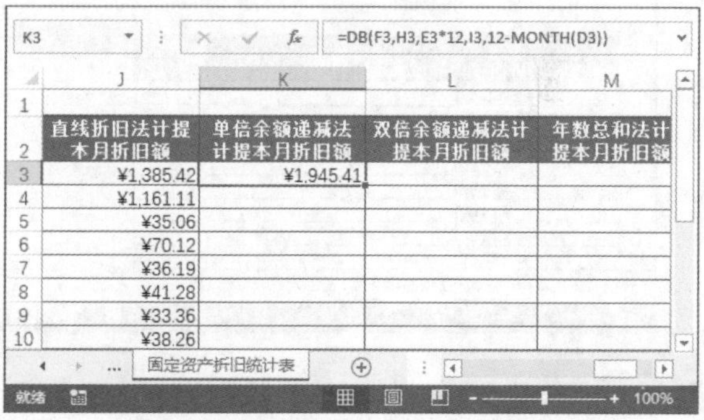

Step 05 选中K3单元格，将该单元格中的公式更改为“=IF(MONTH(D3)<12,IF(I3=0,0,IF(I3=1,F3*G3*(12-MONTH(D3))/12,DB(F3,H3,E3*12,I3,12-MONTH(D3)))),DB(F3,H3,E3*12,I3+1))”。

Step 06 按Enter键确认，即可返回计算结果，将该单元格中的公式向下填充。

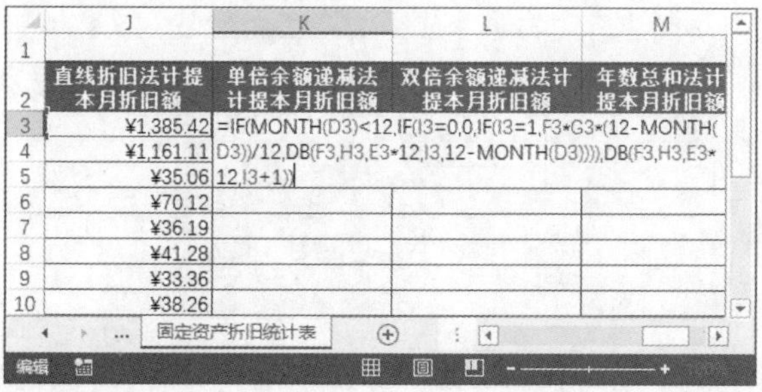

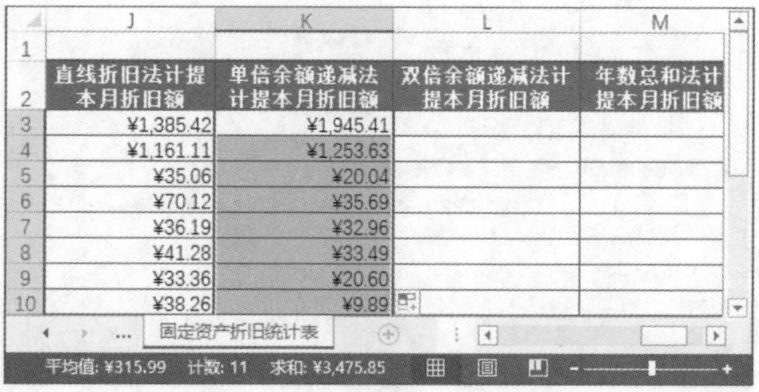

8.3.4 双倍余额递减法计提折旧

双倍余额递减法，是指在不考虑固定资产预计残值的情况下，将每期固定资产的期初账面净值乘以一个固定不变的百分率，计算折旧额的一种加速折旧的方法。

④关于DB函数的使用说明请查阅2.7.2小节，详见本书第34页。

❶计算公式

- 年折旧率=2/预计使用年限×100%
- 年折旧额=固定资产期初折余价值×年折旧率
- 月折旧率=年折旧率/12
- 月折旧额=年初固定资产折余价值×月折旧率

❷DDB函数

DDB函数是用来使用双倍余额递减法或其他指定方法计算折旧值。下面介绍如何使用DDB函数计提固定资产折旧额。

Step 01 打开“固定资产折旧统计表”工作表，选中L3单元格，单击编辑栏左侧的“插入函数”按钮。

Step 02 打开“插入函数”对话框，在“选择函数”列表框中选择DDB函数[⑤]，单击“确定”按钮。

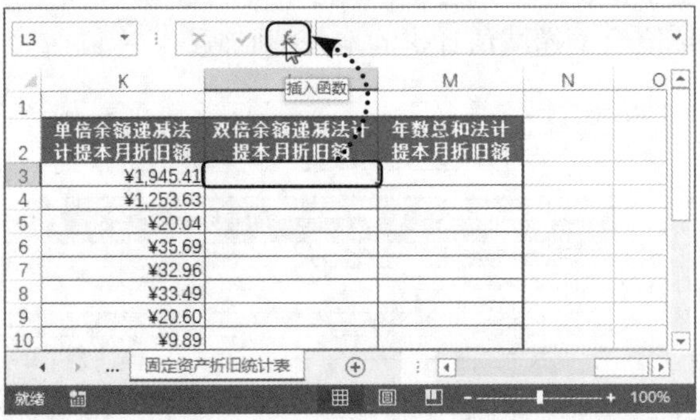

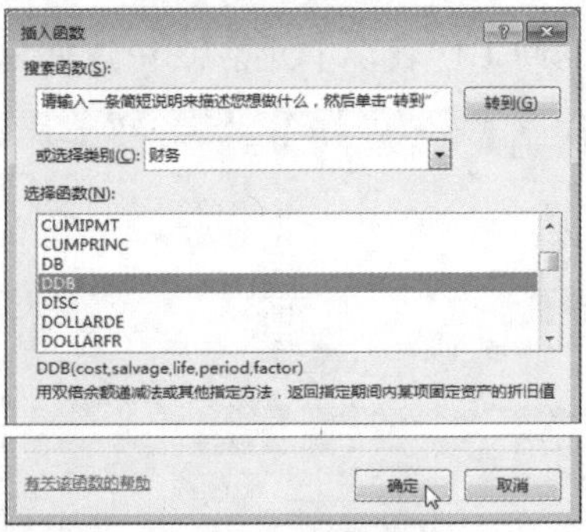

Step 03 打开“函数参数”对话框，从中设置各参数，设置完成后单击“确定”按钮。

Step 04 返回工作表，在L3单元格中返回采用双倍余额递减法计提的本月折旧额，将公式向下填充。

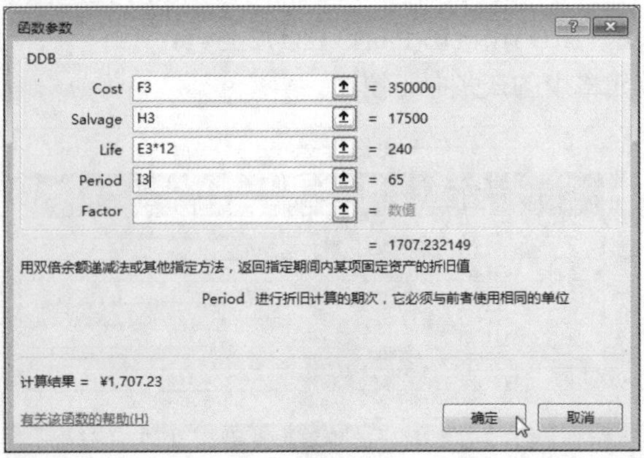

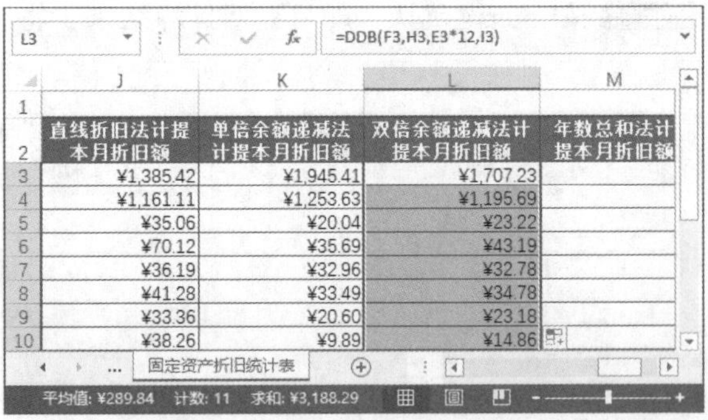

8.3.5 年数总和法计提折旧

年数总和法又称总和年限法或年限合计法，是固定资产加速折旧法的一种。年数总和法，是指用固定资产原值减去预计残值后的净额，乘以一个逐年递减的分数（称为折旧率），计算折旧额的一种加速折旧的方法。

⑤关于DB函数的使用说明请查阅2.7.2小节，详见本书第34页。

❶计算公式

逐年递减分数的分子代表固定资产尚可使用的年数；分母代表使用年数的逐年累加数字总和，假定使用年限为n年，分母即为1+2+3+……+n=n(n+1)/2，相关计算公式如下：

- 年折旧率=尚可使用年数/年数总和×100%
- 年折旧额=(固定资产原值-预计残值)×年折旧率
- 月折旧率=年折旧率/12
- 月折旧额=(固定资产原值-预计净残值)×月折旧率

❷SYD函数

SYD函数是返回某项资产按年限总和折旧法计算的指定期间的折旧值。下面介绍如何使用SYD函数计提固定资产折旧额。

Step 01 打开“固定资产折旧统计表”工作表，选中M3单元格，在“公式”选项卡中单击“插入函数”按钮。

Step 02 打开“插入函数”对话框，在“选择函数”列表框中选择SYD函数[⑥]，单击“确定”按钮。

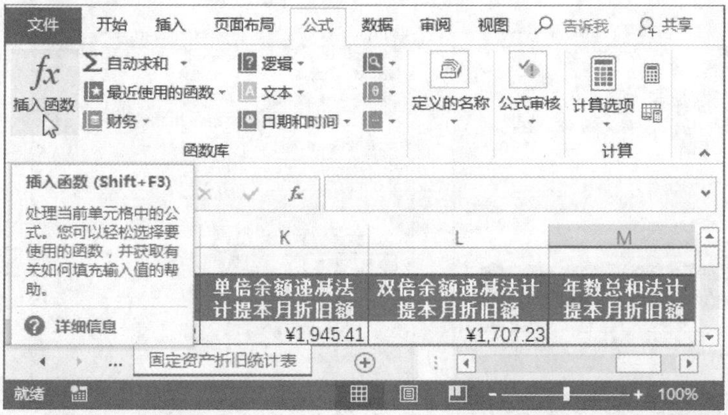

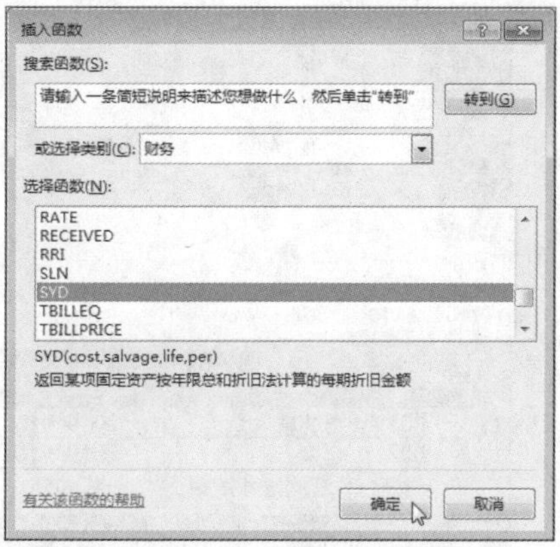

Step 03 打开“函数参数”对话框，设置各参数，设置完成后单击“确定”按钮。

Step 04 返回工作表中，单元格M3中返回采用年数总和法计提的本月折旧额，将该单元格中的公式向下填充。

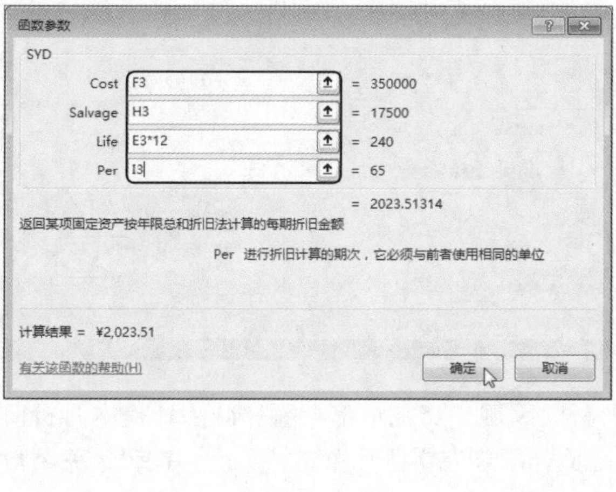

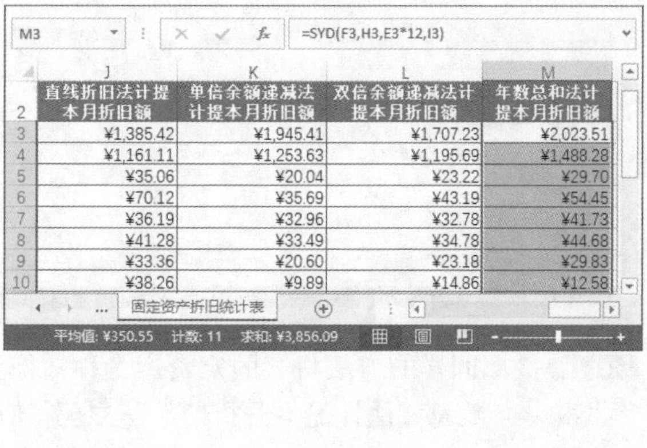

---

⑥关于SYD函数的使用说明请查阅2.7.3小节，详见本书第35页。

8.4 折旧费用分析有妙招

对固定资产计提折旧后，还需要对折旧费用进行分析。用户可以使用数据透视表和数据透视图进行分析。

8.4.1 使用数据透视表进行分析

数据透视表可以对工作表中的大量数据进行分类汇总，还可以在数据透视表中进行排序和筛选等操作。下面介绍如何创建数据透视表，并利用数据透视表对折旧费用进行分析。

Step 01 打开“固定资产折旧统计表”工作表，选中数据区域任意单元格，在“插入”选项卡中单击“表格”选项组中的“数据透视表”按钮。

Step 02 打开“创建数据透视表”对话框，保持“表/区域”为默认状态，选中“新工作表”单选按钮，单击“确定”按钮。

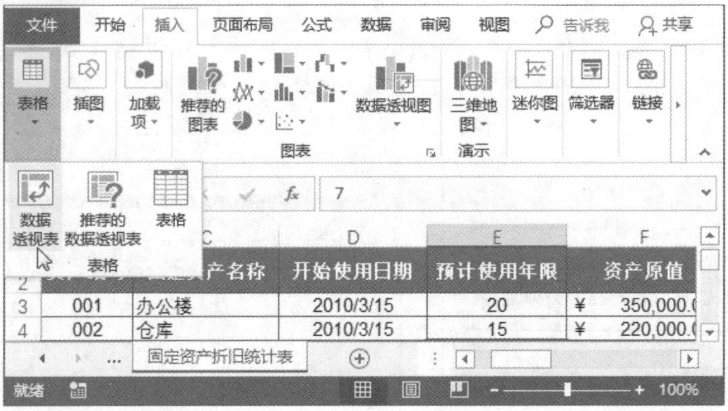

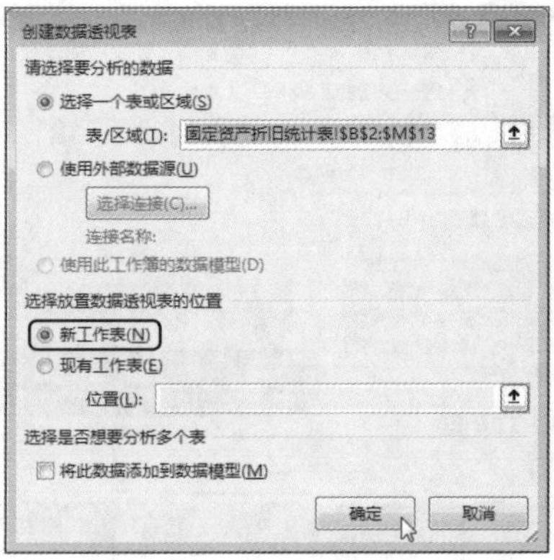

Step 03 系统会创建一个空白数据透视表“Sheet1”，并在右侧弹出“数据透视表字段”窗格。

Step 04 在“选择要添加到报表的字段”列表框中选择需要的字段，按住鼠标左键不放将其拖至右侧合适区域。

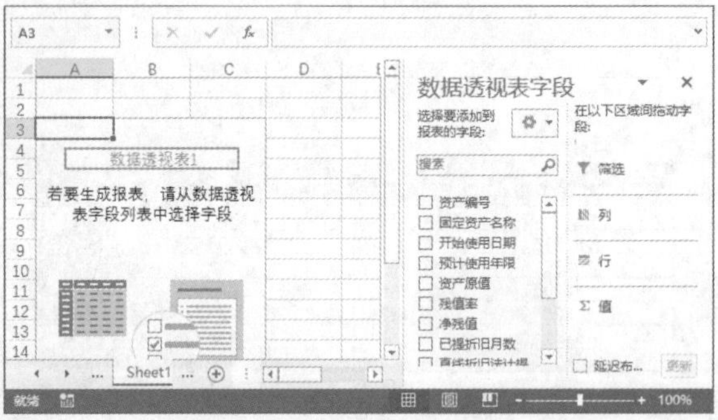

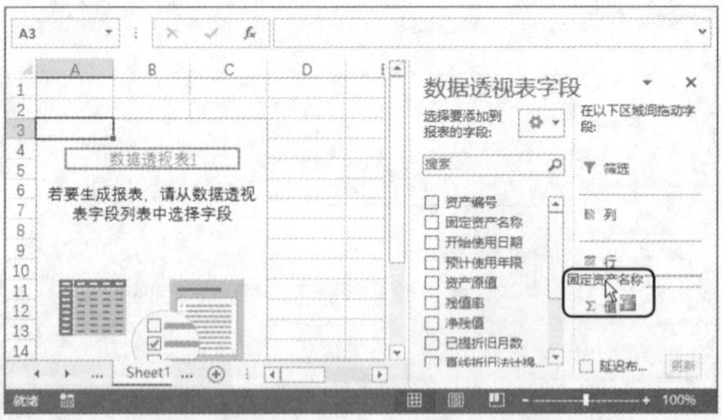

Step 05 按照同样的方法将“固定资产名称”拖至“行”区域，将“单倍余额递减法计提本月折旧额”和“年数总和法计提本月折旧额”拖至“值”区域，添加完字段后单击“关闭”按钮，关闭窗格即可。

Step 06 打开“数据透视表工具-设计”选项卡，在“布局”选项组中单击“报表布局”按钮，从列表中选择“以表格形式显示”选项。

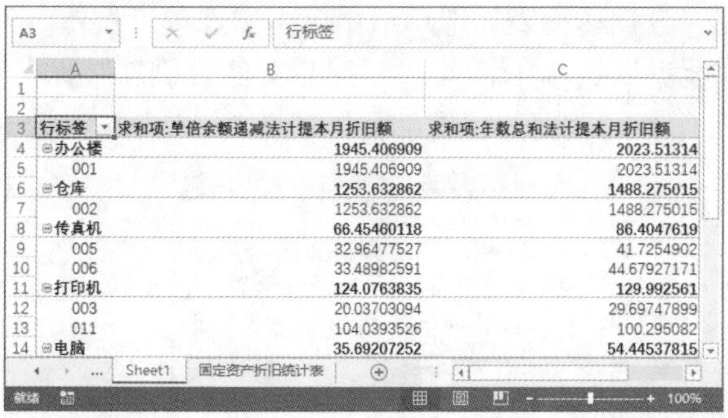

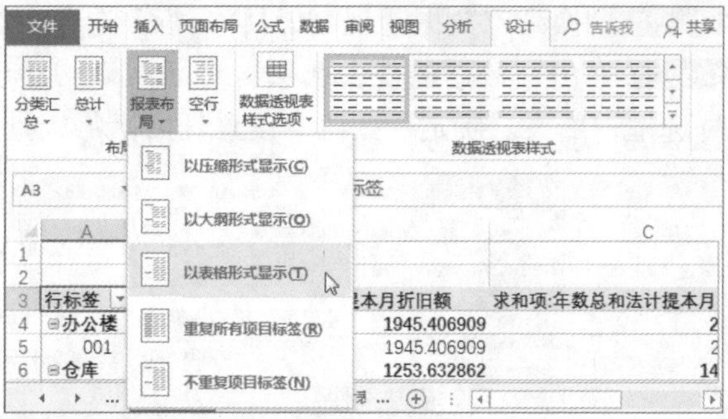

Step 07 单击“设计”选项卡“数据透视表样式”选项组中的“其他”按钮。

Step 08 从展开的列表中选择一种合适的样式，这里选择“浅橙色，数据透视表样式中等深浅10”选项。

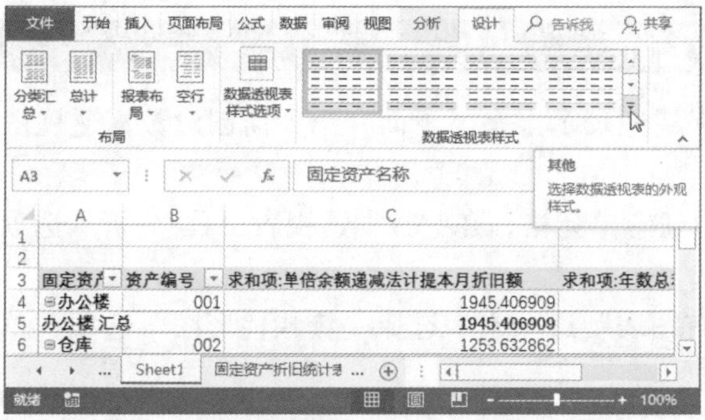

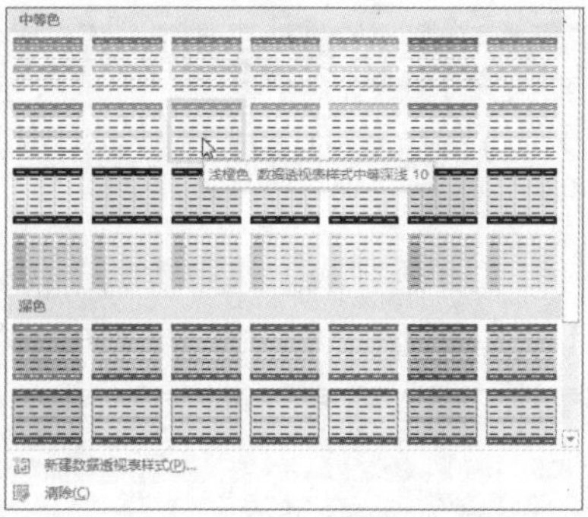

Step 09 选中C列和D列，单击鼠标右键，从弹出的快捷菜单中选择“设置单元格格式”选项。

Step 10 打开“设置单元格格式”对话框，在“分类”列表框中选择“货币”选项，设置“小数位数”为“2”，单击“确定”按钮。

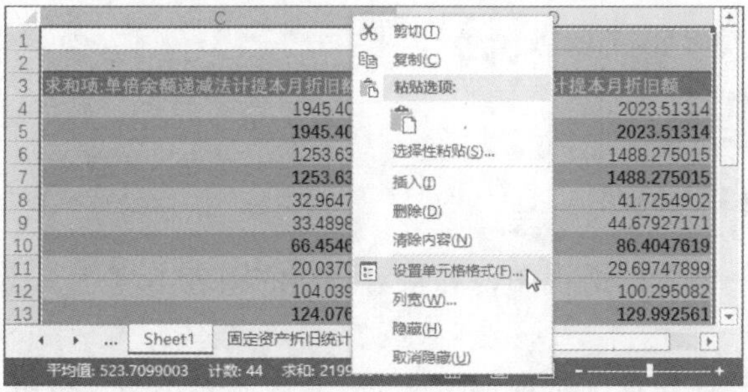

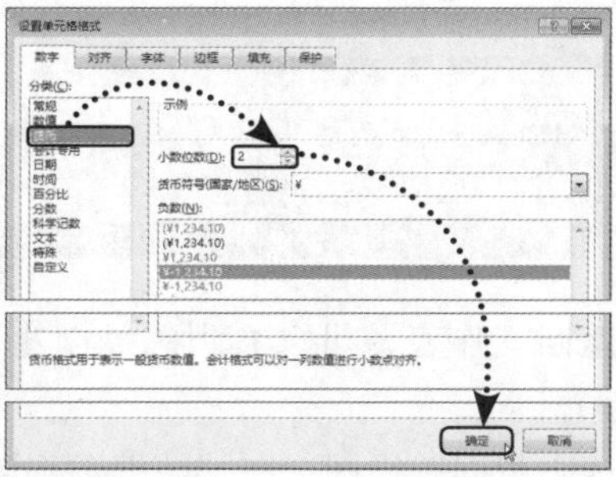

Step 11 返回工作表，可以看到所选区域的数据已经被设置成货币数字格式。

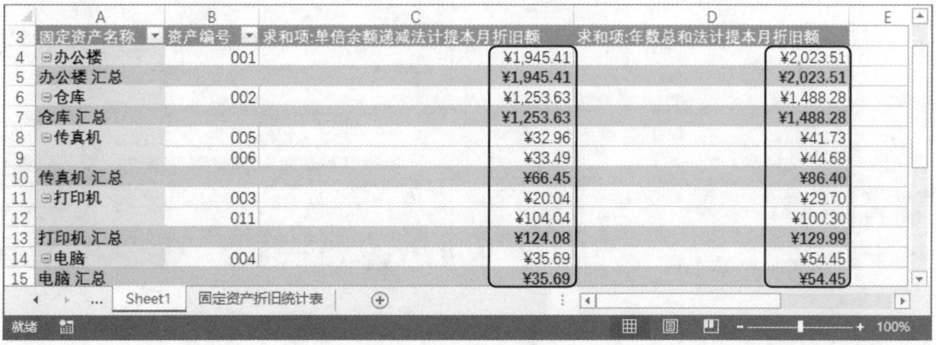

Step 12 切换到“数据透视表工具-分析”选项卡，在“数据透视表”选项组中单击“选项”按钮。

Step 13 弹出“数据透视表选项”对话框，切换至“数据”选项卡，勾选“打开文件时刷新数据”复选框，单击“确定”按钮。设置好后，每次打开工作表时数据透视表都会自动更新。

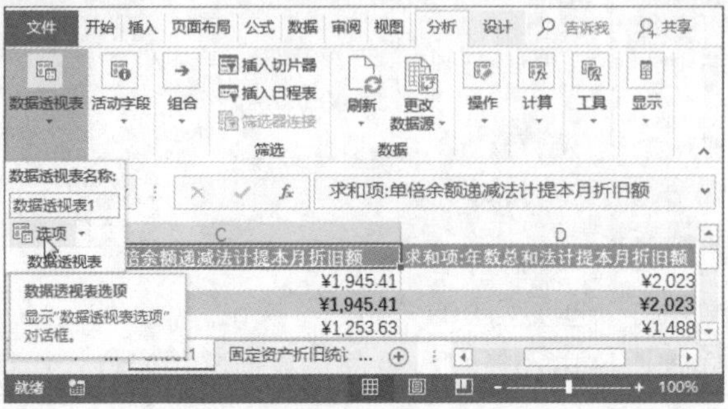

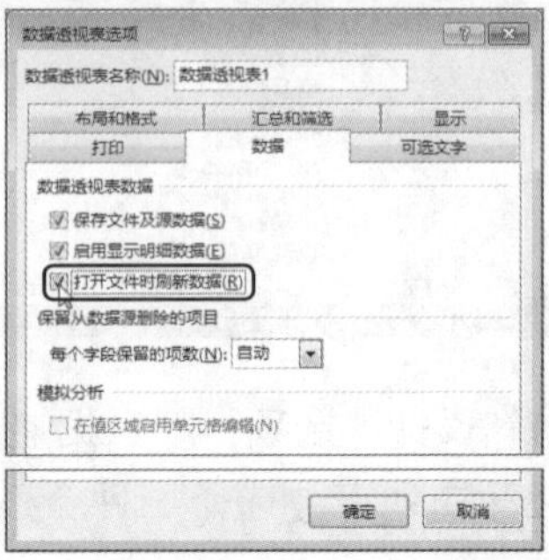

8.4.2 使用数据透视图进行分析

用户可以创建数据透视图将数据更加直观地表示出来，下面介绍如何创建数据透视图来分析数据。

Step 01 打开数据透视表，选中数据透视表中任意单元格，在“数据透视表工具-分析”选项卡中单击“工具”选项组中的“数据透视图”按钮。

Step 02 打开“插入图表”对话框，在“所有图表”选项卡中选择“簇状柱形图”选项，单击“确定”按钮。

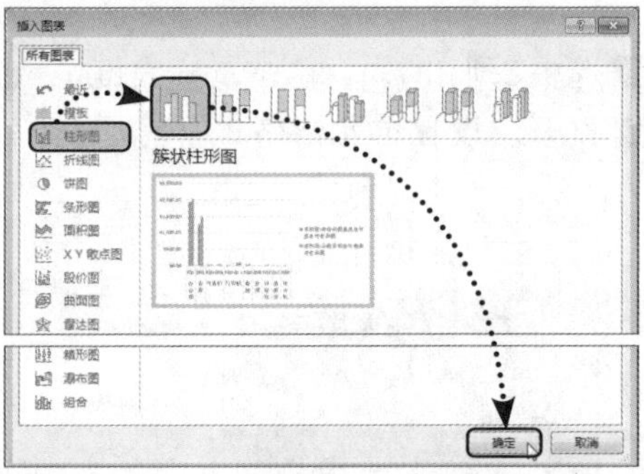

Step 03 返回工作表，可以看到已经创建了一个数据透视图，如果对当前的图表不满意，还可以更改图表类型。

Step 04 选中数据透视图，在“数据透视图工具-设计”选项卡中单击“更改图表类型”按钮。

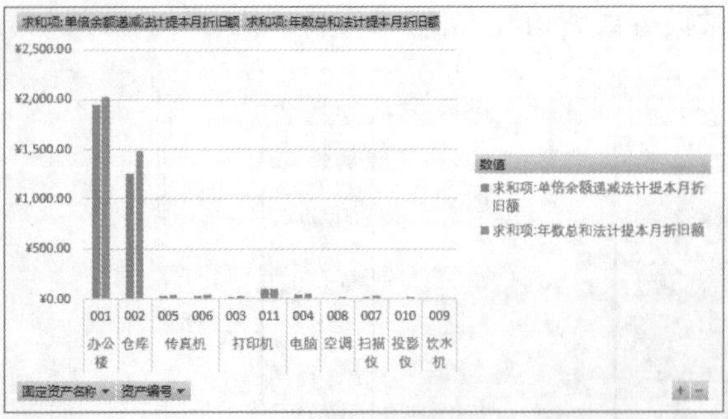

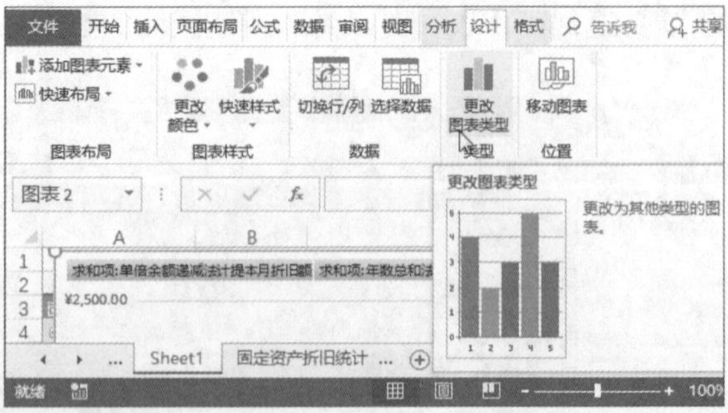

Step 05 打开“更改图表类型”对话框，从中选择“折线图”选项，在右侧选择“带数据标记的折线图”类型，单击“确定”按钮。

Step 06 返回工作表，可以看到已经将簇状柱形图更改为带数据标记的折线图。

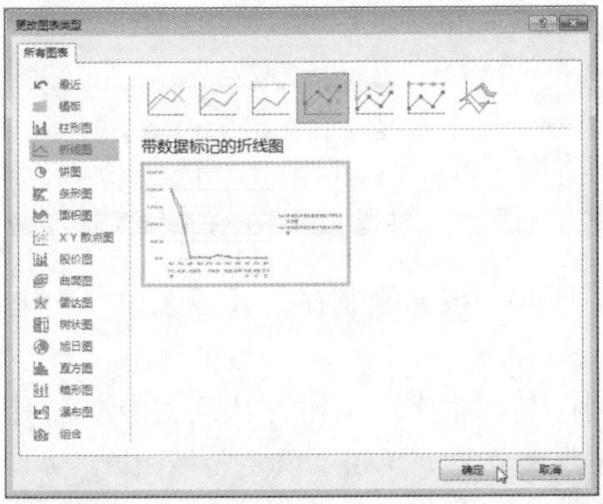

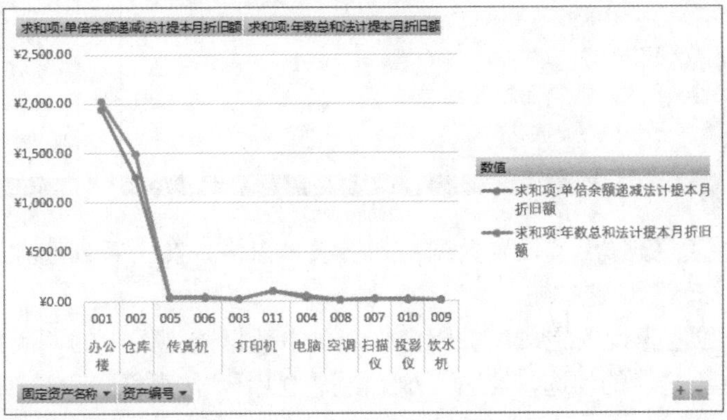

Step 07 选中数据透视图，打开“数据透视图工具-分析”选项卡，在“显示/隐藏”选项组中单击“字段按钮”下拉按钮，从列表中取消对“显示值字段按钮”选项的勾选。

Step 08 在“数据透视图工具-设计”选项卡中单击“添加图表元素”按钮，从列表中选择“图表标题”选项，从其级联菜单中选择“图表上方”选项。

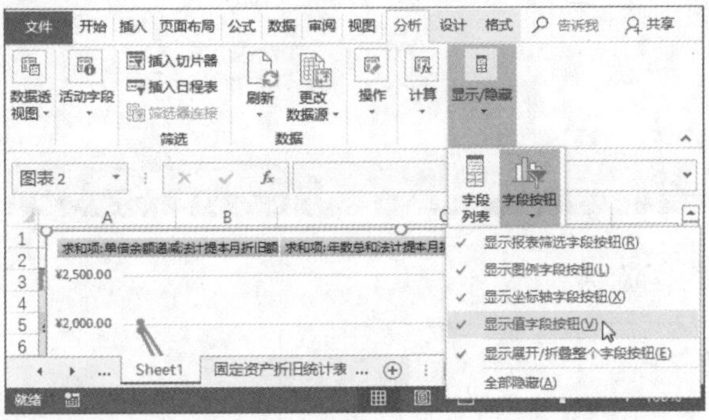

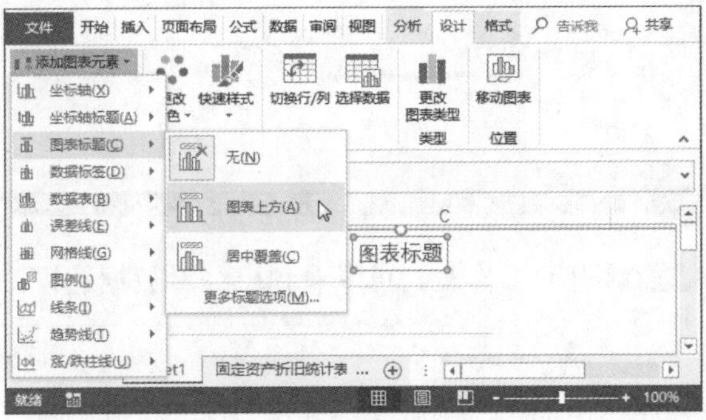

Step 09 图表上方会出现“图表标题”文本框，将标题修改为“折旧费用分析图”。

Step 10 在图例上单击鼠标右键，从弹出的快捷菜单中选择“设置图例格式”选项。

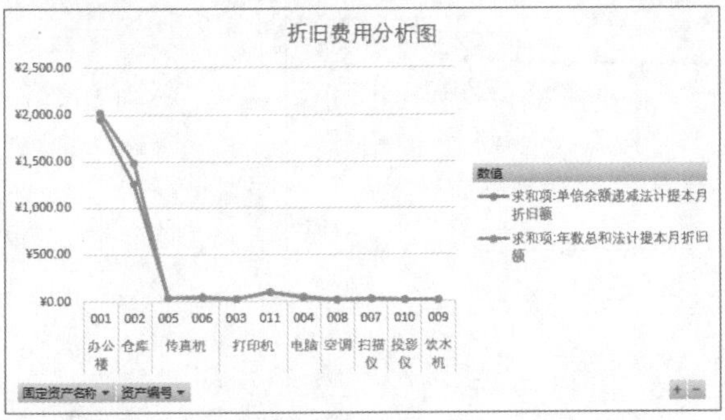

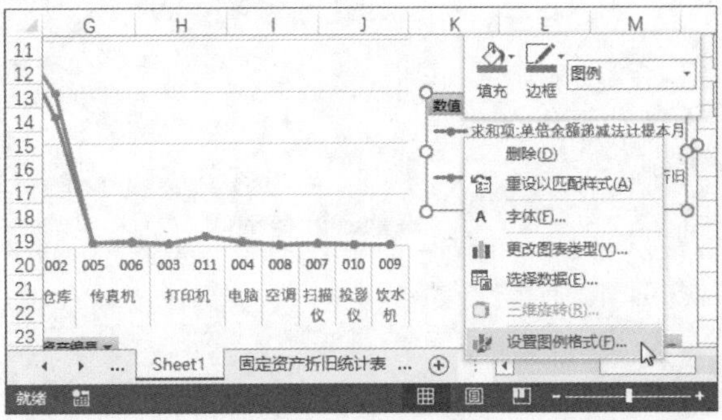

Step 11 弹出“设置图例格式”窗格，在“图例选项”选项卡中单击“图例选项”选项，在“图例位置”选项组中选中“靠下”单选按钮。

Step 12 设置完成后关闭窗格，在“求和项:年数总和法计提本月折旧额”数据系列上单击鼠标右键，从快捷菜单中选择“设置数据系列格式”选项。

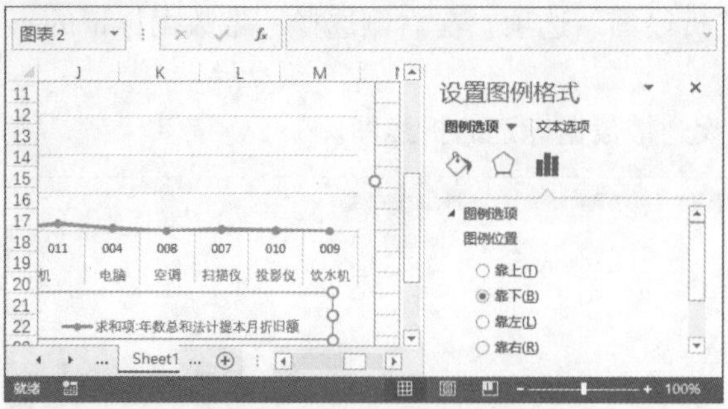

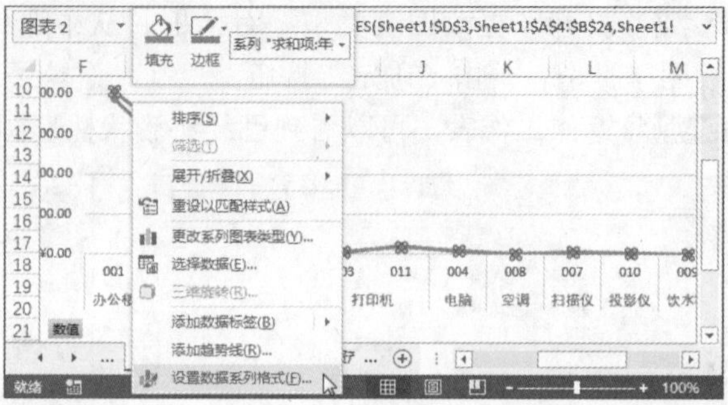

Step 13 弹出“设置数据系列格式”窗格，在“系列选项”选项的“系列绘制在”区域选中“次坐标轴”单选按钮。

Step 14 设置完成后关闭窗格，单击数据透视图中的“固定资产名称”字段按钮，从列表中取消对“全选”的勾选，勾选“办公楼”“仓库”“传真机”和“打印机”复选框，单击“确定”按钮。

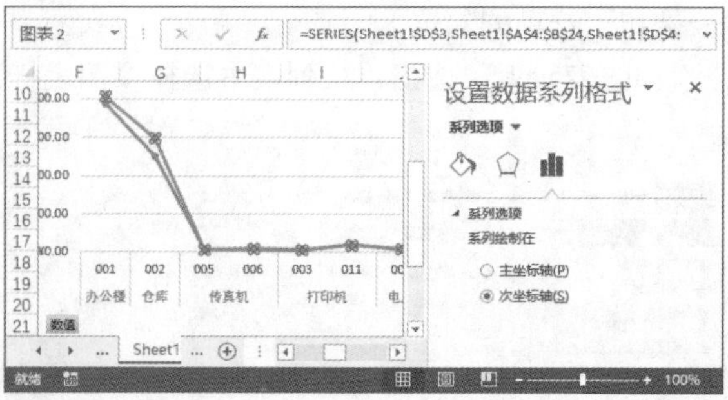

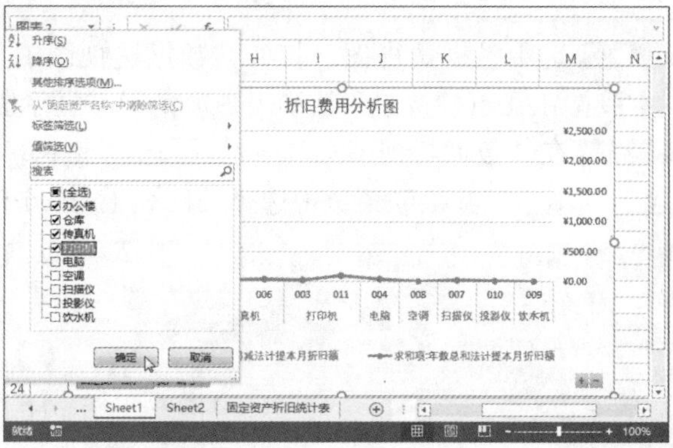

Step 15 返回工作表，可以看到已经对数据透视图进行了筛选。

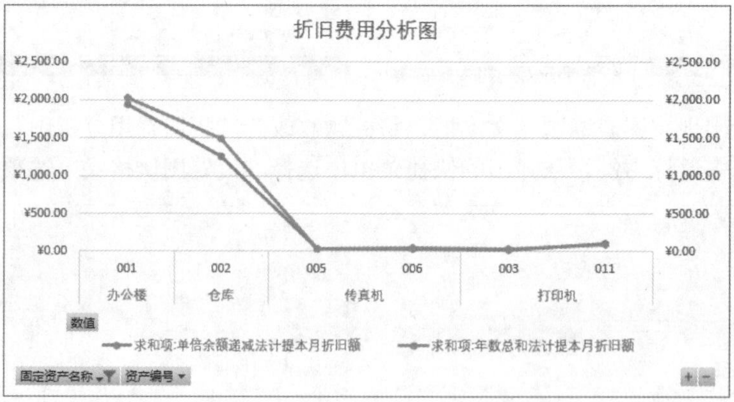

Chapter

09

让你头疼的月末之战

本章概述

月末是财务人员最为忙碌的时候，因为要对本月发生的账务进行汇总，并结转企业当前实现的利润，检查记账无误后进行对账和结账工作，结出本期发生额合计和期末余额，或将余额结转到下一期，编制会计报表。本章将重点介绍月末账务处理的相关知识，以及账目的保护。

核心知识点

科目汇总表的编制

财务总账表的编制

财务明细账表的编制

账务处理

9.1 科目汇总表的编制

科目汇总表是将凭证中记录的信息按照科目进行汇总后以表单的形式表现出来。依据借贷记账法的基本原理，科目汇总表中各个科目的借方发生额合计数应与贷方发生额合计数相等。

9.1.1 使用分类汇总进行科目汇总

使用分类汇总进行科目汇总，就是对记账凭证汇总表的信息按照总账科目进行汇总，从而生成科目汇总表。下面介绍嵌套分类汇总，即在简单分类汇总的基础上对数据进行多次简单分类汇总，具体操作步骤如下。

Step 01 新建一个工作表，将其重命名为“科目汇总表”。切换至“记账凭证汇总表”工作表，选中E2:F39和H2:I39单元格区域，按Ctrl+C组合键进行复制。

Step 02 切换至“科目汇总表”工作表，选中C2单元格，在“开始”选项卡中单击“粘贴”下拉按钮，从列表中选择“粘贴链接”选项。

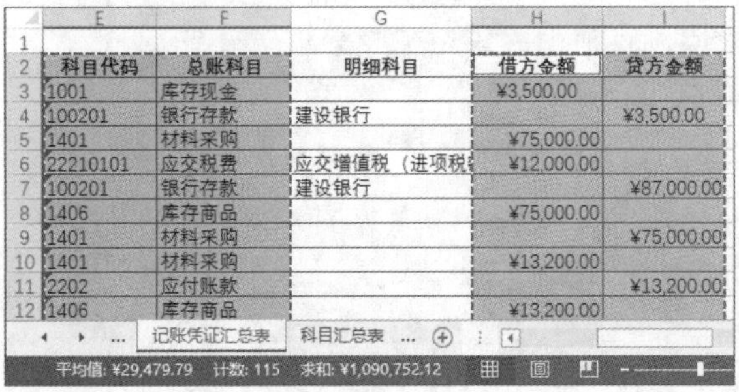

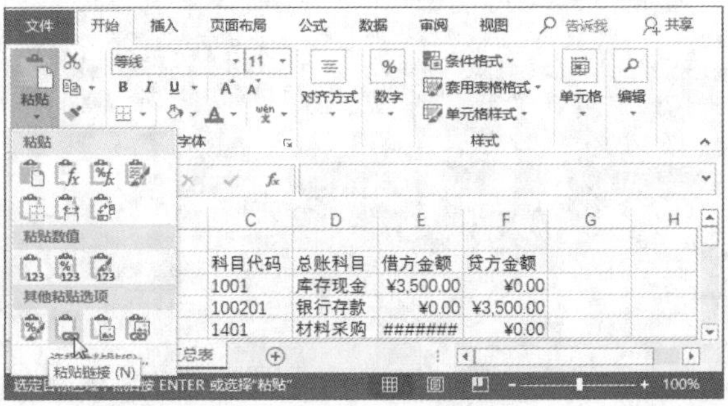

Step 03 将复制的内容粘贴至该工作表中，在B2单元格中输入列标题“科目类别”，对该工作表进行格式设置，为其添加边框，并适当调整列宽。

Step 04 选中B3单元格，输入公式“=IF(LEFT(C3,1)="1","资产类",IF(LEFT(C3,1)="2","负债类",IF(LEFT(C3,1)="4","所有者权益类",IF(LEFT(C3, 1)="6","损益类",""))))”，按Enter键确认，判断出科目类别。

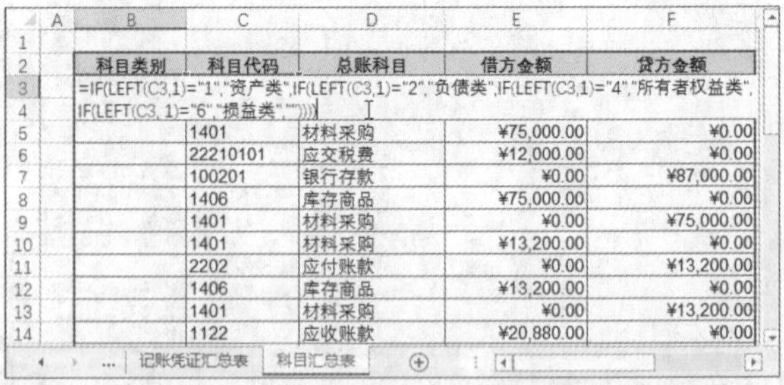

公式分析：步骤4中的公式“=IF(LEFT(C3,1)="1","资产类",IF(LEFT(C3,1)="2","负债类",IF(LEFT(C3,1)="4","所有者权益类",IF(LEFT(C3, 1)="6","损益类",""))))”的作用是使用LEFT函数提取C3单元格中左边第一个字符，并利用IF函数进行判断，如果为“1”，则属于“资产类”；如果为“2”，则属于“负债类”；如果为“4”，则属于“所有者权益类”；如果为“6”，则属于“损益类”。

Step 05 再次选中B3单元格，将公式向下填充至B39单元格。选择科目汇总表中任意单元格，在“数据”选项卡中单击“排序和筛选”选项组中的“筛选”按钮。

Step 06 进入筛选状态后，单击“科目代码”右侧的筛选按钮，从下拉列表中选择明细代码，单击“确定”按钮。

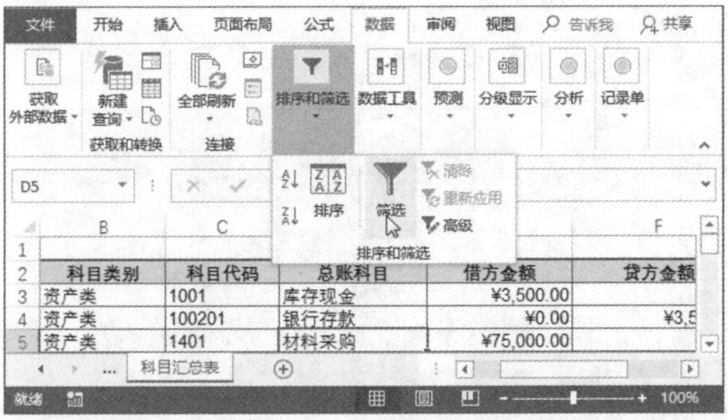

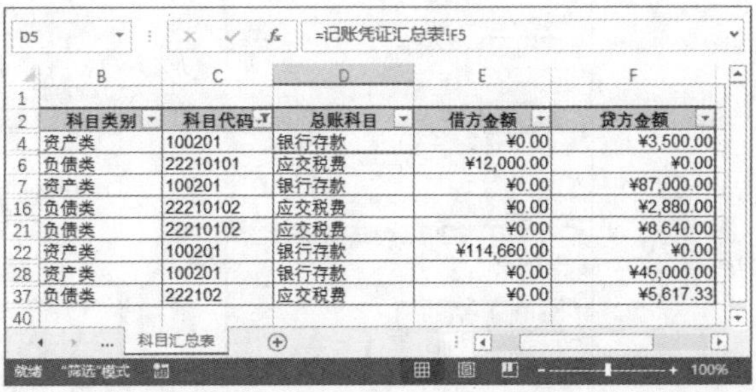

Step 07 选中C4单元格，将其中的公式修改为“=MID[①](记账凭证汇总表!E4,1,4)”，按Enter键确认，并向下填充公式。

Step 08 取消筛选，选中“科目代码”列任意单元格，在“数据”选项卡中的“排序和筛选”选项组中单击“升序”按钮。

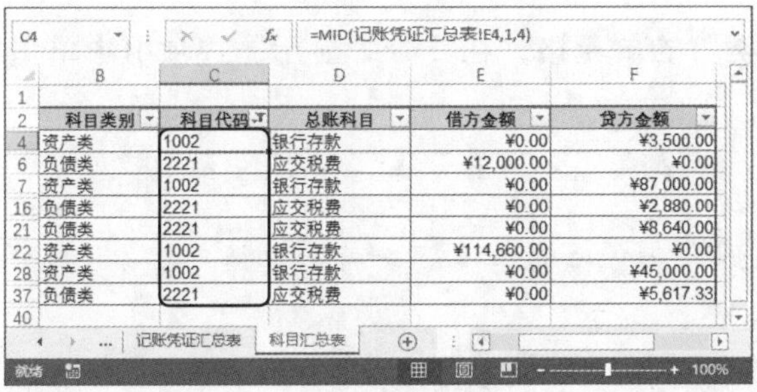

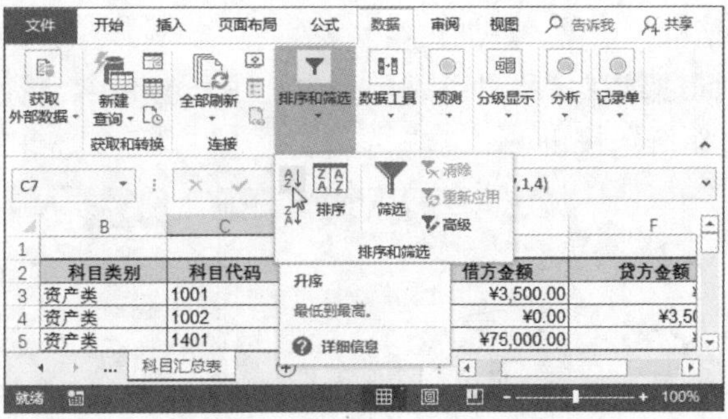

Step 09 在“数据”选项卡中单击“分级显示”选项组中的“分类汇总”按钮。

Step 10 打开“分类汇总”对话框，在“分类字段”下拉列表中选择“科目类别”选项，在“汇总方式”列表中选择“求和”选项，在“选定汇总项”列表框中勾选“借方金额”和“贷方金额”复选框，单击“确定”按钮。

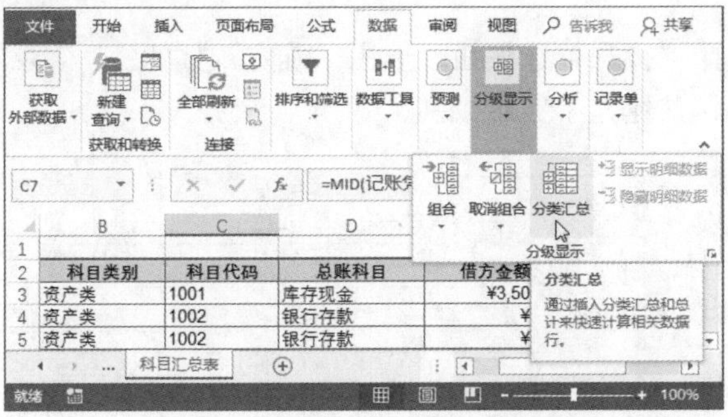

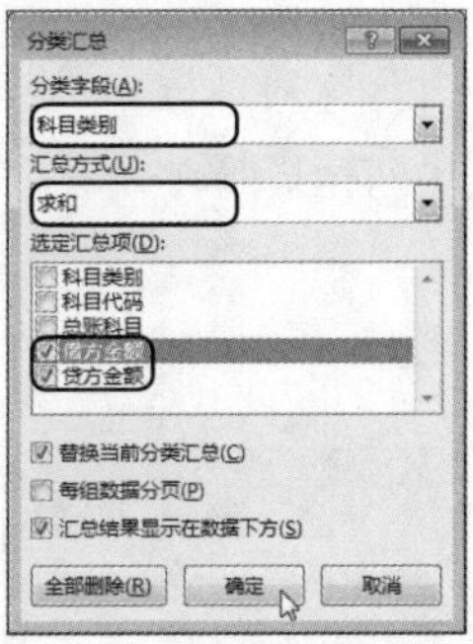

---

①关于MID函数的使用说明请查阅2.5.3小节，详见本书第30页。

Step 11 按照“科目类别”进行简单的分类汇总。再次单击“分级显示”选项组中的“分类汇总”按钮，打开“分类汇总”对话框，设置“分类字段”为“总账科目”，“汇总方式”为“求和”，并勾选“借方金额”和“贷方金额”复选框，取消勾选“替换当前分类汇总”复选框。

Step 12 单击“确定”按钮，即可完成数据的嵌套分类汇总，适当调整列宽。

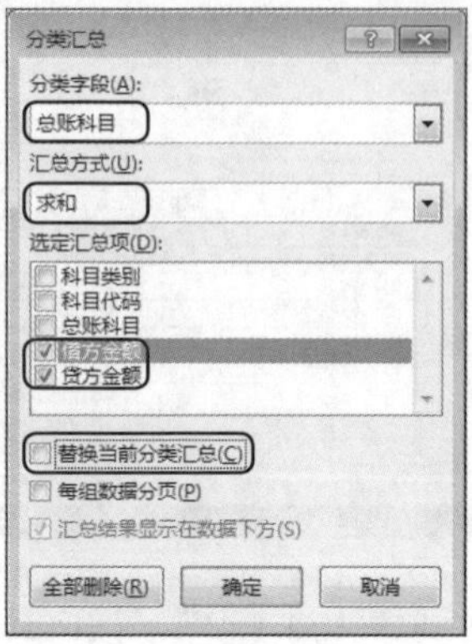

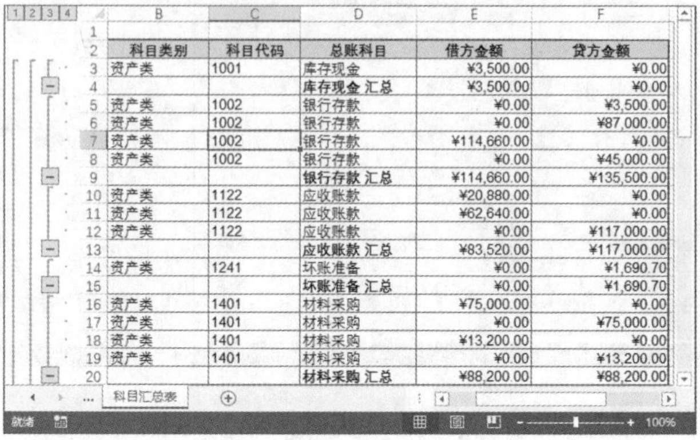

上面讲解了使用嵌套分类汇总生成科目汇总表，其实还可以在科目汇总表中创建组合，将会计科目进行分类。下面介绍具体操作步骤。

Step 01 取消分类汇总，即在“分级显示”选项组中单击“分类汇总”按钮，弹出“分类汇总”对话框，单击“全部删除”按钮。

Step 02 在“科目类别”列中选中所有包含“资产类”的单元格，在“分级显示”选项组中单击“组合”按钮。

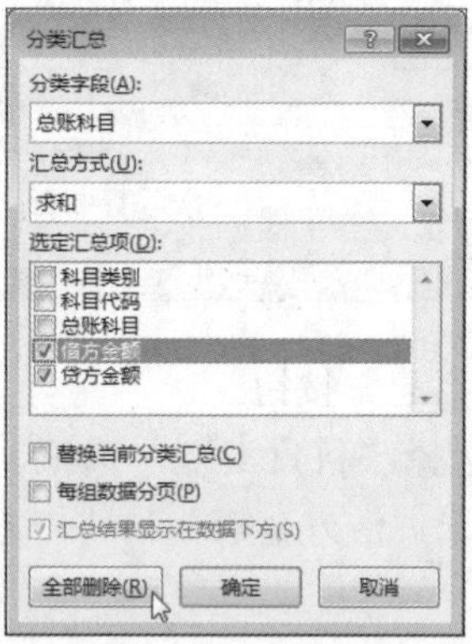

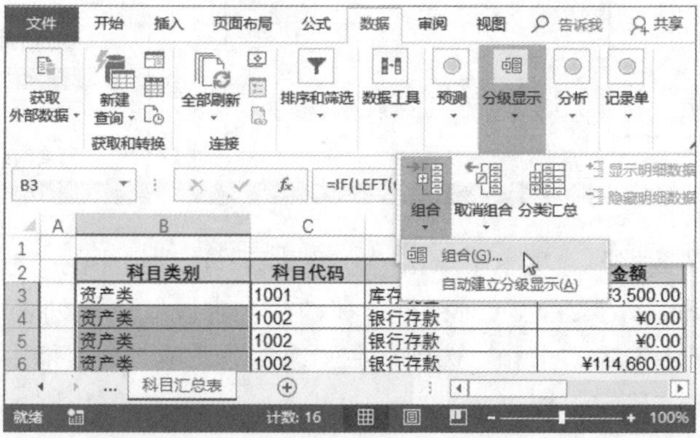

Step 03 弹出“组合”对话框，从中选择“行”单选按钮，单击“确定”按钮。

Step 04 选中的单元格区域形成一个组，并建立了显示级别。

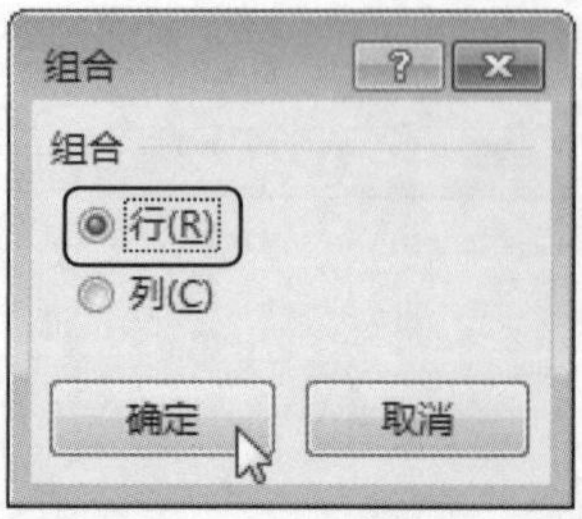

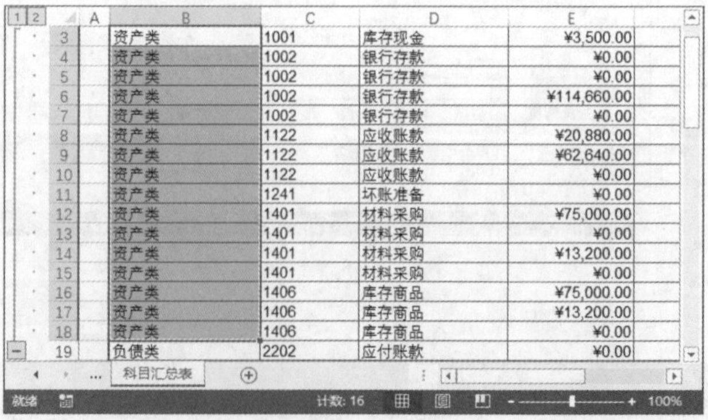

9.1.2 使用数据透视表创建多栏式科目汇总表

多栏式科目汇总表可以清晰地显示每一个会计科目的发生额情况，用户可以通过数据透视表来创建多栏式科目汇总表，下面介绍具体的操作步骤。

Step 01 打开“记账凭证汇总表”工作表，选中表中数据区域的任意单元格，在“插入”选项卡中单击“表格”选项组中的“数据透视表”按钮。

Step 02 打开“创建数据透视表”对话框，在“表/区域”文本框中确认选择的区域，其他保持默认，单击“确定”按钮。

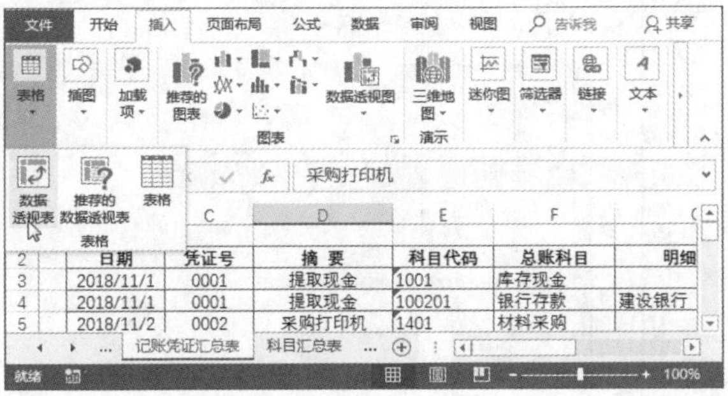

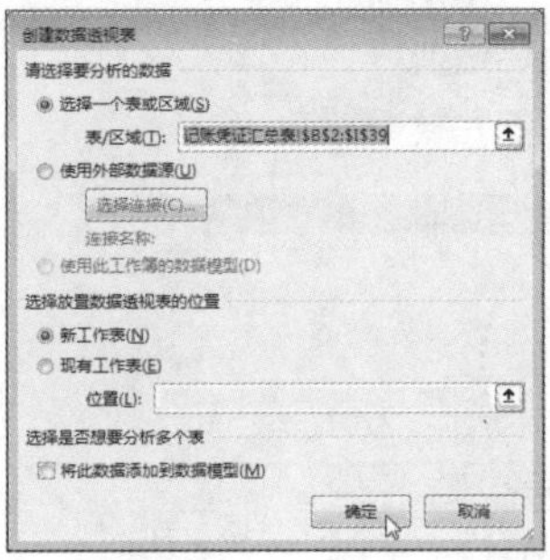

Step 03 生成一个空白的数据透视表，并弹出“数据透视表字段”窗格。

Step 04 使用鼠标将“日期”字段拖至“筛选”区域，将“凭证号”字段拖至“行”区域，将“科目代码”和“总账科目”字段拖至“列”区域，将“借方金额”和“贷方金额”字段拖至“值”区域。

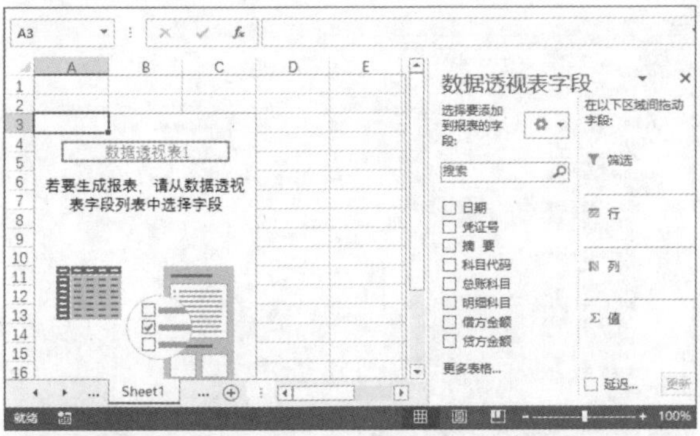

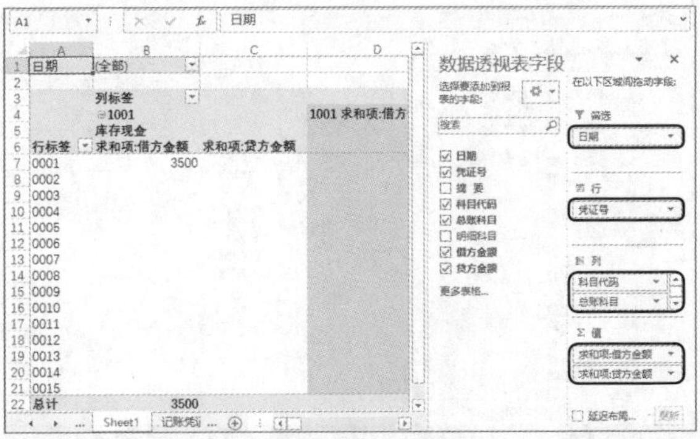

Step 05 添加完字段后，在“列”区域中自动添加了一个“数值”字段，用户可以将该字段拖至“行”区域中。

Step 06 在“值”区域中单击“求和项：借方金额”字段，从弹出的列表中选择“值字段设置”选项。

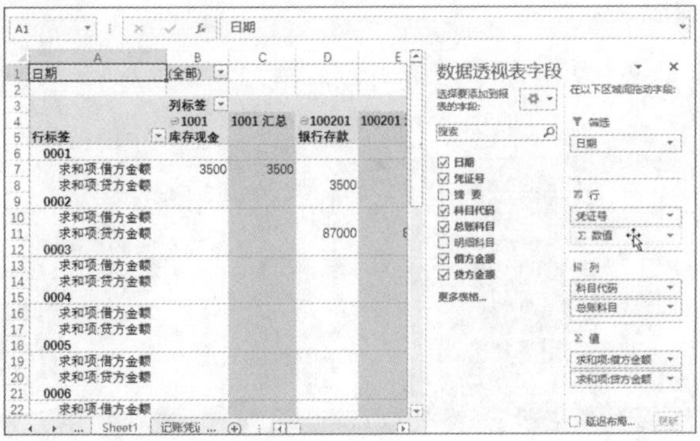

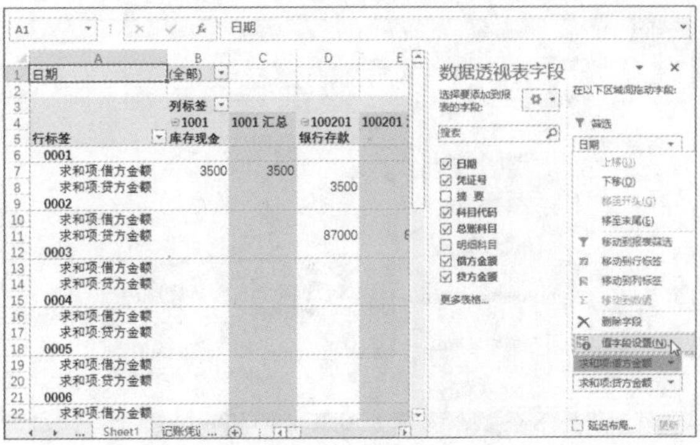

Step 07 弹出“值字段设置”对话框，在“计算类型”列表框中可以选择值字段的汇总方式，单击“数字格式”按钮。

Step 08 打开“设置单元格格式”对话框，在“分类”列表框中选择“会计专用”选项，在右侧设置“小数位数”为“2”，单击“确定”按钮。

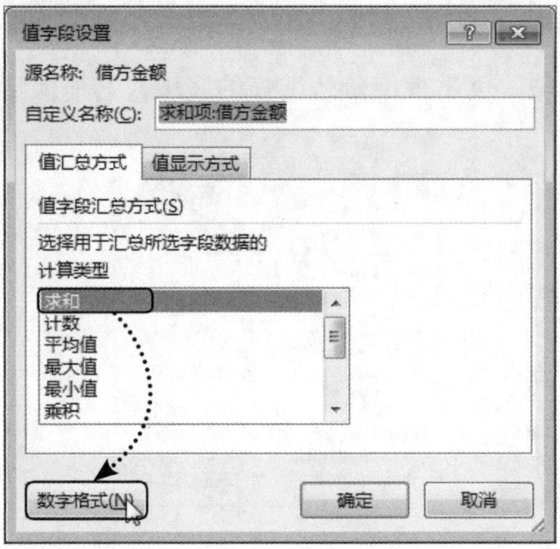

Step 09 返回“值字段设置”对话框，再次单击“确定”按钮，返回工作表中，可以看到“借方金额”的数字格式已经更改为会计专用格式。

Step 10 按照同样的方法，将“贷方金额”的数字格式更改为会计专用格式。

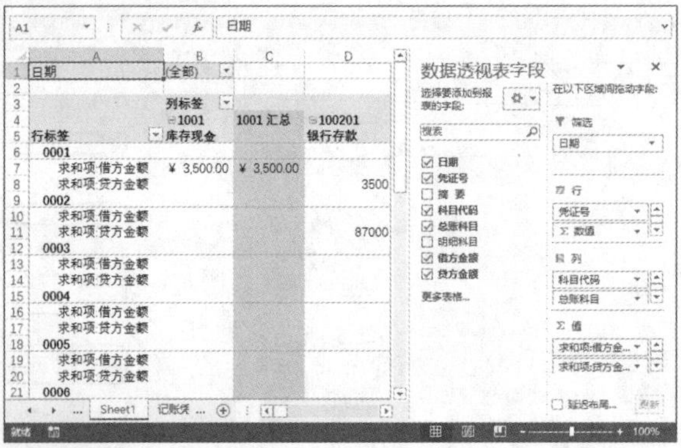

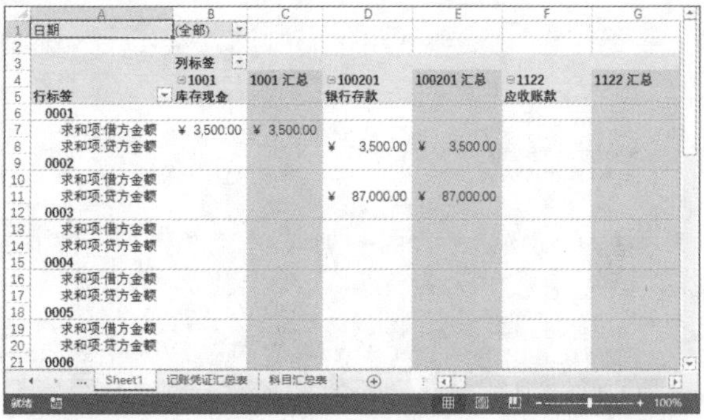

Step 11 选中数据透视表中任意单元格，打开“数据透视表工具-设计”选项卡，单击“报表布局”按钮，从列表中选择“以表格形式显示”选项。

Step 12 数据透视表的布局以表格形式显示，适当调整表格的列宽。

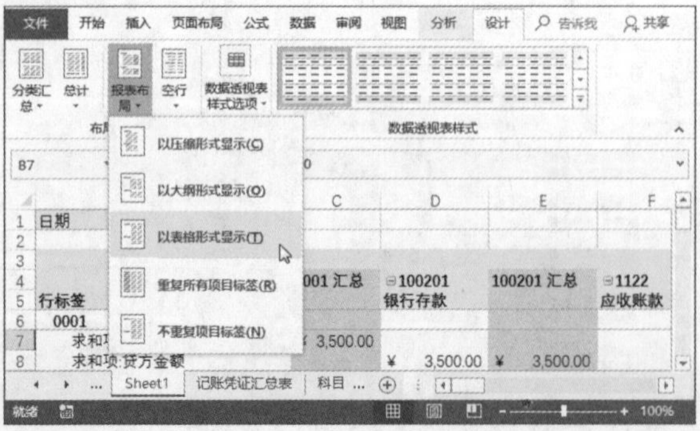

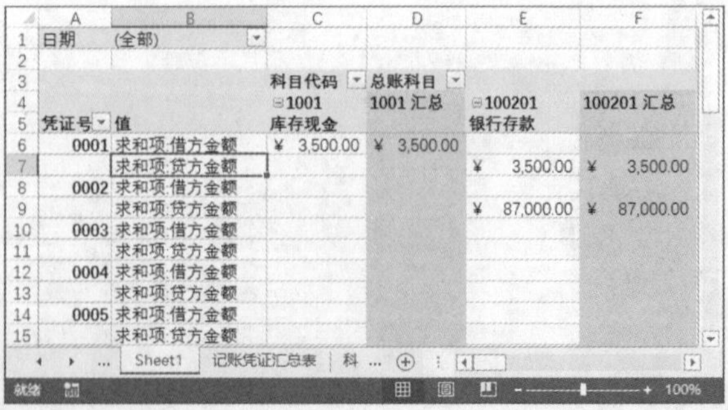

Step 13 切换至“数据透视表工具-设计”选项卡，在“数据透视表样式”选项组中单击“其他”按钮。

Step 14 从展开的下拉列表中选择“无”选项，可以清除数据透视表的样式。

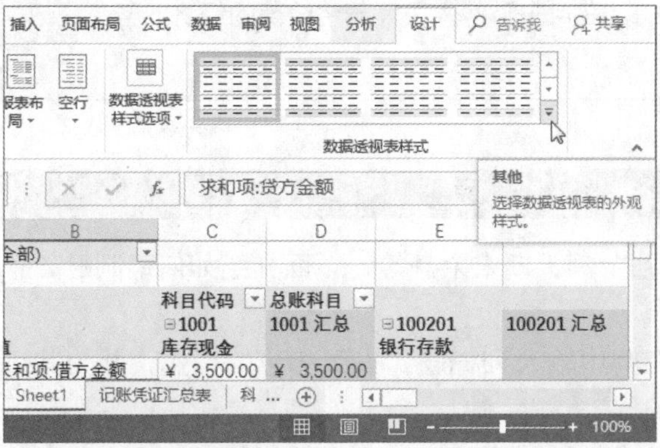

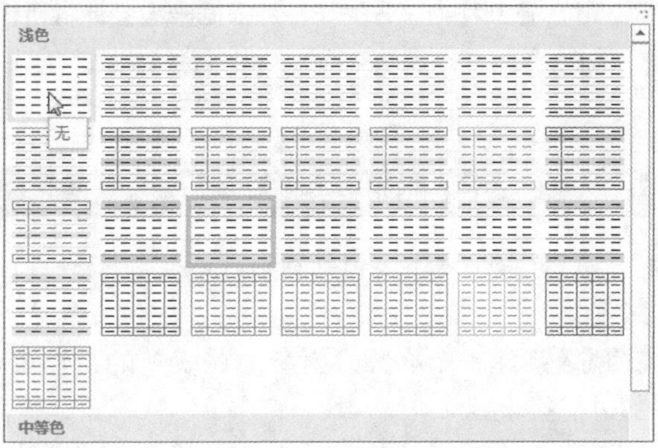

Step 15 在“数据透视表工具-设计”选项卡中单击“分类汇总”按钮，从列表中选择“不显示分类汇总”选项，即可隐藏数据透视表中的分类汇总项。

Step 16 在“设计”选项卡中单击“总计”下拉按钮，从列表中选择“仅对列启用”选项，即可隐藏数据透视表中的行总计。

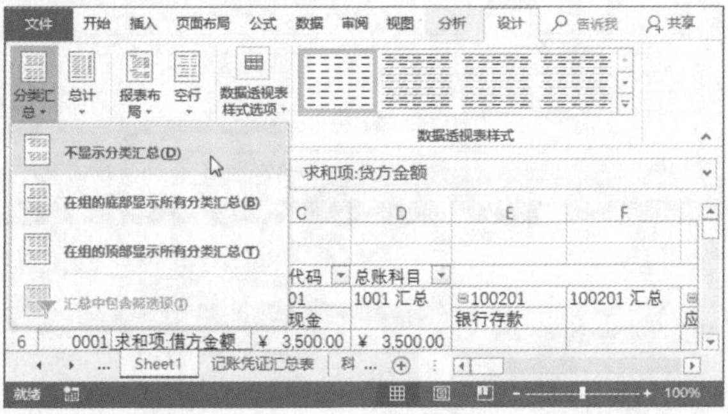

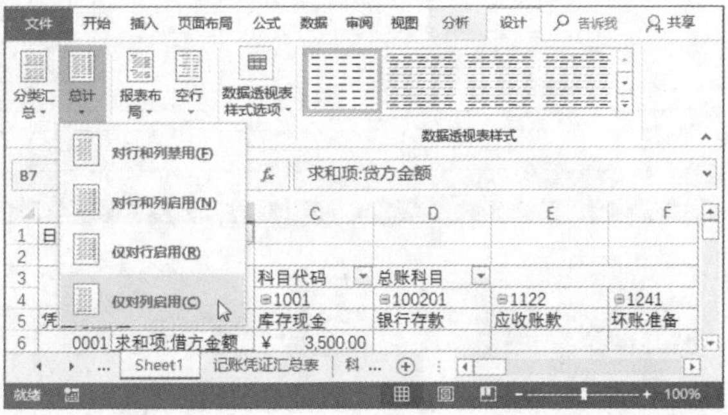

Step 17 将“Sheet1”工作表重命名为“多栏式科目汇总表”即可。

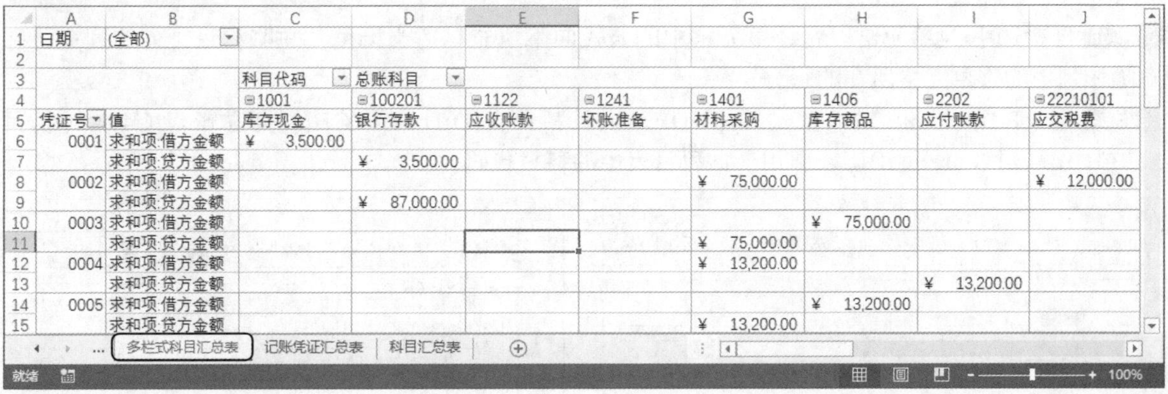

	A	B	C	D	E	F	G	H	I	J
1	日期	(全部)								
2										
3			科目代码	总账科目						
4			⊟1001	⊟100201	⊟1122	⊟1241	⊟1401	⊟1406	⊟2202	⊟22210101
5	凭证号	值	库存现金	银行存款	应收账款	坏账准备	材料采购	库存商品	应付账款	应交税费
6	0001	求和项:借方金额	¥ 3,500.00							
7		求和项:贷方金额		¥ 3,500.00						
8	0002	求和项:借方金额					¥ 75,000.00			¥ 12,000.00
9		求和项:贷方金额		¥ 87,000.00						
10	0003	求和项:借方金额						¥ 75,000.00		
11		求和项:贷方金额					¥ 75,000.00			
12	0004	求和项:借方金额					¥ 13,200.00			
13		求和项:贷方金额							¥ 13,200.00	
14	0005	求和项:借方金额						¥ 13,200.00		
15		求和项:贷方金额					¥ 13,200.00			

9.2 财务总账表的编制

总账又称为总分类账，是根据一级会计科目设置的。在月末财务人员需要将全部的经济业务都登记到总分类账中，反映全部业务和资金的状况。

9.2.1 编制财务总账表

财务总账表主要包括科目代码、总账科目、期初余额、期末余额等，下面介绍如何编制财务总账表。

Step 01 新建一个名为“财务总账表”的工作表，在其中输入列标题，设置相应的格式，并为其添加边框。

Step 02 选中C4单元格，输入公式“=IF(COUNTIF②(会计科目表!$E$3:E3,会计科目表!E3) <=1,会计科目表!E3,"")”，按Enter键确认。

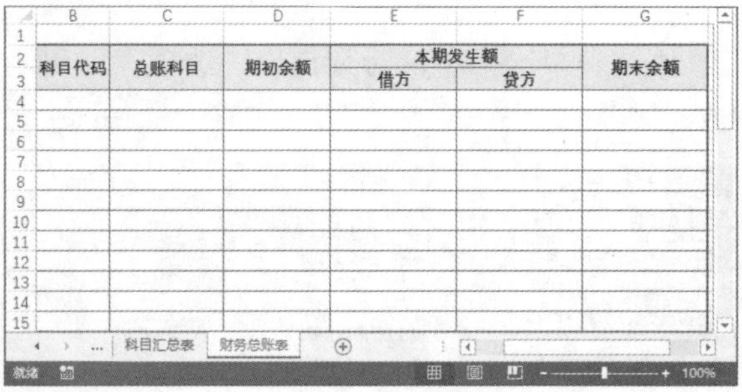

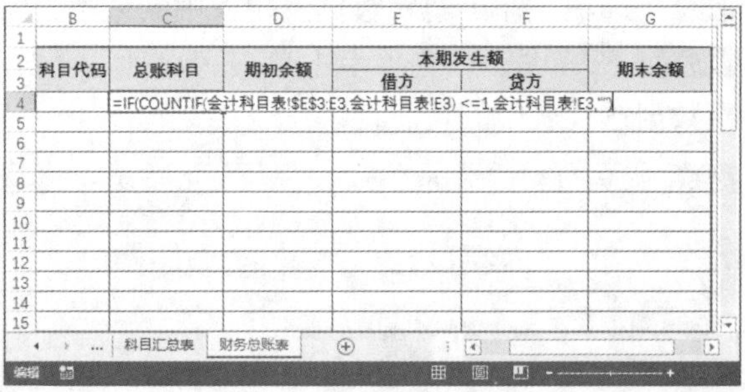

提示

步骤2中的公式“=IF(COUNTIF(会计科目表!$E$3:E3,会计科目表!E3) <=1,会计科目表!E3,"")”的作用是引用会计科目表中不重复的总账科目。

Step 03 再次选中C4单元格，将该单元格中的公式向下填充，适当调整“总账科目”列的列宽，并删除该列中的空单元格所在的行。

Step 04 选中B4单元格，输入公式“=INDEX(会计科目表!D:D,MATCH(财务总账表!C4,会计科目表!E:E,0))”，按Enter键确认，引用会计科目表中的科目代码。

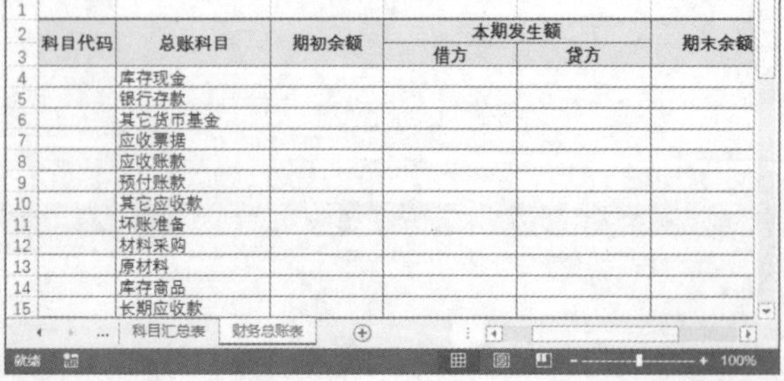

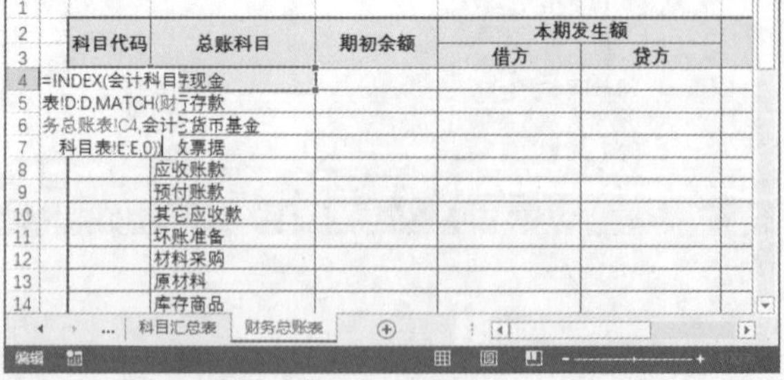

②关于COUNTIF函数的使用说明请查阅2.6.1小节，详见本书第32页。

公式分析：步骤4中的公式“=INDEX(会计科目表!D:D,MATCH(财务总账表!C4,会计科目表!E:E,0))”的作用是找出“财务总账表”中C4单元格中与“会计科目表”中E列相匹配的数据，返回“会计科目表”中D列对应的数据。

Step 05 将B4单元格中的公式向下填充，选中E4单元格并输入公式“=SUMIF(记账凭证汇总表!F:F,C4,记账凭证汇总表!H:H)”。

Step 06 按Enter键确认，将该单元格中的公式向下填充，即可计算出本期发生额的借方金额。

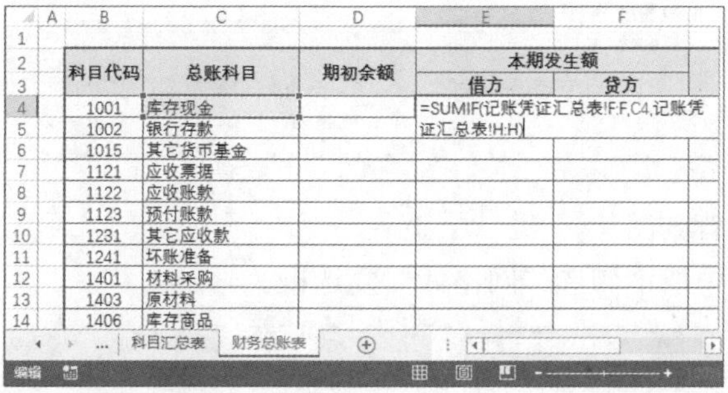

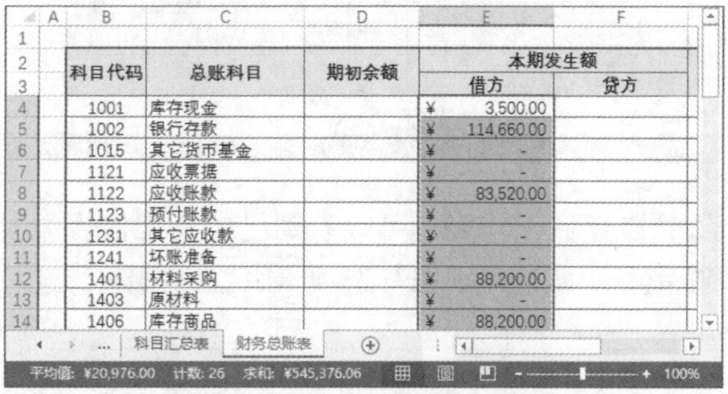

Step 07 选中F4单元格，输入公式“=SUMIF(记账凭证汇总表!F:F,C4,记账凭证汇总表!I:I)”。

Step 08 按Enter键确认，将该单元格中的公式向下填充，即可计算出本期发生额的贷方金额。

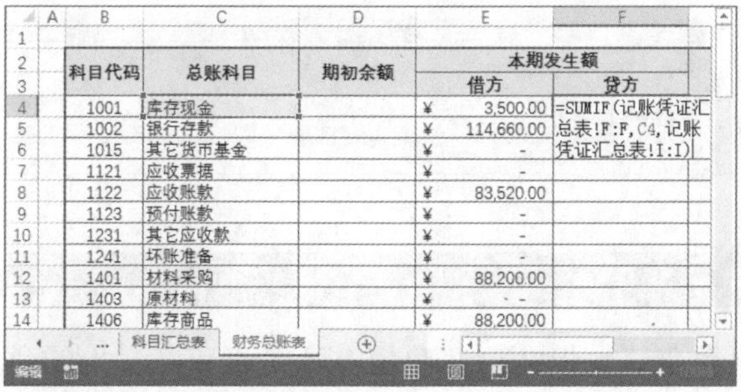

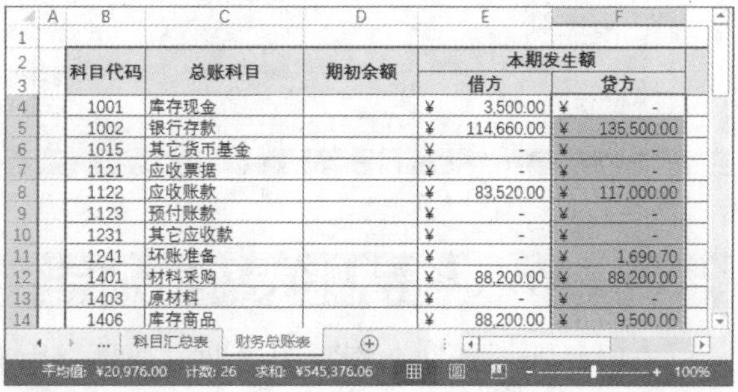

Step 09 在“期初余额”列输入各总账科目的“期初余额”，选中G4单元格，输入公式“=D4+ E4-F4”。

Step 10 按Enter键确认，将公式向下填充，计算出“期末余额”。

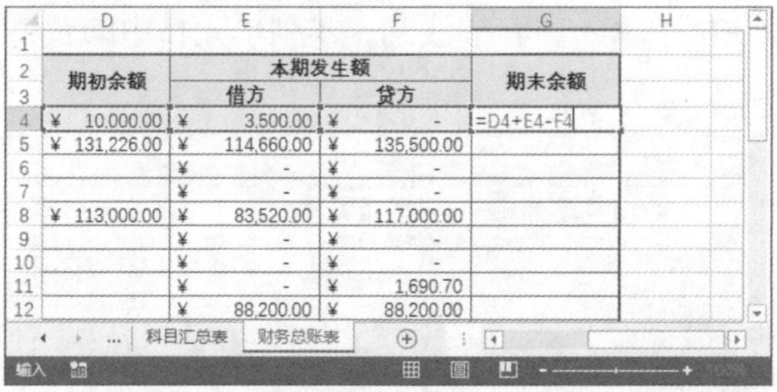

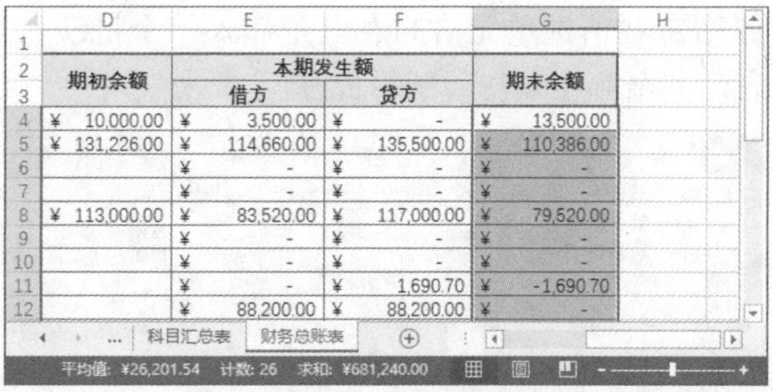

9.2.2 为财务总账表设置背景

财务总账表编制完成后，为了使表格变得更加美观，可以为表格添加背景，同时也可以使枯燥的表格变得更加生动。下面介绍如何为财务总账表设置背景。

Step 01 打开“财务总账表”工作表，在“页面布局”选项卡中单击“页面设置”选项组中的“背景”按钮。

Step 02 打开“工作表背景”对话框，在其中选择背景图片后单击“插入”按钮。

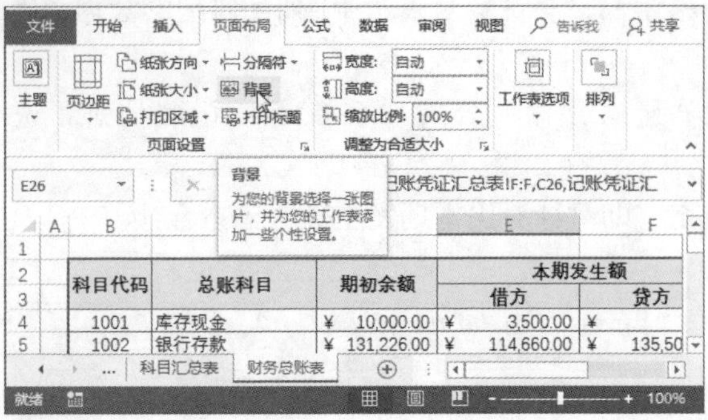

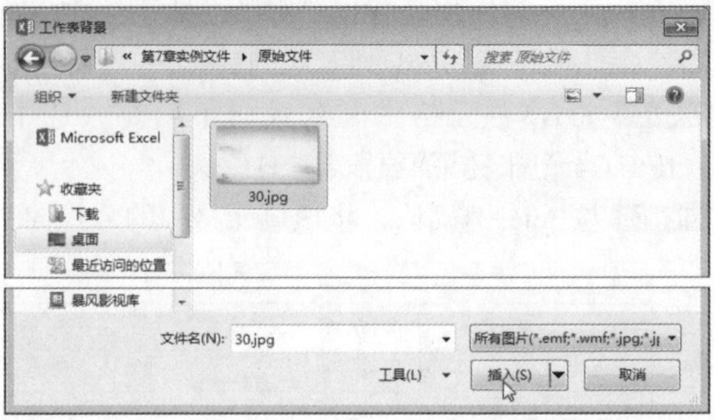

Step 03 返回工作表，可以看到已经为工作表添加了背景图片。

Step 04 切换至“视图”选项卡，在“显示”选项组中取消勾选“网格线”复选框。

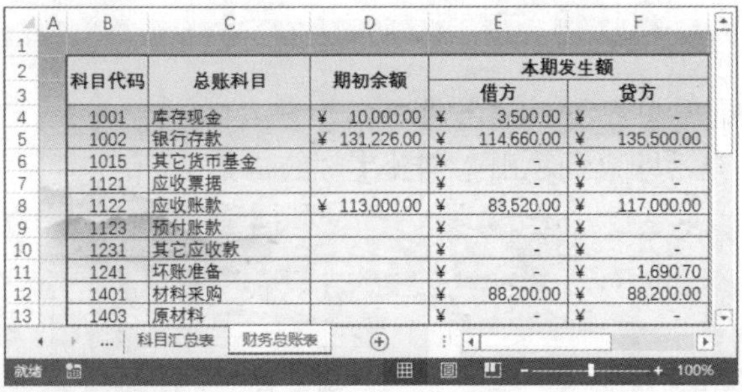

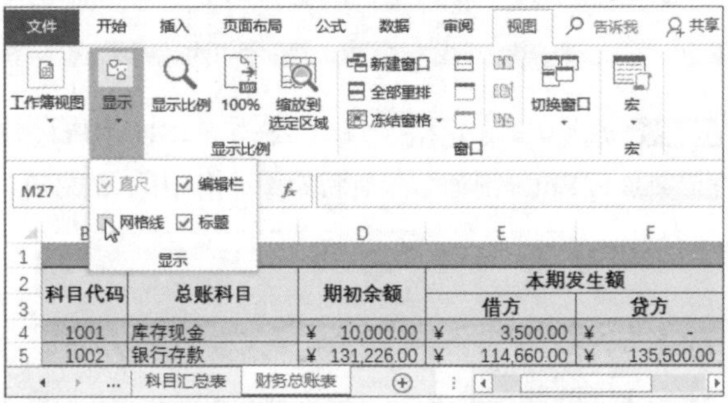

9.2.3 在财务总账表中添加批注

有时候在“期初余额”和“期末余额”中会出现负值，但是这些负值并不是真正意义上的负数，而是被记在贷方的金额，表示现金流出，为了强调其含义，可以为其添加批注作为解释说明。下面介绍具体的操作步骤。

Step 01 打开“财务总账表”工作表，选中D2单元格，在“审阅”选项卡中单击“批注”选项组中的“新建批注”按钮。

Step 02 在所选单元格的右上角插入一个批注，在批注框中输入内容“注意：本列单元格中的负值表示其金额在期初余额的贷方！”。

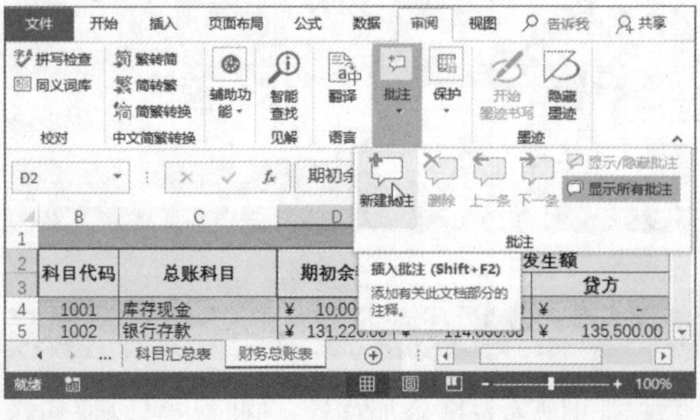

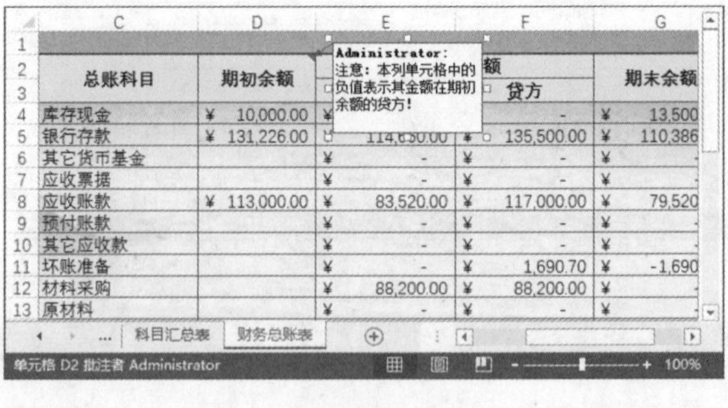

Step 03 在批注框中输入内容后，切换至“审阅”选项卡，在“批注”选项组中单击“显示/隐藏批注”按钮，即可将批注隐藏。

Step 04 选中G2单元格，单击鼠标右键，从弹出的快捷菜单中选择“插入批注”选项。

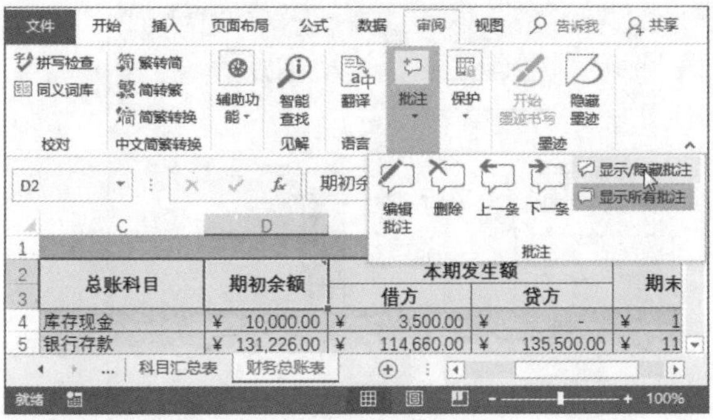

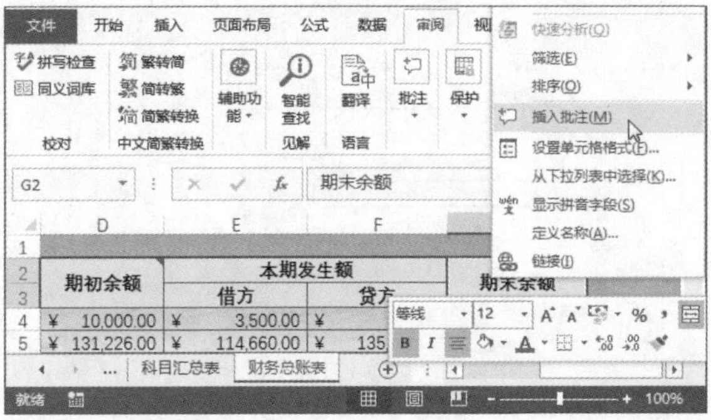

Step 05 在G2单元格右上方插入一个批注，接着在批注框中输入内容“注意：本列单元格中的负值表示其金额在期末余额的贷方！”。

Step 06 在批注边框上单击鼠标右键，从弹出的快捷菜单中选择“设置批注格式”选项。

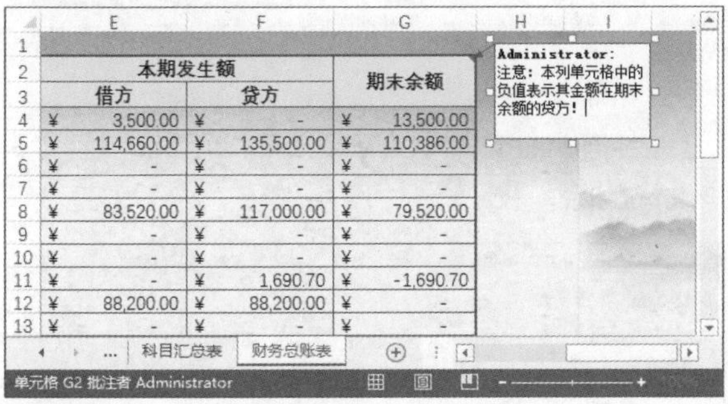

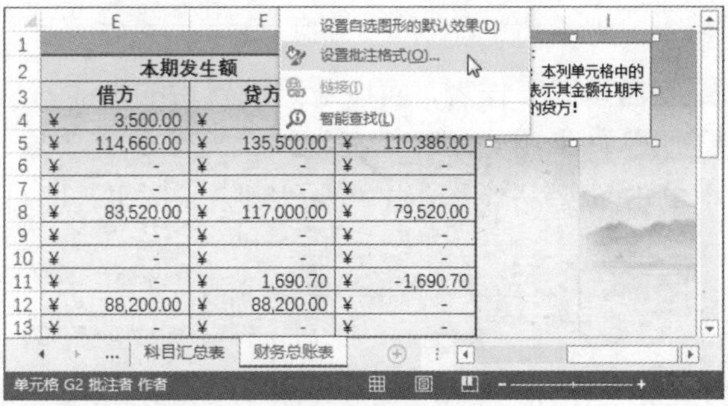

Step 07 打开“设置批注格式”对话框，在“字体”选项卡中设置“字体”的“字形”为“加粗”，“颜色”为“红色”。

Step 08 切换至“对齐”选项卡，将文本的对齐方式设置为水平靠左，垂直居中，勾选“自动调整大小”复选框，单击“确定”按钮。

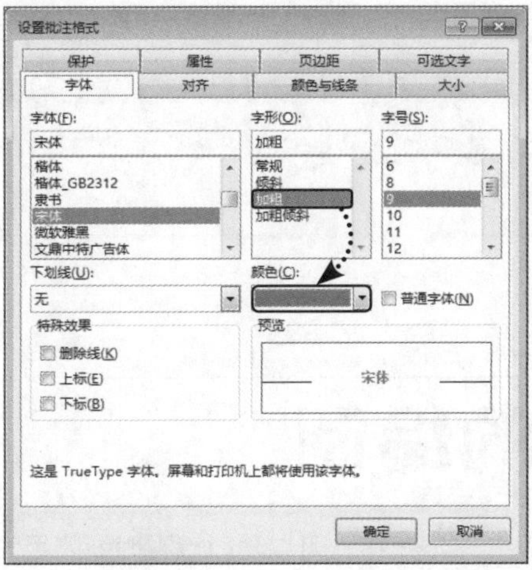

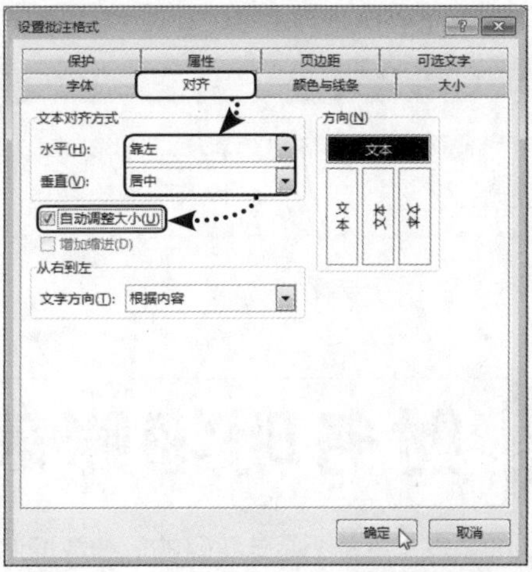

Step 09 选择另一个批注框，打开“设置批注格式”对话框，在“字体”选项卡中同样将字体设置为“加粗”和“红色”，切换至“属性”选项卡，从中选择“大小固定，位置随单元格而变”单选按钮。

Step 10 切换至“对齐”选项卡，将文字方向设置为“竖排文字”，勾选“自动调整大小”复选框，单击“确定”按钮。

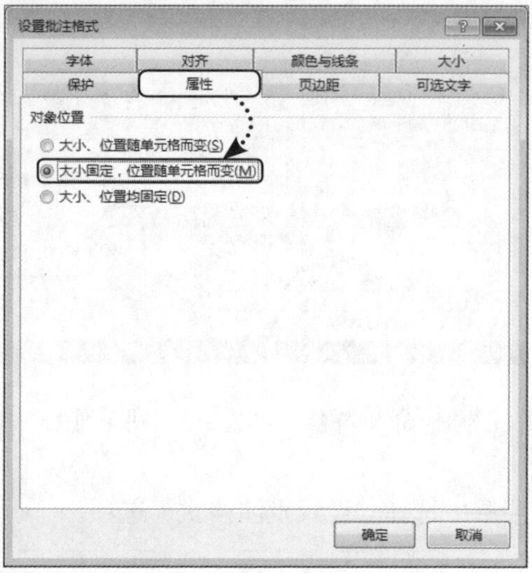

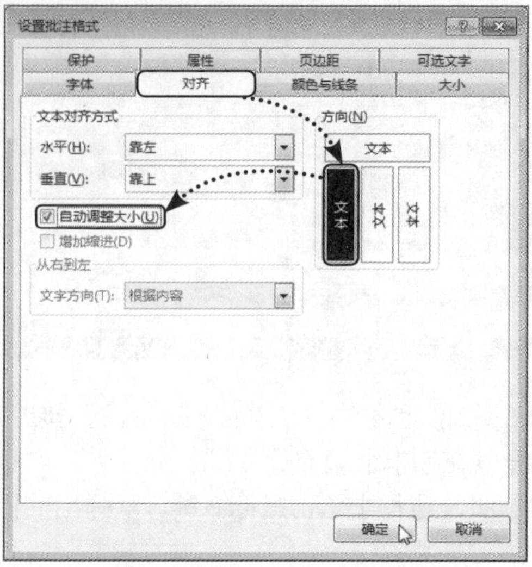

Step 11 返回工作表，可以看到设置后的批注。

Step 12 如果用户不再需要批注，可以将其删除，即选中含有批注的单元格G2，在“审阅”选项卡中单击“批注”选项组中的“删除”按钮，即可将该批注删除。

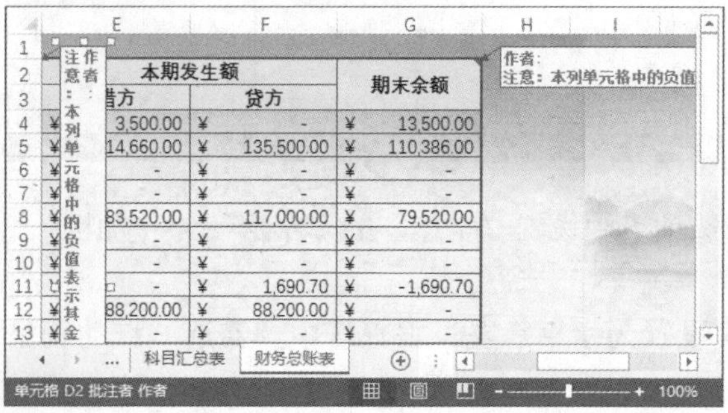

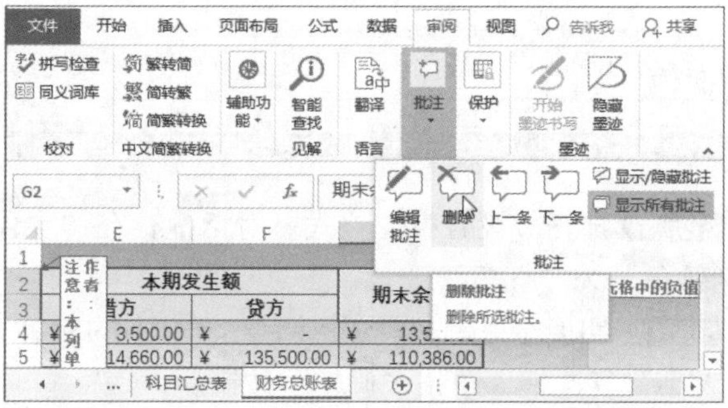

提示

如果用户想要查看表格中的批注，可以在“批注”选项组中单击“上一条”或“下一条”按钮，依次进行查看。

9.3 财务明细账表的编制

财务明细账表是将各个会计科目的明细数据汇总到一张表格中，可以随时查看明细账目的情况，是详细记录某一类中某一种业务增减变化及其结果的账簿。下面就介绍如何快速编制财务明细账表。

Step 01 插入一个空白工作表，并重命名为“财务明细账表”，输入相应的列标题，设置格式，适当调整行高和列宽。

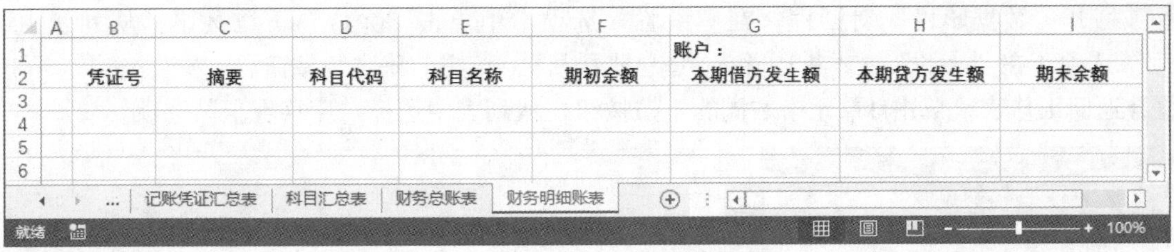

Step 02 选中B列，按Ctrl+1组合键打开“设置单元格格式”对话框，在“数字”选项卡的“分类”列表框中选择“自定义”选项，在右侧的“类型”文本框中输入“000#”，单击“确定”按钮。

Step 03 切换至“公式”选项卡，在“定义的名称”选项组中单击“定义名称”按钮。

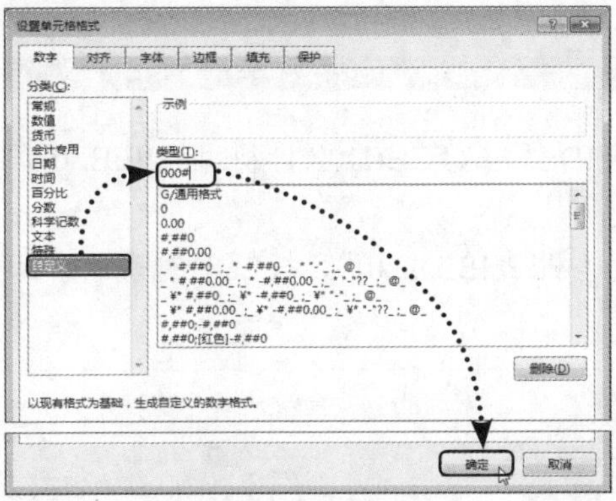

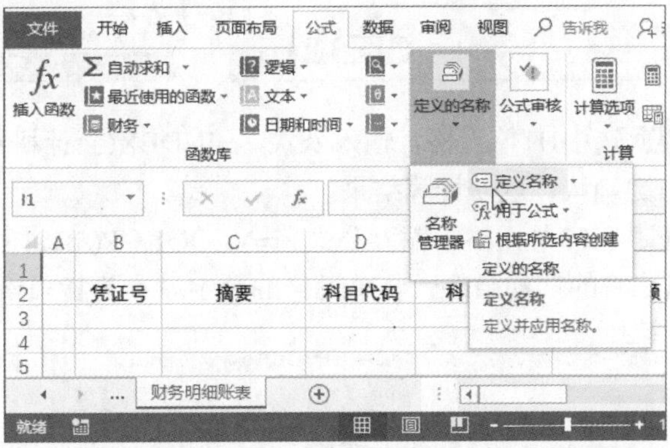

Step 04 打开“新建名称”对话框，在“名称”文本框中输入定义的名称“总账科目”，单击“引用位置”文本框右侧的折叠按钮。

Step 05 弹出“新建名称-引用位置”对话框，切换至“财务总账表”工作表，选择C4:C29单元格区域。

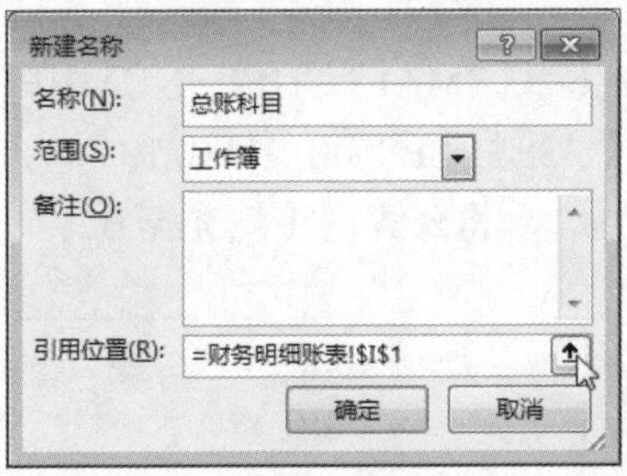

Step 06 单击“展开”按钮，返回“新建名称”对话框，单击“确定”按钮，即可完成名称的定义。

Step 07 切换至“财务明细账表”工作表，选中I1单元格，在“数据”选项卡中单击“数据工具”选项组中的“数据验证”按钮。

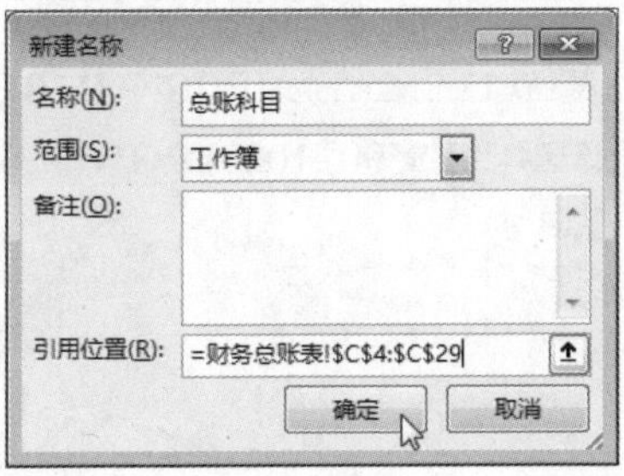

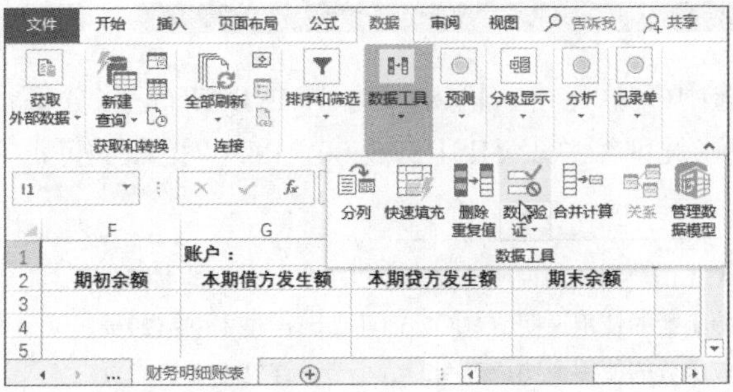

Step 08 打开“数据验证”对话框，在“设置”选项卡中单击“允许”下拉按钮，从列表中选择“序列”选项，在“来源”文本框中输入“=总账科目”，单击“确定”按钮。

Step 09 返回工作表，单击I1单元格右侧的下拉按钮，从列表中选择“库存现金”选项。

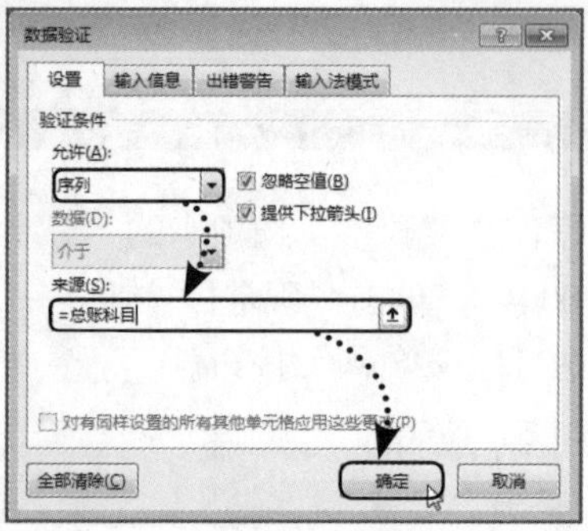

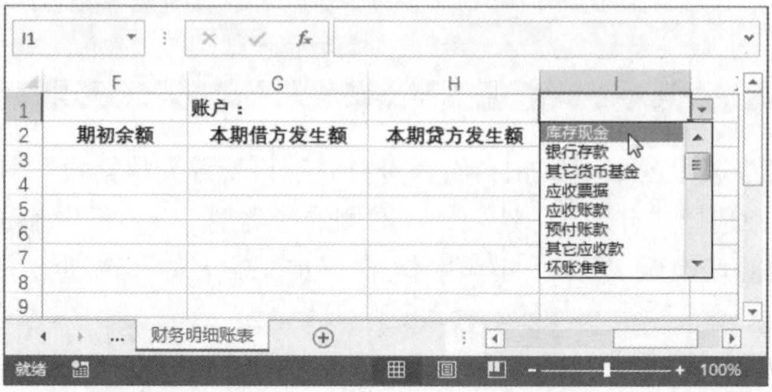

Step 10 选中H1单元格，输入公式“=INDEX(会计科目表!D:D,MATCH(I1,会计科目表!E:E, 0))”，按Enter键确认，返回计算结果。

Step 11 在F3单元格中输入公式“=VLOOKUP($H$1,财务总账表!B:D,3,0)”，按Enter键确认，即可导入该账户的期初余额，将单元格的数字设置为货币格式。

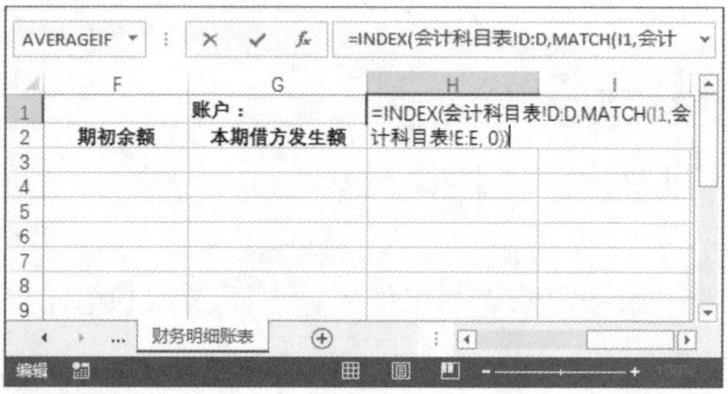

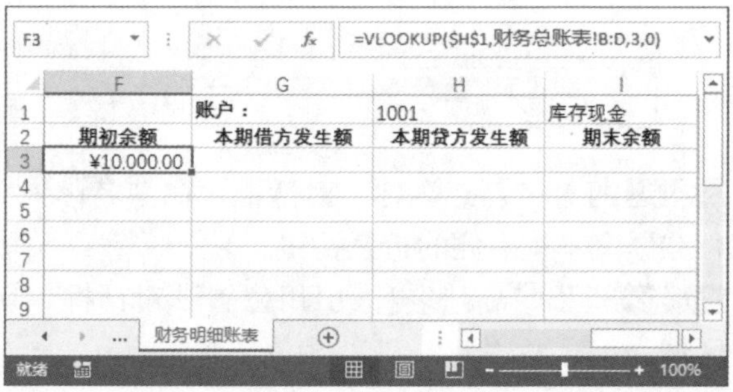

Step 12 选中B4单元格，输入公式“=INDEX(记账凭证汇总表!C:C,SMALL③(IF(ISNUMBER(FIND④($H$1,记账凭证汇总表!$E$1:$E$500)),ROW⑤(记账凭证汇总表!$E$1:$E$500),1000),ROW()-3))”。

Step 13 按Ctrl+Shift+Enter组合键确认，导入该账户的“凭证号”，将公式向下填充至B29单元格。

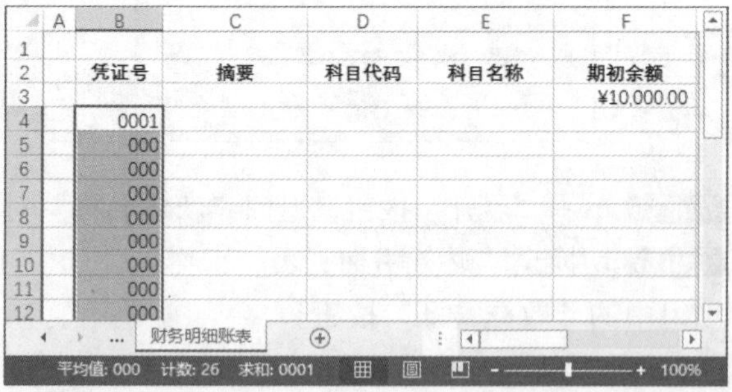

Step 14 选中C4单元格，输入公式“=INDEX(记账凭证汇总表!D:D,SMALL(IF(ISNUMBER(FIND($H$1,记账凭证汇总表!$E$1:$E$500)),ROW(记账凭证汇总表!$E$1:$E$500),1000),ROW()-3))”。

---

③关于SMALL函数的使用说明请查阅2.6.2小节，详见本书第33页。

④关于FIND函数的使用说明请查阅2.5.1小节，详见本书第29页。

⑤关于ROW函数的使用说明请查阅2.4.1小节，详见本书第23页。

Step 15 按Ctrl+Shift+Enter组合键确认，导入该账户的“摘要”。将公式向下填充。

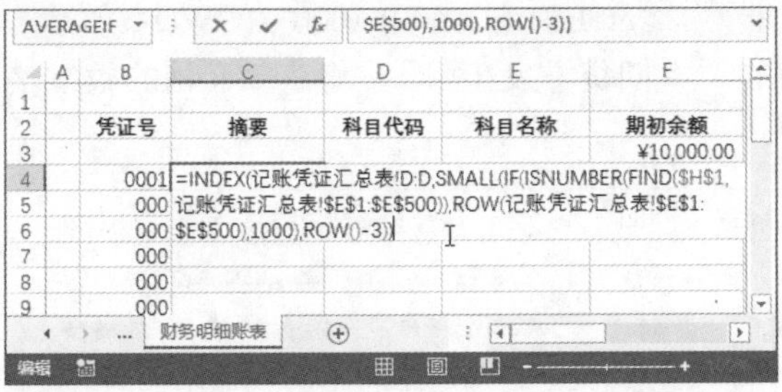

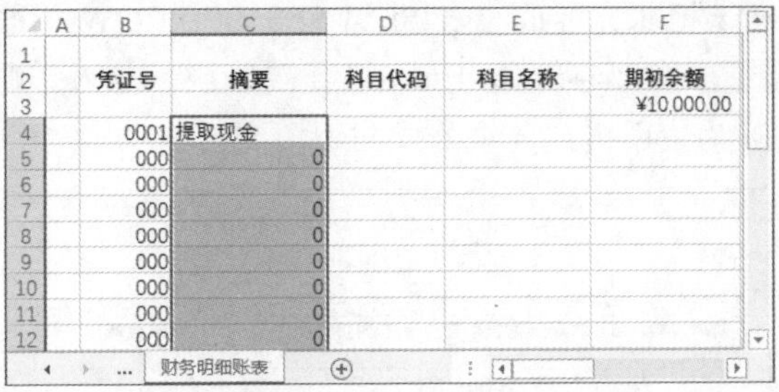

Step 16 选中D4单元格，输入公式“=INDEX(记账凭证汇总表!E:E,SMALL(IF(ISNUMBER(FIND($H$1,记账凭证汇总表!$E$1:$E$500)),ROW(记账凭证汇总表!$E$1:$E$500),1000),ROW()-3))”。

Step 17 按Ctrl+Shift+Enter组合键确认，导入该账户的“科目代码”。将公式向下填充。

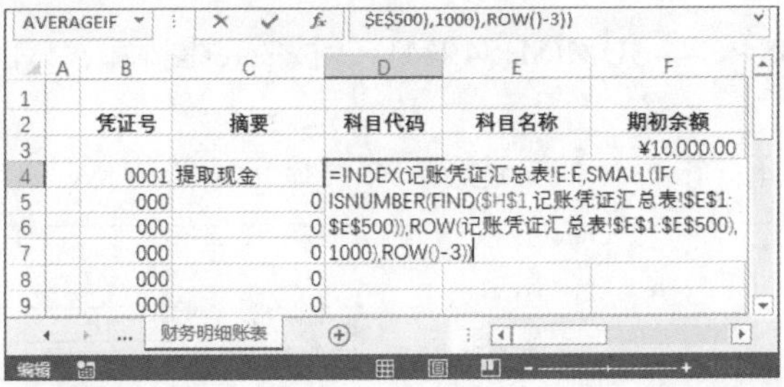

Step 18 选中E4单元格，输入公式“=INDEX(记账凭证汇总表!F:F,SMALL(IF(ISNUMBER(FIND($H$1,记账凭证汇总表!$E$1:$E$500)),ROW(记账凭证汇总表!$E$1:$E$500),1000),ROW()-3))&""&INDEX(记账凭证汇总表!G:G,SMALL(IF(ISNUMBER(FIND($H$1,记账凭证汇总表!$E$1:$E$500)),ROW(记账凭证汇总表!$E$1:$E$500),1000),ROW()-3))”。

Step 19 按Ctrl+Shift+Enter组合键确认，导入该账户的“科目名称”。将公式向下填充。

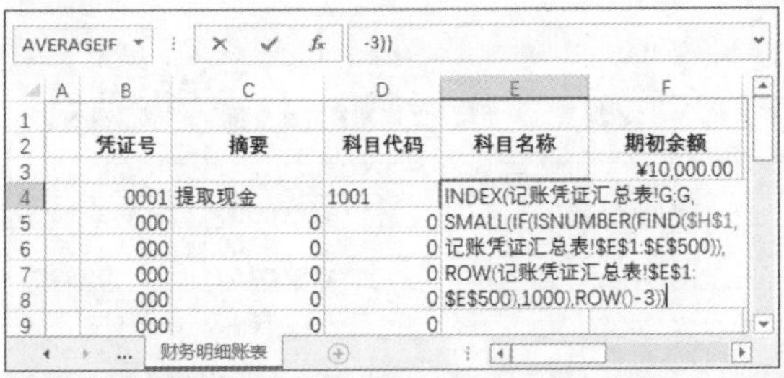

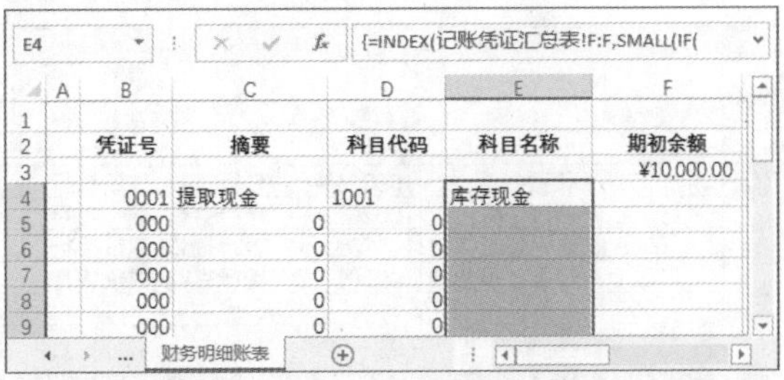

Step 20 选中G4单元格，输入公式“=INDEX(记账凭证汇总表!H:H,SMALL(IF(ISNUMBER(FIND($H$1,记账凭证汇总表!$E$1:$E$500)),ROW(记账凭证汇总表!$E$1:$E$500),1000),ROW()-3))”。

Step 21 按Ctrl+Shift+Enter组合键确认，导入该账户的“本期借方发生额”。将该单元格的数字格式设置为货币格式，将公式向下填充。

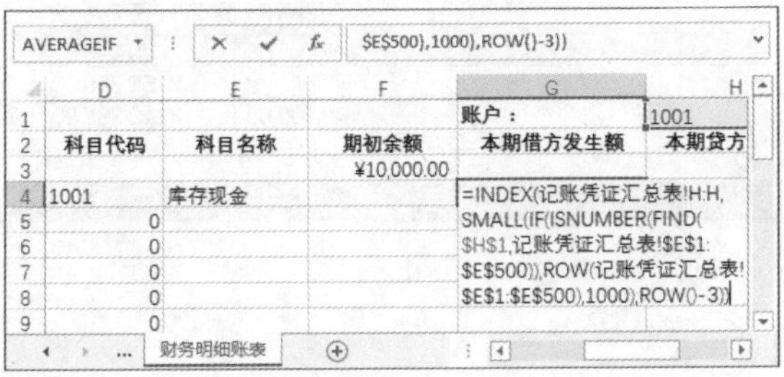

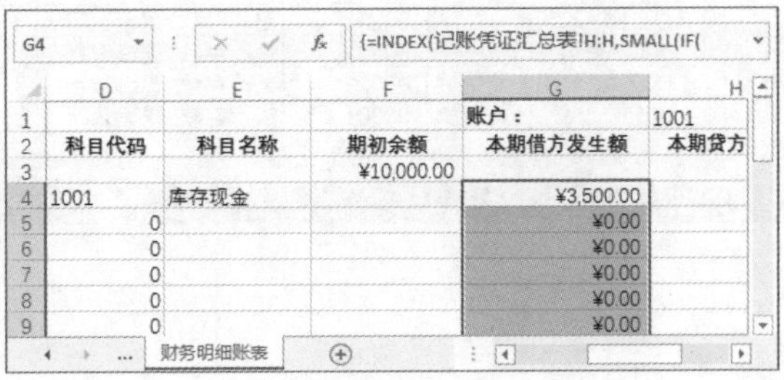

Step 22 选中H4单元格，输入公式“=INDEX(记账凭证汇总表!I:I,SMALL(IF(ISNUMBER(FIND($H$1,记账凭证汇总表!$E$1:$E$500)),ROW(记账凭证汇总表!$E$1:$E$500),1000),ROW()-3))”。

Step 23 按Ctrl+Shift+Enter组合键确认，导入该账户的“本期贷方发生额”。将该单元格的数字格式设置为货币格式，将公式向下填充。

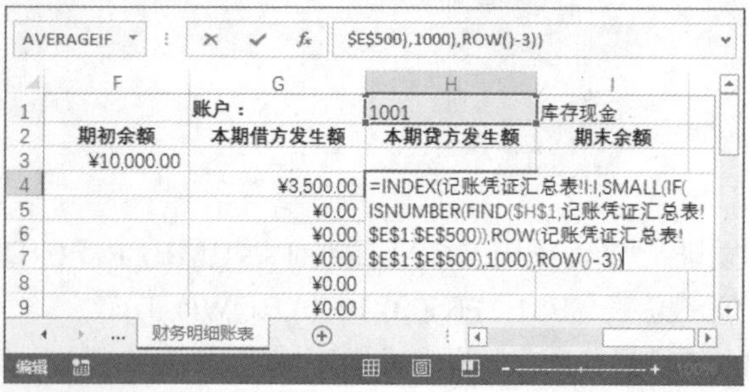

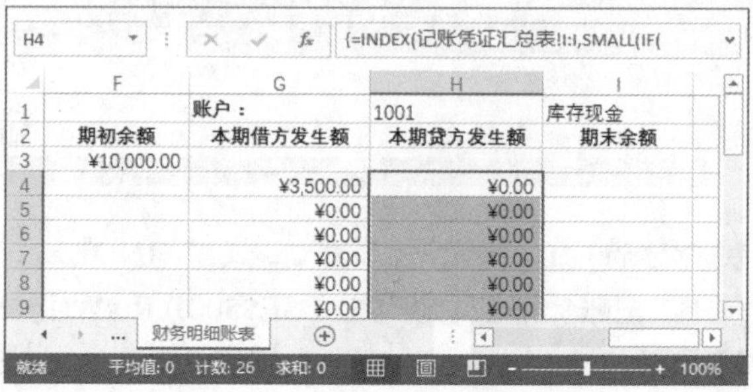

Step 24 选中I4单元格，输入公式“=$F$3+SUM($G$4:G4)-SUM($H$4:H4)”，按Enter键确认，计算期末余额。将公式向下填充。

Step 25 单击I1单元格右侧的下拉按钮，从列表中选择“银行存款”选项，即可显示相关信息。

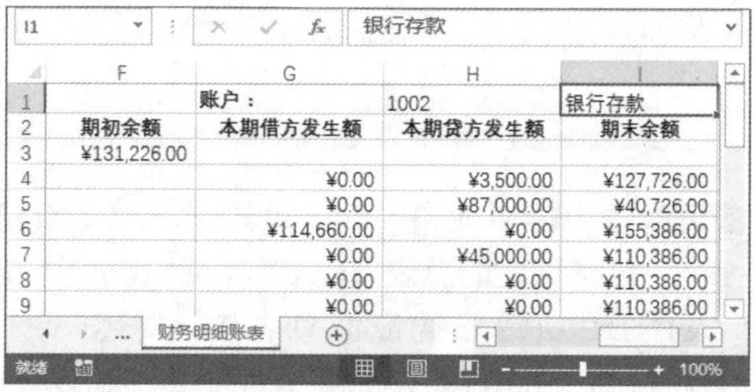

Step 26 选中B2:I29单元格区域，为表格添加边框，并为列标题添加合适的填充颜色。

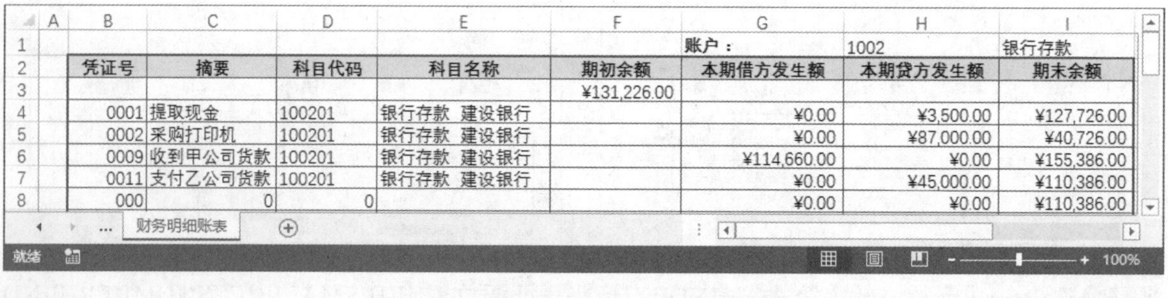

Step 27 在“Excel选项”对话框中设置取消零值和网格线的显示即可。

9.4 账务处理

本节对账务的后期处理操作进行介绍，包括账目的核对、检验以及保护操作等。

9.4.1 对账

对账是财务人员对账簿记录进行的核对工作，是财务工作中的一个重要环节。为保证账簿记录的正确性，需要对账簿中的有关数据进行检查和核对，保证账实相符、账证相符、账账相符和账表相符。下面以银行存款的账务核对为例，详细介绍账务的核对和平衡检验。

Step 01 新建一个名为“账务核对”的工作表，在其中输入相关内容，构建表格框架。

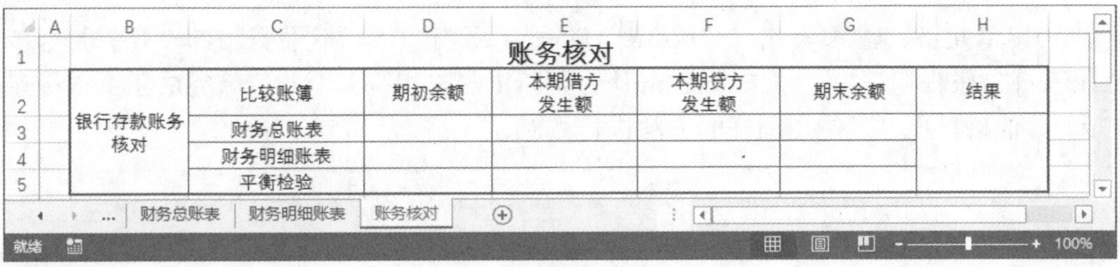

Step 02 选中D3单元格，输入公式“=财务总账表!D5”，按Enter键确认，引用“财务总账表”中“银行存款”科目的期初余额。将公式向右填充至G3单元格。

Step 03 选中D4单元格，输入公式“=财务明细账表!F3”，按Enter键确认，引用“财务明细账表”中“银行存款”科目的期初余额。

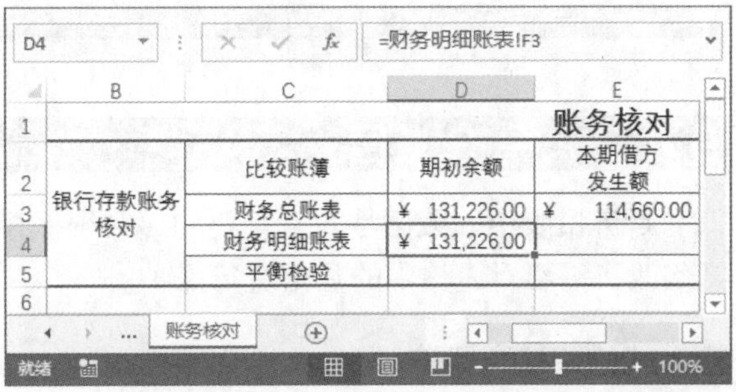

Step 04 选中E4单元格，输入公式“=财务明细账表!G4+财务明细账表!G5+财务明细账表!G6+财务明细账表!G7”，按Enter键确认，引用“财务明细账表”中“银行存款”科目的本期借方发生额。

Step 05 选中F4单元格，输入公式“=SUM(财务明细账表!H4:H7)”，按Enter键确认，引用“财务明细账表”中“银行存款”科目的本期贷方发生额。

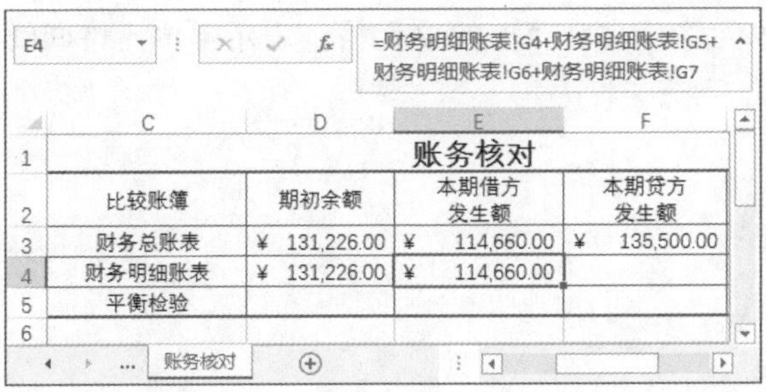

Step 06 选中G4单元格，输入公式“=财务明细账表!I7”，按Enter键确认，引用“财务明细账表”中“银行存款”科目的期末余额。

Step 07 选中D5单元格，输入公式“=IF(D3=D4,"平衡","不平衡")”，按Enter键确认，将公式向右填充至G5单元格，判断是否平衡。

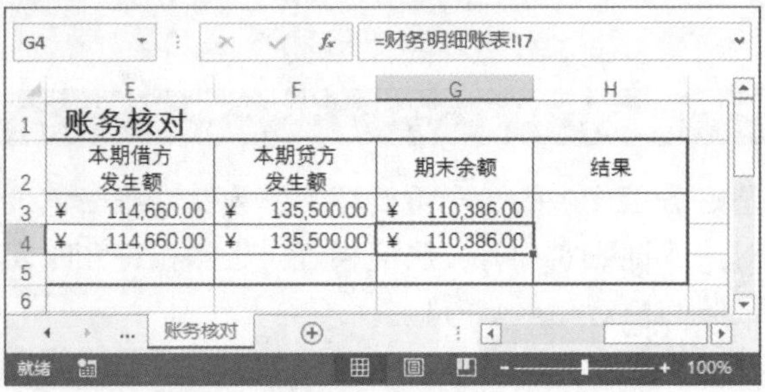
G4 =财务明细账表!I7

	E	F	G	H
1	账务核对			
2	本期借方发生额	本期贷方发生额	期末余额	结果
3	¥ 114,660.00	¥ 135,500.00	¥ 110,386.00	
4	¥ 114,660.00	¥ 135,500.00	¥ 110,386.00	

D5 =IF(D3=D4,"平衡","不平衡")

	C	D	E	F	G
1	账务核对				
2	比较账簿	期初余额	本期借方发生额	本期贷方发生额	期末余额
3	财务总账表	¥ 131,226.00	¥ 114,660.00	¥ 135,500.00	¥ 110,386.00
4	财务明细账表	¥ 131,226.00	¥ 114,660.00	¥ 135,500.00	¥ 110,386.00
5	平衡检验	平衡	平衡	平衡	平衡

Step 08 选中H3单元格，输入公式“=IF(OR[⑥](D5="不平衡",E5="不平衡",F5="不平衡",G5="不平衡"),"账账不符","账账相符")”，按Enter键确认，判断出账账相符。至此，就完成了“银行存款”的账务核对。其他科目也可以使用同样的方法进行核对。

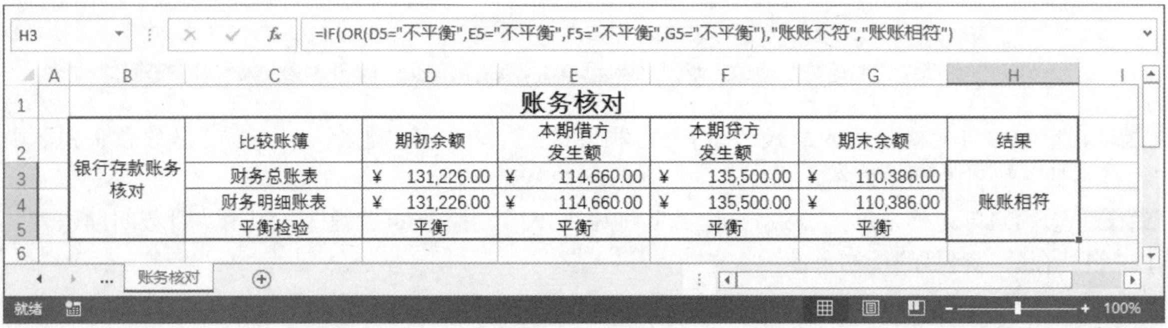
H3 =IF(OR(D5="不平衡",E5="不平衡",F5="不平衡",G5="不平衡"),"账账不符","账账相符")

	B	C	D	E	F	G	H
1	账务核对						
2	银行存款账务核对	比较账簿	期初余额	本期借方发生额	本期贷方发生额	期末余额	结果
3		财务总账表	¥ 131,226.00	¥ 114,660.00	¥ 135,500.00	¥ 110,386.00	账账相符
4		财务明细账表	¥ 131,226.00	¥ 114,660.00	¥ 135,500.00	¥ 110,386.00	
5		平衡检验	平衡	平衡	平衡	平衡	

9.4.2 保护账目

财务报表中的数据是非常重要的，必须保持其数据的真实性和准确性，要确保这些数据不被恶意修改，需要对表格中的数据进行保护。

❶ 公式的审核和保护

在会计报表中，用户往往会使用大量的公式和函数进行数据处理，此时，用户可以使用系统提供的功能对公式进行审核，以便快速找出公式错误所在，同时实现对公式错误的修改。

（1）追踪引用/从属单元格

Step 01 选中H3单元格，在“公式”选项卡中单击“公式审核”选项组中的“追踪引用单元格”按钮。

Step 02 在工作表中以蓝色箭头形式显示影响当前单元格公式计算值的单元格，表示出单元格间的引用关系。

⑥关于OR函数的使用说明请查阅2.1.2小节，详见本书第12页。

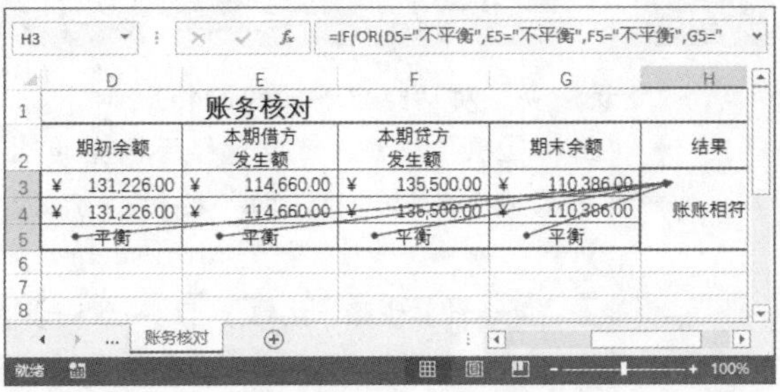

Step 03 选中D3单元格，在“公式”选项卡中单击“公式审核”选项组中的“追踪从属单元格”按钮。

Step 04 在工作表中以蓝色箭头形式指出受当前选择的单元格数据影响的单元格，表示出单元格间的从属关系。

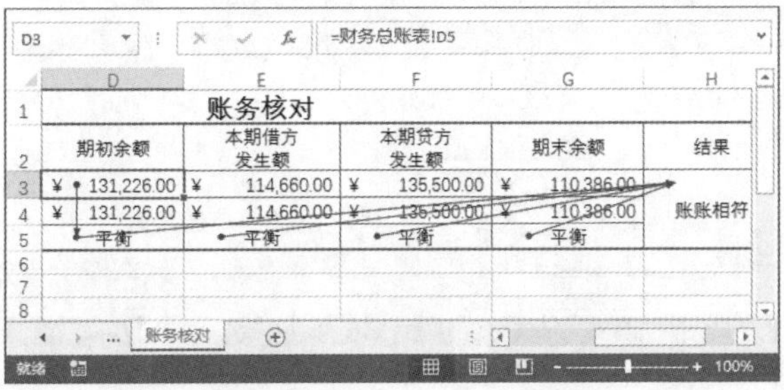

提示

如果用户不再需要追踪单元格时，可以在“公式”选项卡中单击“删除箭头”按钮，即可将工作表中的蓝色箭头删除。

（2）错误检查

Step 01 选中工作表中出错的单元格E3，在“公式”选项卡中单击“公式审核”选项组中的“错误检查”按钮。

Step 02 弹出“错误检查”对话框，显示出错的公式和原因，单击“在编辑栏中编辑”按钮。

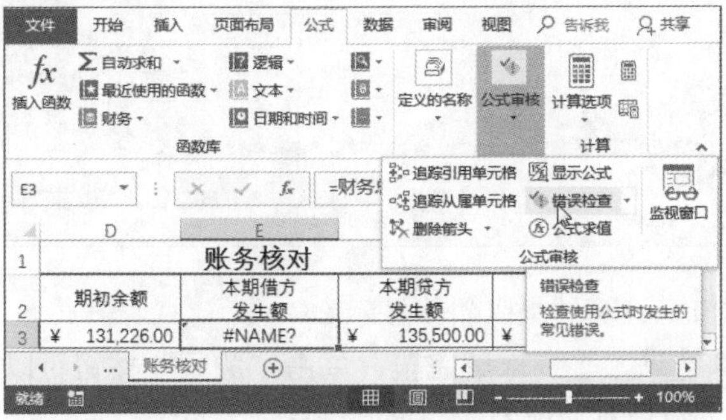

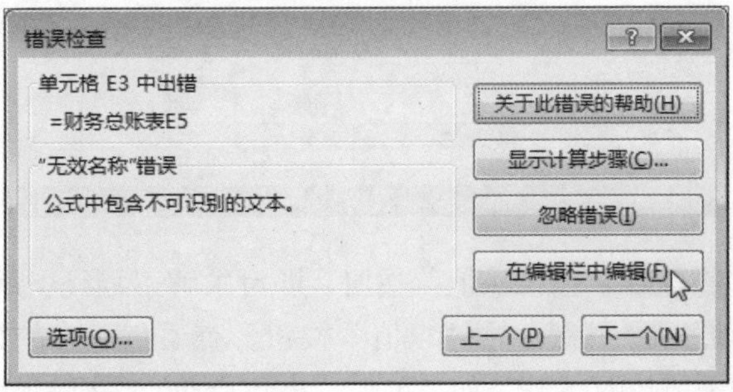

提示

“错误检查”对话框中各按钮的作用如下。

- 单击“选项”按钮，可以对错误检查的选项进行设置和规划。
- 单击“关于此错误的帮助”按钮，可以打开该错误的帮助文件，查看出现该错误的原因以及解决的方案。
- 单击“显示计算步骤”按钮，可以一步一步查看该公式的计算过程，从中查找公式出错的具体位置。
- 单击“忽略错误”按钮，可以忽略该单元格的错误。
- 单击“在编辑栏中编辑”按钮，可以在编辑栏中对公式进行修改或者编辑。

Step 03 在编辑栏中将公式修改为“=财务总账表!E5”，按Enter键确认输入。

Step 04 返回“错误检查”对话框，单击“继续”按钮，可以继续检查该工作表中的错误公式。

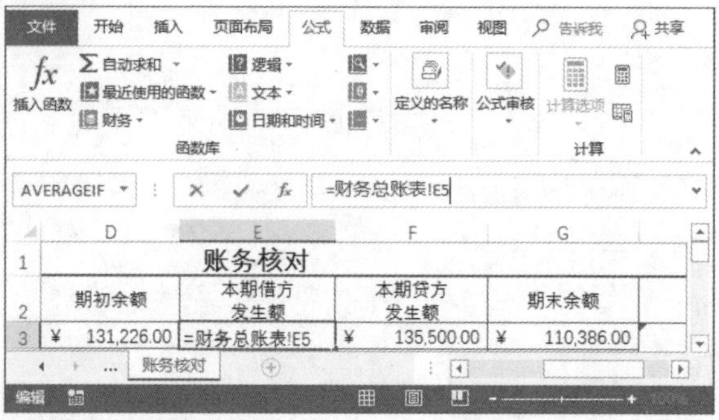

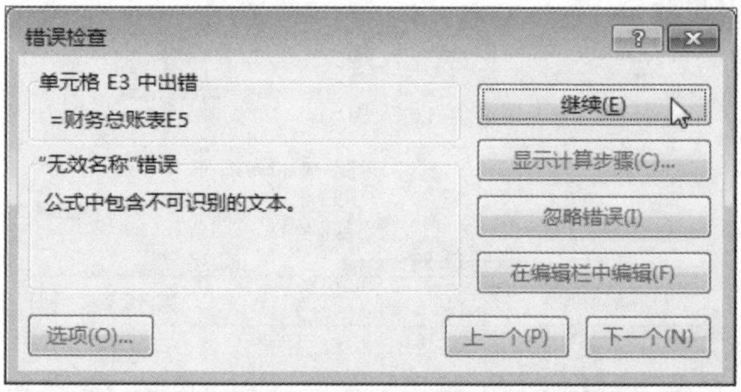

Step 05 当工作表中已经没有错误时，会弹出提示对话框，提示“已完成对整个工作表的错误检查”，此时单击“确定”按钮即可。

（3）公式求值

Step 01 选中H3单元格，在“公式”选项卡中单击“公式审核”选项组中的“公式求值”按钮。

Step 02 弹出“公式求值”对话框，在“求值”文本框中显示整个公式，公式中先计算的部分以下划线标出。

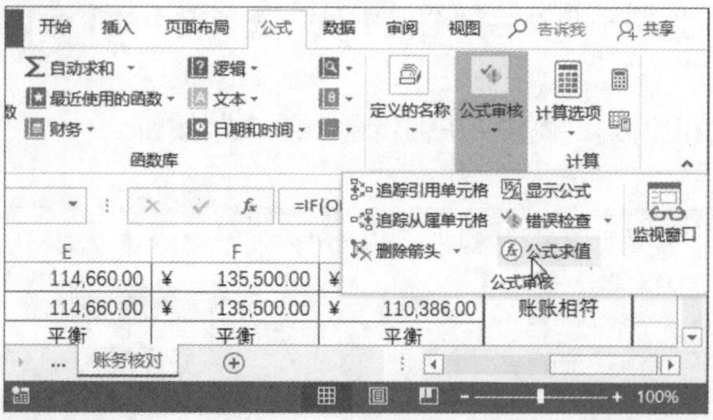

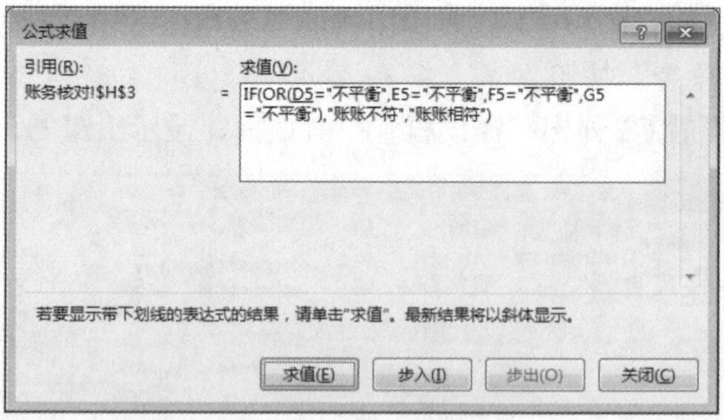

Step 03 单击“求值”按钮，即可求解下划线引用的值，计算结果以斜体显示。

Step 04 继续单击“求值”按钮，查看每一步的计算结果，直到求解完毕，单击“关闭”按钮可以关闭该对话框。如果单击“重新启动”按钮，可以重新查看当前公式的求值过程。

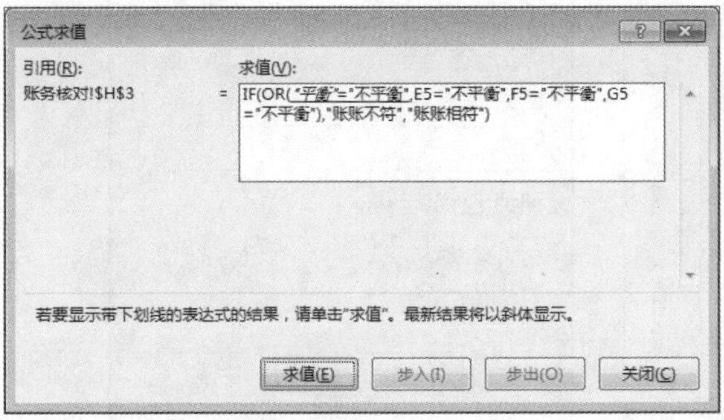

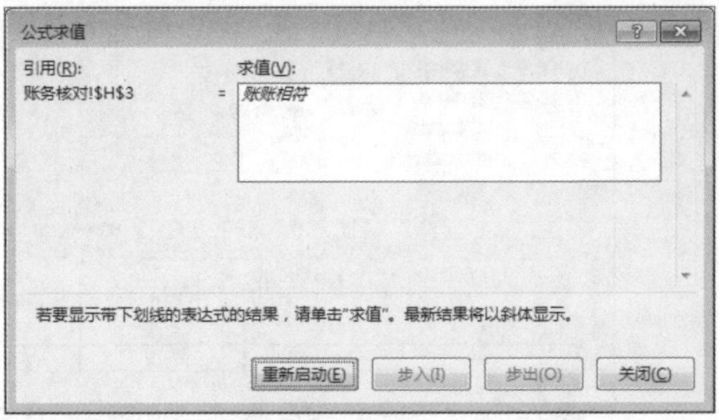

❷工作表和工作簿的保护

为了防止对工作表中的数据进行恶意修改，可对工作表进行保护。下面介绍具体操作过程。

Step 01 打开“财务总账表”工作表，在“审阅”选项卡中单击“保护”选项组中的“保护工作表”按钮。

Step 02 打开“保护工作表”对话框，在“取消工作表保护时使用的密码”文本框中输入密码，如“123”，取消“允许此工作表的所有用户进行”列表框中的复选框的勾选，单击“确定”按钮。

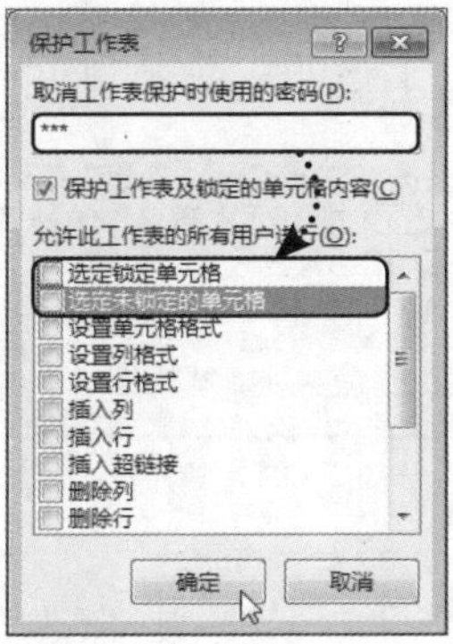

Step 03 弹出“确认密码”对话框，在“重新输入密码”文本框中再次输入密码“123”，单击“确定”按钮。

Step 04 此时，工作表就被保护了，用户无法选中工作表中任意单元格，如果想要对工作表中的内容进行修改，会弹出提示对话框。

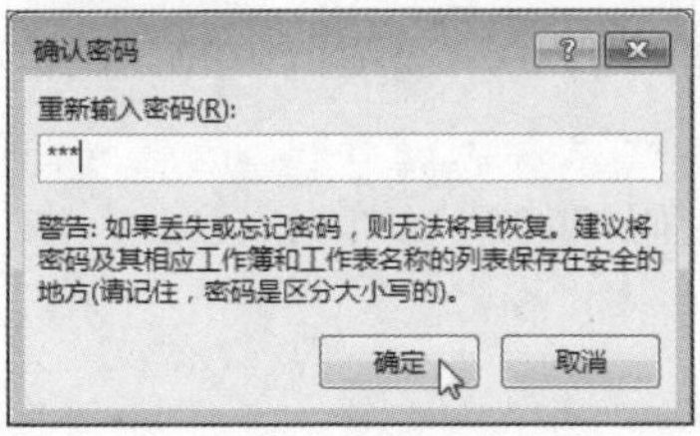

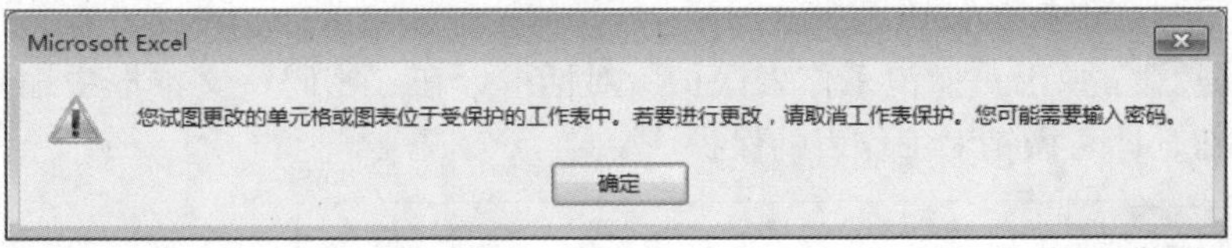

保护工作表的操作只能对当前工作表进行保护，如果用户想要同时保护工作簿中所有的工作表，可以对工作簿进行保护，下面介绍具体操作过程。

Step 01 打开工作簿，在其中选择任意工作表，在“审阅”选项卡中单击“保护”选项组中的“保护工作簿”按钮。

Step 02 弹出“保护结构和窗口”对话框，在“密码”文本框中输入密码“123”，单击“确定”按钮。

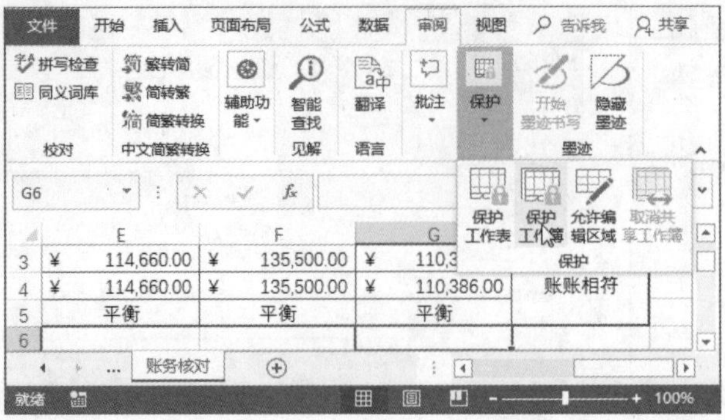
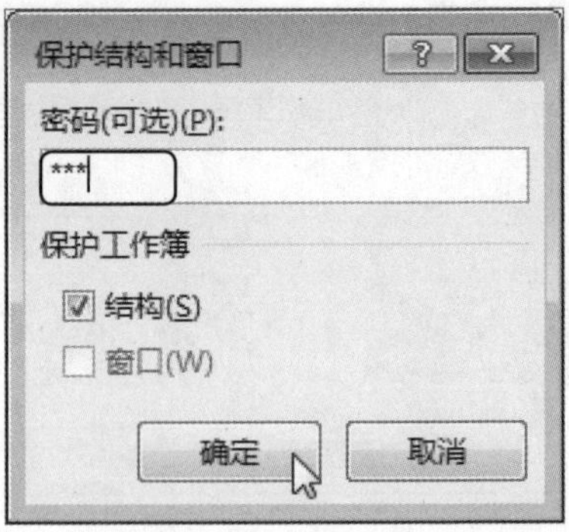

Step 03 弹出“确认密码”对话框，在“重新输入密码”文本框中再次输入密码“123”，单击“确定”按钮。

Step 04 返回工作表，在工作表标签上单击鼠标右键，从弹出的快捷菜单中可以看到，移动或复制、删除、重命名等命令呈灰色状态，全都无法进行操作。

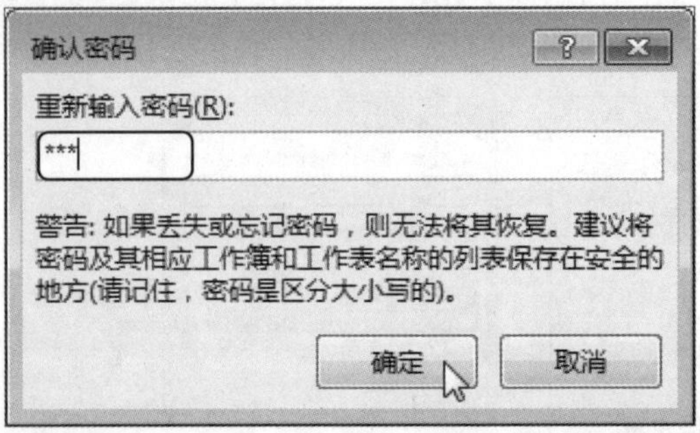

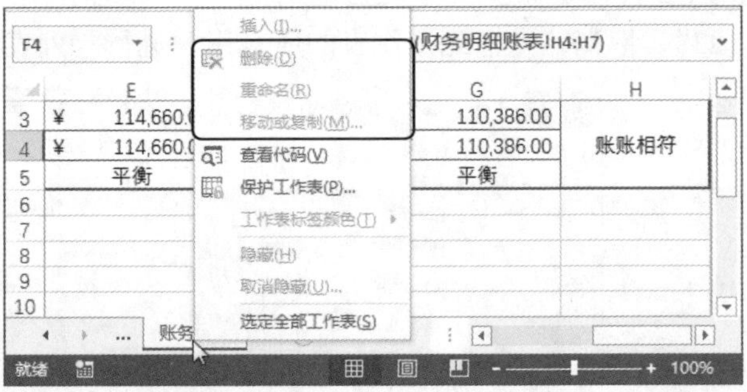

提示

如果用户需要进行移动、复制、删除、重命名等操作，可以再次单击“保护工作簿”按钮，弹出“撤销工作簿保护”对话框，在“密码”文本框中输入密码，最后单击“确定”按钮即可。

如果用户不再需要保护工作表，可以撤销工作表的保护。下面简单介绍一下如何撤销工作表的保护。

Step 01 打开受保护的工作表“财务总账表”，在“审阅”选项卡中单击“保护”选项组中的“撤消工作表保护”按钮。

Step 02 弹出“撤消工作表保护”对话框，在“密码”文本框中输入密码“123”，单击“确定”按钮，即可撤销对工作表的保护。

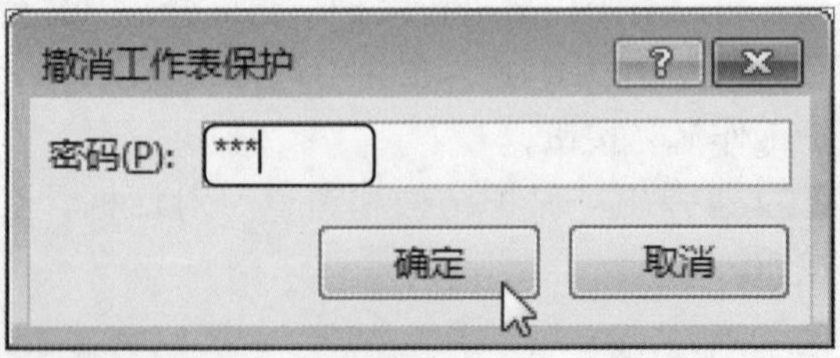

Chapter

10

轻松搞定会计报表

本章概述

损益表、资产负债表和现金流量表是财务报表中的主要报表。其中损益表用来反映企业在一定期间实现利润（或发生亏损）的财务报表。资产负债表是反映企业在某一特定时期（如月末、季末、年末）的全部资产、负债和所有者权益情况的会计报表。现金流量表是反映一定时期内（如月度、季度或年度）企业经营活动、投资活动和筹资活动对其现金及现金等价物所产生影响的财务报表。

核心知识点

损益表

资产负债表

现金流量表

10.1 损益表

损益表是反映企业在一定时期内（月份、年度）经营成果（利润或亏损）的报表，损益表的每一项内容都是由会计账簿提供的，其编制工作也很简单。

10.1.1 损益表的创建

损益表主要包括主营业务收入、主营业务利润、营业利润、利润总额和净利润等。依据“利润=收入-费用”这一会计恒等式，按照一定的步骤计算出构成利润总额的各项数据编制而成的。下面介绍如何创建损益表。

Step 01 新建一个工作表，并命名为“损益表”，在工作表中输入基本项目，进行格式设置，适当调整表格的行高和列宽。

Step 02 选中D4单元格，输入公式“=SUMIF(财务总账表!$B$4:$B$29,"6001",财务总账表!$F$4:$F$29)”，按Enter键确认，计算“主营业务收入”的“本期数”。

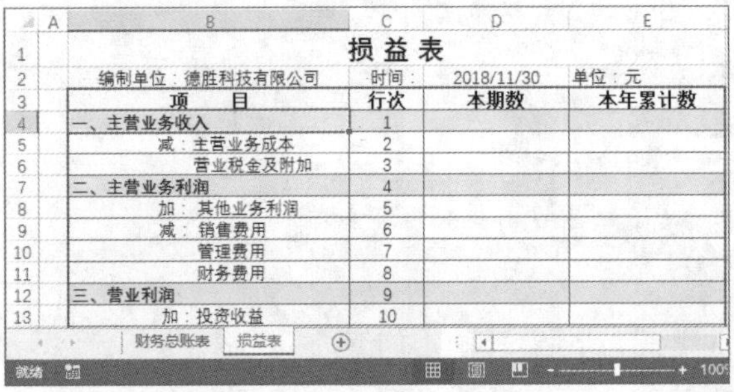

损益表			
编制单位：德胜科技有限公司	时间：	2018/11/30	单位：元
项 目	行次	本期数	本年累计数
一、主营业务收入	1		
减：主营业务成本	2		
营业税金及附加	3		
二、主营业务利润	4		
加：其他业务利润	5		
减：销售费用	6		
管理费用	7		
财务费用	8		
三、营业利润	9		
加：投资收益	10		

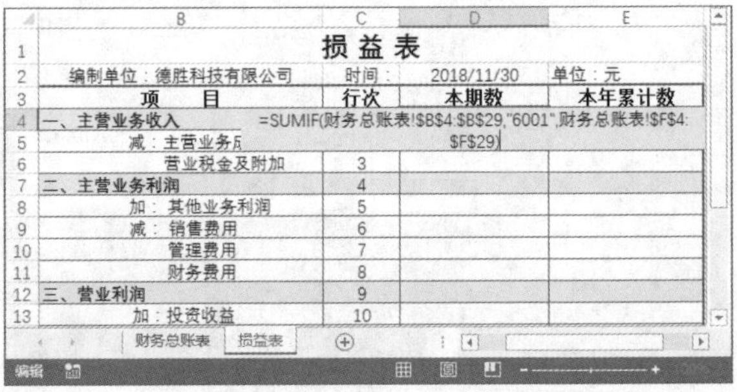

损益表			
编制单位：德胜科技有限公司	时间：	2018/11/30	单位：元
项 目	行次	本期数	本年累计数
一、主营业务收入		=SUMIF(财务总账表!$B$4:$B$29,"6001",财务总账表!$F$4:$F$29)	
减：主营业务成			
营业税金及附加	3		
二、主营业务利润	4		
加：其他业务利润	5		
减：销售费用	6		
管理费用	7		
财务费用	8		
三、营业利润	9		
加：投资收益	10		

公式分析：步骤2中的公式“=SUMIF(财务总账表!$B$4:$B$29,"6001",财务总账表!$F$4:$F$29)”的作用是对“财务总账表”中“科目代码”是6001的本期贷方发生额求和。

Step 03 选中D5单元格，输入公式“=SUMIF(财务总账表!$B$4:$B$29,"6401",财务总账表!$E$4:$E$29)”，按Enter键确认，计算“主营业务成本”的“本期数”。

Step 04 选中D6单元格，输入公式“=SUMIF(财务总账表!$B$4:$B$29,"6405",财务总账表!$E$4:$E$29)”，按Enter键确认，计算“营业税金及附加”的“本期数”。

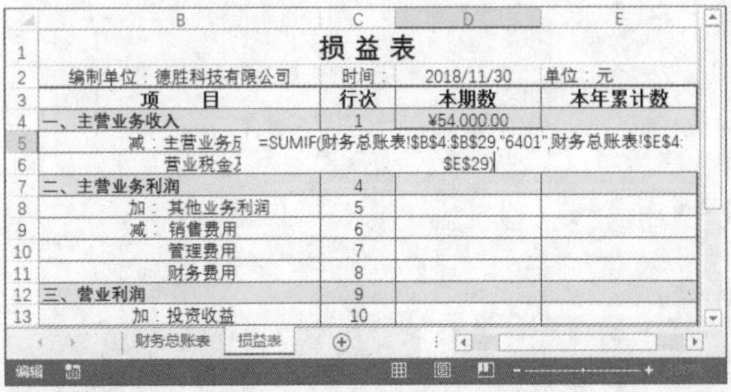

损益表			
编制单位：德胜科技有限公司	时间：	2018/11/30	单位：元
项 目	行次	本期数	本年累计数
一、主营业务收入	1	¥54,000.00	
减：主营业务成	=SUMIF(财务总账表!$B$4:$B$29,"6401",财务总账表!$E$4:$E$29)		
营业税金			
二、主营业务利润	4		
加：其他业务利润	5		
减：销售费用	6		
管理费用	7		
财务费用	8		
三、营业利润	9		
加：投资收益	10		

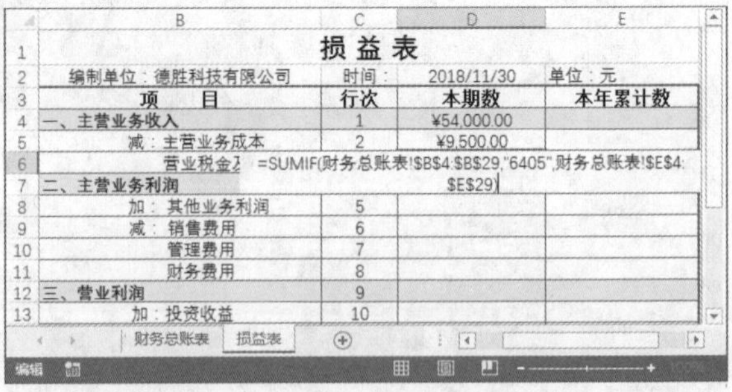

损益表			
编制单位：德胜科技有限公司	时间：	2018/11/30	单位：元
项 目	行次	本期数	本年累计数
一、主营业务收入	1	¥54,000.00	
减：主营业务成本	2	¥9,500.00	
营业税金	=SUMIF(财务总账表!$B$4:$B$29,"6405",财务总账表!$E$4:$E$29)		
二、主营业务利润			
加：其他业务利润	5		
减：销售费用	6		
管理费用	7		
财务费用	8		
三、营业利润	9		
加：投资收益	10		

Step 05 选中D7单元格，输入公式“=D4-D5-D6”，按Enter键确认，计算出“主营业务利润”的“本期数”。

Step 06 由于本实例中没有涉及“其他业务利润”，所以在D8单元格中输入0。

D7 =D4-D5-D6

	B	C	D	E
1	损 益 表			
2	编制单位：德胜科技有限公司	时间：	2018/11/30	单位：元
3	项　目	行次	本期数	本年累计数
4	一、主营业务收入	1	¥54,000.00	
5	减：主营业务成本	2	¥9,500.00	
6	营业税金及附加	3	¥0.00	
7	二、主营业务利润	4	¥44,500.00	
8	加：其他业务利润	5		
9	减：销售费用	6		
10	管理费用	7		
11	财务费用	8		

财务总账表　损益表

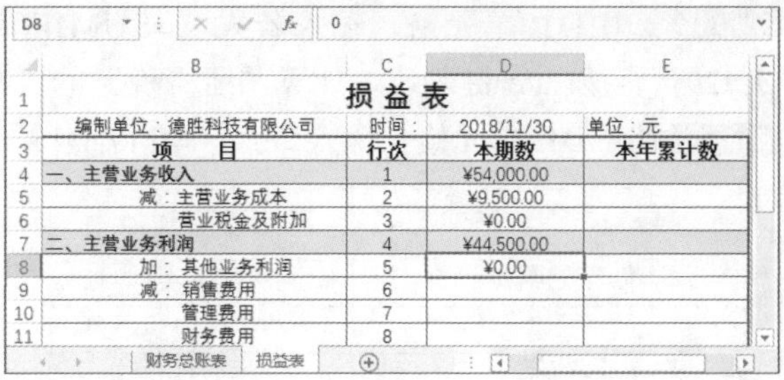

D8 0

	B	C	D	E
1	损 益 表			
2	编制单位：德胜科技有限公司	时间：	2018/11/30	单位：元
3	项　目	行次	本期数	本年累计数
4	一、主营业务收入	1	¥54,000.00	
5	减：主营业务成本	2	¥9,500.00	
6	营业税金及附加	3	¥0.00	
7	二、主营业务利润	4	¥44,500.00	
8	加：其他业务利润	5	¥0.00	
9	减：销售费用	6		
10	管理费用	7		
11	财务费用	8		

财务总账表　损益表

Step 07 选中D9单元格，输入公式“=SUMIF(财务总账表!$B$4:$B$29,"6601",财务总账表!$E$4:$E$29)”，按Enter键确认，计算“销售费用”的“本期数”。

Step 08 选中D10单元格，输入公式“=SUMIF(财务总账表!$B$4:$B$29,"6602",财务总账表!$E$4:$E$29)”，按Enter键确认，计算“管理费用”的“本期数”。

	B	C	D	E
1	损 益 表			
2	编制单位：德胜科技有限公司	时间：	2018/11/30	单位：元
3	项　目	行次	本期数	本年累计数
4	一、主营业务收入	1	¥54,000.00	
5	减：主营业务成本	2	¥9,500.00	
6	营业税金及附加	3	¥0.00	
7	二、主营业务利润	4	¥44,500.00	
8	加：其他业务利润	5	¥0.00	
9	减：销售费用	=SUMIF(财务总账表!$B$4:$B$29,"6601",财务总账表!$E$4:$E$29)		
10	管理费用			
11	财务费用	8		
12	三、营业利润	9		

财务总账表　损益表

	B	C	D	E
1	损 益 表			
2	编制单位：德胜科技有限公司	时间：	2018/11/30	单位：元
3	项　目	行次	本期数	本年累计数
4	一、主营业务收入	1	¥54,000.00	
5	减：主营业务成本	2	¥9,500.00	
6	营业税金及附加	3	¥0.00	
7	二、主营业务利润	4	¥44,500.00	
8	加：其他业务利润	5	¥0.00	
9	减：销售费用	6	¥0.00	
10	管理费用	=SUMIF(财务总账表!$B$4:$B$29,"6602",财务总账表!$E$4:$E$29)		
11	财务费用			
12	三、营业利润	9		

财务总账表　损益表

Step 09 选中D11单元格，输入公式“=SUMIF(财务总账表!$B$4:$B$29,"6603",财务总账表!$E$4:$E$29)”，按Enter键确认，计算“财务费用”的“本期数”。

Step 10 选中D12单元格，输入公式“=D7+D8-D9-D10-D11”，按Enter键确认，计算“营业利润”的“本期数”。

	B	C	D	E
3	项　目	行次	本期数	本年累计数
4	一、主营业务收入	1	¥54,000.00	
5	减：主营业务成本	2	¥9,500.00	
6	营业税金及附加	3	¥0.00	
7	二、主营业务利润	4	¥44,500.00	
8	加：其他业务利润	5	¥0.00	
9	减：销售费用	6	¥0.00	
10	管理费用	7	¥1,690.70	
11	财务费用	=SUMIF(财务总账表!$B$4:$B$29,"6603",财务总账表!$E$4:$E$29)		
12	三、营业利润			
13	加：投资收益	10		
14	补贴收入	11		
15	营业外收入	12		

财务总账表　损益表

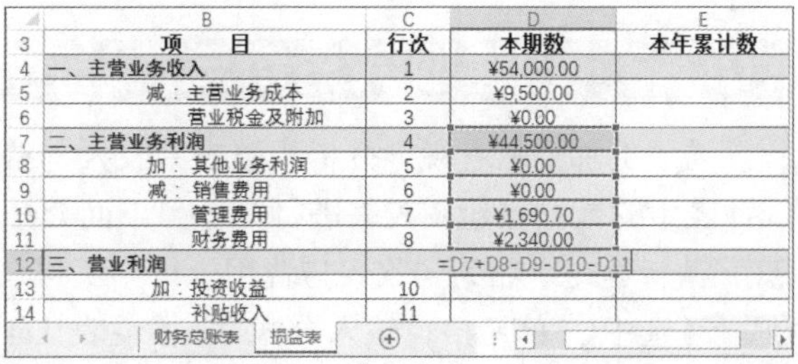

	B	C	D	E
3	项　目	行次	本期数	本年累计数
4	一、主营业务收入	1	¥54,000.00	
5	减：主营业务成本	2	¥9,500.00	
6	营业税金及附加	3	¥0.00	
7	二、主营业务利润	4	¥44,500.00	
8	加：其他业务利润	5	¥0.00	
9	减：销售费用	6	¥0.00	
10	管理费用	7	¥1,690.70	
11	财务费用	8	¥2,340.00	
12	三、营业利润		=D7+D8-D9-D10-D11	
13	加：投资收益	10		
14	补贴收入	11		

财务总账表　损益表

Step 11 由于本实例中没有涉及到“投资收益”“补贴收入”“营业外收入”和“营业外支出”，因此选中D13:D16单元格区域，在编辑栏中输入“0”，按Ctrl+Enter组合键即可在选中的单元格区域中同时输入“0”。

Step 12 选中D17单元格，输入公式“=D12+D13+D14+D15-D16”，按Enter键确认，计算“利润总额”的“本期数”。

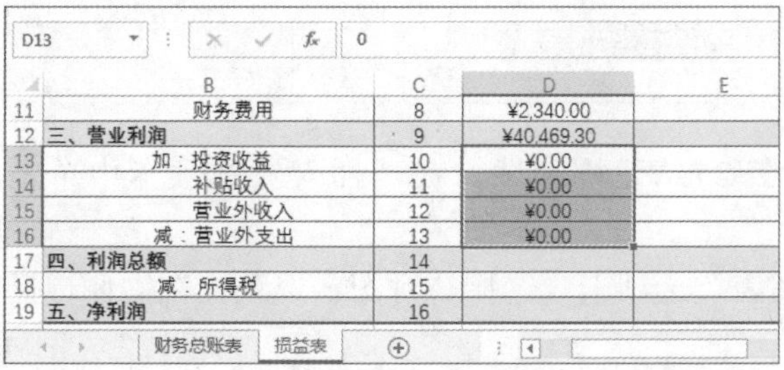

D13 0

	B	C	D	E
11	财务费用	8	¥2,340.00	
12	三、营业利润	9	¥40,469.30	
13	加：投资收益	10	¥0.00	
14	补贴收入	11	¥0.00	
15	营业外收入	12	¥0.00	
16	减：营业外支出	13	¥0.00	
17	四、利润总额	14		
18	减：所得税	15		
19	五、净利润	16		

财务总账表　损益表

	B	C	D	E
7	二、主营业务利润	4	¥44,500.00	
8	加：其他业务利润	5	¥0.00	
9	减：销售费用	6	¥0.00	
10	管理费用	7	¥1,690.70	
11	财务费用	8	¥2,340.00	
12	三、营业利润	9	¥40,469.30	
13	加：投资收益	10	¥0.00	
14	补贴收入	11	¥0.00	
15	营业外收入	12	¥0.00	
16	减：营业外支出	13	¥0.00	
17	四、利润总额		=D12+D13+D14+D15-D16	
18	减：所得税	15		
19	五、净利润	16		

财务总账表　损益表

Step 13 选中D18单元格，输入公式“=SUMIF(财务总账表!$B$4:$B$29,"6801",财务总账表!$E$4:$E$29)”，按Enter键确认，计算“所得税”的“本期数”。

Step 14 选中D19单元格，输入公式“=D17-D18”，按Enter键确认，计算“净利润”的“本期数”。

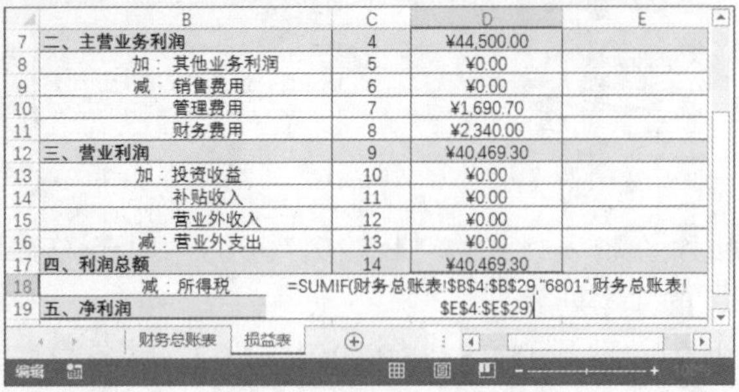

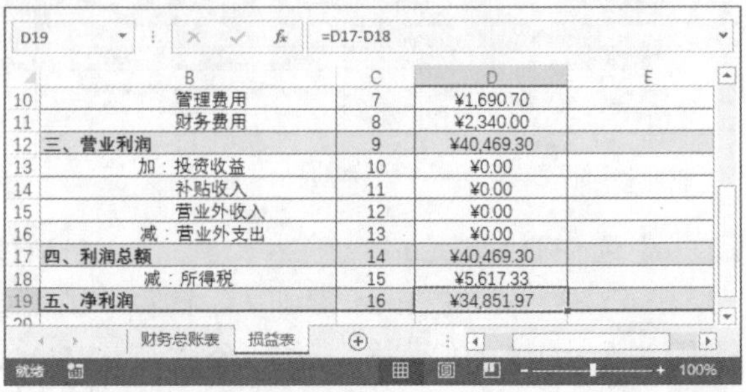

Step 15 “本年累计数”的计算公式为“本年累计数=上一期本年累计数+本期数”，但本实例中没有涉及到上一期的“本年累计数”，因此在这里“本年累计数=本期数”。即在E4单元格中输入公式“=D4”，按Enter键确认，将该公式向下填充即可。

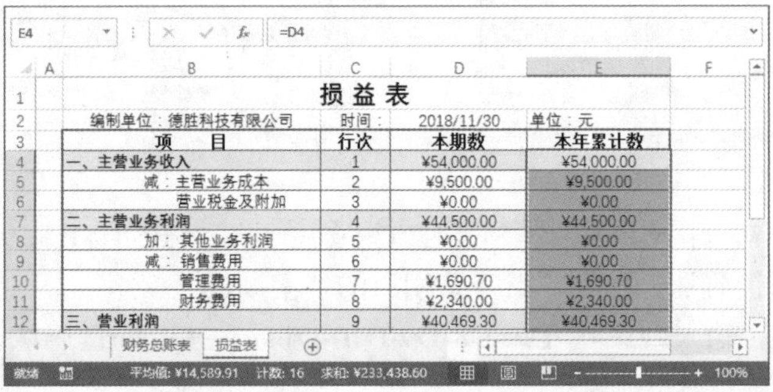

10.1.2 创建收入与费用统计图表

为了更加清晰直观地分析损益表中收入与费用的关系，可以通过创建收入与费用统计表，使用统计表中的数据创建图表来进行分析。下面介绍具体操作步骤。

Step 01 新建一个名为“收入与费用分析”工作表，在工作表中构建基本框架，并进行格式设置。

Step 02 选中C3单元格，输入公式“=损益表!D4”，按Enter键确认，引用“损益表”中的主营业务收入数据。

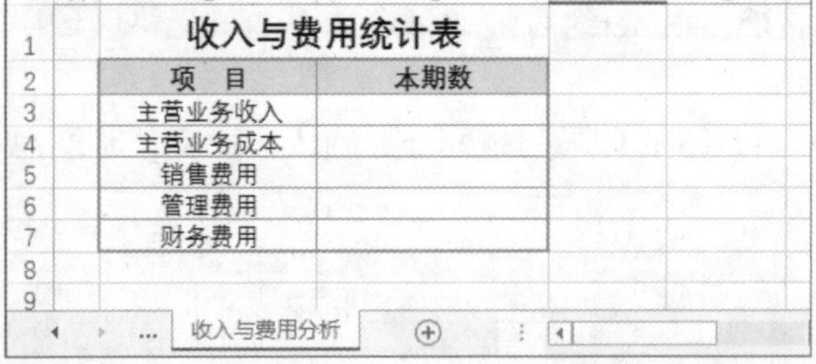

Step 03 按照同样的方法，引用其他数据。选中B2:C7单元格区域，在“插入”选项卡中单击“图表”选项组的对话框启动器按钮。

Step 04 打开“插入图表”对话框，切换至“所有图表”选项卡，选择“饼图”选项，在右侧选择“三维饼图”类型，单击“确定”按钮。

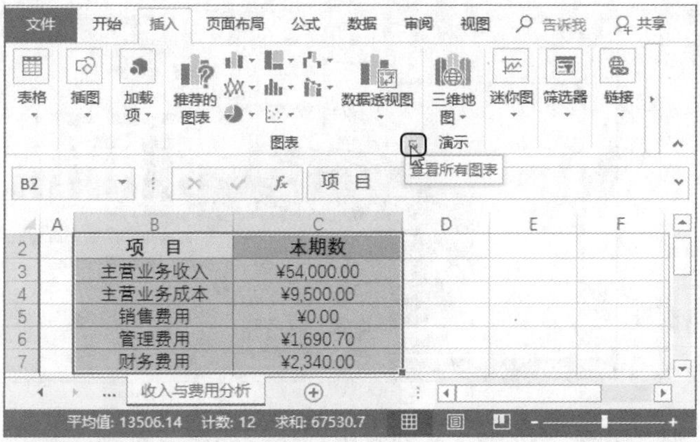

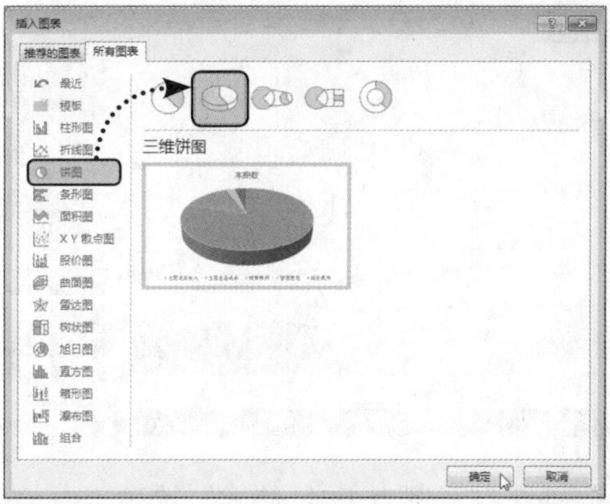

Step 05 返回工作表，插入一个三维饼图，拖动鼠标调整图表的大小和位置。

Step 06 选中图表标题，将标题更改为“收入与费用分析”，设置标题的字体、字号等。

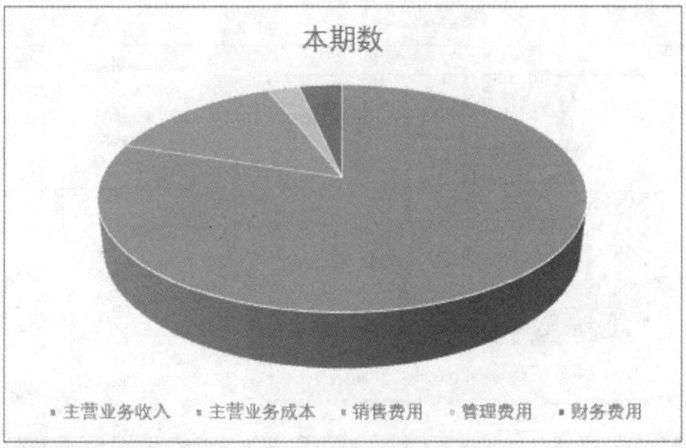

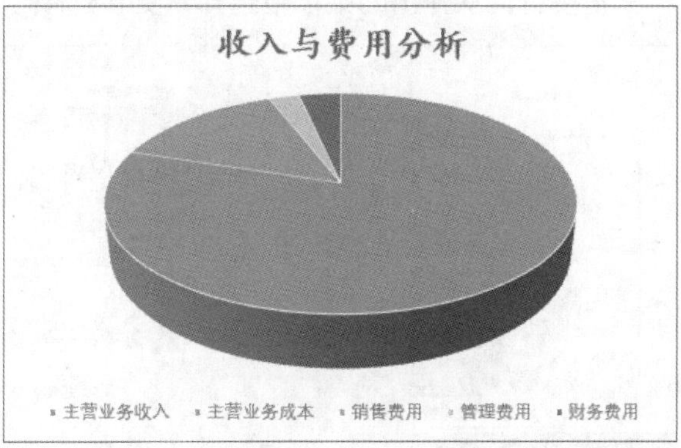

Step 07 选中图表，在“图表工具-设计”选项卡中单击“更改颜色”按钮，从展开的列表中选择合适的颜色。

Step 08 切换至“图表工具-格式”选项卡，在“形状样式”选项组中单击“形状填充”按钮，从列表中选择合适的填充颜色。

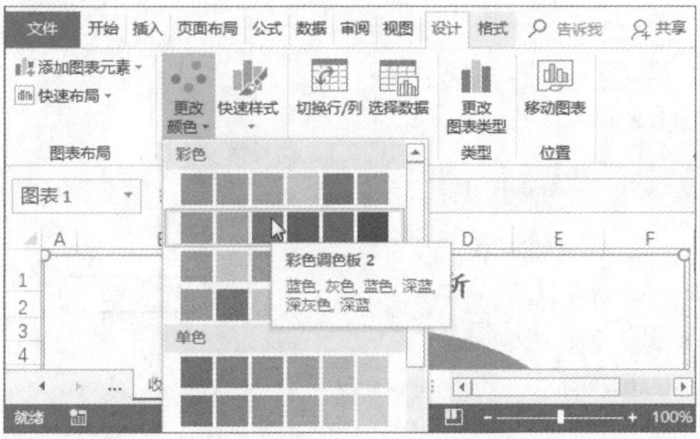

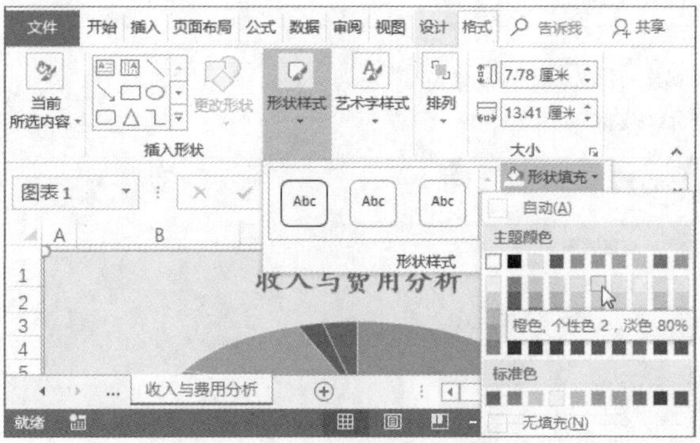

Step 09 保持图表为选中状态，在“图表工具-格式”选项卡中单击“形状样式”选项组中的“形状轮廓”按钮，从列表中选择合适的轮廓色。

Step 10 再次单击“形状轮廓”按钮，从列表中选择“粗细”选项，从其级联菜单中选择“1.5磅”选项。

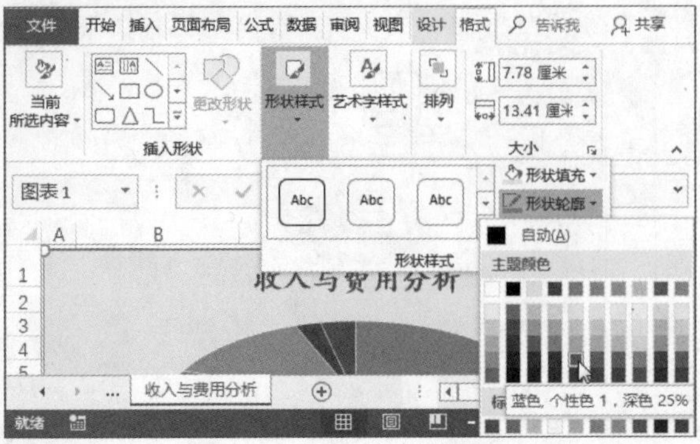

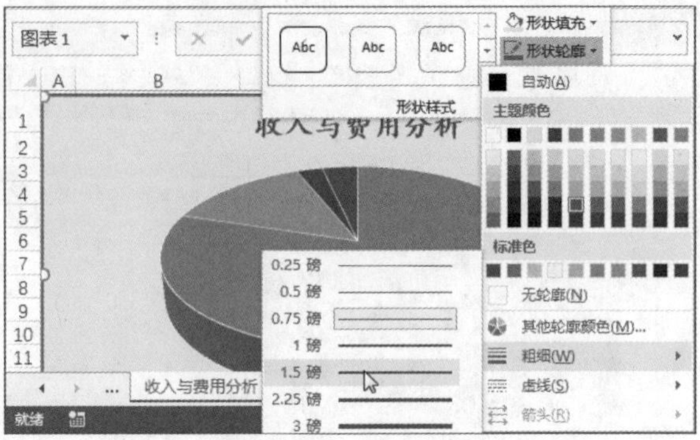

Step 11 在“图表工具-格式”选项卡中单击“形状效果”按钮，从列表中选择“阴影”选项，从其级联菜单中选择合适的阴影效果。

Step 12 选中图表，单击图表右侧的“图表元素”按钮，从展开的列表中单击“数据标签”右侧的小三角按钮，从弹出的菜单中选择“更多选项”选项。

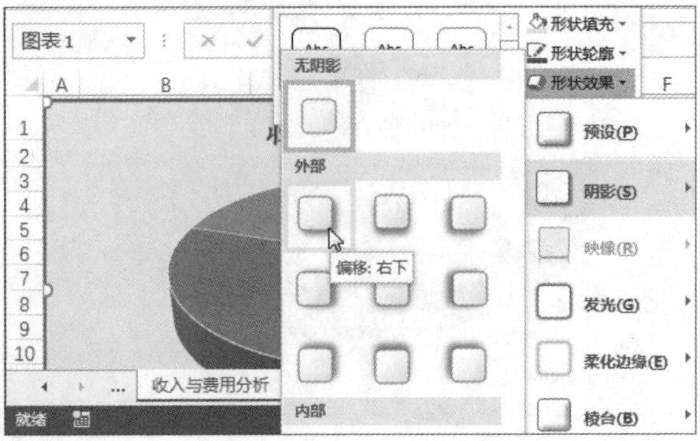

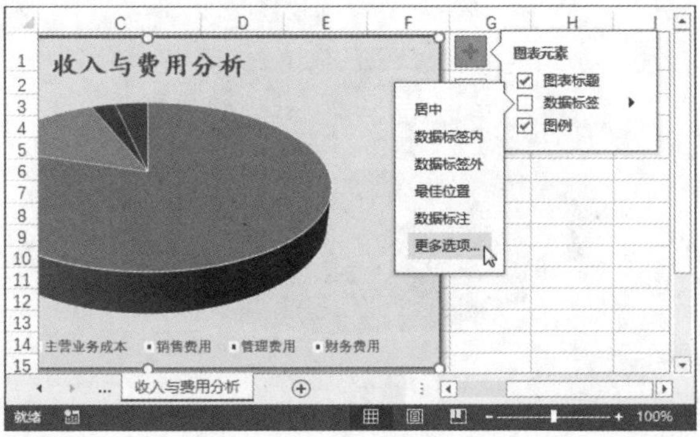

Step 13 打开“设置数据标签格式”窗格，在“标签选项”组中勾选“类别名称”“值”和“显示引导线”复选框。

Step 14 在“分隔符”下拉列表中选择“新文本行”选项，在“标签位置”区域选中“最佳匹配”单选按钮。

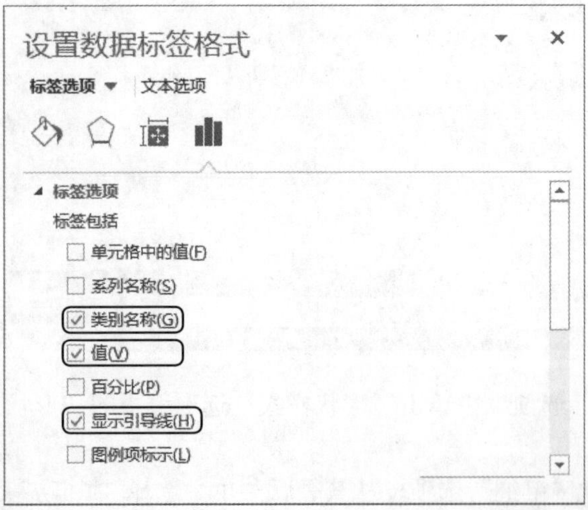

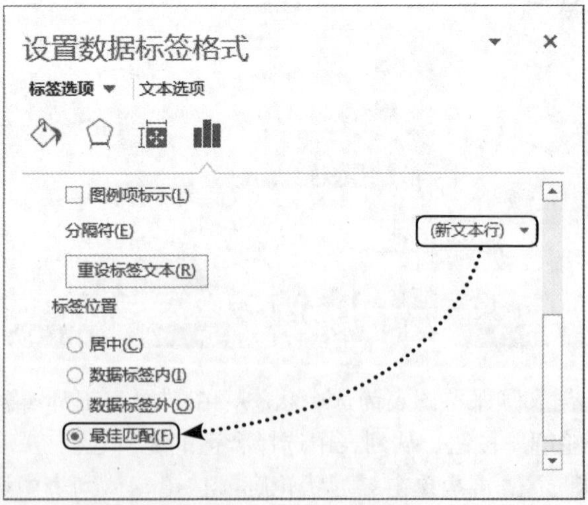

Step 15 设置完成后关闭窗格，可以看到设置图表的最终效果。

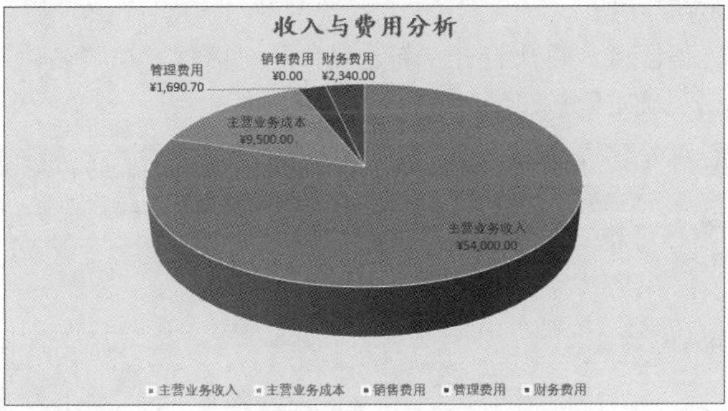

10.2 资产负债表

资产负债表是反映企业在某一特定日期（如月末、季末、年末）全部资产、负债和所有者权益情况的会计报表，是企业经营活动的静态体现。资产负债表应按照我国会计制度的规定进行设计，其基本项目可以分为流动资产、固定资产、流动负债和所有者权益等，编制资产负债表必须遵循“资产=负债+所有者权益”这一基本的会计恒等式。下面具体介绍如何编制资产负债表。

Step 01 插入一个工作表，并命名为“资产负债表”，输入资产负债表的基本项目，设置格式，适当调整表格的行高和列宽。

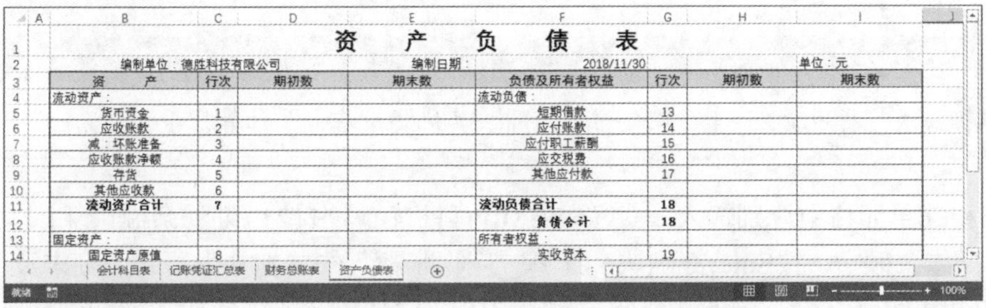

Step 02 切换至“财务总账表”工作表，选中B4:B33单元格区域，在“公式”选项卡中单击“定义的名称”选项组中的“定义名称”按钮。

Step 03 弹出“新建名称”对话框，在“名称”文本框中输入定义的名称“科目代码”，单击“确定”按钮。

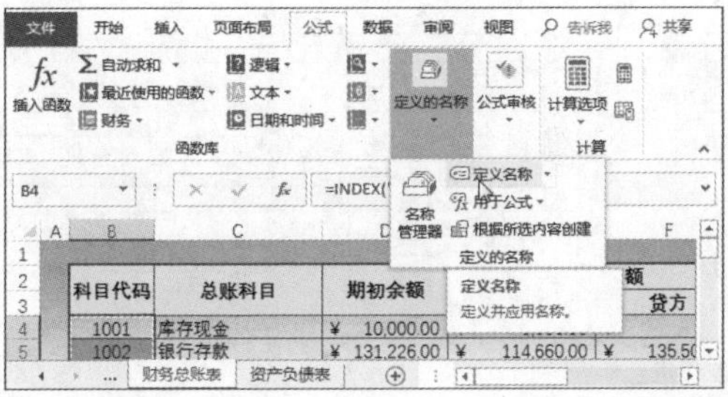

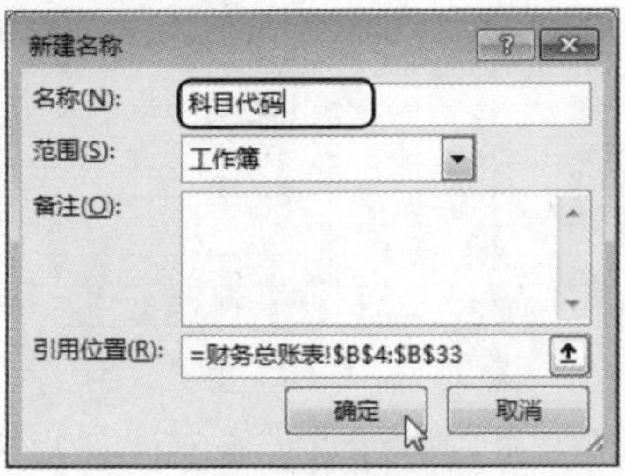

Step 04 选中D4:D33单元格区域，打开“新建名称”对话框，在“名称”文本框中输入定义的名称“期初余额”，单击“确定”按钮。

Step 05 选中G4:G33单元格区域，再次打开“新建名称”对话框，在“名称”文本框中输入定义的名称“期末余额”，单击“确定”按钮。

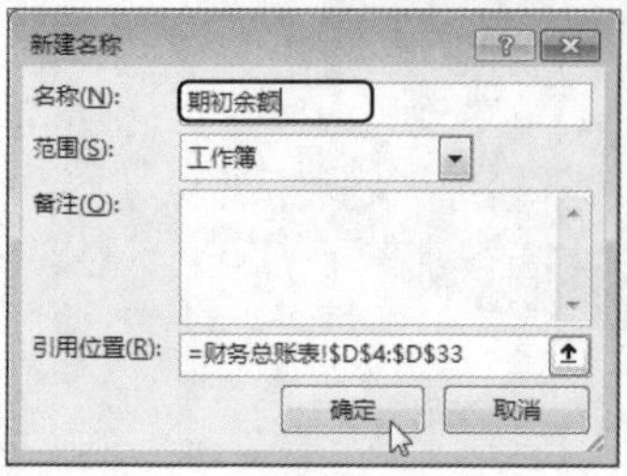

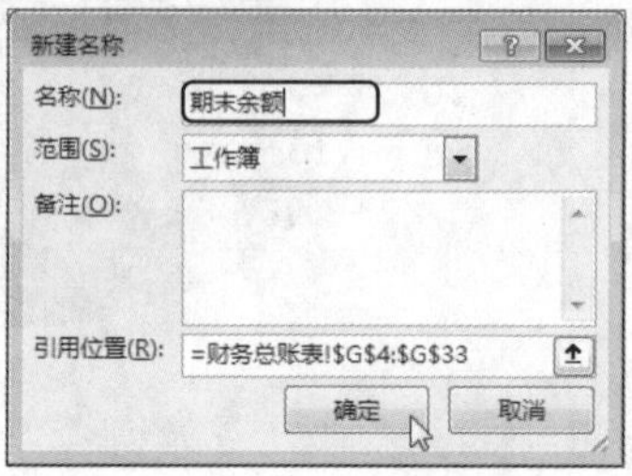

Step 06 定义好名称后，切换至“资产负债表”工作表。选中D5单元格，输入公式“=SUMIF(科目代码,"1001", 期初余额)+SUMIF(科目代码,"1002",期初余额)+SUMIF(科目代码,"1015",期初余额)”，按Enter键确认，计算货币资金的“期初数”。

Step 07 选中E5单元格，输入公式“=SUMIF(科目代码,"1001",期末余额)+SUMIF(科目代码,"1002",期末余额)+SUMIF(科目代码,"1015",期末余额)”，按Enter键确认，计算货币资金的“期末数”。

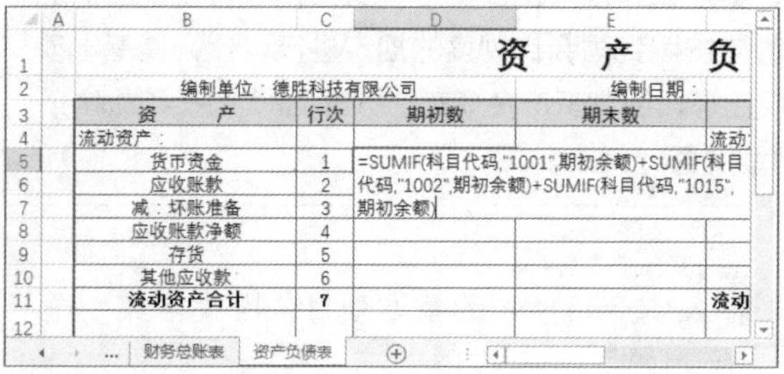

提示

此处根据公式“货币资金=库存现金+银行存款+其他货币基金”计算货币资金。

Step 08 在D6和E6单元格中分别输入公式“=SUMIF(科目代码,"1122",期初余额)”和“=SUMIF(科目代码,"1122",期末余额)”，按Enter键确认，计算“应收账款”的“期初数”和“期末数”。

Step 09 在D7和E7单元格中分别输入公式“=ABS①(SUMIF(科目代码,"1241",期初余额))”和“=ABS(SUMIF(科目代码,"1241",期末余额))”，按Enter键确认，计算“坏账准备”的“期初数”和“期末数”。

①关于ABS函数的使用说明请查阅2.3.6小节，详见本书第22页。

Step 10 在D8和E8单元格中分别输入公式“=D6-D7”和“=E6-E7”，按Enter键确认，计算“应收账款净额”的“期初数”和“期末数”。

Step 11 在D9和E9单元格中分别输入公式“=SUMIF(科目代码,"1401",期初余额)+SUMIF(科目代码,"1406",期初余额)”和“=SUMIF(科目代码,"1401",期末余额)+SUMIF(科目代码,"1406",期末余额)”，按Enter键确认，计算“存货”的“期初数”和“期末数”。

提示

此处根据公式“应收账款净额=应收账款-坏账准备”计算应收账款净额。

Step 12 在D10和E10单元格中分别输入公式“=SUMIF(科目代码,"1231",期初余额)”和“=SUMIF(科目代码,"1231",期末余额)”，按Enter键确认，计算“其他应收款”的“期初数”和“期末数”。

Step 13 在D11和E11单元格中分别输入公式“=D5+D8+D9+D10”和“=E5+E8+E9+E10”，按Enter键确认，计算“流动资产合计”的“期初数”和“期末数”。

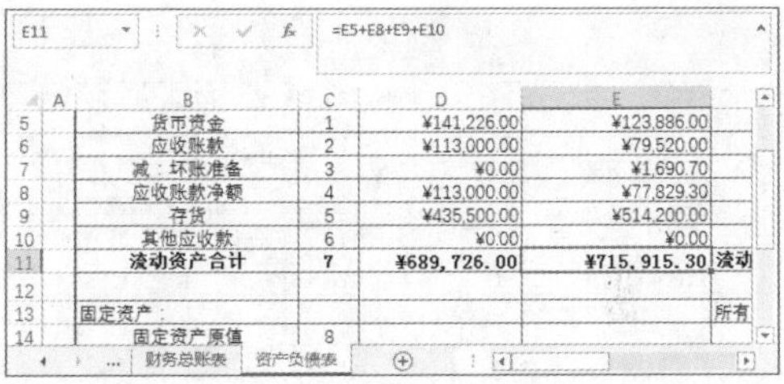

提示

此处根据公式“流动资产合计=货币资金+应收账款净额+存货+其他应收款”计算流动资产合计。

Step 14 在D14和E14单元格中分别输入公式“=SUMIF(科目代码,"1601",期初余额)”和“=SUMIF(科目代码,"1601",期末余额)”，按Enter键确认，计算“固定资产原值”的“期初数”和“期末数”。

Step 15 在D15和E15单元格中分别输入公式“=ABS(SUMIF(科目代码,"1602",期初余额))”和“=ABS(SUMIF(科目代码,"1602",期末余额))”，按Enter键确认，计算“累计折旧”的“期初数”和“期末数”。

Step 16 在D16和E16单元格中分别输入公式“=D14-D15”和“=E14-E15”，按Enter键确认，计算“固定资产净值”的“期初数”和“期末数”。

Step 17 在D18和E18单元格中分别输入公式“=D16”和“=E16”，按Enter键确认，计算“固定资产合计”的“期初数”和“期末数”。在这里“固定资产合计”就等于“固定资产净值”。

提示

此处根据公式“固定资产净值=固定资产原值-累计折旧”计算固定资产净值。

Step 18 在D20和E20单元格中分别输入公式“=D11+D18”和“=E11+E18”，按Enter键确认，计算“资产合计”的“期初数”和“期末数”。

Step 19 在H5和I5单元格中分别输入公式“=-SUMIF(科目代码,"2001",期初余额)”和“=-SUMIF(科目代码,"2001",期末余额)”，按Enter键确认，计算“短期借款”的“期初数”和“期末数”。

提示

此处根据公式“资产合计=流动资产合计+固定资产合计”计算资产合计值。

Step 20 在H6和I6单元格中分别输入公式“=-SUMIF(科目代码,"2202",期初余额)”和“=-SUMIF(科目代码,"2202",期末余额)”，按Enter键确认，计算“应付账款”的“期初数”和“期末数”。

Step 21 在H7和I7单元格中分别输入公式“=SUMIF(科目代码,"2211",期初余额)”和“=SUMIF(科目代码,"2211",期末余额)”，按Enter键确认，计算“应付职工薪酬”的“期初数”和“期末数”。

Step 22 在H8和I8单元格中分别输入公式“=-SUMIF(科目代码,"2221",期初余额)”和“=-SUMIF(科目代码,"2221",期末余额)”，按Enter键确认，计算“应交税费”的“期初数”和“期末数”。

Step 23 在H9和I9单元格中分别输入公式“=-SUMIF(科目代码,"2241",期初余额)”和“=-SUMIF(科目代码,"2241",期末余额)”，按Enter键确认，计算“其他应付款”的“期初数”和“期末数”。

Step 24 在H11和I11单元格中分别输入公式“=SUM(H5:H9)”和“=SUM(I5:I9)”，按Enter键确认，计算“流动负债合计”的“期初数”和“期末数”。

Step 25 在H12和I12单元格中分别输入公式“=H11”和“=I11”，按Enter键确认，计算“负债合计”的“期初数”和“期末数”。在这里“负债合计”就等于“流动负债合计”。

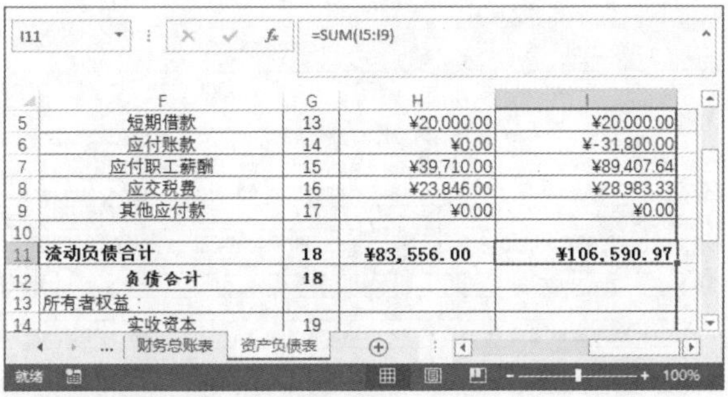

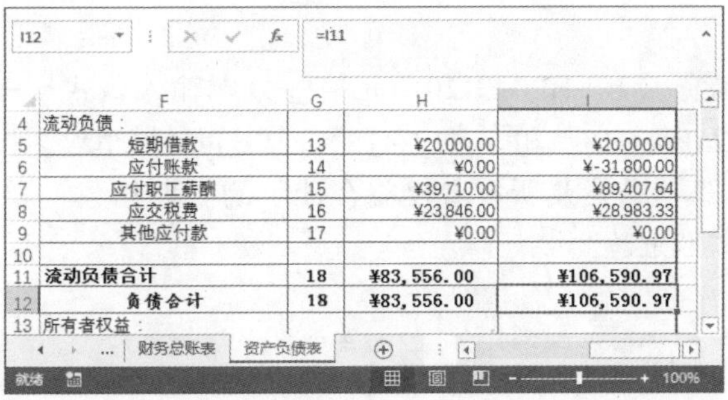

提示

此处根据公式“流动负债合计=短期借款+应付账款+应付职工薪酬+应交税费+其他应付款”计算流动负债合计。

Step 26 在H14和I14单元格中分别输入公式“=-SUMIF(科目代码,"4001",期初余额)”和“=-SUMIF(科目代码,"4001",期末余额)”，按Enter键确认，计算“实收资本”的“期初数”和“期末数”。

Step 27 在H15和I15单元格中分别输入公式“=-SUMIF(科目代码,"4101",期初余额)”和“=-SUMIF(科目代码,"4101",期末余额)”，按Enter键确认，计算“盈余公积”的“期初数”和“期末数”。

Step 28 在H16和I16单元格中分别输入公式“=SUMIF(科目代码,"4103",期初余额)”和“=SUMIF(科目代码,"4103",期末余额)”，按Enter键确认，计算“未分配利润”的“期初数”和“期末数”。由于“本年利润”尚未进行分配，因此“未分配利润”就是“本年利润”。

Step 29 在H18和I18单元格中分别输入公式“=SUM(H14:H16)”和“=SUM(I14:I16)”，按Enter键确认，计算“所有者权益合计”的“期初数”和“期末数”。

I16 =SUMIF(科目代码,"4103",期末余额)

	F	G	H	I
12	负债合计	18	¥83,556.00	¥106,590.97
13	所有者权益：			
14	实收资本	19	¥613,080.85	¥613,080.85
15	盈余公积	20	¥0.00	¥0.00
16	未分配利润	21	¥15,360.00	¥-1,491.97
17				
18	所有者权益合计	22		
19				
20	负债及所有者权益合计	23		

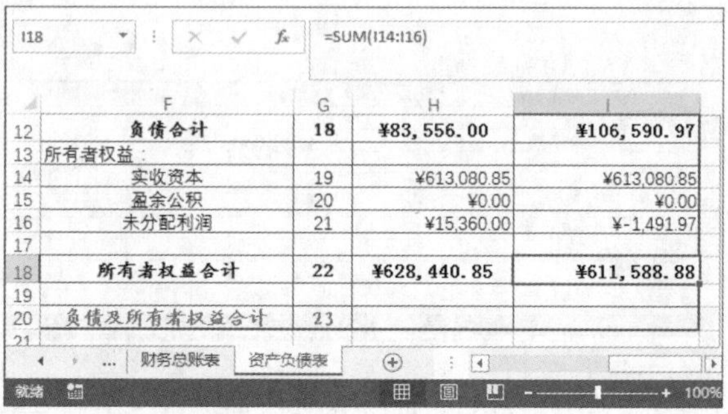
I18 =SUM(I14:I16)

	F	G	H	I
12	负债合计	18	¥83,556.00	¥106,590.97
13	所有者权益：			
14	实收资本	19	¥613,080.85	¥613,080.85
15	盈余公积	20	¥0.00	¥0.00
16	未分配利润	21	¥15,360.00	¥-1,491.97
17				
18	所有者权益合计	22	¥628,440.85	¥611,588.88
19				
20	负债及所有者权益合计	23		

提示

此处根据公式“所有者权益合计=实收资本+盈余公积+未分配利润”计算所有者权益合计。

Step 30 在H20和I20单元格中分别输入公式“=H12+H18”和“=I12+I18”，按Enter键确认，计算“负债及所有者权益合计”的“期初数”和“期末数”。

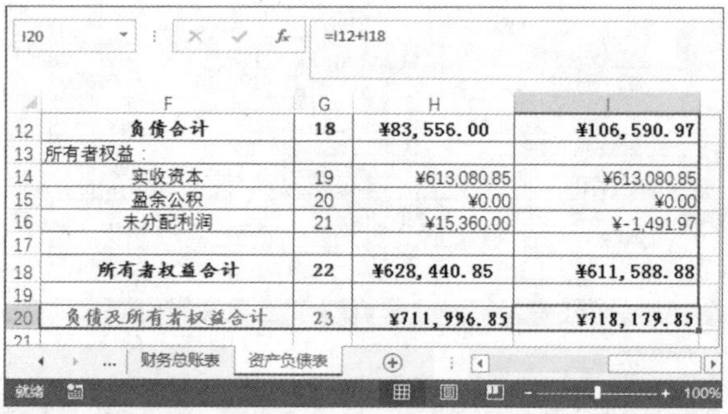
I20 =I12+I18

	F	G	H	I
12	负债合计	18	¥83,556.00	¥106,590.97
13	所有者权益：			
14	实收资本	19	¥613,080.85	¥613,080.85
15	盈余公积	20	¥0.00	¥0.00
16	未分配利润	21	¥15,360.00	¥-1,491.97
17				
18	所有者权益合计	22	¥628,440.85	¥611,588.88
19				
20	负债及所有者权益合计	23	¥711,996.85	¥718,179.85

Step 31 用户可以根据会计恒等式“资产=负债+所有者权益”，判断“资产负债表”是否平衡。即在D21单元格中输入公式“=IF(D20= H20,"期初数平衡","期初数不平衡")&""&IF (E20=I20,"期末数平衡","期末数不平衡")”，按Enter键确认，即可得出判断结果。

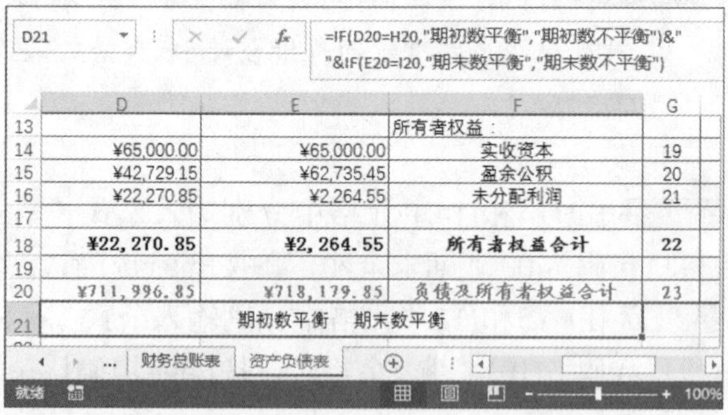
D21 =IF(D20=H20,"期初数平衡","期初数不平衡")&""&IF(E20=I20,"期末数平衡","期末数不平衡")

	D	E	F	G
13			所有者权益：	
14	¥65,000.00	¥65,000.00	实收资本	19
15	¥42,729.15	¥62,735.45	盈余公积	20
16	¥22,270.85	¥2,264.55	未分配利润	21
17				
18	¥22,270.85	¥2,264.55	所有者权益合计	22
19				
20	¥711,996.85	¥718,179.85	负债及所有者权益合计	23
21	期初数平衡 期末数平衡			

提示

此处根据公式“负债及所有者权益合计=负债合计+所有者权益合计”计算负债及所有者权益合计值。

10.3 现金流量表

现金流量表是反映一定时期内（如月度、季度或年度）企业经营活动、投资活动和筹资活动对其现金及现金等价物所产生影响的财务报表。它也是财务报表中非常重要的报表之一。

10.3.1 编制现金流量表

用户可以采用工作底稿法和T型账户法来编制现金流量表，下面简单介绍这两种方法。

❶工作底稿法

采用工作底稿法编制现金流量表，就是以工作底稿为手段，以损益表和资产负债表数据为基础，对每一项目进行分析并编制调整分录，从而编制现金流量表。

采用工作底稿法编制现金流量表的步骤如下：

第一步：将资产负债表的期初数和期末数记入工作底稿的期初数栏和期末数栏。

第二步：对当期业务进行分析并编制调整分录。

第三步：将调整分录记入工作底稿中的相应部分。

第四步：核对调整分录，借贷合计应当相等，资产负债表项目期初数加减调整分录中的借贷金额以后，应当等于期末数。

第五步：根据工作底稿中的现金流量表项目部分编制正式的现金流量表。

❷T型账户法

采用T型账户法，就是以T型账户为手段，以损益表和资产负债表数据为基础，对每一项目进行分析并编制出调整分录，从而编制现金流量表。

采用T形账户法编制现金流量表的步骤如下：

第一步：为所有的非现金项目（包括资产负债表项目和损益表项目）分别开设T型账户，并将各自的期末期初变动数计入各账户。

第二步：开设一个大的“现金及现金等价物”T型账户，每边分为经营活动、投资活动和筹资活动三个部分，左边记现金流入，右边记现金流出。与其他账户一样，计入期末期初变动数。

第三步：以损益表项目为基础，结合资产负债表分析每一个非现金项目的增减变动，并据此编制调整分录。

第四步：将调整分录计入各T型账户，并进行核对，该账户借贷相抵后的余额与原先计入的期末期初变动数应当一致。

第五步：根据大的“现金及现金等价物”T型账户编制正式的现金流量表。

通过上述两种方法编制现金流量表后，还需要对现金流量表进行适当的调整，对表中的数据进行计算，才能完成现金流量表的创建，下面对其操作过程进行介绍。

Step 01 新建一个工作表，将其命名为“现金流量表”，在其中输入标题、列标题、项目名称、金额等基本数据，并进行格式设置，为其添加边框。

项目	行次	金额	补充材料	行次	金额
编制单位：德胜科技有限公司	日期：	2018/11/10		单位：元	
一、经营活动中产生的现金流量			1.将净利润调节为经营活动现金流量		
销售商品、提供劳务收到的现金		983300	净利润		462300
收到的税费返还			加：计提的资产减值准备		
收到的与其他与经营活动有关的现金			固定资产折旧		210000
现金流入小计			无形资产摊销		
购买商品、接受劳务支付的现金		423000	长期待摊费用摊销		
支付给职工以及为职工支付的现金		281000	待摊费用减少（减：增加）		-7000
支付的各项税费		352000	预提费用增加（减：减少）		
支付的其他与经营活动有关的现金		19000	处置固定资产、无形资产和其他长期资产的损失（减：收益）		
现金流出小计			固定资产报废损失		
经营活动产生的现金流量净额			财务费用		37000
二、投资活动产生的现金流量			投资损失（减：收益）		
收回投资所收到的现金			递延税款贷项（减：借项）		
取得投资收益所收到的现金			存货的减少（减：增加）		43000
处置固定资产、无形资产和其他长期资产所收回的现金净额		370000	经营性应收项目的减少（减：增加）		-2000

Step 02 选中D4:D33和G4:G33单元格区域，在“开始”选项卡中单击“数字”选项组中的“数字格式”按钮，从展开的列表中选择“会计专用”选项。

Step 03 在表格中输入“行次”，并将其居中显示。

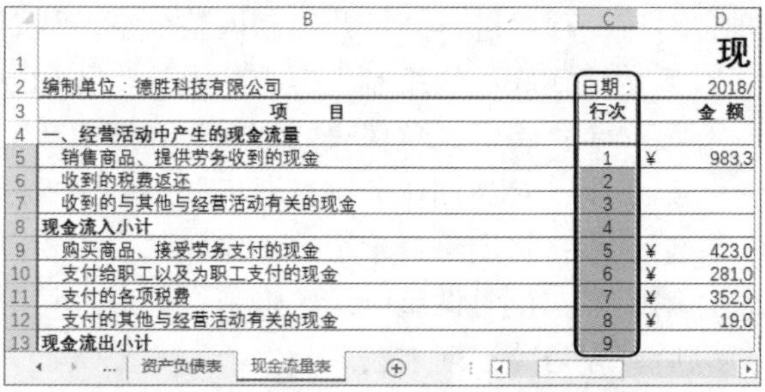

Step 04 选中表格中所有小计和现金流量净额所在的单元格，在“开始”选项卡中单击“填充颜色”按钮，从列表中选择合适的颜色，这里选择“黄色”选项。

Step 05 选中D8单元格，输入公式“=SUM(D5:D7)”，按Enter键确认，计算经营活动中现金流入小计，按照同样的方法，计算其他小计金额。

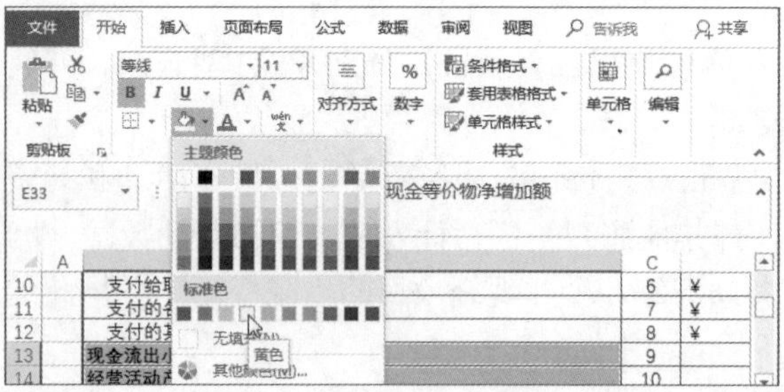

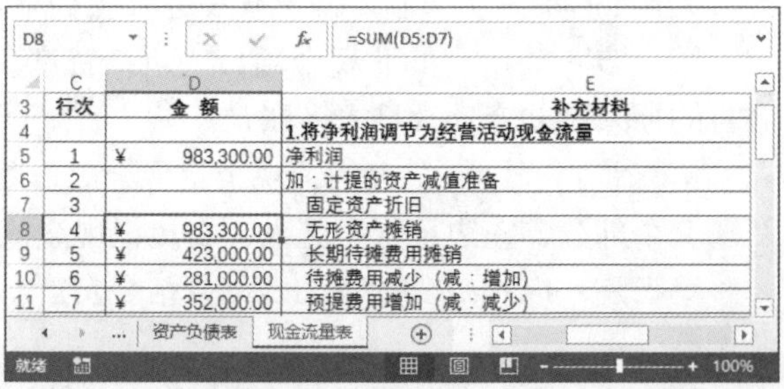

Step 06 选中D14单元格，输入公式“=D8-D13”，按Enter键确认，计算经营活动产生的现金流量净额。

Step 07 选中D33单元格，输入公式“=D14+D21+D31”，按Enter键确认，计算现金及现金等价物净增加额。

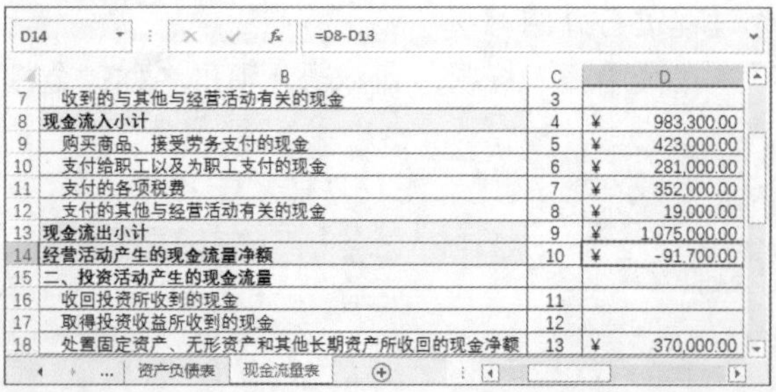

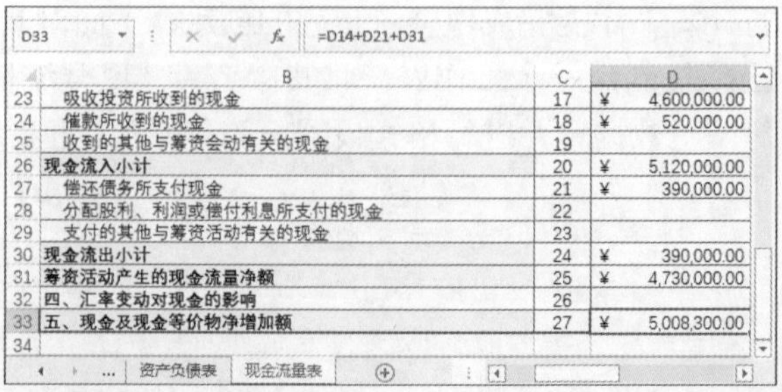

Step 08 计算完成后，对工作表进行适当调整。至此，完成现金流量表的编制。

现 金 流 量 表

编制单位：德胜科技有限公司　日期：2018/11/10　单位：元

项　目	行次	金 额	补充材料	行次	金 额
一、经营活动中产生的现金流量			1.将净利润调节为经营活动现金流量		
销售商品、提供劳务收到的现金	1	¥ 983,300.00	净利润	28	¥ 462,300.00
收到的税费返还	2		加：计提的资产减值准备	29	
收到的与其他与经营活动有关的现金	3		固定资产折旧	30	¥ 210,000.00
现金流入小计	4	¥ 983,300.00	无形资产摊销	31	
购买商品、接受劳务支付的现金	5	¥ 423,000.00	长期待摊费用摊销	32	
支付给职工以及为职工支付的现金	6	¥ 281,000.00	待摊费用减少（减：增加）	33	¥ -7,000.00
支付的各项税费	7	¥ 352,000.00	预提费用增加（减：减少）	34	
支付的其他与经营活动有关的现金	8	¥ 19,000.00	处置固定资产、无形资产和其他长期资产的损失（减：收益）	35	
现金流出小计	9	¥ 1,075,000.00	固定资产报废损失	36	
经营活动产生的现金流量净额	10	¥ -91,700.00	财务费用	37	¥ 37,000.00
二、投资活动产生的现金流量			投资损失（减：收益）	38	
收回投资所收到的现金	11		递延税款贷项（减：借项）	39	
取得投资收益所收到的现金	12		存货的减少（减：增加）	40	¥ 43,000.00

10.3.2 分析现金流量趋势

现金流量趋势分析是根据连续阶段的现金流量的增减变动情况，判断其发展趋势，从而预测未来可能出现的结果。用户可以通过使用趋势线性方程对现金流量的趋势进行分析，也可以使用图表进行趋势分析。

❶使用趋势线性方程进行预测

趋势线性方程的公式为：Y=m+nX，其中m和n代表常数；m=∑Y/a（a表示时期数的个数）；n=∑XY/∑X2；X表示时期系统的值，且ΔX=0，随着时期的奇偶性不同，X的值也不同。

当时期数为偶数时，X的值如下表所示。

	第1年	第2年	第3年	第4年
X=	-3	-1	1	3

当时期数为奇数时，X的值如下表所示。

	第1年	第2年	第3年	第4年
X=	-2	-1	0	1

下面具体介绍如何创建趋势分析方程对“现金流量表”进行趋势分析。

Step 01 插入一个新工作表，将其重命名为“现金流量趋势分析”，在该工作表中输入“预测条件”“趋势预测分析表”和“预测年度”的相关内容，设置其格式和边框。

Step 02 选中G3:J3单元格区域，按Ctrl+C组合键进行复制，选择F7单元格，在“开始”选项卡中单击“粘贴”下拉按钮，从列表中选择“转置”选项。

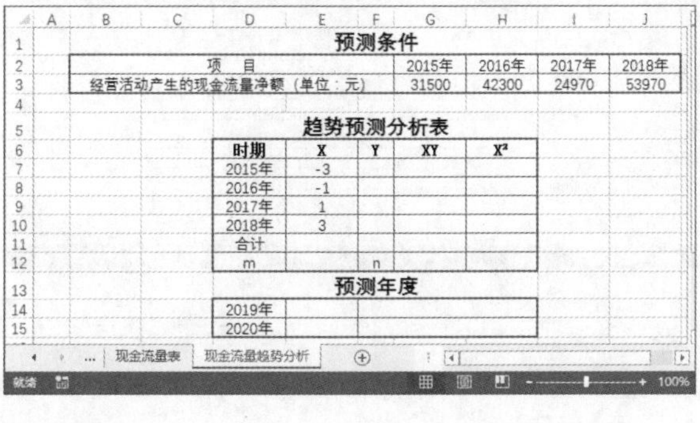

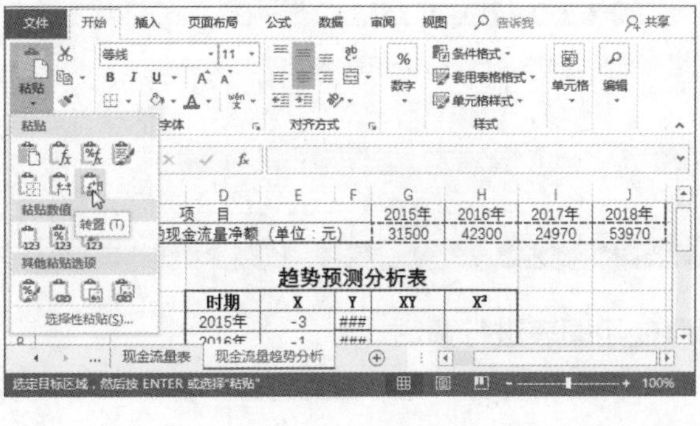

Step 03 适当调整列宽，可以看到已经将G3:J3单元格区域中的数据复制到Y值区域。因为时期数为偶数，因此X的值分别是-3、-1、1、3。

Step 04 选中G7单元格，输入公式“=E7*F7”，按Enter键确认，计算XY值，将公式向下填充到其他单元格。

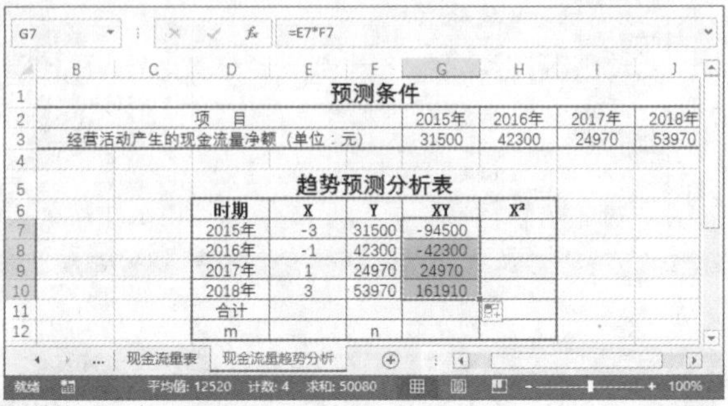

Step 05 选中H7单元格，输入公式“=E7^2”，按Enter键确认，计算X^2值，将该公式向下填充到其他单元格中。

Step 06 选中E11单元格，输入公式“=SUM(E7:E10)”，按Enter键确认，计算“合计”值，将该单元格中的公式向右填充到H11单元格。

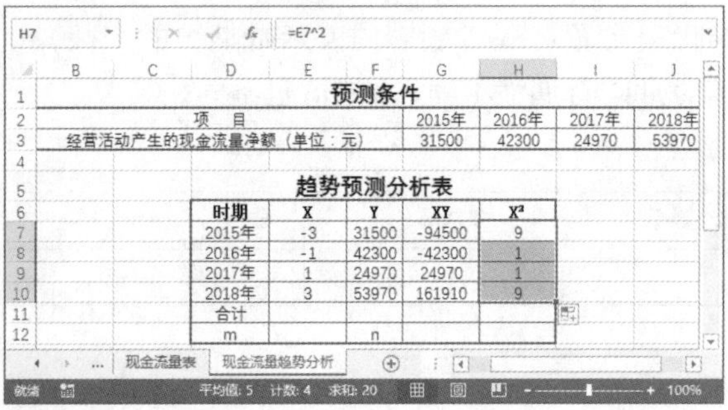

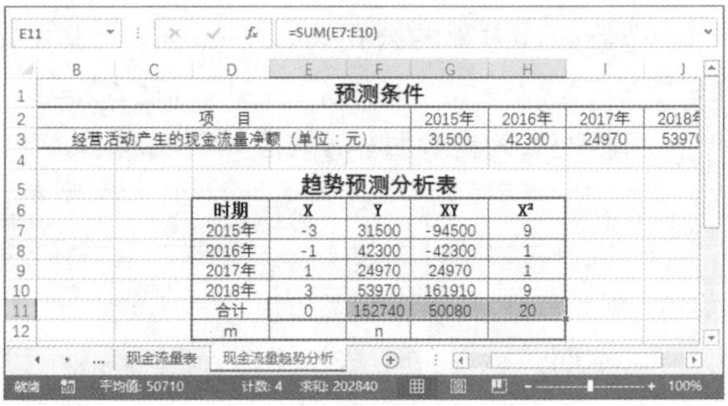

Step 07 在E12和G12单元格中分别输入公式“=F11/4”和“=G11/H11”，按Enter键确认，即可计算出m和n的值。

Step 08 在E14和E15单元格中输入“5”和“7”，在F14和F15单元格中分别输入公式“=$E$12+$G$12*E14”和“=$E$12+$G$12*E15”，按Enter键确认，即可预测出2019年和2020年的经营活动产生的现金流量净额。

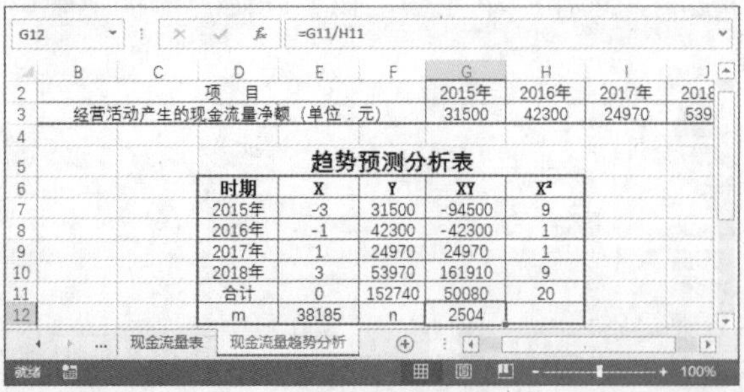

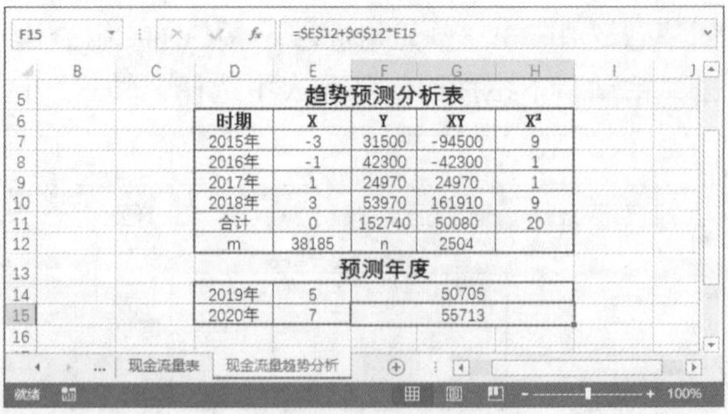

❷使用图表进行预测

使用图表对“现金流量趋势分析”工作表中的数据进行分析，具体操作步骤如下。

Step 01 选中G2:J3单元格区域，在“插入”选项卡中单击“插入柱形图或条形图”按钮，从列表中选择“簇状柱形图”选项。

Step 02 插入簇状柱形图后，选中图表标题，将其修改为“经营活动产生的现金流量净额”。

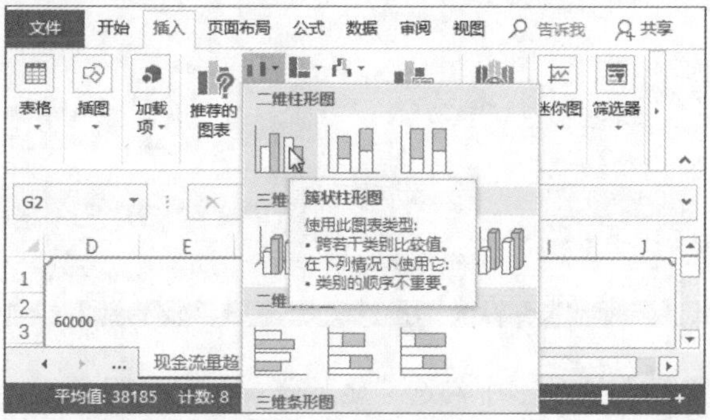

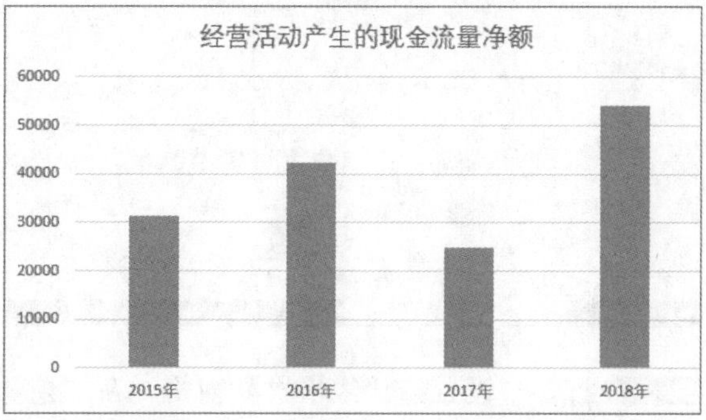

Step 03 选中图表，在“图表工具-设计”选项卡中单击“快速样式”下拉按钮，从列表中选择合适的样式，这里选择“样式3”。

Step 04 保持图表为选中状态，切换至“格式”选项卡，单击“当前所选内容”选项组中的“设置所选内容格式”按钮。

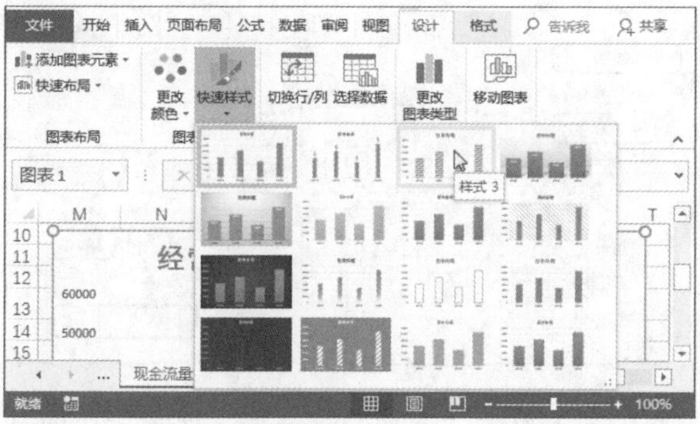

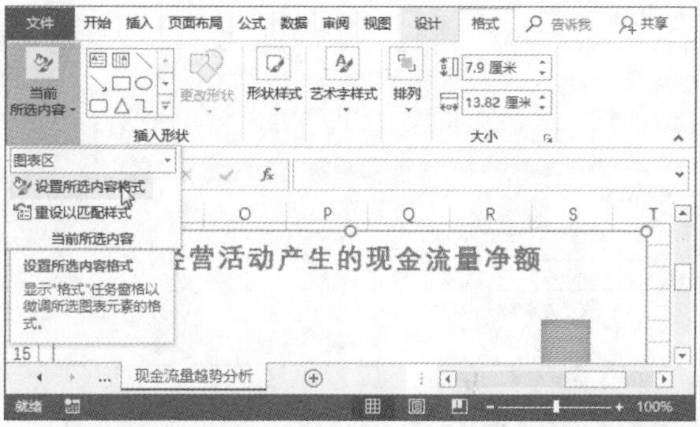

Step 05 打开“设置图表区格式”窗格，在“填充与线条”选项卡中单击“填充”组中的“图片或纹理填充”单选按钮，单击下方的“文件”按钮。

Step 06 打开“插入图片”对话框，从中选择合适的图片，单击“插入”按钮。

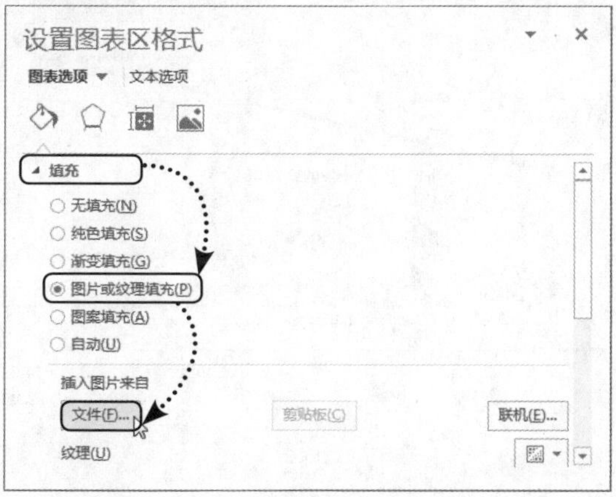

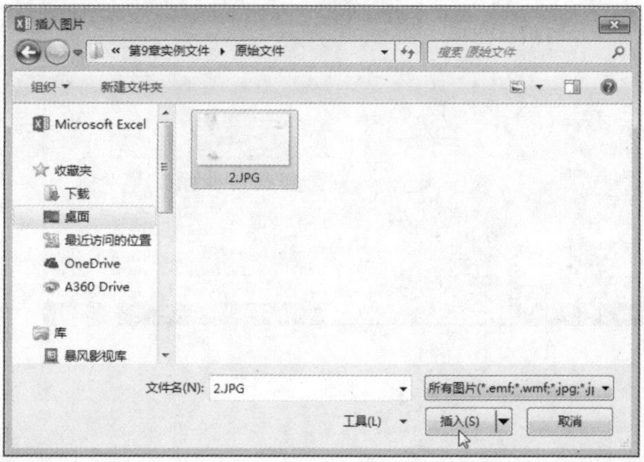

Step 07 为图表添加背景图片后，切换至“设计”选项卡，单击“添加图表元素”按钮，从列表中选择“趋势线”选项，从其级联菜单中选择“线性预测”选项。

Step 08 在图表中选中添加的趋势线，单击鼠标右键，从快捷菜单中选择“设置趋势线格式”选项。

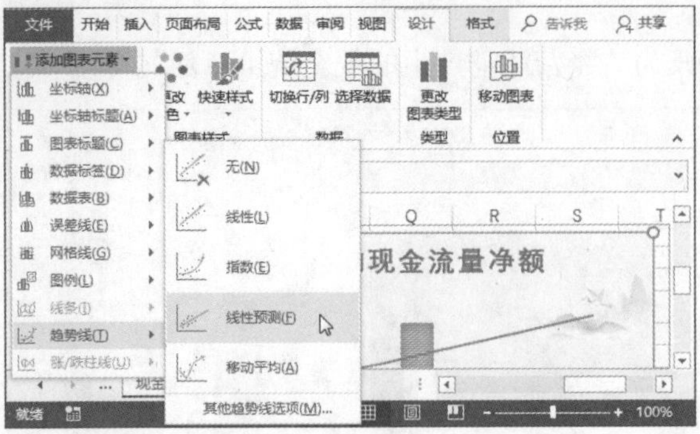

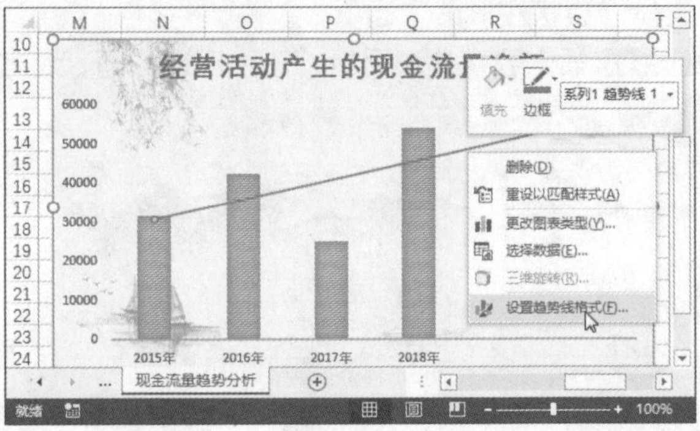

Step 09 打开“设置趋势线格式”窗格，在“趋势线选项”选项卡中勾选“显示公式”复选框。

Step 10 切换至“填充与线条”选项卡，在“线条”组中单击“实线”单选按钮，将“颜色”设置为红色，“宽度”设置为“2磅”。

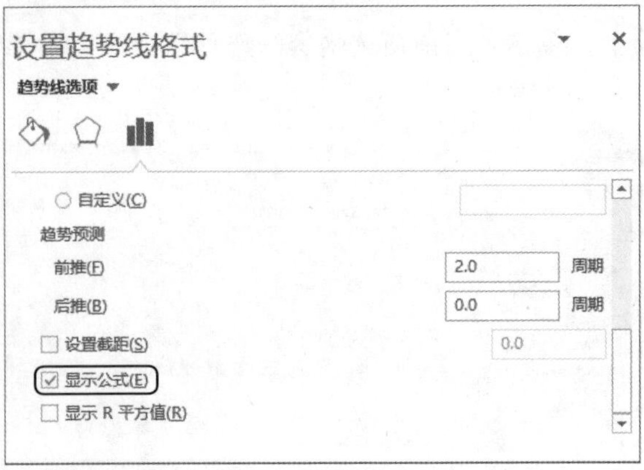

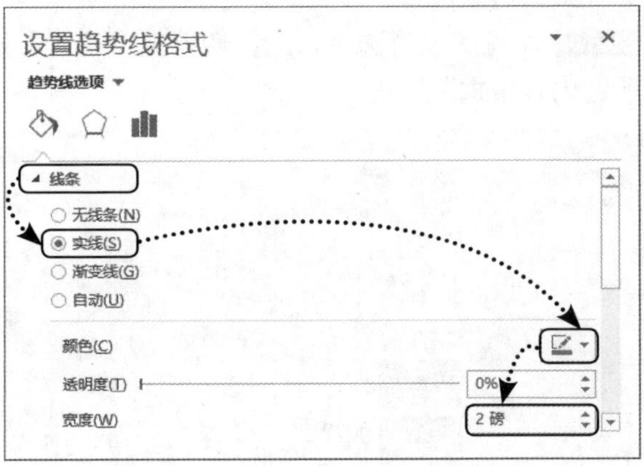

Step 11 设置完成后关闭窗格，在“图表工具-设计”选项卡中单击“添加图表元素”按钮，从列表中选择“数据标签→数据标签外”选项。

Step 12 图中形象地显示了未来数据的走势，趋势分析图就制作完成了。

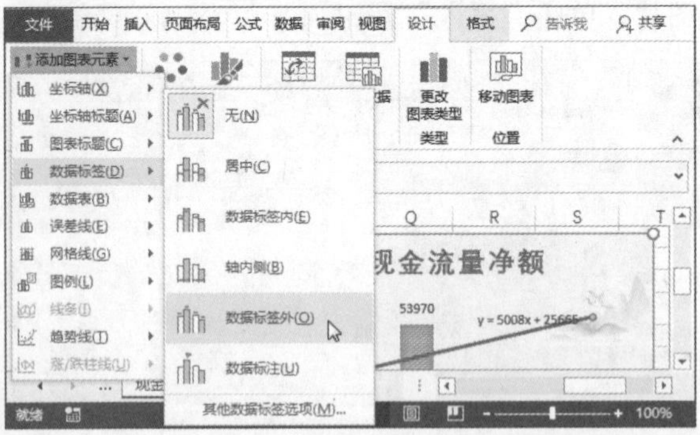

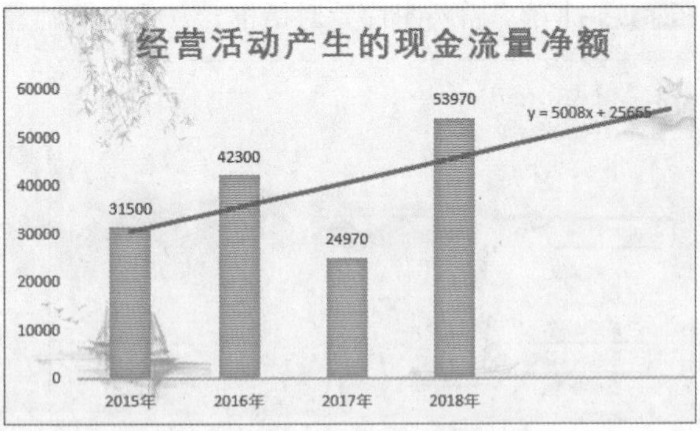

Chapter

11

玩转财务分析

本章概述

财务分析是以会计核算和报表资料及其他相关资料为依据，采用一系列专门的分析技术和方法，对企业等经济实体过去和现在有关筹资活动、投资活动、经营活动、分配活动的盈利能力、营运能力、偿债能力和增长能力状况等进行分析与评价的经济管理活动。它是为企业的投资者、债权人、经营者等了解企业过去、评价企业现状、预测企业未来做出正确决策提供准确信息或依据的经济应用学科。

核心知识点

财务比率分析

财务比较分析

财务趋势分析

杜邦分析

11.1 财务比率分析

财务比率分析，也叫财务指标分析，它是根据同一时期财务报表中两个或多个项目之间的关系，计算其比率，以此评价企业的财务状况和经营效果。

11.1.1 各类比率指标介绍

财务指标大体上可以分为变现能力比率、资产管理比率、负债比率和盈利能力比率这4类。

❶变现能力比率

变现能力是企业产生现金的能力，它取决于可以在近期转变为现金的流动资产的多少。反映变现能力的比率指标主要包括流动比率和速动比率两种。

（1）流动比率

流动比率是流动资产对流动负债的比率，用来衡量企业流动资产在短期债务到期以前，可以变为现金用于偿还负债的能力。一般说来，比率越高，说明企业资产的变现能力越强，短期偿债能力亦越强；反之则弱。一般认为流动比率在2:1比较合适。该比率的计算公式为：

流动比率=流动资产/流动负债

（2）速动比率

速动比率是指企业速动资产与流动负债的比率，速动资产是企业的流动资产减去存货和预付费用后的余额，主要包括现金、短期投资、应收票据、应收账款等项目。通常情况下，速动比率保持在1:1比较合适。该比率的公式一般表示为：

速动比率=(流动资产-存货)/流动负债

❷资产管理比率

资产管理比率又叫营运效率比率，是用于衡量公司资产管理效率的指标。常用的指标包括总资产周转率、流动资产周转率、存货周转率、应收账款周转率等。

（1）存货周转率

存货周转率又叫存货周转次数，是衡量企业销售能力及存货管理水平的综合性指标。它是销售成本与平均存货的比率。一般情况下，存货周转率越高越好，说明企业销售的能力越强。该比率的计算公式为：

存货周转率=销售成本/平均存货

平均存货=(期初存货余额+期末存货余额)/2

（2）存货周转天数

存货周转天数是指企业从取得存货开始，至消耗、销售为止所经历的天数。周转的天数越少，说明存货变现的速度越快。该比率的计算公式为：

存货周转天数=360/存货周转率=360×平均存货/销售成本

（3）应收账款周转率

应收账款周转率是企业在一定时期内赊销净收入与平均应收账款余额之比。它是衡量企业应收账款周转速度及管理效率的指标。一般情况下，应收账款周转率越高越好，周转率越高，表明收账迅速，账龄较短，资产流动性强，短期偿债能力强，可以减少坏账损失。该比率的公式为：

应收账款周转率=销售收入/平均应收账款

平均应收账款=(期初应收账款净额+期末应收账款净额)/2

（4）应收账款周转天数

应收账款周转天数是指企业从取得应收账款的权利到收回款项、转换为现金所需要的时间，周转天数越短，说明流动资金使用效率越好。该比率的公式为：

应收账款周转天数=360/应收账款周转率=360×平均应收账款/销售收入

（5）营业周期

营业周期是指从取得存货开始到销售存货并收回资金为止的时间，其长短取决于存货周转天数和应收账款周转天数。一般情况下，营业周期短，说明资金周转速度快；营业周期长，说明资金周转速度慢。计算公式为：

营业周期=存货周转天数+应收账款周转天数

（6）流动资产周转率

流动资产周转率指企业一定时期内主营业务收入净额同平均流动资产总额的比率，流动资产周转率是评价企业资产利用率的一个重要指标。其计算公式为：

流动资产周转率=销售收入/平均流动资产

平均流动资产=(流动资产期初余额+流动资产期末余额)/2

（7）固定资产周转率

固定资产周转率，也称固定资产利用率，是企业销售收入与固定资产净值的比率。固定资产周转率表示在一个会计年度内，固定资产周转的次数，或表示每1元固定资产支持的销售收入。其计算公式为：

固定资产周转率=销售收入/固定资产平均净值

固定资产平均净值=(固定资产期初净值+固定资产期末净值)/2

（8）总资产周转率

总资产周转率是指企业在一定时期业务收入净额同平均资产总额的比率。总资产周转率是考察企业资产运营效率的一项重要指标，体现了企业经营期间全部资产从投入到产出的流转速度，反映了企业全部资产的管理质量和利用效果。计算公式为：

总资产周转率=销售收入/平均资产总额

平均资产总额=(期初资产总额+期末资产总额)/2

❸负债比率

负债比率又叫长期偿债能力比率，是企业全部负债与全部资金来源的比率，用以表明企业负债占全部资金的比重。负债比率是指债务和资产、净资产的关系，反映企业偿付债务本金和支付债务利息的能力。

（1）资产负债率

资产负债率又称举债经营比率，它是用以衡量企业利用债权人提供资金进行经营活动的能力，以及反映债权人发放贷款的安全程度的指标，通过将企业的负债总额与资产总额相比较得出，反映在企业全部资产中，属于负债比率。资产负债率越高，表明企业偿还能力越差。计算公式为：

资产负债率=负债总额/资产总额

（2）产权比率

产权比率是负债总额与所有者权益总额的比率，是评估资金结构合理性的一种指标。产权比率可反映企业借款经营的长度，是衡量企业长期偿债能力的指标之一。产权比率越低，说明企业的长期财务状况越好，企业的财务风险越小。计算公式为：

产权比率=负债总额/所有者权益=负债总额/(资产−负债)

（3）有形净值债务率

有形净值债务率是企业负债总额与有形净值的百分比。有形净值债务率指标实质上是产权比率指标的延伸，是更为谨慎、保守地反映在企业清算时债权人投入的资本受到股东权益保障的程度。有形净值债务率越低，企业的财务风险越小。其计算公式为：

有形净值债务率=负债总额/(股东权益-无形资产净值)

（4）已获利息倍数

已获利息倍数是指上市公司息税前利润相对于所支付债务利息的倍数，可用来分析上市公司在一定盈利水平下支付债务利息的能力。计算公式为：

已获利息倍数=息税前利润/利息费用

❹盈利能力比率

盈利能力比率是指企业正常经营赚取利润的能力，是企业生存发展的基础，是各方面都会关注的指标。盈利能力比率指标主要包括销售毛利率、销售净利率、资产报酬率和股东权益报酬率等。

（1）销售毛利率

销售毛利率是毛利占销售净值的百分比，通常称为毛利率，其中毛利是销售收入与产品成本的差。销售毛利率越大，说明企业获取利润的能力越强。计算公式为：

销售毛利率=销售毛利/销售收入净额

销售毛利=销售收入-销售成本

（2）销售净利率

销售净利率是指企业实现净利润与销售收入的对比关系，用以衡量企业在一定时期的销售收入获取利润的能力。计算公式为：

销售净利率=净利润/销售收入净额

（3）资产报酬率

资产报酬率又叫投资报酬率，是指税前净利润与平均资产总额的比值，代表资产的获利能力。资产报酬率是评价企业资产运营效益的重要指标。

资产报酬率=净利润/平均资产总额

（4）股东权益报酬率

股东权益报酬率又称净值报酬率，或者净资产收益率，是一定时期内企业的净利润与股东权益平均总额的比率，是普通股持股者获得的投资报酬率。股东权益报酬率越大，说明企业的获利能力越强。计算公式为：

股东权益报酬率=净利润/股东权益平均总额

股东权益平均总额=(期初股东权益+期末股东权益)/2

11.1.2 创建比率分析表

用户可以制作财务比率分析表，将变现能力比率、资产管理比率、负债比率和盈利能力比率等4种指标项目汇总到一张表格中，综合反映企业的财务状况。下面介绍如何创建比率分析表。

Step 01 新建一个空白工作表，将其重命名为“财务比率分析表”，在其中输入标题、各个指标项目，并进行格式设置，为其添加边框。

Step 02 选中B2:C15单元格区域，在“开始”选项卡中单击“条件格式”按钮，从列表中选择“新建规则”选项。

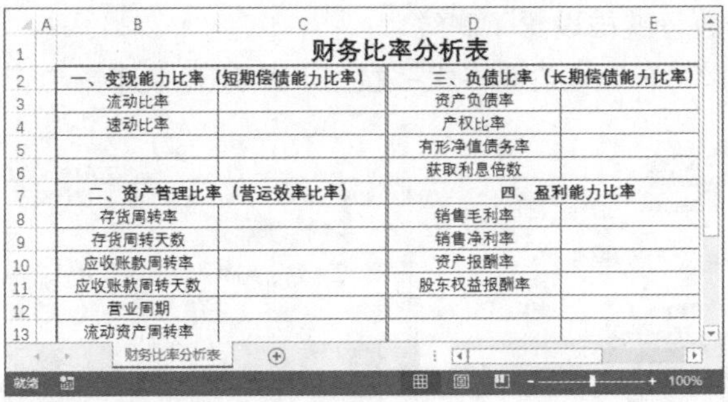

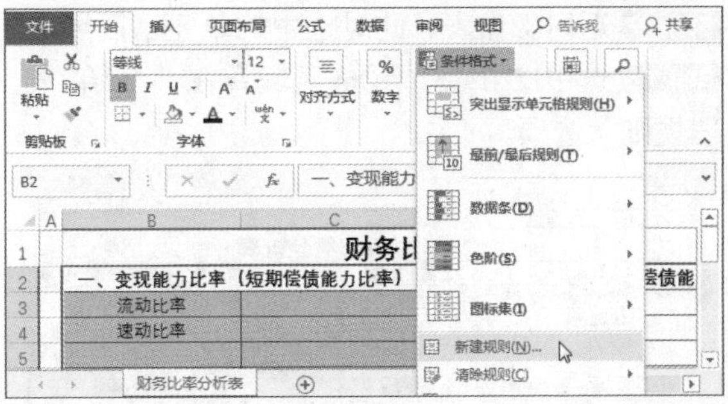

Step 03 弹出“新建格式规则”对话框，在“选择规则类型”列表框中选择“使用公式确定要设置格式的单元格”选项，在“为符合此公式的值设置格式”文本框中输入公式“=MOD(ROW(),2)”，单击“格式”按钮。

Step 04 打开“设置单元格格式”对话框，切换至“填充”选项卡，单击“填充效果”按钮。

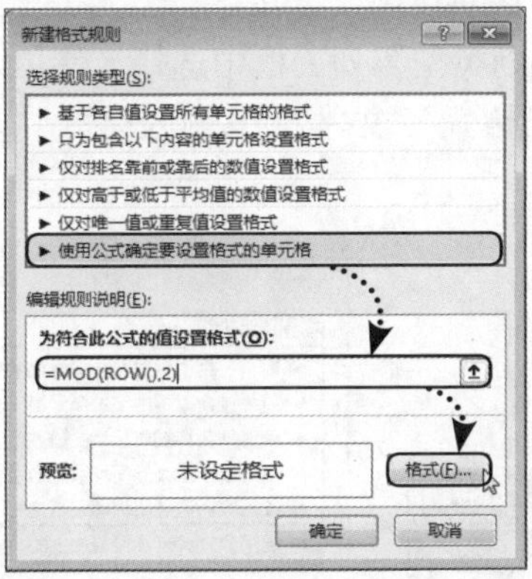

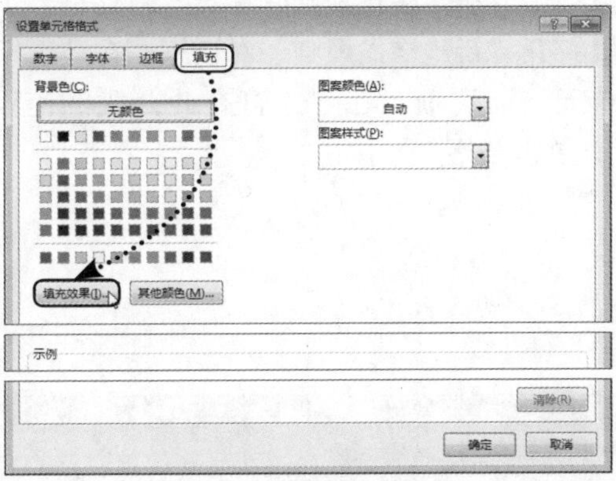

提示

用户也可以在“填充”选项卡中直接选择合适的背景颜色，或者单击“其他颜色”按钮，在“颜色”对话框中选择合适的颜色作为背景颜色。

Step 05 打开“填充效果”对话框，在“颜色”区域选择合适的颜色，在“底纹样式”区域选择“水平”单选按钮，在“变形”区域选择合适的样式，单击“确定”按钮。

Step 06 返回“设置单元格格式”对话框，再次单击“确定”按钮，返回“新建格式规则”对话框，在“预览”文本框中可以看到设置的效果，单击“确定”按钮。

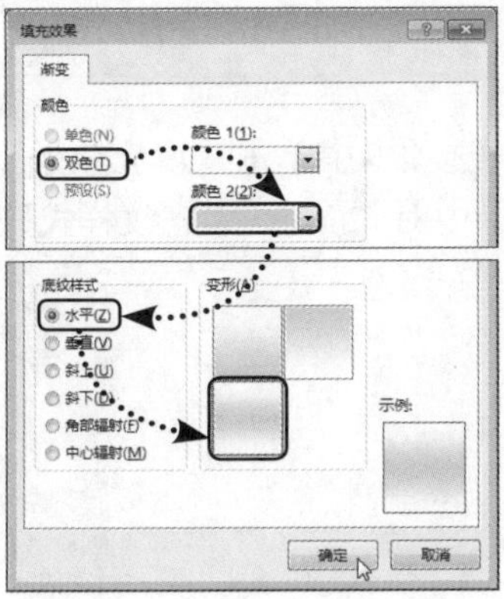

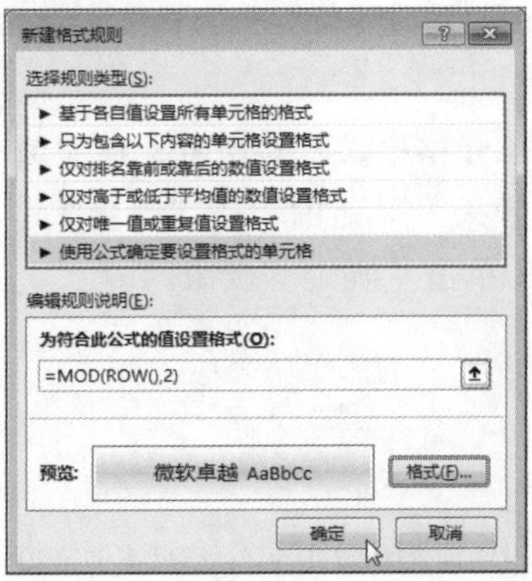

Step 07 返回工作表，此时选中的单元格区域中的奇数行就被设置了底纹。

Step 08 选中D2:E15单元格区域，在“开始”选项卡中单击“条件格式”按钮，从列表中选择“管理规则”选项。

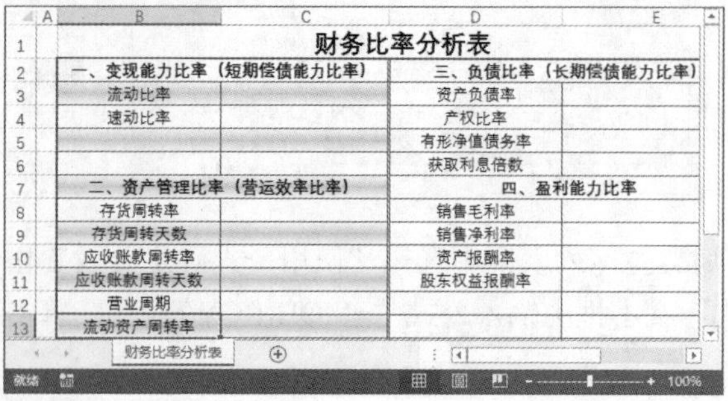

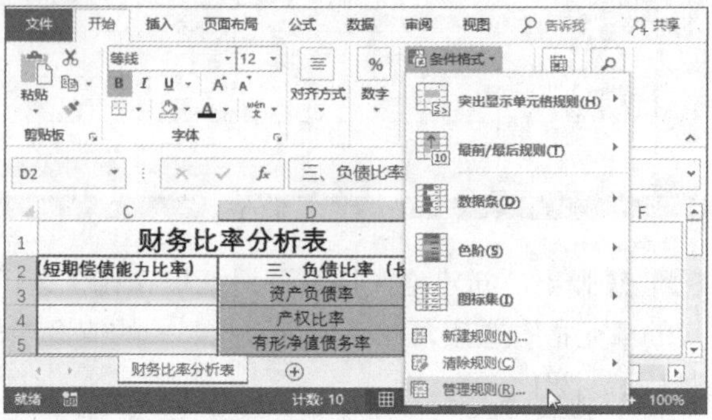

Step 09 弹出“条件格式规则管理器”对话框，单击“新建规则”按钮。

Step 10 打开“新建格式规则”对话框，在“选择规则类型”列表框中选择“使用公式确定要设置格式的单元格”选项，在“为符合此公式的值设置格式”文本框中输入公式“=MOD[①](ROW(),2)=1”，单击“格式”按钮。

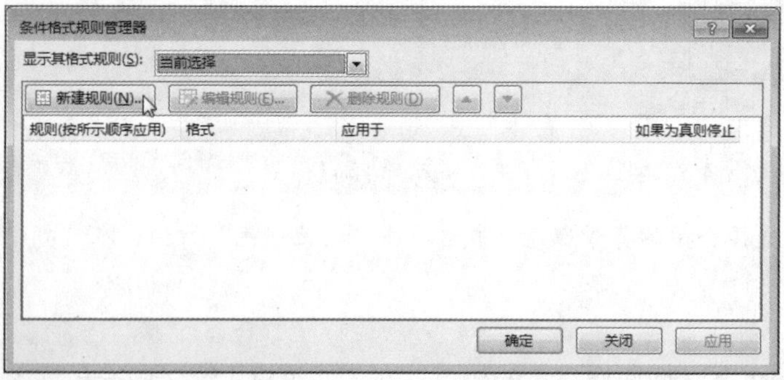

提示

如果在“为符合此公式的值设置格式”文本框中输入公式“=MOD(ROW(),2)=0”，则可以为偶数行设置底纹颜色。

Step 11 打开“设置单元格格式”对话框，在“填充”选项卡中单击“填充效果”按钮。

Step 12 打开“填充效果”对话框，在“渐变”选项卡中对“颜色”“底纹样式”和“变形”选项进行设置，设置完成后单击“确定”按钮。

①关于MOD函数的使用说明请查阅2.3.4小节，详见本书第20页。

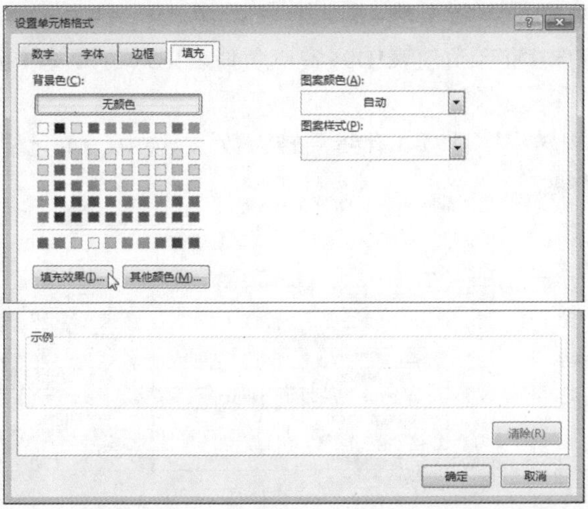

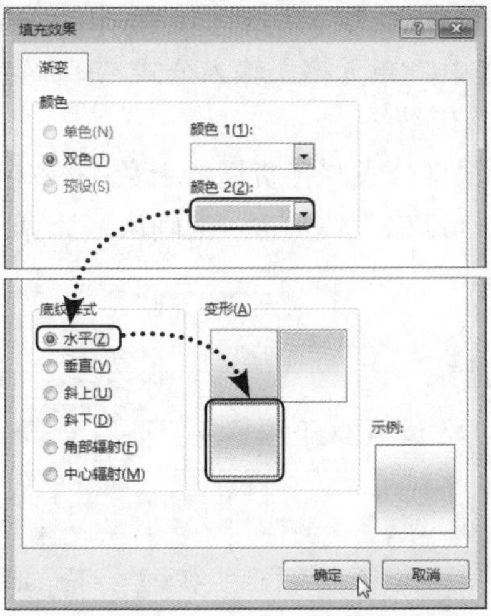

Step 13 返回“设置单元格格式”对话框，再次单击“确定”按钮，返回“新建格式规则”对话框，在“预览”文本框中可以预览效果，单击“确定”按钮。

Step 14 返回“条件格式规则管理器”对话框，单击“确定”按钮，返回工作表，可以看到设置了底纹的效果。至此，完成财务比率分析表的创建。

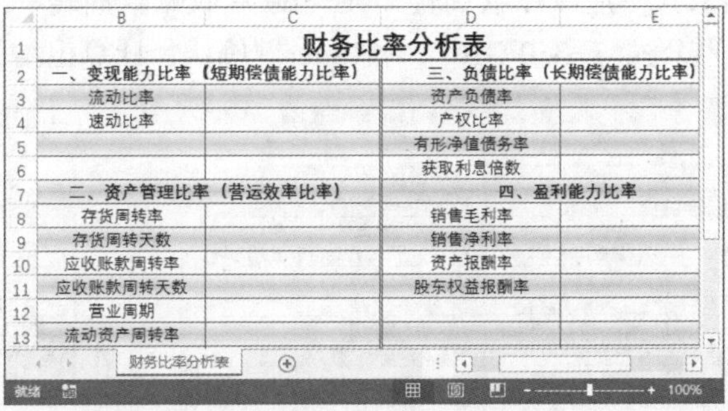

11.1.3 计算比率分析指标

用户可以根据资产负债表和损益表中的相应数据，分别计算变现能力比率、资产管理比率、负债比率和盈利能力比率等指标项目。下面介绍具体操作步骤。

Step 01 打开“财务比率分析表”工作表，根据公式“流动比率=流动资产/流动负债”计算“流动比率”。选中C3单元格，输入公式“=资产负债表!E11/资产负债表!I11”，按Enter键确认，即可计算出结果。

Step 02 根据公式“速动比率=(流动资产-存货)/流动负债”计算“速动比率”。选中C4单元格，输入公式“=(资产负债表!E11-资产负债表!E9)/资产负债表!I11”，按Enter键确认，即可计算出结果。

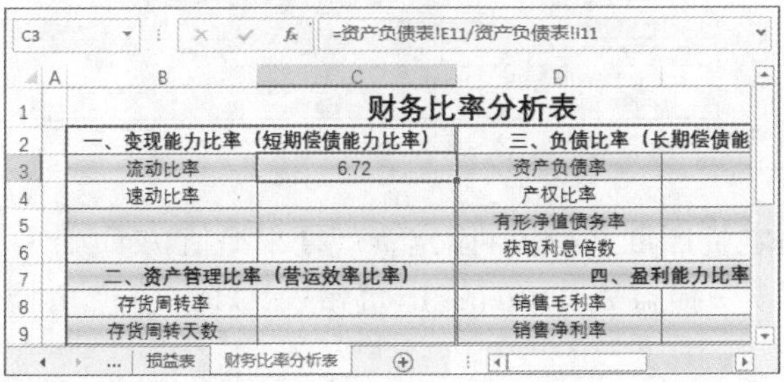

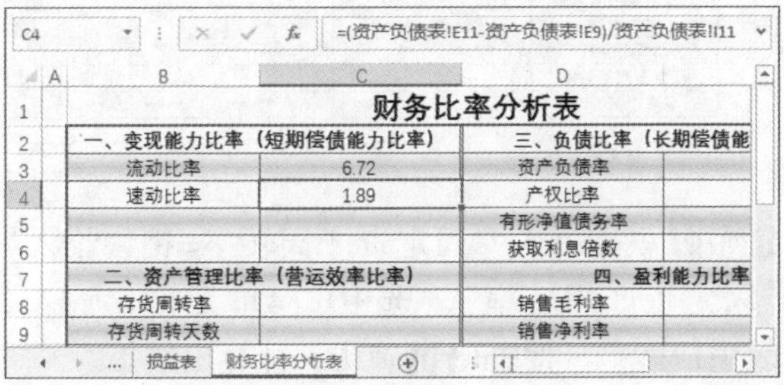

Step 03 根据公式“存货周转率=销售成本/((期初存货余额+期末存货余额)/2)”计算“存货周转率”。选中C8单元格，输入公式“=损益表!D5/((资产负债表!D9+资产负债表!E9)/2)”，按Enter键确认，计算出结果。

Step 04 根据公式“存货周转天数=360/存货周转率”计算“存货周转天数”。选中C9单元格，输入公式“=360/C8”，按Enter键确认，计算出结果。

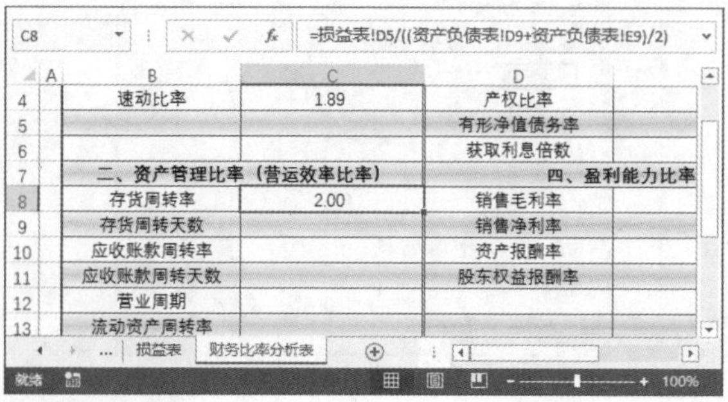

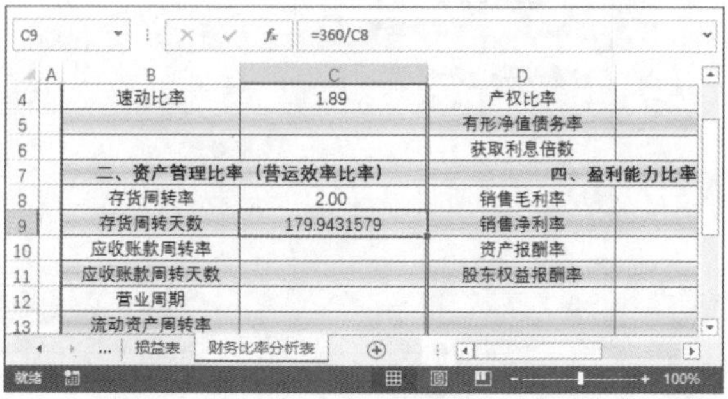

Step 05 根据公式“应收账款周转率=销售收入/((期初应收账款净额+期末应收账款净额)/2)”计算“应收账款周转率”。选中C10单元格，输入公式“=损益表!D4/((资产负债表!D8+资产负债表!E8)/2)”，按Enter键确认，计算出结果。

Step 06 根据公式“应收账款周转天数=360/应收账款周转率”计算“应收账款周转天数”。选中C11单元格，输入公式“=360/C10”，按Enter键确认，计算出结果。

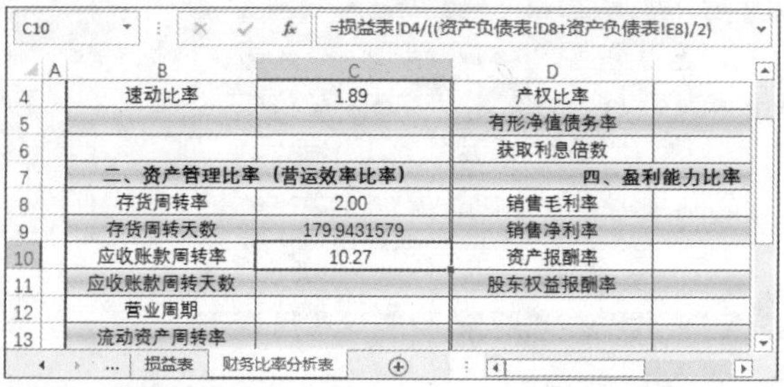

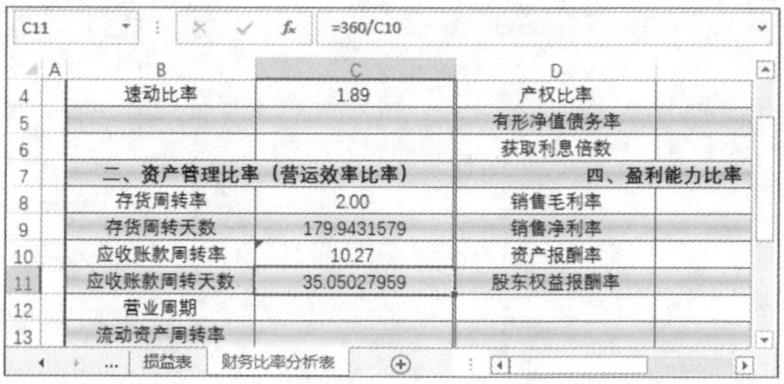

Step 07 根据公式“营业周期=存货周转天数+应收账款周转天数”计算“营业周期”。选中C12单元格，输入公式“=C9+C11”，按Enter键确认，计算出结果。

Step 08 根据公式“流动资产周转率=销售收入/((流动资产期初余额+流动资产期末余额)/2)”计算“流动资产周转率”。选中C13单元格，输入公式“=损益表!D4/((资产负债表!D11+资产负债表!E11)/2)”，按Enter键确认，计算出结果。

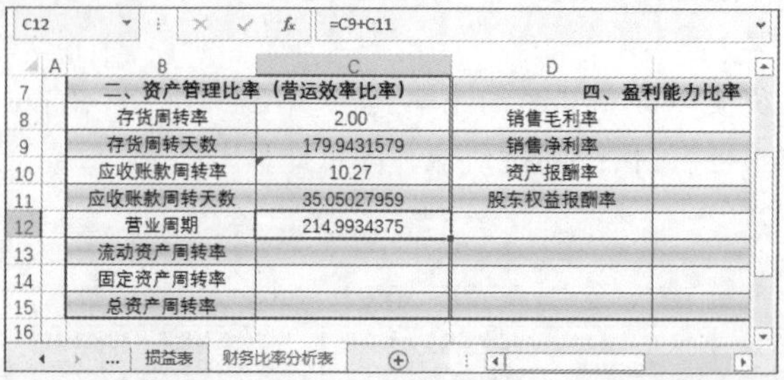

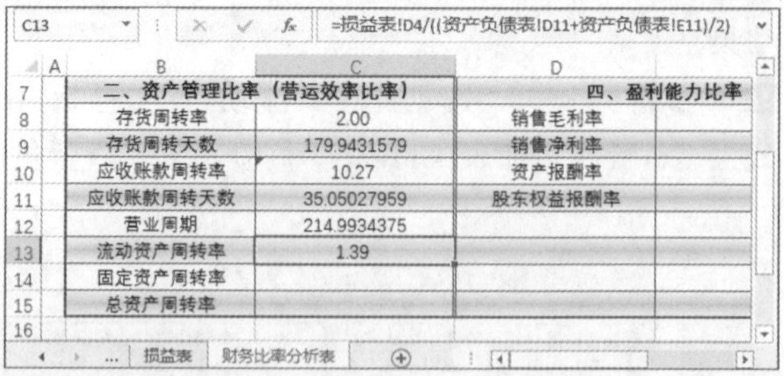

Step 09 根据公式“固定资产周转率=销售收入/((固定资产期初净值+固定资产期末净值)/2)”计算“固定资产周转率”。选中C14单元格，输入公式“=损益表!D4/((资产负债表!D18+资产负债表!E18)/2)”，按Enter键确认，计算出结果。

Step 10 根据公式“总资产周转率=销售收入/((期初资产总额+期末资产总额)/2)”计算“总资产周转率”。选中C15单元格，输入公式“=损益表!D4/((资产负债表!D20+资产负债表!E20)/2)”，按Enter键确认，计算出结果。

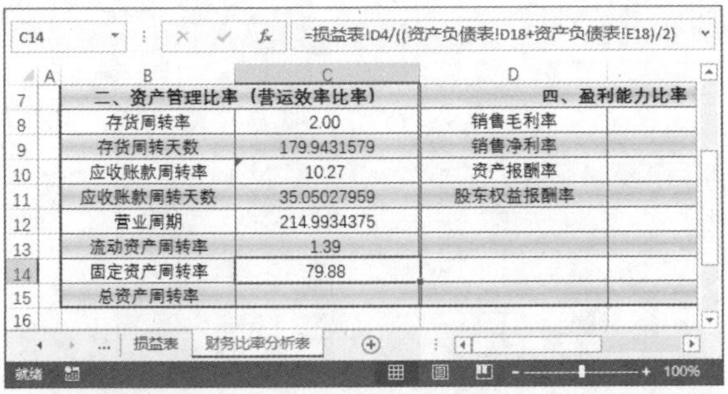

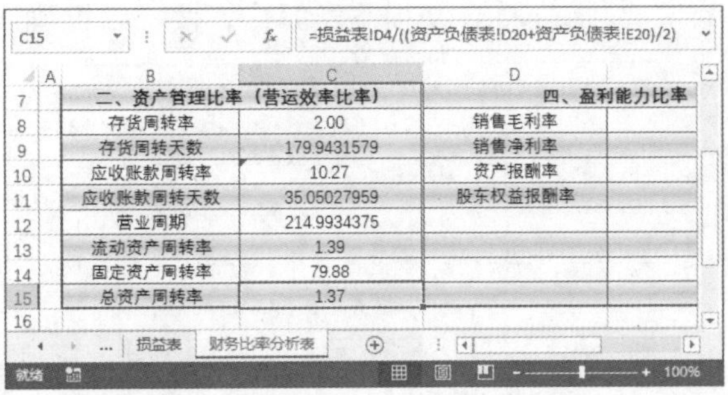

Step 11 根据公式“资产负债率=负债总额/资产总额”计算“资产负债率”。选中E3单元格，输入公式“=资产负债表!I12/资产负债表!E20”，按Enter键确认，计算出结果。

Step 12 根据公式“产权比率=负债总额/所有者权益”计算“产权比率”。选中E4单元格，输入公式“=资产负债表!I12/资产负债表!I18”，按Enter键确认，计算出结果。

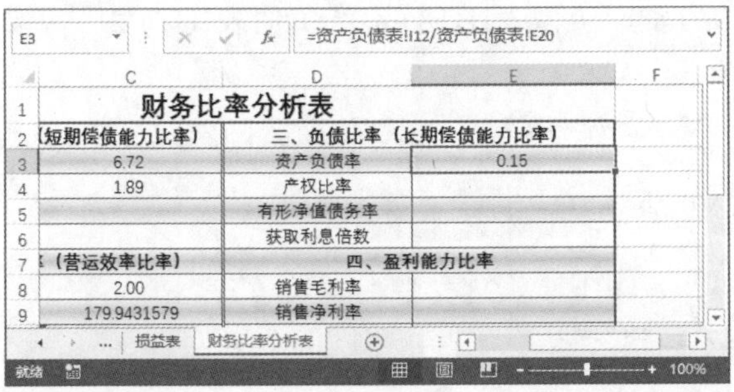

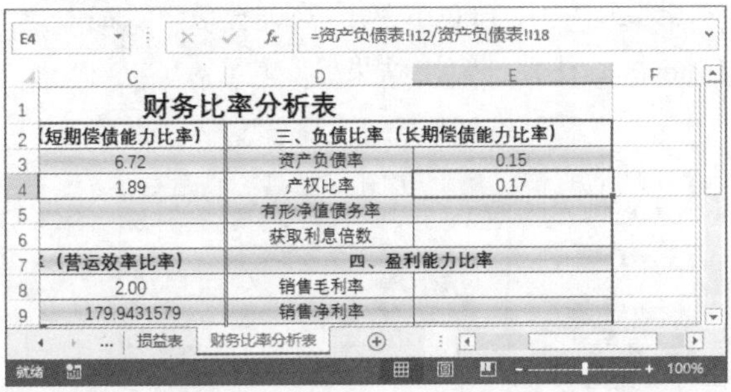

Step 13 根据公式“有形净值债务率=负债总额/(股东权益-无形资产净值)”计算“有形净值债务率”。选中E5单元格，输入公式“=资产负债表!I12/(资产负债表!I18-0)”，按Enter键确认，计算出结果。

Step 14 根据公式“获取利息倍数=息税前利润/利息费用”计算“获取利息倍数”。选中E6单元格，输入公式“=(损益表!D17+损益表!D11)/损益表!D11”，按Enter键确认，计算出结果。

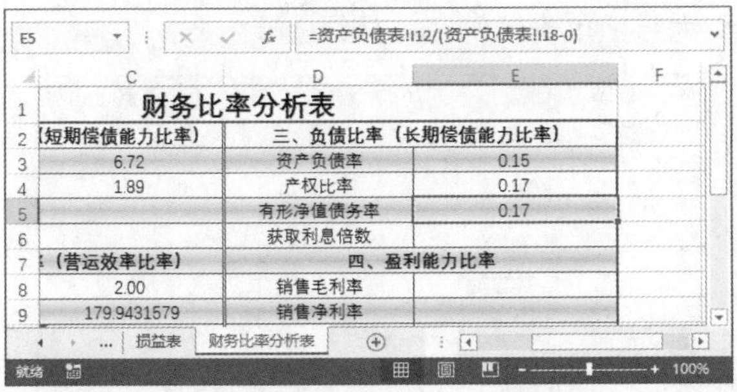

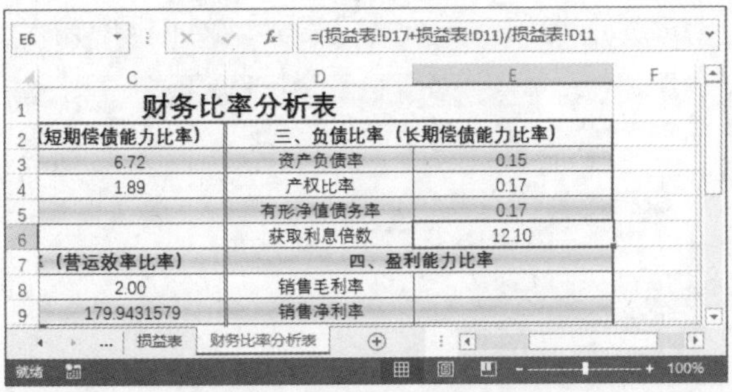

提示

由于资产负债表中未涉及无形资产的发生额，因此在单元格E5中输入公式“=资产负债表!I12/(资产负债表!I18-0)”，计算出“有形净值债务率”的值。

Step 15 根据公式“销售毛利率=(销售收入-销售成本)/销售收入净额”计算“销售毛利率”。选中E8单元格，输入公式“=(损益表!D4-损益表!D5)/损益表!D4”，按Enter键确认，计算出结果。

Step 16 根据公式“销售净利率=净利润/销售收入净额”计算“销售净利率”。选中E9单元格，输入公式“=损益表!D19/损益表!D4”，按Enter键确认，计算出结果。

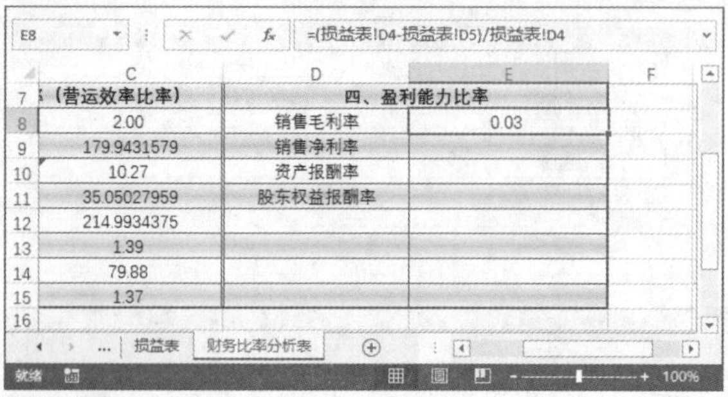

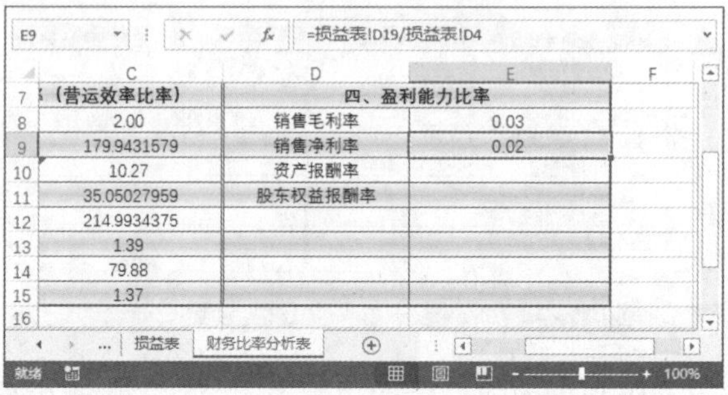

Step 17 根据公式“资产报酬率=净利润/平均资产总额”计算“资产报酬率”。选中E10单元格，输入公式“=损益表!D19/((资产负债表!D20+资产负债表!E20)/2)”，按Enter键确认，即可计算出结果。

Step 18 根据公式“股东权益报酬率=净利润/((期初股东权益+期末股东权益)/2)”计算“股东权益报酬率”。选中E11单元格，输入公式“=损益表!D19/((资产负债表!H18+资产负债表!I18)/2)”，按Enter键确认，计算出结果。

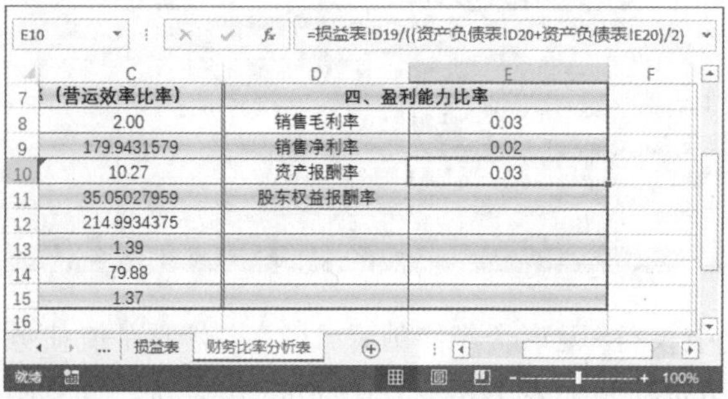

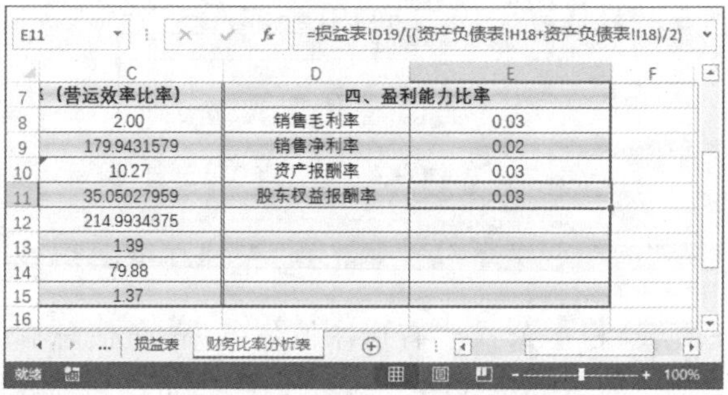

Step 19 选中C9和C11:C12单元格区域，按Ctrl+1组合键打开“设置单元格格式”对话框，在“分类”列表框中选择“数值”选项，将“小数位数”设置为“2”，单击“确定”按钮。

Step 20 选中C9、C11和C12单元格，打开“设置单元格格式”对话框，在“分类”列表框中选择“自定义”选项，在右侧“类型”文本框中输入“0.0"天"”，单击“确定”按钮。

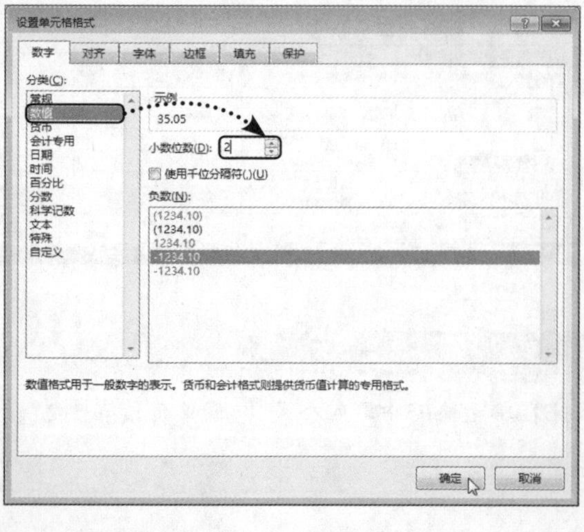

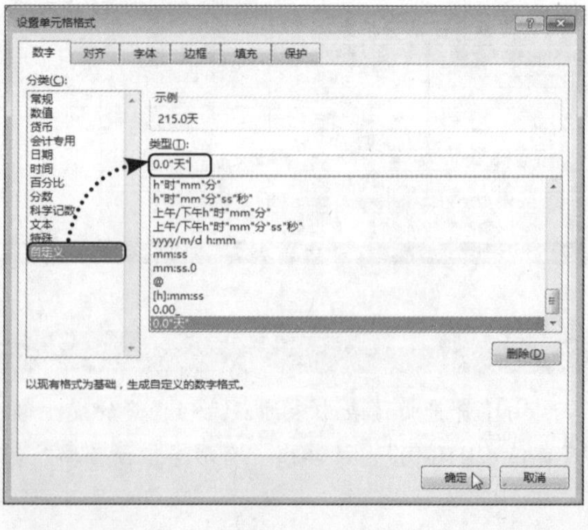

Step 21 返回工作表，查看设置的效果。

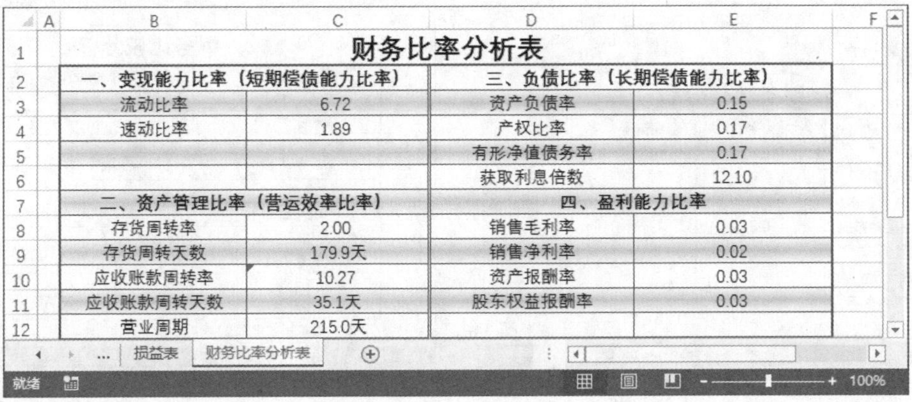

财务比率分析表			
一、变现能力比率（短期偿债能力比率）		三、负债比率（长期偿债能力比率）	
流动比率	6.72	资产负债率	0.15
速动比率	1.89	产权比率	0.17
		有形净值债务率	0.17
		获取利息倍数	12.10
二、资产管理比率（营运效率比率）		四、盈利能力比率	
存货周转率	2.00	销售毛利率	0.03
存货周转天数	179.9天	销售净利率	0.02
应收账款周转率	10.27	资产报酬率	0.03
应收账款周转天数	35.1天	股东权益报酬率	0.03
营业周期	215.0天		

11.2 财务比较分析

财务比较分析是通过将该企业的财务比率与标准财务比率进行对比，从中发现差异，为查找差距提供线索。下面详细介绍其操作步骤。

Step 01 插入一个新工作表，将其重命名为“财务比较分析”，在工作表中输入相关项目和标准财务比率，并进行格式设置。

Step 02 选中D3单元格，输入公式“=财务比率分析表!C3”，按Enter键确认，即可引用“财务比率分析表”中的流动比率，并设置数字格式。

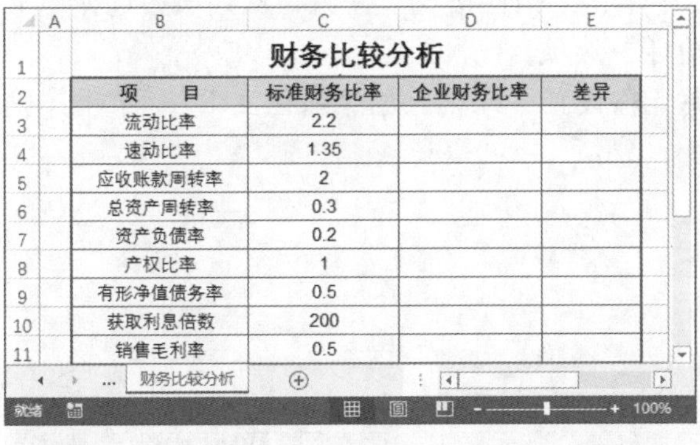

项　目	标准财务比率	企业财务比率	差异
流动比率	2.2		
速动比率	1.35		
应收账款周转率	2		
总资产周转率	0.3		
资产负债率	0.2		
产权比率	1		
有形净值债务率	0.5		
获取利息倍数	200		
销售毛利率	0.5		

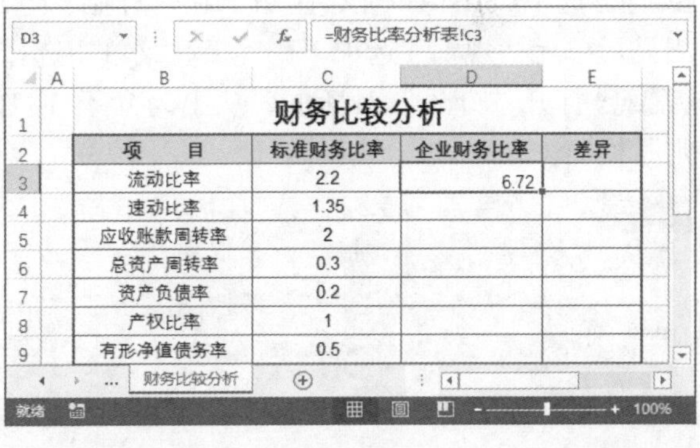

D3 =财务比率分析表!C3

项　目	标准财务比率	企业财务比率	差异
流动比率	2.2	6.72	
速动比率	1.35		
应收账款周转率	2		
总资产周转率	0.3		
资产负债率	0.2		
产权比率	1		
有形净值债务率	0.5		

提示

目前只有一些发达国家的某些机构或者金融企业定期公布各个行业的财务统计指标，在我国尚未有专门的刊物或机构从事该项工作。用户可以参考各种统计年鉴或《中国证券报》等相关报刊所提供的某些有代表性的上市公司的财务比率，将其作为财务比较分析中的标准财务比率。

Step 03 选中D4单元格，输入公式“=财务比率分析表!C4”，按Enter键确认，即可引用“财务比率分析表”中的速动比率。

Step 04 按照同样的方法引用“财务比率分析表”中的其他项目。将数据居中显示。

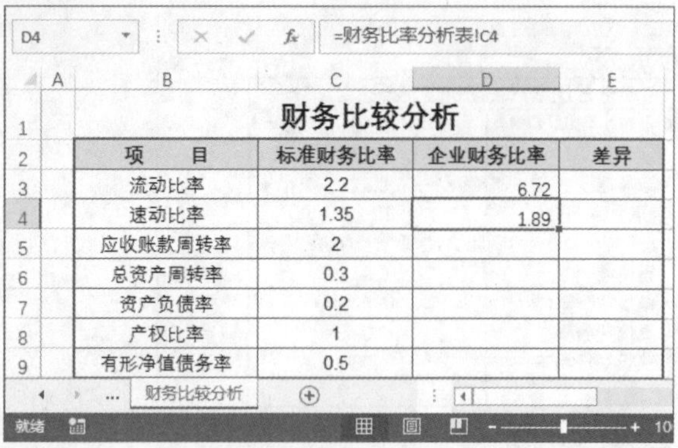

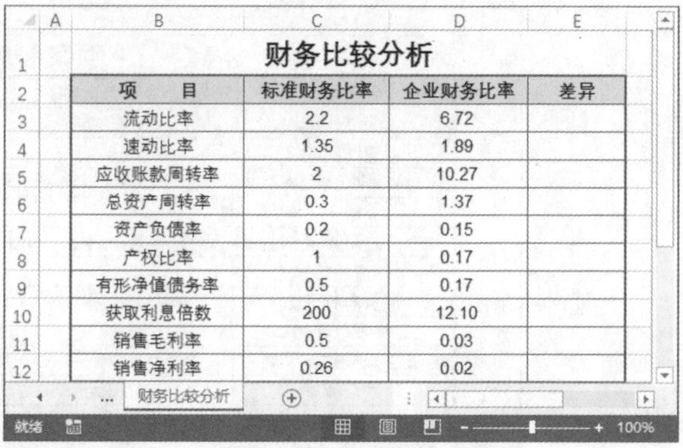

Step 05 选中E3单元格，输入公式“=D3-C3”，按Enter键确认，计算“企业财务比率”与“标准财务比率”的差异。

Step 06 再次选中E3单元格，将公式向下填充到E14单元格。

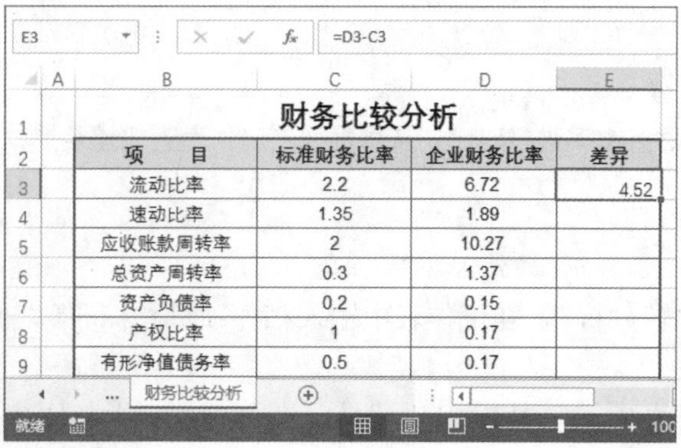

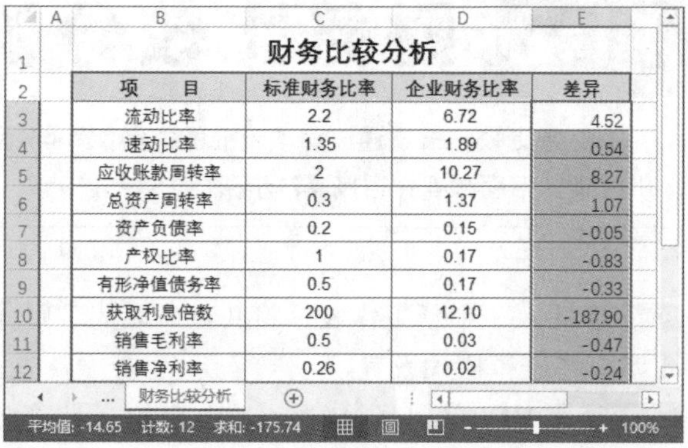

Step 07 选中E3:E14单元格区域，在“开始”选项卡中单击“条件格式”按钮，从列表中选择“突出显示单元格规则”选项，在其级联菜单中选择“介于”选项。

Step 08 打开“介于”对话框，从中为介于-1~1的单元格设置“绿填充色深绿色文本”，单击“确定”按钮。

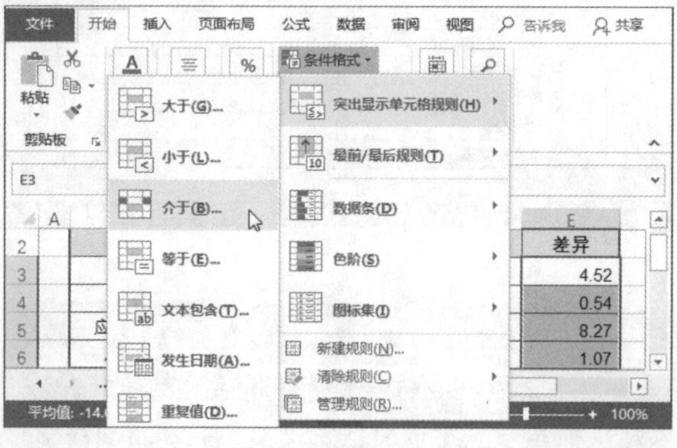

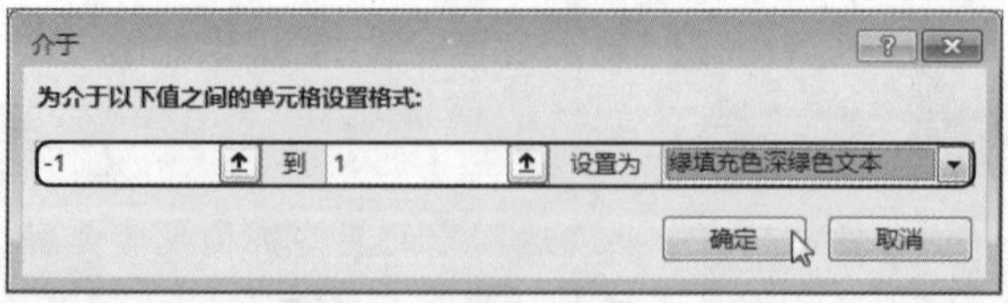

Step 09 返回工作表，可以看到所有介于-1~1之间的单元格都被填充了设置的颜色。

Step 10 用户还可以在“条件格式”列表中选择“色阶”选项，所在其级联菜单中选择合适的色阶，以突出显示数据。

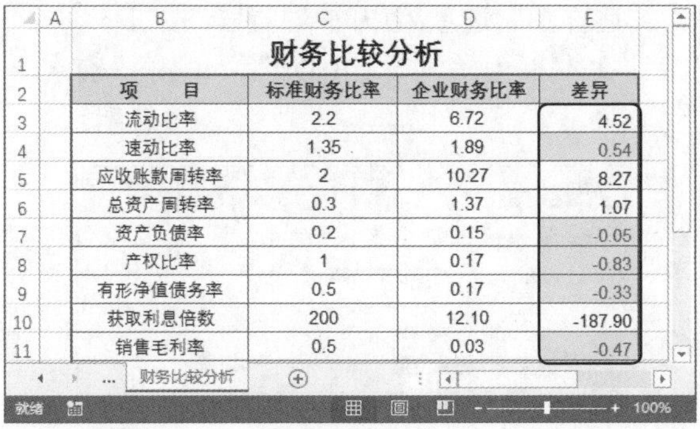

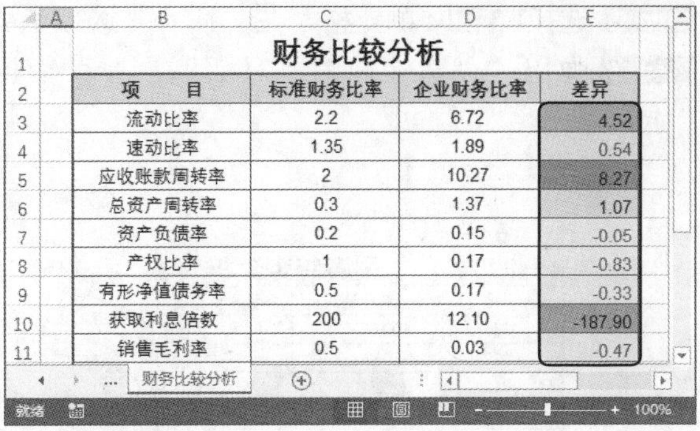

11.3 财务趋势分析

财务趋势分析是通过比较连续几期的财务报表或财务比率，来了解企业财务状况变化的趋势，以此判断企业发展前景。在进行财务趋势分析时可以使用文字表述法，也可以使用图解法。下面介绍如何使用迷你图进行财务趋势分析。

Step 01 新建一个工作表，将其命名为“财务趋势分析”，在其中输入标题和列标题，构建财务趋势分析的基本框架。

Step 02 选中D3单元格，输入公式“=(C3-$C$3)/$C$3”，按Enter键确认，计算“净利润百分比”。

Step 03 再次选中D3单元格，将光标移至该单元格的右下角，当光标变为黑色十字形时，按住鼠标左键不放，向下拖动鼠标填充公式。

Step 04 选中D3:D9单元格区域，在“开始”选项卡中单击“数字”选项组中的“数字格式”按钮，从列表中选择“百分比”选项。

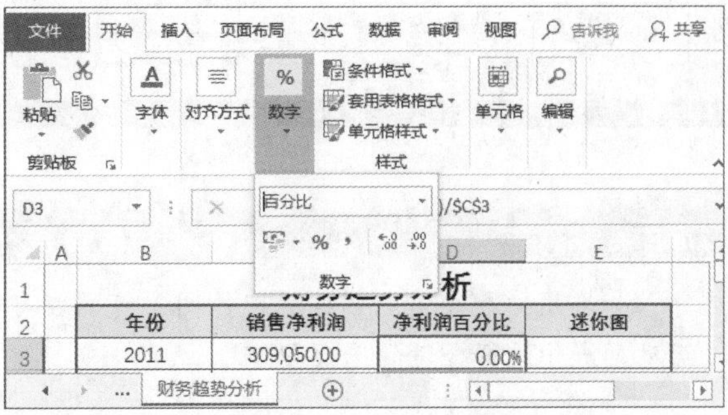

Step 05 选择E3和E5单元格，在“插入”选项卡中单击“迷你图”选项组中的“折线”按钮。

Step 06 弹出“创建迷你图”对话框，在“数据范围”文本框中输入“C3:D9”，单击“确定”按钮。

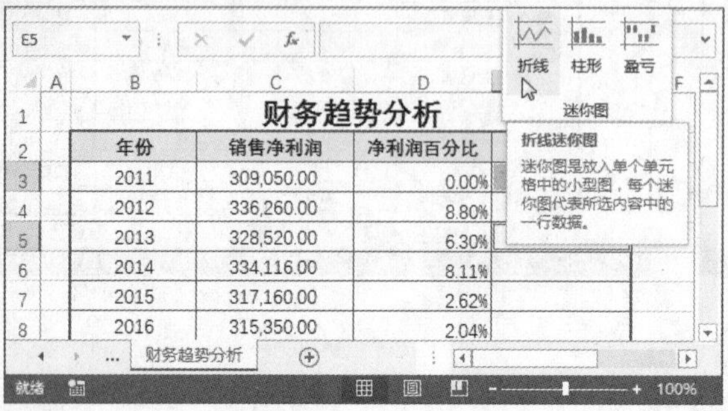

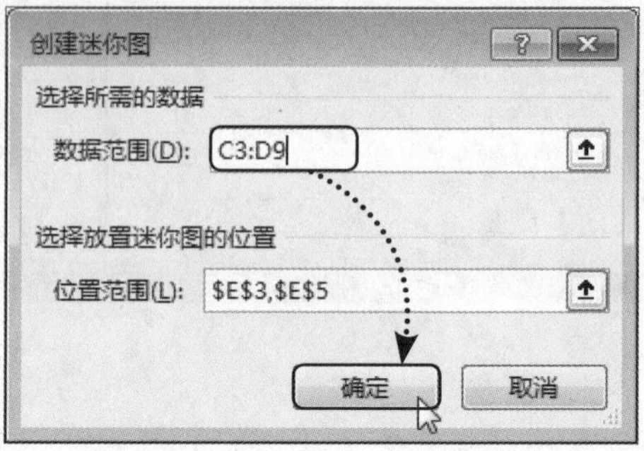

Step 07 返回工作表，可以看到在所选单元格中已经创建了折线迷你图。

Step 08 打开“迷你图工具-设计”选项卡，在“显示”选项组中勾选“标记”复选框，为迷你图添加标记。

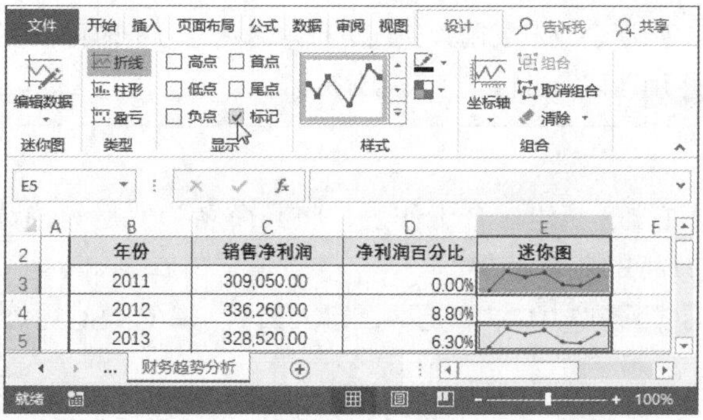

Step 09 由于迷你图是同时创建的，所以这两个迷你图是一个组合，如果用户想要取消组合，可以在“迷你图工具-设计”选项卡中单击“取消组合”按钮。

Step 10 取消组合后，选中E3单元格中的迷你图，在“迷你图工具-设计”选项卡“样式”选项组中单击“其他”按钮，从列表中选择一种合适的样式即可。

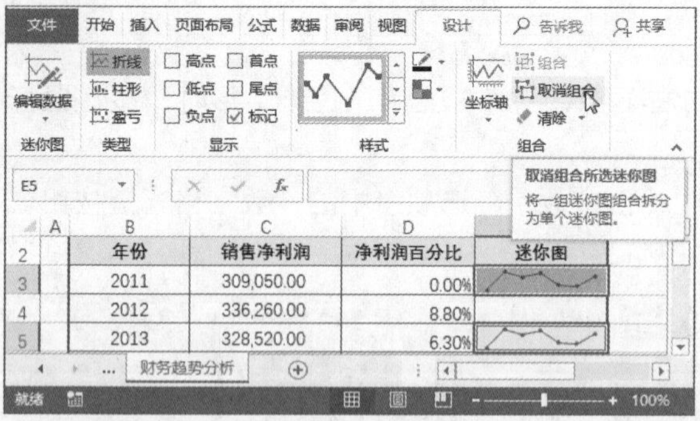

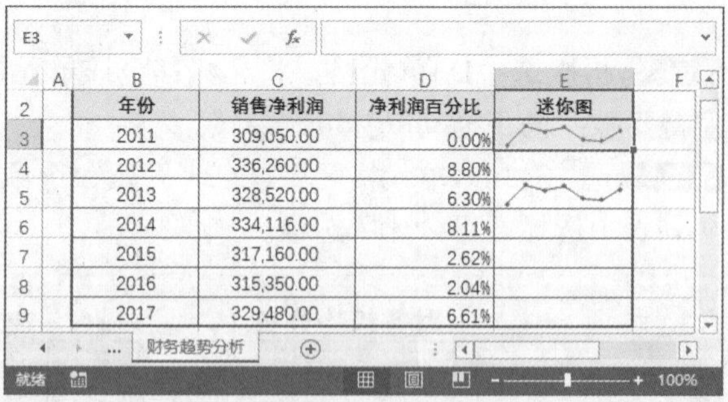

提示

如果用户想要清除创建的迷你图，可以在“迷你图工具-设计”选项卡中单击“清除”按钮，然后从列表中选择合适的选项即可。

11.4 杜邦分析

杜邦分析是以净资产收益率为核心的财务指标，通过财务指标的内在联系，系统、综合地分析企业的盈利水平，具有很鲜明的层次结构。此外，它将有关的分析指标按照内在的联系排列起来，有效地反映影响企业获利能力的各项指标之间的相互关系，从而解释指标变动的原因及变动趋势。

11.4.1 杜邦分析指标

杜邦分析是典型的利用财务指标之间的关系对企业财务进行综合分析的方法。它通过几种主要的财务指标之间的关系反映企业的财务状况。

❶资产净利率

资产净利率是影响权益净利率的最重要的指标，具有很强的综合性，而资产净利率又取决于销售净利率和总资产周转率的高低。其计算公式为：

资产净利率=销售净利率×总资产周转率

❷权益乘数

权益乘数表示企业的负债程度，反映了公司利用财务杠杆进行经营活动的程度。资产负债率高，权益乘数就大，这说明公司负债程度高，公司会有较多的杠杆利益，但风险也高；反之，资产负债率低，权益乘数就小，这说明公司负债程度低，公司会有较少的杠杆利益，但相应所承担的风险也低。其计算公式为：

权益乘数=1/(1-资产负债率)

❸权益净利率

权益净利率，也称权益报酬率，是一个综合性最强的财务分析指标，是杜邦分析系统的核心。其计算公式为：

权益净利率=资产净利率×权益乘数

11.4.2 杜邦模型

杜邦模型最显著的特点是将若干个用以评价企业经营效率和财务状况的比率按其内在联系有机地结合起来，形成一个完整的指标体系。在了解了常用的杜邦分析指标后，下面介绍如何创建杜邦分析模型。

Step 01 插入一个工作表，将其命名为“杜邦分析”，在其中输入各个指标项目，设置字体格式和边框，并调整列宽。

Step 02 切换至“插入”选项卡，在“插图”选项组中单击“形状”下拉按钮，从列表中选择“直线”选项。

Step 03 光标变为十字形状，按住Shift键的同时按住鼠标左键不放，拖动鼠标在合适位置绘制一条直线。

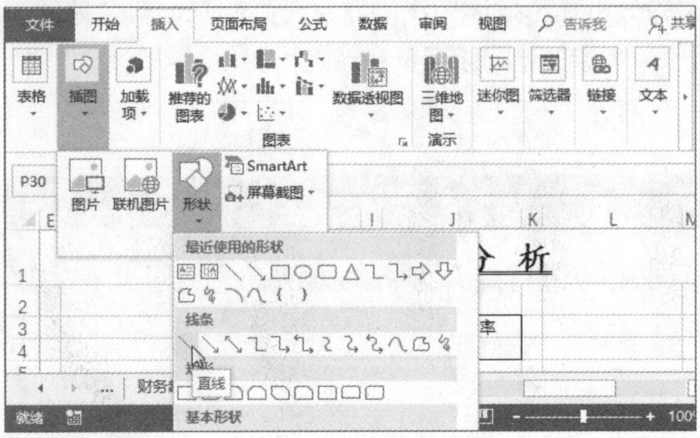

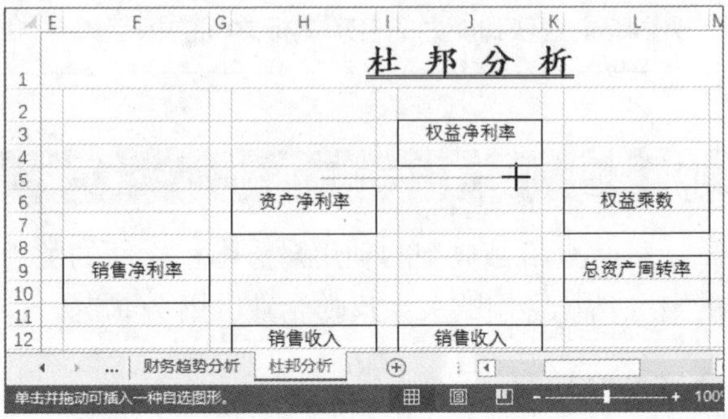

Step 04 按照同样的方法，在工作表中绘制3条竖直线，将其移至合适位置。

Step 05 按住Ctrl键的同时选中绘制的直线，单击鼠标右键，从弹出的快捷菜单中选择“组合→组合”选项。

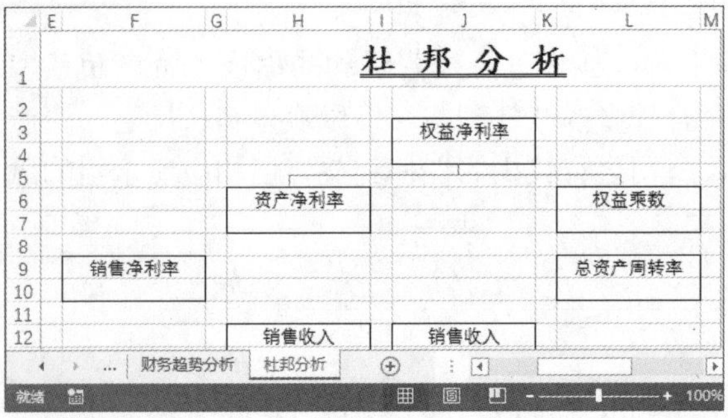

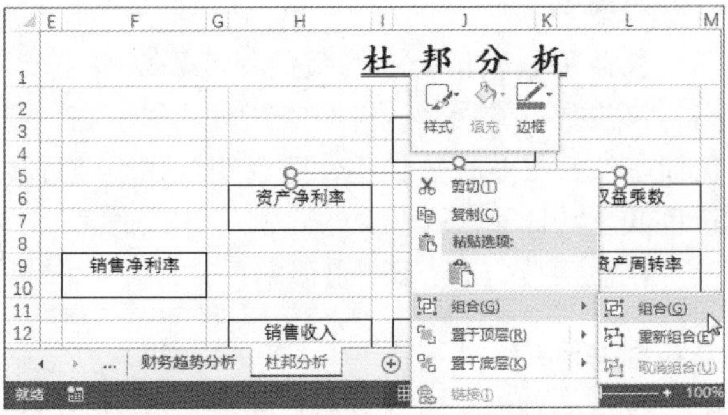

Step 06 将绘制的直线组合成一个图形。按照同样的方法，完成各指标之间的关系图的建立。

Step 07 按住Ctrl键的同时选中各指标之间的关系图，单击鼠标右键，从弹出的快捷菜单中选择“组合→组合”选项，将选中的图形组合成一个大的图形。

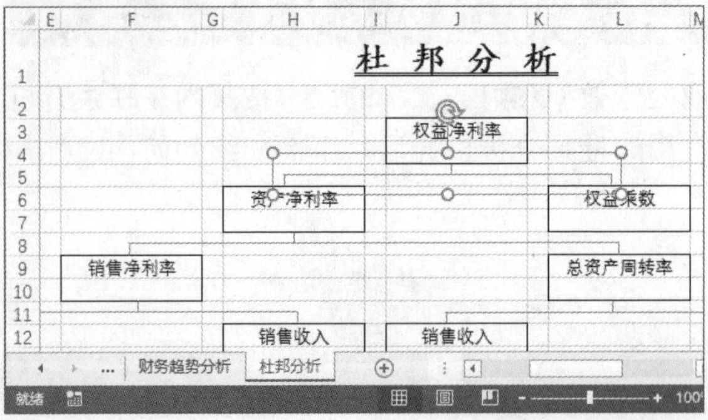

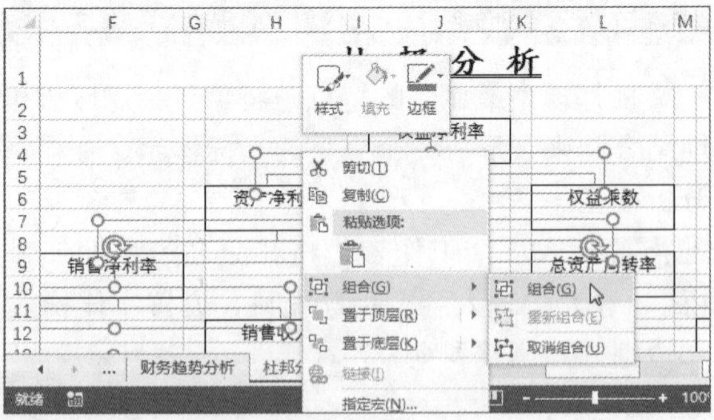

Step 08 选中组合后的图形，单击鼠标右键，从快捷菜单中选择“设置形状格式”选项。

Step 09 打开“设置形状格式”窗格，在“填充与线条”选项卡中选择“线条”选项，单击“实线”单选按钮，并将“颜色”设置为“橙色”，“宽度”设置为“1磅”。

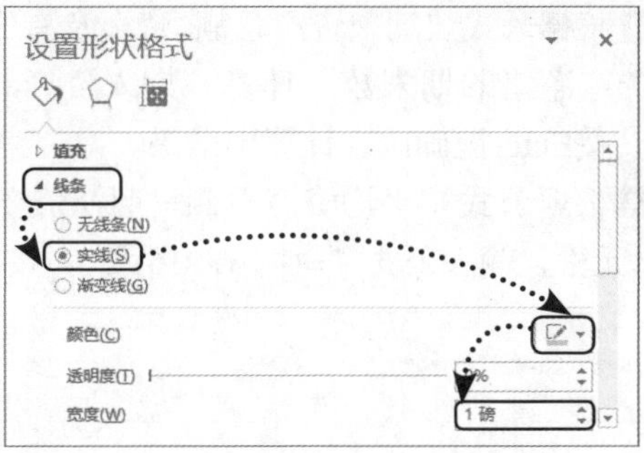

Step 10 设置完成后关闭窗格，返回工作表，查看设置的效果。

Step 11 使用单元格引用功能，将“资产负债表”和“损益表”中的数据导入该工作表中。

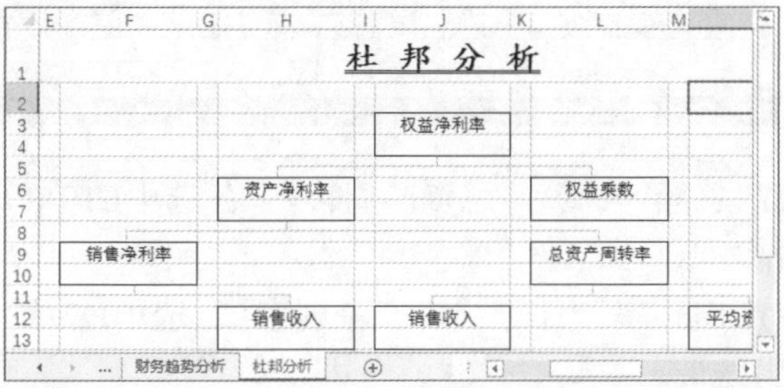

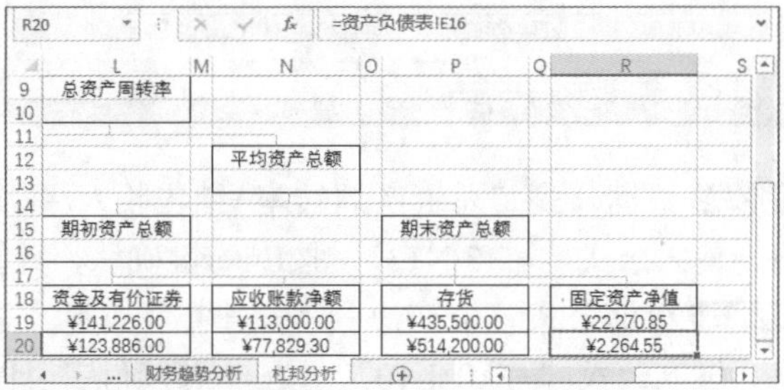

Step 12 根据公式“全部成本=销售成本+销售费用+管理费用+财务费用”计算“全部成本”。选中D16单元格，输入公式“=B19+D19+F19+H19”，按Enter键确认，即可计算出结果。

Step 13 根据公式“净利润=销售收入-全部成本-所得税”计算“净利润”。选中D13单元格，输入公式“=B16-D16-F16”，按Enter键确认，计算出结果。

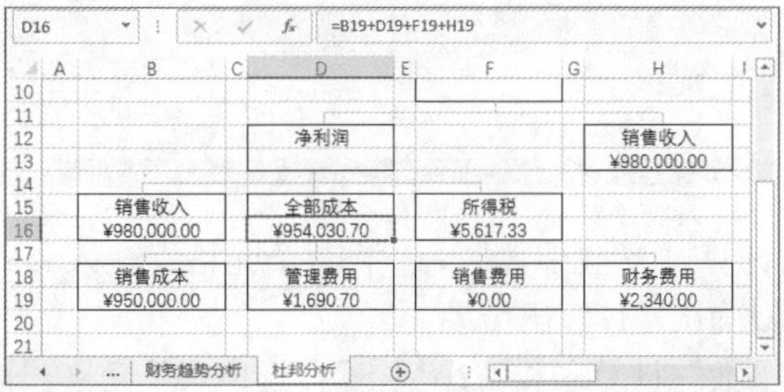

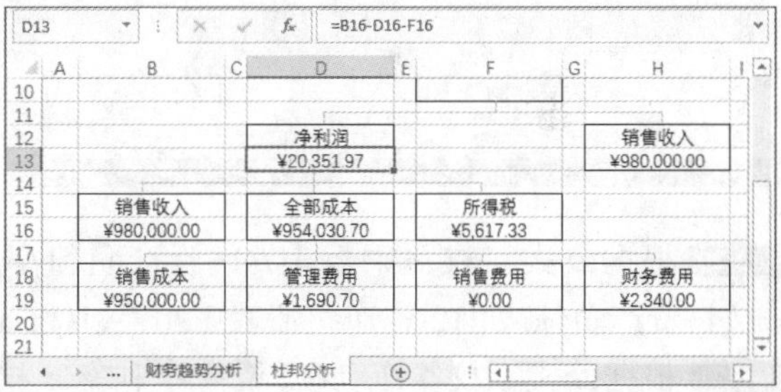

Step 14 根据公式“销售净利率=净利润/销售收入净额”计算“销售净利率”。选中F10单元格，输入公式“=D13/H13”，按Enter键确认，计算出结果。

Step 15 根据公式“期初资产总额=资金及有价证券的期初数+应收账款净额的期初数+存货的期初数+固定资产净值的期初数”计算“期初资产总额”。选中L16单元格，输入公式“=L19+N19+P19+R19”，按Enter键确认，计算出结果。

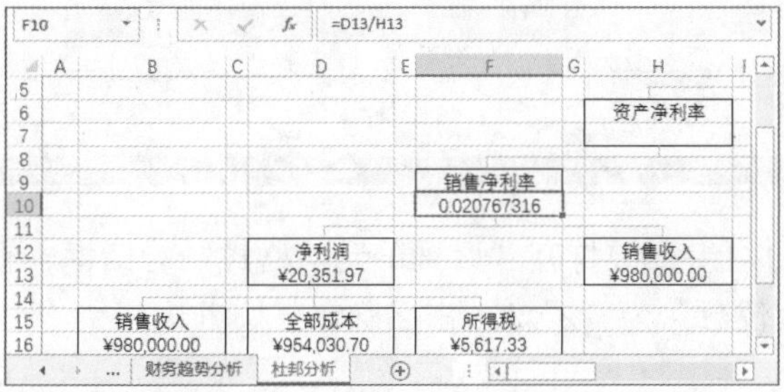

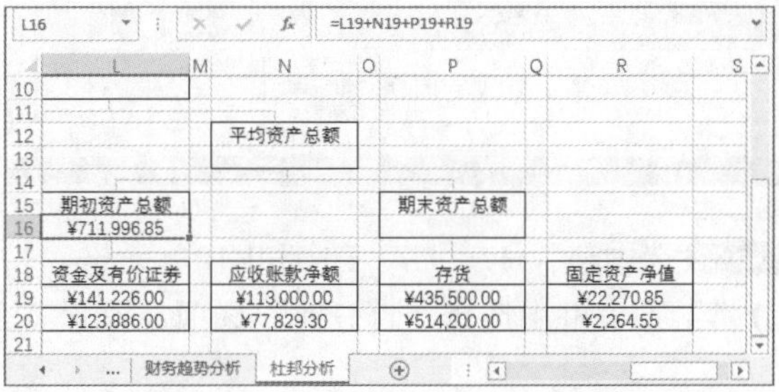

Step 16 根据公式“期末资产总额=资金及有价证券的期末数+应收账款净额的期末数+存货的期末数+固定资产净值的期末数”计算“期末资产总额”。选中P16单元格，输入公式“=L20+N20+P20+R20”，按Enter键确认，计算出结果。

Step 17 根据公式“平均资产总额=(期初资产总额+期末资产总额)/2”计算“平均资产总额”。选中N13单元格，输入公式“=(L16+P16)/2”，按Enter键确认，计算出结果。

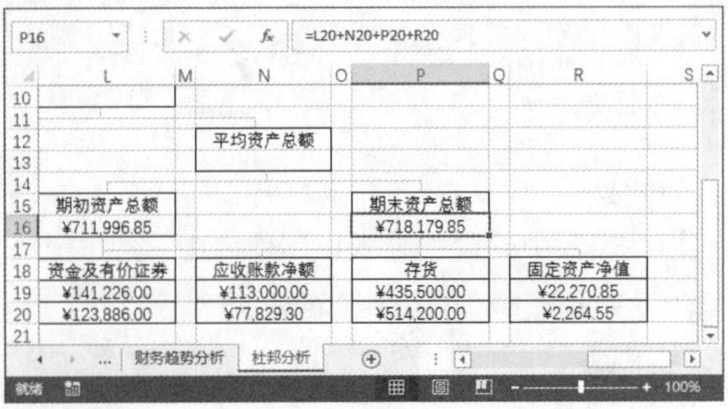

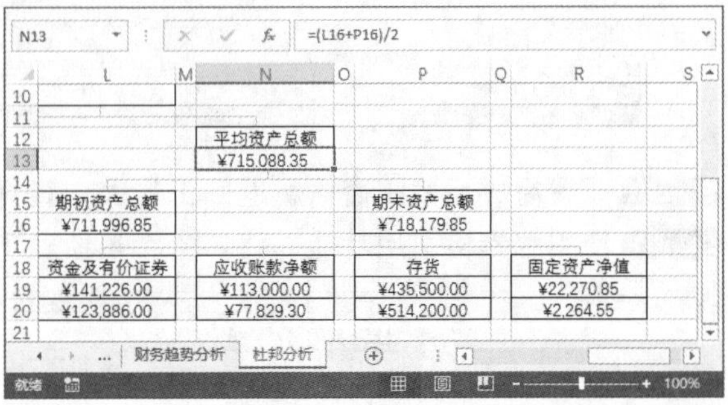

Step 18 根据公式“总资产周转率=销售收入/平均资产总额”计算“总资产周转率”。选中L10单元格，输入公式“=J13/N13”，按Enter键确认，计算出结果。

Step 19 根据公式“资产净利率=销售净利率×总资产周转率”计算“资产净利率”。选中H7单元格，输入公式“=F10*L10”，按Enter键确认，计算出结果。

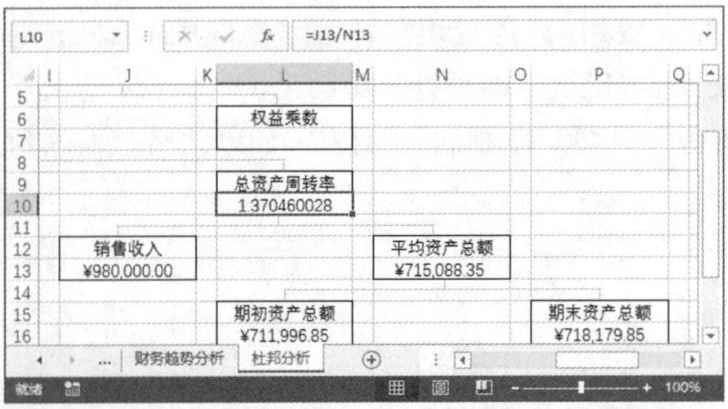

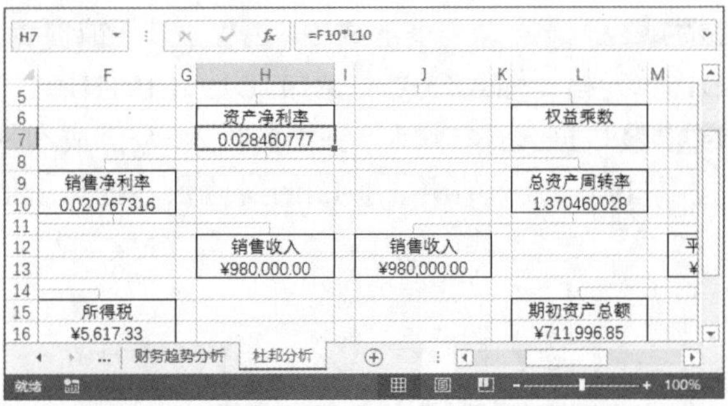

Step 20 根据公式“权益乘数=1/(1-资产负债率)”计算“权益乘数”。选中L7单元格，输入公式“=1/(1-资产负债表!I12/资产负债表!E20)”，按Enter键确认，计算出结果。

Step 21 根据公式“权益净利率=资产净利率×权益乘数”计算“权益净利率”。选中J4单元格，输入公式“=H7*L7”，按Enter键确认，计算出结果。

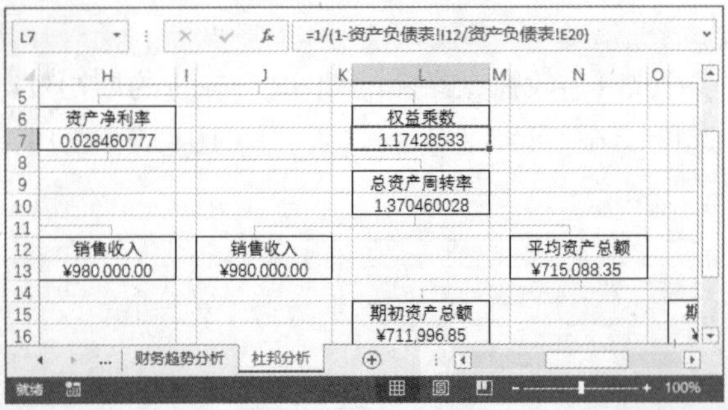

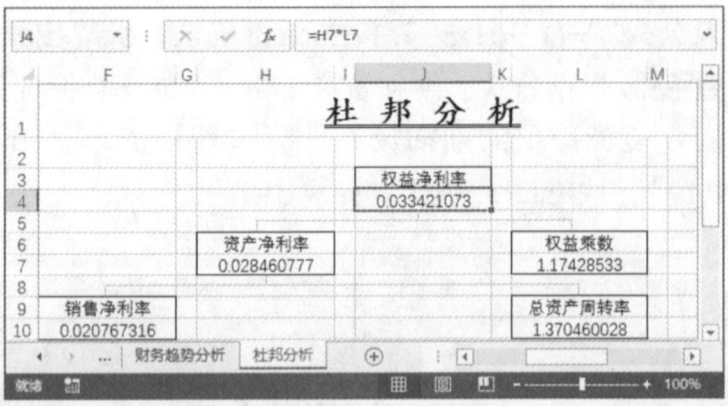

Step 22 选中J4、H7、L7、F10和L10单元格，按Ctrl+1组合键打开“设置单元格格式”对话框，在“分类”列表框中选择“百分比”选项，设置“小数位数”为“2”，单击“确定”按钮。

Step 23 返回工作表，切换至“视图”选项卡，在“显示”选项组中取消勾选“网格线”复选框，将网格线隐藏。

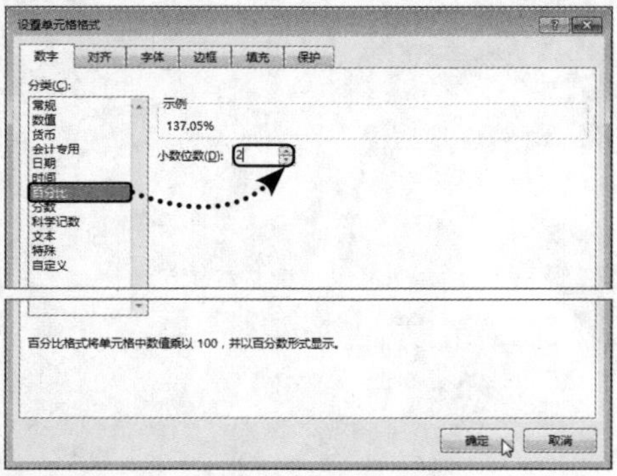

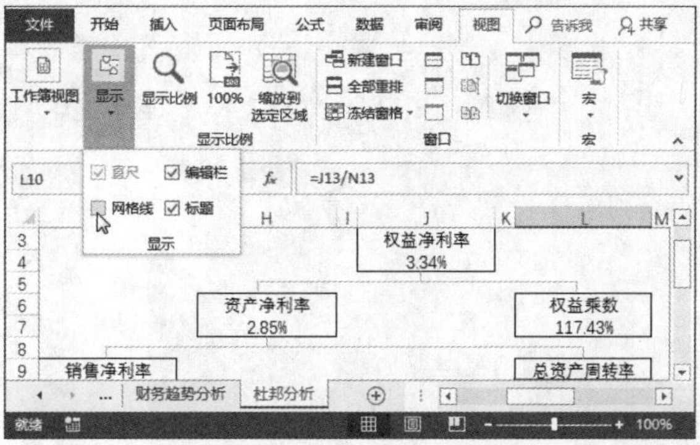

Step 24 用户还可以根据需要调整工作表的显示比例，即在“视图”选项卡中单击“显示比例”按钮。

Step 25 打开“显示比例”对话框，在“缩放”区域选中“自定义”单选按钮，在右侧框中输入自定义的数据“70”，单击“确定”按钮。

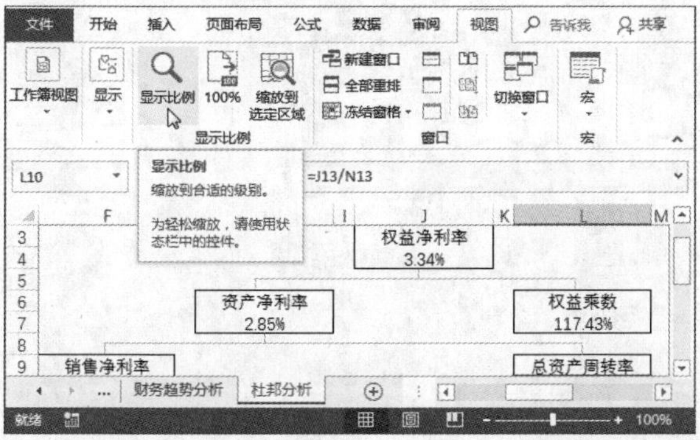

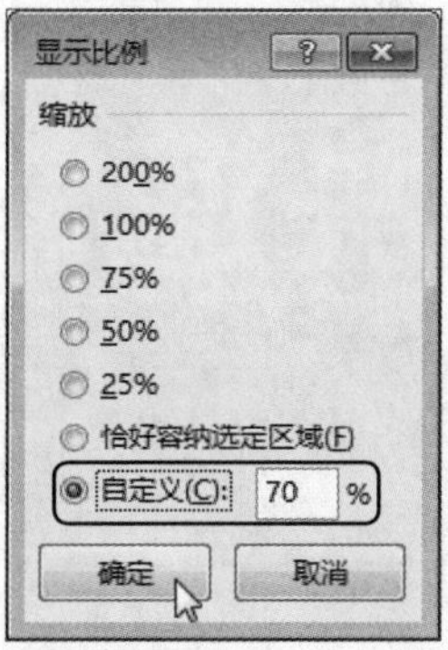

Step 26 返回工作表，此时，系统就会以设置的显示比例来显示表中的内容。

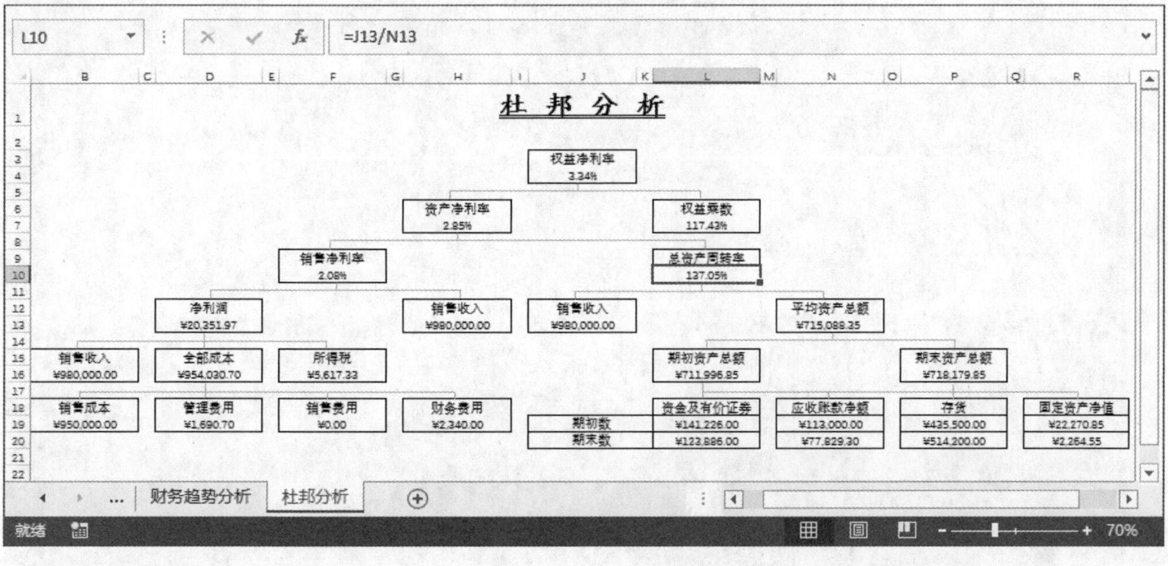

Chapter

12

快速输出凭证和报表

本章概述

在日常工作中，用户有时候需要将编制好的报表或会计凭证打印出来，进行存档或作为资料参考。本章主要介绍如何根据需要设置要打印的会计凭证和报表，使打印出来的表格达到满意的效果。

核心知识点

使用Excel打印凭证

输出会计报表

打印工资条

12.1 用Excel也能打印凭证

财务人员需要将会计凭证打印出来，将其作为记账依据的书面说明进行存档，并定期将会计凭证装订成册，严格按照会计制度的有关规定进行保管。本节介绍如何使用Excel组件来打印凭证。

12.1.1 设置会计凭证页面

打印会计凭证前需要对其页面进行设置，下面介绍具体操作步骤。

Step 01 打开“通用记账凭证”工作表，切换至“页面布局”选项卡，单击“页面设置”选项组中的对话框启动器按钮。

Step 02 打开“页面设置”对话框，在“页面”选项卡中的“方向”组中选中“横向”单选按钮，其他选项保持默认设置，单击“打印预览”按钮。

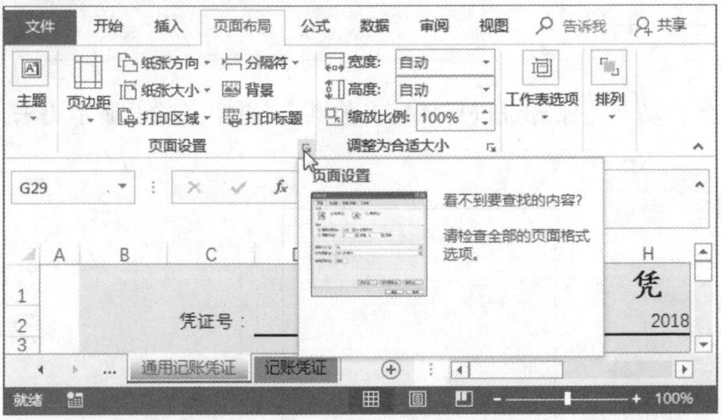

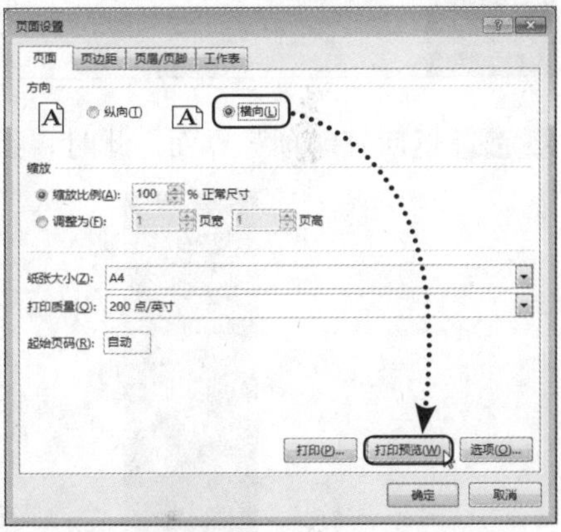

Step 03 在弹出的打印预览界面可以看到，记账凭证在打印预览区域横向完整地显示出来。

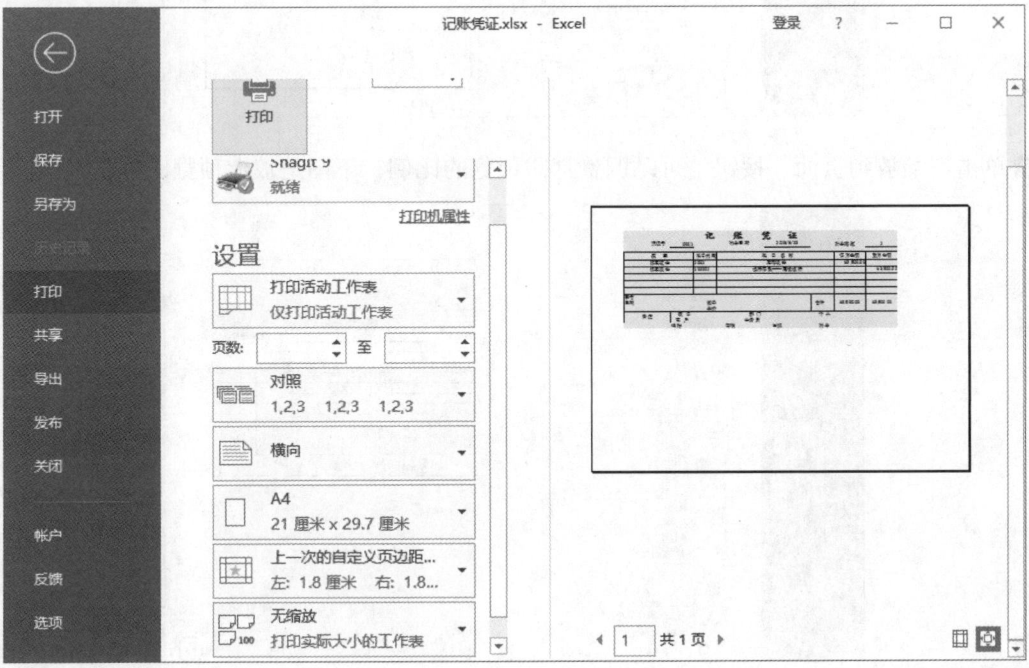

Step 04 如果用户在打印记账凭证时，打印预览区域不能完整地显示出记账凭证，可以单击其左下角的“页面设置”按钮。

Step 05 打开“页面设置”对话框，切换至“页面”选项卡，在“缩放”组中选中“调整为”单选按钮，将其设置为“1”页宽，“1”页高。设置完成后单击“确定”按钮。

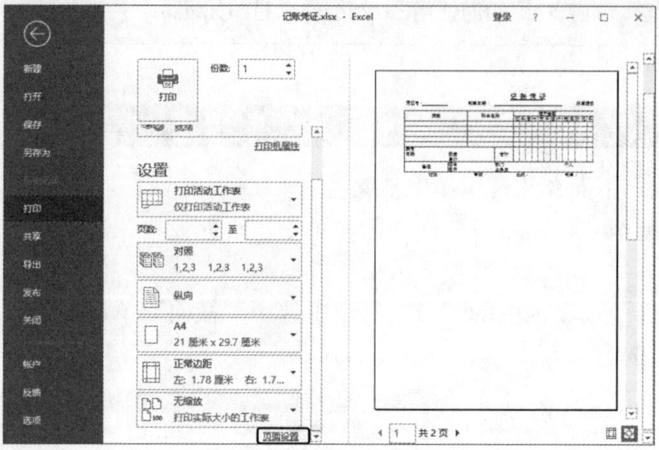

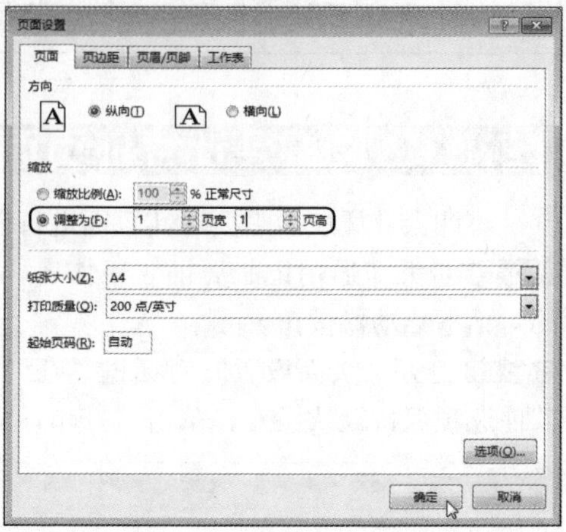

Step 06 返回打印预览界面，此时，系统会自动对记账凭证进行调整，使其在1页中完整地显示出来。

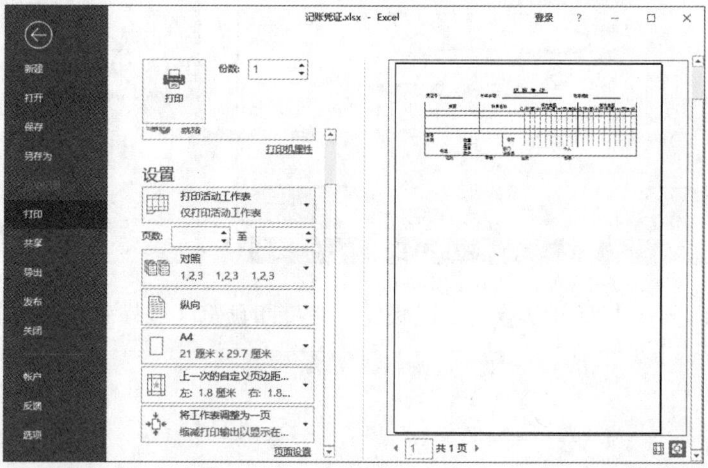

Step 07 单击“缩放到页面”按钮，可以调整打印预览的比例，下图是放大预览比例。

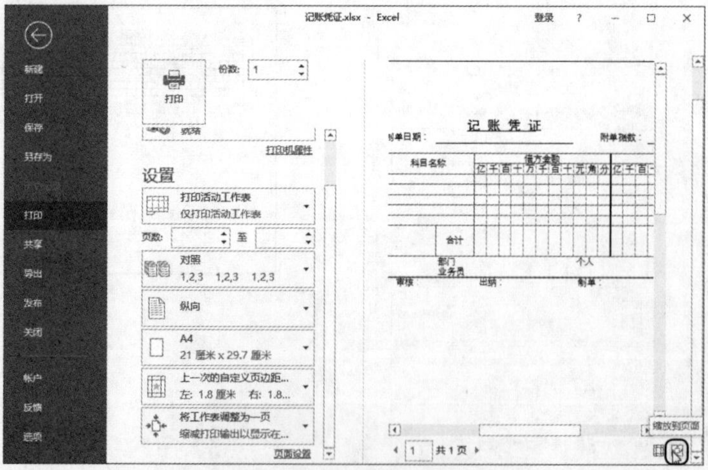

Step 08 再次单击“缩放到页面”按钮，即可将打印预览的比例缩小到原来的比例。

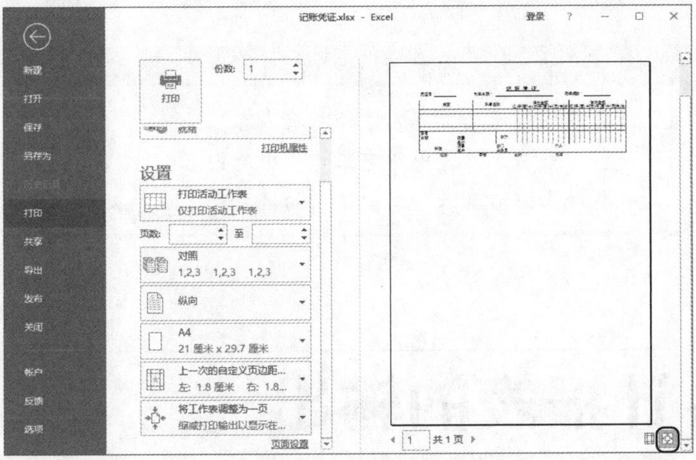

12.1.2 打印会计凭证

设置好会计凭证的页面后，接下来就开始打印了，操作步骤如下。

Step 01 在“打印机”区域单击“打印机”下拉按钮，从列表中选择打印机类型。

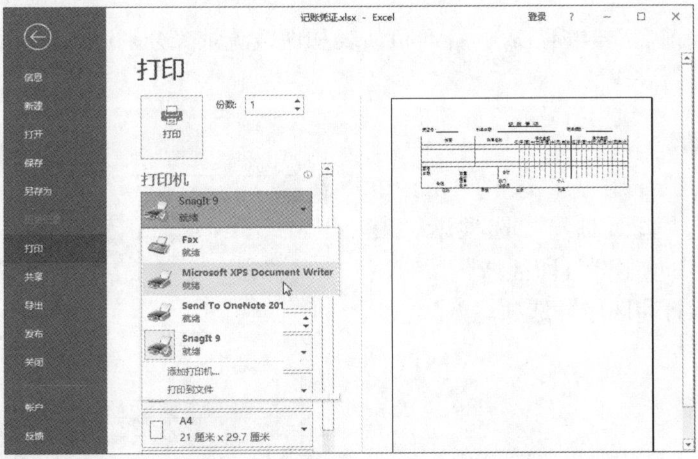

Step 02 在“设置”区域单击“打印区域”下拉按钮，从列表中选择“打印活动工作表”选项。

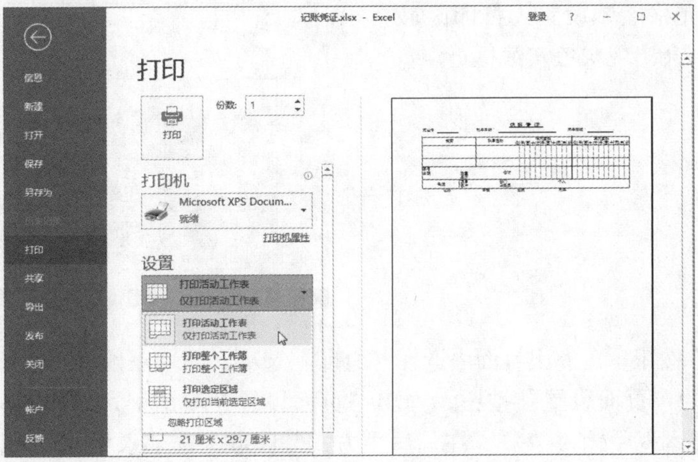

Step 03 设置完成后单击“打印”按钮，即可打印当前会计凭证。

提示

“打印活动工作表”是打印当前活动工作表中的所有内容。
“打印整个工作簿”是打印当前工作簿中所有工作表中的内容。
“打印选定区域”是只打印当前活动工作表中选中的区域。

12.2 会计报表的输出

年底需要向投资者、债权人、管理人员、财务部门人员提供会计报表，就需要将会计报表打印出来。

12.2.1 打印准备不可少

在打印会计报表前需要对损益表、资产负债表和现金流量表分别进行页面设置，下面对其操作进行介绍。

❶损益表的页面设置

Step 01 打开“损益表”工作表，选中B1:E19单元格区域，切换至“页面布局”选项卡，在“页面设置”选项组中单击“打印区域”按钮，从列表中选择“设置打印区域”选项。

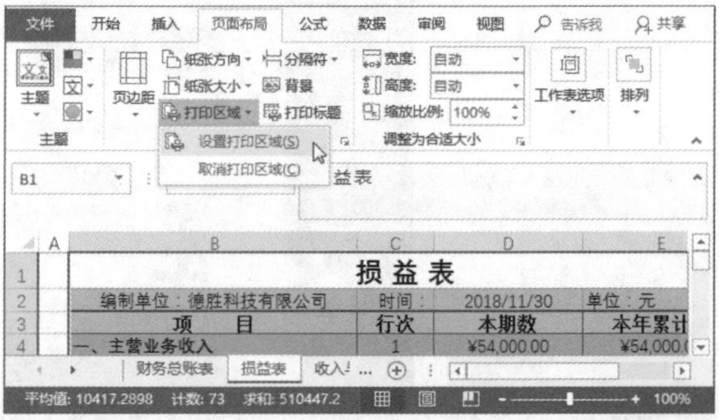

Step 02 将选中的单元格区域设置为打印区域，此时，该区域的四周会出现灰色实线框。

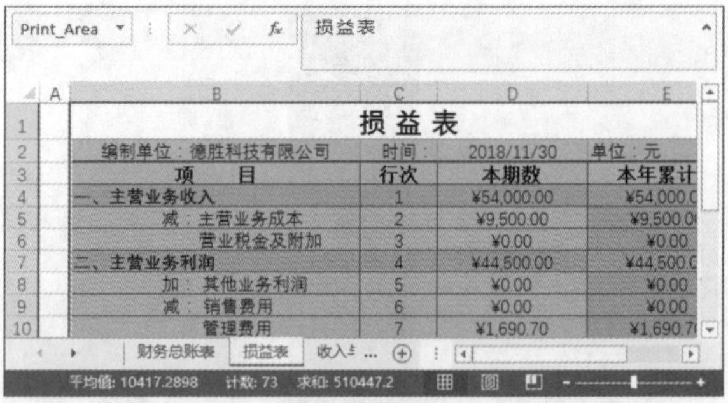

Step 03 单击“文件”按钮，在弹出界面中选择“打印”选项，即可在预览区域预览打印效果。

Step 04 单击左下角的“页面设置”按钮，弹出“页面设置”对话框，切换至“页边距”选项卡，在“上”和“下”文本框中输入“2”，在“居中方式”区域勾选“水平”复选框。

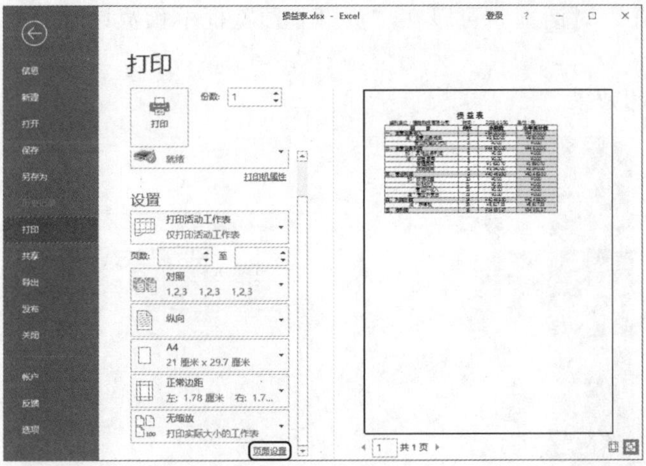

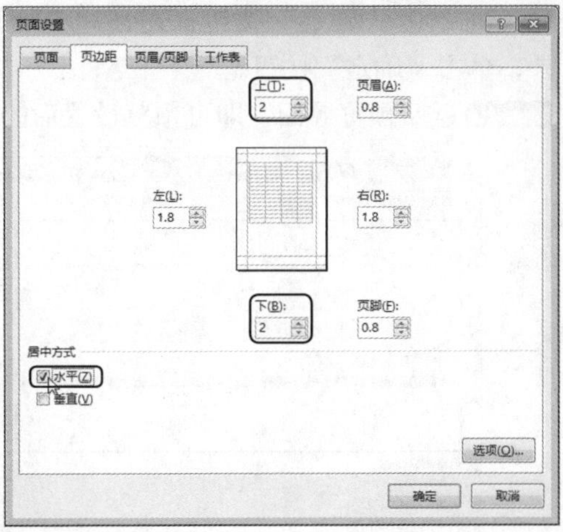

Step 05 切换至“页眉/页脚”选项卡，从中单击“自定义页眉”按钮。

Step 06 弹出“页眉”对话框，将光标定位至“左”文本框中，单击“插入数据表名称”按钮，此时在“左”文本框中显示出“&[标签名]”字样。

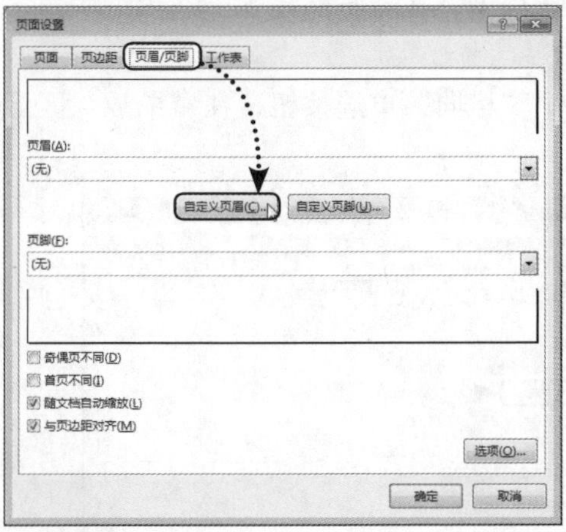

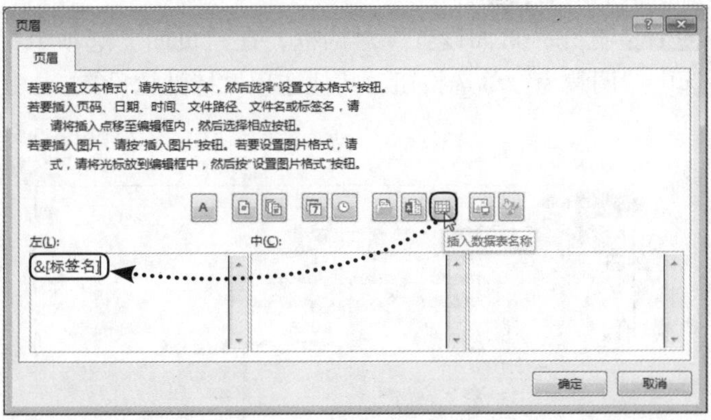

Step 07 单击“确定”按钮，返回“页面设置”对话框，可以在“页眉”预览框中预览设置的效果。单击“自定义页脚”按钮。

Step 08 弹出“页脚”对话框，将光标定位至“右”文本框中，单击“插入页码”按钮，此时在“右”文本框中显示出“&[页码]”字样。

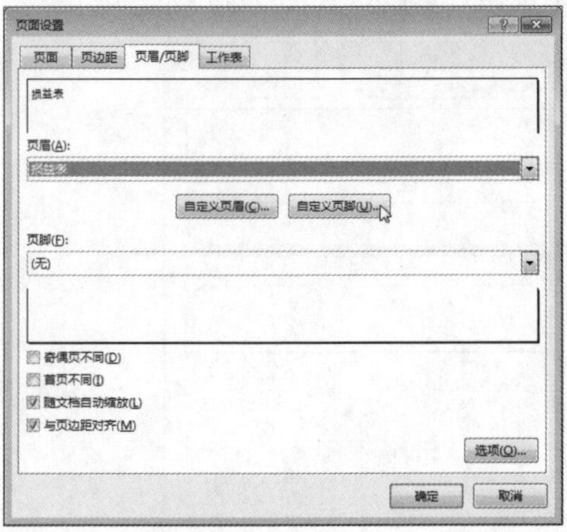

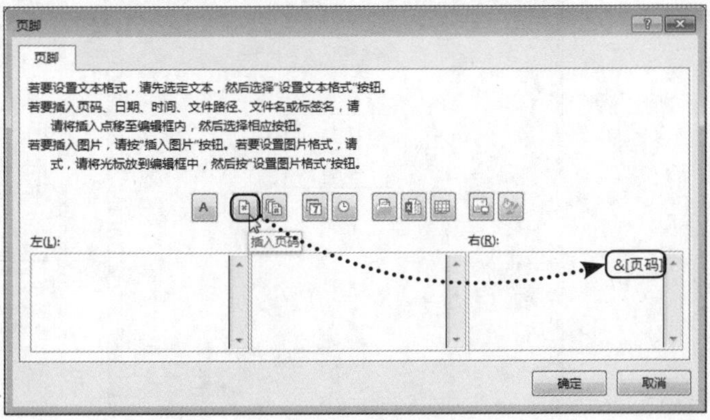

Step 09 单击“确定”按钮，返回“页面设置”对话框，可以在“页脚”预览框中预览设置的效果，单击“确定”按钮。

Step 10 返回预览界面，即可预览设置后的打印效果。

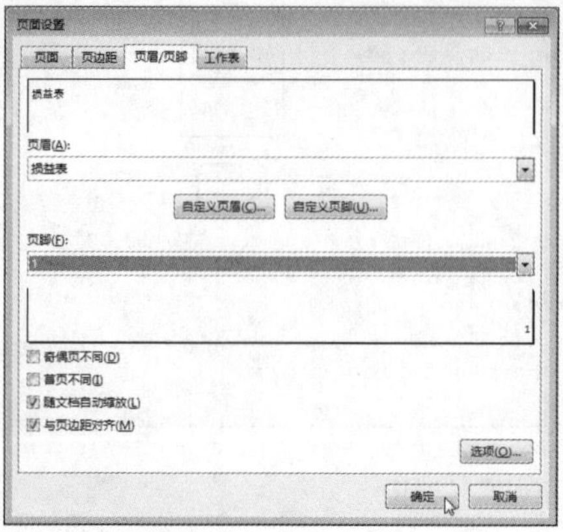

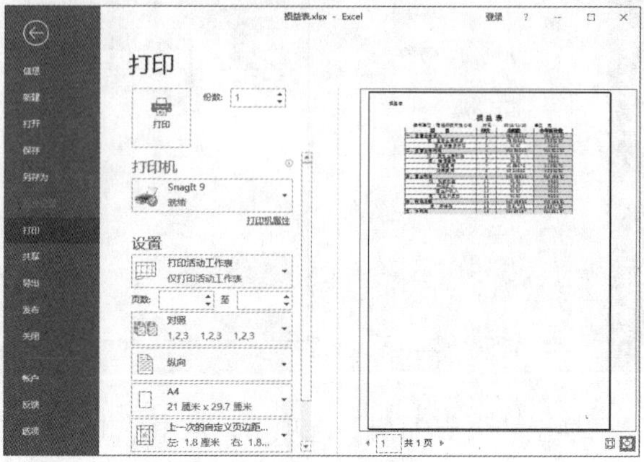

❷资产负债表的页面设置

Step 01 打开“资产负债表”工作表，切换至“页面布局”选项卡，在“页面设置”选项组中单击对话框启动器按钮。

Step 02 打开“页面设置”对话框，在“页面”选项卡中选中“横向”单选按钮，在“缩放”区域选中“调整为”单选按钮，其他选项保持默认设置。

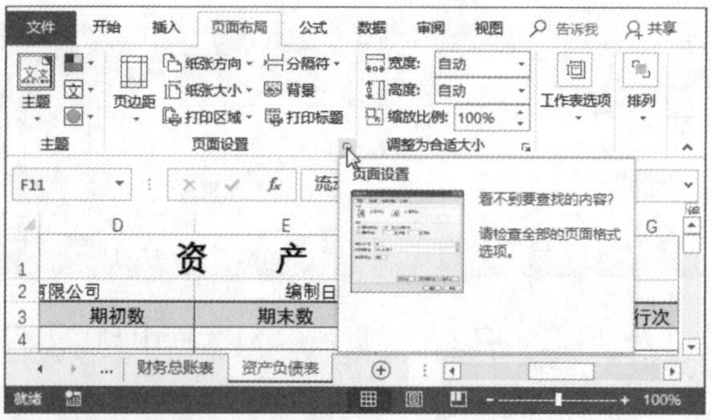

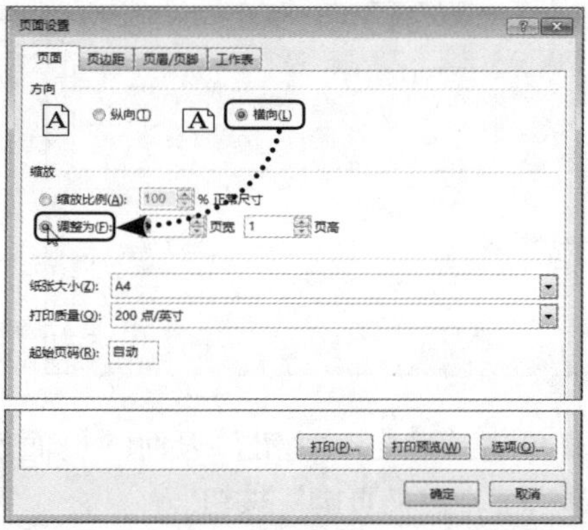

Step 03 切换至“页边距”选项卡，在“居中方式”区域勾选“水平”复选框。

Step 04 切换至“页眉/页脚”选项卡，在“页眉”下拉列表中选择“资产负债表”选项。

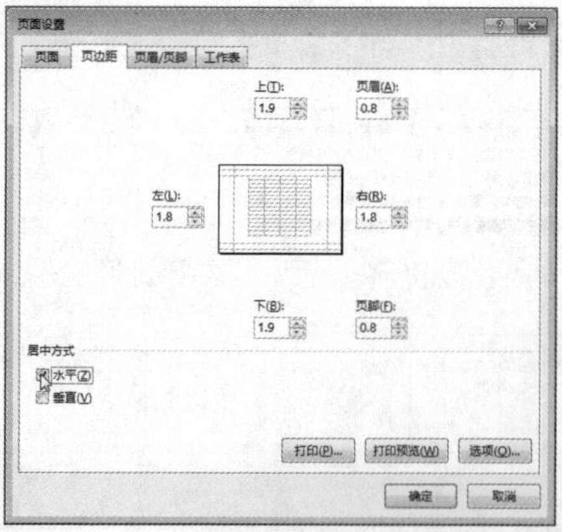

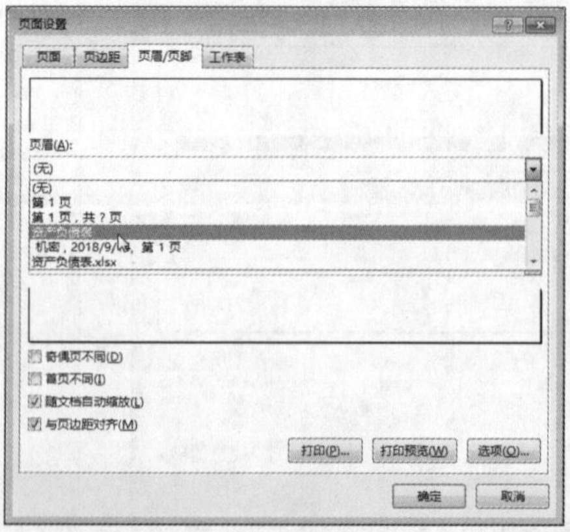

Step 05 单击“自定义页眉”按钮，弹出“页眉”对话框，此时在“中”文本框中显示“&[标签名]”字样，接着选中该字样，单击“格式文本”按钮。

Step 06 打开“字体”对话框，设置“字体”“字形”和“大小”，设置完成后单击“确定”按钮。

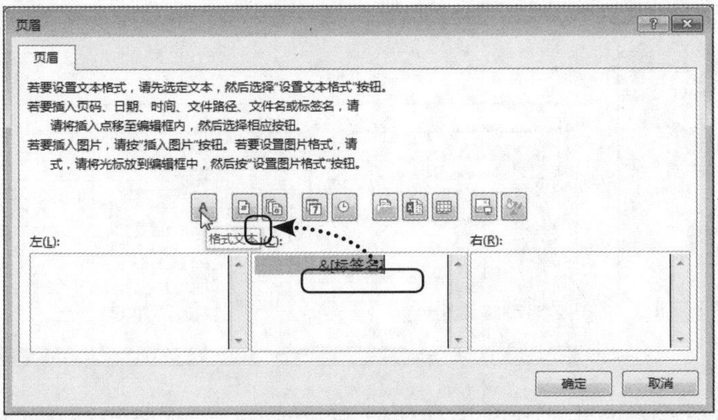

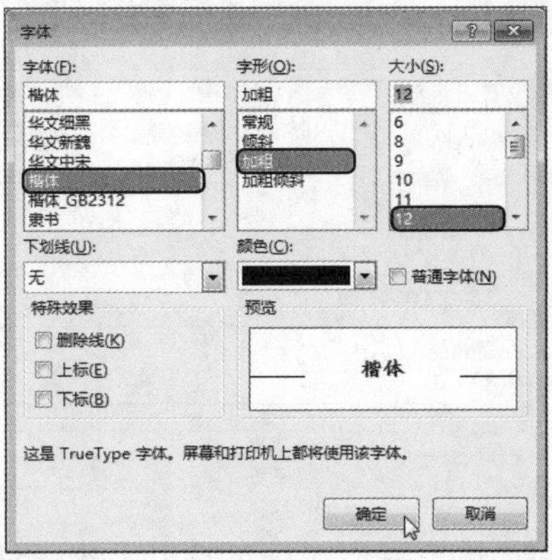

Step 07 返回“页眉”对话框，此时在“中”文本框中的文本字体已经发生了改变。单击“确定”按钮。

Step 08 返回“页面设置”对话框，此时可以在页眉预览框中预览页眉设置的效果，在“页脚”下拉列表中选择“第1页，共？页”选项。

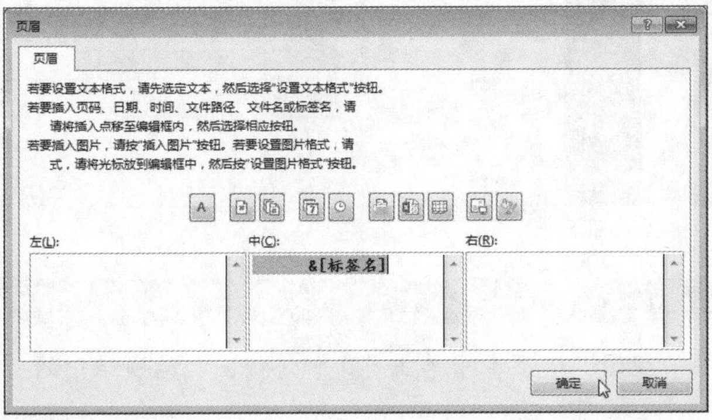

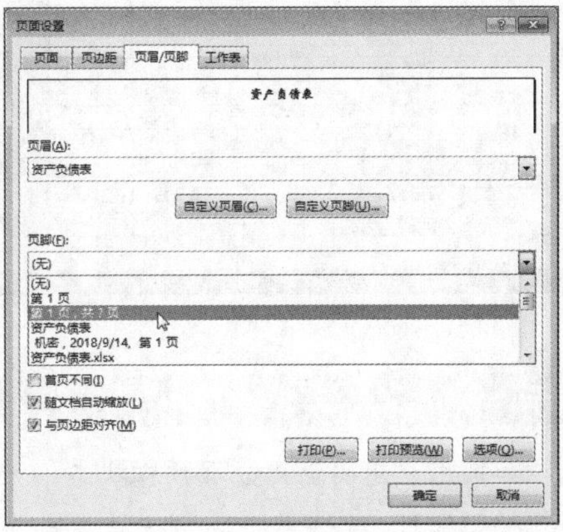

Step 09 切换至“工作表”选项卡，在“打印区域”文本框中输入“$B$1:$I$20”，单击“打印预览”按钮。

Step 10 在打印预览区域预览设置的打印效果。

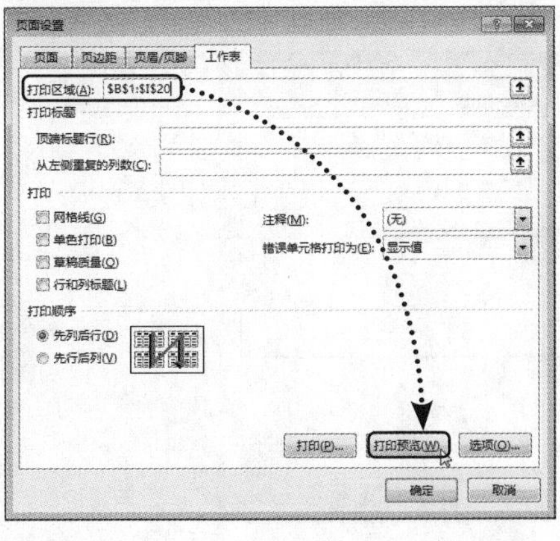

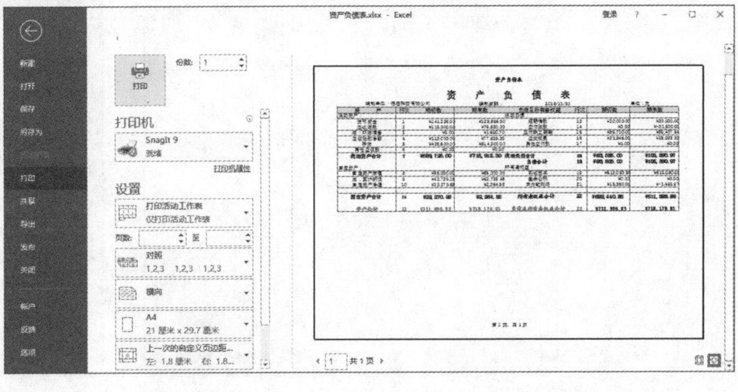

❸ 现金流量表的页面设置

Step 01 打开“现金流量表”工作表，在“视图”选项卡中单击“工作簿视图”选项组中的“分页预览”按钮。

Step 02 进入分页预览状态，表格中出现一条蓝色分隔线即为分页符。

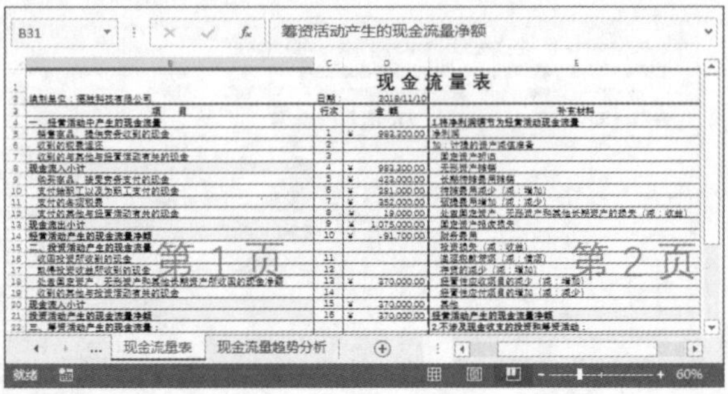

Step 03 将光标放在分页符上，当光标变为左右箭头形状时，按住鼠标左键不放，将竖线分页符向右拖动至最后一列右侧，松开鼠标即可。

Step 04 按下Ctrl+P组合键，打开“打印”界面，即可在预览区域预览打印效果。

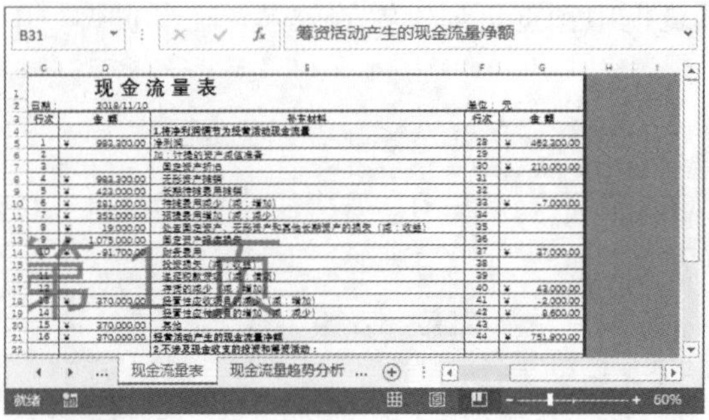

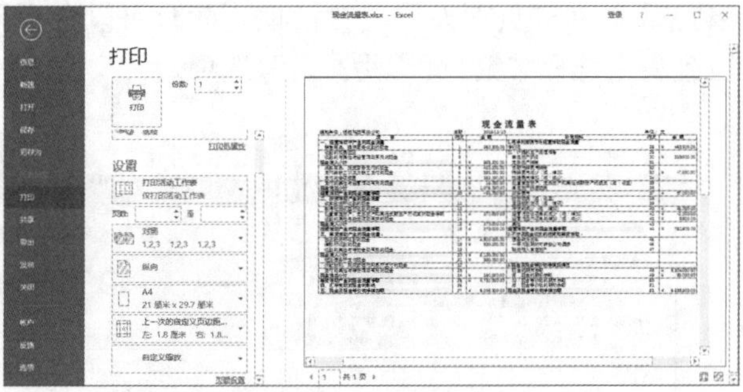

提示

如果用户想要退出分页预览状态，可以在“视图”选项卡中单击“工作簿视图”选项组中的“普通”按钮即可。

Step 05 单击“页面设置”按钮，打开“页面设置”对话框，切换至“页边距”选项卡，在“居中方式”区域勾选“水平”复选框。

Step 06 切换至“页眉/页脚”选项卡，从中单击“自定义页眉”按钮。

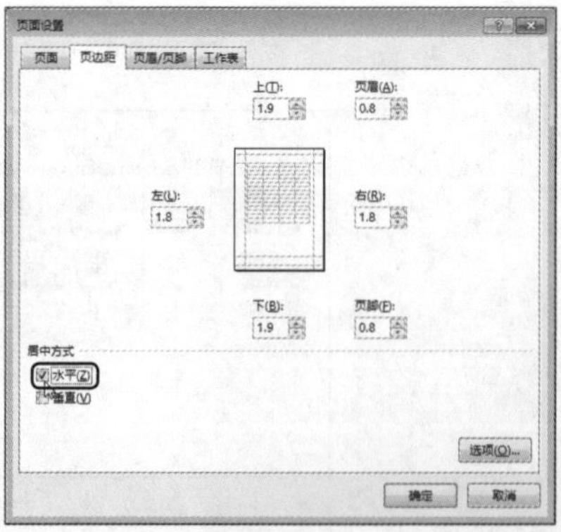

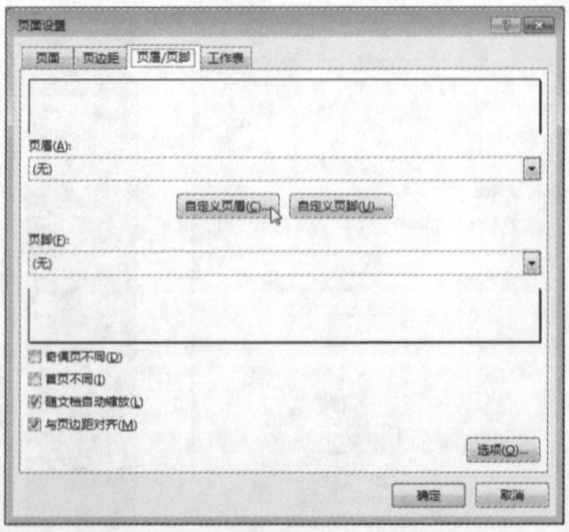

Step 07 打开“页眉”对话框，将光标定位至“左”文本框中，单击“插入图片”按钮。

Step 08 打开“插入图片”对话框，从中选择需要插入的图片，单击“插入”按钮。

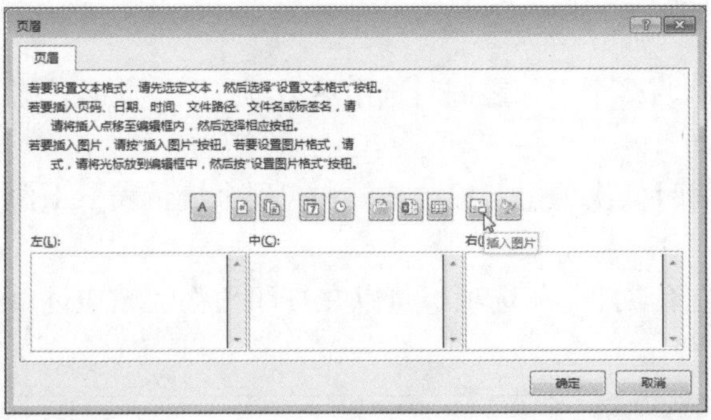

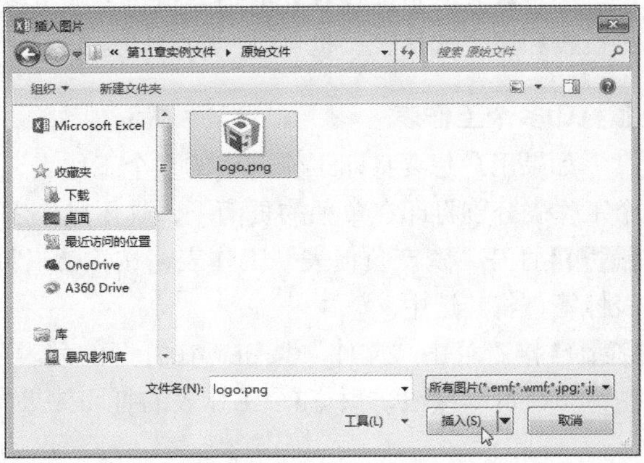

Step 09 返回“页眉”对话框，此时在“左”文本框中显示“&[图片]”字样，单击“设置图片格式”按钮。

Step 10 打开“设置图片格式”对话框，切换至“大小”选项卡，在“比例”区域将“高度”设置为“80%”，单击“确定”按钮。

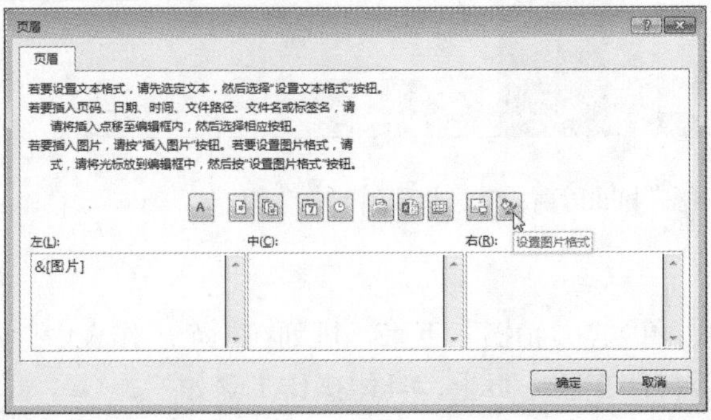

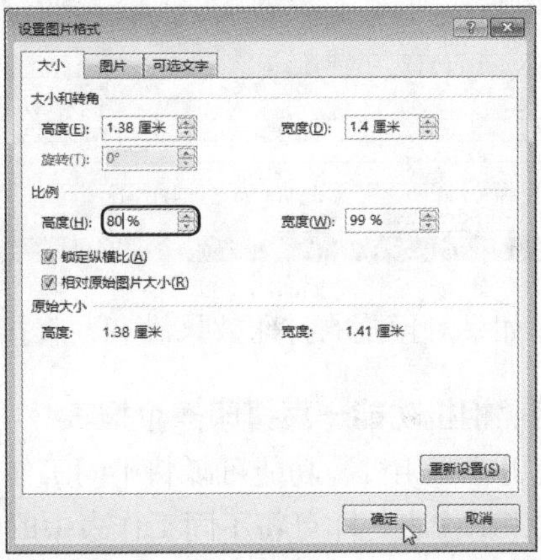

Step 11 返回“页眉”对话框，单击“确定”按钮，返回“页面设置”对话框，此时在“页眉”预览框中可以预览页眉的设置效果。

Step 12 单击“确定”按钮，返回“打印”界面，即可在预览区域预览设置的打印效果。

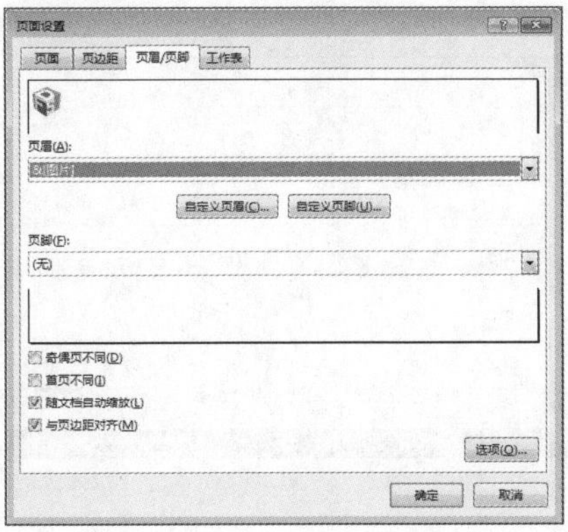

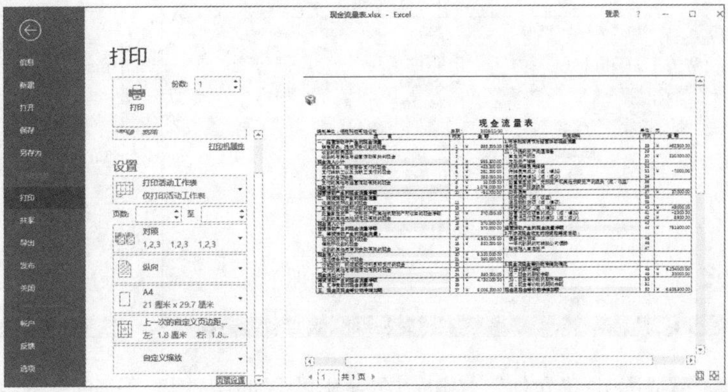

12.2.2 打印会计报表

会计报表的页面设置完成后，接下来就可以对其进行打印了，用户可以分别打印资产负债表、损益表和现金流量表，也可以一起打印这3个工作表。

❶打印多个工作表

如果用户想要打印工作簿中的多个工作表，可以将多个工作表同时选中然后再打印，此时，多个工作表分别打印在单独的页面上，具体操作步骤如下。

Step 01 打开“资产负债表”工作表，按住Ctrl键的同时依次单击“损益表”和“现金流量表”工作表标签，将其选中。

Step 02 接着单击“文件”按钮，在打开的列表中选择“打印”选项，可以在打印预览区域通过单击“下一页”按钮，预览3个工作表的打印效果。

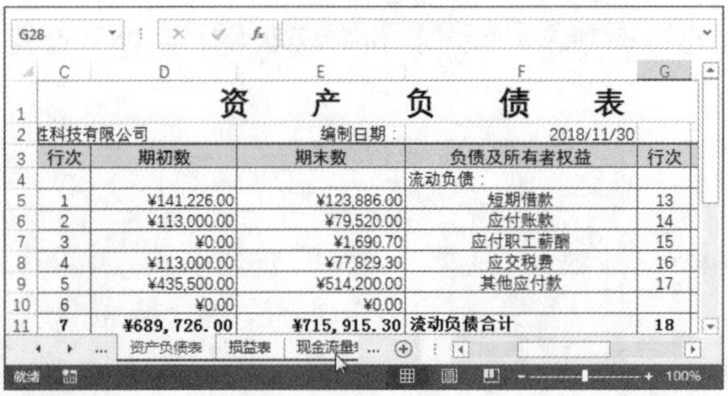

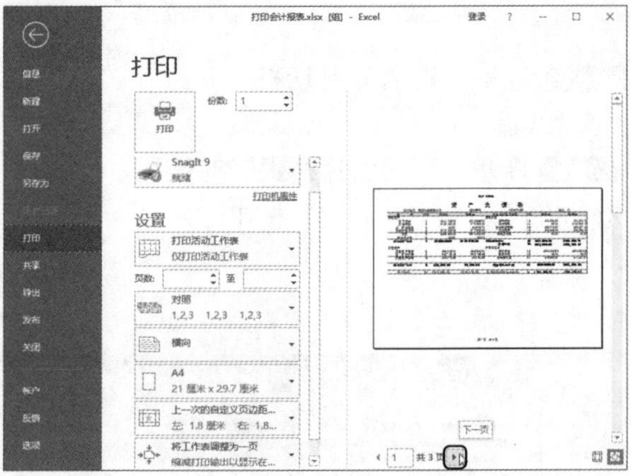

Step 03 如果对预览的打印效果满意，直接单击“打印”按钮，即可将其打印。

❷使用照相机功能一页打印多个报表

使用“照相机”功能可以将不同工作表中的内容“拍摄”下来，排列在一个工作表中，然后再打印这张工作表，即可将不同工作表中的内容打印在同一页上，具体操作步骤如下。

Step 01 新建一个空白工作表，切换至“视图”选项卡，在“显示”选项组中取消对“网格线”复选框的勾选。

Step 02 工作表中的网格线被隐藏起来。如果工作表中没有“照相机”选项，可以在快速访问工具栏中进行添加。

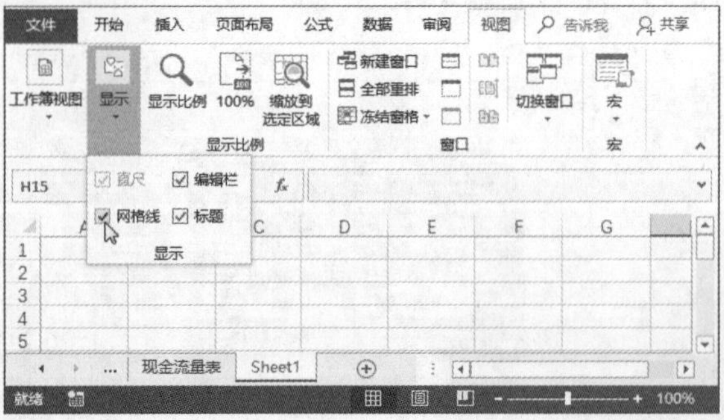

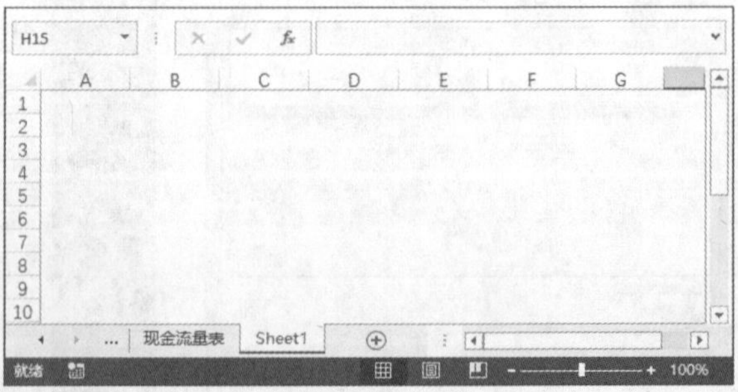

Step 03 单击“文件”按钮，在弹出的界面中选择“选项”选项。

Step 04 打开“Excel选项”对话框，选择“快速访问工具栏”选项，在右侧的“从下列位置选择命令”列表中选择“所有命令”选项，接着在下面的列表框中选择“照相机”选项，单击“添加”按钮。

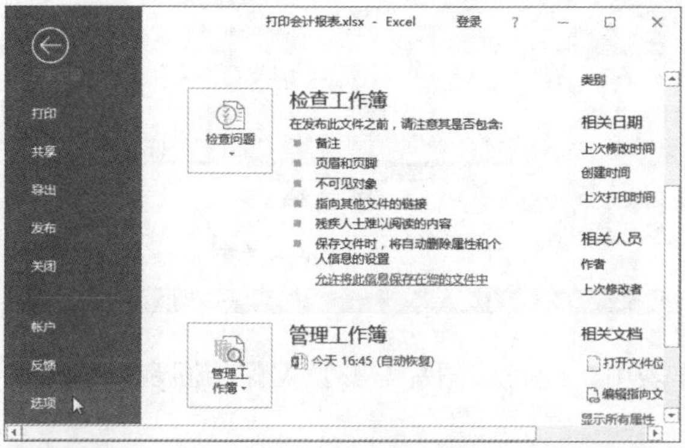

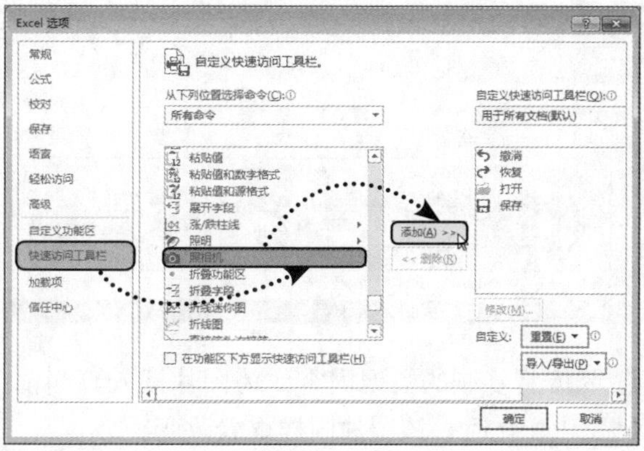

Step 05 将“照相机”选项添加到“自定义快速访问工具栏”列表中，单击“确定”按钮。

Step 06 返回工作表，可以看到已经将“照相机”选项添加到快速访问工具栏中。

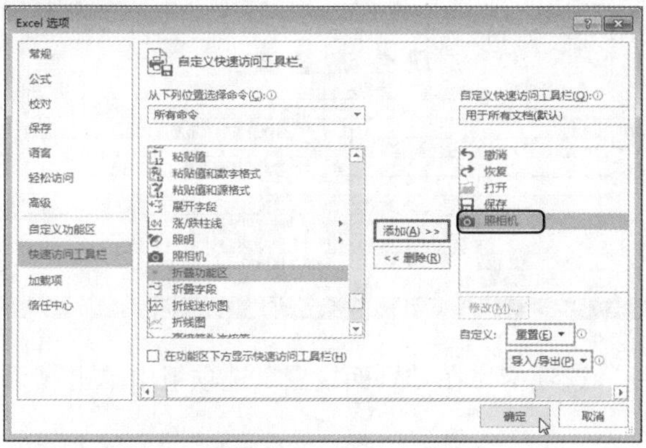

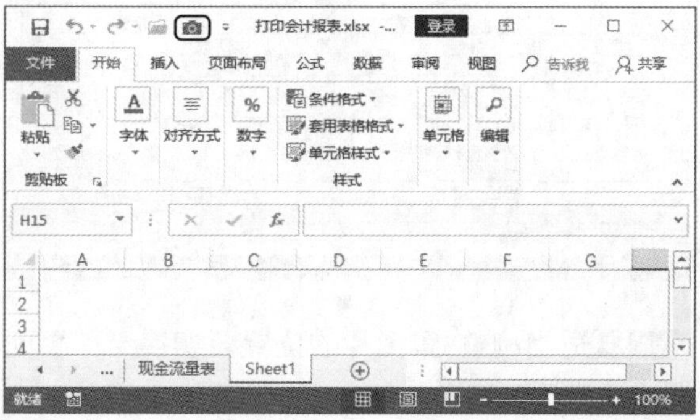

Step 07 切换至“资产负债表”工作表，选中B1:I20单元格区域，单击“照相机”按钮，此时选中的单元格区域四周会出现滚动的虚线框。

Step 08 切换至新建的工作表“Sheet1”，单击目标区域单元格，即可将拍摄的图片粘贴到目标位置，此时拍摄的图片与原始数据保持同步变化，即原始数据发生改变时，拍摄的图片也会发生变化。

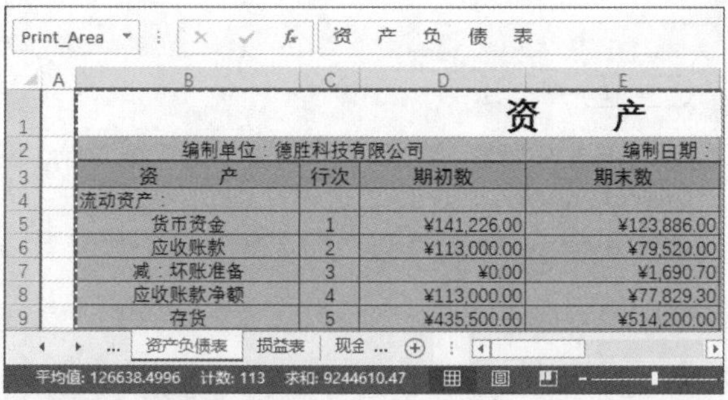

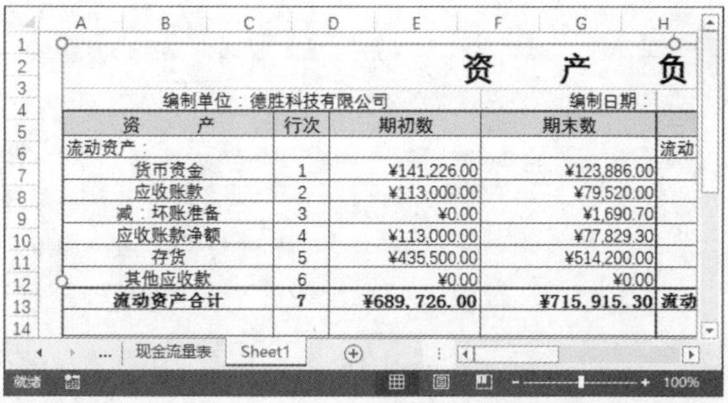

Step 09 切换至“损益表”工作表，选中B1:E19单元格区域，在“开始”选项卡中单击“复制”按钮。

Step 10 切换至“Sheet1”工作表，选中目标区域单元格，单击“开始”选项卡中的“粘贴”下拉按钮，从列表中选择“链接的图片”选项。

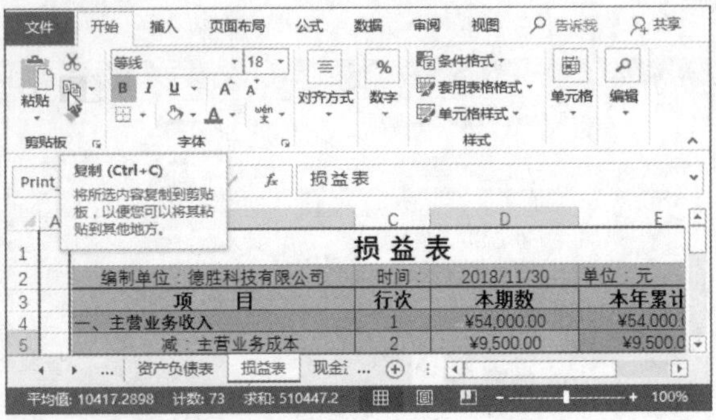

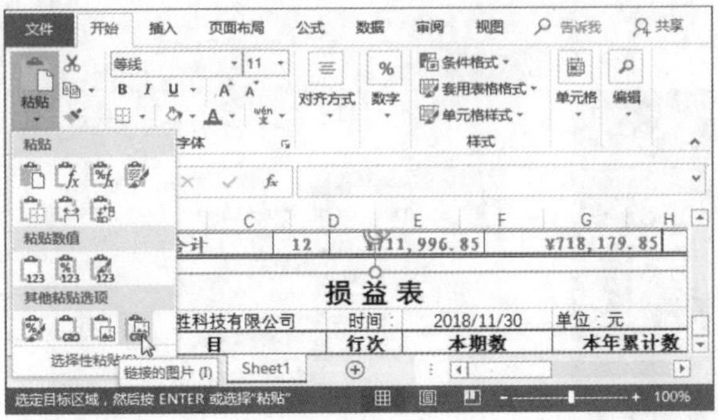

Step 11 将复制的数据内容作为图片插入到当前工作表中，此时该图片与源数据保持同步，即源数据发生变化时，该图片同样跟着改变。

Step 12 使用“照相机”或“粘贴图片链接”选项对“现金流量表”工作表中的B1:G33单元格区域进行拍摄，将其粘贴至“Sheet1”工作表中的目标位置。

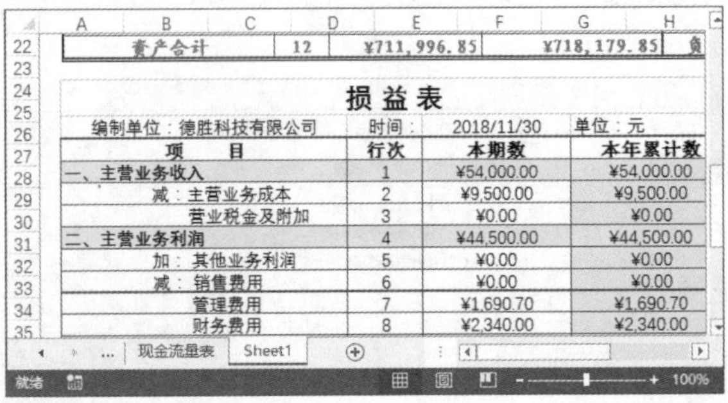

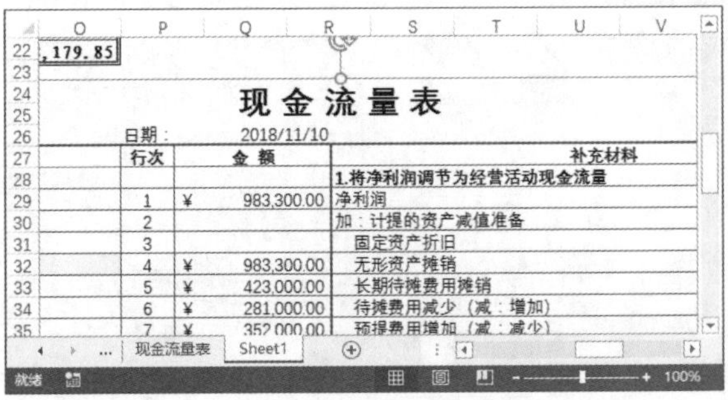

Step 13 适当调整3张图片的位置，切换至“页面布局”选项卡，在“页面设置”选项组中单击对话框启动器按钮。

Step 14 打开“页面设置”对话框，在“页面”选项卡的“方向”组中选中“横向”单选按钮，在“缩放”组中选中“调整为”单选按钮。

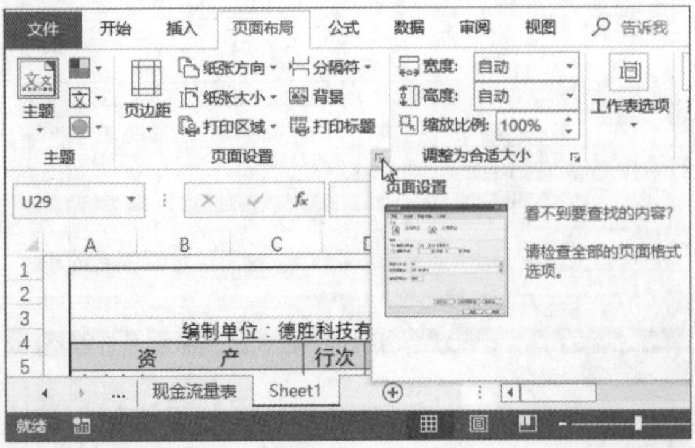

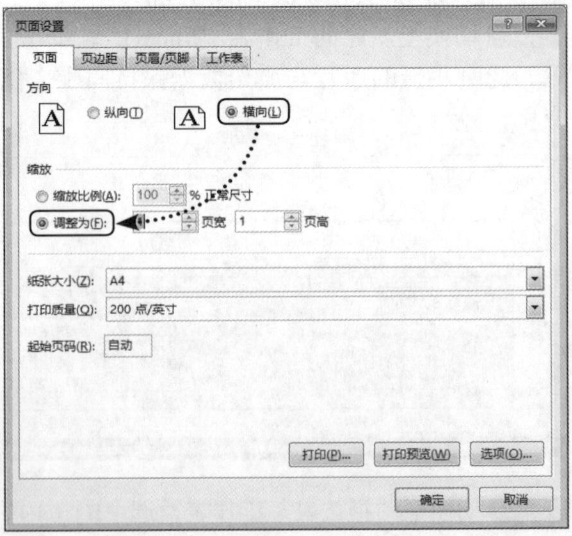

Step 15 切换至“页边距”选项卡，在“居中方式”组中勾选“水平”和“垂直”复选框。

Step 16 单击“打印预览”按钮，弹出打印界面，用户可以在预览区域预览打印效果，如果对打印效果比较满意，可以直接单击“打印”按钮进行打印。

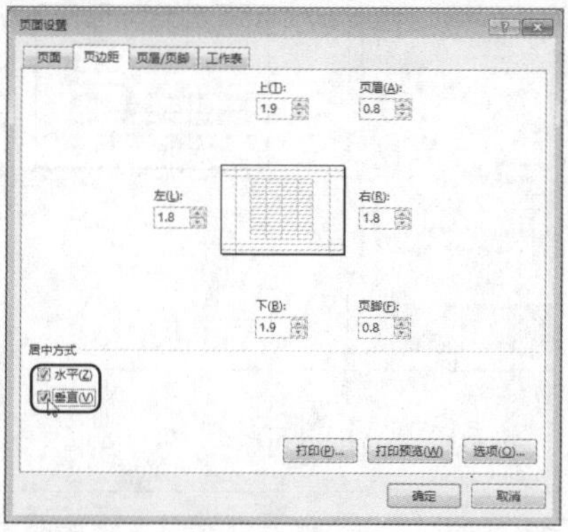

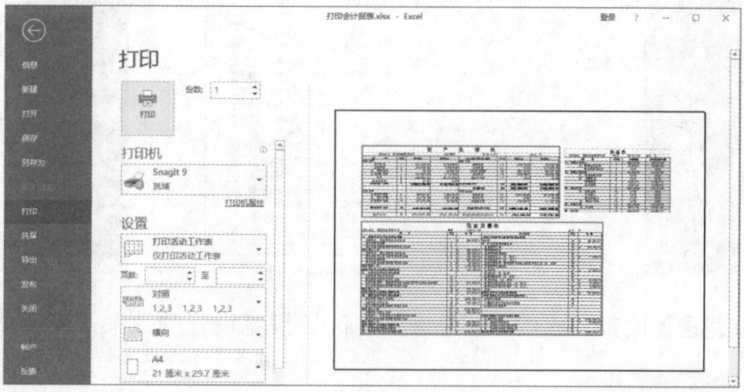

12.3 工资条要这样打印

企业给员工发放工资的同时，还需要将工资条打印出来，一并给员工，由员工签字确认发放的金额。

12.3.1 设置打印区域

设置打印区域有很多种方法，下面介绍3种常用的设置打印区域的方法。

❶使用“设置打印区域”命令

Step 01 打开“工资条”工作表，选中B1:M48单元格区域，在“页面布局”选项卡中单击“打印区域”按钮，从列表中选择“设置打印区域”选项。

Step 02 用户可以看到在“名称框”中显示了“Print_Area”字样。

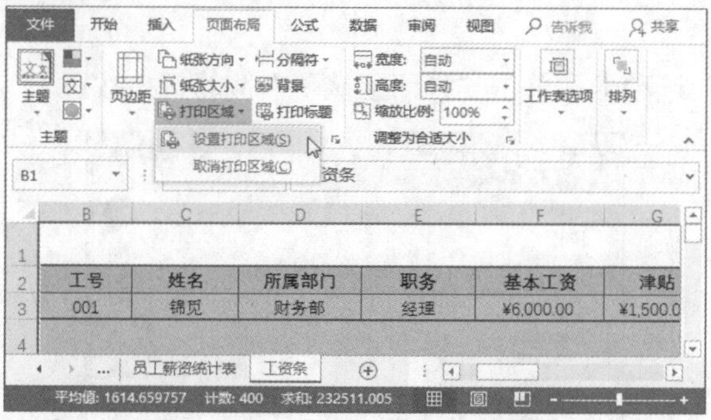

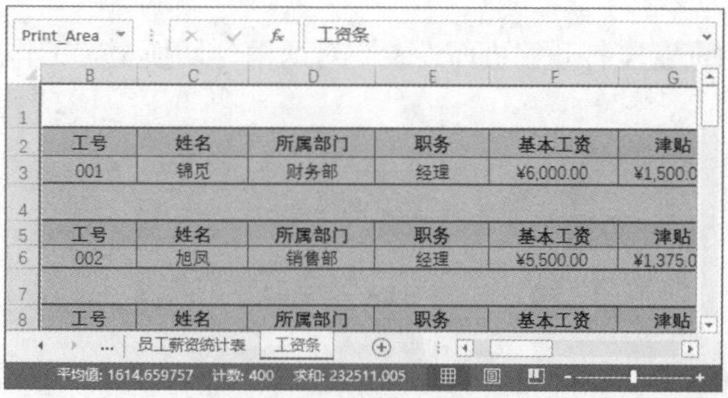

Step 03 按Ctrl+P组合键，弹出打印界面，在“设置”区域单击“纵向”下拉按钮，从列表中选择“横向”选项。

Step 04 单击“无缩放”下拉按钮，从列表中选择“将工作表调整为一页”选项。

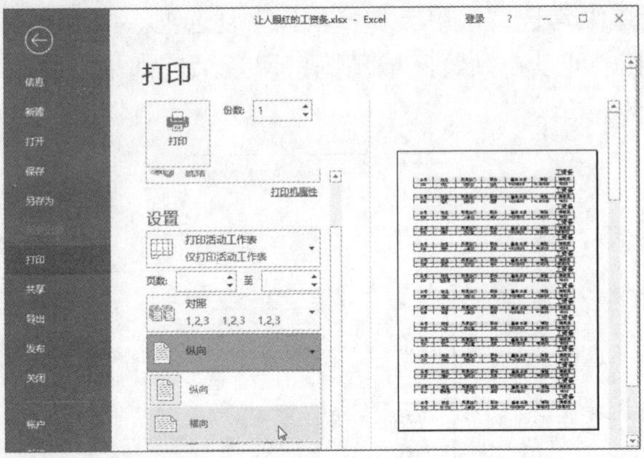

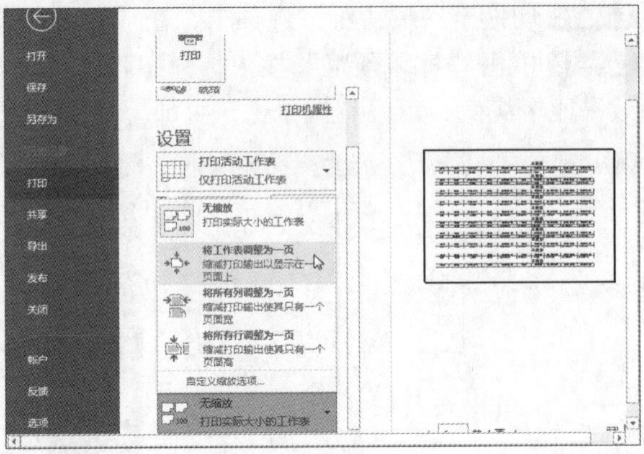

Step 05 设置完成后，在打印预览区域预览设置的效果，最后单击“打印”按钮即可。

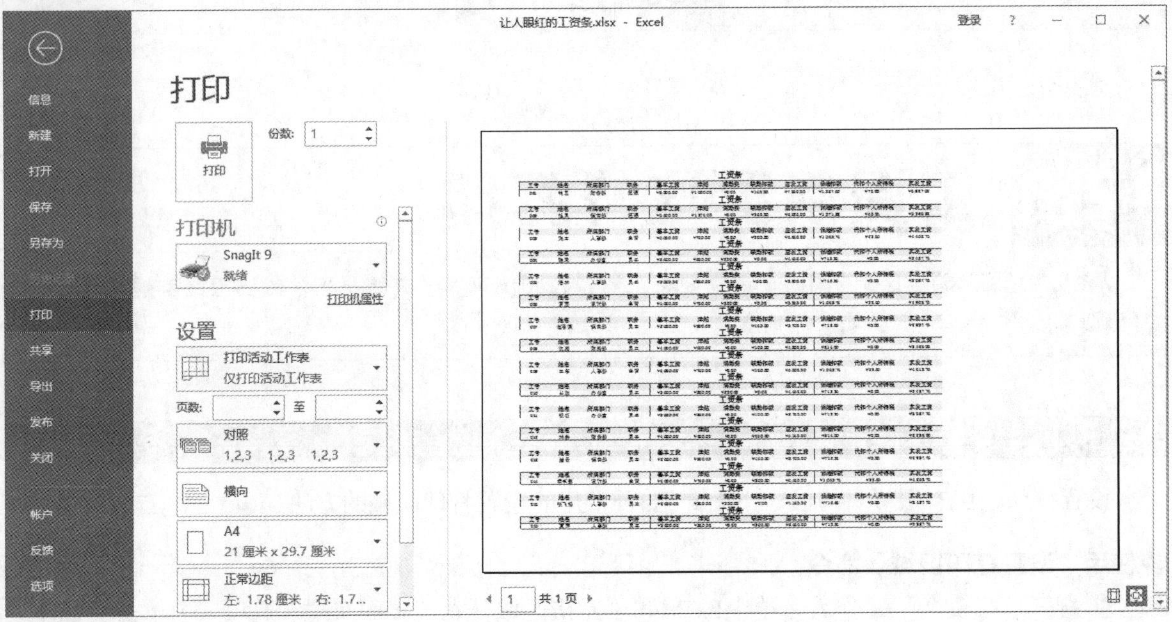

❷使用“页面设置”对话框

Step 01 打开“工资条”工作表，在“页面布局”选项卡中单击“页面设置”选项组中的对话框启动器按钮。

Step 02 打开“页面设置”对话框，切换至“工作表”选项卡，单击“打印区域”右侧的折叠按钮。

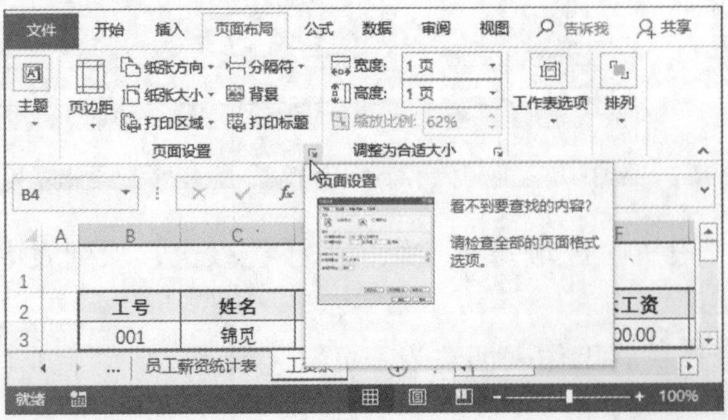

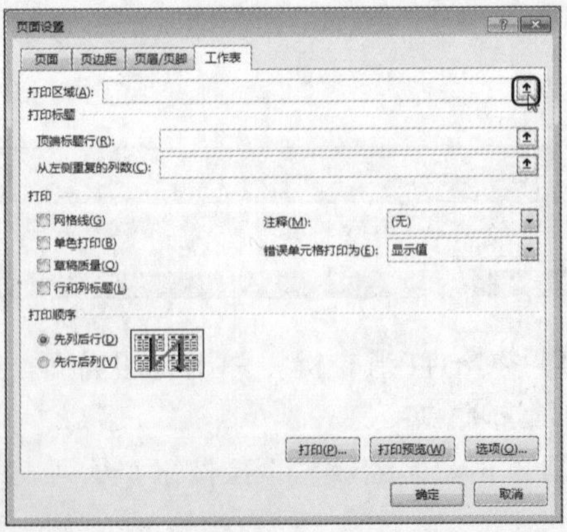

Step 03 弹出“页面设置-打印区域”对话框，在工作表中选中B1:M12单元格区域。

Step 04 单击展开按钮，返回“页面设置”对话框，此时在“打印区域”文本框中显示出选中的单元格区域，单击“打印预览”按钮。

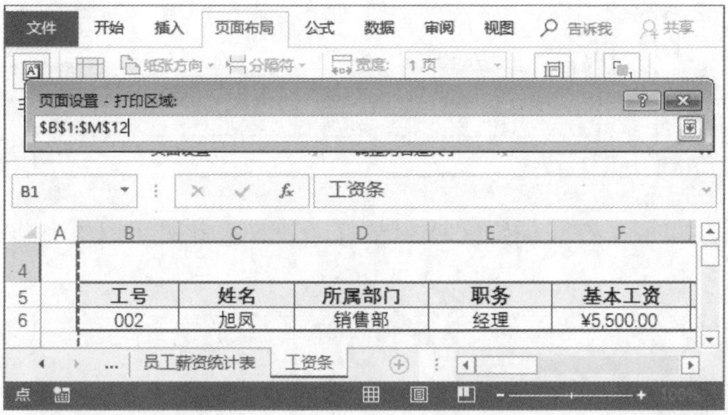

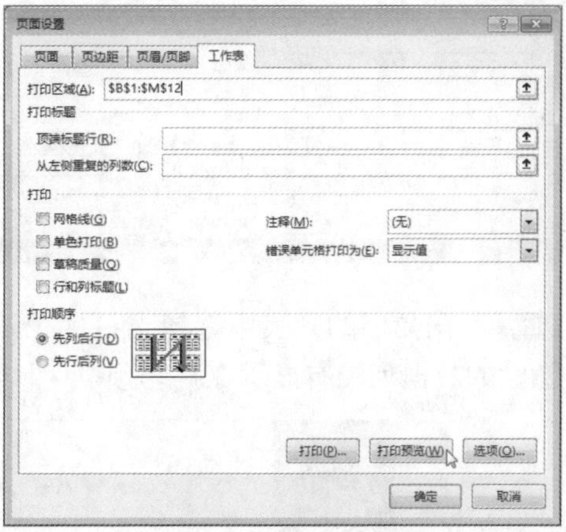

提示

在使用鼠标选择打印区域时按住Ctrl键可以同时选择多个区域，或者在“打印区域”文本框中输入多个单元格区域（每个单元格区域之间用逗号隔开），也可以设置多个打印区域，但是打印时每个区域都是单独打印的。

Step 05 弹出打印界面，此时打印预览区域的内容就是用户设置的打印区域，预览打印效果后单击“打印”按钮即可。

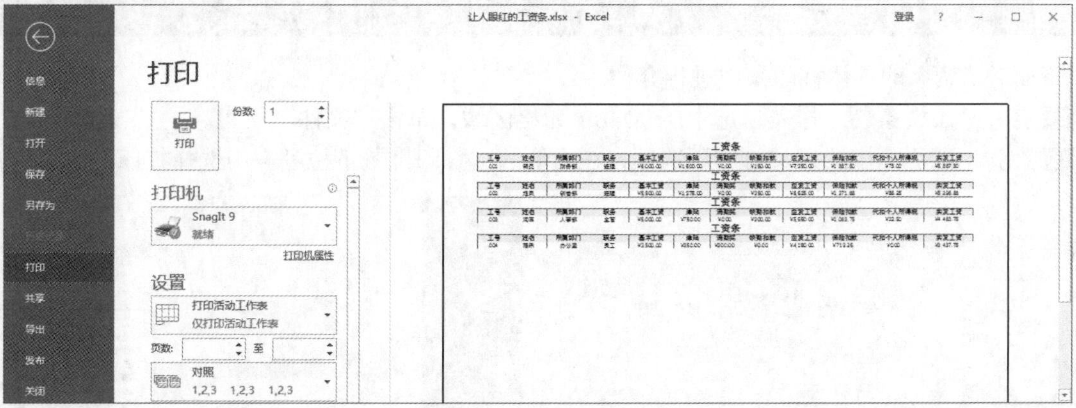

提示

对上述两种方法设置的打印区域，可以在“页面布局”选项卡中单击“打印区域”按钮，从展开的列表中选择“取消打印区域”选项取消设置的打印区域。

❸ 隐藏非打印区域

Step 01 打开“工资条”工作表，选中D列和E列，单击鼠标右键，从弹出的快捷菜单中选择“隐藏”命令。

Step 02 将D列和E列隐藏起来，单击“文件”按钮。

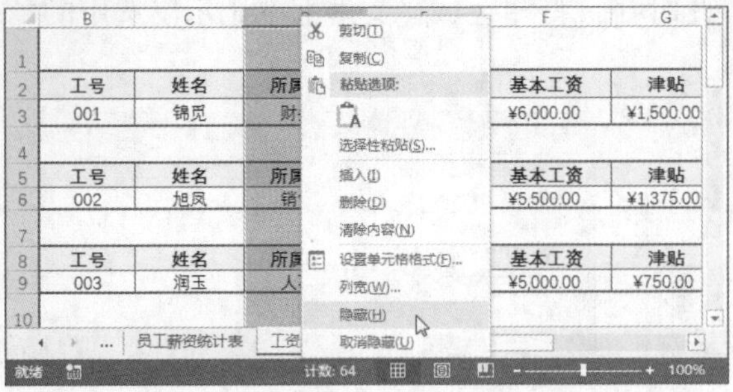

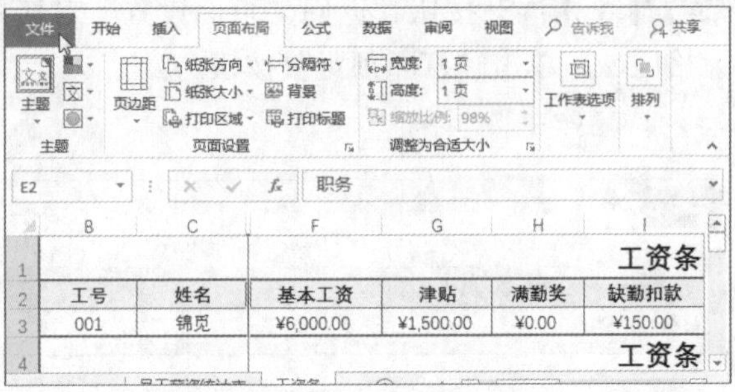

Step 03 在弹出的列表中选择“打印”选项，即可在打印预览区域预览打印效果，此时可以看到被隐藏的数据列没有显示在打印预览区域中。

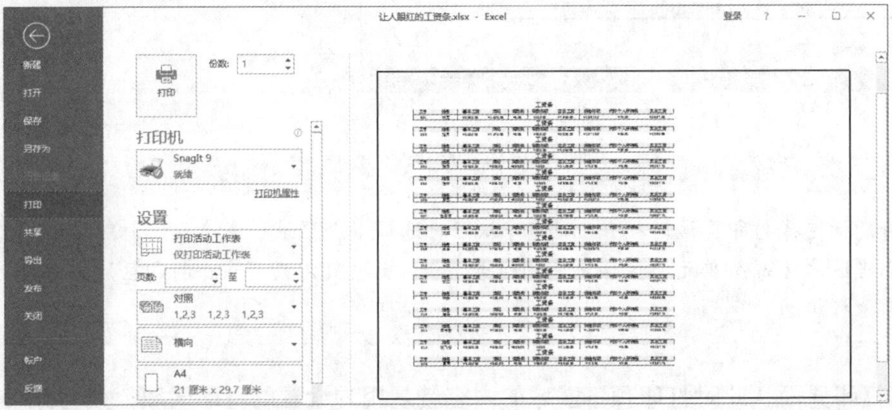

12.3.2 打印工资条

下面对工资条的具体打印操作进行介绍。

Step 01 打开“工资条”工作表，选中B1:M48单元格区域，单击“文件”按钮。

Step 02 在弹出的界面中选择“打印”选项，在右侧的“打印机”下拉列表中选择打印机。

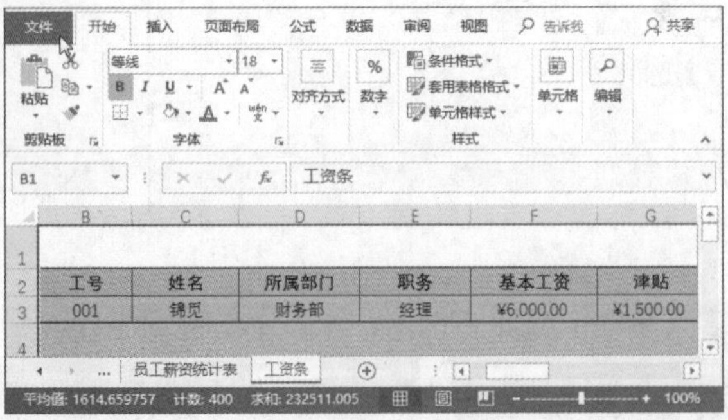

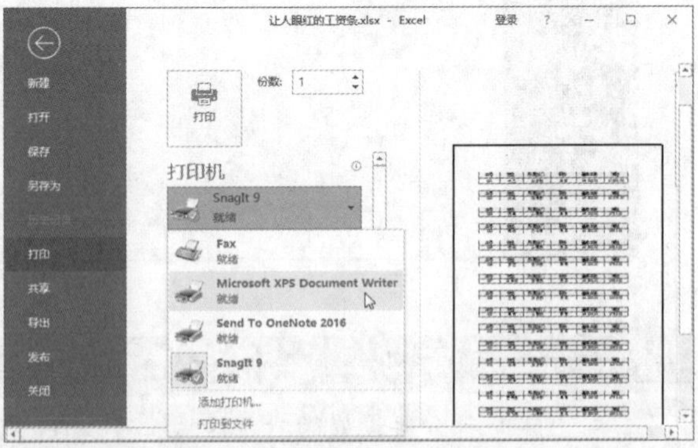

提示

用户还可以单击“打印机属性”按钮，在弹出的“属性”对话框中详细设置打印机的属性。

Step 03 在“设置”区域单击“打印活动工作表”下拉按钮，从列表中选择“打印选定区域”选项。

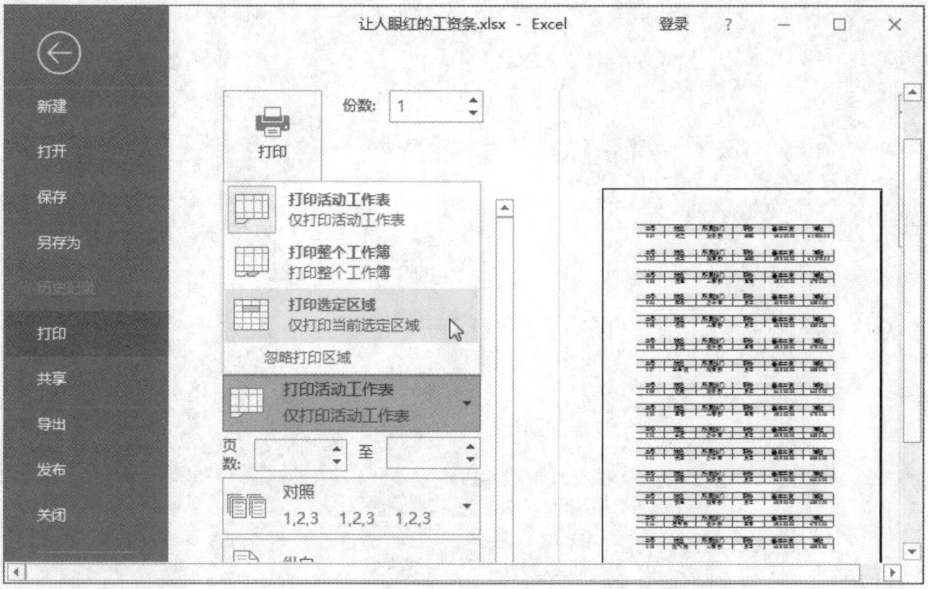

Step 04 如果用户想要打印多份，可以在“份数”框中输入想要打印的份数，这里输入“3”，单击“打印”按钮即可。

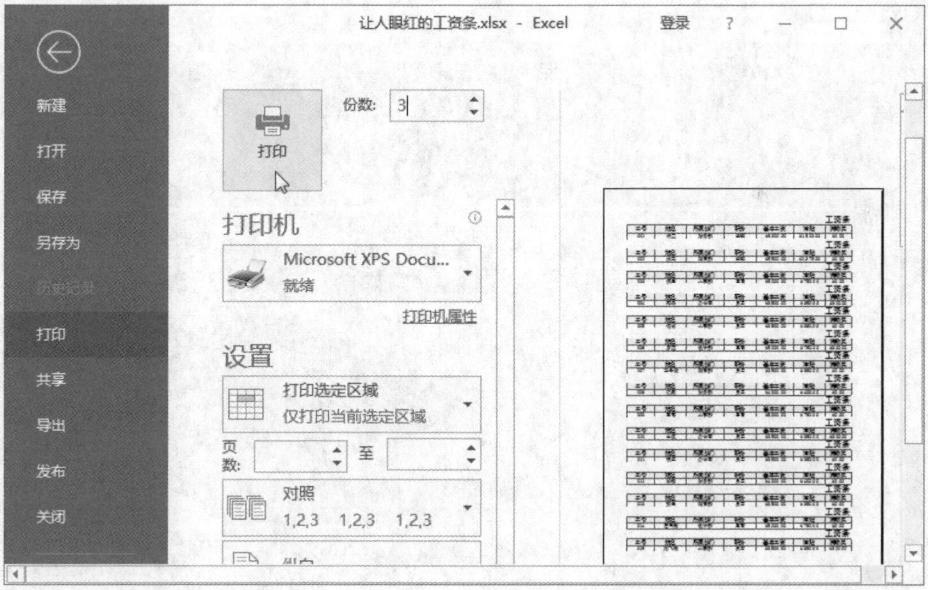

Chapter

13

重要的日常业务预算

本章概述

财务预算是指企业在计划期内有关现金收支、经营成果和资金运作的具体安排。财务预算包括销售预算、生产预算等。本章将结合前面章节中所学的知识，对销售预算和生产预算进行创建和分析。

核心知识点

销售预算
分析销售预算表
生产预算
分析生产预算表

13.1 销售预算

销售预算，是指为销售活动编制的预算，是总预算的基础，它同其他各项预算之间在不同程度上有着直接或间接的关系。销售预算一经确定，就成为生产预算及各项生产成本预算的编制依据。

13.1.1 制作销售预算表

销售预算表主要包括预计销量、预计售价、销售收入等，下面具体介绍制作销售预算表的操作步骤。

Step 01 新建一个工作表，将其重命名为“销售预算表”，在工作表中输入列标题，并对表格进行格式的设置。

Step 02 选中B2:F14单元格区域，按Ctrl+1组合键打开“设置单元格格式”对话框，切换至“边框”选项卡，在“样式”列表框中选择合适的直线样式，在“颜色”下拉列表中选择合适的颜色，单击“内部”按钮，按照同样的方法设置外边框，设置完成后单击“确定”按钮。

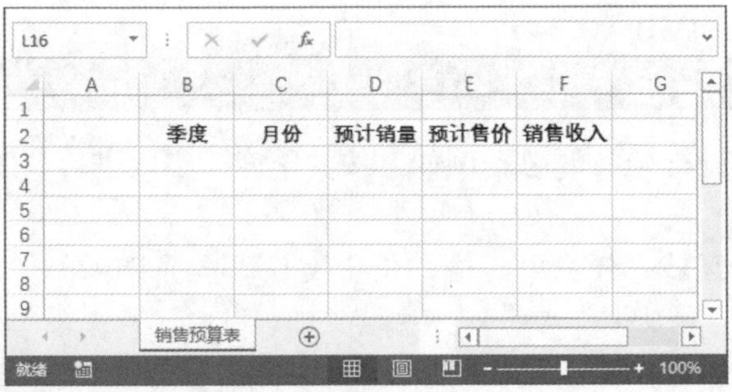

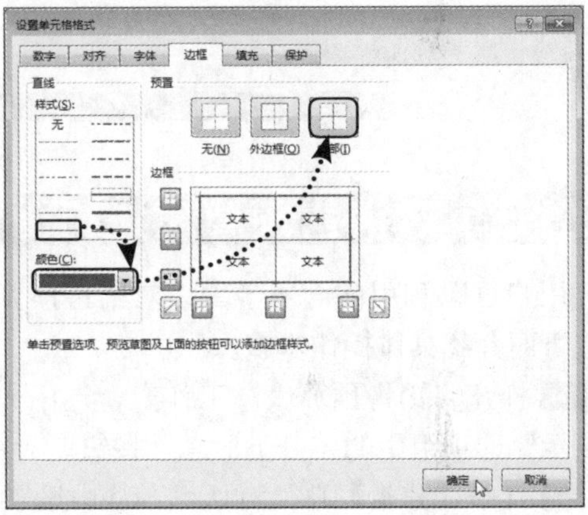

Step 03 为表格添加边框后，在表格中输入基本数据，设置其格式，并适当调整表格的行高和列宽。

Step 04 选中F3单元格，输入公式“=D3*E3”，按Enter键确认，计算出“销售收入”。

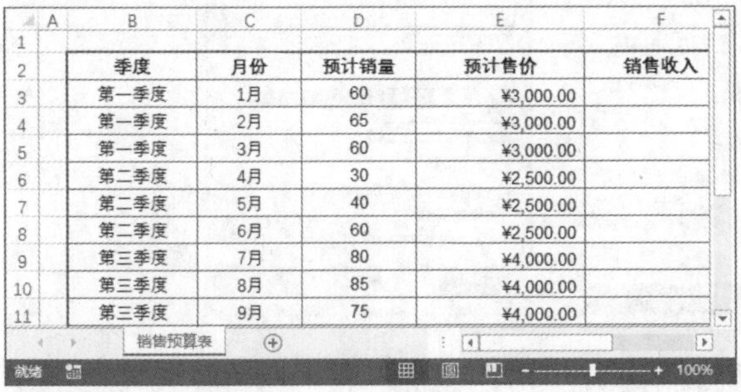

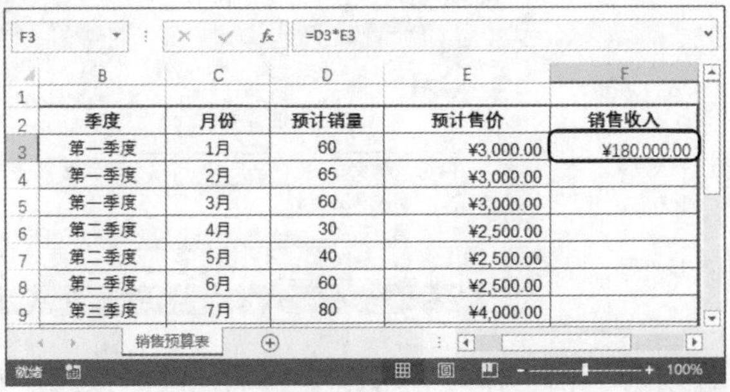

Step 05 选中F3:F14单元格区域，在“开始”选项卡中单击“编辑”选项组中的“填充”按钮，从展开的列表中选择“向下”选项，即可将公式向下填充。

Step 06 选择B2:F2单元格区域，在“开始”选项卡中单击“填充颜色”按钮，从列表中选择合适的颜色作为列标题的填充色。

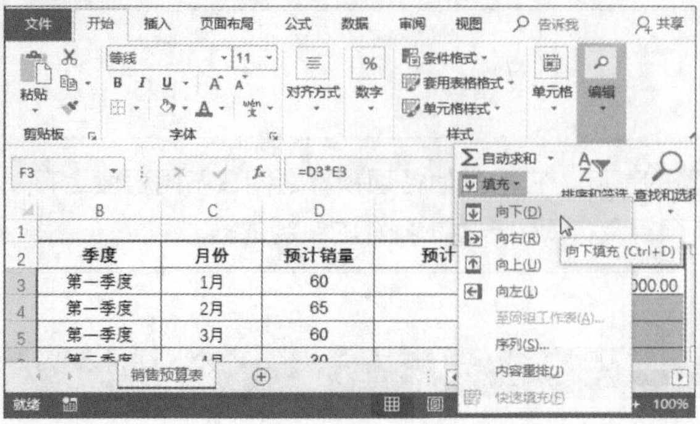

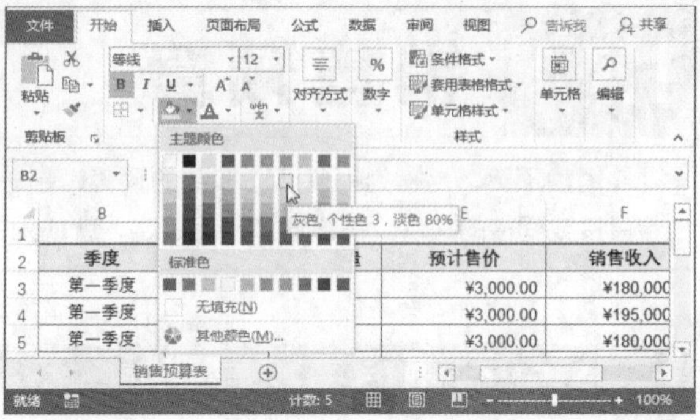

Step 07 至此，完成“销售预算表”的制作。

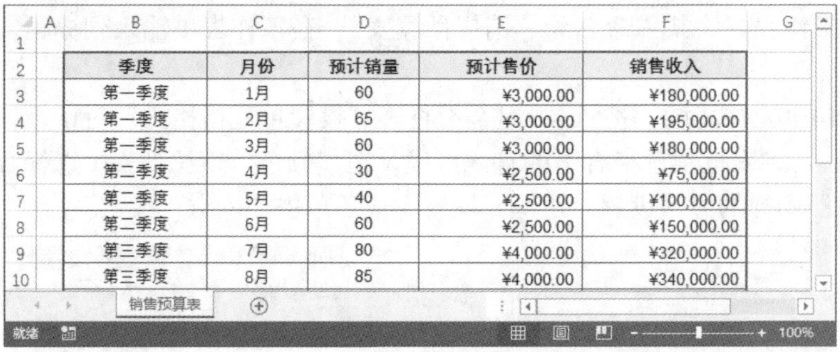

	A	B	C	D	E	F	G
1							
2		季度	月份	预计销量	预计售价	销售收入	
3		第一季度	1月	60	¥3,000.00	¥180,000.00	
4		第一季度	2月	65	¥3,000.00	¥195,000.00	
5		第一季度	3月	60	¥3,000.00	¥180,000.00	
6		第二季度	4月	30	¥2,500.00	¥75,000.00	
7		第二季度	5月	40	¥2,500.00	¥100,000.00	
8		第二季度	6月	60	¥2,500.00	¥150,000.00	
9		第三季度	7月	80	¥4,000.00	¥320,000.00	
10		第三季度	8月	85	¥4,000.00	¥340,000.00	

13.1.2 对销售预算表进行分类汇总

用户可以利用前面所学知识对销售预算表进行分类汇总。例如，按“季度”字段进行分类汇总，下面介绍具体操作步骤。

Step 01 打开“销售预算表”工作表，选中数据区域中任意单元格，在“数据”选项卡中单击“分级显示”选项组中的“分类汇总”按钮。

Step 02 打开“分类汇总”对话框，从中设置“分类字段”为“季度”，“汇总方式”为“求和”，并在“选定汇总项”列表框中勾选“预计销量”和“销售收入”复选框，单击“确定”按钮。

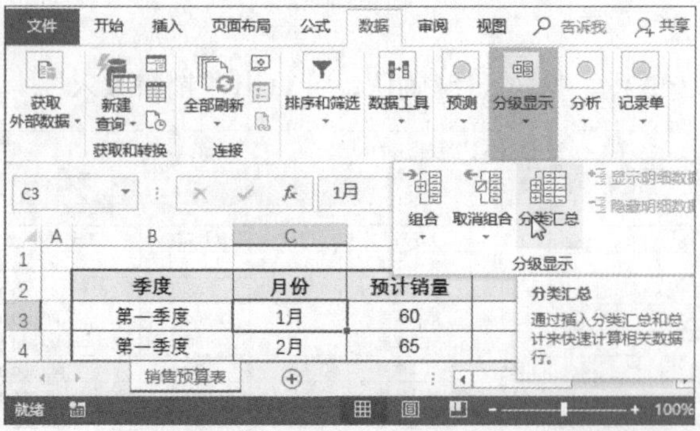

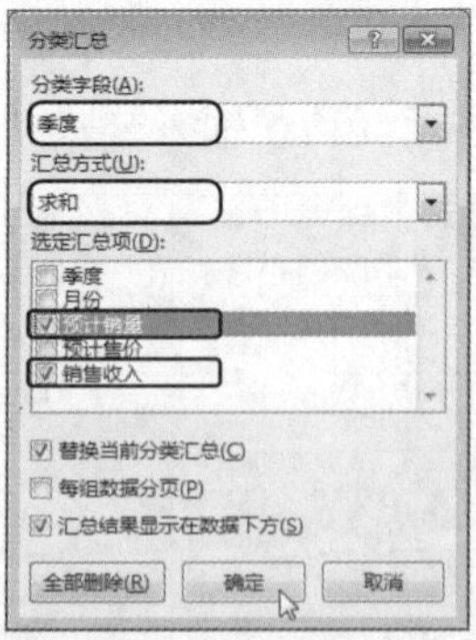

Step 03 返回工作表，可以看到系统已经按照“季度”字段对“预计销量”和“销售收入”进行了分类汇总。

Step 04 用户可以在工作表的左上角看到分类汇总的级别，系统默认显示分类汇总的所有级别，此处为3级，单击数字按钮中的“2”按钮，即可隐藏明细数据，只显示汇总数据。

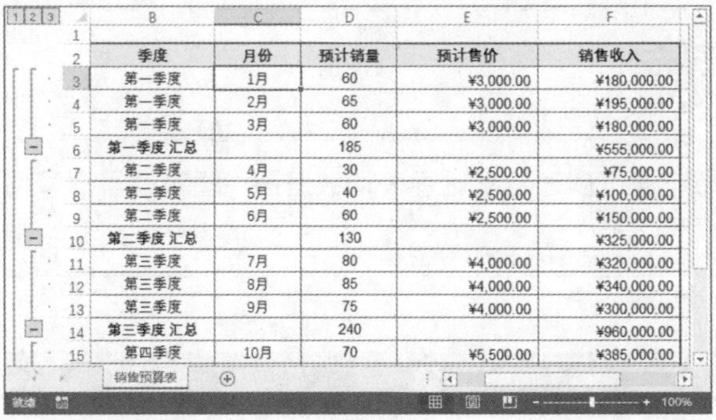

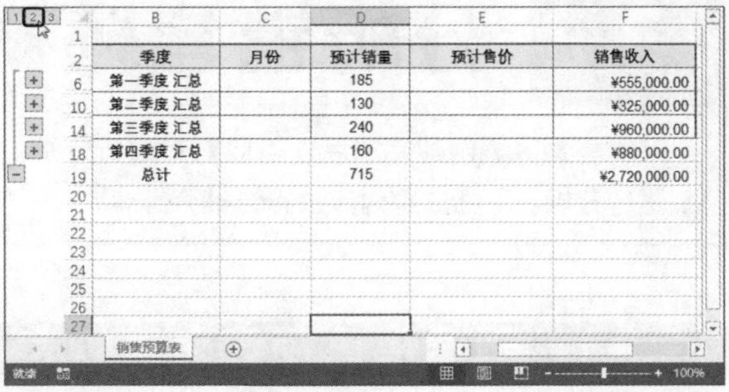

提示

如果销售预算表中的“季度”不是按照第一季度、第二季度、第三季度、第四季度的顺序排列，那么就需要对“季度”进行排序，使其按照顺序排列。

Step 05 选中“季度”数据列任意单元格，例如选中B10单元格，在“数据”选项卡中单击“分级显示”选项组中的“显示明细数据”按钮。

Step 06 将“第一季度 汇总”汇总项对应的明细数据显示出来。

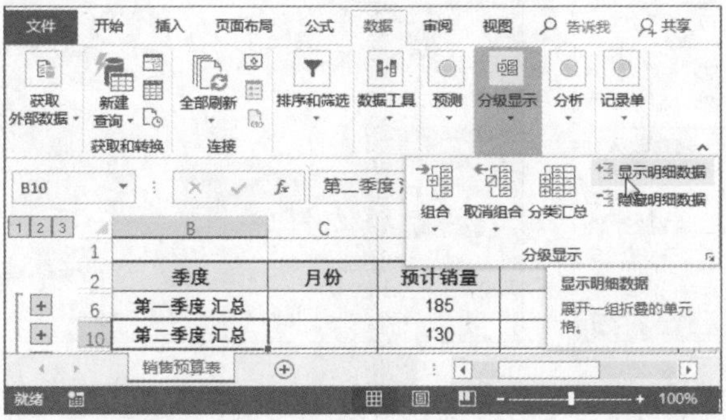

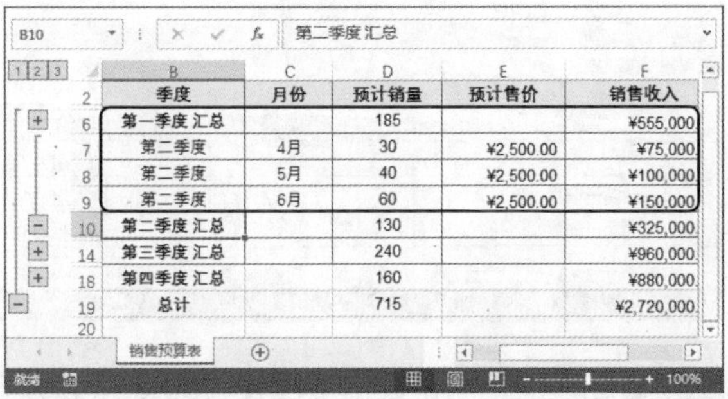

Step 07 在“数据”选项卡中单击“分级显示”选项组中的“取消组合”下拉按钮，从列表中选择“清除分级显示”选项。

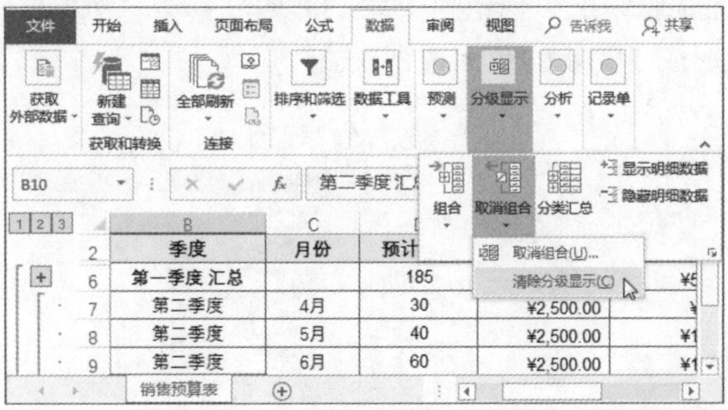

Step 08 清除工作表中的分类汇总的级别，取消分级显示。

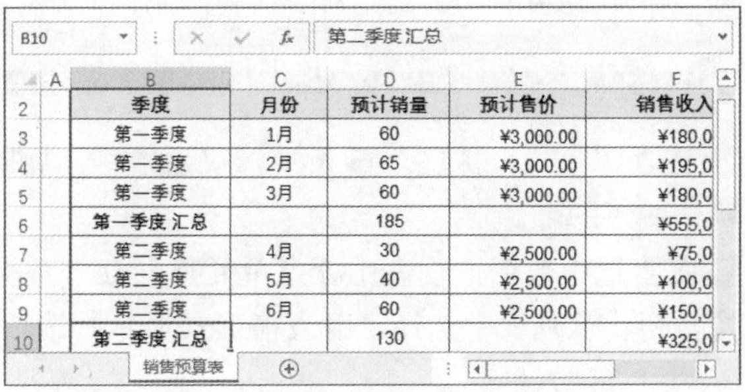

13.2 分析销售预算表

销售预算表创建完成后，可以对其进行分析。例如可通过创建数据透视表和数据透视图对销售预算表进行分析。下面分别对其进行详细介绍。

13.2.1 创建销售预算表透视表

用户可以通过创建销售预算表透视表对数据进行分析，具体操作步骤如下。

Step 01 打开“销售预算表”工作表，选中数据区域任意单元格，切换至“插入”选项卡，在“表格”选项组中单击“数据透视表”按钮。

Step 02 打开“创建数据透视表”对话框，保持“表/区域”文本框中的数据为默认状态，单击“确定”按钮。

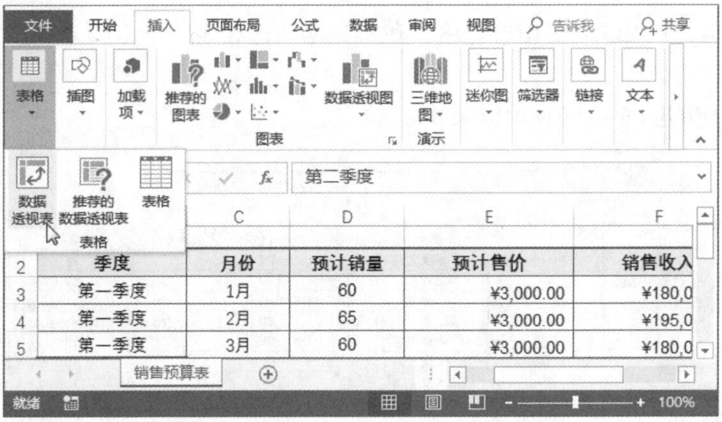

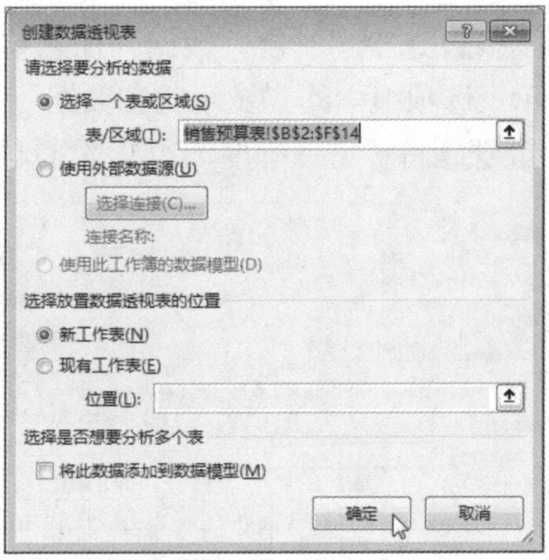

Step 03 创建一个空白数据透视表“Sheet1”，并在右侧弹出“数据透视表字段”窗格。

Step 04 在“选择要添加到报表的字段”列表框中选择要添加的字段，将其拖至右侧合适区域，就形成了初步的数据透视表。

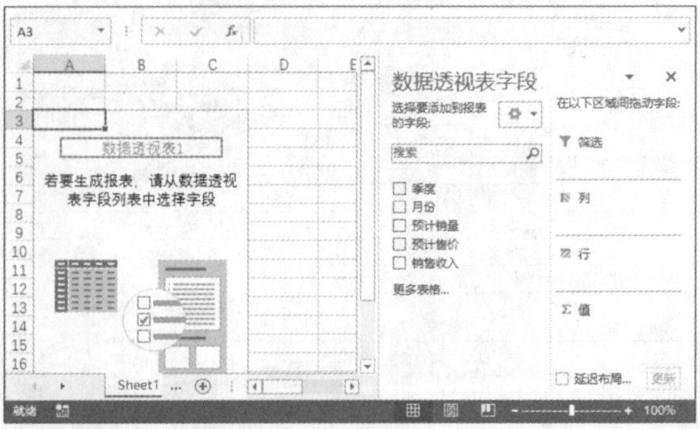

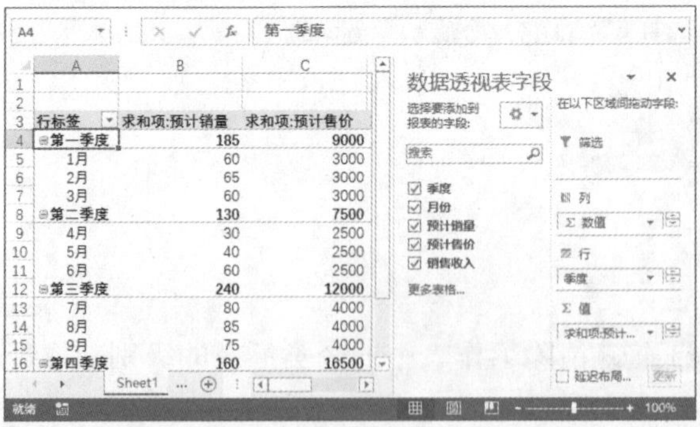

Step 05 选中“行标签”单元格，双击鼠标，删除单元格中的内容，输入“季度”文本，按Enter键确认输入即可。

Step 06 选中数据透视表中任意单元格，在“数据透视表工具-设计”选项卡中单击“报表布局”下拉按钮，从列表中选择“以表格形式显示”选项。

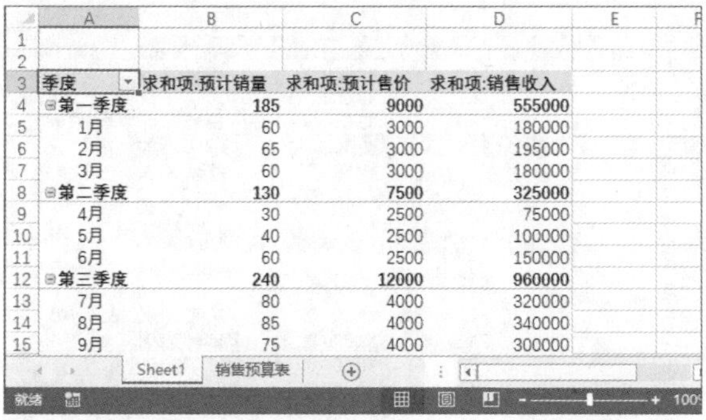

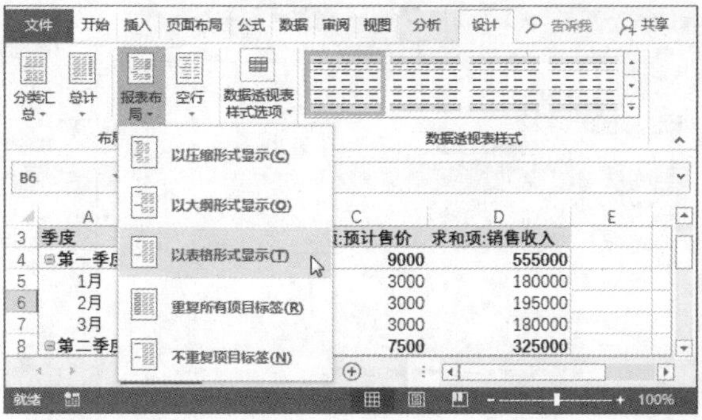

Step 07 在“数据透视表样式”选项组中单击“其他”按钮，从展开的列表中选择合适的表格样式。

Step 08 返回数据透视表，可以看到已经应用了所选的透视表样式。

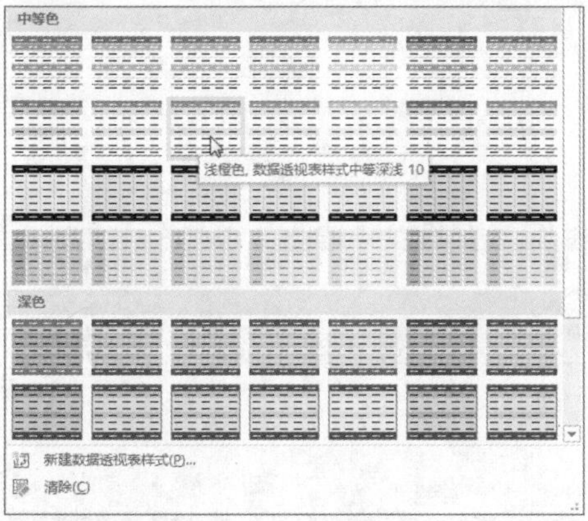

Step 09 选中D4:D20单元格区域，在“数据透视表工具-分析”选项卡中单击“活动字段”选项组中的“字段设置”按钮。

Step 10 弹出“值字段设置”对话框，在“值字段汇总方式”列表框中选择“求和”计算类型，单击“数字格式”按钮。

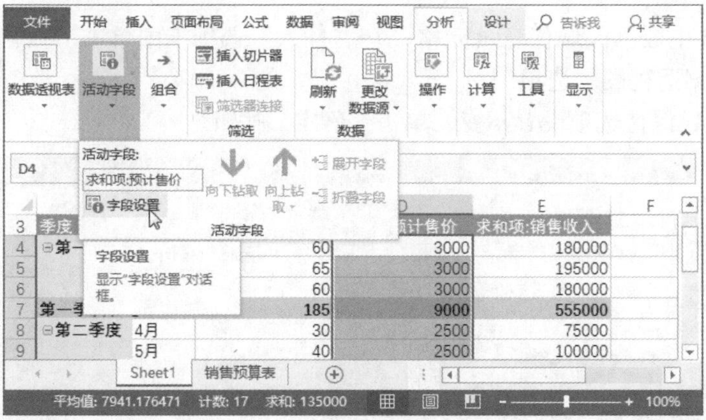

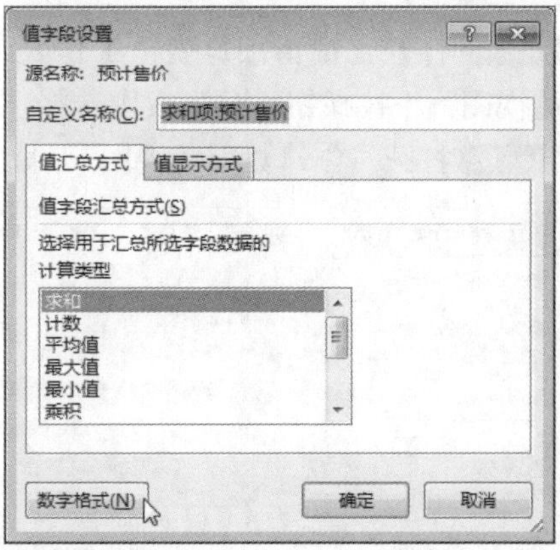

Step 11 打开“设置单元格格式”对话框，在“分类”列表框中选择“货币”选项，设置“小数位数”为“2”，单击“确定”按钮。

Step 12 返回“值字段设置”对话框，单击“确定”按钮，返回工作表中即可完成对“预计售价”数据字段的设置。按照同样的方法完成“销售收入”数据字段的设置。

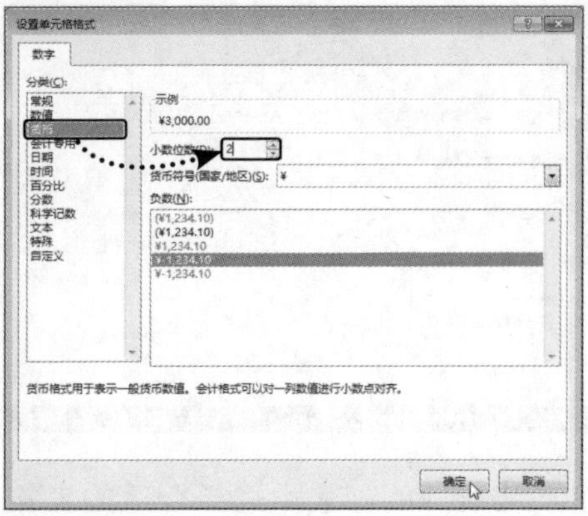

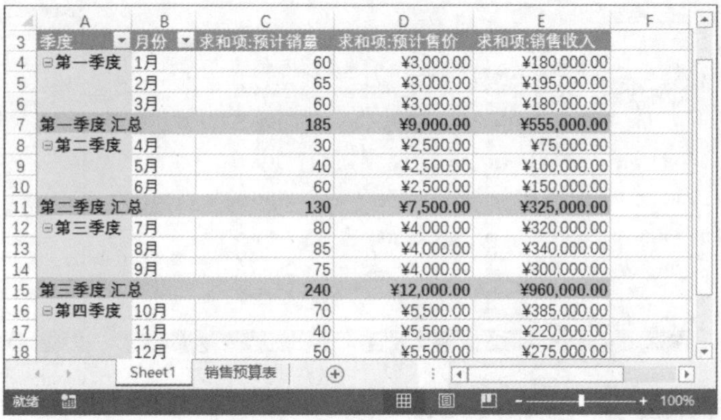

Step 13 单击“季度”右侧下拉按钮，从展开的列表中取消对“全选”的勾选，勾选“第二季度”复选框，单击“确定”按钮。

Step 14 返回工作表，可以看到已经将“第二季度”的销售信息筛选出来。

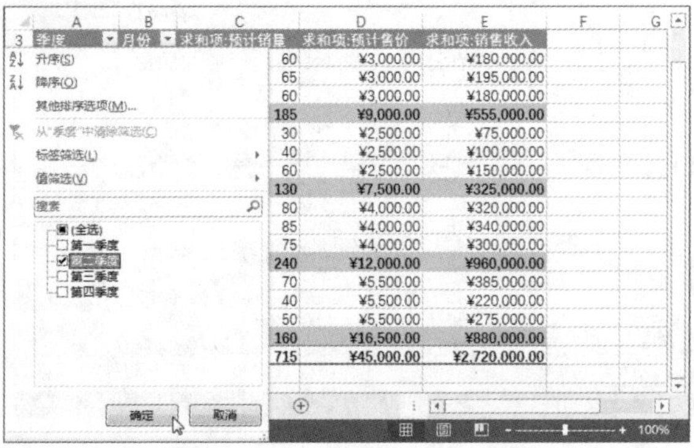

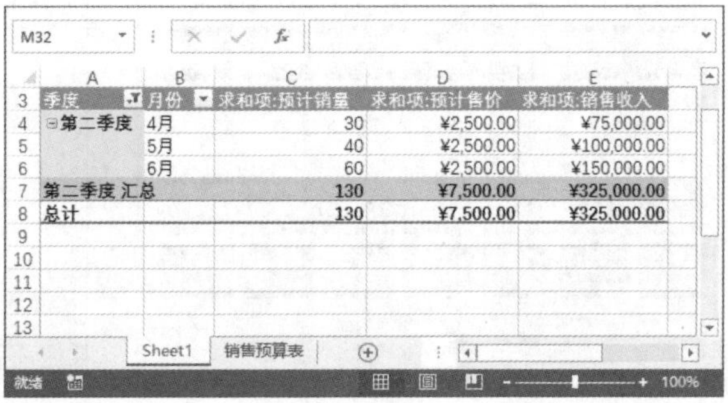

13.2.2 创建销售预算表透视图

用户还可以通过创建销售预算表透视图使数据直观地展现出来，以便对数据进行分析，具体操作步骤如下。

Step 01 打开“销售预算表”工作表，选中数据区域任意单元格，在“插入”选项卡中单击“数据透视图”下拉按钮，从列表中选择“数据透视图”选项。

Step 02 打开“创建数据透视图”对话框，保持选项设置不变，单击“确定”按钮。

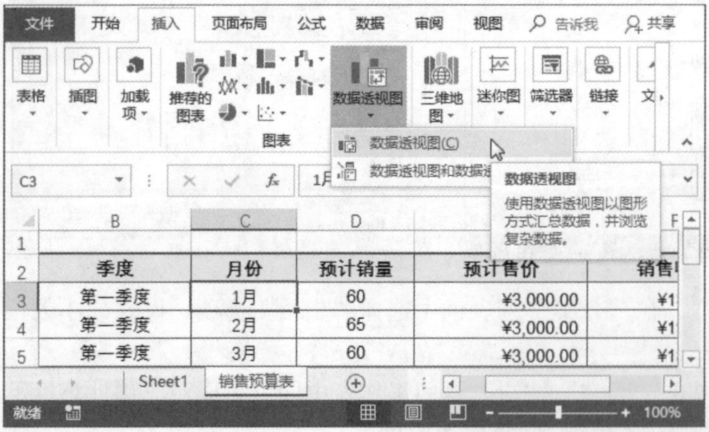

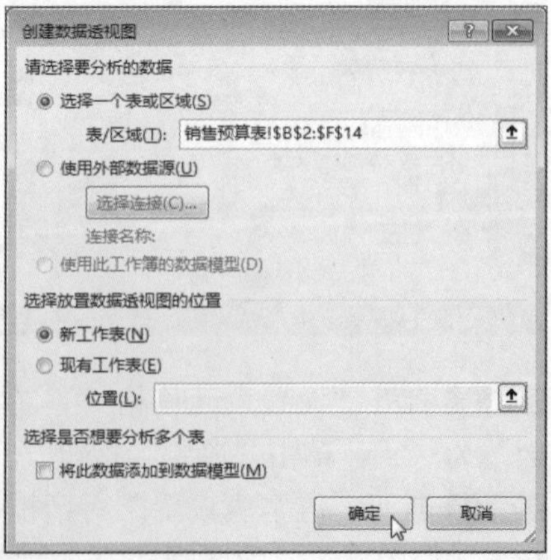

Step 03 创建一个空白数据透视图工作表，在编辑区中会出现一个图表区域，用户可以在右侧“数据透视图字段”窗格中进行设置。

Step 04 将“季度”和“月份”字段拖至“轴（类别）区域”，将“销售收入”字段拖至“值”区域，即可创建出相应的图表。

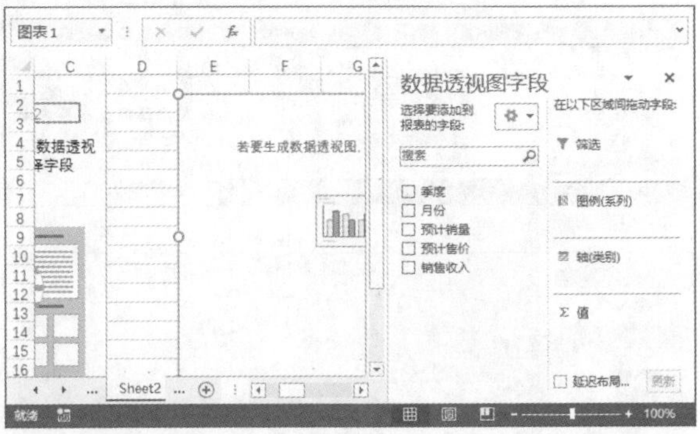

Step 05 将“汇总”标题更改为“销售收入分析”。

Step 06 选中数据透视图，在“数据透视图工具-设计”选项卡中单击“更改颜色”下拉按钮，从列表中选择合适的颜色。

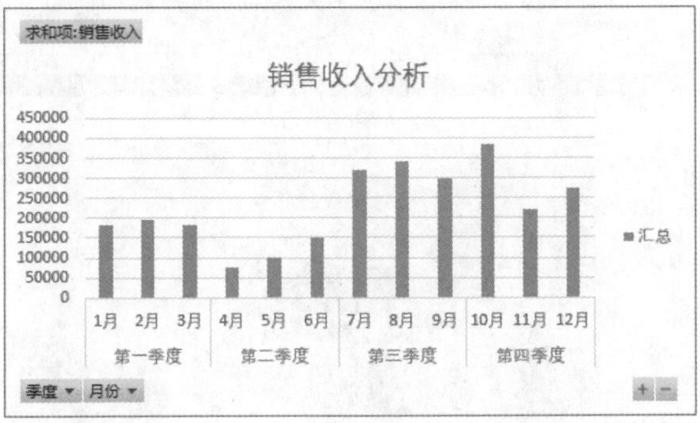

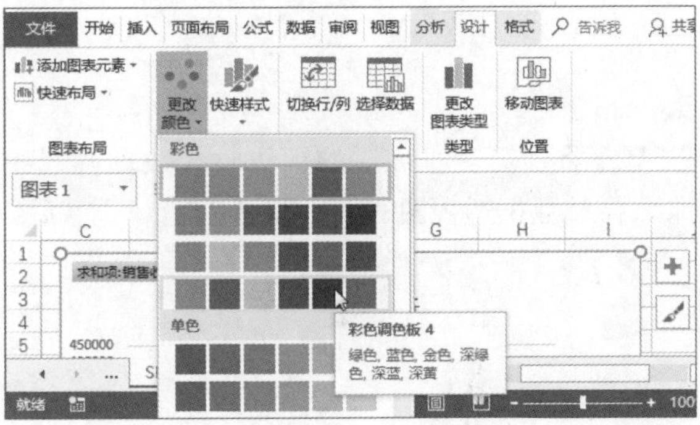

Step 07 在“设计”选项卡中单击“快速样式”下拉按钮，从列表中选择合适的样式，这里选择“样式16”。

Step 08 在“设计”选项卡中单击“添加图表元素”按钮，从列表中选择“数据标签→数据标签外”选项。

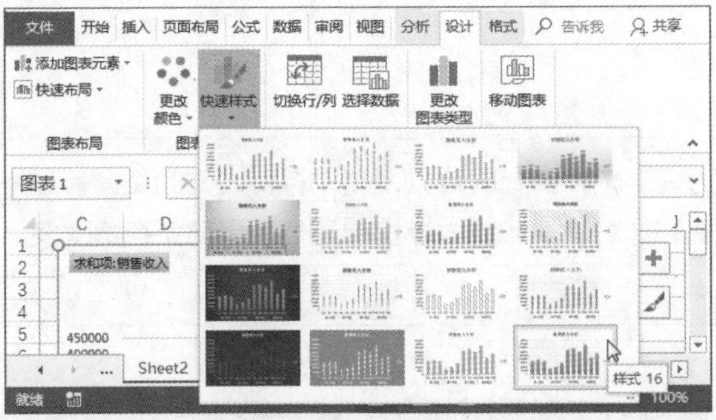

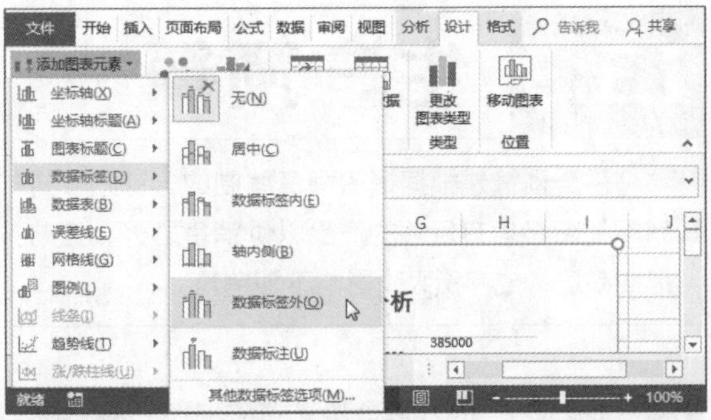

Step 09 返回工作表，可以看到为数据透视图添加标签的效果。

Step 10 再次选中数据透视图，在“数据透视图工具-格式”选项卡中单击“形状样式”选项组中的“形状填充”按钮，从列表中选择合适的填充颜色。

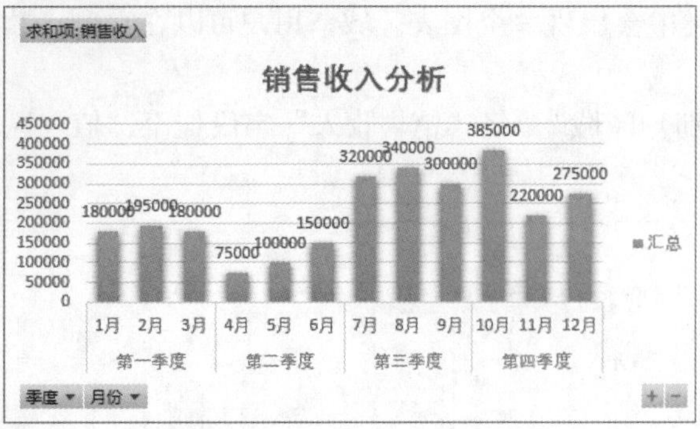

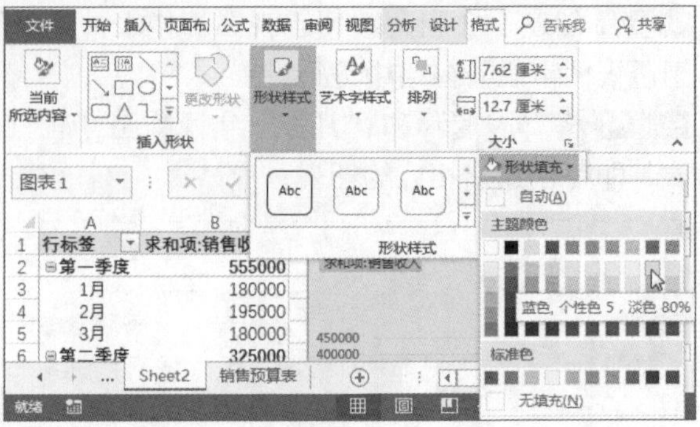

Step 11 在数据透视图中单击“季度”字段按钮，从展开的列表中取消对“全选”复选框的勾选，勾选“第三季度”复选框，单击“确定”按钮。

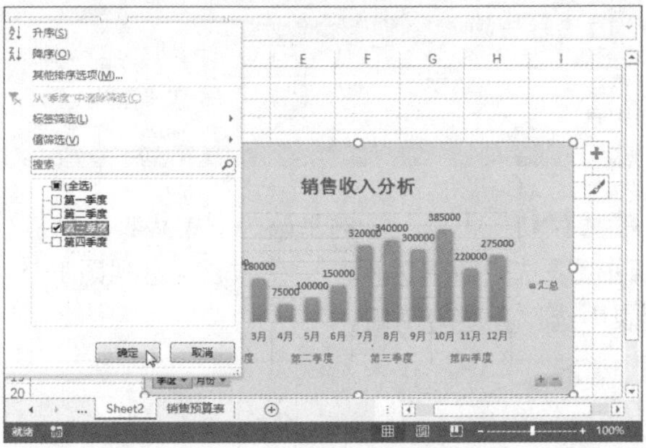

Step 12 将“第三季度”的销售收入数据筛选出来，调整数据透视图的大小即可。

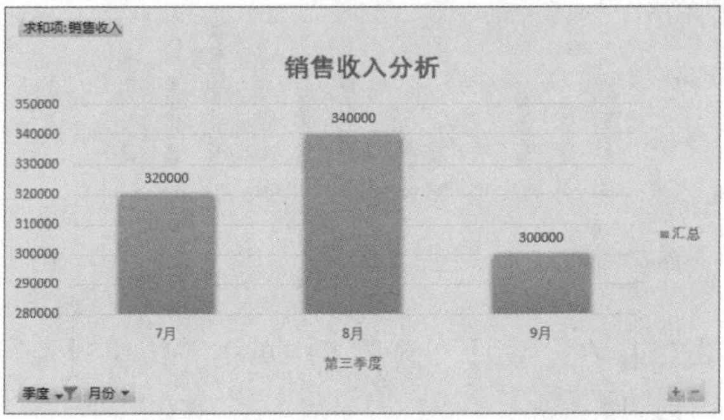

13.3 生产预算

生产预算是根据销售预算编制的，计划安排准备为满足预算的销售量以及期末存货所需的资源。计划期间除必须有足够的产品以供销售之外，还必须考虑到计划期初和期末存货的预估，以避免存货太多形成积压，或存货太少影响下期销售。

13.3.1 制作生产预算表

在生产预算表中，计划期初存货是预估出来的，期末存货量是根据销售趋势获得的，在本实例中将按不高于20%的比例预留存货，下面介绍如何制作生产预算表。

Step 01 新建一个空白工作表，将其命名为“生产预算表”，构建生产预算表的基本框架，输入基本内容，设置格式，并添加边框。

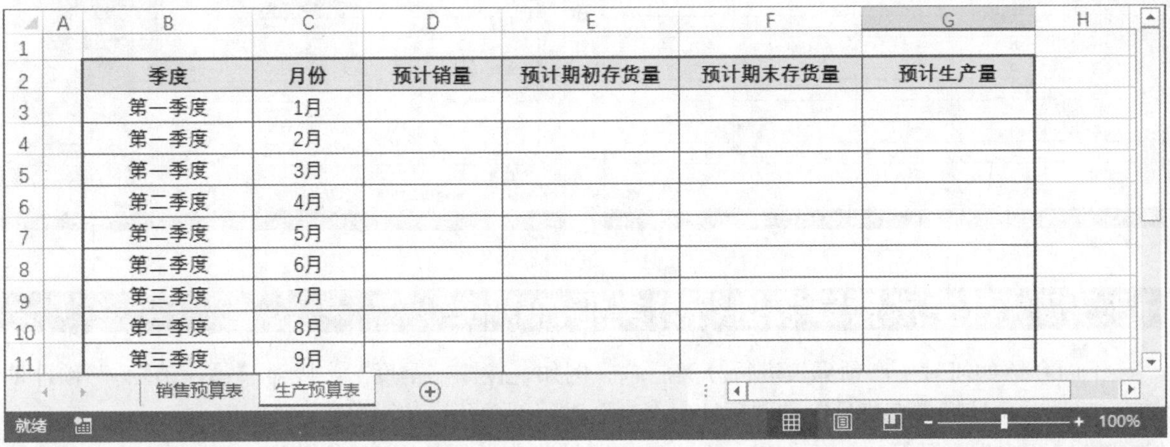

季度	月份	预计销量	预计期初存货量	预计期末存货量	预计生产量
第一季度	1月				
第一季度	2月				
第一季度	3月				
第二季度	4月				
第二季度	5月				
第二季度	6月				
第三季度	7月				
第三季度	8月				
第三季度	9月				

Step 02 选中D3单元格，输入公式“=销售预算表!D3”，按Enter键确认，引用“销售预算表”中的预计销量。按照同样的方法引用其他单元格的预计销量。

Step 03 选中F3单元格，输入公式“=INT(D3*0.2)”，按Enter键确认，计算“预计期末存货量”。将公式向下填充。

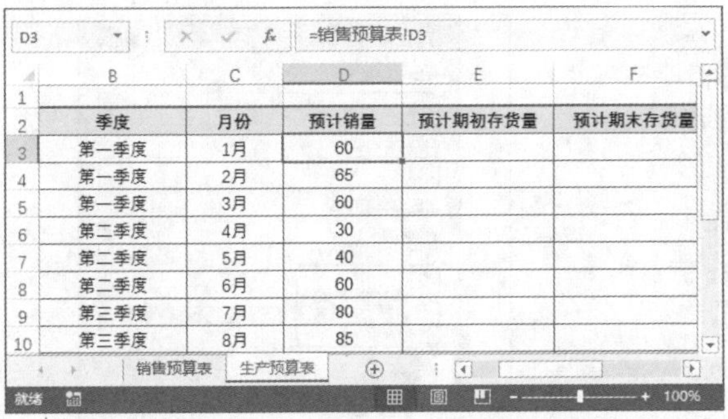

季度	月份	预计销量	预计期初存货量	预计期末存货量
第一季度	1月	60		
第一季度	2月	65		
第一季度	3月	60		
第二季度	4月	30		
第二季度	5月	40		
第二季度	6月	60		
第三季度	7月	80		
第三季度	8月	85		

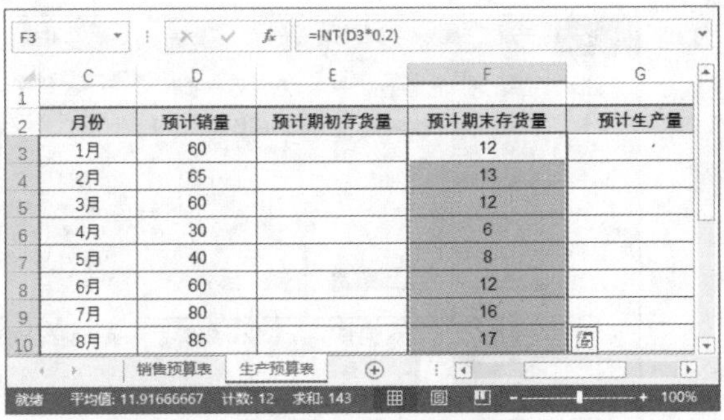

月份	预计销量	预计期初存货量	预计期末存货量	预计生产量
1月	60		12	
2月	65		13	
3月	60		12	
4月	30		6	
5月	40		8	
6月	60		12	
7月	80		16	
8月	85		17	

Step 04 在E3单元格中输入1月份的预计期初存货量，选中E4单元格，输入公式“=F3”，按Enter键确认。

Step 05 再次选中E4单元格，将公式向下填充，计算其他月份的预计期初存货量。

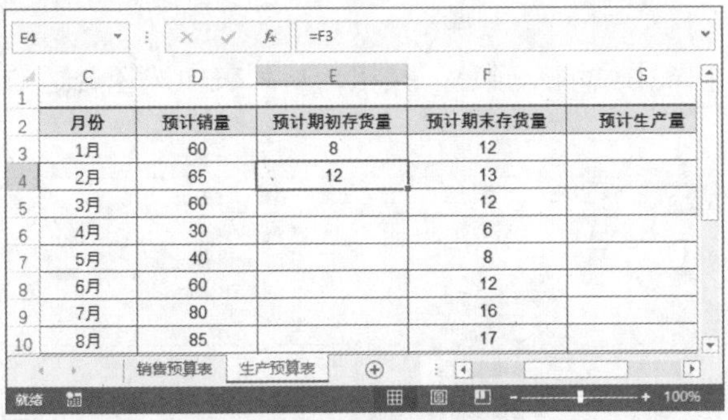

月份	预计销量	预计期初存货量	预计期末存货量	预计生产量
1月	60	8	12	
2月	65	12	13	
3月	60		12	
4月	30		6	
5月	40		8	
6月	60		12	
7月	80		16	
8月	85		17	

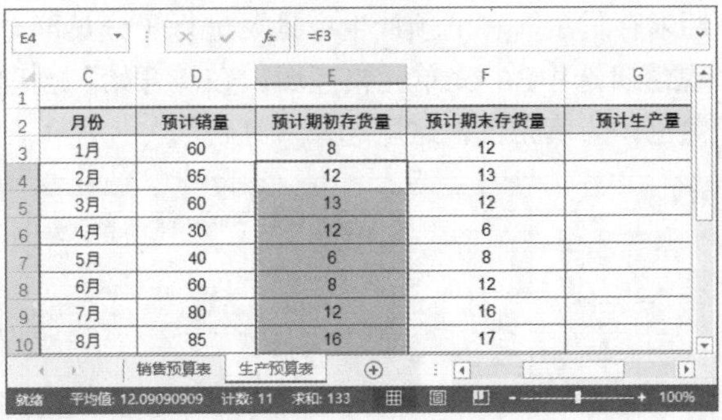

月份	预计销量	预计期初存货量	预计期末存货量	预计生产量
1月	60	8	12	
2月	65	12	13	
3月	60	13	12	
4月	30	12	6	
5月	40	6	8	
6月	60	8	12	
7月	80	12	16	
8月	85	16	17	

Step 06 根据公式“预计生产量=预计销量+预计期末存货量-预计期初存货量”，选中G3单元格，输入公式“=D3+F3-E3”，按Enter键确认，计算预计生产量。

Step 07 再次选中G3单元格，将公式向下填充，即可完成生产预算表的制作。

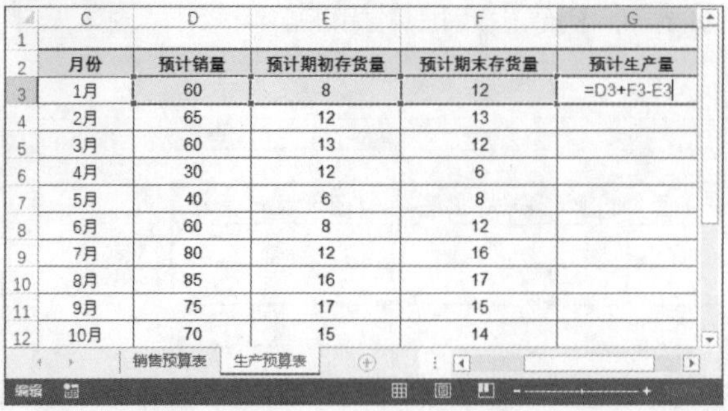

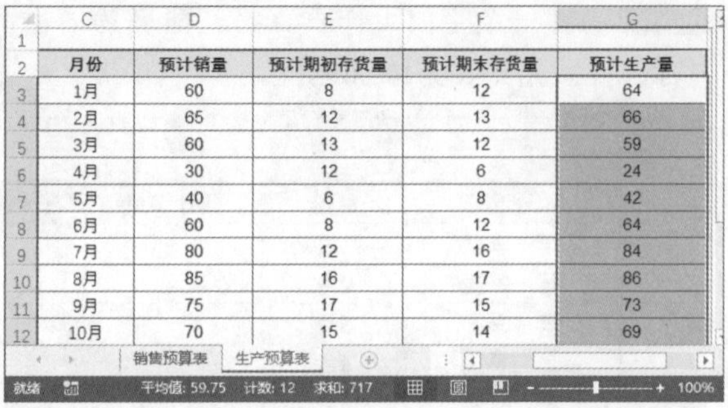

13.3.2 对生产预算表进行分类汇总

下面介绍如何对生产预算表进行分类汇总。例如，按照“季度”字段对“预计销量”“预计期初存货量”“预计期末存货量”和“预计生产量”进行汇总。

Step 01 打开“生产预算表”工作表，选中数据区域任意单元格，在“数据”选项卡中单击“分级显示”选项组中的“分类汇总”按钮。

Step 02 打开“分类汇总”对话框，在“分类字段”列表中选择“季度”选项，在“汇总方式”列表中选择“求和”选项，在“选定汇总项”列表框中勾选“预计销量”“预计期初存货量”“预计期末存货量”和“预计生产量”复选框，单击“确定”按钮。

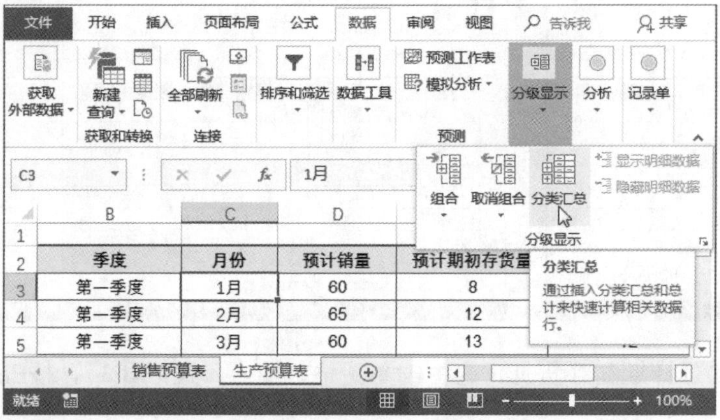

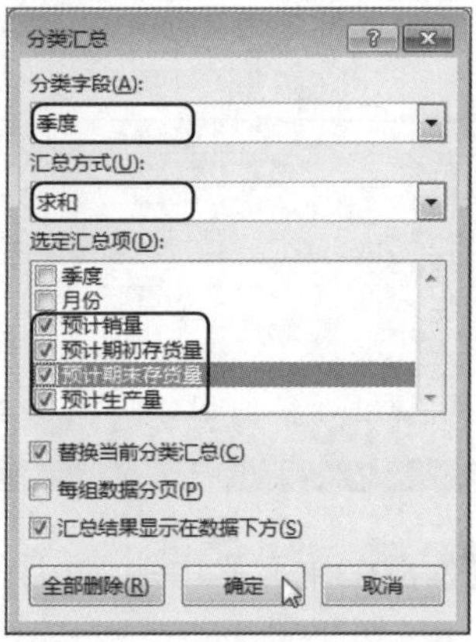

Step 03 返回工作表，可以看到已经按照“季度”字段，对“预计销量”“预计期初存货量”“预计期末存货量”和“预计生产量”进行了分类汇总。

Step 04 选中B6:G6单元格区域，在“开始”选项卡中单击“填充颜色”按钮，从列表中选择合适的颜色作为填充色，这里选择“红色”。

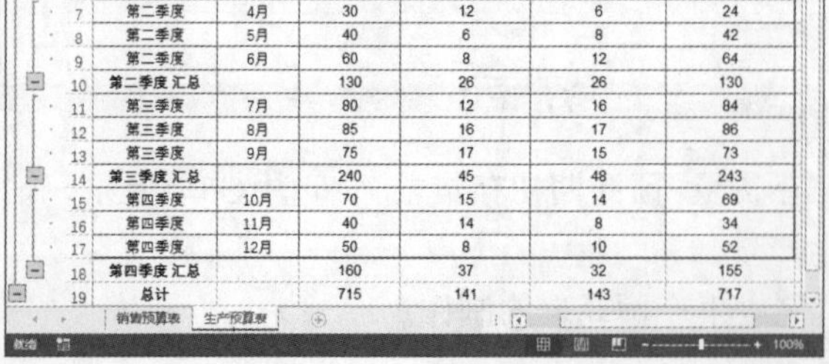

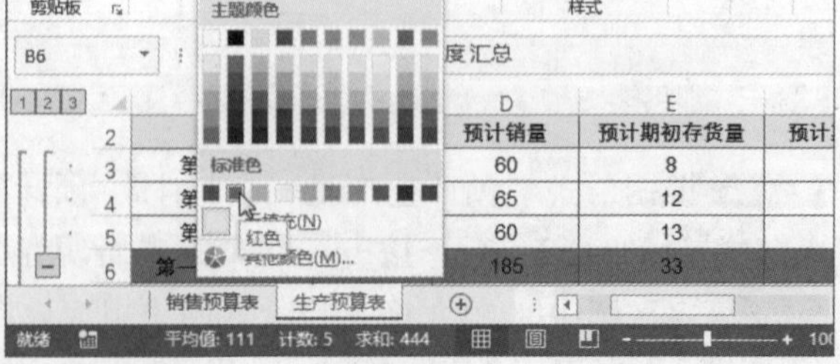

Step 05 按照同样的方法为其他汇总项设置填充颜色，此时在表中，可以清晰地看到每个月或每个季度的预算情况。

Step 06 如果用户想要将汇总的结果输出到一个新工作表中，可以单击表格左上角的按钮“2”，将明细数据全部隐藏，选择整个工作表的数据区域，即B2:G19单元格区域。

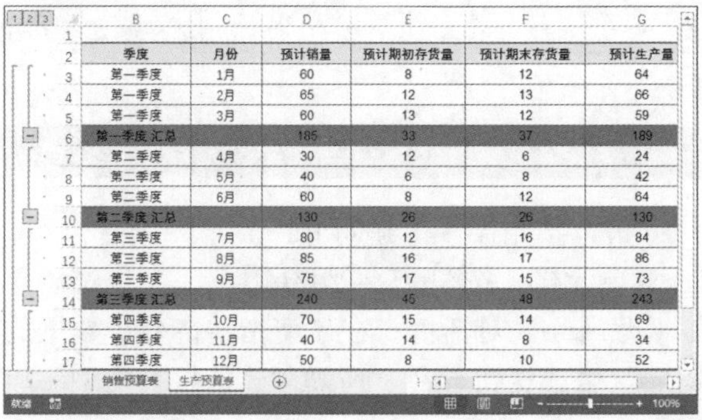

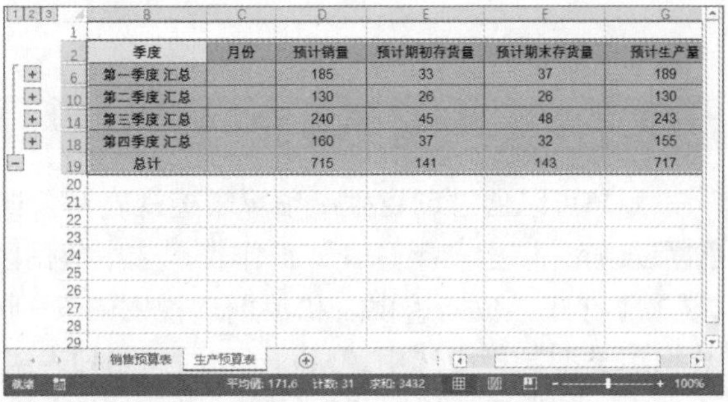

Step 07 在“开始”选项卡中单击“编辑”选项组中的“查找和选择”下拉按钮，从列表中选择“定位条件”选项。

Step 08 打开“定位条件”对话框，从中选中“可见单元格”单选按钮，单击“确定”按钮。

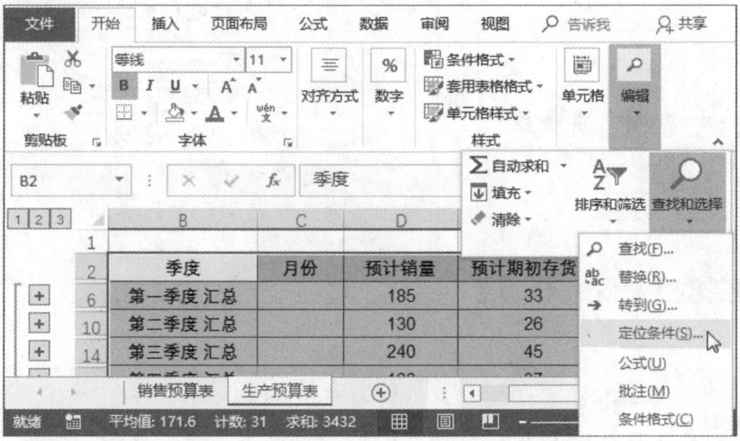

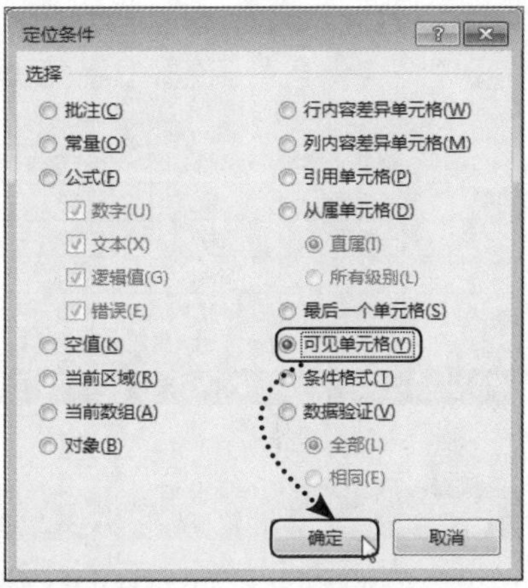

Step 09 返回工作表，接着按Ctrl+C组合键进行复制。

Step 10 新建一个工作表，选中A1单元格，按Ctrl+V组合键进行粘贴，即可将汇总的结果输出到新工作表中。

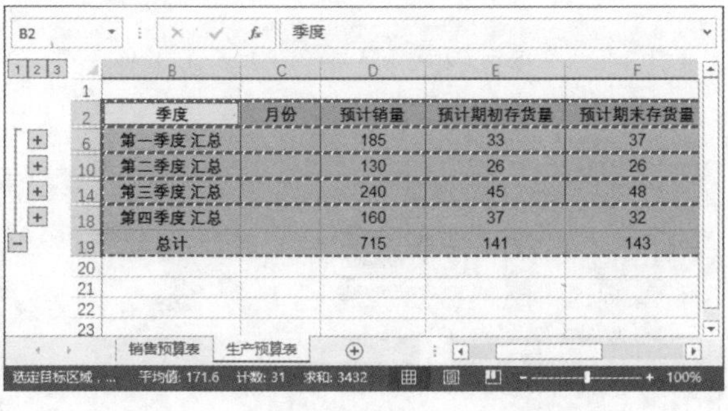

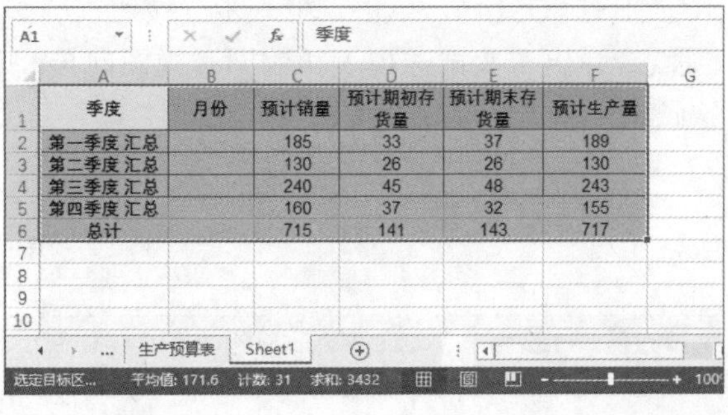

13.4 分析生产预算表

生产预算表创建完成后，用户可以使用数据透视表和数据透视图来进行分析，下面分别对其操作进行介绍。

13.4.1 创建生产预算表透视表

用户可以通过创建生产预算表透视表对数据进行分析，具体操作步骤如下。

Step 01 打开“生产预算表”工作表，选中数据区域任意单元格，按Alt+D+P组合键。

Step 02 打开“数据透视表和数据透视图向导-步骤1（共3步）”对话框，在“请指定待分析数据的数据源类型”栏中选中“Microsoft Excel列表或数据库”单选按钮，在“所需创建的报表类型”栏中选中“数据透视表”单选按钮，单击“下一步”按钮。

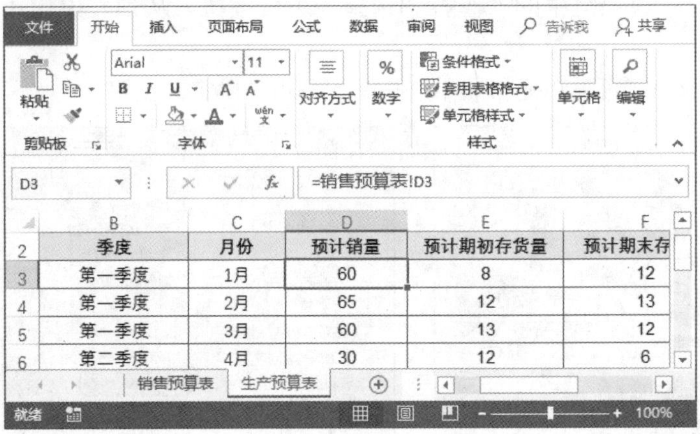

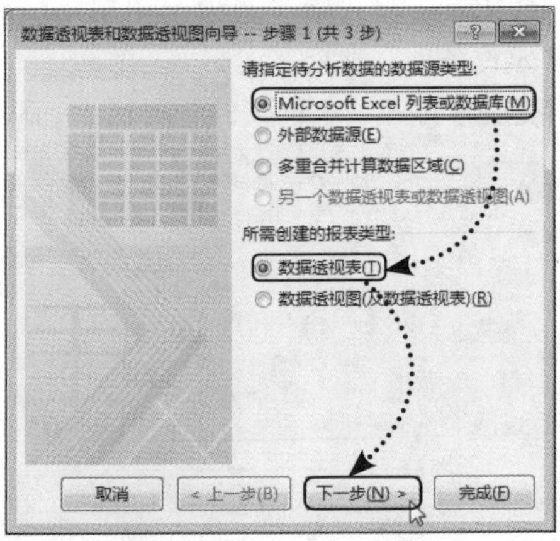

提示

在步骤1中按Alt+D+P组合键时，不是同时按下【Alt】键、【D】键和【P】键，而是先按下【Alt】键，释放，再按下【D】、【P】键。

Step 03 弹出“数据透视表和数据透视图向导-第2步，共3步”对话框，在“选定区域”文本框中输入“\$B\$2:\$G\$14”，单击“下一步”按钮。

Step 04 弹出“数据透视表和数据透视图向导-步骤3（共3步）”对话框，从中选中“新工作表”单选按钮，单击“完成”按钮。

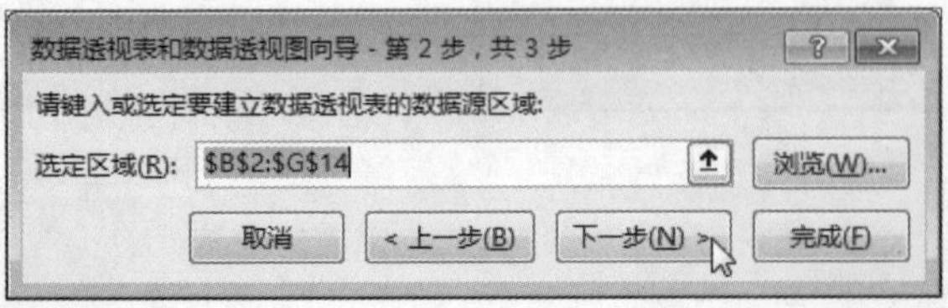

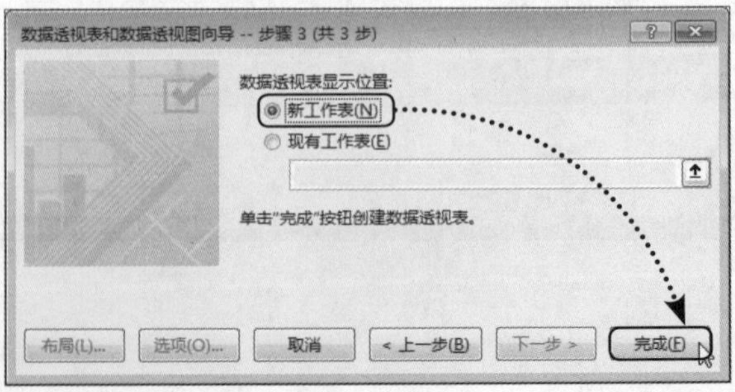

Step 05 创建一张空白的数据透视表工作表，并在右侧弹出“数据透视表字段”窗格，在“选择要添加到报表的字段”列表中选择需要添加的字段，按住鼠标左键不放，将字段拖至右侧合适区域。

Step 06 按照同样的方法添加其他字段，形成初步的数据透视表。

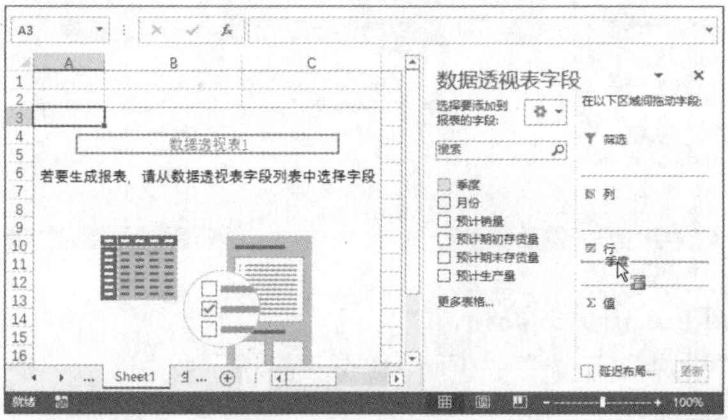

行标签	求和项:预计销量	求和项:预计期初存货量	求和项:预计期末存货量	求和项:预计生产量
第一季度	185	33	37	189
1月	60	8	12	64
2月	65	12	13	66
3月	60	13	12	59
第二季度	130	26	26	130
4月	30	12	6	24
5月	40	6	8	42
6月	60	8	12	64
第三季度	240	45	48	243
7月	80	12	16	84
8月	85	16	17	86
9月	75	17	15	73
第四季度	160	37	32	155
10月	70	15	14	69
11月	40	14	8	34
12月	50	8	10	52

Step 07 选中数据透视表中任意单元格，打开“数据透视表工具-设计”选项卡，在“布局”选项组中单击“分类汇总”按钮，从列表中选择“不显示分类汇总”选项。

Step 08 在“布局”选项组中单击“总计”下拉按钮，从列表中选择“仅对行启用”选项。

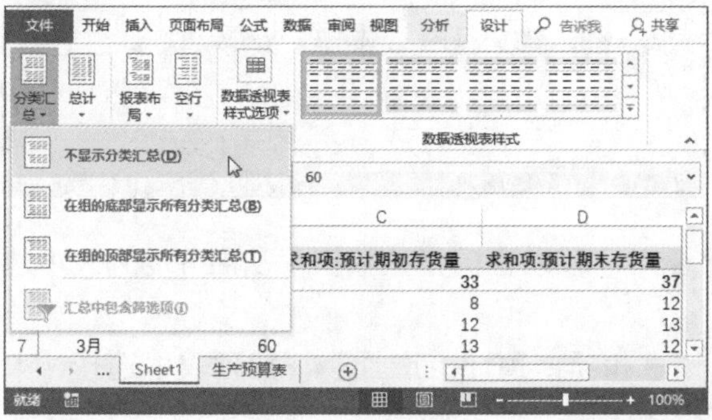

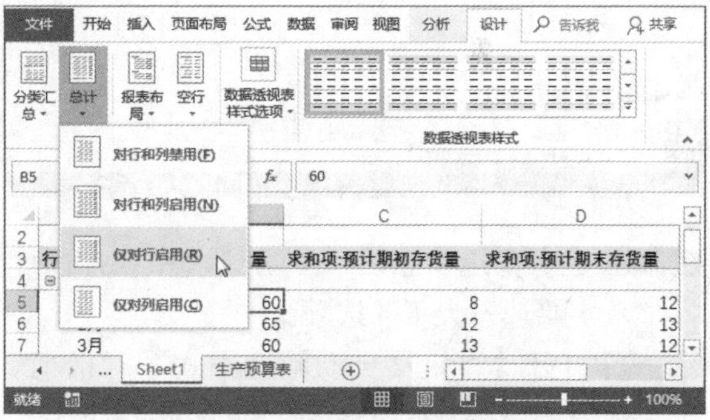

Step 09 在“布局”选项组中单击“报表布局”下拉按钮，从列表中选择“以表格形式显示”选项。

Step 10 在“数据透视表样式”选项组中单击“其他”按钮，从展开的列表中选择合适的样式。

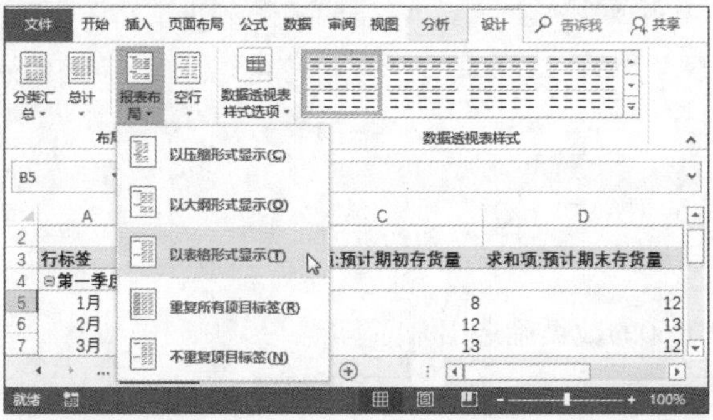

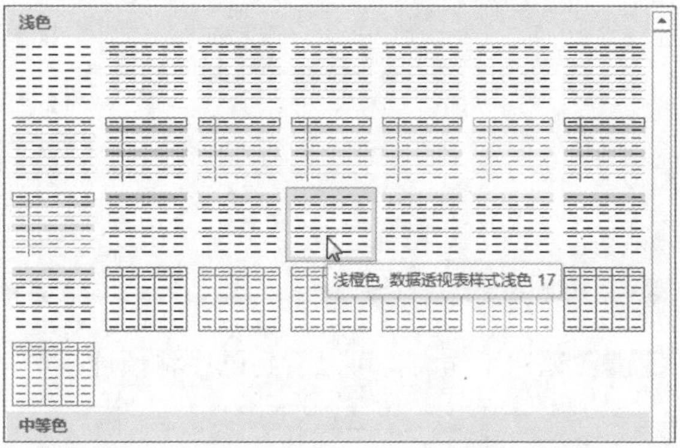

Step 11 返回数据透视表，可以看到应用了设置样式的数据透视表效果。

Step 12 选中“求和项：预计销量”列中任意单元格，单击鼠标右键，从弹出的快捷菜单中选择“排序→升序”选项。

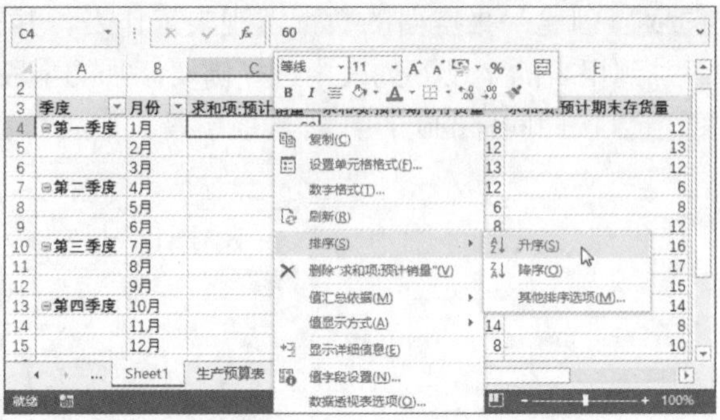

Step 13 “求和项：预计销量”列中的数据按照升序的方式由低到高排列。

Step 14 选中G3单元格，在“数据”选项卡中单击“排序和筛选”选项组中的“筛选”按钮。

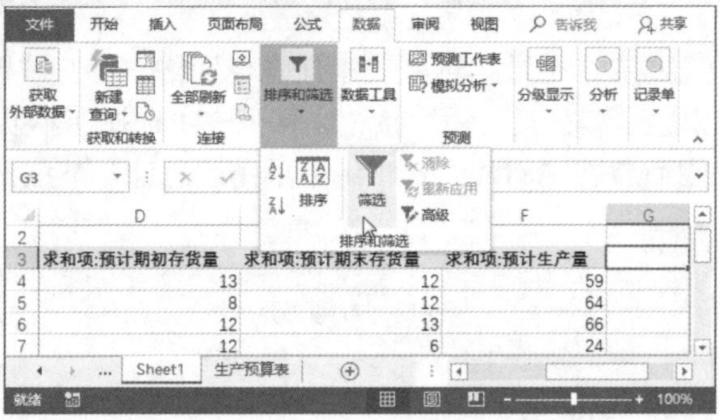

Step 15 进入筛选状态后，单击“求和项：预计生产量”字段右侧的下拉按钮，从展开的列表中选择“数字筛选→大于”选项。

Step 16 打开“自定义自动筛选方式”对话框，在“求和项：预计生产量”下拉列表中选择“大于”选项，在右侧框中输入“60”，最后单击“确定”按钮。

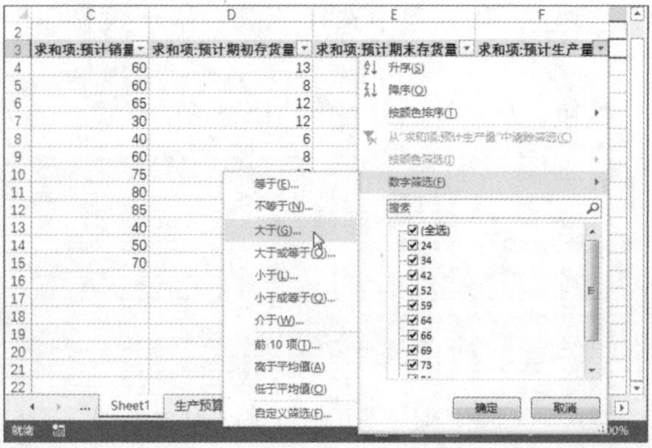

Step 17 返回工作表，可以看到已经将预计生产量大于60的数据筛选出来了。

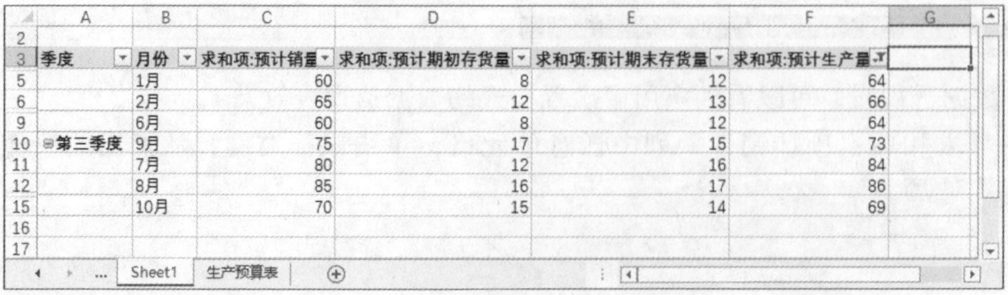

13.4.2 创建生产预算表透视图

下面介绍如何通过创建生产预算表透视图对数据进行分析，操作步骤如下。

Step 01 打开创建的生产预算表透视表，选中数据透视表中任意单元格，在“数据透视表工具-分析”选项卡中单击“工具”选项组中的“数据透视图”按钮。

Step 02 打开“插入图表”对话框，在“所有图表”选项卡中选择“折线图”选项，在右侧选择“折线图”类型，单击“确定”按钮。

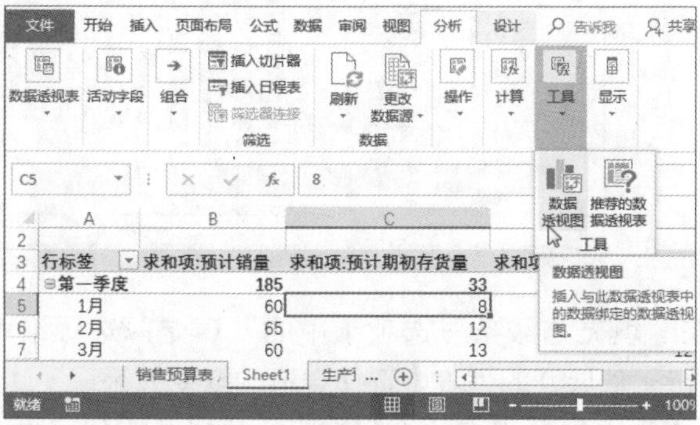

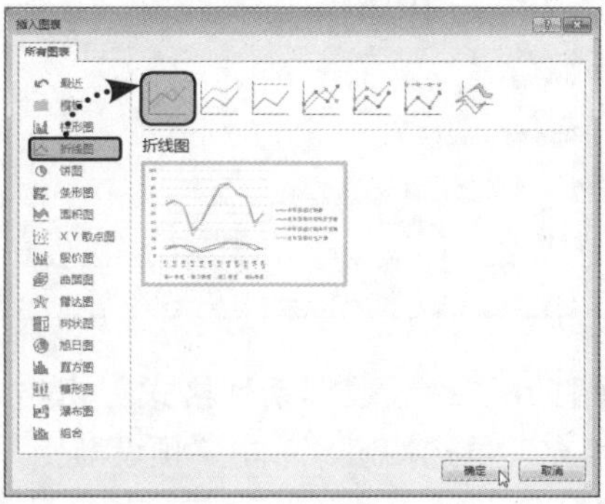

Step 03 返回工作表，即可创建一个折线数据透视图，选中数据透视图，单击鼠标右键，从弹出的快捷菜单中选择“显示字段列表”选项。

Step 04 弹出“数据透视图字段”窗格，在“选择要添加到报表的字段”列表框中取消对“预计期初存货量”和“预计期末存货量”复选框的勾选。

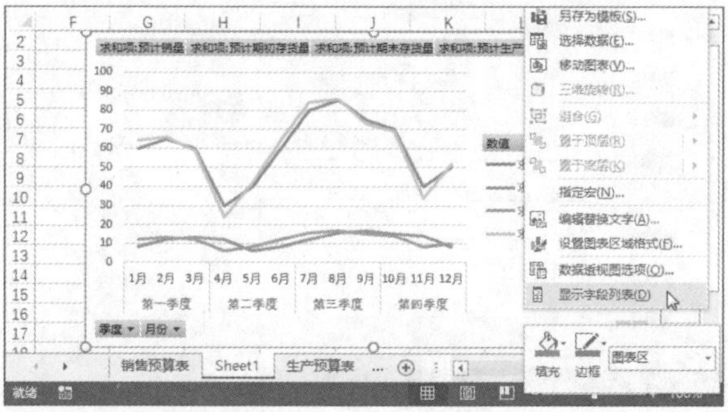

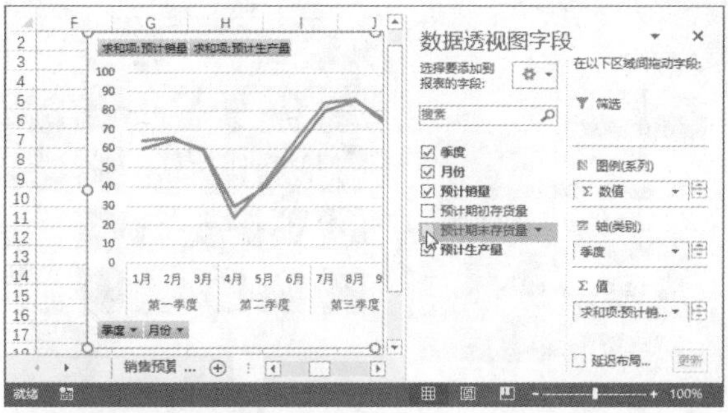

Step 05 关闭“数据透视图字段”窗格，查看设置后的数据透视图的效果。

Step 06 选中数据透视图，在“数据透视图工具-设计”选项卡中单击“更改图表类型”按钮。

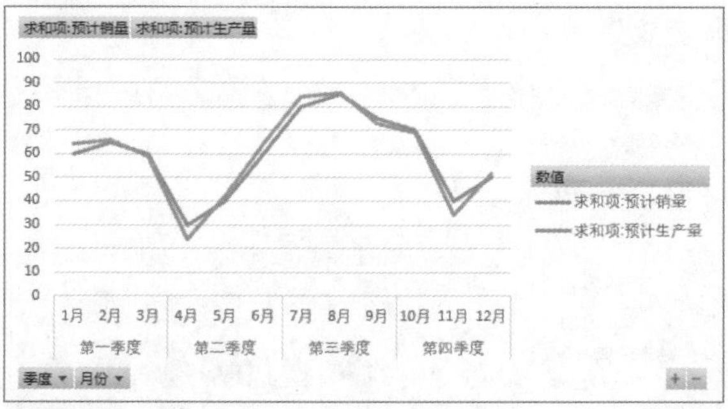

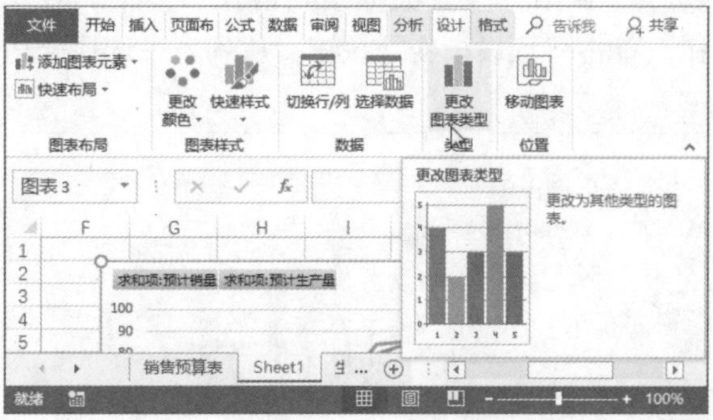

Step 07 打开“更改图表类型”对话框，在“所有图表”选项卡中选择“柱形图”选项，在右侧选择“簇状柱形图”类型，单击“确定”按钮。

Step 08 将折线数据透视图更改为簇状柱形数据透视图，选中“求和项：预计销量”数据系列，单击鼠标右键，从弹出的快捷菜单中选择“设置数据系列格式”选项。

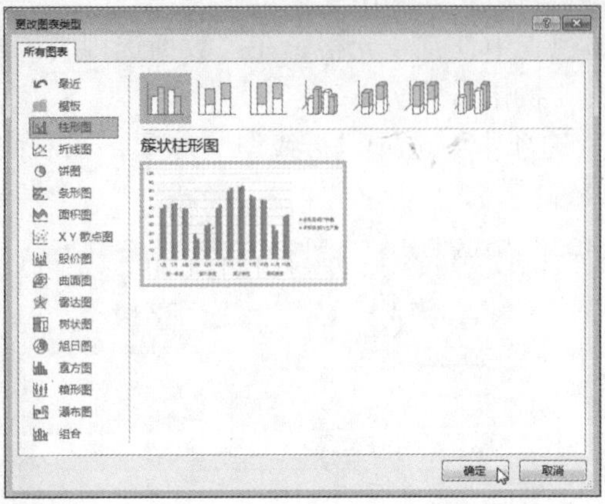

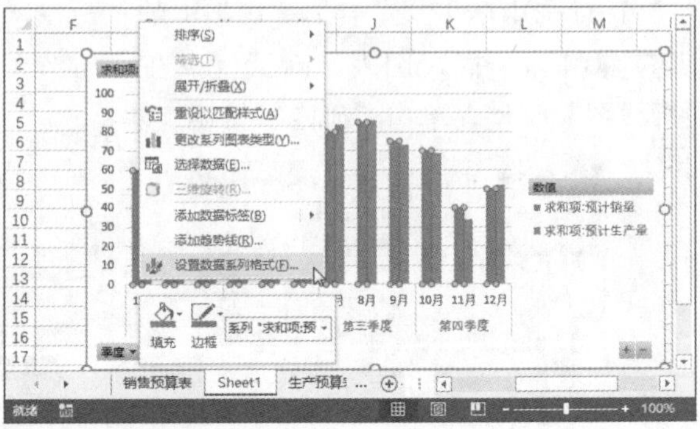

Step 09 打开“设置数据系列格式”窗格，在“填充与线条”选项卡中的“填充”选项组中单击“渐变填充”单选按钮，单击“预设渐变”按钮，从展开的列表中选择合适的渐变效果。

Step 10 切换至“效果”选项卡，在“阴影”选项组中单击“预设”按钮，从展开的列表中选择合适的阴影效果，这里选择“偏移：右”。

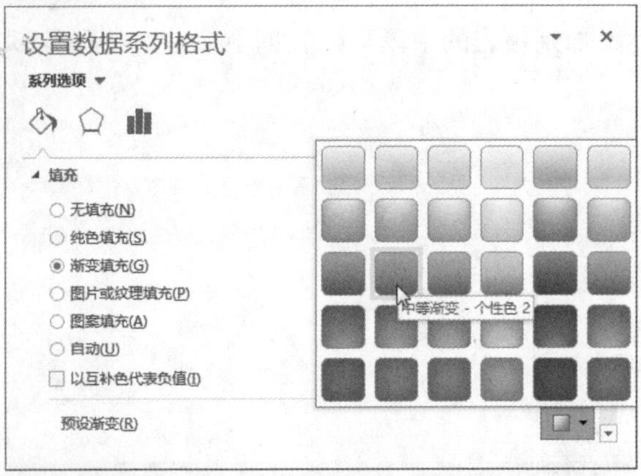

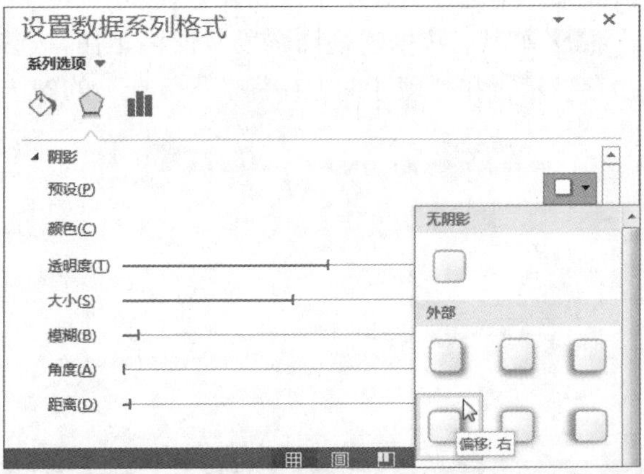

Step 11 设置完成后关闭窗格，在数据透视图中选中“求和项：预计生产量”数据系列，单击鼠标右键，从弹出的快捷菜单中选择“设置数据系列格式”选项。

Step 12 弹出“设置数据系列格式”窗格，在“填充与线条”选项卡中选中“渐变填充”单选按钮，单击“预设渐变”按钮，从列表中选择合适的渐变效果。

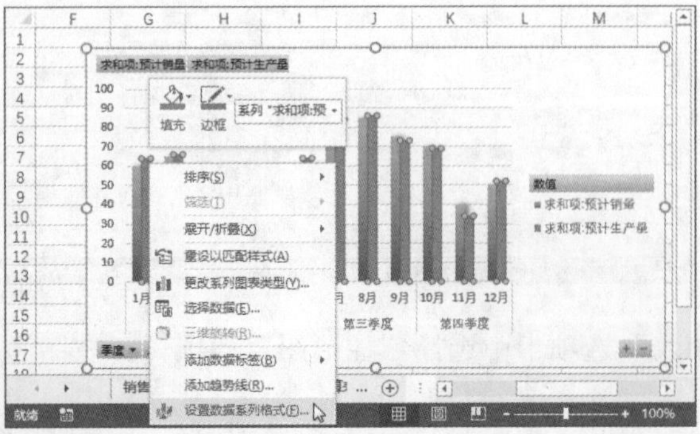

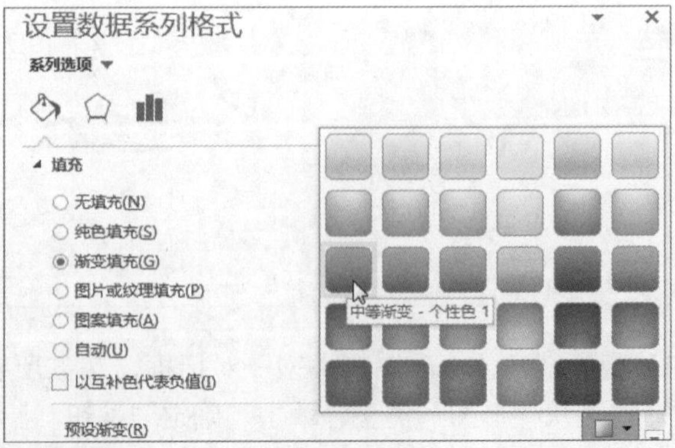

Step 13 切换至“效果”选项卡，在“阴影”选项组中单击“预设”按钮，从列表中选择合适的阴影效果。

Step 14 切换至“系列选项”选项卡，在“系列选项”选项组中选中“系列重叠”滑块，按住鼠标左键不放向左拖动鼠标，调整系列间距。

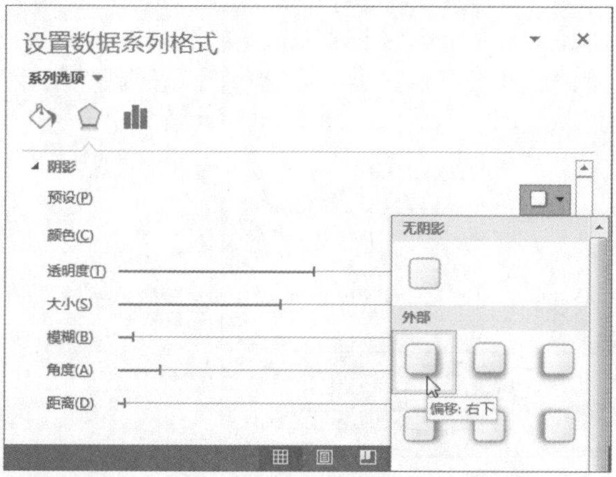

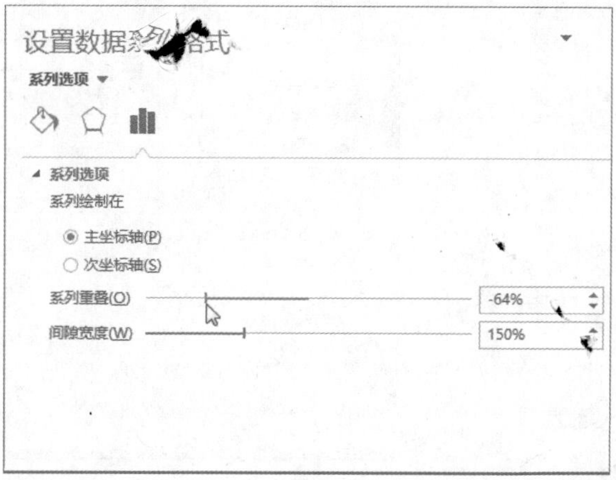

提示

在“系列选项”选项组中，如果拖动“系列重叠”滑块向右移动，则系列间距会逐渐变小；如向左移动，则系列间距会逐渐变大。

Step 15 设置完成后关闭窗格，查看设置数据透视图的效果。

Step 16 选中数据透视图，在“数据透视图工具-设计”选项卡中单击“添加图表元素”按钮，从列表中选择“数据标签”选项，从其级联菜单中选择“数据标签外”选项。

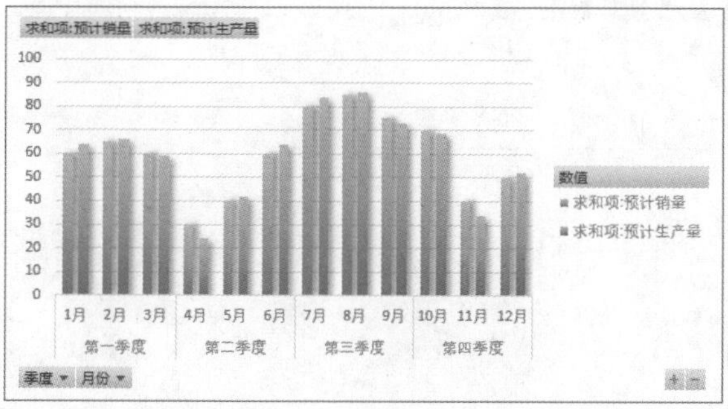

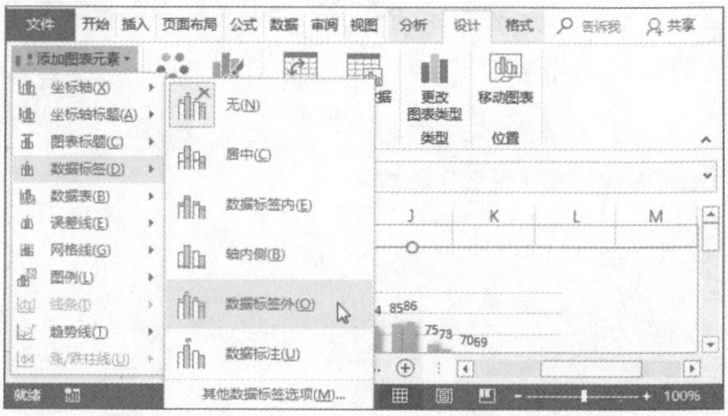

Step 17 切换至“数据透视图工具-格式”选项卡，在“形状样式”选项组中单击“形状填充”按钮，从列表中选择“图片”选项。

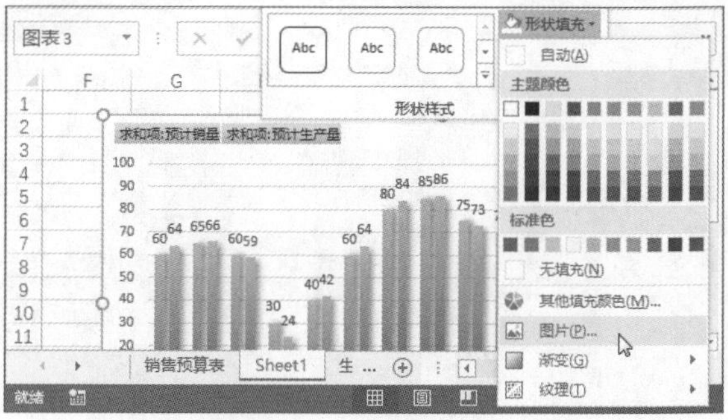

Step 18 打开“插入图片”对话框，从中选择图片后，单击“插入”按钮。

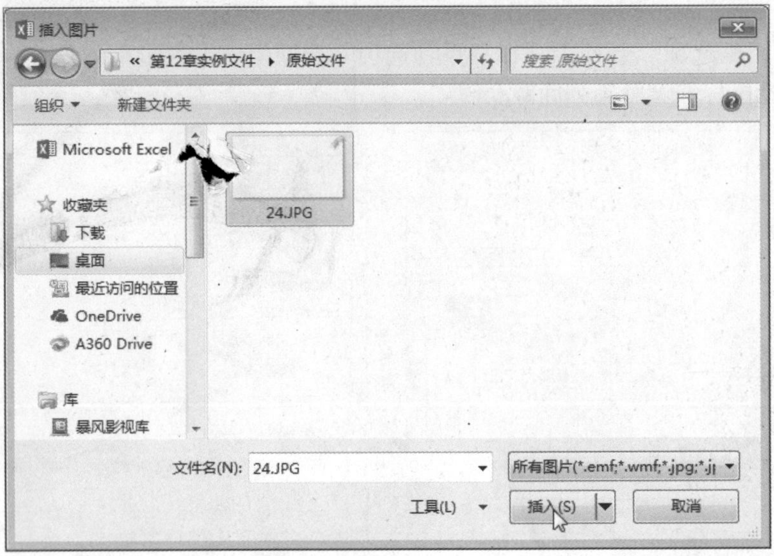

Step 19 为数据透视图添加背景图片，调整数据透视图的大小即可。

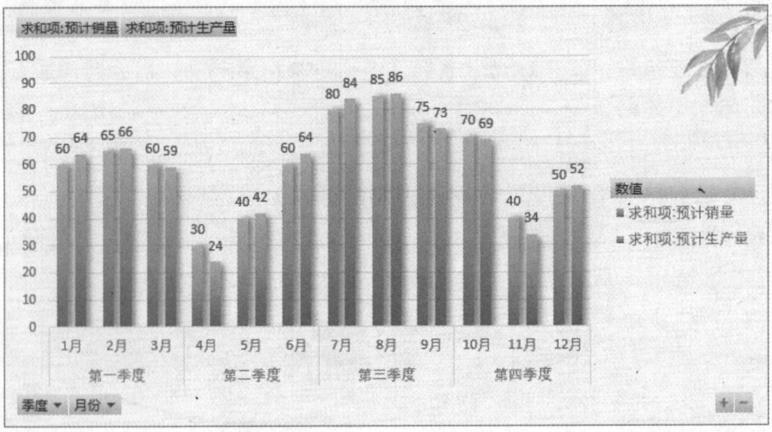